房屋买卖合同纠纷

审判思维与裁判规则

赵　蕾◎著

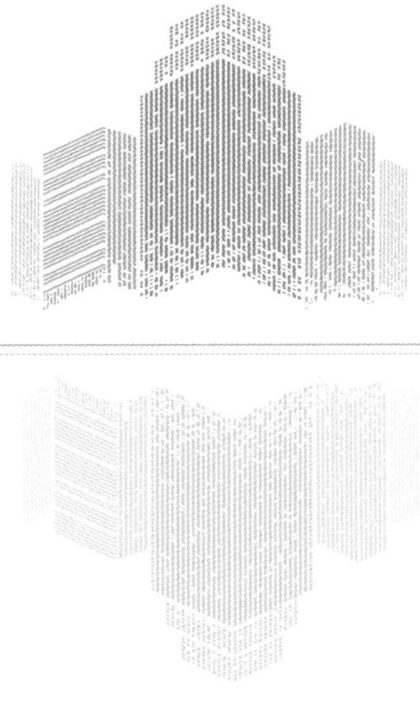

法律出版社 LAW PRESS · CHINA
北京

图书在版编目(CIP)数据

房屋买卖合同纠纷审判思维与裁判规则 / 赵蕾著
. -- 北京 : 法律出版社, 2023
ISBN 978-7-5197-8410-2

Ⅰ. ①房… Ⅱ. ①赵… Ⅲ. ①房屋-买卖合同-合同纠纷-审判-案例-中国 Ⅳ. ①D923.65

中国国家版本馆 CIP 数据核字(2023)第 190339 号

房屋买卖合同纠纷审判思维与裁判规则
FANGWU MAIMAI HETONG JIUFEN SHENPAN SIWEI YU CAIPAN GUIZE

赵 蕾 著

策划编辑 薛 晗
责任编辑 慕雪丹 章 雯
装帧设计 汪奇峰

出版发行 法律出版社
编辑统筹 法商出版分社
责任校对 赵明霞
责任印制 胡晓雅
经　　销 新华书店

开本 710 毫米×1000 毫米 1/16
印张 32.25 **字数** 512 千
版本 2023 年 12 月第 1 版
印次 2023 年 12 月第 1 次印刷
印刷 固安华明印业有限公司

地址:北京市丰台区莲花池西里 7 号(100073)
网址:www.lawpress.com.cn
投稿邮箱:info@lawpress.com.cn
举报盗版邮箱:jbwq@lawpress.com.cn

销售电话:010-83938349
客服电话:010-83938350
咨询电话:010-63939796

书号:ISBN 978-7-5197-8410-2 **定价**:129.00 元
凡购买本社图书,如有印装错误,我社负责退换。电话:010-83938349

前　　言

笔者从事房地产专业审判十余年,审理了大量房地产类案件,深感房地产类案件涉及物权、合同、侵权、婚姻家庭、消费者权益保护等多个领域,但可依据的法律规范多为原则性、基础性规范,而实践中的问题往往纷繁复杂,历史与现实交替,法律与政策混杂,裁判观点也有所不同,裁判尺度难以统一。笔者将实践中发生的比较有代表性、疑难性、指导性的案例提炼规则,辅以裁判观点,落笔于规则适用。同时,总结类案裁判要旨并提炼典型案例中的司法规则,分析其中的裁判思路,比较不同的裁判观点,形成对比和争锋,为读者学习理论知识,了解司法实务提供参考与借鉴。

《中华人民共和国民法典》(以下简称《民法典》)于2021年颁布实施,2003年施行的最高人民法院《关于审理商品房买卖合同纠纷案件适用法律若干问题的解释》(以下简称《商品房买卖合同解释》)亦随之修订。其中有很多内容与房屋买卖合同纠纷相关,如设抵押权房屋的转让,合同履行不能时的终止权利,格式合同的效力、情势变更规则等,本书均结合法律变迁及审判实践予以分析和预判。同时,随着住房市场的改革以及城镇化进程的不断推进,商品房交易市场蓬勃发展,商品房销售面积、销售额、销售价格逐年上升,二手房交易市场亦十分活跃,由此引发的房屋买卖合同纠纷不断上升,利益纠结日趋复杂,给民事审判工作提出新的问题,带来新的挑战。笔者通过研究实践中大量的房屋买卖合同纠纷,进而整理出裁判实务问题,并进行评析、归纳、整理,形成解决该问题的裁判思路,对法官在同类案件中适用法律具有启发、引导、规范和参考作用,亦能为当事人、律师等法律工作者进行房屋买卖合同诉讼提供一种诉讼指引。本书可以看作对这种努力的一种实际回应。

本书的特点主要有如下几个方面：

一是问题直接来源于司法实务第一线。本书归纳整理的问题有上百个，几乎都是笔者在审判过程中留意收集的，也有在地方法院调研过程中发现的，还有在与上级、下级法院座谈时反映出来的。这些问题切切实实都是法官在房屋买卖合同纠纷裁判中需要解决的疑难问题，有很强的针对性。

二是精选类案，具有典型性和指导性。本书选取的案例均来源于审判过程中真实案例的加工和提取，对每一个案例，除了提炼该案例及适用同类案例的核心裁判规则外，还对规则进行了解析，并且通过裁判过程的阐述形成裁判思路从而呈现给读者。

三是有的放矢，重点突出，系统性强。本书并非从合同章节角度入手泛泛而谈房屋买卖合同纠纷，而是从实践中房屋买卖合同纠纷最常见的争点、焦点、难点入手，对涉及预售、认购、销售广告和宣传、交付和风险、产权证书、房产新政、担保贷款、存量房、农村房、特殊房产等十几种纠纷类型重点阐述。通过这种类型化研究，将复杂问题各个击破，读者一目了然。

需要说明的是，尽管笔者作出了很大努力，但囿于写作时间有限、作者水平所限，不完善和错误之处在所难免，希望广大读者能够客观审慎地加以对待，不吝批评指正。若读者发现本书的错漏之处，以待再版时及时修正。

法律出版社的薛晗、慕雪丹、章雯等各位编辑为本书的编排、设计、装帧、出版付出了辛勤劳动，特致谢忱。

简　　目

详　目

第一章　商品房预售合同纠纷

【本章导读】

我国商品房销售分为商品房预售和现售。根据《商品房管理销售办法》第三条的规定,商品房预售,是指房地产开发企业将正在建设中的商品房预先出售给买受人,并由买受人支付定金或者房价款的行为;商品房现售,是指房地产开发企业将竣工验收合格的商品房出售给买受人,并由买受人支付房价款的行为。最高人民法院《关于审理商品房买卖合同纠纷案件适用法律若干问题的解释》(2020 年修正)(以下简称《商品房买卖合同解释》)第一条将上述商品房预售或商品房现售而签订的合同统称为商品房买卖合同。商品房预售合同是一种特殊的买卖合同,具体体现为:(1)标的物不是现成的物,是正在建造的在未来约定时期竣工的商品房;(2)出卖人是从事房地产开发和经营的企业;(3)国家对合同进行适度干预,对出卖人预售商品房行为实行许可制度。商品房预售合同签订后仍然有相应的备案制度监管,预售的商品房综合验收合格、确权、核发产权证均与行政部门的行政行为分不开。本章就商品房预售合同纠纷的裁判思路进行了梳理,并对司法实践中存在的问题作了相应探讨。

【实务问答】

一、商品房预售合同的效力应当如何认定?

对于如何理解预售条件和认定合同效力之间的关系问题,司法实践中存在不同观点:

第一种观点认为,因商品房预售实行许可证制度,只要出卖人持有预售许可证明，具备预售许可证，其与买受人签订的预售合同即为有效。

第二种观点认为，《城市房地产管理法》规定的四个条件是商品房预售行为必须同时具备的法定要件，否则预售合同无效。

笔者同意第一种观点。

《城市房地产管理法》第四十五条规定的房屋预售的四个条件，并不是并列关系，预售许可证的取得是已经具备了前三个要件的结果，也就是说，预售许可证的取得意味着已满足了前三个要件。进言之，即使获得了预售许可证，而未满足前三个要件，也是房屋开发商与行政主管部门之间的关系。同时，认定合同有效，并不必然表明行政主管部门就应当为出卖人办理相关证件。对于买受人而言，认定合同有效，买受人可以通过要求出卖人承担违约责任来救济其受损的权利。

《城市房地产管理法》在性质上属于行政管理法，主要是对出卖人开发经营行为的行政监管和规范。从该法规定的商品房预售条件看，也均反映的是出卖人与行政管理部门之间的关系问题。在我国，商品房预售实行许可证制度，对此国务院《城市房地产开发经营管理条例》第二十二条明确列举了办理商品房预售许可证的必备条件和相关程序，其中就包括了《城市房地产管理法》第四十五条规定的前三个条件。这就表明只要出卖人按照法定程序向房地产行政管理部门申请办理并取得预售许可证明的，即可认定其已具备全部预售条件。我国商品房预售实行许可证制度，是一种行政许可行为，开发商获得预售许可证是其必须履行的行政法上的强制性规范的义务，国家建设行政主管部门颁发预售许可证应当对其行政行为的合法性负责，应当对开发商提供的申请进行实质性审查，形成实质上的权利瑕疵责任担保，一旦行政行为违法或不当，造成购房人的损失，应当由行政法律关系调整，而不能要求购房人承担过多的本来应当由行政机关承担的审查义务。特别是在房地产成为市场经济的重要组成部分，成为国民经济的支柱产业之一之后，要加快商品房的流通，不能不对当事人之间权利义务范围作一个清晰的划分。因此，为避免司法权与行政权之间的冲突，人民法院在认定商品房预售合同的效力时，对出卖人是否具备预售资格应只从形式上进行审查，即出卖人未取得商品房预售许可证明即对外签订的预售合同应认定为无效，出卖人取得商品房预售许可证明的，应当认定预售合同有效。而从实质上审查出卖人是否具备全部预售条件则是行政管理部门的责任，因行政管理部门的原因导致出卖人已取得商品预售许可证明但实质上不具备《城市房地产管理法》第四十五条规定的商品房预售条件的，不影响预售合同在私法上的效力。买受人对预售许可证明的合法性存在异议的，应告知买受人可通过申请行政复议或提起行政诉讼的方式解决。需要说明的是，《商品房买卖合同解释》第二条也持此立场。

二、出卖人取得商品房预售许可证明的最迟时间如何界定？

考虑到我国目前房地产市场管理机制还不健全，商品房交易行为也不规范，《商品房买卖合同解释》将出卖人取得商品房预售许可证明的时间放宽至起诉前，而不是签订合同时，也就是只要出卖人在起诉前取得商品房预售许可证明的，人民法院也可认定商品房预售合同有效，以尽量促使合同有效成立和维护商品房交易的安全。这比最高人民法院《关于适用〈中华人民共和国合同法〉若干问题的解释（一）》[①]规定的一审法庭辩论终结前更为严格，同时也便于当事人在起诉前预先知晓诉讼行为的结果，更好地行使诉权。[②]

三、商品房预售合同签订后，规划许可证被行政部门撤销的，是否影响商品房预售合同的效力？

就上述问题而言，司法实践中存在两种观点：

第一种观点认为，根据《商品房买卖合同解释》第二条的规定，虽然规划许可证被行政主管部门撤销，但只要出卖人具备商品房预售许可证明，此前出卖人与买受人签订的买卖合同仍然有效。

第二种观点认为，规划许可证被撤销后，所建房屋成为违章建筑，在性质上属于禁止流通物，因此就该房屋签订的买卖合同应当被认定无效。

笔者同意第一种观点。

根据《商品房买卖合同解释》第二条规定的精神，只要签订合同时具备商品房预售许可证，即可认定买卖合同有效。也就是说，审理该类案件时只

---

① 1999年12月29日施行，已废止。

② 参见韩延斌：《〈关于审理商品房买卖合同纠纷案件适用法律若干问题的解释〉的理解与适用》，载《法律适用》2003年第6期。

审查预售许可证,而不考虑其他方面。正如上文所述,《城市房地产管理法》第四十五条规定的房屋预售的四个条件,并非并列关系,预售许可证的取得是已经具备了前三个要件的结果,也可以说,预售许可证的取得意味着已满足了前三个要件。进言之,即使获得了预售许可证而未满足前三个要件,也是房屋开发商与行政主管部门之间的关系。因此,商品房预售合同签订后,即使规划许可证被行政部门撤销的,也不影响商品房预售合同的效力。

四、商品房预售合同签订后,商品房预售许可证被行政部门撤销,是否影响商品房预售合同的效力?

就上述问题而言,司法实践中存在两种观点:

第一种观点认为,取得商品房预售许可证是进行商品房预售不可或缺的法定条件,商品房预售许可证一旦被撤销,说明房地产开发企业预售商品房即为违法,因此商品房销售合同即违反了法律、行政法规的强制性规定,应认定为无效。

第二种观点认为,《商品房买卖合同解释》第二条只是规定在签订商品房预售合同时取得商品房预售许可证明,合同即为有效,如果事后商品房预售许可证被撤销,系基于房地产开发企业违反了行政管理法规所致,也是行政管理机关履行行政管理职责的需要,并不必然导致商品房预售合同无效。

笔者同意第二种观点。

预售许可证被撤销不影响此前签订的预售合同的效力,此类合同仍然应被认定为有效,因为商品房预售许可证解决的是市场资格的准入问题,是一种政府的行政管理行为,如果合同签订后,预售许可证被撤销,致使出卖人的预售资格丧失,只影响出卖人履约能力,若因此导致预售合同无法继续履行,买受人无法办理房屋权属证书,买受人可以要求出卖人承担违约责任,但不能据此认定合同无效。当然,如果商品房预售合同签订时,预售许可证已被撤销,则应当视为出卖人未取得商品房预售许可证明,适用《商品房买卖合同解释》第二条的规定,认定商品房预售合同无效。

五、出卖人签订商品房预售合同时,其持有的预售许可证明已过有效期,该预售合同是否有效?

就上述问题而言,司法实践中存在两种观点:

第一种观点认为,取得商品房预售许可证是进行商品房预售不可或缺的法定条件,商品房预售许可证已过有效期和没有取得商品房预售许可证本质上并无区别,此时房地产开发企业预售商品房即为违法,签订的商品房预售合同应认定为无效。

第二种观点认为,商品房预售许可证已过有效期和没有取得商品房预售许可证存在本质上的区别,出卖人取得预售许可证明即具备预售资格,不应因预售许可证的过期而丧失预售资格。

笔者同意第二种观点。

《商品房买卖合同解释》第二条并未对预售许可证明过期后出卖人销售房屋的行为是否有效作出明确规定。笔者认为,预售许可证过期后销售房屋与自始未取得预售许可证即销售房屋是否等同取决于对上述司法解释的规定是否进行目的性解释。最高人民法院制定该规定的目的在于通过对出卖人是否取得商品房预售许可证明进行形式审查,以确认该商品房的预售行为是否符合《城市房地产管理法》第四十五条以及《城市房地产开发经营管理条例》第二十二条所规定的房地产开发企业预售商品房的条件,符合预售条件的出卖人签订商品房买卖合同应为有效。出卖人取得预售许可证明即具备预售资格,不应因预售许可证的过期而丧失预售资格。因此,预售许可证过期后销售房屋与自始未取得预售许可证销售房屋是性质不同的行为,不应适用该司法解释第二条的规定,预售合同应被认定为有效。

六、商品房预售合同登记备案是否影响合同效力?

就上述问题而言,实践中存在不同观点:

第一种观点认为,根据《城市房地产管理法》第四十五条第二款的规定:"商品房预售人应当按照国家有关规定将预售合同报县级以上人民政府房产管理部门和土地管理部门登记备案。"该规范属于效力性强制性规范,如果商品房预售人不办理预售合同登记备案,将对合同效力产生影响。

第二种观点认为,商品房预售合同作为不动产买卖合同只要符合一般买卖合同的生效要件即可生效,登记仅是物权变动的生效要件。不动产登记只影响物权取得(变动)效力,而不影响合同效力。也就是说,不动产合同仍然有效,买卖合同不因为没有登记而无效;不登记只是不能够取得物权。[①]

笔者同意第二种观点。

在我国,商品房预售合同登记是商品房预售管理的一部分,有较强的行政性质,与其他不动产登记一样,商品房预售合同的登记机关是行政机关,即各级政府中的房产管理部门和土地管理部门。根据《城市房地产管理法》第四十五条第二款的规定:“商品房预售人应当按照国家有关规定将预售合同报县级以上人民政府房产管理部门和土地管理部门登记备案。”我国法律规定商品房预售合同需要登记,旨在通过预售合同登记对开发商预售行为的合法性进行审查,以维护预购人的利益。

商品房预售合同登记性质属于预告登记,而预告登记的目的在于使已经成立并生效的请求权具有对抗第三人的效力。登记并非请求权成立、生效的要件,只要当事人之间达成合意,合同便得以成立,请求权也随即在当事人之间产生。商品房预售合同作为不动产买卖合同只要符合一般买卖合同的生效要件即可生效,登记仅是物权变动的生效要件。如果因为预售人未进行预售合同登记,从而导致合同不能有效的成立,预购人就无法依据合同向预售人请求实际履行或者请求违约赔偿,这样对预购人是极为不利的。本来立法的初衷是通过预售登记对预售行为是否合法进行实质审查,审查预售人是否符合有关的资质要求,预售人是否已按照法律要求取得土地使用权并办理了预售许可证,等等,从而降低房屋预售市场的风险,保障房地产市场的安全,保护预购人的利益。预售合同登记是为了加强对预售商品房的管理,并使经登记的预购人的权益具有普通债权所不具备的排他性。但如果仅因为预售人未进行预售合同登记而使预售合同无效,损害的只能是预购人的利益,与立法的初衷相悖。我国现行法律将商品房预售合同登记规定为预售人即开发商的法定义务,如果认为此登记为合同的生效要件,那么只要开发商一天不履行该法定义务,预售合同便一天不能生效。其后果必然是开发商怠于登记,在出现对自己不利的情况时主张合同无效。尤

① 参见高富平、黄武双:《房地产法学》,高等教育出版社2010年版,第102页。

其是在遇到房价上涨时,开发商很可能将商品房再次高价出售并对高价预售予以登记,又以合同未登记为由向前一预购人主张合同无效,而前一预购人却无法追究开发商的违约责任。因此,如果认为未办理登记手续的预售合同都是无效的,可能会使许多正当的交易被消灭。就保护预售关系中弱势主体预购人的角度而言,预售合同登记也不是预售合同的生效要件。与现房买卖不同,商品房预售在合同订立时,作为买卖标的物的房屋可能仅仅是表现在设计图上的东西,房地产开发商一方面已经收取了预购人的购房款,另一方面在约定的交付期限到来时,能否按照约定履行仍然是一个未知数。对于预购人来说,房款已经支付了,将来能否得到约定的房屋面临巨大的风险。在预售关系的当事人之间,房地产开发商作为预售人无论在专业技术还是经济实力方面均属于强者,而预购人则处于弱者地位。为了防止开发商投机取巧,借预售之名骗取资金,损害预购人的利益,扰乱市场秩序,有必要对预购人的利益加以特殊保护。预售房屋在建成之前有许多不确定因素,使得预购人所面临的风险要比一般的现房买卖大得多。实践中经常出现的情况主要有:一是预售房屋不能按期竣工给预购人带来损失;二是预售人借口房价上涨而要求预购人追加约定以外的款项;三是房屋竣工后的质量与合同约定的质量相去甚远。考虑到预售房屋是建立在买方向卖方融资的基础之上,所以从民法的公平原则出发,应当侧重平衡预售合同当事人双方的利益关系。

其实,在交易中登记是不动产物权变动的一种公示手段,交易合同本身只能产生债权效果,不存在对抗第三人的问题。登记并不是针对合同行为,在登记之前,当事人已经达成合意,合同关系便已经成立并生效。既然合同已经产生了拘束力,任何一方违反合同都应当承担违约责任,否则合同关系将形同虚设,将会给任意撕毁合同者提供可乘之机。

在司法实践中,长期存在将登记作为合同生效要件的做法,对未办理登记手续的房地产买卖合同一律认定为无效,其弊端是显而易见的。为了避免这一错误,《民法典》第五百零二条规定:依法成立的合同,自成立时生效,但是法律另有规定或者当事人另有约定的除外。

依照法律、行政法规的规定,合同应当办理批准等手续的,依照其规定。未办理批准等手续影响合同生效的,不影响合同中履行报批等义务条款以及相关条款的效力。应当办理申请批准等手续的当事人未履行义务的,对方可以请求其承担违反该义务的责任。依照法律、行政法规的规定,合同的变更、转让、解除等情形应当办理批准等手续的,适用前款规定。如果双方当事人约定以办理登记备案手续作为商品房预售合同生效的条件,由于合同的这一特别约定并未违反我国法律、行政法规的强制性规定,故应当从其约定,尊重当事人的意思自治。从预购人的角度考虑,预售合同登记备案后,预购人还可以对抗商品房建设施工承包单位的对该工程折价或拍卖价款的优先受偿权。《民法典》第八百零七条规定:发包人未按照约定支付价款的,承包人可以催告发包人在合理期限内支付价款。发包人逾期不支付的,除根据建设工程的性质不宜折价、拍卖外,承包人可以与发包人协议将该工程折价,也可以请求人民法院将该工程依法拍卖。建设工程的价款就该工程折价或者拍卖的价款优先受偿。最高人民法院《关于建设工程价款优先受偿权问题的批复》(2002 年 6 月 27 日起施行)(已失效)第二条规定:消费者交付购买商品房的全部或者大部分款项后,承包人就该商品房享有的工程价款优先受偿权不得对抗买受人。但《民法典》实施后,该批复于 2021 年 1 月 1 日被废止,今后此类冲突将如何处理?笔者认为,最高人民法院的批复是为了保护个人消费者的居住权而设置,该价值取向并不因《民法典》的实施而发生变化,因此司法实践中将可能仍然沿用最高人民法院批复的裁判思路,即工程价款优先受偿权不能对抗因消费需求的购房人对房产的物权期待权。最高人民法院《关于人民法院办理执行异议和复议案件若干问题的规定》(2020 年 12 月 23 日修订)第二十九条对此作了规定:金钱债权执行中,买受人对登记在被执行的房地产开发企业名下的商品房提出异议,符合下列情形且其权利能够排除执行的,人民法院应予支持:(一)在人民法院查封之前已签订合法有效的书面买卖合同;(二)所购商品房系用于居住且买受人名下无其他用于居住的房屋;(三)已支付的价款超过合同约定总价款的百分之五十。

按照当事人的约定处理是总的原则,但也有例外的情况,即一方当事人已经履行合同主要义务、对方当事人也已经接受这种情况。也就是说,虽然当事人双方事先约定办理登记备案手续是合同生效的条件,但在实际履行过程中,一方当事人已经履行了主要义务,而对方也已经接受。这里强调的是主要义务,即在合同中具有重要地位、决定合同性质的合同义务,而不是随附义务。在商品房买卖合同中一般多表现为买方支付购房款而卖方收受购房款的行为。当事人的履行和接受履行,体现了当事人双方意思表示的一致性,表明了当事人对合同的态度。那么一方在这种情况下以未按约定办理登记备案手续为由,主张预售合同未生效,是不能得到法院支持的。对此类问题,《民法典》第四百九十条规定:当事人采用合同书形式订立合同的,自当事人均签名、盖章或者按指印时合同成立。在签名、盖章或者按指印之前,当事人一方已经履行主要义务,对方接受时,该合同成立。法律、行政法规规定或者当事人约定合同应当采用书面形式订立,当事人未采用书面形式但是一方已经履行主要义务,对方接受时,该合同成立。

如果预售人为自己的利益不正当阻止条件成就,应当视为条件已成就。比如本来双方当事人约定以办理登记备案手续为商品房预售合同生效的条件,但由于在建的商品房附近新修了高速公路,房价飙升。开发商见状就一直拖着不去办理预售登记备案手续,实际是想阻止条件成就,故对这种情况应当视为条件已成就。这里要认定预售人不正当阻止合同的条件成就,预购人要有相应的证据。当事人对合同的效力可以约定附一定的条件,附条件的合同成立后条件成就前,当事人对于所约定的条件是否成就,应听其自然发展,而不能为了自己的利益,恶意地促使或阻碍条件成就。为此,《法国民法典》《德国民法典》《日本民法典》中都有相关条款规定,因条件成就而受不利益的当事人,如果以不正当行为阻止条件成就,视为条件已成就。此即所谓条件成就之拟制。其目的在于制裁不正当行为,保护因条件成就而受利益的当事人,充分发挥附条件民事法律行为在民事交往中的积极作用,维护民事法律行为制度的严肃性。在当事人一方基于对合同的信赖而实施了有利于他方合同利益的一定行为,付出了一定代价的情况下,法律尤其应当本着公平正义的精神,依据诚实信用原则,保护善意当事人的合法权益。因此,应当达成的共识是:登记备案属于预售人的义务,而不是商品房合同生效的条件,预售未按规定登记备案,预售人受行政处罚即可,而不影响合同的效力。

七、对预售合同登记与预告登记的异同如何认定?

就上述问题而言,司法实践中存在不同观点:

第一种观点为同一说。在《物权法》[①]真正确立预告登记制度之前相当长的时期内，一些学者在论及预告登记或预售合同登记时并未对其作严格的区分，他们认为我国的预售合同登记就是预告登记，应当具有或者应该明确其预告登记的效力。王利明教授认为："商品房预售合同登记备案是不动产登记的一种，性质属于预告登记"，"在我国，商品房预售登记即具有预告登记的效力"；[②]符启林教授也认为："预售合同登记在性质上属于预告登记，或称预登记，"[③]认为在预售合同登记之前，预购人只能基于预售合同享有债权请求权，而在预售合同登记之后则可视为享有所购在建商品房建成之后的一种"准物权"。通过预售合同登记，预购人就享有顺位物权，并且能够依此对抗第三人。

第二种观点为区别说。与同一说相反，不少的学者认为预售合同登记与预告登记制度之间存在区别，并且从各个角度对二者之间的不同进行了阐述。如果说在预告登记制度确立之前，区别说与同一说处在一种僵持的状态，那么在《物权法》确立预告登记制度之后，区别说应该是明显的占据了上风，该说已经成为国内学者的主流观点。

笔者同意第二种观点。

商品房预售合同登记与不动产预告登记制度是不同的两种制度，二者并不存在种属关系，不能把商品房预售合同登记视为不动产预告登记在商品房预售领域的一种特殊表现形式或者说是一种子类型。一些学者之所以会认为商品房预售合同登记就是预告登记，并非他们没有注意到二者之间的区别，而是在我国法律还没有规定预告登记制度以前，对商品房预售合同登记制度的一种价值期望，他们希望商品房预售合同登记能够承担起预告登记的价值功能。在当时还没有确立预告登记制度的情形下，这些学者希望通过制度设计，直接赋予预售合同登记以预告登记的效力，从而达到保护预购人合法权益的目的，这也是一种良苦用心。

《物权法》颁布并确立预告登记制度之后，商品房预售合同登记与预告登记是两种不同的制度应该说没有太大的意义了。《民法典》延续了《物权

① 现规定于《民法典》第二百二十一条。

② 王利明：《我国民法典重大疑难问题之研究》，法律出版社 2006 年版，第 26 页。

③ 符启林：《商品房预售法律制度研究》，中国政法大学出版社 2002 年版，第 82 页。

法》的规定,《民法典》第二百二十一条规定:当事人签订买卖房屋的协议或者签订其他不动产物权的协议,为保障将来实现物权,按照约定可以向登记机构申请预告登记。预告登记后,未经预告登记的权利人同意,处分该不动产的,不发生物权效力。预告登记后,债权消灭或者自能够进行不动产登记之日起九十日内未申请登记的,预告登记失效。将《物权法》中的三个月改为九十日,更加明确、清晰。

八、如何认定商品房买卖预约合同是否具备合同的"实质性要件"?

实践中,有在房屋建成前,房地产公司与购房者签订购房合同的情况,合同约定了当事人基本情况、商品房基本情况、销售方式、价款、交房时间和条件、违约责任等。关于双方当事人签订的协议性质是商品房预约合同,还是房屋买卖合同的问题,主要有两种不同观点:

第一种观点认为,双方签订的合同名称虽为购房合同,但是其条款不完备,根据双方当事人的合同约定,在房地产公司办理完建设项目各种手续后,双方再另行签订正式的购房合同。因此,双方所签订的购房合同性质应为商品房预约合同,该合同是为签订正式的购房合同做准备的。因此,在双方没有签订新的购房合同的情况下,购房者不能请求房地产公司履行合同。

第二种观点认为,双方所签订的合同应认定为房屋买卖合同。虽然双方当事人在签订合同时房地产公司未取得项目的规划、报建的审批手续,但双方在合同中就当事人名称,商品房基本情况,购买房屋的位置、面积、价格、房屋交付条件、违约责任等均进行了约定,而且房地产公司已取得了项目的相关批准手续及商品房预售许可证。双方当事人所签订的购房合同具备了房屋买卖的实质要件,且房屋正在建设之中,合同约定的房屋能够得到实际履行。因此,房地产公司需依照合同约定,履行交房义务。

笔者同意第二种观点。主要理由如下:

第一,双方当事人签订的购房合同应认定为房屋买卖合同,而非商品房预约合同。在房屋买卖中,由于开发商尚未办妥开发项目的立项、规划、报建的审批手续,因此开发商先与购房者签订商品房的认购、订购、预订等协议,待开发商相关手续办妥以后,再与购房者签订购房合同,这种合同一般称为商品房预约合同。其特征是:(1)该合同是诺成性合同,而非实践性合同,不受要物约束,其目的是订立本约。(2)它是对未来事项的预先规划,所承担的民事责任属缔约的过失责任范畴。而房屋买卖合同的特征是:合同约定的义务是直接具备履行内容的,是受要物约束的,交付房屋及付房款是双方当事人履行合同的重要内容。合同约定的是相互之间的权利义务,双方承担的民事责任是履行合同义务。本案中双方当事人所签订的合同内容,已具备了房屋买卖的主要条件,即约定了商品房地点、名称、购买房屋基本情况、销售方式、价格、付款方式、房屋交付条件及日期、违约责任等,更重要的是购房者已支付了首付房款。根据《商品房买卖合同解释》第五条"商品房的认购、订购、预购等协议具备《商品房销售管理办法》第十六条规定的商品房买卖合同的主要内容,并且出卖人已经按照约定收受购房款的,该协议应当认定为商品房买卖合同"的规定,双方所签订的购房合同已具备了房屋买卖合同的两个主要条件,即合同约定了房屋买卖的主要内容及出卖人已按约收取了购房款。

第二,根据双方合同约定,即使双方不再另行签订合同,其房屋买卖行为亦可得到履行。这些内容是商品房预约合同所不具备的。

第三,双方所签订的合同应认定为有效,并能够得到实际履行。关于双方当事人签订的购房合同效力问题,属于人民法院依职权审查的范围。双方当事人在签订购房合同时,建设许可证正在办理之中及尚未取得商品房预售许可证,但是在双方当事人诉至法院时,出卖人已经取得商品房预售许可证。根据《商品房买卖合同解释》第二条规定:"出卖人未取得商品房预售许可证明,与买受人订立的商品房预售合同,应当认定无效,但是在起诉前取得商品房预售许可证明的,可以认定有效。"双方当事人签订的购房合同应认定为有效。关于双方所签订的合同能否得到实际履行的问题,笔者认为,根据双方当事人约定,房地产公司已办妥商品房建设的所有相关手续,其房屋正在建设中,房地产公司约定出售给购房者的商品房并没有如房地产公司所称已不存在。因此,房地产公司所称合同无法履行,无事实依据。

九、开发商在预售商品房时未告知购房者所购房屋内铺设公共管道,是否承担民事赔偿责任?

就上述问题而言,司法实践中存在不同观点。

第一种观点认为,因双方当事人在合同中没有约定管道铺设内容,因此,购房者起诉请求追究房地产公司的违约责任没有合同依据,而且双方当事人所签订的房屋买卖合同有效,房地产公司对房屋中的管道也进行了局部装修,不影响房屋居室的使用和美观。因此,房地产公司无须承担购房者的赔偿要求。

第二种观点认为,虽然双方当事人订立的房屋买卖合同中未约定管道铺设内容,但是根据《民法典》第五百条第二项规定:当事人在订立合同过程中故意隐瞒与订立合同有关的重要事实或者提供虚假情况,造成对方损失的,应当承担赔偿责任。在订立合同过程中一方故意隐瞒与订立合同有关的这一事实或者提供虚假情况的,给对方造成损失的,应当承担赔偿责任,因此房地产公司应该承担相应的赔偿责任。关于赔偿数额的确定,可以考虑因房地产公司应告知而未告知,致使购房人多支出的交易成本或者给购房者造成的损失部分。

笔者同意第二种观点。

首先,房地产公司告知购房者房屋中铺设有公共管道设施是应尽的义务。房地产公司在与购房者签订预售商品房买卖合同时,房屋尚未建成。对此,房地产公司在预售房屋时应如实告知购房者所购房屋的翔实情况。通常情况下铺设公共管道的房屋,就是被人们称为管道间或者是管道层的房屋,房屋层高比其他楼层高,或者是在房屋内部有明显的掩盖凸起的部分。笔者认为,不管房屋中的管道是否进行过装修,是否影响房屋居室的使用和美观,房地产公司在出售该类房屋时,均应履行告知义务。该问题绝不能以房地产公司所说的房屋中的管道亦进行了局部装修,不影响房屋居室的使用和美观为标准判断其是否应履行告知义务,而应以通常人们对此问题的普遍认识及案件的实践情况进行认定。况且房屋中铺设公共管道不仅在视觉上会有影响,可能还会有噪声及使用过程中对管道修理等给购房者造成一定的影响。另外,若房地产公司在交付房屋之前通知购房者所购房屋铺设有公共管道,则说明房地产公司亦认为房屋中铺设公共管道应告知购房者。

其次,不能以房屋买卖合同中没有管道内容约定为由,免除房地产公司的赔偿责任。《民法典》第七条规定了民事主体从事民事活动,应当遵循诚信原则,秉持诚实,恪守承诺。诚实信用意味着善意诚信的交易道德。在民事活动中,讲求真诚,恪守信用,不得有虚假和欺诈行为是人们在商业活动中应当遵循的法律义务。在合同的订立、履行、变更、解除的各个阶段,当事人都应当依据诚实信用的原则行使权利和履行义务。在双方当事人发生纠纷时，亦应依照诚实信用原则妥善处理争议，避免给当事人造成不必要的损失。

综上，虽然双方当事人订立的房屋买卖合同中未约定管道铺设内容，但根据《民法典》第五百条第二项，房地产公司应承担相应的赔偿责任。

【案例适用】

规则1　[备案登记]商品房预售合同备案登记，不是物权的设立、变更、转让，不产生物权公示的效力。

〖**规则解析**〗

商品房预售合同备案登记，不是物权的设立、变更、转让，不产生物权公示的效力。房地产公司为登记需要，在办理商品房预售合同备案登记时单方更改合同条款中关于违约金标准的内容，并不产生合同变更效力，故违约金标准仍需遵照最初双方当事人协商一致的合同。

〖**案情简介**〗①

谢某林与重庆市金浩实业开发有限公司（以下简称金浩公司）签订了《重庆市商品房买卖合同》，约定购买金浩公司开发的预售商品房一套，建筑面积为107.01平方米，总成交金额为31.0361万元。合同第七条第一款第二项约定：金浩公司应当在2011年12月31日前，依照有关规定，将已进行建设工程竣工验收备案登记的商品房交付谢某林使用；如遭遇不可抗力，金浩公司应在发生之日起30日内书面告知谢某林，金浩公司可据实延期交房。合同第九条约定：除本合同第七条约定的遭遇不可抗力情况外，金浩公司如未按本合同约定的期限将该商品房交付谢某林使用，逾期超过90日后，谢某林有权解除合同；谢某林要求解除合同的，金浩公司应当自解除合同通知到达之日起30日内退还全部已付房价款及利息，并按谢某林已付房价款百分之零点五向谢某林支付违约金；谢某林要求继续履行合同的，合同继续履行，自本合同第七条约定的最后交付期限的第二天起至实际交付之日止，金浩公司按日向谢某林支付已付房价款万分之零点五的违约金。为登记备案之需，金浩公司在重庆市合川区国土资源和房屋管理局进行备案登记时，单

---

① 重庆市第一中级人民法院民事判决书，(2015)渝一中法民终字第01205号。

方将合同第九条关于逾期交房超过 90 日,业主要求继续履行合同,金浩公司应按日向谢某林支付已付房价款万分之零点五的违约金标准修改为万分之三,并加盖有金浩公司的公章。合同签订后,谢某林实向金浩公司交纳购房款 30.8853 万元,金浩公司于 2012 年 9 月 17 日将房屋交付谢某林。

谢某林认为金浩公司逾期交房违约,起诉至重庆市合川区人民法院,要求金浩公司从 2012 年 1 月 1 日起至该房屋实际交付之日止,按照谢某林已付房款金额日万分之三的标准支付逾期交房违约金。

〖**裁判结果**〗

合川区人民法院经审理认为,原、被告在签订《重庆市商品房买卖合同》时约定,被告不按期交房支付违约金的标准为已付房价款按日万分之零点五计算,该约定系原、被告在平等、自愿基础上达成的合意,合法有效,对原、被告双方均具有约束力,并且原、被告持有的合同均约定的是按日万分之零点五的标准计算,被告为登记备案的需要,将违约金标准修改为按日万分之三,系被告的单方行为,没有与原告达成合意,因此,该修改对原告不发生法律效力,被告逾期交房违约金标准应该为已付房价款按日万分之零点五计算。

合川区人民法院判决:由被告金浩公司于本判决生效之日起三日内向原告谢某林支付逾期交房违约金 2717.91 元(308,853 元 ×0.00005 ×176 天 = 2717.91 元)。

宣判后,原告谢某林不服一审判决,提起上诉。

重庆市第一中级人民法院判决:驳回上诉,维持原判。

〖**裁判思路**〗

本案争议的焦点为:应当按照哪个合同文本中所记载的标准计算逾期交房违约金。对此有两种观点:一种观点认为,应按存于合同备案登记机关处的合同文本所记载的日万分之三的标准计算逾期交房违约金。另一种观点认为,应按双方所持合同文本中记载的日万分之零点五的标准计算逾期交房违约金。解决上述问题的关键在于判定金浩公司的单方修改行为是否发生变更合同之效力以及商品房预售合同登记备案的性质。

首先,合同成立要件有三:一是当事人意思表示一致,即合意,是合同成立的根本要件;二是合意须有两个或两个以上的当事人;三是当事人的意思表示须以订立合同为目的。本案中,谢某林与金浩公司在签订合同时,对逾期交房违约金为日万分之零点五达成合意，双方均应当依约履行义务，若双方欲变更合同有关内容，则需重新达成合意，否则不产生合同变更的法律效果。金浩公司在办理商品房预售合同备案登记时，在没有与谢某林协商一致的情况下，将违约金标准变更为日万分之三系单方行为，而谢某林仅在起诉后复制该文本表示追认于法无据，故应认定该变更不是双方的真实意思表示，该变更是无效的。

其次，从商品房预售合同登记备案的实质来看，其是为了规范商品房预售管理、保护购房者合法权益、有效防止开发企业进行一房多卖或者重复抵押贷款等违规行为。商品房预售合同备案登记，不是物权的设立、变更、转让，不产生物权公示的效力。本案中，谢某林与金浩公司签订的《重庆市商品房买卖合同》是商品房预售合同，该合同的备案登记仅是预售商品房合同登记，而不属于预售商品房预告登记，更不是商品房的物权登记，商品房预售合同是否具有法律效力不以备案登记为标准，备案登记的商品房预售合同不具有当然的法律效力，合同中有关双方当事人权利义务的约定，只有合法有效的部分才对双方当事人具有约束力。谢某林与金浩公司签订的《重庆市商品房买卖合同》由双方当事人分别持有，目的是便于履行合同义务、行使合同权利，发生争议时将持有的合同作为证据，以供查清事实、分清是非。而备案登记的《重庆市商品房买卖合同》文本，仅存于合同备案登记机关，不产生物权公示的效力，故谢某林与金浩公司之间仍应按照各自持有的合同文本主张权利、履行义务。

规则 2 ［商品房预售］出卖人未取得商品房许可证明与买受人订立的商品房预售合同，应当认定无效，但在起诉前取得商品房许可证明的，可以认定有效。

〖规则解析〗

以认购、订购、预购等形式签订合同，目的实际为买卖商品房的行为应定性为商品房买卖合同。出卖人未取得商品房许可证明与买受人订立的商品房预售合同，应当认定无效，但在起诉前取得商品房许可证明的，可以认定有效。

〖案情简介〗

某市房地产公司拥有该市经济开发区北路商品房住宅小区项目，未取得商品房预售许可证。房地产公司于 2011 年 2 月向社会发出认购商品房广告。同年3月2日,李某(乙方)与房地产公司(甲方)签订了认购协议书,约定:“乙方认购甲方开发区北路住宅小区8号楼2单元16层02号楼房一套,建筑面积170平方米,单价每平方米11,888元,总价202.096万元;乙方选择以认购金方式支付甲方606,288元,并在协议签订当日一次付清;甲方具备签订《商品房买卖合同》条件时向乙方通知,乙方在收到通知15日内,到甲方接待中心签订《商品房买卖合同》,如乙方逾期未签订《商品房买卖合同》,本协议自然解除,甲方有权另行出售房屋,乙方交纳的认购金不予退还。”协议签订当日,李某向房地产公司交纳了626,288元的认购金。

2011年10月,李某要求与房地产公司解除认购协议书,退还认购金及利息,被房地产公司拒绝。李某遂向法院提起诉讼,要求判定双方签订的认购协议书无效并返还认购金及利息。

〖**裁判结果**〗

案件审理中,对认购协议书的性质与效力有不同认识:

第一种意见认为,认购协议书是双方当事人经过充分、自愿、协商的结果,房地产公司在销售手续不全的情况下,以认购房屋形式签订协议书并不违反法律,李某毁约行为不应予以支持。

第二种意见认为,认购协议书名为商品房认购,实为商品房买卖,由于出售方未取得商品房预售许可证,违反了法律、法规的强制性规定,应属无效合同。

〖**裁判思路**〗

笔者同意第二种意见。

一、认购协议书实为商品房买卖合同

1.认购协议书包含了商品房买卖的主要内容。认购协议书从形式上看是一个预约,其约定的将来签订的商品房买卖合同才是本约。预约当事人所负的是诚信协商义务,本约当事人所负的是给付义务。预约合同分为未包含主要条款的预约和包含主要条款的预约,其中包含主要条款的预约可转化为本约或者应当视为本约。就买卖合同而言,是否具备主要条款就是看是否具备了标的物及其价格条款。具备了主要条款的预约,应视为买卖合同而不是预约。《商品房买卖合同解释》第五条规定:“商品房的认购、订购、预购等协议具备《商品房销售管理办法》第十六条规定的商品房买卖合同的主要内容,并且出卖人已经按照约定收受购房款的,该协议应当认定为商品房买卖合同。”该规定对商品房买卖合同主要内容的界定，应当理解为具备了该条所规定的商品房买卖合同的标的物及价格条款即为主要内容，而不能机械地理解为必须具备《商品房销售管理办法》第十六条规定的十三项全部条款（当事人名称或者姓名、住所，商品房基本状况，商品房销售方式，商品房价款的确定方式及总价款、付款方式、付款时间，交付使用的条件及时间，装饰设备标准承诺，供水、供电、供热、燃气、通讯、道路、绿化等配套基础设施的交付承诺和有关权益责任，公共配套建筑的产权归属，面积差异的处理方式，办理产权登记的有关事宜，解决争议的办法，违约责任，双方约定的其他事项）或者必须达到十三项一半以上的多数条款才能达到买卖合同主要内容的标准。本案的认购协议书对双方当事人的名称、姓名、住所、房屋的基本状况、房价的确定方式及总价款等实质性条款均作了明确的约定，因此，该认购协议书具备了商品房买卖合同的主要内容。

2. 房地产公司已按约定收取了购房款。认购协议书约定李某选择认购金方式支付房地产公司606,288 元，并在协议签订当日一次付清，这里的认购金应为购房款，而不是定金。首先，定金作为法定担保方式，需要在合同中明确约定。认购协议书中约定的认购金并没有明确为定金。其次，定金担保是双务的，即支付了定金的一方不履行合同无权要求返还本金，收受定金一方不履行合同应当双倍返还定金。认购协议仅约定李某逾期不签商品房买卖合同，房地产公司有权解除协议，并对认购金不予返还。但该协议并没有对房地产公司违约返还认购金作出约定。最后，定金的数额不能过大。依据《民法典》第五百八十六条的规定，定金不得超过合同标的的 20% 。而认购协议书约定的认购金已高于总房价的 30% 。因此，本案李某支付的认购金不是作为担保的定金，而是李某交纳的部分购房款，而且其数额已高于总房价款的 30% 。目前我国银行购房按揭贷款的首付额度是总房价的 30% ，本案李某支付的认购金正好符合按揭贷款购房商业模式中首付开发商价款的数额。因此，李某向房地产公司支付的认购金实际是向其支付全部的首付款。显然，李某依据认购协议书的约定履行了商品房买卖合同房屋价款的给付义务，房地产公司收取了首付房屋价款，并出具了收据。因此，符合出卖人已按照约定收取购房款的条件。

因此，根据《商品房买卖合同解释》第五条的规定，本案认购协议书应当认定为商品房买卖合同。

二、认购协议书为无效合同

《城市房地产管理法》第四十五条、《城市房地产开发经营管理条例》第二十二条均规定，房地产开发企业销售商品房，应当办理预售登记，取得商品房预售许可证。《商品房销售管理办法》第二十二条规定，不符合商品房销售条件的，不得向买房人收取任何预订款性质的费用。根据《民法典》第一百五十三条的规定，违反法律、行政法规的强制性规定的民事法律行为无效。但是，该强制性规定不导致该民事法律行为无效的除外。本案房地产公司在没有取得商品房预售许可证的情况下以内部认购书的形式公开向社会不特定的人员销售商品房，其行为违反了法律的强制性规定。《商品房买卖合同解释》第五条的规定正是为了确保前述法律、法规的执行，将以认购、订购、预购等形式掩盖买卖商品房目的的行为定性为商品房买卖合同。并在第二条明确规定，出卖人未取得商品房许可证明与买受人订立的商品房预售合同，应当认定无效，但在起诉前取得商品房许可证明的，可以认定有效。

总之，双方当事人订立的认购协议书具备了商品房买卖合同的主要内容，且出卖人依据约定收取了购房款，符合《商品房买卖合同解释》第五条的规定，应认定为商品房买卖合同。在原告李某起诉时，房地产公司并未获取商品房预售许可证，因此，应认定认购协议书为无效合同。

第二章　商品房认购纠纷

【本章导读】

关于商品房买卖认购书引发的纠纷主要集中在以下两个方面：(1)一方违反认购书的约定，另一方存在哪些可能的救济方法，尤其是能否向法院请求继续履行；(2)如果存在违约，则定金如何处理。以上两个方面涉及许多细节的问题，而这些问题不论是在理论界还是在司法实践中都存在不同的理解。《商品房买卖合同解释》第四条、第五条对商品房买卖认购书和定金担保责任等内容作了相关的规定。但是该规定在实施时，仍然存在许多不同的司法实践。司法实践的差异主要反映了认购书所涉及的问题比较复杂，主要有以下问题：(1)认购书的法律性质；(2)认购书与商品房买卖合同的关系；(3)认购书所确定的债务；(4)违反认购书的约定，应承担的责任；(5)认购书能否继续履行；(6)认购书中的定金性质及罚则等。本章紧紧围绕这些理论与实务中的分歧，展开讨论。

【实务问答】

一、商品房认购书的性质如何认定?

关于认购书的性质问题，司法实践中有不同的观点：

第一种观点认为，从商品房认购书与正式的商品房买卖合同的牵连性上判断，商品房认购书还不足以成为独立合同，因为认购书仅是对签订正式商品房买卖合同的相关事宜的约定，当事人无法根据认购书取得房屋所有权。

第二种观点认为，签订商品房认购书时，真正的商品房买卖行为并未发生，仍处于商品房买卖成立前的前契约阶段，即使双方当事人完全履行了商品房认购书,仍需双方另行签订商品房预售合同或现房销售合同。签订商品房认购书是订立商品房预售合同或商品房现房买卖合同的先决条件,商品房认购书的合同性质为预约合同,是独立有效的合同。

第三种观点认为,商品房认购书的性质为附条件的商品房买卖合同,商品房认购书约定的合同内容为商品房买卖合同所附条件,如商品房认购书中约定以开发商取得立项、规划批准手续,缴清土地出让金,取得商品房销售许可证为签订正式的商品房买卖合同的条件,条件成就时商品房买卖合同成立并生效。

笔者同意第二种观点。

1. 商品房认购书是独立的合同。合同的法律性质在于合意。我国《民法典》第四百六十四条规定:合同是民事主体之间设立、变更、终止民事法律关系的协议。这说明,当事人的意思表示一致合同即告成立。当事人合意的不同,形成了合同的不同法律类型。[①] 认购书是双方当事人对所认购房屋的大致情况、价金、交付、正式签订买卖合同的时间等协商一致的结果,并自愿受该认购书的拘束,因此认购书是双方合意的产物。根据我国有关合同的规定,合同的有效成立要件包括:(1)合格的合同主体;(2)真实的意思表示;(3)内容合法;(4)形式合法。认购书已具备合同的上述有效成立要件,因而是合同的一种,具有独立性。尽管认购书的有些内容在商品房买卖合同中有所涉及,但双方签订认购书的目的是为将来签订买卖合同所作的事先约定,这与商品房买卖合同存在根本区别。因此,不能因认购书与买卖合同具有关联性而否认认购书的独立性。

2. 民法理论中,契约可以分为本约与预约,本约是相对于预约而言的,在预约中约定将来要订立的契约即为本约;预约,则是约定将来订立一定契约的契约。预约合同本身就是一种契约,只不过它的标的比较特殊,是一种订立契约的行为,目的是确保可以与相对人在将来订立特定的合同。一般认为,预约合同包括意向书、允诺书、认购书、购买不动产的定金收据、原则协议、谅解备忘录、协议要点、谈判纪要等。预约,或称预备性契约,是谈判

---

① 参见张真理、王天明:《论楼宇认购书》,载《法律适用》2005 年第 4 期。

当事人一方或双方为将来订立确定性本合同达成的书面允诺或协议。[①] 契约有预约与本约之分,两者异其性质及效力,预约权利人仅得请求对方履行订立本约之义务,不得迳依预订之本约内容请求履行,非不得就标的物及价金之范围先为拟定,作为将来订立本约之张本,但不能因此即认定买卖本约已成立。[②]

一般认为,预约合同应具备下列特征:第一,预约合同是诺成合同。诺成合同不受要物约束,强调当事人主观意志在合同成立中的决定作用的特征,对于预约尤其地明显和重要。第二,预约是谈判期间对未来事项的预先规划。第三,预约之标的是当事人为将来订立本约而谈判。第四,预约必须具备书面形式。第五,有效的预约应当是有约束力的法锁。

认购书是预约合同,预约本身就是一种契约,但它的标的是订立契约的行为,目的是确保与相对人在将来订立特定的商品房买卖合同。在理论上,预约合同与本合同(或称本约)的区别是十分明显的,因履行预约合同而成立的合同即为本合同。但在实务中,有时很难辨别一项合意究竟是预约合同还是本合同。例如,当事人双方订立了"土地使用权转让预约合同",合同约定了转让土地的面积、位置、价款、付款方式以及办理转让登记期限等具体内容,但合同中并无将来订立土地使用权转让协议的约定,或者嗣后已按该合同办理了土地使用权转让登记手续,则该合同虽名为预约合同,但其本质仍属于本合同。因此,预约合同与本合同的界定,不能仅依所使用的文字或合同名称来论断,而应当依照当事人约定的实质内容来判断。

综上,认购书是平等主体间为设立某种民事权利义务关系而签订的协议,符合《民法典》第四百六十四条关于合同定义的规定,因此,认购书可以成为独立的合同。从认购书签订的过程和约定的内容来看,认购书是当事人就签订商品房买卖合同相关事宜进行的约定,约定当事人有义务在一定期限内签订买卖合同,不是对行为结果的直接确认。所以,认购书尚不属于商品房买卖合同。根据司法实践中认购书订立的实际情况和合同法理论,笔者认为,认购书作为出卖人与买受人约定为将来订立商品房买卖合同而

---

① 参见吴颂明:《预约合同研究》,载梁慧星主编:《民商法论丛》第17卷,金桥文化出版(香港)公司2000年版。

② 参见吴庚等编纂:《月旦六法全书》,台北,元照出版有限公司2001年版,第37页。

签订的协议,应属于商品房买卖合同的预约合同,即认购书与商品房买卖合同是预约与本约的关系。[①]

二、如何区分商品房认购书系预约还是本约?

笔者认为,当事人对商品房认购书是预约还是本约存在争议的,不应当拘泥于协议书的名称,而应探求当事人签订协议书时的真实意思,在解释上应当采合同文义解释、系统解释等方法。《商品房买卖合同解释》第五条规定:“商品房的认购、订购、预订等协议具备《商品房销售管理办法》第十六条[②]规定的商品房买卖合同的主要内容,并且出卖人已经按照约定收受购房款的,该协议应当认定为商品房买卖合同。”因此,对于符合上述规定及其他属于名为预约实为本约的情形的,应当认定为商品房买卖合同的本约。

实践中对于商品房认购书系预约还是本约的判断,应考虑以下几个方面:(1)协议签订的时间;(2)双方是否仅仅是为购买该房屋达成初步意向;(3)对房屋的具体位置、面积、房价、付款方式、交房时间等具体的交易条件是否写进合同,是否有明确约定;(4)出卖人是否已经按照约定收受房款。以上四项必须综合分析,判断出双方签订合同的目的。如果双方仅对购买诉争房屋达成初步意向,房屋的具体位置、面积、房价款、付款方式、交房时间等未写进合同内容;或约定将这些条件留待以后协商;或这些条款虽然写进了合同内容,但未加以明确约定;或虽然合同明确约定了未来合同的主要条款,但一方当事人在合同中声明未来合同不受该条款的约束或提出今后需要进一步协商或今后需要最终确认;或签订合同后只需交纳部分定金,而不需支付购房款,等等。对于这样的协议,一般只能认定为预约合同,即我

---

① 参见韩延斌:《〈关于审理商品房买卖合同纠纷案件适用法律若干问题的解释〉的理解与适用》,载《法律适用》2003年第6期。

② 《商品房销售管理办法》第十六条规定:商品房销售时,房地产开发企业和买受人应当订立书面商品房买卖合同。商品房买卖合同应当明确以下主要内容:(1)当事人名称或者姓名和住所;(2)商品房基本状况;(3)商品房的销售方式;(4)商品房价款的确定方式及总价款、付款方式、付款时间;(5)交付使用条件及日期;(6)装饰、设备标准承诺;(7)供水、供电、供热、燃气、通讯、道路、绿化等配套基础设施和公共设施的交付承诺和有关权益、责任;(8)公共配套建筑的产权归属;(9)面积差异的处理方式;(10)办理产权登记的有关事宜;(11)解决争议的方法;(12)违约责任;(13)双方约定的其他事项。

们通常所称的认购意向书,订购协议、定购协议等。商品房买卖合同的本约一般使用的是商品房买卖合同的格式文本,对特定房屋的交易约定明确具体,在合同中对房屋买卖的主要内容即房屋的具体位置、面积、房价款、付款方式、交房时间等均有明确约定,买受人在签订合同后即应依约向出卖人支付购房款。

《商品房买卖合同解释》第五条将商品房买卖认购书认定为商品房买卖合同,即认定名为预约实为本约,应具备两个条件:一是具备《商品房销售管理办法》第十六条规定的商品房买卖合同的主要内容,上文已作论述,不再赘述;二是出卖人已按约定收取购房款。"出卖人已按约定收取购房款"的内涵为:一是认购书已实际履行,出卖人已收取了购房款。这里所称"购房款"既应包括全款,也应包括部分购房款。买受人支付房款的方式有三种,一是一次性付清全款,指买受人在签订商品房买卖合同时或在合同约定的时间内一次性支付全部房价款的付款方式。二是分期付款,指根据商品房买卖的约定,先由出卖人将期房预售或将现房出售给买受人,买受人在一定期限内分次支付商品房价款的付款方式。实务中,首付一般不低于房价总款的10%。余款一般在房屋交付使用后一段时间内付清,最长期限可达30年。三是以个人住房贷款的方式付款,指贷款人向借款人发放的用于购房自用普通住房的贷款。贷款人发放个人住房贷款时,借款人必须提供担保。借款人到期不能偿还贷款本息的贷款人有权依法处分抵押物或质押物,由保证人承担贷款本息的连带责任。出卖人收取房款的方式即使与上述情况不同,也应按约定的方式履行。

由本条解释可以推论出,认购书被认定为本约,除合同条款齐备外,还应具备合同实际履行条件。一般来讲,只要合同条款齐备、明确,不存在法律或事实上的障碍,无论合同名称如何,都应认定其为本约,无须附加实际履行内容。作为认定本约的条件,预约合同不排斥合同的履行,并不意味着合同已开始实际履行就已转化为本约从而否定其预约的性质。笔者认为,预约与本约的本质区别在于预约存在法律或事实上的障碍,导致合同部分条款缺失或不确定,而本约不存在这一情况。《法国民法典》规定:双方当事人就标的物及其价金相互同意时,买卖的预约即转化为买卖。若此种买卖预约之标的物为已或将分块出售的地产时,则对该项预约的承诺及本约在支付部分价金并占有该地产时成立。订立本约的日期,即使是事后补订的,也应是交付第一部分价金之日。“以支付部分价金并占有该地产”为“标的物为已或将分块出售的地产”预约合同成立的条件。之所以这样规定主要是因为不动产交易有钱款数额大、风险高的特点。为保障交易安全,保护购房业主权益,避免以预约为名非法融资危及社会稳定的不法事件发生,有必要通过立法强制规范不动产预约合同的签约条件,降低交易风险,提高本约的签约率,促进房地产业的健康发展。结合上述分析,笔者认为就一般情况而言只要具备《商品房销售管理办法》第十六条规定的商品房买卖合同的主要内容即可认定为本约,不必附加合同履行条件。从立法趋势上讲,应加重对不动产预约的规范力度,而对认定成立本约不必附加履行条件。本条规定“出卖人已按约定收取购房款”作为商品房买卖合同成立的要件之一,笔者认为这主要考虑到了商品房买卖的实际情况。商品房交易实务中,出卖人与买受人签订认购书多是订有日后再签订正式买卖合同的条款,尽管认购书具备本约的内容,但合同当事人的真实意思是签订预约合同,故本条解释附加买受人交纳全部或部分房款的合同才可能转化为正式的商品房买卖合同。以这样的方式区分预约与本约,符合我国商品房销售市场的实际情况,法官、律师、公民都容易理解。此外,法学界对预约合同的理论研究仍处于初级阶段,尚未形成大家公认的主导思想,完善上述理论观点乃至将其上升为法律仍需时日,本解释作出的规定也是符合现行法律、法理和商品房交易实务的。

三、认购书签订的时间如何认定?

就上述问题而言,司法实践中存在不同观点。

第一种观点认为,认购书应区分为两类,把未取得商品房预售许可证之前签订的认购书称为内部认购书,而具备预售资格和现售资格之后签订的认购书称为外部认购书。法律规定了商品房预售的条件,房地产开发商在未能取得商品房预售许可证之前就与预购人签订的商品房认购书应当无效。理由是根据《民法典》第一百五十三条规定:违反法律、行政法规的强制性规定的民事法律行为无效。但是,该强制性规定不导致该民事法律行为无效的除外。而且《城市商品房预售管理办法》第二条规定,“本办法所称商品房预售是指房地产开发企业(以下简称开发企业)将正在建设中的房屋预先出售给承购人,由承购人支付定金或房价款的行为”,因此,未取得商品房预售许可证之前签订认购书并交付定金的行为属于预售行为,其目的在于规避法律的强制性规定,属于违法行为,应当认定为无效。

第二种观点认为,认购行为不是商品房的预售行为,认购书与预售合同最本质的区别在于当事人意思表示的内容不一样,认购书表示认购者准备购买某一商品房,而预售合同表示购房者已经买下某一商品房。认购书的双方当事人之所以不签订商品房买卖合同是因为客观上不具备签订商品房买卖合同的条件,在事实或法律上存在当时不能克服的障碍,如开发商已办妥立项、规划、报建审批手续,尚未缴清土地出让金,尚未取得商品房预售许可证等。而认购书中应对商品房买卖合同中的核心条款作出约定,预约合同才能成立。如果开发项目尚未立项就允许开发商向社会公众销售房屋,认购书就不是针对特定项目签订的,认购书上的所有条款都不是确定的,这一阶段的认购书与非法融资无异,应当无效。因此,认购书只要在开发商取得建设工程规划许可证和施工许可证后就可以签订,或者认购书应当在办妥立项、规划、报建审批手续后取得商品房预售许可证之前的一段时间内签订。

笔者同意第二种观点。

认购书应当在开发商取得建设项目的施工许可证之后签订才有效。从现有的有关商品房建设的法律法规和规章来看,开发商取得了施工许可证,就必然完成了立项、规划、建设报批手续,认购的商品房已具有特定的物理特性,满足认购双方在认购书中对商品房买卖合同的核心条款作出约定的要求。尤其重要的是,取得了施工许可证后,开发商在程序上就应当落实了建设资金、建设单位、施工计划,项目已经进入实质性的建设阶段,这就增强了预约合同的稳定性和确定性,减少了不确定因素。规定开发商取得建设项目施工许可证之后签订的认购书才有效,其目的在于保障交易安全和社会公众利益,是由不动产交易的本质特征决定的。

四、预约合同内容"确定性"的标准如何判断?

就预约内容"确定性"的标准而言,主要有以下几种观点:

第一,"必要说"。该观点认为,预约应包含本约赖以成立的必要条款或依合同解释可以确定,否则预约不能成立。

第二,"非必要说"。该观点认为,"预约不同于本约,预约的成立生效并不要求预约定要具有本约的必要条款，只要预约能体现双方明确的缔约表示，并具有一定的确定性就可生效。例如王泽鉴先生持此观点”。[①]

第三，“不能包括本约所有条款说”。该观点认为，“预约不能包括本约所有条款，否则本约成立”。

笔者认为，上述三种观点都有缺陷。

就预约标准的确定性而言，学理上一般从预约合同内容是否包括本约的“必要之点”入手探讨。“必要之点”，是指预约应包含本约合同所不可缺少的要素；“非必要之点”，是指预约无须包含本约的必备条款便可成立。

第一，对“非必要说”的评析。“非必要说”通常不要求预约的成立应包括本约的“必要之点”。笔者认为，“非必要说”不能成立。因为若采此学说，预约很容易就成立生效，可是成立预约的标准究竟何在？若预约不太确定便认为其成立合同，那么当事人便负有将来订立本约之义务，似乎不近人情，而且实难操作，故笔者认为不可取。在此种情形下，双方当事人只表达了一个初步的意愿，由于此约定过于模糊，所以不应成立预约合同。此时的约定为预约合同不成立，也因内容的太不确定而无从强制对方将来缔结本约。例如，甲对乙提出的“愿意购买你的房屋，明天交易”完全同意，但该合意不应构成预约，因太不确定，无法明确权利义务，也无法履行。

第二，对“必要说”的评析。“必要说”认为预约必须包含本约的“必要之点”，笔者认同；但“必要说”没涉及预约需包含将来订立预约的意思表示，实属遗憾。

第三，对“不能包括本约所有条款说”的评价。当事人在预约中约定的内容，可能部分甚至全部包括本约的所有条款，那么，这这种情况下，是不是本约直接成立而没有预约适用的余地呢？笔者认为，预约中可对本约的部分内容甚至全部内容有所约定，这些约定只是为了将来订立本约张本和作为依据，本约并非直接成立而没预约适用的余地。

在实际交易中，当预约中具有本约的所有要素时，将其作为预约还是本约，应考察合同中是否存在约定将来订立本约的意思表示，若是则认定为预约，否则认定为本约。究竟是预约还是本约不应以当事人间使用的字眼为

---

① 黄正江：《合同预约研究》，载《广西政法管理干部学院学报》2002 年第 S2 期。

唯一标准,而应通盘考虑当时的情形。

综上所述,笔者认为,要构成一项有效的预约,预约中必须包含两项内容:第一,约定将来订立本合同的意思表示;第二,包含本约的"必要之点"。预约的"确定性"问题非常重要,其不仅关乎预约的成立生效与否,而且与预约的效力息息相关。

五、违反认购书的民事责任如何认定?

就上述问题而言,司法实践中存在三种观点:

第一种观点是违约责任说。该说认为预约是一种独立的合同,如果一方当事人违反预约,属于不履行合同的行为,应按违约责任处理。所以预约不产生缔约过失责任。①

第二种观点是缔约过失责任说。该说认为预约是在本约的磋商过程中订立的,属于前契约阶段合同,违反预约而导致本约不成立,当属缔约过失责任。

第三种观点是违约责任和缔约过失责任竞合,当事人可以选择行使权利。

笔者同意第一种观点。

《民法典》第四百九十五条规定:当事人约定在将来一定期限内订立合同的认购书、订购书、预订书等,构成预约合同。当事人一方不履行预约合同约定的订立合同义务的,对方可以请求其承担预约合同的违约责任。关于缔约过失责任,耶林在文章中指出"从事契约缔结的人,是从契约交易外的消极义务范畴,进入契约上积极义务范畴,其因此而承担的首要义务,系于缔约时善尽必要的注意。法律所保护的,并非仅是一个业已存在的契约关系,正在发生中的契约关系亦应包括在内,否则,契约交易将暴露于外,不受保护,缔约一方当事人不免成为他方疏忽或者不注意的牺牲品!契约的缔结产生了一种履行义务,若此种效力因法律上的障碍而被排除时,则会产生一种损害赔偿义务。因此,所谓契约无效者,仅指不发生履行效力,非谓不发生任何效力。简言之,当事人因自己的过失致使契约不成立者,对信其

---

① 参见王利明:《违约责任论》,中国政法大学出版社2000年版,第713页。

契约为有效成立的相对人,应赔偿基于此信赖而产生的损害”。其学说的最大贡献在于:肯定了在契约关系成立之前,当事人因缔约行为而产生了一种具体的、类似契约的信赖关系,此种关系属于法定债的关系;同时,当事人若因缔约上的过失破坏了这种关系,应对其给相对人造成的信赖利益损失予以补偿。

缔约过失责任产生的前提是法律必须有对先合同义务的规定。所谓先合同义务,是指当事人为签订合同而相互接触磋商之时,依据诚实信用的民法基本原则所负有的各种义务,具体指协力、告知、保护、照顾、保密等义务。《民法典》第五百条规定:“当事人在订立合同过程中有下列情形之一,造成对方损失的,应当承担赔偿责任:(一)假借订立合同,恶意进行磋商;(二)故意隐瞒与订立合同有关的重要事实或者提供虚假情况;(三)有其他违背诚信原则的行为。”第五百零九条第二款规定:当事人应当遵循诚信原则,根据合同的性质、目的和交易习惯履行通知、协助、保密等义务。商品房认购书在性质上属于预约合同,对双方当事人均具有约束力,当事人应当依据认购书的约定严格履行合同义务。此种义务为合同义务,而非法律规定的先合同义务。一方违反预约合同,应当承担违约责任。

六、当事人签订商品房认购书后往往会支付一定数额的定金作为签订正式商品房买卖合同的担保,如果双方经磋商后最终无法签订正式合同应如何处理?

依据《商品房买卖合同解释》第四条的规定:“出卖人通过认购、订购、预订等方式向买受人收受定金作为订立商品房买卖合同担保的,如果因当事人一方原因未能订立商品房买卖合同,应当按照法律关于定金的规定处理;因不可归责于当事人双方的事由,导致商品房买卖合同未能订立的,出卖人应当将定金返还买受人。”通常认为,商品房认购书中约定的“定金”,性质上属于《民法典》第五百八十六条规定的当事人约定以交付定金作为订立合同担保的立约定金。在处理上应具体区分以下情形:

1. 因不可归责于当事人双方的事由,导致商品房买卖合同未能订立的情形。司法实践中一般认为,所谓“因不可归责于当事人双方的事由”,是指双方当事人均忠实履行了预约合同中诚信谈判的义务,但商品房买卖合同仍未能订立的情形。如当事人双方在签订正式商品房买卖合同的磋商过程中均无过错,只是就合同有关具体条款出现较大分歧,不能协商一致,或者因不可归责于当事人双方的事由,如不可抗力和其他当事人意志以外的因素而导致商品房买卖合同未能订立的,出卖人应当将收取的定金返还给买受人。如福建省高级人民法院民一庭《商品房买卖解答》第一条第一款规定:"不可归责于当事人双方的事由是指双方当事人均无过错而导致商品房买卖合同未能订立的情形。例如,双方当事人在商品房的认购、订购、预订等协议中未约定的与商品房买卖有关的内容,在签订正式商品房买卖合同时,经磋商无法达成一致意见的;收受定金后,因第三人的原因或自然灾害致使该商品房项目未能建设或未能按原约定建设等情形。"

2. 因当事人一方原因导致商品房买卖合同未能订立的情形。实践中,"因当事人一方原因"主要指签订认购书后当事人一方情况发生了变化,如购房人因付款能力降低、对预购的房屋不满意、选中其他楼盘等;出卖人因房屋涨价,为谋取更大利润空间,将房屋卖给第三人,或者提出高于认购书约定的房屋价款,导致双方未能签订正式商品房买卖合同等情形。在能够认定当事人一方存在过错,导致商品房买卖合同未能签订的情况下,依据《民法典》第五百八十六条第一款、第五百八十七条规定处理,即"当事人可以约定一方向对方给付定金作为债权的担保。定金合同自实际交付定金时成立"。"债务人履行债务的,定金应当抵作价款或者收回。给付定金的一方不履行债务或者履行债务不符合约定,致使不能实现合同目的的,无权请求返还定金;收受定金的一方不履行债务或者履行债务不符合约定,致使不能实现合同目的的,应当双倍返还定金。"在不能分清过错方情况下,应当倾向于保护相对弱势一方即买受人的利益,判决出卖人返还收取的定金。福建省高级人民法院民事审判第一庭《商品房买卖解答》第一条第二款也有如此规定:"因一方当事人恶意磋商导致合同无法订立的,应当按照法律关于定金的规定处理。例如,在签订认购、订购、预订等协议后,买受人反悔,为了能退回定金,在订立商品房买卖合同时,对双方未约定的事项故意提出一些苛刻条件(例如要求出卖人在不合理的期限内交房)的,不属于不可归责于双方当事人的事由。如果无法确认是否一方当事人故意,则适用'因不可归责于当事人双方的事由,导致商品房买卖合同未能订立的,出卖人应当将定金返还买受人'之规定,返还定金。"

七、当事人如果不履行认购书中签订本约的义务,对方当事人能否请求违约方承担强制履行的责任?

就上述问题而言,司法实践中存在不同观点。

第一种观点认为,"预约的当事人尽管已经在预约中就本约的主要条款达成一致,但由于本约本身并未成立并生效,当事人不能直接取得本约中的权利义务,也就是说,如果预约的一方当事人违反预约的规定,他方当事人不仅不能直接请求履行本约,也不能请求强制履行预约(即以判决代替当事人的意思表示)或者请求赔偿本约履行的利益"。①

第二种观点认为,"预约虽然仅使当事人负有订约义务,但也是一种合同。如果预约的一方当事人不履行其订立本约的义务,则另一方有权请求法院强制其履行义务及承担责任"。②

第三种观点认为,对方当事人可以请求违约方承担强制实际履行的责任。"这种责任形式不为我国《民法典》第500条所规定,这是对预约义务的狭隘理解产生的结果。""在以下两种情形下,预约当事人应当承担实际履行责任:1.带未决条款的预约,它可能是一个像选择权合同那样的要约,如果预约当事人违反谈判义务,未能达成关于未决条款的协议,那么,最后本约就由预约中已经达成协议的条款和法院强行填充的条款共同构成之。法院通常按照交易惯例、类似交易中的通常条款、当事人先前交易中的习惯做法等客观标准,进行补充,假如实际履行的命令有必要而且可能的话。2.如果预约当事人以典型的'排他性谈判'条款,明确的允诺要排他地捉对谈判时,法院得禁止他与第三人就交易进行相同的谈判。"③

笔者认为,认购书能否继续履行,应该视认购书的类型而定,对于"将进行谈判的预约"和"带未决条款的预约"采取不同的方法。

对于违反"将进行谈判的预约",不能继续履行。该类认购书的内容不完善,对将来的商品房买卖合同的重要条款没有具体的协议,当事人之间一

---

① 符启林主编:《商品房预售法律制度研究》,中国政法大学出版社2002年版,第96页。

② 王利明、崔建远:《合同法新论·总则》,中国政法大学出版社1996年版,第48页。

③ 吴颂明:《预约合同研究》,载梁慧星主编:《民商法论丛》第17卷,金桥文化出版(香港)公司2000年版。

旦缔结预约,双方也仅负有磋商的义务,并无必须缔约的义务,至于能否达成协议,应该视当事人之后具体的协商结果而定。继续履行,没有依据,且剥夺了当事人的合同自由。《商品房买卖合同解释》第四条规定,出卖人通过认购、订购、预定等方式向买受人收受定金作为订立商品房买卖合同担保的,如果因当事人一方原因未能订立商品房买卖合同,应当按照法律关于定金的规定处理;因不可归责于当事人双方的事由,导致商品房买卖合同未能订立的,出卖人应当将定金返还买受人。该规定实际上就是认定,对于“将进行谈判的预约”,当事人主要承担的是磋商义务,如果双方无法达成商品房买卖合同,则应根据具体的情形,适用定金罚则,若双方均无责任,则退还定金即可。

对于违反了“带未决条款的预约”,可以考虑继续履行。该类型预约中已约定了交易的大部分条款,并且当事人都同意受这些条款的约束;但当事人有义务就未决条款继续谈判,先达成所谓“关于未决条款的协议”,再整合成最后本约。在此类认购书中,实际上当事人对商品房买卖的一些主要内容均已达成协议,剩下一些非重要条款。由于此类认购书的条款比较完善,使得当事人之间对商品房买卖合同的成立产生了更高的预期,因此,此时产生的义务包括对已决条款的遵守和对未决条款的磋商,由于已决条款的完备性和重要性均高于未决条款,故当事人一方如果在未决条款上恶意磋商以阻碍商品房买卖合同的成立,则另一方应有权请求继续履行。从继续履行的可能性上来看,由于认购书的主要内容具备,基本可以履行,至于未决条款,可以由法院根据商品房的交易习惯进行合理的补充。《商品房买卖合同解释》第五条规定,商品房的认购、订购、预订等协议具备《商品房销售管理办法》第十六条规定的商品房买卖合同的主要内容,并且出卖人已经按照约定收受购房款的,该协议应当认定为商品房买卖合同。该规定实际上是将部分“带未决条款的预约”法定化为商品房买卖合同,从而达到可以继续履行的效果。

根据认购书的分类确定是否能够继续履行,从理论上来说是合理的。但是,在司法实践中,该分类缺少比较具体的标准,往往很难操作,需要法官进行自由裁量。《商品房买卖合同解释》第五条将部分“带未决条款的预约”法定化为商品房买卖合同,为其继续履行奠定了法律基础,在实践中也是比较容易判断的,具有比较强的针对性和指导作用。《商品房买卖合同解释》

第四条之规定,则是肯定了"带未决条款的预约"不可继续履行。

在司法实践中,如果遇到认购书继续履行的诉讼请求,法院可以根据《商品房买卖合同解释》第五条之规定进行处理,符合条件的,按买卖合同来继续履行,不符合条件的,则适用定金罚则。

但是,从实际情况来说,"将进行谈判的预约"和《商品房买卖合同解释》第五条之规定的情形之间存在很大的空间,该空间对于"将进行谈判的预约"和"带未决条款的预约"的区分是缺乏明显界限的。如果严格依照《商品房买卖合同解释》第四条、第五条之规定执行,从实际结果来看,未必公平。从全国各地法院的判决来看,有些法院严格执行该规定,也有些法院则对该规定有所突破,将更多的"带未决条款的预约"纳入可继续履行的范畴。

八、如何认定开发商与买受人在商品房认购书中约定的定金性质?

就上述问题而言,司法实践中存在不同观点。

第一种观点认为,开发商与买受人在签订商品房认购书时往往会同时约定给付保证金、押金或订金,这种约定即应视为定金条款,一旦因当事人一方的原因未能订立商品房买卖合同,即应适用定金罚则。

第二种观点认为,保证金、押金或订金与定金并不完全等同,判断是否为定金仍应以当事人的约定是否有定金的性质为依据。

笔者同意第二种观点。

在商品房认购书中,常常出现保证金、押金或订金等字眼。定金是保证主债务得以履行的一种担保手段,其首要作用是担保合同的履行,定金合同为从合同,定金可以因为一方不履行约定的债务而执行定金罚则;而订金是债务履行的一种方法,有关订金的约定为主合同内容,给付订金即使一方有不履行约定的债务的行为也无罚则可言。可见,判断给付款项的性质至关重要。判断所付款项是否为定金的基本方法是:(1)合同中关于所付款项的文字表述是否为"定金",若是"定金",则依法适用定金的相关规则,若不是需要进一步判断;(2)若合同中关于所付款项的文字表述为"留置金、担保金、保证金、押金或者订金等",则应根据合同中关于该款项的具体约定进一步判断,若其中有"无权要求返还"或"双倍返还"的约定,则可以视为定金。

九、确定了当事人给付款项的性质后，在当事人签订商品房认购书后无法签订正式商品房买卖合同的情况下，应如何适用定金罚则？

《商品房买卖合同解释》第四条规定："出卖人通过认购、订购、预订等方式向买受人收受定金作为订立商品房买卖合同担保的，如果因当事人一方原因未能订立商品房买卖合同，应当按照法律关于定金的规定处理；因不可归责于当事人双方的事由，导致商品房买卖合同未能订立的，出卖人应当将定金返还买受人。"该条所指的相关法律主要是《民法典》第五百八十七条，债务人履行债务的，定金应当抵作价款或者收回。给付定金的一方不履行债务或者履行债务不符合约定，致使不能实现合同目的的，无权请求返还定金；收受定金的一方不履行债务或者履行债务不符合约定，致使不能实现合同目的的，应当双倍返还定金。规定了立约定金的定金罚则效力。具体如何适用定金罚则，在处理上应具体区分。

1. 因不可归责于当事人双方的事由，导致商品房买卖合同未能订立的情形。司法实践中一般认为，所谓"因不可归责于当事人双方的事由"，是指双方当事人均忠实履行了预约合同中诚信谈判的义务，但商品房买卖合同仍未能订立的情形。如当事人双方在签订正式商品房买卖合同的磋商过程中均无过错，只是就合同有关具体条款出现较大分歧，不能协商一致，或者因不可归责于当事人双方的事由，如不可抗力和其他当事人意志以外的因素而导致商品房买卖合同未能订立的，出卖人应当将收取的定金返还给买受人。

2. 因当事人一方原因导致商品房买卖合同未能订立的情形。实践中，"因当事人一方原因"主要指签订认购书后当事人一方情况发生了变化，如购房人因付款能力降低、对预购的房屋不满意、选中其他楼盘等；出卖人因房屋涨价，为谋取更大利润空间，将房屋卖给第三人，或者提出高于认购书约定的房屋价款，导致双方未能签订正式商品房买卖合同等情形。在能够认定当事人一方存在过错，导致商品房买卖合同未能签订的情况下，依据《民法典》第五百八十七条规定处理，即"债务人履行债务的，定金应当抵作价款或者收回。给付定金的一方不履行债务或者履行债务不符合约定，致使不能实现合同目的的，无权请求返还定金；收受定金的一方不履行债务或者履行债务不符合约定，致使不能实现合同目的的，应当双倍返还定金"。

在不能分清过错方情况下，应当倾向于保护相对弱势一方即买受人的利益，判决出卖人返还收取的定金。

3. 如果当事人双方在合同磋商过程中存在过错，导致商品房买卖合同未能订立的，因合同未能订立不能只归责于一方，故不能适用定金罚则，应比照上述第 1 种情况处理，即出卖人应当将收取的定金返还给买受人。

十、出卖人恶意违反商品房订购书，导致商品房买卖合同不能订立，买受人要求出卖人赔偿除双倍返还定金之外的其他损失，如预期利益损失，应如何处理？

就上述问题而言，司法实践中存在不同观点。

第一种观点认为，当事人违反预约合同导致商品房买卖合同没有订立的，只承担缔约过失责任，在买受人所受的信赖利益范围内进行赔偿。如福建省高级人民法院民事审判第一庭《商品房买卖解答》第三条规定："买受人可以请求出卖人双倍返还定金，并赔偿其信赖利益，例如，为订立商品房买卖合同而支出的费用及利息等损失，使其恢复到未认购商品房前之财产状态。但请求出卖人赔偿其房屋涨价的损失的，不予支持。"

第二种观点认为，实践中预约协议的形式多种多样，当事人的预期利益也不尽相同。对于一份内容比较全面、具体的预约合同，因出卖人恶意违约，如房屋价格上涨，出卖人为获得涨价利润将房屋出卖给第三人，致使买受人的利益无法实现，这种情况如果仅适用定金罚则，对维护市场的诚信体系是极为不利的，因此还应当赔偿买受人的预期利益损失，即在定金罚则或直接损失的范围之外，再参照房屋差价或违约方所获利润确定赔偿数额。如重庆市高级人民法院民事审判第一庭《民事审判指导意见》第三十五条规定："……如因出卖人的原因未能订立商品房买卖合同，对方请求双倍返还定金的，一般应予支持；如未能签订本约的原因系出卖人故意违约，且给买受人造成损失的，买受人还可要求出卖人赔偿损失。"

笔者倾向于认为，如果预约协议约定有定金条款的，应当适用定金罚则；如果预约协议中没有约定定金条款，或有证据证明定金处罚数额明显低于买受人所受实际损失的，出卖人应当赔偿买受人所受到的实际损失。损失具体数额应综合考虑买受人的履约情况、出卖人的过错程度、合理的成本支出、房屋差价及出卖人所获利润等因素，由法院酌定。买受人要求出卖人赔偿履行商品房买卖合同的可得利益,即房屋全部差价损失的,法院一般不应支持。但在因房屋价格快速上涨等原因诱使出卖人恶意违反预约协议将房屋高价转卖他人的情形下,出卖人应当赔偿买受人为此另购同等房屋所造成的部分房屋差价损失。就举证责任的承担而言,依据“谁主张,谁举证”的原则,守约方对于其所受实际损失明显高于定金处罚数额的主张负有举证责任。

十一、房产商违反购房意向书的责任如何认定?

购房意向书从性质上讲应为有效的预约合同,其对双方当事人产生在未来某个时候为达成本约依诚信原则进行谈判的义务。房产商违反购房意向书的约定属于一种违约责任,对守约方因信赖利益落空产生的损失应酌情予以赔偿。当购房意向书已经实质上构成商品房预售合同时,购房者可直接依据购房意向书追究房产商的违约责任当无疑问。实践中的分歧在于:当购房意向书并未构成商品房预售合同,而仅作为商品房预售合同这一本约的预约出现时,应当如何追究房产商的法律责任?

对于这一问题的解决存在两种观点:第一种观点认为,购房意向书虽然不是商品房预售合同,但它仍然是独立的合同,因此应当依据购房意向书本身追究房产商的违约责任。第二种观点认为,应当将购房意向书与商品房预售合同“捆绑”起来看待。签订购房意向书只是为签订商品房预售合同作准备,属于签订商品房预售合同的过程,因此如果因为房产商的原因而导致商品房预售合同没有订立,则应当追究房产商的缔约过失责任。

笔者认为,应当以追究房产商的违约责任为宜。第一,预约具有独立的合同属性,成立、效力以及违约责任的认定等均应独立于本约作出。购房意向书虽然与商品房预售合同形成预约与本约的关系,但这种划分的意义并不在于将两者的违约责任也等同起来。“事实上,预约与本约之差异仅在于约定之内容有所不同。”第二,违约责任比缔约过失责任更有利于遏制房产商的不法行为。违约责任与缔约过失责任的赔偿原则和赔偿范围存在显著的差异。在缔约过失责任项下,购房意向书的具体内容以及房产商转售获利情况均不属于确定购房者损失的考虑因素。在司法实践中,这种缔约过失责任往往表现为购房者的利息损失。如果法院仅仅判决房产商依据缔约过失责任赔偿购房者的利息损失,则这种判决的实际功效无异于为房产商提供低息贷款，从一定程度上来讲解决了房产商的融资难问题。在这种赔偿机制下，房产商可以说是“进退自如”：房价大幅飙升时，可以任意地违反购房意向书的约定，从容地独占房屋升值的利益，而购房者所支付的意向金则完全可以作为融资成本记入账目，且利息甚至低于银行贷款；房价大幅下跌时，房产商则可以选择履行购房意向书项下的缔约义务，并合法地获取购房者已实际支付意向金所产生的利息。当请求权基础被确定为缔约过失责任时，购房者无法分享讼争房屋的增值利益。如果法院按照缔约过失责任仅仅判决赔偿利息损失，那对房产商来说实在是过于“厚道”了。

此外，有必要在此探讨一下购房者损失的认定问题。在确定了违约责任为此类案件当中适格的请求权基础之后，法院对于损失的具体认定仍然存在不同的做法：第一种做法是确定损失；第二种做法是酌定损失。

笔者认为，应以酌定损失为宜。购房意向书与商品房预售合同毕竟还存在差异，因此，违反购房意向书和商品房预售合同的法律后果也应当有所不同。“预约”合同的成立和生效，仅使当事人负有将来按预约规定的条件订立主合同的义务，而不负履行将来要订立的合同中的义务。如果法院通过转售差价确定损失范围，则无异于赋予了购房意向书与商品房预售合同相同的法律效力。房产商拒绝按照购房意向书签订商品房预售合同，实际上是剥夺了购房者的机会利益，使得他们丧失了向他人以类似价格购买类似商品的机会。“机会丧失如何赔偿，主要在于订定本约的概率有多大以及本约最后将确定的内容，并根据经济理性人的标准进行判断。”诸多不确定因素的存在，使得法院确定精确的损失金额在客观上是不可能的，因此还是采用酌定损失的做法相对较为可取。

如果当事人双方在合同磋商过程中存在过错，导致商品房买卖合同未能订立的，因合同未能订立不能只归责于一方，故不能适用定金罚则，应比照上述第一种情况处理，即出卖人应当将收取的定金返还给买受人。

十二、以格式合同出现的商品房认购书中含有单方权利约定条款，该商品房认购书是否有效？

就上述问题而言，实践中存在不同观点：

第一种观点认为，只要当事人在格式合同上签了字，便是对单方权利约定条款的认可，这样的商品房认购书当然有效。

第二种观点认为，对此问题应当具体问题具体分析。如果以格式合同出现的商品房认购书中单方权利约定的条款，加重了对方的责任，排除了对方的主要权利，该认购书应为无效。否则应当认定为有效。

笔者同意第二种观点。《民法典》将无效修正为不成为合同内容。

我国《民法典》第四百九十六条第二款规定，采用格式条款订立合同的，提供格式条款的一方应当遵循公平原则确定当事人之间的权利和义务，并采取合理的方式提示对方注意免除或者减轻其责任等与对方有重大利害关系的条款，按照对方的要求，对该条款予以说明。提供格式条款的一方未履行提示或者说明义务，致使对方没有注意或者理解与其有重大利害关系的条款的，对方可以主张该条款不成为合同的内容。

格式合同的合同文本是由一方当事人预先制定的，并没有经过双方当事人互相协商决定。格式合同是为了与不特定的多数人签约而订立的，内容有完整和定型化的特点。完整和定型化的特点是指格式合同的内容具有稳定性和不变性，普遍适用于与起草人订立合同的不特定的相对人，不因相对人的不同而有所区别。相对人没有参与合同的制定，且对合同的内容只能表示完全同意或拒绝，而不能变更合同的内容。相对人对事先制定的格式合同条款只能全部接受或者不接受，决定了相对人在格式合同中的从属地位。如果以格式合同出现的商品房认购书中单方权利约定的条款，加重了对方的责任，排除了对方的主要权利，该认购书应为无效。

【案例适用】

规则3　[预约与本约]判断一个合同究竟为本约还是预约，应专注于其实质内容，探求当事人的真意，而非合同所使用的名称。

〖规则解析〗

所谓预约，是指约定将来订立一定合同的合同；因履行预约而订立的合同为本约。判断一个合同究竟为本约还是预约，应专注于其实质内容，探求当事人的真意，而非合同所使用的名称。

〖案情简介〗

2002年，甲市某开发商计划对当地某地块进行房产开发，建设商品房出售。在尚未取得土地使用权的情况下，其与众多购房者签订了认购书，其中约定：出售期房某栋某某室住宅，建筑面积×平方米，每平方米1800元，2004年某月前交付。除此之外，认购书还包含了其他一般商品房买卖合同之必须条款。购房者依约交纳了定金及部分房款后，开发商因拿地手续及搬迁等原因无力动工，遂通知购房者退款并商议赔偿事宜，但一部分购房者并未接受开发商的解约请求。2011年，该开发商取得了该地块土地使用权，遂开工建设，并于2012年取得了商品房预售许可证，预售价格每平方米近8000元，现已全部预售完毕，并依法办理了不动产预告登记。此时，当初未接受退款解约安排的部分购房者要求开发商继续履行认购书或赔偿房屋差价全额，开发商则主张合同无效，遂引起诉讼。

〖**裁判结果**〗

本案的争议焦点为：(1)原、被告双方签订的认购书如何定性？对此问题，一种观点认为是预约，另一种观点认为是本约。(2)认购书是否为有效合同，有关损失如何计算？对此，一种观点认为认购书有效，赔偿应依原告诉求；另一种观点认为认购书有效，但差价应当以被告明示不履行合同之时与认购书中约定房价相较。

〖**裁判思路**〗

1. 认购书是本约

本案认购书是否为本约，不应以房地产开发进程为标准，更不应以该协议的名称是否为“认购书”为准，而应考察其内容是否符合房屋买卖合同的构成要件，探求和判断当事人的真意，对合同的性质作出认定。应当明确的是，订立预约在交易上属于例外，如有疑义，应认定为本约。本案中的认购书在名称上虽有预约之嫌，但已经具备了商品房买卖合同的主要内容，并且开发商已经按照约定收受了部分购房款，依据《商品房买卖合同司法解释》第五条的规定，应将该认购书认定为商品房预售合同，为本约。

2. 本案认购书有效

国务院《城市房地产开发经营管理条例》第二十三条(2020年修订为第二十二条)规定：“房地产开发企业预售商品房，应当符合下列条件：(一)已交付全部土地使用权出让金，取得土地使用权证书；(二)持有建设工程规划许可证和施工许可证；(三)按提供的预售商品房计算，投入开发建设的资金达到工程建设总投资的25%以上，并已确定施工进度和竣工交付日期；(四)已办理预售登记，取得商品房预售许可证明。”本案中认购书签订之时，该条所有要件均未得到满足，根据《民法典》第一百五十三条规定，违反法律、行政法规的强制性规定的民事法律行为无效。但是，该强制性规定不导致该民事法律行为无效的除外。但是开发商对涉案房地产项目的开发进展弥补了认购书效力上的缺陷。《商品房买卖合同解释》第二条规定："出卖人未取得商品房预售许可证明，与买受人订立的商品房预售合同，应当认定无效，但是在起诉前取得商品房预售许可证明的，可以认定有效。"本案诉讼发生时，被告已完全获得了商品房预售所需资质，使得认购书并不必然无效，而属法官自由裁量，"可以"认定有效。

3. 本案原告请求继续履行合同或差价全额赔偿的诉求无法满足

本案预售商品房已进行不动产预告登记的事实决定了原告继续履行合同的诉求无法得到满足。首先，根据债与合同法的基础理论，普通债权之间关系平等，所以原告并不能因商品房买卖合同签订在先而取得优先履行之优势地位。同时，《民法典》第二百二十一条规定的不动产预告登记制度赋予了经过预告登记的合同以物权保护力度。本案中签订在后的预售合同已经不动产预告登记，使得后一购房人对涉案标的物具有了物权法上的排他性优势。所以，原告继续履行合同的诉求已丧失执行的可能性。其次，在赔偿金额的确认上，需要注意的是，早在合同签订不久，被告就作出了根本违约的意思表示，根据《民法典》中的"减损原则"，原告负有采取措施，减少损失的义务，否则将承担扩大的损失部分。所以原告的差价全额赔偿之请求并不能得到法院的全部支持，差价应当以被告明示不履行合同之时与认购书中约定房价相较。被告在退还预收房款外，首先应当双倍返还定金，尚不能弥补房款差额的，则由被告予以赔偿损失。

规则4 ［预约与本约］判断当事人之间究竟是预约关系还是本约关系，不能仅孤立地以当事人之间签订的协议之约定为依据，而是应当综合审查相关协议的内容以及当事人嗣后为达成交易进行的磋商和有关的履行行为等事实，从中探寻当事人真实意思，并据此对当事人之间法律关系的性质作出准确界定。

〖**规则解析**〗

判断当事人之间订立的合同系本约还是预约的根本标准应当是当事人的意思表示，也就是说，当事人是否有意在将来订立一个新的合同，以最终明确在双方之间形成某种法律关系的具体内容。根据《民法典》第二百一十五条规定之精神，处分行为有别于负担行为，解除合同并非对物进行处分的方式，合同的解除与否不涉及物之所有权的变动，而只与当事人是否继续承担合同所约定的义务有关。

〖**案情简介**〗[①]

一审法院经审理查明：

1. 2006年9月20日，四川蜀都实业有限责任公司（以下简称蜀都实业公司）（甲方）与成都迅捷通讯连锁有限公司（以下简称讯捷公司）（乙方）签订《购房协议书》约定："甲、乙双方按照互惠、互利的原则，经多次协商，就蜀都大厦北一楼及中庭售房事宜形成如下一致意见：1. 乙方购买甲方所拥有的蜀都大厦北一楼及中庭建筑面积2100平方米，总价格6750万元（最后按照房管部门办理的产权证为准进行结算）。2. 本协议签订之日起，甲方收到乙方预计购房定金1000万元，待购房合同签订时，该定金自动转为购房款。3. 甲、乙双方应就购房合同及付款方式等问题在本协议原则下进行具体磋商。4. 甲、乙双方均应遵守本协议所确定的原则，违反则违约方向守约方支付违约金1000万元。5. 甲、乙双方就该宗房屋买卖合同签订时，本协议自动失效。"

2. 2006年9月14日和2006年9月18日，讯捷公司经上海浦东发展银行股份有限公司成都分行向四川舒卡特种纤维股份有限公司（以下简称舒卡纤维公司，现名友利公司）在中国光大银行成都分行的账号内分别转入200万元和300万元，款项用途为预付购房定金。2006年9月18日、9月19日、9月20日，讯捷公司经中国光大银行成都分行向舒卡纤维公司的账号内分别转入200万元、200万元和100万元。舒卡纤维公司于2006年9月20日向讯捷公司开具了两张金额均为500万元的定金收据。蜀都实业公司于2007年1月4日将讼争的房屋交付给讯捷公司使用至今。

3. 四川省工商行政管理局于2004年核准"成都蜀都大厦股份有限公司"的企业名称变更为"四川舒卡特种纤维股份有限公司"的申请。四川蜀都大厦有限责任公司（以下简称蜀都大厦公司）由舒卡纤维公司、成都蜀都投资管理有限责任公司、江苏双良科技有限公司分别出资4600万元（占

---

① 成都讯捷通讯连锁有限公司与四川蜀都实业有限责任公司、四川友利投资控股有限公司房屋买卖合同纠纷案，载《最高人民法院公报》2015年第1期。

46%)、500万元(占5%)、4900万元(占49%)而设立,蜀都大厦公司于2005年7月分立成蜀都大厦公司和蜀都实业公司。蜀都实业公司注册资本为1000万元,股东名称和出资比例不变。舒卡纤维公司于2009年4月10日经四川省工商行政管理局核准企业名称变更为友利公司。

4. 2005年8月5日,蜀都大厦公司出具的《场地证明》载明:"因企业分离,现蜀都大厦公司名下锦江区暑袜北三街20号蜀都大厦南楼(权0111476)、北楼(权0963909)、中庭(权0111478)第一至四层楼及精品屋(权0613360)无偿提供给蜀都实业公司使用。"2006年2月25日,蜀都大厦公司与蜀都实业公司根据双方签订的分立协议,就蜀都大厦公司将位于成都市锦江区暑袜北三街20号蜀都大厦裙楼(包括南楼、北楼、中庭)第一层至第四层以及精品屋共计17,537.36平方米房屋产权及相应的土地使用权转移过户至蜀都实业公司名下的具体问题签订了《关于办理蜀都大厦裙楼1-4层房屋权属转移过户协议书》一份,双方同意分次办理应转移过户到蜀都实业公司名下房产的转移过户登记手续,并各委派一人共同办理房屋权属转移过户登记手续,相关费用按规定由双方分别承担,待上述房屋产权全部过户至蜀都实业公司名下后,随即开始办理相应土地使用权证的转移过户登记手续。成都市房屋产权监理处于2008年3月4日向蜀都实业公司颁发了位于成都市锦江区署袜北三街20号一层,面积4060.40平方米房屋的产权证[产权证编号:成房权证监证字第1654684号,丘(地)号:权1223775]。友利公司于2008年3月14日向中国农业银行股份有限公司成都蜀都支行借款3000万元,蜀都实业公司以该产权证下2043.91平方米的房屋为友利公司的借款提供抵押担保,并在成都市房管局产权监理处办理了抵押登记。友利公司于2009年12月15日偿还了中国农业银行股份有限公司成都蜀都支行全部贷款本息,但抵押登记尚未注销。2010年7月29日,蜀都实业公司以位于成都市锦江区署袜北三街20号一楼(产权证编号:成房权证监证字第1654684号)面积1347.52平方米的房屋为友利公司向招商银行股份有限公司成都顺城大街支行办理综合授信2500万元而设定抵押,并在成都市房管局产权监理处办理了抵押登记,友利公司在授信项下借款500万元已于2010年11月19日结清本息,但抵押登记未注销。

5. 2009年9月28日,讯捷公司向蜀都实业公司发出《商函》,内容主要是:"金融危机对行业的侵蚀,市场的变化致使我公司手机销售额及利润大幅下滑;另一方面房地产销售价格整体向下走的态势,能否请贵司在原协议的基础上对约定购买价格作出一定的让步！我们期望值在人民币6000万元左右。”2009年9月28日,蜀都实业公司向讯捷公司发函,要求讯捷公司在30日内安排人员到蜀都实业公司就房屋买卖正式合同进行协商,并支付三年场地使用费。次日,讯捷公司回函同意于2009年10月9日就购房事宜进行商谈。2009年10月10日,蜀都实业公司向讯捷公司发函,要求对蜀都实业公司拟定的《房屋买卖合同》文本予以回复。讯捷公司于2009年10月12日回函确认收到蜀都实业公司提供的《房屋买卖合同》文本。2009年10月20日、10月28日、12月9日,蜀都实业公司与讯捷公司组织相关人员及律师就房屋买卖中的相关问题进行了三次协商,双方就讯捷公司是否应当支付场地使用费,买卖过户税费的负担,产权证的办理及购房尾款的支付时间,出售房屋所涉抵押的解除等问题进行协商后未达成一致意见。2009年11月4日,蜀都实业公司向讯捷公司发函,要求讯捷公司支付场地使用费,具体标准由双方协商,房屋买卖税费由讯捷公司全部承担。次日,讯捷公司回函,不同意支付场地使用费,要求税费的负担按照国家法律法规及政策,由蜀都实业公司与讯捷公司双方各自承担己方部分,讯捷公司同意在房屋产权及土地使用权过户后当即付清全部剩余房款。2009年11月12日,蜀都实业公司向讯捷公司发函,主要内容是:(1)双方依据《购房协议书》就房屋买卖合同内容磋商长达三年,但至今仍在买卖合同的许多重大问题上存在严重分歧,导致双方一直未签订《房屋买卖合同》,因此双方的房屋买卖关系未成立。(2)讯捷公司无偿占用蜀都实业公司房屋三年,应当支付场地占有使用费。(3)蜀都实业公司不同意讯捷公司提出的付款方式。(4)由讯捷公司承担房屋买卖全部税费是蜀都实业公司出卖二手房的交易条件,从未发生改变。2009年11月17日,讯捷公司向蜀都实业公司回函,主要内容是:(1)讯捷公司认为双方的房屋买卖已经实际履行。(2)讯捷公司占有并使用房屋系合法的,不应向蜀都实业公司支付场地占用费。(3)讯捷公司坚持在房屋过户登记后才向蜀都实业公司支付全部购房尾款。(4)蜀都实业公司提出房屋买卖税费全部由讯捷公司承担缺乏依据和违反国家相关法律规定。2010年3月3日,蜀都实业公司通过成都市蜀都公证处向讯捷公司发《函》,内容为:“2009年12月9日贵我双方就相关善后事宜进行了协商,由于双方存在重大分歧,未能达成一致意见。此后,双方又就善后事宜进行了数次协商,但仍未取得任何结果。为此,我公司经慎重研究后,通知贵公司:1.解除贵我双方于2006年9月20日签订的《购房协议书》;2.请贵公司收到本函后三十日内腾退该房屋;3.请贵公司在收到本函后三十日内向我公司支付占用该房屋期间应付的场地使用费并办理相应的财务结算(定金、使用费等费用的退还和支付)。"

讯捷公司一审起诉称,2006年9月20日,讯捷公司与蜀都实业公司就位于蜀都大厦北一楼及中庭建筑面积2100平方米的房屋买卖事宜达成协议,签订了《购房协议书》,对该房屋的座落位置、面积、价款及违约责任等作了明确约定。讯捷公司按照协议约定向蜀都实业公司交付定金1000万元后,蜀都实业公司将讼争房屋交付给讯捷公司使用至今。双方口头约定,等蜀都实业公司将房屋过户至讯捷公司名下后,讯捷公司及时向蜀都实业公司付清剩余房款。后讯捷公司与蜀都实业公司就房屋过户登记及价款支付等相关事宜经过多次磋商未果,2010年3月3日蜀都实业公司向讯捷公司送达了解除2006年9月20日双方签订的《购房协议书》的通知函。讯捷公司认为,双方之间签订的《购房协议书》已符合《商品房买卖合同解释》第五条的规定,且蜀都实业公司在签订《购房协议书》及讯捷公司支付定金后,已将房屋交付给讯捷公司占有使用,双方的《购房协议书》已经实际履行,应当得到法律保护。故诉请:(1)确认讯捷公司与蜀都实业公司于2006年9月20日签订的《购房协议书》已成立并合法有效,确认蜀都实业公司于2010年3月3日作出的解除2006年9月20日签订的《购房协议书》的解除函无效;(2)请求判令蜀都实业公司在判决生效后15日内向讯捷公司履行办理房屋产权过户登记的义务,在蜀都实业公司履行过户登记后5日内,讯捷公司向蜀都实业公司支付剩余购房款5750万元;(3)产权过户的税费按照法律规定由讯捷公司与蜀都实业公司各自承担。

二审法院查明:

1.二审审理中,在二审法院指定的举证期限内,蜀都实业公司提交了以下证据材料:(1)宏价评(2011)53号《价格评估报告书》。载明案涉房屋从2007年1月1日至2011年6月30日租金评估值为34,147,200元,拟证明使用费的数额。(2)四川求实财税咨询有限公司于2011年10月14日出具的《税务咨询报告》。载明该房屋交易涉税4000余万元,其中按照法律规定应由出卖人承担的土地增值税为32,319,835元,拟证明双方在三年内没有签订房屋买卖合同是因为有重大分歧，是不能归责于双方的原因导致。(3)2006年1月至2007年9月，蜀都实业公司与其他买受人签订的《房屋买卖合同》4份，拟证明《购房协议书》是预约性质的定金合同。

讯捷公司质证认为，证据1真实性无异议，但无关联性。证据2真实性无异议，反映了本案房屋买卖应各自交税，反证了双方存在房屋买卖关系。证据3真实性无异议，但无关联性。

2. 二审审理中，在二审法院指定的举证期限内，蜀都实业公司向该院提交了《场地占有使用费鉴定申请书》，申请对讼争房屋自2007年1月4日至实际鉴定之日的场地占有使用费进行鉴定。

3. 2009年9月28日，蜀都实业公司向讯捷公司发函，主要内容为："贵我双方自2006年9月20日签订《购房协议书》以来，时间已经过去了三年，但贵我双方至今仍未能签订正式的《房屋买卖合同》。2009年6月2日，贵公司致《商函》给我公司。该《商函》要求我公司做出减少750万元房价的让步……我公司现就相关事项函告贵公司：1. 我公司再次催促贵公司按照双方协议达成的意向原则，就买卖该房屋的相关重大事项与我公司进行协商，并签订正式的房屋买卖合同。2. 贵公司使用我公司经营场地已接近三年，我公司希望贵我双方能本着实事求是的原则，通过协商，尽快确定、落实贵公司使用我公司经营场地的应付场地使用费事宜。"讯捷公司2009年9月29日回函称："贵方函告我方已经收悉，我公司非常重视此事，但现在正值国庆将至，我们正紧张筹备国庆节工作，恳请贵公司将蜀都一楼的购买事宜推迟到十月九日左右商谈，恳请谅解为感！"

4. 2009年11月4日，蜀都实业公司向迅捷公司发出的《函》内容为："为了签订房屋买卖合同，贵我双方又分别于2009年10月20日、2009年10月28日就房屋买卖合同中的内容进行了磋商，虽经双方充分协商，贵我双方仍对合同内容存在较大分歧，未能协商一致。因此，我公司意见是：(1)贵公司应支付占有使用房屋期间的场地使用费，具体标准双方可再行协商；(2)房屋买卖的全部税费由贵公司承担；(3)其他问题可再议。"2009年11月5日，讯捷公司回函内容为："我司于三年前就商定了购买蜀都大厦北一楼及中庭建筑面积2100平方米的商铺……然，贵司现在却突然提出增加场地使用费问题，且房屋买卖的全部税费由我公司来承担。我司认为这些要求过于苛刻，属于违背诚信的原则，再次明确回复如下：1. 场地使用费属于买卖关系成立后增加的要求，我司不能接受。2. 房屋买卖的税费问题，将根据国家法律、法规以及政府政策，由贵司和我司各自承担自行部分。3. 对于剩余房款，我司已准备有专款资金，再次要求贵公司尽快将相应的产权手续、土地手续过户到我司名下后，我司当即付清全款。以上是我司就贵司所提及问题的书面回复，希望贵司能在实事求是的基础上，正确对待双方间已经成立的买卖关系。”

5. 2010 年 5 月 12 日，讯捷公司提起本案诉讼，其诉讼请求为：(1)请求依法确认蜀都实业公司作出的解除双方于 2006 年 9 月 20 日签订的《购房协议书》的解除函无效。(2)请求判令蜀都实业公司继续履行《购房协议书》，并履行房屋产权过户登记的义务。2010 年 11 月 11 日，讯捷公司向一审法院提交的《增加诉讼请求申请书》载明：“在人民法院对当事人进行释明后，增加诉讼请求一项。现列明所有诉讼请求如下：(1)请求确认《购房协议书》为房屋买卖合同已成立并合法有效；(2)请求判决本案裁判文书生效后 15 日内，由蜀都实业公司向讯捷公司履行办理房屋过户的义务；(3)请求判令讼争房屋过户后 5 日内，讯捷公司向蜀都实业公司支付剩余购房款 5750 万元；(4)请求判决双方在履行房屋产权过户过程中产生的税费按照法律规定，各自承担应承担的部分。以上是讯捷公司增加的诉讼请求。”

二审法院查明的其他事实与一审法院查明的事实相同。

本院再审查明：本案一审、二审法院查明的事实“成都市房屋产权监理处于 2008 年 3 月 4 日向蜀都实业公司颁发了位于成都市锦江区署袜北三街 20 号一层，面积 4060.40 平方米房屋的产权证（产权证编号：成房权证监证字第 1654684 号，丘地号权 1223775 号）”。存有笔误，成都市房屋产权监理处向蜀都实业公司颁发此产权证的日期应为 2008 年 3 月 14 日，对此双方当事人均予认可。

在本案再审中，讯捷公司提供以下证据：(1)讯捷公司在银行的存款单，拟证明讯捷公司一直希望继续履行买卖合同，也有能力履行，继续履行合同不存在障碍。(2)《税务咨询意见书》一份，拟证明双方购买房屋的税费。蜀都实业公司为了制造矛盾虚构巨额税费，而真实税款没有蜀都实业公司所称的那么高。蜀都实业公司质证称，对证据 1 的真实性没有异议，但该存款时间是 2013 年 6 月 13 日，与 2006 年双方签订的购房协议书相差 7 年，因此与本案没有关联。对证据 2，因税务评估报告的评估人员没有到庭接受质证而对其真实性不予认可；而且，评估过程中忽略了合同项下土地是划拨土地的性质，因此对其合法性和关联性均不予认可。友利公司质证称，同意蜀都实业公司的质证意见。

最高人民法院认为，该证据虽然在本案二审庭审结束之前已经客观存在，但考虑到蜀都实业公司未于二审庭审结束前提供该证据确有客观原因，没有证据证明蜀都实业公司未提供该证据系存在故意或者重大过失的情形，故可以认定为再审新证据。由于讯捷公司和友利公司对该证据的真实性不持异议，故对其真实性应予确认。

最高人民法院再审查明的其他事实与一审、二审法院查明的事实相同。

〖**裁判结果**〗

一审法院认为：

1. 讯捷公司提起本案诉讼，诉状上诉讼请求的范围包括确认蜀都实业公司于2010年3月3日作出解除双方于2006年9月20日所签订的《购房协议书》的解除函无效。后讯捷公司提出的增加诉讼请求申请对原有的诉讼请求进行了细化和增加，并未明确放弃请求确认解除函无效的诉讼请求。蜀都实业公司主张讯捷公司系重新提出诉讼请求且以实际行为表明放弃争议请求的理由不成立，讯捷公司的诉讼请求具体明确，一审法院予以确认。

2. 因蜀都实业公司基于合同解除而提起反诉，请求讯捷公司腾退房屋并支付场地占有使用费，而讯捷公司请求继续履行合同，故双方请求是否成立需要确认双方于2006年9月20日所签的《购房协议书》是否已经解除，蜀都实业公司于2010年3月3日作出的解除函是否有效。蜀都实业公司于2010年3月3日作出解除双方2006年9月20日所签《购房协议书》的解除函，该函于2010年3月8日到达讯捷公司，双方对上述事实均无异议，一审法院予以确认。合同可因法定或约定解除，《合同法》第九十三条[①]规定，“当事人协商一致，可以解除合同。当事人可以约定一方解除合同的条件。解除合同的条件成就时，解除权人可以解除合同”，第九十四条规定了法定解

---

① 现规定于《民法典》第五百六十二条。

除的条件,第九十六条第一款规定,“当事人一方依照本法第九十三条第二款、第九十四条的规定主张解除合同的,应当通知对方。合同自通知到达对方时解除。对方有异议的,可以请求人民法院或者仲裁机构确认解除合同的效力”。现蜀都实业公司主张根据《合同法》第九十四条第五项①“法律规定的其他情形”,以双方磋商未达成一致意见为由行使法定解除权,经审查,该事由不符合法定解除合同的情形,蜀都实业公司发出的合同解除函无效,对讯捷公司不产生法律效力,故一审法院对讯捷公司诉请确认蜀都实业公司于2010年3月3日作出的解除2006年9月20日所签《购房协议书》的解除函无效的诉讼请求予以支持。

3. 讯捷公司诉讼请求建立在《购房协议书》系房屋买卖的本约合同且合法有效的前提下,蜀都实业公司的反诉请求建立在《购房协议书》系买卖的定金合同的前提下。合同有预约与本约之分,预约的目的在于当有事实或法律上的障碍、暂无法订立主合同时,约定将来订立一定合同,预约合同的权利人仅得请求对方履行订立本约合同的义务,而不得径行依照预约合同的内容请求履行。《购房协议书》第三条约定讯捷公司与蜀都实业公司应就购房合同及付款方式等问题在本协议的原则下进行具体磋商,第五条约定双方就该宗房屋买卖合同签订时,本协议自动失效。该内容的约定表明双方在签订《购房协议书》后还应当就房屋买卖的事宜进行进一步协商并签订房屋买卖合同,但并不能据此认定《购房协议书》一定属于预约合同或定金合同,理由如下:(1)《购房协议书》中的当事人名称、标的、价款、违约责任等主要条款明确具体,《购房协议书》因具备合同的必备条款而应当认定合同成立。(2)购房定金1000万元已在双方签订《购房协议书》前由讯捷公司支付给蜀都实业公司的股东友利公司,蜀都实业公司已在《购房协议书》第二条确认其收到讯捷公司预付的上述购房定金1000万元,故讯捷公司已履行了支付购房定金的合同义务。另外,蜀都实业公司虽然在签订《购房协议书》时尚未取得房屋的所有权,但根据蜀都实业公司与蜀都大厦公司签订的房屋过户协议和蜀都大厦公司出具的场地使用证明,能证明蜀都实业公司有权对涉案房屋进行处分,况且现在蜀都实业公司已实际取得涉案房屋的

---

① 现规定于《民法典》第五百六十三条第五项。

所有权证,房屋权属明确,对《购房协议书》是否成立和效力认定不构成实质性影响。(3)《购房协议书》第三条和第五条的约定是在合同具备必备条款的情况下,要求双方对合同欠缺的其他内容进行进一步的协商并签订《房屋买卖合同》,本案当事人对《购房协议书》中未涉及的付款方式等其他条款不能达成协议并签订《房屋买卖合同》的情况下,人民法院应当按照相关规定予以确定,而不能据此认定合同不成立或属于预约合同或定金合同。(4)在签订《购房协议书》后,蜀都实业公司将讼争的位于蜀都大厦北一楼及中庭建筑面积2100平方米的房屋交付给讯捷公司占有使用,蜀都实业公司辩称与讯捷公司既在谈买卖,又在谈租赁,双方不是基于买卖关系而向讯捷公司交付房屋。蜀都实业公司的辩称意见因无事实依据所证实,依法不能成立。讯捷公司主张蜀都实业公司因买卖关系而向其交付房屋的理由成立。故一审法院认为《购房协议书》为购房合同而非预约合同或定金合同,且系当事人真实意思表示,内容不违反相关法律规定,合法有效。讯捷公司请求确认《购房协议书》为房屋买卖合同已成立并合法有效的理由成立,应当予以支持。

4. 关于讯捷公司请求蜀都实业公司在判决生效后15日内履行办理房屋产权过户登记义务的问题。因双方当事人在《购房协议书》中未就房屋过户的时间进行约定,一审法院通知双方当事人进行补充协议时未就此达成一致意见。虽然登记是取得不动产物权的根据,但房屋买卖合同出卖人的主要义务是向买受人交付房屋,买受人的主要义务则是向出卖人支付价款,过户登记系登记机关的职能,出卖人只负有协助办理过户登记的义务,与交付房屋和支付价款相较而言,出卖人履行协助过户义务属于附随义务。由于蜀都实业公司已于2007年1月4日向讯捷公司交付了房屋,而讯捷公司除向蜀都实业公司支付1000万元定金外,其余购房款未支付,在双方当事人对过户登记没有约定,且讯捷公司未支付大部分购房款的情况下,讯捷公司请求蜀都实业公司先行履行协助过户的条件尚不成就。待讯捷公司向蜀都实业公司全部履行付款义务后合理期限内,蜀都实业公司有义务协助讯捷公司办理产权过户手续。由于相关行政法规和规章均未对城市房地产的过户登记时间作出规定,一审法院参照国务院颁布的《城市房产地开发经营管理条例》(2011 年修订)第三十三条①之规定,确定蜀都实业公司应在收到全部购房款后 90 日内协助讯捷公司办理产权过户手续。

5. 关于讯捷公司请求在讼争房屋过户后 5 日内,由讯捷公司向蜀都实业公司支付剩余房款 5750 万元的问题。由于蜀都实业公司主张的法律关系性质与一审法院认定的法律关系性质不一致,一审法院依照最高人民法院《关于民事诉讼证据的若干规定》(2001 年颁布)第三十五条②之规定,已向蜀都实业公司释明,但蜀都实业公司拒绝变更诉讼请求。对于未支付的房屋价款,蜀都实业公司作为债权人可以提出相应的诉讼请求,而作为义务人的讯捷公司则不享有该请求权,故一审法院对讯捷公司的该项诉讼请求不予支持。

6. 关于讯捷公司请求按照法律规定各自承担房屋产权过户登记过程中产生的税费问题。由于双方当事人在《购房协议书》中未对过户时产生的税费负担方式进行约定,双方事后又不能达成补充协议,应当按照国家有关房地产过户登记税费负担的规定由买卖双方各自承担应负责部分的税费。

7. 关于蜀都实业公司反诉请求讯捷公司腾退房屋和支付场地占用费的问题。因《购房协议书》系房屋买卖合同,且蜀都实业公司基于房屋买卖合同关系向讯捷公司交付房屋,在《购房协议书》有效的情况下,蜀都实业公司无权请求讯捷公司返还已经交付的房屋,加之双方不存在房屋租赁关系,蜀都实业公司无权要求讯捷公司支付场地占用费,一审法院对蜀都实业公司的反诉请求不予支持。

综上,一审法院判决:(1)讯捷公司与蜀都实业公司于 2006 年 9 月 20 日

---

① 《城市房产地开发经营管理条例》(2020 年修订)第三十二条规定,预售商品房的购买人应当自商品房交付使用之日起 90 日内,办理土地使用权变更和房屋所有权登记手续;现售商品房的购买人应当自销售合同签订之日起 90 日内,办理土地使用权变更和房屋所有权登记手续。房地产开发企业应当协助商品房购买人办理土地使用权变更和房屋所有权登记手续,并提供必要的证明文件。

② 最高人民法院《关于民事诉讼证据的若干规定》(2020 年施行)第五十三条规定,诉讼过程中,当事人主张的法律关系性质或者民事行为效力与人民法院根据案件事实作出的认定不一致的,人民法院应当将法律关系性质或者民事行为效力作为焦点问题进行审理。但法律关系性质对裁判理由及结果没有影响,或者有关问题已经当事人充分辩论的除外。存在前款情形,当事人根据法庭审理情况变更诉讼请求的,人民法院应当准许并可以根据案件的具体情况重新指定举证期限。

签订的《购房协议书》成立并有效;(2)蜀都实业公司于2010年3月3日作出的解除其与讯捷公司2006年9月20日所签《购房协议书》的解除函无效;(3)在讯捷公司向蜀都实业公司履行完毕支付购房款义务后90日内,蜀都实业公司协助将位于成都市暑袜北三街20号蜀都大厦北一楼及中庭2100平方米房屋过户给讯捷公司,因此所产生的税费按相关规定由讯捷公司和蜀都实业公司各自承担;(4)驳回讯捷公司的其他诉讼请求;(5)驳回蜀都实业公司的反诉请求。本诉案件受理费379,300元,财产保全费5000元,由讯捷公司负担189,650元,蜀都实业公司负担194,650元;反诉案件受理费87,172.50元,由蜀都实业公司负担。

蜀都实业公司不服该判决,向四川省高级人民法院提起上诉。

二审法院经审理认为:

(1)关于讯捷公司是否已经交付1000万元定金的问题。虽然讯捷公司未提供直接向蜀都实业公司支付1000万元定金的证据,但结合双方当事人无争议的事实,即2006年9月14日至2006年9月20日,讯捷公司数次向蜀都实业公司股东舒卡纤维公司账号转款共计1000万元,款项用途为预付购房定金。舒卡纤维公司于2006年9月20日向讯捷公司开具了两张金额均为500万元的定金收据。2006年9月20日,蜀都实业公司与讯捷公司签订了《购房协议书》,《购房协议书》明确载明:“本协议签订之日起,甲方(指蜀都实业公司)收到乙方(指讯捷公司)1000万元定金,”表明蜀都实业公司在签订《购房协议书》时已经确认收到定金。诉讼中蜀都实业公司并无证据证明除本案房屋买卖关系外,讯捷公司与蜀都实业公司股东舒卡纤维公司尚有其他交易关系,且蜀都实业公司也未提供证据推翻《购房协议书》载明的蜀都实业公司收到讯捷公司购房定金1000万元的事实。故其辩称未收到1000万元定金的理由不能成立,一审判决认定讯捷公司已经交付1000万元定金并无不当。

(2)关于一审是否存在程序违法的问题。2010年3月8日,蜀都实业公司向讯捷公司发函解除《购房协议书》,2010年5月12日,讯捷公司提起诉讼,其诉讼请求包括确认解除函无效。2010年11月11日,讯捷公司向一审法院提交的《增加诉讼请求申请书》载明增加诉讼请求确认《购房协议书》为房屋买卖合同已成立并合法有效。《增加诉讼请求申请书》未明确放弃解除函无效的请求。一审法院根据当事人的诉讼请求审理并作出判决并不违反法定程序,故蜀都实业公司上诉主张一审法院对此进行审理属于程序违法,讯捷公司已超出法律规定的期限请求确认解除函无效的理由不能成立,二审法院不予支持。

(3)关于《购房协议书》的性质和效力问题。本案中,双方签订的《购房协议书》约定"乙方购买甲方所拥有的蜀都大厦北一楼及中庭建筑面积2100平方米,总价格6750万元(最后以房管部门办理的产权证为准进行结算)",《购房协议书》明确写明了当事人名称、标的、价款,一审判决认定双方间的房屋买卖合同关系已经成立并无不当。二审审理中,蜀都实业公司提交了同期蜀都实业公司与其他买受人签订的《房屋买卖合同》4份,双方当事人对该证据的真实性无异议,二审法院对该证据的真实性予以确认,但以上证据不能证明《购房协议书》的性质为定金合同;且诉讼中蜀都实业公司并未提供证据证明该《购房协议书》存在无效的情形,一审判决认定该协议有效正确。蜀都实业公司上诉称该《购房协议书》系定金合同,由于双方未签订正式购房合同,双方间未形成房屋买卖法律关系的理由不能成立,二审法院不予支持。

(4)关于《购房协议书》是否应当解除的问题。蜀都实业公司于2007年1月4日将房屋交付给讯捷公司占有使用后,讯捷公司2009年6月致函要求降价,随后双方就应否支付场地使用费,买卖过户时税费的负担、产权证的办理及尾款的支付时间、出售房屋所涉抵押的解除问题等事宜进行了一系列磋商。二审审理中,蜀都实业公司提交了《税务咨询报告》,双方当事人对该证据的真实性无异议,二审法院对该证据的真实性予以确认,该证据亦印证了以上事实。双方磋商未达成协议,直至2010年3月3日蜀都实业公司发函要求解除双方所签《购房协议书》。在诉讼中,经人民法院主持调解和庭外和解,双方当事人仍不能达成协议。按照《购房协议书》的约定,"甲乙双方应就购房合同及付款方式等问题在本协议原则下进行具体磋商",双方之间有磋商并签订正式房屋买卖合同的义务。蜀都实业公司作为讼争房屋所有权人,将涉案房屋交付讯捷公司使用5年多时间内,与讯捷公司既未达成正式房屋买卖合同,又未达成租赁协议,其既未收到房屋转让价款,亦未收到房屋租金,阻碍其物权实现,其在双方达不成正式房屋买卖合同的前提下,有权选择对其财产的处分方式,可解除与讯捷公司签订的《购房协议书》。

蜀都实业公司于2010年3月3日发出解除函，讯捷公司于2010年5月18日向法院提起诉讼，故蜀都实业公司发出的该解除函不产生通知解除合同的法律效力，一审判决支持讯捷公司的该项诉讼请求并无不当；但一审判决认为《购房协议书》不符合解除条件，故判令蜀都实业公司在讯捷公司支付全部购房款后90日内交付涉案房屋并由双方各自承担相关税费不当，二审法院予以纠正。上述购房协议解除后，蜀都实业公司请求返还涉案房屋的诉讼请求符合《合同法》（已失效）第九十七条[①]“合同解除后，尚未履行的，终止履行；已经履行的，根据履行情况和合同性质，当事人可以要求恢复原状、采取其他补救措施，并有权要求赔偿损失”的规定，虽然蜀都实业公司起诉时主张立即腾退房屋，但应当给予讯捷公司必要的准备时间，二审法院酌定为30日。

至于讯捷公司已经支付的1000万元定金，可另行主张权利。

（5）关于讯捷公司是否应支付场地使用费的问题。双方当事人签订《购房协议书》后，蜀都实业公司于2007年1月4日将讼争房屋交付给讯捷公司使用至今，但蜀都实业公司并没有证据证明交付行为系租赁关系或《购房协议书》之外的其他有偿法律关系，故蜀都实业公司请求讯捷公司按照周边同类商场租金支付场地使用费没有事实和法律依据。虽然讯捷公司对蜀都实业公司提交的宏价评（2011）53号《价格评估报告书》的真实性无异议，但因该《价格评估报告书》与本案无关，二审法院不予采信。二审法院对蜀都实业公司二审申请对讼争房屋自2007年1月4日至实际鉴定之日的场地占有使用费进行鉴定的申请不予准许。对蜀都实业公司主张支付场地使用费的上诉请求，不予支持。

综上，二审法院经该院审判委员会讨论决定，判决：（1）维持一审判决第1项，即“讯捷公司与蜀都实业公司于2006年9月20日签订的《购房协议书》成立并有效”；（2）撤销一审判决第2、3、4、5项，即“蜀都实业公司于2010年3月3日作出的解除其与讯捷公司2006年9月20日所签《购房协议书》的解除函无效；在讯捷公司向蜀都实业公司履行完毕支付购房款义务后90日内，蜀都实业公司协助将位于成都市暑袜北三街20号蜀都大厦北一楼

① 现规定于《民法典》第五百六十六条。

及中庭2100平方米房屋过户给讯捷公司,因此所产生的税费按相关规定由讯捷公司与蜀都实业公司各自承担;驳回讯捷公司的其他诉讼请求;驳回蜀都实业公司的其他诉讼请求";(3)讯捷公司于判决生效之日起30日内将位于成都市署袜北三街20号蜀都大厦北一楼及中庭2100平方米房屋腾退给蜀都实业公司;(4)驳回讯捷公司的其他本诉诉讼请求;(5)驳回蜀都实业公司的其他反诉诉讼请求。

讯捷公司不服二审判决,向最高人民法院申请再审。

最高人民法院再审后判决:(1)撤销四川省高级人民法院(2012)川民终字第331号民事判决;(2)维持四川省成都市中级人民法院(2011)成民初字第936号民事判决。

〖**裁判思路**〗

本案再审的争议焦点为:(1)蜀都实业公司与讯捷公司之间就案涉房屋所形成的法律关系的性质和效力;(2)蜀都实业公司发出的解除函是否产生解除双方合同关系的效力;(3)讯捷公司要求继续履行的诉讼请求应否得到支持,蜀都实业公司主张的腾退房屋并支付房屋使用费的请求应否得到支持。

(一)关于蜀都实业公司与讯捷公司之间就案涉房屋所形成的法律关系的性质和效力问题

基于当事人在本院再审庭审中的相关主张与理由,与本焦点问题密切相关的两个问题需要首先加以明确:第一,蜀都实业公司是否已收到讯捷公司支付的1000万元定金。虽然讯捷公司未提供直接向蜀都实业公司支付1000万元定金的证据,但2006年9月14日至2006年9月20日,讯捷公司数次向蜀都实业公司的股东友利公司(原舒卡纤维公司)账号转款共计1000万元。友利公司于2006年9月20日向讯捷公司开具了两张金额均为500万元的收据。本院庭审中,友利公司称其与讯捷公司并无任何其他业务往来,收取这1000万元资金亦无任何合同或法律依据,但此后友利公司除向讯捷公司提供两张收据外,双方关于该笔资金再无其他进一步洽谈。本院认为,这种情况显然与日常生活常理及商业习惯不相符合。事实上,结合本案查明的其他事实可知,2006年9月20日,蜀都实业公司与讯捷公司签订的《购房协议书》第二条明确载明:"本协议签订之日起,甲方(蜀都实业公司)收到乙方(讯捷公司)1000万元定金,"表明蜀都实业公司在签订《购房协议书》时已经确认收到讯捷公司支付的1000万元定金。2009年11月5日，讯捷公司向蜀都实业公司的回函中提及继续清偿“剩余”房款，蜀都实业公司在接下来的函件中对“剩余房款”字样并未提出任何异议。2010年3月3日，蜀都实业公司通过成都市蜀都公证处向讯捷公司发的《函》中最后一句载明，“请讯捷公司向其办理定金、使用费等费用的退还和支付”。上述事实足以相互印证，证明蜀都实业公司已收到讯捷公司支付的1000万元定金的事实。综上，蜀都实业公司辩称未收到1000万元定金的理由不能成立，一审、二审判决认定讯捷公司已经交付1000万元定金的事实是正确的。

第二，蜀都实业公司向讯捷公司交付案涉房屋行为的性质。案涉《购房协议书》签订于2006年9月20日，蜀都实业公司于2007年1月4日将案涉房屋交付讯捷公司使用。在本院庭审中，蜀都实业公司提交了双方在2008年5月6日的往来函件材料中的一页作为证据，从该证据的内容及序号可以看出，完整的该函件至少应有两页纸。根据最高人民法院《关于民事诉讼证据的若干规定》(2020年施行)第四十四条第二款的规定，摘录文件、材料应当保持内容相应的完整性。因此，仅根据蜀都实业公司提交的这一页纸的内容，难以判断双方的真实意思表示是在案涉房屋交付给讯捷公司时就已确定在双方之间成立租赁关系，还是在已确定房屋买卖关系的基础上希望变更为租赁关系，因此，无法据此证明蜀都实业公司系基于租赁关系而向讯捷公司交付案涉房屋。除此之外，蜀都实业公司在本案的一审、二审及再审中未提供其他证据证明该交付行为系基于租赁关系或者《购房协议书》之外的其他有偿法律关系而为的交付。因此，对于该交付，蜀都实业公司没有充分证据证明其向讯捷公司交付案涉房屋的行为并非基于房屋买卖关系，而是基于租赁等有偿使用关系，故其该主张不能成立，蜀都实业公司向讯捷公司交付案涉房屋的行为应认定为基于当事人之间的房屋买卖法律关系而为的交付。

在明确了上述两个问题的基础上，本院认为，在蜀都实业公司与讯捷公司之间成立了房屋买卖法律关系。理由如下：

首先，仅就案涉《购房协议书》而言，其性质应为预约。预约是指将来订立一定契约的契约。预约的形态多种多样，有的预约条款非常简略，仅表达了当事人之间有将来订立本约的意思，至于本约规定什么内容留待以后磋商决定；有的预约条款则非常详尽，将未来本约应该规定的内容几乎都在预约中作了明确约定。而若仅从内容上看,后者在合同内容的确定性上几乎与本约无异,即使欠缺某些条款,往往也可以通过合同解释的方式加以补全。因此,仅根据当事人合意内容上是否全面,并不足以区分预约和本约。判断当事人之间订立的合同系本约还是预约的根本标准应当是当事人的意思表示,也就是说,当事人是否有意在将来订立一个新的合同,以最终明确在双方之间形成某种法律关系的具体内容。如果当事人存在明确的将来订立本约的意思,那么,即使预约的内容与本约已经十分接近,即便通过合同解释可以从预约中推导出本约的全部内容,也应当尊重当事人的意思表示,排除这种客观解释的可能性。本案中,蜀都实业公司与讯捷公司在2006年9月20日签订的《购房协议书》中明确约定了双方拟进行买卖的房屋的位置、面积和价款,应当说具备了一份正式的房屋买卖合同的主要内容,可直接据此履行而无须另订本约。但是,双方当事人同时在该协议中约定:"……3. 甲、乙双方应就购房合同及付款方式等问题在本协议原则下进行具体磋商。……5. 甲乙双方就该宗房屋买卖合同签订时,本协议自动失效。"可见,双方当事人虽然约定了房屋的位置、面积及总价款,但仍一致认为在付款方式等问题上需要日后进一步磋商,双方的这一意思表示是明确的,而且,当事人在该协议第5条进一步明确要在将来订立一个新的合同,以最终明确双方之间的房屋买卖法律关系的具体内容。因此,本院认为,案涉《购房协议书》的性质为预约合同,一审、二审判决认定该《购房协议书》的性质为本约是错误的,应予纠正。

其次,结合双方当事人在订立《购房协议书》之后的履行事实,蜀都实业公司与讯捷公司之间已经成立了房屋买卖法律关系。本院认为,对于当事人之间存在预约还是本约关系,不能仅凭一份孤立的协议就简单地加以认定,而是应当综合审查相关协议的内容以及当事人嗣后为达成交易进行的磋商甚至具体的履行行为等事实,从中探寻当事人的真实意思,并据此对当事人之间法律关系的性质作出准确的界定。本案中,双方当事人在签订《购房协议书》时,作为买受人的迅捷公司已经实际交付了定金并约定在一定条件下自动转为购房款,作为出卖人的蜀都实业公司也接受了讯捷公司的交付。在签订《购房协议书》的三个多月后,蜀都实业公司将合同项下的房屋交付给了讯捷公司,讯捷公司接受了该交付。而根据《购房协议书》的预约性质,蜀都实业公司交付房屋的行为不应视为对该合同的履行,在当事人之间不存在租赁等其他有偿使用房屋的法律关系的情形下，蜀都实业公司的该行为应认定为基于与讯捷公司之间的房屋买卖关系而为的交付。据此，由于蜀都实业公司在该房屋买卖法律关系中的主要义务就是交付案涉房屋，根据《民法典》第四百九十条的规定，当事人采用合同书形式订立合同的，自当事人均签名、盖章或者按指印时合同成立。在签名、盖章或者按指印之前，当事人一方已经履行主要义务，对方接受时，该合同成立。法律、行政法规规定或者当事人约定合同应当采用书面形式订立，当事人未采用书面形式但是一方已经履行主要义务，对方接受时，该合同成立。可以认定当事人之间达成了买卖房屋的合意，成立了房屋买卖法律关系。

综上所述，蜀都实业公司与讯捷公司之间的房屋买卖法律关系成立，且系当事人真实意思表示，内容不违反法律、行政法规的强制性规定，合法有效。一审、二审判决认定《购房协议书》构成本约的理由不当，但其关于蜀都实业公司和讯捷公司之间成立房屋买卖法律关系的结论是正确的。

（二）关于蜀都实业公司发出的解除函是否产生解除双方合同关系效力的问题

本院认为，首先，根据《民法典》第五百六十二条、第五百六十三条之规定，合同的解除包括法定解除和约定解除两种情形。本案中，双方在《购房协议书》及其他相关书面文件中均未对单方解除合同的事项作出约定，故蜀都实业公司不享有约定解除权。而根据《购房协议书》，双方的主要合同义务是就达成房屋买卖合意进行诚信磋商，讯捷公司支付1000万元定金。讯捷公司已经支付了1000万元定金，并且就案涉房屋买卖一事一直在与蜀都实业公司进行协商，其在本案诉讼过程中亦明确表示有意愿、有能力履行支付全部购房款的义务，本案也不存在不可抗力致使不能实现合同目的的情形，因此，本案也不具备单方解除合同的法定解除情形。综上，蜀都实业公司主张其有权单方解除合同的理由不能成立。

其次，根据《民法典》第五百六十五条的规定，当事人一方依法主张解除合同的，应当通知对方。合同自通知到达对方时解除；通知载明债务人在一定期限内不履行债务则合同自动解除，债务人在该期限内未履行债务的，合同自通知载明的期限届满时解除。对方对解除合同有异议的，任何一方当事人均可以请求人民法院或者仲裁机构确认解除行为的效力。当事人一方未通知对方，直接以提起诉讼或者申请仲裁的方式依法主张解除合同，人民法院或者仲裁机构确认该主张的，合同自起诉状副本或者仲裁申请书副本送达对方时解除。本案中，当事人没有就包括合同解除异议期间在内的合同解除事项进行任何约定，而蜀都实业公司于2010年3月3日向讯捷公司发出了解除《购房协议书》的通知函，该函件于2010年3月8日到达讯捷公司，讯捷公司向一审法院提起诉讼的时间为2010年5月12日。因此，无论蜀都实业公司是否有权单方解除《购房协议书》，因讯捷公司于收到解除函的三个月内通过起诉的方式提出了异议，故蜀都实业公司的解除函也不产生解除双方合同关系的效力。

（三）关于讯捷公司要求继续履行的诉讼请求应否得到支持，蜀都实业公司主张的腾退房屋并支付房屋使用费的请求应否得到支持的问题

本院认为，首先，本案中，当事人已就合同项下房屋的位置、面积和价款进行了明确具体的约定，蜀都实业公司已向讯捷公司交付了案涉房屋，讯捷公司支付了1000万元定金，虽然当事人之间在讯捷公司是否应向蜀都实业公司支付使用案涉房屋的场地占用费并承担房屋买卖的全部税费问题上未达成一致意见，但在双方房屋买卖法律关系的主要权利义务均已确定的情形下，上述争议可以通过《民法典》第五百一十条、第五百一十一条规定的合同解释原则进行补救，故并不构成法律上或者事实上的履行障碍。而且，如前所述，在蜀都实业公司与迅捷公司之间，房屋买卖法律关系已经成立并生效，也不存在《民法典》第五百六十二条、第五百六十三条规定的合同解除的情形，故讯捷公司主张继续履行的诉讼请求应予支持。

其次，根据《民法典》第二百一十五条①规定之精神，处分行为有别于负担行为，解除合同并非对物进行处分的方式，合同的解除与否不涉及物之所有权的变动，而只与当事人是否继续承担合同所约定的义务有关。本案中，蜀都实业公司确实仍然对该房屋享有所有权，但这并不意味着其可在不符合当事人约定或者法律规定的情形下随意解除双方之间的合同关系。在双方房屋买卖法律关系成立并生效后，蜀都实业公司虽系该房屋的所有权人，但其应当依约全面、实际履行其在房屋买卖法律关系项下的义务。二审判

① 《民法典》第二百一十五条规定，当事人之间订立有关设立、变更、转让和消灭不动产物权的合同，除法律另有规定或者当事人另有约定外，自合同成立时生效；未办理物权登记的，不影响合同效力。

决认为在买卖标的物转移之前,所有人对自己的标的物享有占有、使用、收益、处分的权利,进而认定蜀都实业公司有权选择处分财产的方式解除合同,并判决迅捷公司将房屋腾退给蜀都实业公司,违背了合同法保障交易安全的基本原则,系对处分行为的错误理解与适用,本院对此予以纠正。

最后,蜀都实业公司主张迅捷公司支付场地使用费应有相应的法律依据。如前所述,双方在本案中的法律关系为房屋买卖法律关系,而非租赁等有偿使用法律关系,蜀都实业公司将案涉房屋交付给讯捷公司是基于房屋买卖法律关系而为的交付,因此,蜀都实业公司要求讯捷公司支付场地使用费的主张没有任何事实和法律依据,一审、二审判决对该问题的认定和处理是正确的。

综上所述,本院认为,本案中,蜀都实业公司与讯捷公司之间存在房屋买卖法律关系,当事人均应本着诚实信用的原则履行各自义务,在履行过程中,若当事人之间就对方的履行行为是否构成违约以及应否承担违约责任等问题发生争议,可自行协商或者另寻法律途径解决。

综上,二审判决认定蜀都实业公司有权依据《物权法》第三十九条[①]之规定,选择处分财产的方式解除合同,并据此判决讯捷公司将案涉房屋腾退给蜀都实业公司,系适用法律错误。而一审判决虽然认定《购房协议书》直接构成本约的理由不能成立,但其判项系基于蜀都实业公司和讯捷公司之间成立并生效的房屋买卖法律关系这一事实作出,有法律及事实依据,较为妥当合理,可予维持。

最高人民法院遂作出上述终审判决。

规则 5　[预约与定金]购房定金属预约合同,其目的系担保商品房买卖合同的订立,违约的法律后果是适用定金罚则。

〖规则解析〗

购房定金属预约合同,其目的系担保商品房买卖合同的订立,违约的法律后果是适用定金罚则。从预约和本约的关系看,购房定金具有独立性,且是实践性合同,自一方当事人交付购房定金时生效,商品房买卖合同最终是否签订并不影响购房定金合同的成立和生效。如因一方原因致使主合同未

---

① 现规定于《民法典》第二百四十条,所有权人对自己的不动产或者动产,依法享有占有、使用、收益和处分的权利。

订立,则构成对购房定金合同的违反。

〖**案情简介**〗

2012年6月21日,王某在某公司开发的凯旋华庭楼盘售楼处查看楼盘后,双方达成购房意向,王某预先支付2万元作为购房意向金。次日,王某选定购买凯旋华庭24幢2101室商品房,王某又付款8万元。王某先后两次付款合计10万元,作为购房的预约定金,并由某公司开具定金收据一份。收据载明:“收款事由:凯旋华庭高层24-2101定金。”但双方就合同的其他条款正在协商中,未正式签订购房合同。同年8月底,某公司将王某订购的凯旋华庭24幢2101室商品房出售给他人。王某诉至法院,要求判令某公司双倍返还购房定金20万元。

〖**裁判结果**〗

法院判决该公司承担双倍返还定金的违约责任。

〖**裁判思路**〗

1.本案中的定金收据具备书面形式,购房定金合同有效成立。某公司与王某虽未订立含有定金条款的商品房认购协议书,仅向王某出具了定金收据,但该定金收据可以有形地表现所载内容,应认为已具备我国《民法典》第四百九十六条所要求的书面形式,且收据记载了交款人、收款单位、收款事项、收款日期等内容,对买卖标的房屋的指向亦明确具体,已经包括房屋买卖协议的主要条款,故可认定购房定金合同有效成立。

2.购房定金的性质及定金罚则的适用。购房定金属预约合同,其目的系担保商品房买卖合同的订立,违约的法律后果是适用定金罚则。从预约和本约的关系看,购房定金具有独立性,且是实践性合同,自一方当事人交付购房定金时生效,商品房买卖合同最终是否签订并不影响购房定金合同的成立和生效。如因一方原因致使主合同未订立,则构成对购房定金合同的违反。就本案而言,双方已就适用定金罚则形成合意。某公司擅自单方决定将王某预定的房屋出售给他人,其亦未能举证证明在出售房屋前曾通知王某限期签订合同及逾期签订合同的后果,已构成违约,自应由该公司承担双倍返还定金的违约责任。

规则6 [预约与履行]预约合同不能被判决继续履行。

〖**规则解析**〗

强行判令当事人继续履行预约合同,不仅没有法律规定可依,也有违

《民法典》民事法律行为章的意思自治原则。但一方当事人违约导致本约不能订立,违约方应承担违约责任。

〖**案情简介**〗

2009 年 7 月,孙某与某房地产公司签订房屋认购协议书,约定孙某认购该公司销售的楼房。根据合同约定,孙某向该公司支付了定金 2 万元和 30% 的购房款,后房地产公司就涉案房屋与案外人签订了房屋买卖合同,但未办理过户登记。孙某诉至法院,要求与房地产公司继续履行认购协议。

〖**裁判结果**〗

本案审理中有两种观点:第一种观点认为,应判决双方继续履行认购协议;第二种观点认为,法院应判决驳回其诉讼请求。

〖**裁判思路**〗

笔者赞同第二种观点,理由如下:

1. 从法律规定的沿革来看,对于预约合同,已失效的《民法通则》《合同法》均无明确规定,《民法典》第四百九十五条规定,当事人约定在将来一定期限内订立合同的认购书、订购书、预订书等,构成预约合同。当事人一方不履行预约合同约定的订立合同义务的,对方可以请求其承担预约合同的违约责任。但该条款对于违反预约合同后能否强制缔约也未规定。因此,判令双方继续履行预约合同,没有现行的法律依据。

2. 从预约合同性质来看,预约合同也是一种契约,仍是形式完备的合同。但预约合同的标的是一种与相对人将来订立特定合同即本约的行为,其对双方当事人施加的是必须磋商而非必须缔约的义务。本案中,认购书仅是双方对将来签订商品房买卖合同等有关事项的初步确认,订立认购书后双方应就商品房买卖合同所应具备的主要条款进一步磋商,直至双方签订商品房买卖合同。

3. 违反预约合同的违约责任。通过前述分析,强行判令当事人继续履行预约合同,不仅没有法律规定可依,也有违合同法的意思自治原则。但一方当事人违约导致本约不能订立,违约方应承担违约责任。具体到本案,房地产公司应赔偿孙某的期待利益损失,但该损失不应超过当事人在订立合同时预见到或应预见到的因合同不成立、无效或被撤销可能造成的损失,也不得超过合同成立或有效时的履行利益。

规则7 [预约与损失]开发商违反预约合同将房屋售予他人应向购房者赔偿机会损失,机会损失的范围应与开发商因违约行为而获得的利益相对应。

〖**规则解析**〗

开发商在未取得房屋预售许可证前与购房人签订的具备主要条款的房屋认购书的性质仍为预约合同。开发商违反预约合同将房屋售予他人应向购房者赔偿机会损失,机会损失的范围应与开发商因违约行为而获得的利益相对应。

〖**案情简介**〗①

2008年3月20日,陈某根与常州兰星房地产开发有限公司江阴分公司(以下简称兰星江阴分公司)签订《龙城福第认购书》一份,约定由陈某根认购兰星江阴分公司开发的龙城福第房产,并约定认购位置为A块商业11-15号;房屋交付后,产权登记面积与认购书约定发生差异的,双方同意按产权登记面积计算;认购单价为6000元/平方米;签订认购书时交纳诚意金60万元;龙城福第达到销售条件后兰星江阴分公司将以书面形式通知陈某根签订商品房买卖合同;陈某根必须在收到通知后10日内与兰星江阴分公司签订商品房买卖合同,逾期视为放弃优先购买权,并不再享受以上单价购房优惠,交纳的诚意金不计息退还;双方签订商品房买卖合同后,诚意金抵作房款;本认购书有效期自签订之日起生效,到陈某根收到签订商品房买卖合同通知之日起10日内自动作废。认购书"甲方"位置上盖有兰星江阴分公司的售房合同专用章及法定代表人钱某忠的印章。认购书最后记载有陈某根的身份证号码和联系电话,在乙方确定的书面通知地址栏未填写内容。陈某根于合同签订当日向兰星江阴分公司支付诚意金60万元。兰星江阴分公司取得预(销)售许可证后于2010年5月将龙城福第A商业一层全部销售,讼争房屋的售价为4,394,340.63元。在审理过程中,原告申请对讼争房屋进行市场价格鉴定(评估),估价结果为:估价对象的建筑面积为632.025平方米,市场价值为4,987,929元。若被告不违约,原告应支付的售价为3,792,150元。

---

① 江苏省无锡市中级人民法院民事判决书,(2015)锡民终字第0024号。

另查明,兰星江阴分公司现登记为江阴兰星房地产开发有限公司(以下简称江阴兰星公司),江阴兰星公司确认兰星江阴分公司的责任由其承担,陈某根无异议。

〖**裁判结果**〗

江苏省江阴市人民法院经审理认为,陈某根与兰星江阴分公司签订的《龙城福第认购书》以书面形式明确了将来就订立正式买卖合同进行谈判这一预约标的,系独立、有效的预约合同,双方应在认购书所约定的条件成就后按约定履行。兰星江阴分公司在取得销售许可后未按约书面通知陈某根并与之订立本约,违背了民事活动中应遵循的诚实信用原则,应当承担相应的违约责任。综合考量江阴近年来房地产市场发展的态势及双方当事人履约情况,确定具体的赔偿数额应以江阴兰星公司因违约实际获得的差价利益602,189.63元为宜。据此,法院判决:被告江阴兰星公司应返还原告陈某根诚意金60万元,并赔偿陈某根损失602,189.63元,合计1,202,189.63元;驳回陈某根的其他诉讼请求。

一审判决后,被告不服并提起上诉。江苏省无锡市中级人民法院判决:驳回上诉,维持原判。

〖**裁判思路**〗

本案争议的焦点在于:认购书是买卖合同还是预约合同,违反预约合同的赔偿范围如何确定。

1. 本案中认购书的性质

一种观点认为,认购书对拟购商铺的位置、价款、认购时间及双方的权利义务作了明确约定,具备了购房合同的主要条款,是附生效条件的购房合同。当兰星江阴分公司取得商品房预售许可证时,购房合同就已经生效。

另一种观点认为,认购书缺乏付款时间、付款方式、商铺交付条件及日期等主要内容,双方需通过进一步谈判才能订立合同,认购书只是缔约行为。

笔者认为,原、被告签订的房屋认购书是对未来签署正式购房合同的预先安排,并以书面形式明确了将来就订立正式买卖合同进行谈判这一预约标的,系独立、有效的预约合同。虽然认购书对拟购商铺的位置、价款、认购时间作了约定,但还是缺少合同成立的其他要素如付款时间、付款方式、商铺交付条件及日期等,且合同明确约定了在取得房屋预售许可证后签订商品房买卖合同,意即该认购书确认无误的约定事由系兰星江阴分公司在取得房屋预售许可证后应书面通知陈某根与之订立商品房买卖合同,而双方当事人最终是否会订立买卖合同、买卖合同的主要条款是否与认购书一致,根据认购书不能得出肯定无疑的结论,所以,认购书不能认定为买卖合同,而是买卖合同的预约合同。

2. 预约合同违约责任赔偿范围的确定

违反预约合同应承担损失的范围,应以机会损失为基础,不超过履行利益为限,综合考虑案情,予以确定。预约合同对本约的标的物、对价等已经作出明确约定,当事人对本约的期待利益已经固化,违约方一旦违约,守约方的期待利益也随之丧失,守约方亦丧失了与他人订立同类本约合同的机会,导致机会损失转化为现实损失,该机会损失归属于信赖利益的损失。但是,预约合同的标的是签订本约合同这一行为,而不是交易的实际发生,依赖签订本约后再与他人订立同类合同可获得的利益,即履行利益,只能理解为商业利益,在本约未达成的情况下,不能视为法律上的利益,也就不能作为违反预约合同应承担损失的范围,但信赖利益的损失不能超过履行利益损失,故违反预约合同应承担损失的范围不能超过可得利益的范围。

本案中,被告因违约得到的直接经济利益可对应地视为原告的机会利益损失。一个行为给合同一方带来利益,同时给另一方造成损失,该利益和损失之间具有某种程度的对应关系。任何人不得从违法行为中获利,兰星江阴分公司的违约行为给自己带来602,189.63元(4,394,340.63元-3,792,150元)的直接经济利益,也就是原告的机会利益的损失。陈某根的可得利益应为评估的市场价4,987,929元与其本可以购买的成本价3,792,150元的差价即1,195,779元。本案中的机会利益没有超出可得利益的范畴。综合考量双方当事人的履约情况及近年来本地房地产交易中频现因房价上涨而开发商违约的事例,故以兰星江阴分公司在交易中违背诚实信用原则而获得的实际经济利益作为对陈某根的损失赔偿,既是对违背诚信原则行为的惩戒,也合理地弥补了原告的损失。

第三章　商品房销售广告和宣传纠纷

【本章导读】

在商品房销售合同纠纷中,因商品房销售广告中的说明和允诺而引起的纠纷占有很大比重。商品房销售广告中的说明和允诺在吸引购房者买房方面发挥着重大的作用,是开发商销售房屋的一个主要营销手段。而开发商在广告中的说明和允诺,并未列入商品房买卖合同中。按照合同法的一般原理,没有列入购房合同中的条款,则对开发商没有约束力,即开发商不用为广告中的说明和允诺承担合同上的责任。因此,开发商在销售房屋的广告中就更加无所顾忌,用极尽夸张的方法,通过不实的广告来吸引顾客。由于购房者社会经验的不足,对开发商的广告不实策略没有清醒的认识,且开发商在销售广告中所作的说明和允诺,往往是涉案房产将在竣工时候所达到的状况,购房者不可能通过观察判断来甄别广告的真假,因此,往往误信广告中的不实说明和承诺而购买商品房。当开发商实际将商品房交付给购房者的时候,购房者则很容易发现房产的实际状况与当时购房时开发商发布的广告存在巨大差别,这种心理预期的落空,使得购房者与开发商因为广告不实引发的纠纷凸显越来越尖锐。本章就商品房销售广告和宣传纠纷的裁判规则进行了初步探讨。

【实务问答】

一、商品房销售广告的性质是什么?

就上述问题而言,司法实践中存在不同观点。

第一种观点认为,像其他商业广告一样,商品房销售广告除非包括了合同的主要内容从而成为要约，一般只属于要约邀请或要约引诱，意在邀请购房者提出购房要约，而作为要约邀请的商品房销售广告是没有拘束力的，因此，商品房销售广告只是一种要约邀请，如未将广告宣传的内容订入合同，就不能认为是合同内容，销售广告中的虚假宣传，只是违背诚实信用原则应负的义务，可考虑以缔约过失责任对买受人予以补救。

第二种观点认为，由于要约引诱具有"对世性"，当事人在发出要约引诱时必须先尽前契约义务，如揭示合同内容的所有事实，不能随心所欲或作虚假的陈述，因此广告的真实性已成为当今世界各国对广告的最基本的要求。由于开发商对其在售楼广告中作出的说明和允诺的内容，往往又利用其订立合同时的优势地位，拒绝订入合同中，故其明白无误的"说明和允诺"从本质上说已经构成像悬赏广告一样的特殊要求，它以购房人完成签订购房合同的行为为对价和承诺。在这一特殊要约的有效期内，开发商不得随意撤销或变更许诺，即广告许诺具有不可撤回性，也就是开发商在前契约阶段所承担的以忠实、协力、诚信为内容的前契约义务，通常称之为"要约的形式拘束力"。《广告法》第八条规定："广告中对商品的性能、产地、用途、质量、价格、生产者、有效期限、允诺或者对服务的内容、形式、用途、质量、价格、允诺有表示的，应当清楚、明白。广告中表明推销商品、提供服务附带赠送礼品的，应当表明赠送的品种和数量。"这一规定体现了诚实信用的先契约义务原理，即清楚明白的广告许诺，具有不可撤回的形式拘束力。因此开发商在售楼广告中作出许诺以后，一旦有购房人与之签订买卖合同，开发商应当毫无选择地履行广告许诺的义务。

笔者认为，对商品房销售广告的内容性质认定，应根据具体情况区别处理，不能机械地将其一概作为要约邀请。

首先，根据《民法典》第四百七十三条第一款规定，对商业广告的内容在原则上应认定为一种要约邀请，更不能将未订入合同中的宣传广告内容作为合同内容看待。但对在实际生活中，一些出卖人在销售广告和宣传资料中对商品房及相关设施所作的具体明确的说明和允诺，如小区绿化率达80%、规划区内有健身房、游泳池、每单元两部电梯等内容，就应具体问题具体处理，不能简单地认定为要约邀请。

根据《民法典》第四百七十二条关于要约的规定，如果意思表示内容具体确定，并表明经受要约人承诺要约人即受该意思表示约束时，该意思表示即为要约。在实际生活中，买受人往往也正是基于出卖人在宣传资料中对房屋及相关设施所作的具体确定的说明和允诺才决定购买房屋的。笔者认为，如出卖人对其开发项目规划范围内的商品房及相关基础设施所作的一些说明和允诺具体确定，并对房屋价格的确定有决定作用，足以让买受人产生信赖而签订商品房买卖合同的，此时，买受人就此内容向出卖人提出订立合同的行为已使销售广告的对象和内容特定化了，根据《民法典》第四百七十二条关于要约的规定，该说明和允诺的内容应视为出卖人向买受人发出的要约，而买卖合同的订立则为买受人对要约的承诺。由于目前商品房买卖合同均是由出卖人提供的格式合同，即使双方当事人可就格式合同之外的宣传广告内容进行协商约定，但因出卖人在房地产市场中处于强势地位，销售广告和宣传资料中的一些具体确定的说明和允诺内容没有订入买卖合同之中，而纠纷也正是因交付使用的房屋与说明和允诺不符发生的。为保护弱势群体买受人的合法利益，根据上述理由，《商品房买卖合同解释》规定，即使该说明和允诺没有明确订立在合同之中，也应认定为合同内容，出卖人违反该内容的，应承担违约责任。

据此，买受人在商品房销售广告和宣传资料中的说明和允诺，符合以下三个条件的，即构成要约：第一，该内容是对开发规划范围内的房屋及相关设施所作的说明和允诺。如广告称房屋为混凝土结构、居住区绿地、电梯、车库、健身、购物、收视等设施齐全等，对规划范围之外的周边环境的渲染、描述等应予除外。第二，对房屋的说明和允诺应具体确定。如小区绿化率达到80%、每单元配有日本原装三菱电梯二部等。第三，该说明和允诺对商品房买卖合同的订立和房屋价格的确定有重大影响。只要买受人就该具体明确的说明和允诺提出与出卖人签订商品房买卖合同的，即使该内容未订入商品房买卖合同中，也应视为合同内容，出卖人交付的房屋及相关设施不符合广告和宣传中的具体确定的说明和允诺的，应承担违约责任。这不仅符合《民法典》的规定和客观实际，也有利于保护买受人的权益和规范出卖人的经营行为，建立、维护市场诚信制度。而缔约过失责任虽可给予买受人适当的补救，但对买受人遭受的信赖利益损失无法计算，司法实践中难以操作，极易造成权利滥用和法律适用的不统一，也不利于对买受人合法利益的保护。对销售广告和宣传资料的内容问题，实务界也已突破传统认识，开始区别情况予以认定，并作出变通规定。

二、怎样认定商品房广告是否为虚假广告?

就上述问题而言,司法实践中存在不同观点:

第一种观点认为,广告内容是否真实,即广告所宣传的内容与商品和服务本身真实的情况是否一致、相符。

第二种观点认为,广告中的宣传内容能否引起消费者的误解。

笔者认为,我国判定广告是否虚假应采用"引人误解"与"虚伪不实"相结合的标准。

将虚假广告分为"虚伪不实"和"引人误解"两种类型,因为"虚伪不实"的广告内容与商品或服务的真实内容不符,已经违反了《广告法》《反不正当竞争法》等法律对广告"真实、准确"的要求,无论其是否产生了引人误解的效果,都不应该影响其违法的性质;并且,即使没有造成误解的效果,"虚伪不实"的广告也已经侵犯了消费者的知情权。此外,引人误解的广告又分为两种:广告内容不真实而引起消费者的误解;广告内容真实但因为广告人的素质、广告制作手段、方式等客观条件的限制而导致了引人误解的效果。后一种情况虽然主观恶性较小,但并不能以此作为卸责的借口,至少应该做到"了解自己的广告所可能传递给消费者的信息"。如果不对虚伪不实的广告和引人误解的广告加以区分,就失去了规制内容真实却引人误解的广告的依据。

依据上述分类,可以由以下两个标准来界定房地产虚假广告:

第一,内容上的失实性。即只要房地产广告内容与客观实际情况不相符,就应当认定为虚假广告。

第二,广告中的误导性陈述足以使消费者产生误解。一些房地产广告中片面、模糊的宣传,虽然内容是真实的,但因其似是而非、模棱两可导致消费者对某些讯息陷入错误的认识。从保护消费者利益的角度出发,对于房地产虚假广告的认定,不应仅考虑广告内容的真实程度,还应取决于消费者对该广告的误解程度并应对误解程度作出限定。也就是说,引起消费者误解的广告即使其内容是真实的,也应当认定为虚假广告。

"引人误解"的判别主要是依靠主观标准,即取决于广告的受众(消费者)对广告的一般认识和理解。具体而言,应该根据消费者的认知标准判断。如果广告内容所要表达的真实意思与人们按照习俗、惯常理解的意思不符,会使消费者对广告产生误解误认,那么这样的广告就应被判定为虚假广告。然而,作为一种艺术形式和宣传手段,广告主在创作作品过程中往往会使用设计微妙的音像和文字,或是一些幽默夸张的表现手法对商品进行适度的修饰,合理的联想或夸张是允许的。因此,评判一则广告是否“引人误解”并非一目了然。实际生活中,由于消费者识别能力的不同,同样的广告所产生的效果亦不同。如果确定了消费者的标准,也就等于间接确定了判断“引人误解”的标准。

三、开发商夸大广告宣传的责任应当如何认定与处理?

要区别对待开发商的夸大广告宣传。商品房销售分为预售和现售两种,对象不同,我们对待开发商的夸大广告宣传也应有所区别,在构成违约的问题上不能一概认定或否定。现房销售中,买受人可以对房屋的户型、面积、交通、小区环境、配套设施等进行实地考察,及时发现房屋的综合情况与开发商的广告宣传是否一致,受广告宣传的影响相对较小,如果开发商所售商品房的综合情况与广告宣传不符,买受方并未提出异议,此种情况应视为默认,购房后买受方反悔的,不宜认定开发商构成违约;如果买受方当即提出异议,开发商亦口头或书面承诺日后加以改进,保证房屋综合情况与广告宣传一致,但是开发商在交付房屋后并未履行诺言,则可以认定开发商构成违约。期房销售中,买受方往往通过广告来选择自己需要的房屋,受广告宣传影响大,所以在对待夸大广告宣传问题上需从严把握。

首先,《商品房买卖合同解释》第三条规定,对房屋及相关设施所作的广告宣传的内容确定且该内容对合同的订立或者房屋价格的确定有重大影响,两个条件均需具备,开发商未履行广告宣传的相关承诺,即应认定开发商构成违约。

其次,我们可以借鉴我国台湾地区“预售房屋买卖定型化契约应记载及不得记载事项”中规定的预售合同必须记载“卖方应确保广告内容之真实,本预售房之广告宣传品及其所记载之建材设备表、房屋及停车位平面图与位置示意图,为契约之一部分”,在法律中强制规定广告宣传中的某些内容为预售合同的一部分,以制约开发商夸大广告宣传行为。我们还可以借鉴我国台湾地区“消费者保护法”第二十二条“企业经营中应确保广告内容之真实,其对消费者所负义务不低于广告之内容”的规定,以有效遏制开发商的夸大广告宣传行为，最大限度地保护买受方的合法权益。

四、商品房虚假销售广告的责任如何承担？

对商品房销售虚假广告等引起纠纷的处理，审判实践中有不同观点。

第一种观点认为，商品房售楼广告除非包括了合同的主要内容从而成为要约，一般只属于要约邀请或要约引诱，如未将广告宣传的内容订入合同，就不能认定为合同内容，销售广告中的虚假宣传，只是违背诚实信用原则要求的义务，可考虑以缔约过失责任对买受人予以补偿。

第二种观点认为，开发商在订立合同时，往往利用其订立合同时的优势地位，拒绝将售楼广告中作出的说明和允诺的内容订入合同中，故对广告中的说明和允诺从本质上说已经构成像悬赏广告一样的特殊要求，它以购房人完成签订购房合同的行为为对价和承诺。在这一特殊要约的有效期内，开发商不得随意撤销或变更许诺。开发商在售楼广告中作出许诺以后，一旦购房人与之签订买卖合同，开发商应当毫无选择地履行广告许诺的义务。

笔者认为，在涉及商品房销售广告的责任承担过程中，不能一概而论，应当根据具体情况，综合运用违约责任、缔约过失责任，甚至消费者权益保护法的归责原则具体确定。

1. 要约条件下的责任承担

如果把商品房销售广告认定为要约，受要约的法律拘束力，一般情况广告主承担两种责任：一是违约责任，二是缔约过失责任。

违约责任是违反合同的民事责任的简称，是指合同当事人一方不履行合同义务或履行合同义务不符合合同约定所应承担的民事责任。违约责任以补偿守约方所受损失为主要目的，以损害赔偿为主要责任形式，而且当事人可以在法律规定的范围内约定，具有一定的随意性。商品房销售广告中的违约责任在《商品房买卖合同解释》第三条中有明确规定。违约责任以合同的有效成立为前提。就商品房销售而言，相关商品房销售广告主体的违约责任问题应从以下四个方面来予以认定：第一，要有商品房销售广告违约行为的存在；第二，有因商品房销售广告违约行为造成的损害事实；第三，商品房销售广告违约行为与损害事实之间有因果关系；第四，实施了商品房销售广告违约行为的相关主体必须有过错。违约责任的承担形式主要包括继续履行、采取补救措施、赔偿损失、违约金、定金罚则。购房人应当结合自身实际作出选择。

缔约过失责任,是在订立合同的过程中,由于一方当事人的过错,使合同无效、被撤销或未成立,并给对方造成损失的情况下所承担的一种民事赔偿责任。违约责任救济的是履行利益,而缔约过失责任救济的是法律肯定的信赖利益。就商品房销售广告主而言,缔约过失责任的构成要件有四:一是商品房销售广告主体在要约生效后违反先合同义务;二是商品房销售广告主体一方存在过错;三是购房人基于要约的信赖利益受有损失;四是购房人损失与广告主体违反先合同义务和存在过错之间有因果关系。缔约过失责任赔偿内容一般包括因信赖利益而造成的直接损失和间接损失,在数额上一般不超过合同正常履行时的利益。

2. 要约邀请条件下不承担民事责任

根据要约邀请的一般原理,要约邀请并不具有法律拘束力,如果商品房广告主作出的宣传广告为要约邀请,并且没有实际履行,从理论上讲并不承担民事责任。

对商业广告原则上应认定为一种要约邀请,一般情况下不能将未订入合同中的宣传广告内容作为合同内容。但出卖人在销售广告和宣传资料中,如果就其开发出售的商品房及相关设施所作的说明和允诺具体确定,并由此对买受人决定订立合同以及房屋价格的确定有重大影响的,即使该说明和允诺没有明确订立在合同之中,也应当认定为合同内容。当事人违反该内容的,应当承担违约责任。这有利于保护买受人权益和规范出卖人的销售行为,建立和维护市场诚信制度。

五、开发商交付的商品房与其宣传广告内容不一致,开发商的行为是否构成欺诈以及购房者能否获得双倍赔偿?

就上述问题而言,司法实践中存在不同观点。

第一种观点认为:《消费者权益保护法》并不适用于此。著名民法学家梁慧星先生认为,商品房买卖不适用《消费者权益保护法》第四十九条,理由有三:(1)《消费者权益保护法》制定时,针对的是普通商品市场存在的假冒伪劣和缺斤短两问题,其适用范围不包括商品房。同时制定的《产品质量法》明文规定不包括建筑物,可作参考。(2)商品房作为不动产与作为动产的普通商品有差异，商品房买卖合同中即使出卖人隐瞒了某项真实情况或捏造了某项虚假情况，与普通商品交易中的欺诈行为不能等同，商品房质量问题通过瑕疵担保责任制度可以得到妥善处理。（3）商品房买卖合同金额巨大，动辄数十上百万元，如判决双赔，将导致双方利害关系的显失平衡，在一般人的社会生活经验看来很难说是合情合理合法的判决。

第二种观点认为：此类案件应适用《消费者权益保护法》，其理由为：（1）根据《消费者权益保护法》第二条“消费者为生活需要购买、使用商品或者接受服务，其权益受本法保护”的规定，可见消费行为的法律特征有两个：一是行为目的必须为生活需要；二是购买的标的物必须为商品。以个人名义购买房屋是出于生活需要，没有其他证据能够证明是为生产经营目的而购买该房屋；同时商品房虽然是不动产，但其具有商品的本质属性，列入商品范畴是毋庸置疑的。因此此类案件应受《消费者权益保护法》调整。（2）《消费者权益保护法》保护的是因消费行为所受到损害的消费者权益，并不限制消费行为是基于什么形式产生的，无论是货款两讫的即时消费，还是先付款后提货的合同消费，只要符合消费行为的法律特征，都受《消费者权益保护法》的保护。（3）根据特别法优于一般法的原则，《消费者权益保护法》作为调整消费领域这一特殊社会关系的法律规范，是在《民法典》等一般法之外特别规定的，其效力优于《民法典》所规定的一般民事规范。因此，此类案件应适用《消费者权益保护法》。

笔者同意第一种观点。

理由如下：2020年修正的《商品房买卖合同解释》将原解释中的第八条、第九条规定的已付购房款一倍的赔偿责任删除了，即删除了开发商欺诈情形下承担不超过一倍的惩罚性赔偿的相关规定。原因之一就是考虑到商品房买卖合同金额巨大，动辄数十上百万元，如判决双赔，将导致双方利害关系的显失平衡。

六、商品房宣传资料是否具有法律效力？

就上述问题而言，实践中存在不同的观点。

第一种观点认为，宣传资料只是用于宣传，不足以构成订立合同不可缺少的要约，因此，商品房宣传资料不具有法律效力。

第二种观点认为，商品房宣传资料一般不具有法律效力，但是，开发商在宣传资料中对所售房屋及其附属设施所作出的说明、允诺明确、具体、确定并对合同的订立及房屋价格有重要影响时,应当被认定为要约,视为合同内容的一部分。

笔者同意第二种观点。

根据《商品房买卖合同解释》,开发商在宣传资料中对所售房屋及其附属设施所作出的说明、允诺明确、具体、确定并对合同的订立及房屋价格有重要影响时,该内容才能被直接认定为要约,从而视为合同内容的一部分。2020 年修正的《商品房买卖合同解释》将原解释条款中说明和允诺"视为要约"修改为"构成要约",不是"视为"而是"构成"。更加强有力地限制了房地产广告的夸张说辞,精准控制营销推广,赋予了商品房的销售广告和宣传资料相应的合同约束力,但这其中预设了相应的前提:

第一,就商品房开发规划范围内的房屋及相关设施所作的说明和允诺。

第二,该说明、允诺的内容应当具有明确性、确定性、具体性,其内容是可以被特定化的并可以被明确地预期。

第三,该说明、允诺还应当对合同的订立及房屋的价格有重大的影响。该说明、允诺应当对合同的订立有重大影响是指,购房人看重的是所售房屋及其附属设施等满足其特定的心理需求或特定购房目的,正是基于这一点购房人才决定订立合同。对于上述"特定的心理需求或特定购房目的"的认定,应当采取"合理的个性化需求"的标准,即在购房人自我认定宣传资料中的说明、允诺内容对其个性化的合理需求的满足具有重大影响的同时,其他一般社会理性人依常理也能认可该项需求是合理的、必要的、正当的,符合上述双重标准时,才能认定其对订立购房合同有重大影响。

该说明、允诺应当对房屋的价格有重大影响是指,该说明、允诺中所承诺的内容往往成为最终决定房价的重要组成部分。从房屋同其周边环境之间的关系来看,房价的构成可以分为显性价值和隐性价值。建设用地使用权成本、工程土建成本、开发商项目运作的融资成本及政府征收的各种税费,构成房屋的显性价值;以该房屋为中心在购房人生活半径范围内的各项附属设施,如周边的绿化环境、交通、市政基础设施、自然或人文景观以及文化、健身、教育、医疗、商业设施等给购房人带来的无形利益,构成房屋的隐性价值(或称该房屋的地段价值)。如果宣传资料中的说明、允诺的内容是涉及隐性价值的内容,那么该内容理所应当对整体房屋的价格有重大影响,构成要约。

由此可见,认定宣传资料中的相关内容为要约的标准,实际上是主、客观相结合的综合标准,是当事人主观认定和客观实际情况相一致的结论。正确把握这一认定标准,一方面有助于维护正常的商品房交易秩序,打击开发商的欺诈行为;另一方面也有利于购房者维护自身的正当权益,从而促进房地产业的有序、健康发展。

七、如何理解实际交付的房屋与样板房之间的一致性?

关于实际交付的房屋与样板房之间的一致性问题,司法实践中存在不同观点。

第一种观点认为,实际交付的房屋与样板房之间必须一致,且必须是细节上的一致,才符合恰当履行。

第二种观点认为,应当区分毛坯房和装修房。如果样板房和实际交付的房屋均为毛坯房,只要实际交付的毛坯房经过验收合格即可。如果样板房和实际交付的房屋均为装修房,实际交付的房屋的装修材料与样板房必须一致。

笔者认为,"一致"应当根据具体情况加以判断。

样板房和楼盘模型属于售楼宣传材料之一种,其法律约束力应当与宣传资料一致。为了规范开发商在销售现场设置样板房和楼盘模型的行为,《商品房销售管理办法》第三十一条作了相关规定。该条规定:房地产开发企业销售商品房时设置样板房的,应当说明实际交付的商品房质量、设备及装修与样板房是否一致,未作说明的,实际交付的商品房应当与样板房一致。

要求实际交付的房屋与样板房在每一个具体细节上都保持一致是不现实的。如果样板房和实际交付的房屋均为毛坯房,只要实际交付的毛坯房经过验收合格即可。如果样板房和实际交付的房屋均为装修房,实际交付的房屋的装修材料与样板房一致即可。如果实际交付的房屋和样板房一个为毛坯房,另一个为装修房,则二者之间难以比较。因此,前述销售办法所称的"一致"应当根据具体情况加以判断。

【案例适用】

规则8　[虚假宣传]出卖人就商品房开发规划范围内的房屋及相关设施所作的说明和允诺具体确定,并对商品房买卖合同的订立以及房屋价格的确定有重大影响的,构成要约。

〖规则解析〗

商品房的销售广告和宣传资料为要约邀请,但是出卖人就商品房开发规划范围内的房屋及相关设施所作的说明和允诺具体确定,并对商品房买卖合同的订立以及房屋价格的确定有重大影响的,构成要约。该说明和允诺即使未载入商品房买卖合同,亦应当为合同内容,当事人违反的,应当承担违约责任。

〖案情简介〗①

2006年8月18日,被告重庆市鸿英房地产开发有限公司(以下简称鸿英公司)开发的锦上华庭获取"国家康居示范工程"实施项目。2007年,锦上华庭开始预售。鸿英公司通过报纸、户外广告、印发的宣传资料、网络等对锦上华庭小区进行宣传,主要内容有:(1)锦上华庭荣获"国家康居示范工程";(2)小区1.87超低容积率,40%绿化;(3)三大保温隔热技术,一年少开两个月空调;(4)太阳能技术,大大节约公共用电量;(5)生态雨水再利用循环系统,一年节水1.8万吨;(6)小区有游泳池、网球场等。

2007年12月18日,原告邓波、周敏与鸿英公司签订《重庆市商品房买卖合同》,购买锦上华庭一期一套房屋。合同附件四补充协议第十三条约定,该合同与宣传资料、模型、样板房的画面、数据、文字如有出入,以该合同内容为准,卖方设置的样板房仅作为装修、装饰的参考,不作为本合同商品房质量、设备及装饰交付的标准。合同签订后,邓波、周敏支付了房价款81.3644万元。

2008年12月,邓波、周敏收房时发现锦上华庭并没有获得"国家康居示范工程"证书或奖励,只是"国家康居示范工程"实施项目之一,小区容积率为1.99,绿化率只有33%左右,鸿英公司的其他承诺也没有兑现。同时,邓波、周敏发现两个卧室外开窗的玻璃没有采用钢化玻璃,认为其不符合强制

---

① 重庆市渝北区人民法院民事判决书,(2009)渝北法民初字第7408号。

规范要求。故要求鸿英公司退还其房价款5.0144万元,并要求鸿英公司对其房屋的两个卧室外开窗的玻璃进行更换,采用钢化中空玻璃(通过3C认证)。

2009年4月,经规划部门批准,小区规划进行了调整,其中容积率由1.88调整为1.99,绿地率由31.34%调整为33.7%,该项目建设分阶段完成,现完成一期建设。二期新增4个羽毛球场取代原有网球场,亦有游泳池。

鸿英公司认为其销售广告和宣传资料为要约邀请,不能作为合同的一部分,鸿英公司没有义务按照宣传广告所述对小区配套设施进行建设。且其开发的锦上华庭被列为国家康居示范工程实施项目为事实,在整个项目完成之前,不能确定它是不是国家康居示范工程,也不能确定鸿英公司没有兑现其关于各项技术的承诺。网球场、容积率和绿化率的变更也是经规划部门批准的。邓波、周敏房屋外室门窗玻璃,鸿英公司也是按设计单位的设计文件进行施工的,并通过了验收。故不同意邓波、周敏的要求。

〖**裁判结果**〗

重庆市渝北区人民法院认为:依据《商品房买卖合同解释》第三条①的规定,鸿英公司针对开发规划的锦上华庭小区房屋及相关设施的宣传都是具体、明确的,尤其是国家康居住宅示范工程、容积率、绿化率、游泳池、网球场的宣传,对《商品房买卖合同》的订立和价格的确定是可以产生重大影响的,因此至少上述宣传内容应当视为要约,成为双方合同内容。按合同约定交房时,鸿英公司未完成上述宣传内容,应承担相应的违约责任。由于双方在合同中未约定此种情况下违约责任的承担方式,邓波、周敏选择减收房款的请求于法有据。因无法划分广告宣传内容对房价的具体影响比例,且有些项目可在后期建设中逐步完善,故法院酌情按房款总额的1%作为返还标准。因被告取得了涉诉房屋的《竣工验收备案登记证》,符合合同约定的交付条件,故对邓波、周敏要求更换玻璃的请求不予支持。

重庆市渝北区人民法院作出如下判决:(1)被告鸿英公司在本判决生效

① 2020年《商品房买卖合同解释》将原第三条修改为商品房的销售广告和宣传资料为要约邀请,但是出卖人就商品房开发规划范围内的房屋及相关设施所作的说明和允诺具体确定,并对商品房买卖合同的订立以及房屋价格的确定有重大影响的,构成要约。该说明和允诺即使未载入商品房买卖合同,亦应当为合同内容,当事人违反的,应当承担违约责任。

后5日内返还原告邓波、周敏8136.44元。(2)驳回原告邓波、周敏的其他诉讼请求。

〖**裁判思路**〗

本案争议的主要焦点为开发商的宣传内容是否构成要约而作为合同内容？根据《商品房买卖合同解释》第三条的规定，认定开发商的宣传内容中的说明和允诺构成要约，主要应把握以下几点：(1)宣传内容中的说明和允诺是针对商品房开发规划范围内的房屋及相关设施作出的。“相关设施”不仅包括供暖、供电、供水等基础设施，还包括商业、服务业以及医疗教育、公共交通等商品房规划范围内、外的配套设施。(2)该说明和允诺应是具体和确定的。据此，开发商较为笼统地宣传介绍商品房的区位等有利条件，一般不应归入合同义务。而如果以一般经验认知所叙述对象为现实可能且具体明确的，则满足此条件。(3)该说明和允诺对商品房买卖合同的订立以及房屋价格的确定有重大影响。如果购房者签订合同主要是考虑到开发商所作的对其有吸引力的广告宣传，且该宣传对商品房的价格产生了实质的影响，那么就可以认定为要约。

本案涉及的另一问题为规划变更引发的商品房买卖合同案如何处理？本案中，开发商变更小区绿化率、容积率都是征得规划部门同意并备案的，这往往成为开发商拒绝承担违约责任的重要理由。本案最终认定开发商应承担违约责任，实际上是确认了此种情况下开发商仍应承担违约责任。开发商要更改规划，必须通知所有业主，并征得业主同意方可。否则从合同意义上讲，就属于违约行为，业主可以要求开发商承担违约责任。

第四章　商品房销售合同纠纷

【本章导读】

民以食为天,家以居为先。随着社会的不断发展及国家福利分房政策的结束,城镇居民的住房开始转向市场化、商品化,买卖商品房成了当今社会的时尚,也是绝大多数城镇居民获得住房的最重要渠道。然而由于我国房地产市场起步较晚,房地产立法不健全,市场管理机制混乱等因素,商品房交易行为极不规范,特别是部分开发商违反诚实信用原则,严重侵害购房者的合法权益,导致商品房买卖合同纠纷数量随着房地产业的升温而急剧上升,成为社会投诉热点和关注焦点,许多矛盾纠纷涌入法院。此类案件具有专业性强、处理难度大等特点,因此公正、及时地处理好此类纠纷是摆在各地人民法院面前的一项重大而艰巨的任务。本章就商品房买卖合同纠纷的裁判规则进行了探讨。

商品房买卖合同,是指房地产开发企业(以下统称为出卖人)将尚未建成或者已竣工的房屋向社会销售并转移房屋所有权于买受人,买受人支付价款的合同。商品房买卖合同纠纷是指由于商品房买卖合同的当事人因该商品房买卖合同的效力、履行、违约责任的承担产生争议而提起的诉讼,或者合同以外的利害关系人对买卖合同的当事人提起的确认此买卖合同无效或者赔偿损失的诉讼。商品房买卖合同纠纷主要包括两种类型:一是商品房预售合同纠纷,是指出卖人将尚未建成的房屋向社会销售,由买受人支付价款的合同引起的纠纷;二是一般商品房买卖合同纠纷。后者则是指出卖人将已经竣工的房屋向社会销售并转移房屋所有权于买受人,买受人支付价款的合同引起的纠纷。

【实务问答】

一、商品房现售合同是否以出卖人取得商品房预售许可证明为生效条件?

对于上述问题,司法实践中存在不同观点。

第一种观点认为,依据《城市房地产管理法》第三十八条第六项的规定,未依法登记领取权属证书的房地产不得转让。因此,商品房现售的条件为所售房屋已具备房屋权属证书,否则现售合同无效。

第二种观点认为,依据《商品房销售管理办法》第三条第二款的规定:"本办法所称商品房现售,是指房地产开发企业将竣工验收合格的商品房出售给买受人,并由买受人支付房价款的行为。"依据该办法第七条的规定:"商品房现售,应当符合以下条件:(一)现售商品房的房地产开发企业应当具有企业法人营业执照和房地产开发企业资质证书;(二)取得土地使用权证书或者使用土地的批准文件;(三)持有建设工程规划许可证和施工许可证;(四)已通过竣工验收;(五)拆迁安置已经落实;(六)供水、供电、供热、燃气、通讯等配套基础设施具备交付使用条件,其他配套基础设施和公共设施具备交付使用条件或者已确定施工进度和交付日期;(七)物业管理方案已经落实。"商品房现售的条件至少为房屋"竣工并验收合格",否则现售合同无效。

第三种观点认为,依据《商品房买卖合同解释》第一条规定:"本解释所称的商品房买卖合同,是指房地产开发企业(以下统称为出卖人)将尚未建成或者已竣工的房屋向社会销售并转移房屋所有权于买受人,买受人支付价款的合同。"从该条的规定可推知,商品房买卖可分为两种类型:一种是未建成房屋的买卖,另一种是已竣工房屋的买卖,前者为预售,后者则为现售。因此,商品房现售的条件为房屋"已竣工",否则现售合同无效。

第四种观点认为,实践中难以完全将商品房的现售与预售区别开来,因此,在处理此类问题时,应持折中的观点,既不能因为销售合同未满足《商品房销售管理办法》的规定,就认定合同无效。因为根据《民法典》的规定,认定合同效力的依据是法律和行政法规,而《商品房销售管理办法》是行政管理部门对其进行行政处罚的依据。房屋买受人亦可据此要求出卖人承担违约责任。同时,也不能因为出卖人在未取得产权证书的情况下出卖房屋就认为违反了《城市房地产管理法》第三十七条第六项的规定而无效,因为《城市房地产管理法》第三十八条第六项的规定是基于行政管理的目的而规定的,在理论上属于取缔规定,旨在对违反者加以制裁,以禁止其行为,并不否认其行为在私法上的效力。

笔者认为,商品房现售合同不应以出卖人取得商品房预售许可证明为生效条件。

认定合同生效应当符合以下条件:(1)现售商品房的房地产开发企业应当具有企业法人营业执照和房地产开发企业资质证书。房地产经营资格是用来证明开发企业开发经营能力和资信度的,审核和发放房地产企业的营业执照,是国家用来管理、控制和监督房地产业发展的重要手段。是否具备房地产开发经营的资格,是开发房地产的必要条件,也是房地产开发企业对外承担责任的基本条件。在审判实践中,不能因为过分强调投资者的利益而取消国家的监督管理,对于当事人无房地产经营资格的,应确认合同无效。(2)取得国有土地使用权证书或者使用土地的批准文件。(3)持有建设工程规划许可证和施工许可证。(4)房屋已经竣工。不符合上述条件签订的商品房现售合同,因作为合同标的物的房屋违法,应当认定现售合同无效。

《城市房地产管理法》第三十七条第六项规定:"未依法登记领取权属证书的"房屋不得转让。实践中对该规定的性质存在争议,有观点认为该规定属于原《合同法》第五十二条第五项规定的法律强制性规定,现《民法典》第一百五十三条第一款也规定,违反该规定的房屋买卖合同无效。笔者认为,依据民法理论,强制性法律规范大致可分为管理性的强制性规范及效力性的强制性规范。此处"强制性规定",是指效力性强制性规定,不导致民事法律行为无效的除外。因此,只有违反了效力性强制性规定的合同,才会导致合同无效的后果,而仅仅违反管理性强制性规范并不影响其在私法上的效力。上述《城市房地产管理法》的规定在性质上应当属于管理性的强制性规范,不应作为认定合同无效的法律依据。

1. 房屋未领取产权证是否影响房屋转让协议的效力

物权变动是指物权的设立、变更、转让和消灭,转让是物权变动形式的一种,它是指当事人基于法律和合同规定移转物权,从而使物权的主体发生变化。以变动原因相区分,物权变动可分为依法律行为的物权变动与非依法律行为的物权变动。前者除了要依据法律规定之外,还应当充分尊重当事人之间的私法自治，且必须要采取一定的公示方法。后者一般直接依据法律的规定或者事实行为而发生物权变动，一般不要求公示。在市场经济条件下，一般交易都是通过双方的协议来进行的，因此基于法律行为发生的物权变动是市场交易的法律形式，属于物权法规范的物权变动常态。

由于我国物权变动采纳了债权形式主义模式，因此，基于法律行为的物权变动，原则上采取合意（或法律行为）+公示（登记或交付）的方式完成，物权变动法律效果的发生，除了债权意思以外，还必须履行登记或交付的法定义务。根据此种模式，当事人之间除了债权合意外，还必须要履行登记或交付的法定义务，否则不发生物权变动。对此，《民法典》第二百一十四条规定："不动产物权的设立、变更、转让和消灭，经依法登记，发生效力；未经登记，不发生效力，但法律另有规定的除外。"

然而，不动产买卖中，未经登记通常导致物权变动不能的法律后果虽早已为我国理论界与实务界所接受，但此种情况下，为转让物权而订立的买卖合同是否有效，一直存在较大争议。如在房地产买卖纠纷司法实践中，大量的买卖合同因欠缺房地产登记手续而被认定无效。此类司法实践由于对契约自由的干涉和当事人合法权益的漠视而遭到强烈的批评。

通常而言，合同仅表明双方当事人对于应为之特定行为的承诺，而该特定行为的实行即合同目的须通过合同的履行而实现。因此，只要当事人允诺事项的实行具有可能且不违背公序良俗，意思表示真实，则合同即应对双方发生约束力。而以物权变动为目的的合同，只要物权变动本身不伤害公序良俗，则双方一旦达成合意，合同即可生效，物权变动是否确实发生，与合同之效力毫无关涉。因此，在房地产买卖中，房屋买卖一旦达成协议，合同即行成立并发生效力，房屋的交付与所有权变动登记，同为合同义务履行，与合同是否生效无关。另外，如果将登记作为合同生效的条件，没有办理登记就导致合同无效，则不利于确立违约责任，不利于对当事人合法权益的保护。因为如果一方在合同成立之后拒绝履行登记义务或者拒绝支付价款，由于合同已经成立并生效，此种拒不履行登记的行为构成违约，应当承担相应的违约责任。假如未办理登记导致合同无效，非违约方将无法要求违约方承担违约责任，这明显有违诚实信用原则，会扰乱正常的市场经济秩序。尤其是如果当事人双方已经愿意受合同约束，任何一方不能以没有登记为由而请求确认合同无效，否则，不仅不符合当事人意愿，而且因为无效后返还财产将会造成财产的损失和浪费,也不利于鼓励交易。

鉴于此,1999年最高人民法院《关于适用〈中华人民共和国合同法〉若干问题的解释(一)》(已失效)第九条规定:"依照合同法第四十四条第二款的规定,法律、行政法规规定合同应当办理批准手续,或者办理批准、登记手续才生效,在一审法庭辩论终结前当事人仍未办理批准手续的,或者仍未办理批准、登记等手续的,人民法院应当认定该合同未生效;法律、行政法规规定合同应当办理登记手续,但未规定登记后生效的,当事人未办理登记手续不影响合同的效力,合同标的物所有权及其他物权不能转移。"这一观点改变了我国司法实践中一贯将登记的效力与合同本身的效力混同的做法,而将登记与交易本身区别开来,事实上确立了区分原则,具有重要的实践意义。2007年通过的《物权法》吸收了这一有益的司法解释经验,该法第十五条规定了区分原则,即当事人之间订立有关设立、变更、转让和消灭不动产物权的合同,除法律另有规定或者合同另有约定外,自合同成立时生效;未办理物权登记的,不影响合同效力。根据该条规定,在不动产交易中,签订不动产买卖合同是物权变动的原因,物权变动是这一原因行为的结果。买卖合同的效力与物权变动的效力是相区分的,除非法律、行政法规有特别的规定,登记只是一种公示的方法,当事人未办理登记手续只是不发生所有权转移,并不影响买卖合同本身的效力。买卖合同是否有效,取决于双方当事人签订的合同本身是否符合合同法的相关规定。《民法典》延续了该观点,其第二百一十五条规定,当事人之间订立有关设立、变更、转让和消灭不动产物权的合同,除法律另有规定或者当事人另有约定外,自合同成立时生效;未办理物权登记的,不影响合同效力。

2. 违反法律、行政法规强制性规定是否必然导致合同根本无效

在不动产买卖中,虽然登记行为不能影响买卖合同的效力,但如该合同本身违反法律、行政法规的强制性规定或国家、公共利益,自应无效。《民法典》第一百五十三条规定,违反法律、行政法规的强制性规定的民事法律行为无效。但是,该强制性规定不导致该民事法律行为无效的除外。

所谓强制性规定,与任意性规定相对,是指直接规范人们的意思表示或事实行为,不允许人们依其意思加以变更或排除适用,否则,将受到法律制裁的法律规定。一方面,违反法律、行政法规强制性规定的合同无效是合同法为保护国家利益、社会公共利益等重大事项对合同自由的法律限制。维

护社会秩序是任何法律的共同目的,民法也不例外。但由于民法属于私法,以保护利益为目的,与行政法作为公法,以维护公法秩序为目的有本质区别,鼓励交易是合同法的重要精神,因此要谨慎地认定合同无效。对国家来说,干预合同应当是不得已而为之,只有在合同严重损害国家利益、公共利益时,或者在涉及消费者、劳动保护领域,为了正义的实现,国家才能进行干预。另一方面,在强制性规定中,有些只是起到为当事人设定一般性义务的作用,有些纯粹是为了保护特殊场合下的一方当事人的利益,有些是法律制度上的需要(如物权法定主义),还有些则纯粹出于民法以外的法律规范目的,比如行政管理上的需要,等等。①

二、商品房销售合同纠纷是否适用不动产专属管辖?

关于上述问题,司法实践中存在不同观点。

第一种观点认为,因商品房买卖合同的标的物是商品房,商品房属于不动产,因此其是因不动产发生的纠纷,应适用《民事诉讼法》第三十四条专属管辖的规定。根据该条规定,因不动产纠纷提起的诉讼,由不动产所在地人民法院管辖,因此,商品房买卖合同应由不动产所在地的人民法院管辖,即商品房所在地的法院管辖。

第二种观点认为,商品房买卖合同属于买卖合同的一种,因合同纠纷提起的诉讼应适用合同纠纷的地域管辖规定。

笔者同意第二种观点。

具体理由如下:首先,商品房买卖合同性质上属于买卖合同的一种,由此发生的纠纷属于合同纠纷,只是其买卖的标的物商品房属于不动产,而不是动产。买卖合同纠纷的管辖应当适用合同纠纷的地域管辖。根据《民事诉讼法》第二十四条的规定,应由被告住所地或者合同履行地人民法院管辖。关于合同履行地的确定,根据《民法典》第五百一十一条第三项的规定,当事人在合同中对履行地点约定不明确,交付不动产的,在不动产所在地履行。因此,商品房买卖合同的合同履行地为商品房所在地,商品房所在地法院对该类纠纷享有管辖权。

---

① 参见钱锋、唐明:《房屋未领取产权证不影响协议转让》,载《人民司法》2009年第8期。

其次,涉及不动产纠纷的案件从性质上可以分为两类:一类是涉及不动产权属纠纷,另一类是涉及不动产的合同纠纷。涉及不动产权属纠纷的案件,主要是因不动产的所有权、使用权、占用等发生纠纷而引起的诉讼,以及相邻不动产之间因通行、通风、采光等相邻关系发生争议而引起的诉讼等,以上纠纷应适用专属管辖,由不动产所在地法院管辖。而涉及不动产的合同纠纷案件应适用《民事诉讼法》第二十四条的规定,由被告住所地或合同履行地法院管辖。在司法实践中,因商品房买卖合同的标的物是不动产就将该类合同纠纷归入不动产纠纷并适用专属管辖,是与商品房买卖合同的性质相违背的。

商品房买卖合同纠纷在性质上为合同纠纷,对于合同案件,法律允许合同当事人双方选择管辖法院。我国《民事诉讼法》第三十五条规定:"合同或者其他财产权益纠纷的当事人可以书面协议选择被告住所地、合同履行地、合同签订地、原告住所地、标的物所在地等与争议有实际联系的地点的人民法院管辖,但不得违反本法对级别管辖和专属管辖的规定。"该条是关于协议管辖的规定。协议管辖,又称合意管辖或者约定管辖,是指双方当事人在纠纷发生之前或发生之后,以合意方式约定解决他们之间纠纷的管辖法院。本条规定,合同的双方当事人在不违反法律对级别管辖和专属管辖规定的前提下,可以在书面合同中协议选择被告住所地、合同履行地、合同签订地、原告住所地、标的物所在地等与争议有实际联系的地点的人民法院管辖。因此商品房买卖合同的当事人在不违反级别管辖和专属管辖的情况下,可以在《民事诉讼法》第三十五条规定的范围内协议选择管辖法院。规定协议选择管辖,可以避免因管辖权的争议而延误纠纷的解决。

对于当事人协议选择管辖法院的,尚需注意以下几个方面:(1)当事人协议管辖的案件,只限于合同或者其他财产权益纠纷。(2)协议管辖的法院必须与争议有实际联系。合同的双方当事人可以在书面合同中协议选择被告住所地、合同履行地、合同签订地、原告住所地、标的物所在地等与争议有实际联系的地点的人民法院管辖。如果当事人约定选择上述列举地点以外的与争议无任何联系的地点的人民法院管辖,因其超出《民事诉讼法》第三十五条规定的范围,该约定无效。(3)协议管辖不得违反《民事诉讼法》关于级别管辖和专属管辖的规定。违反级别管辖和专属管辖规定的管辖协议无效。(4)双方当事人必须达成意思一致的书面协议,书面协议是指合同中的协议管辖条款或者诉讼前达成的选择管辖的协议,口头的管辖协议不具有法律效力。(5)协议管辖只适用于第一审法院。当事人协议选择管辖法院,仅限于第一审法院,对二审法院和再审法院不能协议选择。

三、商品房"一房数卖"合同效力如何认定?

关于商品房"一房数卖"合同效力如何认定的问题,我国《民法典》物权编第二百零八条规定,不动产物权的设立、变更、转让和消灭,应当依照法律规定登记。动产物权的设立和转让,应当依照法律规定交付。依此规定,动产买卖标的物所有权的转移以交付为准,不动产买卖标的物所有权的转移以登记为准。从法学理论上讲,我国民事立法采用的是债权形式主义的物权变动模式。此模式的特点是:一方面,可以区分债权变动与物权变动的法律事实基础,认为当事人之间生效的债权合同仅能引起债权变动的法律效果,即生效的债权合同结合交付或者登记手续的办理,方能发生物权变动的法律效果。另一方面,它不认可在债权合同之外独立存在有引起物权变动的物权合同,认为交付或者登记手续的办理只是事实行为。因此,在此模式下,当出卖人与买受人订立买卖合同后,如未向买受人交付标的物或者办理登记手续,标的物所有权就不发生转移。此时,作为标的物所有权人的出卖人就同一标的物于其他人另行订立的买卖合同均为有效合同。在出卖人将标的物交付于前买受人或者办理登记手续后,前买受人取得标的物所有权,成为所有权人。出卖人在将标的物交付或者办理登记手续后,又出卖该标的物与他人的行为,属于无权处分行为。我国《民法典》第五百九十七条规定,因出卖人未取得处分权致使标的物所有权不能转移的,买受人可以解除合同并请求出卖人承担违约责任。法律、行政法规禁止或者限制转让的标的物,依照其规定。因此,不动产"一房数卖"中的数个买卖合同均可确认为有效,出卖人只是承担不能交付标的物的违约责任。我国在债权形式主义模式下,物权要发生变动,不但要有当事人之间的债权意思表示,还要有标的物的登记或支付,动产的物权变动以交付为准,不动产以登记为准。

需要注意的是,2020年修正的《商品房买卖合同解释》延续了原解释中出卖人与第三人恶意串通,另行订立商品房买卖合同并将房屋交付使用,导致在先购房人无法取得房屋,经在先购房人请求,可以确认出卖人与第三人订立的商品房买卖合同无效的规定。将原解释中的第七条、第八条、第九条删除，即被拆迁安置人优先安置的权利，故意隐瞒没有取得预售许可证、抵押、已经出卖给第三人或者为拆迁安置房屋的事实，导致合同无效或者被撤销、解除。以上情形均涵盖在《民法典》合同编关于合同无效、可撤销、解除的规定中，不再作单独的规定。

四、商品房"一房数卖"合同如何履行?

关于商品房"一房数卖"合同如何履行的问题，司法实践中存在不同观点。

第一种观点认为，在《法国民法典》物权变动模式下，出卖他人之物的买卖合同虽未能发生相应的效力，只要出卖人尚未移转标的物的占有于前买受人，后买受人亦可基于《法国民法典》第二千二百七十九条第一款的规定，"对于动产，自主占有具有与权利证书相等的效力"，取得标的物的所有权。未能最终取得标的物的先买受人得向出卖人主张违约责任的承担。

第二种观点认为，在《德国民法典》物权主义的物权变动模式下，一物数卖的数个买卖合同都得成为生效的买卖合同，数个买受人的债权一律平等，借助物权合同取得标的物所有权的买受人为标的物所有权人，未能取得标的物所有权的买受人得向出卖人主张违约责任的承担。

笔者认为，在我国债权形式主义的物权变动模式下，"一房数卖"的数个买卖合同多为有效。2015 年最高人民法院在全国民事审判中规定："在审理一房数卖案件纠纷时，如果数份合同均为有效且各买受人均要求履行合同，一般应按照已经办理房屋所有权变更登记、合法占有房屋以及买卖合同成立先后等顺序确定权利保护顺位。恶意串通先行办理登记的买受人，其权利不能优先于已经合法占有该房屋的买受人。"所以，笔者认为"一房数卖"中争议商品房所有权归属问题的处理原则应该如下。

1. 已经办理商品房过户登记手续的买受人的房屋所有权要求应予支持。恶意办理登记的买受人，其权利不能优先于已经合法占有该房屋的买受人。根据《民法典》第二百零九条的规定："不动产物权的设立、变更、转让和消灭，经依法登记，发生效力；未经登记，不发生效力，但是法律另有规定的除外。"这说明，在商品房买卖合同合法有效的前提下，只有所售房屋经过登记，房屋所有权才发生流转。所以，数个买受人中，谁办理了商品房过户登记手续，法律就认定谁取得了该房屋的所有权。

2. 数个买受人均未办理商品房过户登记手续的，支持已经办理商品房预告登记手续的房屋所有权人的要求。我国《民法典》第二百二十一条第一款规定："当事人签订买卖房屋的协议或者签订其他不动产物权的协议，为保障将来实现物权，按照约定可以向登记机构申请预告登记。预告登记后，未经预告登记的权利人同意，处分该不动产的，不发生物权效力。"这说明不动产预告登记具有公示与公信效力，能够维护交易安全和正常的交易秩序，应依法予以支持，以确保依法办理了房屋预告登记手续的商品房买卖合同的完全履行。

3. 既未办理产权登记，又未办理预告登记的，已先行合法占有争议房屋的买受人的房屋权属要求应得到支持。虽然根据我国物权法规定，商品房的所有权转移以办理产权登记过户为标准，交付使用并不具有所有权转移的意义，但是，房屋的转移占有与交付使用，仍然具有明显的公示与公信的现实作用。另外，《商品房买卖合同解释》第八条规定："对房屋的转移占有，视为房屋的交付使用，但当事人另有约定的除外。房屋毁损、灭失的风险，在交付使用前由出卖人承担，交付使用后由买受人承担……"已先行合法占有争议房屋的买受人已经开始承担合同标的物毁损、灭失的风险，从这一点看，不支持其合同履行要求也不符合民法上规定的公平原则。

在这种情况下，有一个问题必须得到明确，即房屋交付使用、转移占有的标志是什么？在商品房的买卖实践中，有一种习惯做法"交钥匙"，此种行为在商品房买卖合同的履行过程中具有何种性质、处于何种地位、产生何种法律效果，是一个值得研究的问题。在实践中，双方当事人一般在合同中约定以出卖人交钥匙的时间作为其向买受人交付使用房屋的时间，并以此开始风险的转移承担。因此，我们可以认定"交钥匙"是房屋转移占有、交付使用之标志。

4. 均未办理商品房过户登记手续和预告登记手续，又未合法占有争议房屋的，先行支付房屋价款的买受人的房屋所有权要求应予支持。由于支付对价是房屋买卖合同履行行为，因此，已经先行支付房屋价款，履行了自己的合同义务的买受人，要求对方当事人相应履行合同义务的要求，理应得到支持，这样才能最大限度地维护正常的市场秩序，促进合同的善意履行，维护合同当事人的合法利益。

5. 如果上述情况均未发生，则签约在先的买受人的房屋所有权要求应该得到支持。签约在先的合同成立在先，相对于签约在后的合同，签约在先的合同的标的毫无瑕疵，而签约在后的合同，均因出卖人的故意或过失，造成了其合同的标的在该合同成立之前即已存在第三方权利，根据公平、诚实信用的民事行为的基本原则，签约在先的买受人的所有权要求理应得到优先保护。

五、"一房数卖"中无法取得商品房所有权的买受人如何进行法律救济？

关于上述问题，司法实践中存在不同观点。

第一种观点认为，买受人只能向出卖人追究违约责任救济自己的权利。

第二种观点认为，买受人除可以追究出卖人的违约责任外，还可以以出卖人与第三人恶意串通，另行订立商品房买卖合同并将房屋交付使用，导致其无法取得房屋为由，请求确认出卖人与第三人订立的商品房买卖合同无效，从而达到履行自身合同的目的。

笔者倾向于第二种观点。

应当明确的是，追究出卖人违约责任的前提是作为出卖人的房地产企业与买受人订立的数份买卖合同都是有法律效力的。在一份合同履行而导致其他合同不能履行的情况下，无法取得房屋所有权的买受人，采取何种救济方式来维护自身的合法权益？

第一，2020 年修正的《商品房买卖合同解释》删除了买受人的惩罚赔偿请求权。房地产开发企业一房多卖，导致合同不能继续履行的，买受人可依据《民法典》中关于违约责任的规定，向出卖人主张损失赔偿。

第二，除上述救济渠道外，根据《商品房买卖合同解释》第七条的规定，在出卖人与第三人有恶意串通的情况下，先买者还享有请求无效权利。即"买受人以出卖人与第三人恶意串通，另行订立商品房买卖合同并将房屋交付使用，导致其无法取得房屋为由，请求确认出卖人与第三人订立的商品房买卖合同无效的，应予支持"。该解释将双方恶意串通作为合同无效的一个事由，也体现了与《民法典》的相互衔接，《民法典》第一百五十四条规定：行为人与相对人恶意串通，损害他人合法权益的民事法律行为无效。恶意串通，损害他人合法权益是合同无效的法定事由之一。由此可见，无法取得房屋所有权的买受人，不仅可以依据合同条款，向出卖人追究违约损害赔偿责任，还可以根据《商品房买卖合同解释》第七条的规定，以出卖人与第三人恶意串通为由，请求确认出卖人与第三人订立的商品房买卖合同无效，从而达到履行自身合同的目的。但在对出卖人与第三人是否存在恶意串通的事实，买受人难以举证，而且人民法院认定恶意串通的事实也难以确认的情况下，买受人请求人民法院确认出卖人与第三人订立的商品房买卖合同无效的主张难以实现，这时，买受人要想得到法律上的保护，只能通过追究出卖人的违约责任来维护自己的利益。

六、如果买受人不愿意接受金钱给付的赔偿方式，而要求得到另一套出卖人开发的同一小区内楼层、户型、面积、朝向与原合同标的相同或相似的房屋，即买受人提出对原合同进行变更，其要求是否可以得到法院支持？

对此，实践中有不同认识，有的认为应当得到支持；有的认为不应当得到支持。

笔者认为，该要求不能支持。主张应当支持的法律依据是1999年《合同法》（已失效）第五十四条的规定："下列合同，当事人一方有权请求人民法院或者仲裁机构变更或者撤销：（一）因重大误解订立的；（二）在订立合同时显失公平的。一方以欺诈、胁迫的手段或者乘人之危，使对方在违背真实意思的情况下订立的合同，受损害方有权请求人民法院或者仲裁机构变更或者撤销。当事人请求变更的，人民法院或者仲裁机构不得撤销。"根据以上规定，买受人因出卖人欺诈而订立的合同，有权要求变更，且一旦提出变更要求，则人民法院不得再将原合同撤销。但《民法典》删除了欺诈、胁迫、重大误解、显失公平情形下，合同相对方有权请求人民法院或者仲裁机构变更合同的规定。人民法院或者仲裁机构只有在符合情势变更的情形下，才可以依当事人请求变更合同。《民法典》第五百三十三条规定，合同成立后，合同的基础条件发生了当事人在订立合同时无法预见的、不属于商业风险的重大变化，继续履行合同对于当事人一方明显不公平的，受不利影响的当事人可以与对方重新协商；在合理期限内协商不成的，当事人可以请求人民法院或者仲裁机构变更或者解除合同。人民法院或者仲裁机构应当结合案件的实际情况，根据公平原则变更或者解除合同。

因此除了符合情势变更情形，当事人基于销售方履行不能，要求变更标的物的请求,难以得到支持。

七、商品房买卖合同纠纷的法定解除情形

修正后的《商品房买卖合同解释》删除了商品房重复销售,导致合同目的不能实现,则买受人可以主张惩罚性赔偿的规定。商品房销售合同中,出卖人存在重复销售情形,致使合同目的不能实现的,买受人依然可以依据《民法典》违约责任当中的解除合同的一般规定,主张解除合同。

《民法典》第五百六十三条规定:“有下列情形之一的,当事人可以解除合同:(一)因不可抗力致使不能实现合同目的;(二)在履行期限届满前,当事人一方明确表示或者以自己的行为表明不履行主要债务;(三)当事人一方迟延履行主要债务,经催告后在合理期限内仍未履行;(四)当事人一方迟延履行债务或者有其他违约行为致使不能实现合同目的;(五)法律规定的其他情形。以持续履行的债务为内容的不定期合同,当事人可以随时解除合同,但是应当在合理期限之前通知对方。”

关于“合同目的不能实现”的问题,司法实践中存在不同观点:

第一种观点认为,此处的合同目的就是指交付房屋,且权属转移。

第二种观点认为,此处的合同目的包括按约定的期限取得商品房和所取得的商品房不存在权利纠纷并且能够依法进行产权转让登记,缺一不可。

笔者同意第二种观点。

一般而言,合同目的是指订立合同时所追求的目标或为了满足当事人特定的需要。为此,商品房买卖的目的应当界定为开发商按合同约定期限交付符合双方约定和法律要求的商品房,换言之,这一合同目的显然包括按约定的期限取得商品房和所取得的商品房不存在权利纠纷并且能够依法进行产权转让登记,所以,买卖商品房目的实现与否的情况不能一概而论。

1. 商品房买卖合同目的不仅是交付房屋,而且必须权属转移

《商品房买卖合同解释》第一条规定,“本解释所称的商品房买卖合同,是指房地产开发企业(以下统称为出卖人)将尚未建成或者已竣工的房屋向社会销售并转移房屋所有权于买受人,买受人支付价款的合同”,在法律意义上,其合同目的必须是房屋的实物交付和所有权交付相结合,缺一不可,即第一层次为实物交付,这是最基本的交付;第二层次为所有权交付,这是最本质的交付。为此,实现商品房所有权的权属转移登记,既是当事人双方

买卖商品房的基本要求,又是法定义务。再者,买卖通常是“货款两讫”,按照“货讫”的要求也必须完成权属转移。作为开发商仅仅交房并未完成交易,只有能与商品房价值相对应的保质保量的现实交付加上权属交付才算全面履约完成,实现购房目的。

2. 履行期限改变会导致购买商品房目的发生变化

众所周知,任何一种合同目的的成就都附有一定条件,当某条件发生变化时,就会导致某目的发生改变。在此特别重要的是,作为合同履行的期限,债务人如不能于期限内履约,合同目的就可能遭到破坏,债权人就可以依法解除合同,追究对方违约责任。另外,各个消费者购房目的并非千篇一律,有的为了投资,有的为了赠与,有的为了自住等。履行期限的改变显然会导致购买商品房目的发生相应变化,在这种情况下,若合同目的发生改变,合同是否仍有继续履行的价值,就只有买受人自己最清楚,最有发言权,开发商没有理由凌驾于消费者意志之上。

为此,如果简单地把商品房买卖合同目的等同于只是为了居住的需求,则明显与违约责任机制设立的精神相悖。当然,合同解除从实质上来说是消灭一次交易。为鼓励交易,合同法严格限制违约解除的条件,但这不等于可以排斥严格限制违约解除条件适用存在的一个前提——守约方愿意受领,当守约方不愿意受领时,合同就失去履行的必要。因而。司法实践中认为只要开发商没有出现绝对无法交房的情况,“导致商品房买卖合同目的不能实现”和“无法取得房屋”的判断标准应具期限性。

尽管如此,值得注意的是,实践中商品房买卖纠纷各种各样,而《商品房买卖合同解释》对商品房买卖中出现的诸多纠纷又进行了较为详细的规定,在案件审理过程中,应当准确分析案情,合理、恰当、正确地适用法律、法规、司法解释。

“合同目的不能实现”可能包括如下情形。比如:(1)出卖人没有按照约定的时间交付房屋。这是出卖人逾期交房的情形,这里主要应当受《商品房买卖合同解释》第十一条调整。(2)因房屋质量问题致使买受人无法正常居住。房屋质量问题应当受该解释第九条和第十条调整。(3)因出卖人的其他原因未能在约定或者法定期限内取得房屋产权。这一问题应当受该解释第十五条调整。(4)因出卖人另售、另抵致使买受人无法取得房屋。

其中如果合同签订后出卖人未告知买受人而将房屋抵押给第三人,因第三人主张抵押权而无法交付房屋的，当然属于“合同目的不能实现”和“无法取得房屋”的情形。但是，如果买受人取得房屋后，第三人主张抵押权，是否属于“合同目的不能实现”和“无法取得房屋”的情形？在这种情况下，买受人购买房屋的目的不仅是能够取得房屋，而且也包含第三人不得向其主张任何权利。因此，商品房买卖合同签订后，出卖人未告知买受人又将该房屋抵押给第三人时，虽然买受人能够取得房屋，但是由于第三人主张抵押权致使买受人不能正常地占有、使用房屋的，买受人仍然可以主张惩罚性赔偿责任。

房屋买卖合同履行过程中，一方当事人构成根本违约的，守约方有权解除合同，违约方不享有合同法定解除权。如果因不可抗力或情事变更等原因，致使合同目的无法实现的，合同双方均有权要求解除合同。

房屋买卖合同签订后，因一方当事人根本违约致使另一方订立合同的目的不能实现，守约方要求解除合同，并要求违约方赔偿房屋差价损失、转售利益损失等可得利益损失的，应酌情予以支持，但当事人另有约定的除外。

在认定和计算可得利益损失时，应从守约方主张的可得利益赔偿总额中扣除守约方未采取合理措施不当扩大的损失、守约方亦有过失所造成的损失、守约方因此获得的利益以及守约方取得利益需要支出的必要的交易成本，并综合考虑守约方的履约情况等因素予以确定。

八、商品房买卖履行费用过高，守约方请求继续履行的，是否予以支持？

关于履行费用过高的合同是否继续履行的问题，司法实践中有以下三种观点：

第一种观点认为，既然是有效合同，又不存在可变更或者可撤销的情况，那么就必须按照合同必须严守的原则，判决继续履行。因此，一审法院判决继续履行是正确的。

第二种观点认为，如果继续履行合同费用过高，属于履行不能，可以不继续履行。

第三种观点认为，履行费用过高的合同可以不继续履行，法律依据不是履行不能，而是“履行费用过高”。

笔者同意第三种观点。理由如下：

第一,该类合同必须履行的观点,混淆了金钱债务的履行与非金钱债务的履行适用不同规则的原理,不符合非金钱债务的实际。因为非金钱债务的履行在符合法律规定的情况下,可以不继续履行。对于合同的履行,一般分为金钱债务的履行和非金钱债务的履行。对于金钱债务,原则上必须实际履行,违约方不得以任何理由针对非违约方的履行请求作出抗辩,各国法律对此均有规定。我国的法律和司法解释对此也作了规定。但是,对于非金钱债务,在符合法律规定的情况下,债务人可以提出不予履行的抗辩。《民法典》第五百八十条规定:当事人一方不履行非金钱债务或者履行非金钱债务不符合约定的,对方可以请求履行,但是有下列情形之一的除外:(一)法律上或者事实上不能履行;(二)债务的标的不适于强制履行或者履行费用过高;(三)债权人在合理期限内未请求履行。有前款规定的除外情形之一,致使不能实现合同目的的,人民法院或者仲裁机构可以根据当事人的请求终止合同权利义务关系,但是不影响违约责任的承担。

第二,该类合同必须履行的观点,违背了《民法典》第五百八十四条规定的可预见理论。该条规定:当事人一方不履行合同义务或者履行合同义务不符合约定,造成对方损失的,损失赔偿额应当相当于因违约所造成的损失,包括合同履行后可以获得的利益;但是,不得超过违约一方订立合同时预见到或者应当预见到的因违约可能造成的损失。从上述论述来看,不能让合同当事人一方负担一笔没完没了的债务,显然该方签订合同时预见到或者应当预见到的因违反合同可能造成的损失应被排除。

第三,该类合同必须履行的观点,违背了《民法典》第五百八十条"履行费用过高"的规定。根据该条的规定,在履行费用过高的情况下,对于非金钱债务,债务人可以作出不予履行的抗辩。实践中,如果人民法院判决一方必须履行该合同,那么很多时候必须付出较大的代价,极不经济,社会资源也不允许这样浪费。所以,在履行费用过高的情况下,不能判决合同继续履行。

在合同法的法律语境下,履行不能有着特定的含义。关于履行不能,包括法律上不能履行和事实上不能履行。所谓法律上不能履行,是指如果强制实际履行,会违反法律的规定。如在债务人破产时,债务人不得履行与某个普通债权人所订立的合同。所谓事实上不能履行,是指如果违约方确实无力继续履行合同,或者客观上该合同不存在继续履行的条件,则即使强迫其继续履行也是不可能实现的。实际履行的目的,是促使违约方履行原合同约定的义务,但如果违约方的违约使合同丧失了履行的可能性,例如,合同的标的物是特定物且已灭失,在此情况下,强制债务人履行义务也是不可能的。根据《民法典》第五百八十条第一款第二项规定的“履行费用过高”,债务人可以提出拒绝继续履行的抗辩。“履行费用过高”与事实上履行不能的区别在于,在“履行费用过高”的情况下,还可以实际履行。事实上履行不能则不存在履行的条件,无法履行。

《民法典》第五百八十条第一款第二项规定的“履行费用过高”,是指继续履行在经济上不具有合理性,会造成较大的损失和浪费。一般的标准是在履行结果与履行成本之间进行比较,衡量利弊。如果履行成本过分高于履行结果,那么就属于履行费用过高。

总之,笔者认为,按照约定全面履行合同义务是合同信守原则的基本要求,强制履行是《民法典》第五百七十七条规定的违约责任承担方式之一,只有合同继续履行才能实现当事人签订合同的目的,因此买卖双方就合同是否继续履行存在争议时,原则上应当判决合同强制继续履行。当然,强制履行存在以下例外:其一是《民法典》第五百六十二条第二款规定的合同约定解除权。依据合同自由的原则,合同约定当事人享有解除权的应从其约定。在房屋买卖中最为常见的是合同中关于解约定金的约定,当事人可以以承担定金处罚为代价解除合同。其二是《民法典》第五百八十条关于不能强制履行情形的规定。在符合上述规定的情形下,房屋买卖合同无法强制履行。其三是在某些情况下,合同虽然不存在不能强制履行的法定事由,但合同继续履行确实存在现实困难,如果判决强制履行会导致不良的社会效果或实际无法执行,这种情况下应当赋予法官一定的自由裁量权,在利益保护上适度向相对弱势方倾斜,依据公平合理的原则妥善处理。但法院在行使裁量权时应当严格审慎,不得任意扩大适用范围。

【案例适用】

规则 9 [地方物价]地方物价规定当然不能取代当事人双方的合同约定,不能改变当事人的合同效力。

〖规则解析〗

物价行政管理制度,为政府管理职能所系,性质上不属于政府的“价格干预措施”，其正当性无可非议，与当事人依法签订的合同不构成本质性对立，不能由此否定合同效力。

〖**案情简介**〗

2007 年 10 月，王军与海成集团签订商品房买卖合同及补充协议，购买海成集团位于重庆市奉节县永安镇巴蜀花园 A4 幢房屋一套，房款 156，446 元，王军已付清。其中补充协议第四条约定：“买卖合同规定的商品房售价并未包括房价以外的费用。所有涉及买卖该房及办理有关手续的费用，按 2006 年国家和地方相关规定执行，包括买受人所购商品房的产权证工本费、交易手续费、转移登记费及应由买受人承担的税费等，均由买受人负担，房屋公共维修基金按照国家相关部门同时期规定额度及标准执行。”2008 年至 2009 年，海成集团先后向王军收取税费 2882 元（已实缴纳 2337 元），收取天然气、闭路电视开户费 3930 元（已实缴纳 2400 元）。

由于重庆市物价局 2006 年 12 月第 753 号文件规定，将购房者在房地产开发企业购房时应交纳的并由房地产开发企业代收的水、电、气一户一表的安装费，闭路电视安装费，转移登记费，土地权属调查费，地籍测绘费和房地产权证工本费直接并入商品住房销售价格之中，实行商品房住房销售“一价清”制度。购售双方凡在 2007 年 1 月 1 日前已签订购房合同的，仍按原规定收取代收费；2007 年 1 月 1 日起签订的购房合同，一律停止收取代收费。王军依此文件为依据，以海成集团代收税费及天然气、闭路电视开户费等属乱收费为由，诉至法院，请求判令被告返还费用。海成集团认为，物价局“一价清”制度仅为交款方式的改变，并未改变购房方承担费用的性质，请求驳回原告诉讼请求。

〖**裁判结果**〗

一审法院认为，重庆市物价局出台的渝价〔2006〕753 号文件，符合法律规定，经营者应当执行。其“一价清”制度作为价格干预措施，明确要求 2007 年 1 月 1 日之后不再代收费用，而补充合同是在 2007 的 1 月 1 日之后签订的，海成集团仍向原告收取代收费，没有合法依据。遂判决：被告返还原告的各种代收费用。被告不服上诉，二审法院认为，依法签订的合同受法律保护，双方签订的购房合同及补充协议合法有效，双方应按约定履行；物价局 753 号文件规定的“一价清”制度，不是政府的“价格干预措施”，仅系收费方式的改变，且并未免除购房方的缴费责任。遂判决：（1）撤销一审判决；

(2)驳回被上诉人王军的诉讼请求。

〖**裁判思路**〗

对于本案的处理,实践中主要存在以下三种观点。

第一种观点认为,本案应按照政府物价部门"一价清"制度进行处理。其具体理由为:其一,重庆市物价局出台的、经市政府同意颁行的"一价清"制度,符合国家价格法的规定。其二,"一价清"制度之宗旨在于将开发商的各种代收费用归入房价之中,从而防范和禁止商品房买卖中开发商的各种乱收费行为,强化价格公开,减少商品房销售中的价格冲突。因此,"一价清"制度是政府"价格干预"的必要措施。其三,"一价清"制度于 2006 年出台,明文规定"2007 年 1 月 1 日起签订的购房合同,一律停止收取代收费"。而本案购房合同及补充协议皆签订于 2007 年 1 月 1 日之后,明显规避"一价清"制度,其规避行为理当认定无效。

第二种观点认为,本案中的购房合同及补充协议合法有效,对合同双方皆具约束力。物价局"一价清"制度,仅为交款方式的改变,并非政府定价,亦非政府指导价,它并不涉及价格问题,因而不属于政府"价格干预措施",故不能由此否定合同效力。"一价清"制度还旨在规范交款方法,仍未改变购房户承担相关费用的责任,本案被告所代收的费用已向有关部门缴纳,双方也已实际结算清楚,并未从中获利,本质上并未改变"一价清"所确定的交款原则,而是忠实履行合同,无可非议。

第三种观点认为,本案中的合同约定和地方物价规定,并未发生根本性、对抗性冲突,任何单纯主张合同约定无效或者物价规定无效的观点,皆有失偏颇,且脱离本案实际,理由有三:其一,本案的合同约定依法成立,并不违反法律的强制性规定,因而合法有效;地方物价规定基于区域实际取消开发商代收款行为,将应收款项归入房价之中,规范缴费方式,无可非议。其二,无论合同约定抑或物价规定,均共同强调了由购房方承担缴费义务,二者均未免除购买者的缴费责任,在根本问题上是一致的。其三,二者之间的争议实际表现为交费方式之争,仅属枝节问题,并不影响和动摇根本原则问题。

笔者认为,应当从实际出发在合同约定与物价规定间找准平衡点。

本案的焦点在于:如何认定合同约定与物价规定的效力。只有从实际出发,方能在二者之间找准平衡点,化解争议,维护当事人的合法权益。笔者倾向于争议观点中的第二种观点，兼取第三种观点，认为二审判决是正确的。

当事人双方的合同约定与地方物价制度二者之间的效力如何判断？

首先，从合同的约定效力看。《民法典》第四百六十五条规定：依法成立的合同，受法律保护。依法成立的合同仅对当事人具有法律约束力，但是法律另有规定的除外。该条作为合同编通则的内容，确立了“合同具有法律约束力原则”，表明依法成立的合同受法律保护。本案中双方买卖商品房的合同行为，属于一般成立要件形式，即双方从签订合同时起，合同即依法成立。《民法典》第五百零二条规定，依法成立的合同，自成立时生效，但是法律另有规定或者当事人另有约定的除外。依照法律、行政法规的规定，合同应当办理批准等手续的，依照其规定。未办理批准等手续影响合同生效的，不影响合同中履行报批等义务条款以及相关条款的效力。应当办理申请批准等手续的当事人未履行义务的，对方可以请求其承担违反该义务的责任。依照法律、行政法规的规定，合同的变更、转让、解除等情形应当办理批准等手续的，适用前款规定。这已成现今尊崇当事人签约自由之司法走向及维护合同当事人签约当时真实意愿之审判倾向。古罗马法规定：“合同是一把法锁。”意即合同一旦成立，就如同一把法锁，把合同双方锁在了一起。表明合同双方属互相依存关系，应当互相信任，互相理解和互相配合，否则将受到法律制裁。就本案当事人而言，无论签订商品房买卖合同还是其后的补充协议，均反映了合同双方的真实意思表示，尤其补充协议约定得非常明确而具体，符合法律的规定和要求，当然合法有效，双方应当依约行事，履行各自的合同义务。

其次，从“一价清”制度的基本要求看。如上所述，其作为省市级人民政府物价部门作出的行政性文件规定，要求通过“一价清”制度取消开发企业的代收制度，将以前代收的六种费用直接并入商品房销售价格之中，基本特点是收费方式之改变，性质上不属于政府的“价格干预措施”，更没有改变购房者承担六种费用的性质，也就当然不能取代当事人双方的合同约定，不能改变当事人的合同效力。因此，一审判决只注意了“一价清”制度的现象问题，二审却把握了文件的实质要求，从而使裁判方向发生逆转，维护了上诉人的合法权益，驳回了被上诉人的诉讼请求。这一案例，为二审法院通过精细化审理洞察实质，充分发挥二审监督功能，保证案件质量等，提供了有益的经验。

通过上述两个方面的比较研究，笔者发现，本案合同约定与地方物价规定并无根本对立与冲突，当事人的争议也仅仅纠缠于枝节，实际上合同约定与物价规定在根本问题上趋于平衡。首先，“一价清”制度强调了将购房者在房地产开发经营企业购房时应交纳的六种费用并入房价之中，表明这六种费用的承担主体仍未发生变化，购房户仍系缴费主体，这与合同的约定相一致。其次，“一价清”制度未并对六种费用的缴纳标准作出调整或者限制，仅仅改进了缴费方式，因而该制度没有对合同约定构成否定性评价。最后，“一价清”制度作为地方性规范缴费的物价行政管理制度，为其管理职能所系，其正当性无可非议，与当事人依法签订的合同不构成本质性对立。二审法院正是深入分析对比，把握了二者之间的平衡点，作出了正确的判决，维护了合同当事人的合法权益。

规则 10　[一户一表]商品房买卖合同中，开发商提供的设施应符合国家有关规定和合同目的。

〖**规则解析**〗

商品房买卖合同中，“一户一表”指供水应实行装表到户、抄表到户、计量收费，而开发商提供的总分表制的配套用水设施，使业主不能自行到自来水公司缴费，不符合国家有关规定与合同目的。

〖**案情简介**〗①

2009 年 10 月 22 日，崇安公司(甲方)与蔡长芬、黄岚星(乙方)签订商品房买卖合同。双方在合同附件“住宅装饰、设备标准”中约定，生活用水的标准为“一户一表”。合同签订后，蔡长芬、黄岚星履行了合同约定的付款义务。2010 年 10 月 13 日，崇安公司向蔡长芬、黄岚星交付了商品房屋。蔡长芬、黄岚星入住后一直按照物管公司公示的分摊水费的方式缴纳水费。

蔡长芬、黄岚星向重庆市沙坪坝区人民法院起诉，要求崇安公司为二人办理能单独到自来水公司交费的一户一表。

〖**裁判结果**〗

沙坪坝区人民法院经审理认为，蔡长芬、黄岚星与崇安公司签订的商品

---

① 重庆市第一中级人民法院民事判决书，(2011)渝一中法民终字第 06021 号。

房预售合同,合法有效。双方签订的商品房买卖合同及其附件的文本由崇安公司提供,关于“生活用水:一户一表”的条款系崇安公司为了重复使用而预先拟定的,并在订立合同时未与对方协商,属于格式条款。因此,合同约定的“生活用水:一户一表”应当理解为安装能够自行到自来水公司交费的一户一表。崇安公司交付的房屋,虽形式上安装了一个能计量用水数量的水表,但不符合合同约定。

沙坪坝区人民法院判决:由被告崇安公司在判决生效后30日内安装蔡长芬、黄岚星能够自行向自来水公司交费的水表。

宣判后,崇安公司不服,向重庆市第一中级人民法院提起上诉。

重庆市第一中级人民法院查明:该小区能够改造成购房人与供水企业直接建立供用水关系的“一户一表”。

重庆市第一中级人民法院经审理认为:根据《重庆市城市供水节水管理条例》第二十三条第一款的规定,“一户一表”制不同于传统的总分表制,且优于总分表制。本案当事人订立合同的目的之一是保证购房人能够顺利地向供水企业交费。而涉案小区现有的总分表制使购房人在供水企业处未建立独立的水表户头无法自行交费,该模式不符合合同目的。本案争议的“一户一表”条款出现在合同附件部分,并非参照示范文本订立,一审法院认定属于格式条款,并无不当。经查,涉案小区能够改造成购房人与供水企业直接建立供用水关系的“一户一表”,崇安公司关于履行不能的上诉理由不能成立。

重庆市第一中级人民法院终审判决:驳回上诉,维持原判。

〖**裁判思路**〗

该案的争议焦点为对“一户一表”概念的理解。

1. 总分表制下自来水消费模式对业主实现购房目的的影响

国家发展改革委、住房城乡建设部《关于加快建立完善城镇居民用水阶梯价格制度的指导意见》规定,加快城市“一户一表”改造。推进“一户一表”改造是实行阶梯水价制度的重要基础条件。总分表制下自来水消费模式对业主实现购房目的的影响,一是本案所涉小区安装一个总表,再传输到小区各户分表,由于管网漏损、计量误差等因素,总表和户表之间存在输差水损,增加了业主的使用成本。二是供水企业只负担表前设施的维护,涉案小区只有总表一个户头,总表至户表之间的管道、阀门等修缮成本只能由业主承担,导致额外支出。三是自来水进入小区总表后由物业公司管理二次供水,缺乏专业维护人员,水池清洁难以到位,末端水质难以得到保证。四是物业管理公司通常不将二次供水成本单列,在分摊水损和电耗时往往与其他物业管理成本混在一起,造成信息不公开、不透明。五是整个小区只有总表一个户头,若其他住户欠缴,影响整个小区按时缴费,若遭到供水企业停水,则牵连缴费业主。

2. 本案业主接受"一户一表"条款的合同目的

前面已经分析,在国家政策的指引及舆论宣传的背景下,本案合同订立时,业主完全有理由相信,合同条款表述的"一户一表"应是不同于传统总分表制下物理形态的一户一表,是政府所倡导的完全意义的"一户一表";原告接受开发商"一户一表"的承诺,其合同目的为:能够享有自来水独立用户资格,与供水企业建立直接的消费服务关系,不受小区物管与其他用户影响。崇安公司作为合同版本的提供者,作为熟悉政策的开发商,其更应理解"一户一表"用语在政府全面推进"一户一表"工程语境下的实质含义,其交付的房屋必须满足合同约定,符合政府相关规定精神,保障房屋应有的质量底线与使用价值。

总之,不管"一户一表"的规范定义如何界定,本案崇安公司的理解显然回避了其合同义务,业主主张"一户一表"系可以自行到供水企业交费的一户一表,应当支持。

第五章　商品房买卖民事责任纠纷

【本章导读】

在一般的商品房买卖合同中,作为合同相对方的出卖人与买受人,在依合同各自享有合同权利的同时,亦须各自承担一系列法律直接规定或者合同约定的义务,以确保合同目的的最终实现。就出卖人而言,其需要承担的合同义务主要可分为两种:转移商品房所有权义务;合同标的物瑕疵担保义务,包括权利瑕疵担保义务和合同标的物之物的瑕疵担保义务。其中,权利瑕疵担保义务系指出卖人须保证交付的标的物之权利的完整、无瑕疵;物的瑕疵担保义务系指出卖人须保证所交付的标的物的质量、价值及功用符合合同约定及通常要求,且达到安全使用标准。就买受人而言,其需要承担的合同义务较为简单,即依合同约定的时间、地点及方式向出卖人给付金钱。实践中,恰恰是由于出卖人和买受人种种不履行或者不全面履行义务的行为导致了纠纷。

商品房交付,是商品房出卖人即房地产开发企业履行商品房买卖合同的重要义务之一,也是商品房出卖人与买受人争议最多的焦点问题之一。而房屋的交付时间、交付条件、通知方式以及附随资料四个方面是商品房交付的重点问题,其中,交付时间和交付条件又是核心问题,从交付条件方面来看,纠纷产生既有实体要件方面的原因,如商品房质量、规划配套设施与合同约定不符,亦有形式要件方面的原因,如开发商未能出示竣工验收备案文件、面积复测报告等。交付在商品房买卖合同中具有重要的法律意义,它不仅与房屋所有权的变动和风险责任的承担密切相关,同时也是确定保修期限、办理房产证的起算日的依据等。

办理房屋产权证书的大致步骤为:第一,开发商要向房产登记机关提供齐全的房屋前期资料，如规划许可证、用地许可证、竣工图纸等；第二，根据上述资料，由测绘部门进行实地测绘并绘制图；第三，根据实际测绘的面积到房管局交易部门立契过户；第四，凭借买卖契约，房管局相关部门审核后装订齐备的档案并拟定发证。从这个过程看，要把房产证如期地办理出来，开发商起主要作用，但不是开发商一家就能独立完成的。因此，有些购房者在相当长的时间内未取得产权证，存在各种各样的原因。从上述过程来看，至少存在以下几种延期办证的原因：一是出卖人的原因，即开发商的原因，这是导致逾期办证的主要原因。实践中具体有：土地使用手续不合法、房地产开发企业未支付全部土地使用权出让金、房地产开发企业违章建房等。二是买受人的原因，例如购房人怠于递交办证资料及迟延付款导致办证迟延等。三是合同关系以外的第三人的原因，例如对政府有关部门办证、测绘机构测绘结果等都没有期限的要求，相关部门工作拖延、不及时或房管局相关部门因作业繁忙而延缓了发证时间等。本章就商品房交付使用和风险责任及逾期办理房屋产权证书责任纠纷的裁判规则进行了探讨。

【实务问答】

一、商品房交付时间的判断标准如何界定？

对于商品房交付的时间如何界定，司法实践中主要有以下三种观点：

第一种观点认为，购房者的最终目的主要是居住，当其占有房屋时，其最终目的已经实现，故房屋的交付时间是指商品房实物的交付，其外在表现就是将房屋的钥匙交给购房者。

第二种观点认为，任何买卖合同的目的都是转移标的物的所有权，故房屋的交付时间是指房屋所有权的交付，即交付商品房所有权证书。

第三种观点认为，房屋的交付时间是房屋实物交付和所有权转移完全之时。①

笔者认为三种观点均有一定道理，但如何界定，应当作具体分析。

根据《民法典》第二百零九条的规定，不动产物权的设立、变更、转让和消灭，经依法登记，发生效力；未经登记，不发生效力，但是法律另有规定的

---

① 参见程耀东：《商品房买卖法律问题专论》，法律出版社 2003 年版，第 253 页。

除外。第二百二十四条规定动产物权的设立和转让,自交付时发生效力,但是法律另有规定的除外。房屋的所有权包括占有、使用、收益及处分,所以房屋的交付就可以分为物的实际交付与权利交付。通常情况下,房屋的实际交付使买受人获得占有、使用、收益的权能,而权利交付则使买受人取得所有的权能。当事人可以对实际交付及权利交付的期限进行约定,并设置违约条款。物的交付存在多种方式,主要包括现实交付、拟制交付、简单交付以及占有改定。现实交付,即物的转让人将实物现实的、直接的支配力转让给受让人;拟制交付,是指将提单等物权凭证转让给受让人;简单交付,是指受让人于合同签订前已经占有标的物,合同签订即完成交付;占有改定,是指物权转至受让人所有,但由于双方协议仍由原所有人继续占有,受让人以此间接占有标的物,代替现实的交付。法律、法规和当事人没有明确约定房屋的交付使用为交付房屋所有权证书的,出卖人对房屋的转移占有,即为合同约定的房屋交付使用。也就是说,出卖人只要在合同约定的期限向买受人交付房屋,即"交钥匙",就已履行了合同约定的交付房屋的义务。如果当事人在合同中明确约定房屋的交付使用不仅是转移房屋占有,还应办理房屋所有权移转登记的,出卖人就应按约定履行义务。因此,《商品房买卖合同解释》第八条规定,对房屋的转移占有,视为房屋的交付使用,但当事人另有约定的除外。当然,即使在当事人没有明确约定房屋的交付使用包括办理房屋所有权登记手续时,出卖人"交钥匙"义务的履行也并非就意味着出卖人的合同义务履行完毕,根据法律规定,它还应协助买受人办理房屋所有权登记,转移房屋所有权于买受人。

二、商品房交付条件的判断标准如何界定?

关于上述问题,司法实践中存在不同观点:

第一种观点是竣工验收说。竣工验收说是指部分学者支持的"只要开发商在工程竣工后组织了勘察、设计、施工、监理四方共同参加的竣工验收,并形成了竣工验收合格的确认文件,就达到了商品房交付使用的条件,可以交付"。[①]

---

① 王洋、刘艳生:《浅析商品房交付使用条件》,载《泰州职业技术学院学报》2010 年第 2 期。

第二种观点是备案登记说。赞成以备案验收合格作为“验收合格”的标准的学者认为“未经过验收备案并取得《商品房验收备案表》是不符合法律规定的验收合格交付使用条件的，开发商应承担逾期交房违约金”。[①] 相较于竣工验收合格来说，购房者基于自己的利益考虑，更愿意将商品房的验收合格标准理解为商品房经过建设行政主管部门的备案登记，并取得备案合格的证明文件商品房竣工验收备案表。他们认为，商品房竣工验收备案表是经建设部确认可以交房的相关文件，具有较高的可信度。

第三种观点是综合验收说。综合验收说是在司法实践中，部分购房者对商品房交付条件的理解，指商品房经综合验收合格才符合交付使用的条件。商品房“除了通过工程质量验收外，还应通过监督、规划、消防、人防、环保等有关部门或有关单位的验收合格。住宅小区还要在竣工验收合格的基础上，增加对城市规划设计条件、拆迁安置方案、配套设施和公共设施、物业管理等方面的要求”。[②]《城市住宅小区竣工综合验收管理办法》曾对综合验收合格的内容作出过详细的规定。

笔者同意第三种观点。

山东省高级人民法院《关于印发全省民事审判工作会议纪要的通知》（2011 年 12 月 2 日，鲁高法〔2011〕297 号）规定，依据《城市房地产管理法》第二十七条和国务院《城市房地产开发经营管理条例》第十七条的规定，房地产开发项目竣工，经验收合格后，方可交付使用。根据上述规定，验收合格是房屋出卖人将房屋交付给买受人的法定条件，但对验收合格的标准，司法实践中认识不尽相同。根据我国现行房地产法律、行政法规的规定，房地产开发项目竣工后，房地产开发企业应当向当地行政主管部门提出竣工验收申请，由房地产开发主管部门对涉及公共安全的内容，组织工程质量监督、规划、消防、环保等有关单位进行验收，因此，商品房交付时的验收合格应以有关行政主管部门完成综合验收为标准。因为，房屋的验收合格，除要求房屋的质量符合国家规定的强制性安全标准或者合同约定的标准外，还需要满足买受人或者房屋使用人正常的居住和生活需要，因此，出卖人交付

---

① 王洋、刘艳生：《浅析商品房交付使用条件》，载《泰州职业技术学院学报》2010 年第 2 期。

② 张海涛、昌希灿：《浅析商品房交付中的几个法律问题》，载《河北青年管理干部学院学报》2006 年第 1 期。

的房屋应是完成了工程竣工验收、消防、配套设施、绿化、环保等综合验收。

安徽省高级人民法院《关于审理房屋买卖合同纠纷案件适用法律问题的指导意见》(安徽省高级人民法院审判委员会民事执行专业委员会2012年3月5日第1次会议通过)规定,房屋买卖格式合同约定以“该商品房经验收合格”作为交付条件,一般应以出卖人(建设单位)组织勘察、设计、施工、监理等单位进行工程竣工验收并出具验收合格的意见作为认定房屋经验收合格的标准。但规划、公安消防、环保、城建档案管理等专门管理部门尚未出具认可性意见的,不应认定房屋已经验收合格。

三、关于商品房验收我国法律如何规定?

根据我国现行法律法规的规定,商品房的验收包括:工程质量验收和综合验收,综合验收是指质量监督、规划、消防或公安消防、人防、环保等有关部门或单位进行的验收。

1. 商品房工程质量的验收的规定

《建筑法》第六十一条规定,交付竣工验收的建筑工程,必须符合规定的建筑工程质量标准,有完整的工程技术资料和经签署的工程保修书,并具备国家规定的其他竣工条件。建筑工程竣工经验收合格后,方可交付使用;未经验收或者验收不合格的,不得交付使用。《建设工程质量管理条例》第十六条规定,建设单位收到建设工程竣工报告后,应当组织设计、施工、工程监理等有关单位进行竣工验收。建设工程竣工验收应当具备下列条件:(一)完成建设工程设计和合同约定的各项内容;(二)有完整的技术档案和施工管理资料;(三)有工程使用的主要建筑材料、建筑构配件和设备的进场试验报告;(四)有勘察、设计、施工、工程监理等单位分别签署的质量合格文件;(五)有施工单位签署的工程保修书。建设工程经验收合格的,方可交付使用。第四十九条规定,建设单位应当自建设工程竣工验收合格之日起15日内,将建设工程竣工验收报告和规划、公安消防、环保等部门出具的认可文件或者准许使用文件报建设行政主管部门或者其他有关部门备案。建设行政主管部门或者其他有关部门发现建设单位在竣工验收过程中有违反国家有关建设工程质量管理规定行为的,责令停止使用,重新组织竣工验收。

2. 商品房综合验收的规定

《城市房地产开发经营管理条例》(国务院发布,1998 年发布,2020 年第二次修订)第十七条规定:"房地产开发项目竣工,依照《建设工程质量管理条例》的规定验收合格后,方可交付使用。"

建设工程竣工验收备案制是加强政府监督管理,防止不合格工程流向社会的一个重要手段。《建设工程质量管理条例》(国务院第 279 号令)第四十九条规定,建设单位应当自建设工程竣工验收合格之日起 15 日内,将建设工程竣工验收报告和规划、公安消防、环保等部门出具的认可文件或者准许使用文件报建设行政主管部门或者其他有关部门备案。建设行政主管部门或者其他有关部门发现建设单位在竣工验收过程中有违反国家有关建设工程质量管理规定行为的,责令停止使用,重新组织竣工验收。

3. 商品房交付的验收条件应为综合验收,而不仅仅是质量专项验收

《建设工程质量管理条例》规定的是建设工程质量专项验收,主要反映了建设工程质量验收情况。《城市房地产开发经营管理条例》规定的是综合验收,强调了要求政府部门和开发商要严把商品房的使用关,坚决杜绝不合格的商品房进入市场。商品房验收产生的法律关系的主体是开发商与政府主管部门、工程质量监督、规划、消防、人防等有关部门或单位;客体是指商品房的质量;内容是商品房的质量是否合格;产生的法律后果是商品房可以进入市场,可以交付给业主使用。商品房竣工验收不仅包括该工程土建部分和配套设施安装部分的验收,还包括建设工程档案的验收、消防设施的验收、特种设备的验收、防空工程的验收、环境质量的验收、规划验收等,涉及许多其他专业部门必须参与的强制性的验收,而以上验收内容不合格的直接法律后果是申请验收的工程不能交付使用,不具备工程竣工验收备案的条件,无法取得《竣工验收备案证》,且建设行政机关在审查备案资料时,对不符合备案要求的工程,有权责令建设单位重新组织竣工验收,并给予行政处罚。因此,商品房质量的验收仅有开发商自行组织的验收是远远不够的,不仅其公信力会受到质疑,而且也不可能完成对房屋和相关配套设施进行的全面验收。

为此,商品房作为居住物首先要符合建设工程质量验收,同时其又是房地产市场中的特殊商品,还应符合综合验收的标准,为此商品房的交付条件应为通过商品房综合验收。

4. 商品房买卖合同示范文本关于交付条件的约定应如何理解

国家为加强对商品房买卖行为的管理，强制性的要求开发商提供《商品房买卖合同（现售）示范文本》（以下简称示范合同），2014 年住房和城乡建设部、工商总局对《商品房买卖合同示范文本》（GF－2000－0171）进行了修订，制定了《商品房买卖合同（预售）示范文本》（GF－2014－0171）、《商品房买卖合同（现售）示范文本》（GF－2014－0172）。《商品房买卖合同（现售）示范文本》第十条约定了房屋交付的条件，第十一条规定了相关设施设备交付条件。第十条约定，商品房交付条件包含三个必备条件：（1）取得建设工程竣工验收备案证明文件；（2）取得房屋测绘报告；（3）商品房为住宅的，出卖人还需提供《住宅使用说明书》和《住宅质量保证书》。且合同另有两栏空白栏以便双方当事人自行约定交付的条件。

如果商品房买卖双方在示范合同约定有除以上三项以外的其他交付条件，应如何认定呢？

笔者认为，商品房经验收合格唯一有效法定的证明文件是《建筑工程竣工验收备案证》。如开发商在办理房屋交接手续时，不能根据合同约定和法律规定取得并出示拟交付房屋的《建筑工程竣工验收备案证》，买受人有权拒收该房屋，由此产生的逾期交房的违约责任由开发商承担。如果开发商与购房人约定的交付条件低于商品房综合验收的标准，那么以综合验收为交付条件标准，如果双方约定的标准高于商品房综合验收的标准，则以双方的约定为交付条件标准。

四、开发商不具备交付条件交房是否承担逾期违约责任？

关于上述问题，司法实践中存在不同观点。

第一种观点认为："如果购房者直接接收了房屋，应视作购房人放弃了约定的交付条件，因此应以交钥匙之日作为交付之日。"[①]按照这种观点，若开发商已实际完成了房屋的转移占有，根据《商品房买卖合同解释》，开发商于约定的最后交付日期之前交付了房屋，则不存在逾期违约的情况。

第二种观点认为：开发商在交付时未经验收合格，应以实际符合交付条

---

① 汤栃钧：《浅析商品房交付纠纷中的若干法律问题》，载《海南师范学院学报（社会科学版）》2004 年第 3 期。

件之日作为交付日期,开发商应承担违约责任。按照这种观点,若开发商虽按时交付,但不构成有效交付,交付义务于符合交付条件时完成,开发商仍然要承担逾期违约责任。

笔者认为,开发商不能交付经验收合格的房屋,就是指开发商于交付期满前未取得建设行政主管部门核发的《商品房竣工验收备案表》。这又区分为以下两种情形:一是交付期满前,房屋虽不具备交房条件但已交付给购房者使用。二是交付期满后,购房者由于房屋不具备交房条件而拒绝收房。笔者认为,上述两种情况开发商都应承担逾期违约责任。

首先,根据《商品房销售管理办法》的相关规定,开发商应按期将具备商品房交付条件的房屋交付给购房者使用。这包含两层意思:一是开发商应按照约定期限将商品房交付使用;二是开发商应交付具备商品房交付条件的房屋。根据上文的分析,也就是交付验收合格的房屋。只有上述两项同时具备,才是房屋的有效交付。而上述两种情形都无法构成房屋的有效交付,都是逾期履行行为,都要承担逾期违约责任。

其次,购房者对房屋的接收不影响开发商在不具备交付条件时交房应承担的违约责任。法律对商品房交付条件的规定是强行性的,任何违反法律、法规强行性规定的约定应属无效。

最后,开发商应承担的责任属于延期履行责任。根据《城市房地产开发经营管理条例》以及上海市人民法院的判例,商品房的交付日期在商品房不符合交付条件,但"已实际交付的情况下,如果出卖人能够完成办理房地产权证的,以符合交付条件之日为交付日,不能完成办理房地产权证的,以未交付论"。① 这说明符合交付条件的转移占有日期才是合法有效的"交付日期",若"交付日期"迟于约定的交付日期,则属于逾期交付,要承担逾期交付违约责任。

对此,北京市高级人民法院《关于审理房屋买卖合同纠纷案件若干疑难问题的会议纪要》规定:十二、商品房不符合交付条件的处理。买受人要求交付商品房,经审查房屋已经完工但未办理竣工验收手续,不符合法定强制性交付条件的,可以判决出卖人在合理期限内组织工程竣工验收,并将

---

① 李长吉:《关于商品房交付使用条件的法律探讨》,载《知识经济》2008 年第 5 期。

验收合格的房屋交付给买受人，但买卖合同存在永久性履行不能情形的除外。买受人明知商品房不具备法定或约定交付条件仍同意接收房屋后，又以房屋不具备交付条件为由主张逾期交房违约金的，不予支持，但买受人有权要求出卖人依据法律规定或合同约定完善房屋交付条件，并主张因房屋交付条件不具备给其造成的实际损失。商品房买卖合同示范文本约定出卖人"于房屋实际交付之日起三十日内支付违约金"，出卖人实际逾期交付房屋的，买受人应当依合同约定的履行期限主张逾期交房违约金；房屋逾期尚未实际交付，买受人主张逾期交房违约金，出卖人以合同约定的履行期限尚未届至为由提出抗辩的，不予采信。十三、买受人拒绝接收商品房的处理。出卖人交付的房屋符合商品房买卖合同约定及法定的强制性交付条件和质量标准，买受人以房屋质量存在表面瑕疵为由拒绝接收房屋，并要求出卖人承担逾期交房违约责任的，一般不予支持，但买受人确有证据证明房屋在交付时存在功能性质量瑕疵以致严重影响正常居住使用的除外。买受人接收房屋不影响出卖人对房屋的质量瑕疵承担保修义务。

五、风险责任的承担如何确定?

风险责任是因不可抗力或意外事件等不可归责于当事人的事由而导致标的物毁损、灭失。根据《民法典》第六百零四条规定："标的物毁损、灭失的风险，在标的物交付之前由出卖人承担，交付之后由买受人承担，但是法律另有规定或当事人另有约定的除外。"风险责任一般情况下于标的物交付的同时发生转移。而从法理上讲，风险责任则是随着标的物的所有权转移而转移的。如前所述，由于我国房屋所有权的转移是以办理登记为生效要件，所以，房屋所有权的转移时间和标的物的交付时间存在差异，在房屋交付使用后至办理所有权登记手续前的时间内，标的物发生意外风险的责任如何承担，现行法律法规均无明确规定。笔者认为，既然《民法典》第六百零四条是针对所有买卖合同标的物作的规定，并没有明确区分动产和不动产，而且，根据该条"法律另有规定或当事人另有约定的除外"的规定，在法律法规没有规定或者当事人没有约定的情况下，房屋的风险转移应适用该条规定。因此，《商品房买卖合同解释》第八条第二款明确规定："房屋毁损、灭失的风险，在交付使用前由出卖人承担，交付使用后由买受人承担；买受人接到出卖人的书面交房通知，无正当理由拒绝接收的，房屋毁损、灭失的风险自书面交房通知确定的交付使用之日起由买受人承担，但法律另有规定或者当事人另有约定的除外。"

六、开发商逾期交房的责任如何认定？

交房即"房屋的交付"是商品房买卖合同履行中的重要环节，交房不同于普通买卖合同中的交货，而是具有显著的合同程序性与专业技术性的活动，具体而言，从程序上是由开发商的通知收房、房屋交付、购房者的质量验收、书面确认四个基本环节组成，专业技术方面则涉及房屋质量验收、相关房地产资料交付与出示两大基本问题。笔者认为，开发商的交房义务实际上是由书面通知义务、交付房屋的主义务及交付、提示必要文件资料的附随义务组合构成的义务群。根据司法解释规定，在当事人没有特别约定的情况下，"转移占有"视为交房完成，交房在法律上是房屋毁损、灭失风险划分的标志，同时在实践中也是开发商开始承担保修责任，购房者开始缴纳物业费的时间点。

（一）正确区分及审查逾期交房的两类情况

1. 开发商未按约定期限交房

这一类情况是开发商的主动违约，其未能完全按照合同约定的方式、程序、期限提出交房。"交房"是开发商按照约定通知购房者，且将房屋交与购房者初步验收的行为，凡不具备完备形式、程序的行为均不属于合格的"交房"。在这类情形中，需要重点审查开发商是否违反了合同对交房期限、程序的细节约定，且是否有免责事由。

目前的预售合同范本一般规定，开发商需在交房前的一定期限内书面通知购房者，并由购房者预留送达地址，这一程序是为了保障购房者的知情权和准备期限。因此，开发商按期交房，首先应当是以书面形式及合同约定的送达方式向购房者告知，若开发商未完整履行合同所约定的通知义务，如未以书面形式、未按购房者预留的地址或未在规定期限内告知购房者，购房者可相应延后或不收房，逾期责任由开发商承担。如开发商履行了书面送达义务，收房通知已经按期到达预留地址，因购房者自身的原因未能及时阅读知晓，则应自行承担风险、责任。在举证责任方面，购房者只需主张己方没有在约定期限内收到书面交房通知，开发商如辩称未逾期，则需举证证明己方已经按期书面通知。

另外,当前实践中有部分开发商要求购房者先签署收房文件后验房,而购房者不同意,从而导致未能进行验房程序,引发纠纷,这种情况是开发商违背了交房程序,购房者当然有权拒绝,也应视为开发商未“交房”,应认定开发商承担逾期交房责任。当然,这一事实的存在应由购房者举证证明。

2. 购房人合理拒绝收房视为开发商未按期交房

第二类情况是开发商已经按期提出交房,但购房人拒绝收房。购房人拒绝收房,首先是实际未接收房屋,如购房者已收取钥匙,实际使用房屋或有其他可以被认为是认可交房完成的情形,均不能再主张开发商的逾期交房责任;其次是必须基于合理理由,即根据法律可认定开发商交付的房屋或资料不合格,如购房者的拒绝理由经法院审查不成立(不属司法解释所指的“正当理由”),则需要自行承担风险。《商品房买卖合同解释》第八条明确规定,买受人接到出卖人的书面交房通知,无正当理由拒绝接收的,房屋毁损、灭失的风险自书面交房通知确定的交付使用之日起由买受人承担。此类情况具体又可以分为两种。

(1)开发商未提供应当提供的文件致购房人拒绝收房

根据合同约定和相关法规规定,开发商在交房时应该主动出示、提交部分文件,这类文件又可分为两种:一种是用以证明房屋已处于法律适格的可交付状态的文件(如《住宅交付许可证》、物业维修基金缴纳证明),另一种是符合规范的房屋保修书、使用说明,这是为了保证购房者充分享有收房后使用利益。

应当注意到,当前购房人的权利意识逐渐成熟,在验房过程中也可根据合同或相关规定,选择性地要求开发商提供相关文件,如开发商拒绝提供,则容易引发纠纷。例如,房屋实测面积的有关资料;另外,根据相关法规,房地产项目竣工后,经验收合格方可交付使用,因此,项目的竣工验收备案表也是目前实践中购房者一般要求提供的材料,且备案表中的每一项均应当通过验收备案,如开发商未能提供完全合格的验收备案表,则无法证明房屋已经竣工验收合格,购房者可拒绝收房。

此类当事人可要求提供,而开发商应当提供的文件须有两个条件:第一,合同中未明确约定应由开发商提供;第二,是相关规范性文件规定的证明房屋具备交付使用条件的文件。不属此类文件的，当事人要求提供而开发商未提供的，不构成购房者拒绝收房的合理理由。如果购房者主张开发商未主动出示第一类文件，诉讼中应该由开发商举证己方已主动出示、提交。而后者，则应该由购房者举证证明己方在交房验收过程中向开发商方面主张出示相关文件，而开发商未能提供，法院应审查购房者主张的文件是否可以被认定为是前述应当提交的文件。

（2）房屋质量问题

合同法规定，标的物质量不符合质量要求，致使不能实现合同目的的，买受人可拒绝接受标的物。一般认为，标的物在交付时被发现无法满足基本合同目的，买受人可拒绝接受，视为卖方未能交付，承担相应逾期给付责任，而普通的质量问题，应当通过出卖人的物之瑕疵担保责任制度（如履行维修义务）来解决。

商品房的交付，实际上也是购房者对房屋质量进行初步验收的过程，随着验房程序越来越被购房者重视，在交房验房程序中可能被购房者提出的质量问题也越来越多，易发生纠纷。何种程度的质量问题可以成为购房者拒绝收房的“合理理由”。《商品房买卖合同解释》中列明了“房屋主体结构质量不合格”与“房屋质量问题严重影响正常居住使用”两项可以由购房者解除合同的情形。实践中一般认为，这两类情形下购房者可拒绝收房，前一标准直接源自合同法的规定，较为明确，而对后者的理解在司法实践中则存在较大争议。笔者认为在适用这一标准时，需要根据购房人收房后的使用方式及不同的房屋类型来区分进行。

①毛坯房

毛坯房不带装修，购房者通常需在收房后进行装修，在适用《商品房买卖合同解释》“严重影响正常居住使用”的标准时，应当更加注重购房人实际使用利益，即便质量问题对居住不构成严重影响，但如果将导致装修无法正常进行，也可以认为构成购房人拒收房屋的合理理由。

②全装修房

全装修房是开发商已经完成装修的房屋，应当达到交房后即可适宜居住的标准，在适用《商品房买卖合同解释》“严重影响正常居住使用”的标准时，应更注重居住需求，考虑到装修工程的必要质量要求，比如目前上海相关规定要求装修后房屋的空气质量必须达到强制性最低标准，否则可拒绝收房。笔者认为,对全装修房的收房验收,实际上是对房屋工程及装修工程的双重验收,可根据装修的附加要求审查购房人提出的质量问题是否构成合理拒收理由。

如购房者主张质量问题而拒绝收房,应当负责举证物业人员在验收单上明确记载了验房过程中发现的问题,且不得收取钥匙或实际使用房屋、办理合同约定的交接手续。凡属在收房后发现的质量问题,都属于瑕疵担保责任范畴,而不是逾期交房责任,购房者可另行主张权利。对于判断购房者提出的质量问题理由是否成立,应在诉讼中首先通过专业鉴定确认具体的质量问题,再由法院判定质量问题是否达到了可拒绝接收的标准。

总体而言,笔者认为,在质量问题上适当地扩大司法解释中的认定标准,在当前购房者相比开发商实际处于弱势地位,且开发商往往不积极履行维修义务的情况下,有利于保护购房者利益,敦促开发商尽快解决房屋质量问题。在具体认定时,可以参照相关的工程标准,正确区分开发商的交房义务与瑕疵担保责任。

(二)逾期交房的责任承担方式

对于逾期交房的责任承担,应本着“有约定从约定,无约定从法定”的原则处理。商品房预售合同中约定了逾期交房的违约处理方式,则应按合同办理,在司法实践中只存在约定的违约金是否过高而请求调整的问题。如果合同中没有约定逾期交房的违约责任,买受人只能主张损失赔偿,应由买受人举证证明因开发商逾期交房而给他带来的直接损失。这里应注意一个时间节点的问题,即开发商逾期交房的期间应从合同约定的最迟交房日起至业主实际收房日止。

(三)开发商免责情况的审查

如开发商对于逾期交房的事实主张免责,则对免责事由负有举证责任。司法实践中,开发商主张免责的事由主要集中在因不可抗力而导致逾期交房以及因第三人的原因造成开发商逾期交房这二种情况。对此应区别审查。

1. 对于不可抗力的免责审查

我国合同法规定,所谓不可抗力,是指不能预见、不能避免并不能克服的客观情况,因不可抗力不能履行合同的,根据不可抗力的影响,部分或者全部免除责任。商品房预售合同中出现的不可抗力事件主要集中在房屋建设施工中的突发情况,如重大自然灾害和特殊社会事件导致的停工。经审查,如确实存在不可抗力事件而致开发商不能按期交房的,应根据不可抗力造成的影响免除开发商相应的民事责任。在认定过程中值得考虑的是,开发商是否在不可抗力出现后及时告知了购房人以减轻购房者的损失,如未及时告知,导致了购房者的利益受损,仍应承担相应违约责任(如购房者根据预期收房时间,签订了到期向租赁人交房的房屋出租合同)。

2. 对于因第三人的原因而主张免责的审查

在商品房预售合同纠纷的司法实践中,开发商提出的所谓第三人的原因主要有:因工程队的施工质量问题而造成施工停工、因拖欠民工工资致民工停工而延误工期、因工地周边居民抗议而暂缓施工、因政府规划改变而延缓工期等。根据合同相对性原则及《民法典》第五百九十三条的规定,开发商不能请求免责,仍应向业主承担逾期交房的违约责任,开发商与第三人间的纠纷由双方另行解决。

但有一种特殊情形值得注意,即因政府政策的原因或规划改变而导致开发商不能按期交房的情形,房地产开发项目与政府行为密切相关,政府的规划变更往往会直接影响项目进度,这种情形虽不能直接归类于不可抗力范畴,但可考虑归类于情势变更。对于因此类情况而致使开发商逾期交房的,开发商能否免责,实务上存在很大争议。有观点认为,我国合同法确立的是严格责任制度,一方当事人违反合同约定,除不可抗力外,均应向合同相对方承担违约责任。笔者不同意这种观点,因为此类情况也是开发商不能预见、不能避免并不能克服的客观情况,不能归责于开发商,完全刚性地适用合同法的严格责任制度,在处理这类纠纷时会造成明显不公。《民法典》第五百三十三条规定,情势变更是指合同成立后,合同的基础条件发生了当事人在订立合同时无法预见的、不属于商业风险的重大变化,继续履行合同对于当事人一方明显不公平的,受不利影响的当事人可以与对方重新协商;在合理期限内协商不成的,当事人可以请求人民法院或者仲裁机构变更或者解除合同。人民法院或者仲裁机构应当结合案件的实际情况,根据公平原则变更或者解除合同。根据这一规定精神,继续按合同约定的期限交房对开发商而言是明显的不公平,开发商可以请求法院对该条款予以变更。

七、开发商逾期交房应如何承担违约责任?

1. 购房者有权要求开发商支付违约金并继续履行交付房屋的义务

根椐《民法典》的相关规定,当事人就迟延履行约定违约金的,违约方支付违约金后,还应当履行债务。

2. 购房者有权要求支付违约金并解除合同

(1)法定解除。依据《民法典》第五百六十三条第一款规定:有下列情形之一的,当事人可以解除合同:(一)因不可抗力致使不能实现合同目的;(二)在履行期限届满前,当事人一方明确表示或者以自己的行为表明不履行主要债务;(三)当事人一方迟延履行主要债务,经催告后在合理期限内仍未履行;(四)当事人一方迟延履行债务或者有其他违约行为致使不能实现合同目的;(五)法律规定的其他情形。如果商品房始终未具备交付条件或长期无法履行交房的义务,导致购房人无法实现购房目的,购房者有权解除合同。

(2)约定解除。《商品房买卖合同(现售)示范文本》第九条第二款规定,出卖人逾期超过一定期限,买受人有权解除合同,买受人解除合同的,出卖人应自买受人解除合同通知到达之日起一定期限内退还全部房款,并按买受人累计已付款的一定比例支付违约金。

(3)合同解除的法律后果。《民法典》第五百六十六条规定,合同解除后,尚未履行的,终止履行;已经履行的,根据履行情况和合同性质,当事人可以请求恢复原状或者采取其他补救措施,并有权请求赔偿损失。

3. 购房者有权要求赔偿损失

《民法典》第五百八十五条规定,当事人可以约定一方违约时应当根据违约情况向对方支付一定数额的违约金,也可以约定因违约产生的损失赔偿额的计算方法。约定的违约金低于造成的损失的,人民法院或者仲裁机构可以根据当事人的请求予以增加;约定的违约金过分高于造成的损失的,人民法院或者仲裁机构可以根据当事人的请求予以适当减少。当事人就迟延履行约定违约金的,违约方支付违约金后,还应当履行债务。

《商品房买卖合同解释》第十二条规定,当事人以约定的违约金过高为由请求减少的,应当以违约金超过造成的损失 30% 为标准适当减少;当事人以约定的违约金低于造成的损失为由请求增加的,应当以违约造成的损失确定违约金数额。第十七条规定,商品房买卖合同没有约定违约金数额或者损失赔偿额计算方法,违约金数额或者损失赔偿额可以参照以下标准确定:……逾期交付使用房屋的,按照逾期交付使用房屋期间有关主管部门公布或者有资格的房地产评估机构评定的同地段同类房屋租金标准确定。根据私法自治原则,如果当事人约定了违约金,应当优先适用违约金条款,只有在双方没有约定违约金的情况下,才能适用该解释第十七条规定。

八、交付通知是否交付的必要条件?

实务中,常见买受人诉出卖人未向其发出交付通知,致使其迟延收房,因而向出卖人主张迟延交付违约金的情况。此时法院通常要求出卖人提供通知的证据,而且不认可电话、短信、电子邮件、普通信函、报纸公告等通知形式,甚至连特快专递取得了交寄回执的,只要没有买受人本人签收,也不认可通知到达了买受人,结果大多是出卖人承担不利后果,支付给买方一大笔违约金。这种做法,显然是把通知当作交付的要件。实务中有的法官认为,卖方的交付义务主要就是两项:竣工验收合格、书面通知买受人。凡不能证明通知了买受人,致使交付迟延,就要由出卖人承担责任。这种认识,《商品房买卖合同(现售)示范文本》第十一条:商品房达到交付使用条件后,出卖人应当书面通知买受人办理交付手续。《商品房买卖合同解释》第十一条“买受人接到出卖人的书面交房通知”,也强调了“书面交房通知”。笔者认为,交付必须经书面通知,既不合法理,也不符合客观实际,只会导致无谓纠纷增加。

实务中,开发商一次交付往往有数百套房屋,买受人有的在当地,有的在异地,有的急于收房,有的意在转手,开发商的书面通知要一个个取得买方本人的签收,几乎是不可能的。即使当时工作很细致,一个个客户都通知到了,一段时间以后,若客户声称没有收到通知,开发商再要回头找到一两年前的通知证明非常困难。所以这种案件,只要买方起诉,卖方大都会陷入举证不能的困境。这种情况鼓励了一些买受人恶意诉讼,谋求不正当的利益。

交付通知的意义仅在于告知买受人交付的时间和地点。若没有通知,买受人是否就无法接收房屋呢?显然不是。商品房买卖都有书面合同,合同中都会约定房屋竣工交付的时间,至于交付的地点,就是商品房坐落的地点,买受人不可能找不到。法官审理此类案件时,只需问一下原告:你知不知道房子应该在什么时候、什么地方交付?你没有收到通知,是否按合同约定的时间和地点,去要求对方交付了?我想不出原告能有什么抗辩的理由。所以,法院以买受人未收到书面通知,导致其未能按时收房,太过牵强。司法解释把书面通知作为交付的要件,实际上给买受人不诚信、钻空子提供了机会。

在司法解释没有改变的情况下,只能通过明确的约定来排除风险、避免纠纷。使用建设部示范文本的,出卖人可以制作如下补充条款:"补充修改主合同第 11 条:本商品房于 × 年 × 月 × 日前交付,如买受人未收到出卖人的交付通知,应当以上述交付期间届满之日为交付日期,以商品房所在地为交付地点。"①

九、《住宅质量保证书》和《住宅使用说明书》的性质如何区分?

关于《住宅质量保证书》和《住宅使用说明书》的性质区分问题,司法实践中存在不同观点。

第一种观点认为,两书的交付属于行政法规和行政规章规定的当事人的义务,属于出卖人的法定义务,出卖人必须严格遵守,故两书的交付应属于出卖人交付房屋时的一个必要条件。

第二种观点认为,两书的交付仅仅是出卖人对所交付的标的物的质量保证和对买受人使用标的物的提示,不是交付标的物的必要条件。

笔者同意第一种观点。

出卖人提供两书属于行政法规和行政规章的强制性规定,各地商品房买卖合同示范文本中均有相应的约定,出卖人应当严格遵守。在合同履行过程中,出卖人交付房屋时没有提供两书的,如果合同有约定,应按照合同约定处理;如果合同中没有约定或约定不明的,买受人以上述规定为依据拒绝接收房屋的,应认定出卖人不具备交房条件,由此产生的逾期交房违约责任由出卖人承担。如福建省高级人民法院民事审判第一庭《商品房买卖解

---

① 颜雪明:《商品房交付纠纷的法律分析》,载《仲裁研究》2011 年第 3 期。

答》第二十三条规定："出卖人不能提供《住宅质量保证书》和《住宅使用说明书》的，构成违约，买受人因此拒绝接收商品住宅的，由此产生的逾期交房责任应当由出卖人承担。"

十、出卖人与买受人办理了商品房交付手续，买受人又以出卖人没有同时交付《住宅质量保证书》和《住宅使用说明书》为由主张房屋不具备交房条件，并要求出卖人承担逾期交房违约责任的，应如何处理？

我国对商品房交付条件的相关法律规定较少，规章及地方性的规定居多，法律位阶普遍不高，且相互之间存在一定的冲突，发生纠纷时对处于弱势地位的购房者不利。交付条件应包括法定的交房条件和约定的交房条件。前者是指法律规定的开发商交付商品房应具备的有普遍约束力的条件，后者是指商品房买卖合同双方当事人在合同中约定的除法定交房条件以外的特殊条件。

关于出卖人与买受人办理了商品房交付手续，买受人又以出卖人没有同时交付《住宅质量保证书》和《住宅使用说明书》为由主张房屋不具备交房条件，并要求出卖人承担逾期交房违约责任的问题，司法实践中存在不同观点。

第一种观点认为，出卖人无法提供两书，证明其交付的商品房尚不具备交房条件，不应交房，即使实际已经交了钥匙，也不能说明出卖人完成了交房义务，仍应以具备交付条件的时间作为房屋实际交付的日期；并且，依据《民法典》第六百二十一条，当事人约定检验期限的，买受人应当在检验期限内将标的物的数量或者质量不符合约定的情形通知出卖人。买受人怠于通知的，视为标的物的数量或者质量符合约定。当事人没有约定检验期限的，买受人应当在发现或者应当发现标的物的数量或者质量不符合约定的合理期限内通知出卖人。买受人在合理期限内未通知或者自收到标的物之日起二年内未通知出卖人的，视为标的物的数量或者质量符合约定；但是，对标的物有质量保证期的，适用质量保证期，不适用该二年的规定。出卖人知道或者应当知道提供的标的物不符合约定的，买受人不受前两款规定的通知时间的限制。根据上述规定，出卖人知道或者应当知道提供的标的物不符合约定的，买受人主张权利不受前两款规定的通知时间的限制，出卖人对于其是否具备法定和约定的房屋交付条件是十分清楚的，因此，买受人在接收商品房后仍有权要求出卖人承担逾期交房的违约责任。这也有利于保护处于弱势一方的买受人的合法权益,促进房地产市场的健康发展。

第二种观点认为,出卖人交付房屋时未提供《住宅质量保证书》和《住宅使用说明书》,买受人有权拒绝接收房屋,并要求出卖人承担违约责任。但如果买受人已实际接收房屋,属于对自己权利的处分,其后,买受人又以出卖人没有提供两书,房屋不具备交付条件为由,要求出卖人承担逾期交房的违约责任,有违民法的公平和诚信原则,因此,买受人的该主张,不应得到支持。如厦门市中级人民法院《商品房买卖合同指导意见》第三条第二款规定:"买受人已接受了出卖人所交付的商品房钥匙,又以出卖人没有同时交付《住宅质量保证书》和《住宅使用说明书》为由主张出卖人承担因不具备交付条件而逾期交房违约责任的,不予支持。"

笔者认为,上述两种观点均有一定道理,我们倾向于后一种观点。与之同理,买受人在接收房屋后,再要求以通过消防验收合格时间作为交房时间,进而要求出卖人交付逾期交房违约金的,也不应得到法院的支持,但由于办理消防验收是出卖人负有的法定义务,因此,法院还应当判令出卖人限期办理消防验收手续。

十一、出卖人在交付房屋时,经常要求买受人按照出卖人制定的房屋交付流程先行预缴物业费、代办产权证费用、公共维修基金等其他费用后,才能交付房屋钥匙,应如何处理?

商品房买卖合同签订后,双方当事人应该严格按照合同的约定履行自己的义务,否则应该承担违约责任。在履约阶段,一般有以下几个步骤:(1)交付购房款。这是购房者的主要义务,购房人应该按照约定的方式、期限、地点向开发商支付购房款。(2)办理入住手续。办理入住手续也就是商品房的交付,是购房合同履行的重要阶段,也是买卖双方最容易发生纠纷的阶段。购房人在办理入住手续时应首先要求开发商提交《建设工程竣工验收备案表》《测绘部门实测面积数据》。房屋为居住用途的,还应要求开发商提交《住宅质量保证书》和《住宅使用说明书》。在对房屋进行验收后,购房者应缴清剩余房价款,与开发商指定的物业管理公司签署经房地产管理部门核准的物业管理合同,按物业管理合同约定缴纳物业管理费,领取房屋钥匙。(3)申领产权证。这是商品房买卖的最后一个阶段,由于产权证是取得房屋所有权的最重要的证明,因此产权的过户对买卖双方来说都意义重大。目前在本阶段一般要经过立契过户、权属登记、缴纳契税和交易手续费等与房屋交易有关的税费等步骤。最后才能取得《房屋所有权证》和《国有土地使用权证》。

关于出卖人在交付房屋时,经常要求买受人按照出卖人制定的房屋交付流程先行预缴物业费、代办产权证费用、公共维修基金等其他费用后,才能交付房屋钥匙,应如何处理的问题,司法实践中存在不同观点。

第一种观点认为,双方在签订商品房买卖合同中对履行顺序没有明确约定,但上述费用均是买受人依据合同应当支付的必要费用,这种合同义务履行顺序也是商品房买卖市场的商业惯例,因此,出卖人无权以此为由拒绝接收房屋。

第二种观点认为,双方的合同义务应当严格按照商品房买卖合同的约定来履行。如果合同中未明确约定买受人支付上述费用的义务应当先于或与出卖人的交付义务同时履行,则出卖人无权未经买受人同意单方制定收房条件和流程,买受人也有权拒绝按照该收房条件和流程接收房屋,如果出卖人因此延期交房,应当承担逾期交房的违约责任。特别是实践中经常存在出卖人要求买受人先签订物业服务合同并缴纳物业费,再行交付房屋的情况。

笔者同意第二种观点。

物业服务合同与房屋买卖合同虽有联系,但并非同一法律关系,如将业主与物业公司需经洽商才能确定具体内容的物业服务合同作为业主与出卖人商品房买卖法律关系中出卖人交房的条件,对业主将极不公平,因此,买受人在此情况下有权拒绝接受房屋,并要求出卖人承担逾期交房的违约责任。

十二、开发商因政府部门迟延办理备案而逾期交房能否免责?

开发商逾期交房分为两种情况:一种是开发商未按约定期限交房,另一种是购房人合理拒绝收房视为开发商未按期交房(包括开发商未提供应当提供的文件致购房人拒绝收房和房屋质量问题两种情况)。对于逾期交房的责任承担,应本着“有约定从约定,无约定从法定”的原则处理。商品房预售合同中约定了逾期交房的违约处理方式,则应按合同办理,在司法实践中只存在约定的违约金是否过高而请求调整的问题。如果合同中没有约定逾期交房的违约责任,买受人只能主张损失赔偿,应由买受人举证证明因开发商逾期交房而给他带来的直接损失。这里应注意一个时间节点的问题,即开发商逾期交房的期间应从合同约定的最迟交房日起至业主实际收房日止。还要对开发商主张的不可抗力、第三人原因、买受人原因的免责情形进行审查。

关于开发商因政府部门迟延办理备案而逾期交房能否免责的问题,司法实践中存在不同观点。

第一种观点认为,开发商可以因此而免责。虽然导致开发商迟延交付商品房的责任在行政管理部门,但"开发商追究政府责任不太可能,让开发商为政府不当行为完全承担责任也有失公平。因此在裁判时,可考虑我国国情,依照公平及诚实信用原则酌情予以免责"。[①]

第二种观点认为,开发商不应因此而免责。理由是政府部门逾期办理备案的行为并不存在于商品房买卖合同关系之中,而是处在行政管理部门与开发商之间的行政关系之中,《民法典》合同编调整的是平等主体之间的民事关系,行政管理机关与开发商之间不属于平等的民事主体,他们之间的关系也不属于民事关系,因此不应由《民法典》合同编来调整,行政管理部门逾期办证所造成的损失应由行政法来调整,开发商可通过行政复议或者行政诉讼等方式要求赔偿。若开发商因此而免责,相当于将行政管理部门原因所造成的损失转嫁给购房者承担,这与《民法典》的公平原则相违背。

笔者同意第二种观点。

由于行政管理部门逾期办理商品房竣工验收备案表而导致开发商不能按期交付符合商品房交付条件的房屋,开发商的逾期违约责任是否可因行政管理部门的过失而免责,要根据合同的相对性、违约责任的相关原理加以分析。违约责任的免责事由可分为法定免责事由与约定免责事由两大类,在此,我们排除当事人在买卖合同中约定对因行政管理部门逾期办理备案

① 汤栃钧:《浅析商品房交付纠纷中的若干法律问题》,载《海南师范学院学报(社会科学版)》2004 年第 3 期。

而导致的延期交付免责的情况，进行分析。

首先，行政管理部门在备案中的过失不属于不可抗力。根据《商品房买卖合同（现售）示范文本》第八条规定，遭遇不可抗力，且出卖人在规定之日内告知买受人的，出卖人可予以延期。行政管理部门的备案过失是否属于不可抗力成为问题的关键。通常政府行为是不可抗力的一种，列入不可抗力的政府行为主要有发生战争、强制征收、强制征用等。而政府的具体行政行为不属于不可抗力。[①] 行政管理部门针对开发商的申请，核发商品房竣工验收备案表，属于政府针对特定人和事做出的具体行政行为，即便存在过失也不属于不可抗力的政府行为。

其次，开发商不具备交房条件逾期交房的违约责任属于无过错责任。通过解读《民法典》第五百八十四条，可以确定开发商在不具备交房条件情况下交房所承担的责任遵循无过错归责原则。既然该违约责任的归责原则实行无过错归责原则，不论开发商是否存在过错，只要存在违约行为，开发商就应向购房者承担违约责任。但之后开发商有权依法向责任人追偿。

再次，从合同的相对性分析。购房者要求开发商承担违约责任是基于双方签订的买卖合同，一方有违约行为，对方可要求其承担违约责任。而行政管理部门与开发商之间的关系是商品房买卖关系之外的一种行政审批关系。也就是说，若政府行为过失给开发商造成损失，可通过政府部门承担行政责任来解决，而不应将此责任转嫁给行政审批关系之外的购房者来承担。

最后，若行政管理部门的过失致开发商免责，无异于将由于开发商逾期交付行为给购房者造成的损失由购房者独自承担，与公平正义原则不符。在开发商按时将具备商品房交付条件的房屋予以交付的情况下，购房者于办理完收房手续后，即可对房屋加以使用、处分和收益。而在开发商不具备交房条件、购房者拒绝收房的情况下，购房者不能按期对商品房加以使用、收益和处分。从合同的公平性来分析，由于开发商的违约行为给购房者造成的损失完全由购房者来承担，无异于加重购房者义务，减轻开发商责任，有悖于合同的公平性和平等性。

---

① 参见王玉秀、王玉艳：《关于〈商品房买卖合同〉中不可抗力的认定》，载《经济视角》2010 年第 12 期。

十三、商品房买卖合同中逾期交房中的特殊原因如何理解?

商品房交付中关于逾期交房的特殊原因主要包括以下两个方面:一方面是不可抗力,《商品房买卖合同(现售)示范文本》第八条规定:遭遇不可抗力,且出卖人(开发商)在规定的期限内通知买受人,除双方协商同意解除合同或变更合同外,出卖人可以予以延期。另一方面是相当多的开发商在《商品房买卖合同(现售)示范文本》第八条第二款规定的不可抗力之外又规定了一些第三方原因可以免除开发商逾期交房的违约责任,主要包括由于市政基础设施原因或公共设施原因导致的逾期交房免除开发商的违约责任的情况。

司法实务中,开发商提出的不可抗力认定有如下情形。

《民法典》第五百九十条规定,当事人一方因不可抗力不能履行合同的,根据不可抗力的影响,部分或者全部免除责任,但是法律另有规定的除外。因不可抗力不能履行合同的,应当及时通知对方,以减轻可能给对方造成的损失,并应当在合理期限内提供证明。当事人迟延履行后发生不可抗力的,不免除其违约责任。不可抗力是指不能预见、不能避免并且不能克服的客观情况。一般表现为影响合同履行的灾难性事件,既包括自然力量,如地震、水灾、旱灾、暴风雪等;又包括社会异常行为,如战争、暴乱、军事封锁等。

1. 以自然现象为表现形式的不可抗力。司法实践中,在逾期交房的情况下,很多开发商提出,由于台风、暴风雪、大雨、洪水等原因,导致施工不能正常进行,即对于以自然现象为主要表现形式的不可抗力,应从以下两个方面认定是否属于不可抗力,一方面,如果以上自然现象是该地区的通常的气象表现形式,则不能认定为不可抗力,因为开发商可根据当地的自然条件,合理安排工期,在签订合同时合理预见,确保在约定的期限内依法交付房屋。若该自然现象在当地属异常天气,应认定为不可抗力。另一方面,自然现象是否足以导致延期施工,自然现象与延期施工之间是否有因果关系。司法实践中,开发商为了免除自己逾期交房的违约责任,提供了当地气象部门的气象资料,以此证明发生了不可抗力,人民法院在审理案件时,会要求开发商提供施工日志,以此证明该自然现象或自然原因导致无法施工,而一般情况下人民法院很难认定其存在因果关系。

2. 政府行为能否作为不可抗力,免除开发商逾期交房的违约责任。审判实践中，关于政府行为是否纳入不可抗力争议很大，笔者认为应区分以下三种不同情况：(1)当政府行为是基于社会公共利益做出的，应认定为不可抗力，如因建设过程中发现文物遗址，高考、中考期间不允许施工，迎接重大社会活动导致停工等。(2)若政府行为是针对特定领域、特定人作出的，应考虑为情事变更因素，依公平责任原则，应允许开发商进行合同变更或者解除合同。如政府规划调整、市政配套设施不到位(水电煤燃暖等)。这是现阶段开发商面临的主要问题之一，这些因素开发商不可控，虽然水电煤燃暖已经大部分由相应企业完成，但市政基础设施需由相关政府管理部门审批，而大部分企业是垄断企业且为国有独资公司，保留了较浓厚的行政色彩，且与政府管理部门存在一定联系，很多时候不受市场规则与合同约定的控制，笔者认为如果上述因素不考虑为情事变更因素，对开发商也同样显失公平，尽管1999年《合同法》(已失效)没有规定情事变更原则，在立法缺失的情况下，可以依公平原则弥补法律漏洞。已失效的《民法通则》《合同法》均规定了公平这一基本法律原则，法院可以依法对当事人的情事变更的诉讼请求予以支持。(3)当政府行为是基于第三人的过错做出的，则不能认定为不可抗力，不能免除违约方的责任。如违反规划超建、改变容积率等。

3. 异常社会事件能否认定为不可抗力。战争、罢工、游行、示威等非因开发商原因引起的异常社会事件，属于不可抗力。如果由开发商原因引起的，无论开发商是否有过错，均不属于不可抗力，如现在普遍存在的由于拆迁原因导致的逾期交房，尤其是“钉子户”原因导致的无法开工，能否构成不可抗力，很多开发商也很委屈，认为应当构成不可抗力，有些动迁户尤其是“钉子户”漫天要价，导致开发商不堪重负，况且强制拆迁属于政府或人民法院的职务行为，开发商无法控制，笔者认为，由于拆迁安置问题与房屋交付属不同的法律关系，除重大市政工程外，不能认定为政府或人民法院应依维护社会公共利益而采取的职务行为，从而认定为不可抗力。

4. 施工中遇到的重大技术难题能否认定为不可抗力。因重大技术问题属开发商自身问题，且国家对于施工资质有严格的要求，因此重大技术难题不构成不可抗力。

十四、不具备交付条件交房违约金应如何计算？

关于不具备商品房交付条件，违约计算的止算点应如何认定的问题，司法实践中存在不同观点。

第一种观点认为,以开发商取得《商品房验收备案表》为准。

第二种观点认为,以购房者实际办理交房手续日期为准。

笔者认为,实践中有以下具体情形应区分处理。

参考《商品房买卖合同解释》以及《商品房买卖合同(现售)示范文本》关于逾期违约责任的相关规定,违约责任的承担截止到实际交付之日,因此,违约金的止算点也应以实际交付之日为准。笔者认为,购房者于交付日期截止之前接收不具备交房条件的房屋的,取得商品房竣工验收备案表的日期为有效的交付日期,违约金的止算点应以发"表"日期为准。购房者于约定交付期间拒绝收房的,房屋实际占有转移的时间为有效交付的时间,违约金的止算点应以占有转移时间为准。

如果开发商先已取得《商品房竣工验收备案表》,而购房者之后才办理收楼手续。法院审理认为造成购房者没有在开发商取得《商品房竣工验收备案表》后及时收房的原因是开发商没有及时发出交付通知,但开发商在取得《商品房竣工验收备案表》之前就已发出过《交楼通知书》,而购房者拒绝收楼,在这种情况下,实际交付之日又如何确定呢?

笔者认为,开发商第一次发出的《交楼通知书》因购房者的拒绝收楼行为而无效,若开发商在取得《商品房竣工验收备案表》后没有及时通知购房者,则视为开发商没有发出《交楼通知书》,开发商承担逾期交房的违约责任并不因此而终止。另外,在购房者无法得知开发商已具备交房条件的情况下,把收房义务强加给购房者与合同的公平原则不符。若开发商在取得《商品房竣工验收备案表》后已及时通知购房者收房,购房者仍拒绝收房,笔者认为,逾期交房的违约金截止日期应是开发商再次通知购房者收房的最后日期。

在法院作出终审判决时,开发商仍不具备交房条件,违约金计算的截止日期是否也应是交付之日呢?笔者认为,如果法院规定了开发商给付具备交付条件房屋的履行期限,开发商在该期限之前给付,则应以交付时间作为违约金的止算点,开发商在该期限之后给付的,应视为不履行法院生效裁判,则在法院规定的交付日期之前交付,以交付日期为止算点;在法院规定的交付日期之后交付,则应以法院规定日期截止日为止算点,其余时间应当承担惩罚性的迟延履行违约金。这样才能督促开发商及时办理收房手续,而不是一直拖延,给购房者造成更大的损失。

十五、购房者无正当理由拒绝接收房屋应承担何种法律责任?

《商品房买卖合同解释》第八条规定,对房屋的转移占有,视为房屋的交付使用,但当事人另有约定的除外。房屋毁损、灭失的风险,在交付使用前由出卖人承担,交付使用后由买受人承担;买受人接到出卖人的书面交房通知,无正当理由拒绝接收的,房屋毁损、灭失的风险自书面交房通知确定的交付使用之日起由买受人承担,但法律另有规定或者当事人另有约定的除外。

对于正当理由的认定,司法实务中存在不同观点。

第一种观点认为,买受人认为有质量缺陷、配套设施不到位、装修材料货不对版、虚假广告宣传、物业费标准偏高、面积差异、噪声、环境不利因素等,均是正当理由。

第二种观点认为,如果是买受人非主观方面的原因,比如买受人因出差、出国、伤病等,不能如期接收房屋,可视为正当理由,从而阻却风险转移。

笔者认为,第一种观点所述的理由不能成为拒绝接收房屋的正当理由。因为这些因素即便真实客观存在,也不影响合同目的的实现,可以通过其他方法解决和获得救济。即使可能影响合同目的的实现,也可以在交付后通过诉讼或者仲裁来解除合同。

出差、出国、伤病是行动障碍的正当理由,但不是不行使权利的正当理由,更不是加重对方责任的正当理由。民事法律行为允许代理,房屋交付亦非突然事件,买受人可以预作安排,即使行动遇到客观障碍,也不影响法律行为的完成。退一步讲,买受人可以甘愿迟延受领,但相应的责任不能推卸,不能因自己的原因,导致对方风险与负担的增加。否则,买受人有可能为了规避风险或者费用负担,制造各种行动障碍的理由来对抗交付,这对出卖人很不公平。《民法典》第六百零五条规定,因买受人的原因致使标的物未按照约定的期限交付的,买受人应当自违反约定时起承担标的物毁损、灭失的风险。这里并没有规定“有正当理由的除外”,其法理就在于买方可以有各种理由不接收,但没有理由让卖方为他承担风险。最极端的情况有,在约定交付的日子,买受人因车祸未能来接收,3 个月后才来收房,这 3 个月的物业费、采暖费谁来承担? 由于卖方无任何过错,没有理由替买方承担此损失。此期间内如果发生强烈地震将房屋摧毁,损失也应当由买方承担。

所以,《商品房买卖合同解释》第八条所说的拒绝接收的“正当理由”,《民法典》第六百一十条规定,因标的物不符合质量要求,致使不能实现合同目的的,买受人可以拒绝接受标的物或者解除合同。买受人拒绝接受标的物或者解除合同的,标的物毁损、灭失的风险由出卖人承担。因标的物不符合质量要求,致使不能实现合同目的的,也就是标的物本身存在重大缺陷,而不能包括买受人所主张的客观障碍。

对于无正当理由拒绝接收房屋的法律责任,根据《商品房买卖合同解释》第八条的规定,购房者拒绝接收商品房的正当理由为商品房“不符合交付条件”,商品房不符合交付条件包括以下两种情况:(1)商品房未经综合验收。(2)商品房明显存在重大质量瑕疵。即使该商品房已经通过综合验收,并取得相关证明文书,购房者仍有权拒绝接受房屋,并要求开发商承担违约责任。因标的物质量不符合质量要求,致使不能实现合同目的的,买受人可以拒绝接受标的物或者解除合同。买受人拒绝接受标的物或者解除合同的,标的物毁损、灭失的风险由出卖人承担。《商品房买卖合同解释》第九条规定,因房屋主体结构质量不合格不能交付使用,或者房屋交付使用后,房屋主体结构质量经核验确属不合格,买受人请求解除合同和赔偿损失的,应予支持。该解释第十条第一款规定,因房屋质量问题严重影响正常居住使用,买受人请求解除合同和赔偿损失的,应予支持。

十六、买受人对商品房的“验收”权利包括哪些?

房屋交付时,买受人有无“验收”的权利,是一个重要问题。《民法典》第六百二十条规定,买受人收到标的物时应当在约定的检验期限内检验。没有约定检验期限的,应当及时检验。官方制定的商品房买卖合同示范文本也有买受人验收的内容,如《商品房买卖合同(现售)示范文本》第十一条“双方进行验收交接”;深圳市《房地产买卖合同示范文本》第十一条“买方经验收同意收楼的”。由此看来,似乎买受人有权验收。另外,商品房的交付使用是以竣工验收合格为前提的,买受人验收能否推翻竣工验收合格的法律效力?商品房属于特定物买卖,不可能像工业品那样挑选替换,如果承认买受人的验收权,而买受人验收又没有通过,将如何处理?由于我国的房屋建造大多采用手工工艺,表面瑕疵是不可避免的,可以说每套房屋都能挑出几十处甚至更多的小毛病,这都会成为买方验收时拒收的理由。为了防止客户验房后无理拒收,有的开发商采取先办交接手续,再开门验房的办法。但如此价值巨大的财产,不允许买方看一下就要先接收,明显不合情理,这种做法也是不可取的。

所以现在的问题有两个:一是买受人的“验收”在法律上的效力是什么?它与建设工程的竣工验收是一种什么关系?二是如果买受人“验收”通不过,如何解决争议?

笔者认为,买受人的“验收”与“竣工验收”是效力完全不同的两件事。竣工验收关系到房屋是否合格、能否交付使用;买受人的“验收”只是核实标的物是否符合合同的约定。前者以法规、规范、工程文件为依据,后者则是以观感印象来衡量。既然不是同一概念,就不应当使用同一个词语来表达。为了与竣工验收相区别,将买受人对商品房的核查称作“查验”比较恰当。

买受人在交付时有权查验房屋,对自己认为的质量缺陷有权提出异议。这时会有两种情况:一种情况是出卖人接受异议,承诺以维修、整改、替换来解决,纠纷自然化解;另一种情况是出卖人不接受异议,或者双方对解决方式不能达成一致,这时买受人可以保留异议,但不能否定竣工验收的法律效力,因而不能作为拒绝交付的正当理由。双方只能先完成交付,然后通过诉讼或者仲裁来查明事实、确定责任。①

十七、房屋毁损、灭失的风险如何分担?

对于风险负担的模式,理论与实务中主要有以下几种观点。

第一种观点认为,在当事人没有约定的情况下,以合同成立的时间作为标的物风险转移的时间。该观点被称为合同成立主义。

第二种观点认为,标的物风险转移的时间应当与所有权转移时间一致,也就是谁享有所有权,谁承担风险。该观点被称为所有权主义,又称为物主承担风险原则。

第三种观点认为,应当以标的物的实际交付为风险转移的时间标准,交付之前,风险由卖方承担,交付之后,风险由买方承担,而不论所有权是否移

① 参见颜雪明:《商品房交付纠纷的法律分析》,载《仲裁研究》2011 年第 3 期。

转。该观点被称为交付主义,又称为交付主义原则、债务人负担原则。

笔者同意第三种观点。

《民法典》第六百零四条规定,标的物毁损、灭失的风险,在标的物交付之前由出卖人承担,交付之后由买受人承担,但是法律另有规定或者当事人另有约定的除外。我国对标的物的风险转移系采用交付主义,即无论买卖合同的标的物所有权是否转移,只要标的物已经交付,即由标的物的占有人承担风险责任。这一规定也是吸收了德国法律规定的精髓。这一规定的出发点是,标的物交付后,买受人对标的物可行使直接占有、管理乃至使用、收益权,占有人维护标的物最为方便,并能有效防范风险的发生。相较而言,标的物的所有人没有管理、支配该标的物,难以有效地维护标的物,防范风险的发生。另外,交付主义将标的物的风险分配给标的物的占有人,也有利于促使占有人尽自己的最大努力来维护标的物,减少标的物的风险。《商品房买卖合同解释》第八条承继的是原《合同法》关于风险转移的规定,将实际的交付使用作为风险转移承担的划分依据,而并非以物权法上的交付作为风险转移的划分依据。也就是说,以动产交付的方式作为风险承担的标准。这是根据我国目前的情况做出的。现实的情况是,很多买受人同出卖人虽然订立了相应的买卖合同,但是没有到相应的房产部门进行所有权的移转登记,而且,这种未登记的状况通常会维持许多年。如果房产没有发生意外的风险、损失,买受人同出卖人之间可以相安无事,但是一旦出现了房屋灭失的情况,则会产生纠纷。而且在这种情况下,买受人虽然未实际取得所有权,却一直以所有权人的身份行使着占有,出卖人同其他人也尊重这种事实的状态,虽然未为所有权的转移登记,但如有损毁事件发生,即要求出卖人承担风险,则对于原本的出卖人不公平。故要求实际的占有房屋的买受人承担这种风险,既合理也公平,如是,该条解释做这样的规定并非无因。

十八、买受人在约定的交房期限届满之日起超过三年请求出卖人交房是否超过诉讼时效期间？办理房屋权属证书的义务是否适用诉讼时效的规定？

关于买受人在约定的交房期限届满之日起超过三年请求出卖人交房是否超过诉讼时效的问题,司法实践中有两种观点:

第一种观点认为,买受人主张出卖人交付房屋的请求权应在三年诉讼时效期间内行使,超过三年诉讼时效期间请求出卖人交房的,因其怠于行使权利的状态经过诉讼时效期间而丧失胜诉权。

第二种观点认为,买受人在约定交房期间届满之日起超过三年请求出卖人交房的不能一律简单地认定为已超过诉讼时效,而应区分出卖人在约定交房期限是否具备交房条件分别进行处理。

关于买受人在合同约定期限届满之日起超过三年才请求出卖人办理所有权变更登记,是否超过诉讼时效期间的问题,也有两种观点:

第一种观点认为,出卖人所承当的主给付义务为转移房屋的占有,更为重要的是转移房屋所有权。如果出卖人仅向买受人履行交付房屋的义务,未在合同约定的期限届满时办理房屋所有权证,系没有履行转移房屋所有权这个最重要的主给付义务,已经构成违约,诉讼时效期间应该起算。因此买受人未在出卖人违约之日起三年内请求办理房屋所有权证的,因超过诉讼时效期间而丧失胜诉权。

第二种观点认为,房屋已经交付的,买受人在约定办理房屋所有权证期限届满之日起超过三年请求出卖人为其办理房屋所有权证的应予支持。

针对上述问题,笔者认为:

1. 商品房买卖合同约定的出卖人交付房屋的期限届满,买受人根据合同约定可以请求出卖人交付房屋。其请求权属于债权请求权,应当适用《民法典》有关诉讼时效的规定。但在诉讼时效期间的起算上,应当区分具体情况:房屋具备法定交付条件,诉讼时效期间自合同约定的交付期限届满之日起计算;如果房屋尚不具备法定的交付条件,诉讼时效期间应从房屋具备法定的交付条件之日起计算。

2. 出卖人已经将房屋交付于买受人,买受人亦已实现对房屋的占有的,买受人请求出卖人转移房屋所有权、办理房屋所有权登记的请求权具有物权性质,不适用诉讼时效的规定。

十九、善意买受人应该返还给出卖人房屋使用费的标准如何确定?

商品房买卖合同因出卖人原因被确认无效后,买受人取得了合同约定的房屋并利用该房屋从事经营活动,对占用期间的房屋使用费应该按什么标准向房屋出卖人返还?对此问题,理论上分歧较大,审判实践中的做法也不统一。问题的实质是合同无效后的不当得利返还责任,因此应该从不当得利的角度来考虑善意买受人的返还数额问题。就不当得利理论而言，这一问题还涉及“强迫得利”的观点。

关于买受人应该返还给出卖人房屋使用费的标准问题，司法实践中存在不同观点：

第一种观点认为，房屋使用费的标准应该参照同地段同类房屋租金计算。理由是，在商品房买卖合同无效的情况下，买受人利用他人的房屋进行了营利活动，由此获得的物上利益应该返还给房屋所有人，返还的标准即是租用同地段同类房屋应支付的费用。

第二种观点认为，根据无效合同的处理原则，应以实际使用年限的房屋折旧费作为买受人返还的房屋恢复原状的补偿，即房屋总价 ÷ 约定的土地使用年限 × 实际使用年限，或就房屋折旧费进行评估。

笔者同意第一种观点。

我国现行法处理本问题的法律依据主要有两条。第一条是《民法典》第一百二十二条：“因他人没有法律根据，取得不当利益，受损失的人有权请求其返还不当利益。”第二条是《民法典》第一百五十七条：“民事法律行为无效、被撤销或者确定不发生效力后，行为人因该行为取得的财产，应当予以返还；不能返还或者没有必要返还的，应当折价补偿。有过错的一方应当赔偿对方由此所受到的损失；各方都有过错的，应当各自承担相应的责任。法律另有规定的，依照其规定。”合同不成立、无效或者被撤销时，标的物的返还与价款返还互为对待给付，双方应当同时返还。一方使用商品房的，占有使用费可与占有价款一方应当支付的资金占用费相互抵销。综上，商品房买卖合同因出卖人责任被确认无效后应按无效合同的处理原则进行处理。

“强迫得利”是德国法上的制度。所谓强迫得利，是指受损人因其行为使受领人受有利益，违反其意思，不合其计划。① 对此问题，笔者同意王泽鉴先生的意见，如何处理此类增加于他人的不当得利，在方法上应从不当得利法本身加以解决，即将受益人所受“利益”主观化，就受益人整个财产，依其经济上计划认定其应偿还的数额，这样做符合不当得利的基本原理。

---

① 参见王泽鉴：《不当得利》（第2册），中国政法大学出版社2002年版，第213页。根据王泽鉴先生的介绍，强迫得利是德国法上重要的讨论问题。

二十、投资建设他人划拨土地上立项房屋的合同性质和效力如何判定?

在现实生活中,划拨土地上的房屋买卖多有发生,主要有以下几种情形:第一,企业直接将划拨土地上的房屋全部或部分转让;第二,企业将划拨土地与他人合作建房,政府部门予以批准,出资方取得的房屋为商品房,出地方取得的房屋为自用,企业将自用房屋予以转让;第三,划拨土地上福利房或安居房的买卖。目前,企业将划拨土地与他人合作建房引发的纠纷越来越多。

关于投资建设他人划拨土地上立项房屋所涉合同的性质和效力问题,司法实践中存在不同观点。

(一)关于该类合同的性质

第一种观点认为,合同约定一方出地、一方出资,双方共同投资,出地方取得房屋所有权,出资方在一定期限内使用房屋,双方共享建成后房屋利益,符合共同投资、共享利润、共担风险的联合建房的法律特征,合同应定性为联合建房合同。

第二种观点认为,合同虽然约定一方出地,一方出资,但所建房屋的所有权归出地方所有,出资人只取得约定期限内建成房屋的占有使用权。这一使用权的取得以其预付租金(对工程建设的投资)作为前提,这样的约定更符合一方交付房屋给对方当事人使用、收益,对方当事人给付租金并于约定使用期限届满后返还房屋的房屋租赁合同特征,合同应定性为房屋租赁合同。

第三种观点认为,此类合同内容包含联合建房和房屋租赁双重法律关系。就联合建房法律关系而言,房屋建成后,土地提供者取得房屋的所有权,出资建设者取得房屋使用权,利润分配完毕,联合建房合同即履行完毕,但因为双方约定以房屋租赁的方式分配利润,故房屋所有权人要保证将房屋交付出资方承租使用,并按照租赁的要求,使租赁物在承租期内满足出资方的使用。联合建房的约定虽然履行完毕,但是作为利润分配方式的房屋租赁约定还在继续履行,联合建房的约定无法吸收双方对于房屋租赁的约定,因此,合同的性质应确定为联合建房、房屋租赁合同。

（二）关于该类合同的效力

第一种观点认为，该类合同无效。理由是：《土地管理法》《土地管理法实施条例》关于使用土地的单位和个人必须按照土地利用总体规划确定的用途使用土地的规定属于强制性规定，违反上述规定转让、出租划拨土地使用权的行为无效。《城镇国有土地使用权出让和转让暂行条例》第四十四条规定："划拨土地使用权，除本条例第四十五条规定的情况外，不得转让、出租、抵押。"第四十五条规定，符合条件的经批转可以转让、出租、抵押。土地使用者限定为公司、企业、其他组织和个人，不包括国家机关等划拨土地使用者。国家机关等在划拨用地上建设房屋进行出租属于房地产经营行为，该经营行为违反了上述法律有关禁止违反规划进行建设和划拨土地使用权未经批准出租的强制性规定，应当认定无效。

第二种观点认为，该类合同有效。《城镇国有土地使用权出让和转让暂行条例》规定划拨用地未经批准不得出租，但《城市房地产管理法》第五十六条规定："以营利为目的，房屋所有权人将以划拨方式取得使用权的国有土地上建成的房屋出租的，应当将租金中所含土地收益上缴国家。具体办法由国务院规定。"《城市房地产管理法》并未禁止在划拨土地上建设房屋并出租，仅从通过行政管理保护国家土地收益的角度，规定将租金中所含土地收益上缴国家。从法律适用角度分析，《城市房地产管理法》相较于《城镇国有土地使用权出让和转让暂行条例》而言，属于新法，应优先适用新法。从法律位阶上看，前者为法律，后者为行政法规，亦应优先适用。实践中，某部队在划拨用地上建设房屋出租，租赁标的物落实在房屋上，亦应首先适用《城市房地产管理法》有关房屋租赁的规定。依照该法规定，此类合同应当认定有效。这一观点也体现在最高人民法院相关司法案例中。最高人民法院在审理西安交通大学第二医院与陕西惠源物业管理有限公司投资建房、房屋使用权纠纷[（2002）民一终字第41号]一案中认为，国有划拨土地进入市场导致国家土地收益损失，如果房屋建成后能以补缴土地收益金的方式弥补可能造成的损失，判决合同有效是可以的，自《合同法》实施后，总的精神是不要轻易认定合同无效，只要没有违背法律禁止性规定，就应充分尊重当事人的意思表示。

对此，笔者有以下观点。

(一)关于合同性质的认定

笔者同意前述第二种观点。认定合同性质应当探求合同当事人的意思表示和缔约目的。大多数情况下,该类合同当事人签约的真实意思表示并不是与土地使用权人就合作进行利益分配,而是在一定期限内租赁建成后的房屋。其缔约目的最终落实在对所建房屋的租赁上。一方的投资建设行为,是其租赁建成后房屋的对价。因此,不论双方是否约定一方使用建成的房屋应支付租金,该方对建成房屋的使用都已经支付了对价。因为其不分配利益,当然不会承担经营风险。另一方签约的真实意思表示是通过预先收取租金,以完成房屋的建设并将房屋出租获取收益,其缔约目的落实在通过租赁房屋获取租金收益上。提前收取承租人的租金并由承租人进行房屋建设,是其完成房屋建设的一种手段,或者说是其融资建设房屋的一种方式。租赁合同是出租人提供房屋给承租人使用、收益,承租人支付租金的合同,其本质特征是以租赁物的使用、收益和租金的收取为目的。合同缔约双方的真实意思表示符合租赁合同的法律特征。最高人民法院《关于审理涉及国有土地使用权合同纠纷案件适用法律问题的解释》第二十四条规定:"合作开发房地产合同约定提供资金的当事人不承担经营风险,只以租赁或者其他形式使用房屋的,应当认定为房屋租赁合同。"该类合同约定内容符合司法解释规定的情形,应当依照司法解释的规定认定合同性质为房屋租赁。但此处的合同与一般房屋租赁合同相比,具有特殊性,一是合同签订时租赁房屋尚未建成;二是承租人对租赁房屋支付的对价包括承担房屋的建设。因此,相较于一般房屋租赁合同而言,此处所涉合同中,承租人支付租赁房屋的建设资金并承担租赁房屋的建设,完成房屋建设后,双方权利义务才与一般房屋租赁合同相同。实际上该类合同系对在建工程的一种经营行为。房地产开发经营方式中,商品房预售合同亦属于对在建工程的经营行为,上述两类合同均是在房屋未建成的情形下,通过预收租金或者预收购房款的方式获取建设资金,以完成房屋建设。《商品房买卖合同解释》中,将开发商出售尚未建成房屋签订的合同定性为商品房预售合同,并针对预售房屋的特点规定了一系列的处理原则。按照"相同问题相同处理"的原则,对尚未建成房屋的出租应当定性为房屋预租合同,更符合合同本身的特点,这样也便于与一般的房屋租赁合同相区分,按照预租合同的特殊性处理纠纷。

(二)关于合同效力的认定

笔者认为,该类合同在房屋建设完成交付承租人使用后,双方当事人基于合同约定履行的主要权利义务与一般房屋租赁合同完全相同,对合同效力的认定主要按照《民法典》等相关法律有关房屋租赁合同效力的规定来予以确定。在房屋尚未建成交付承租人使用前,应当基于预租法律行为的特点,审查房屋建设行为的合法性。只要所建设的房屋取得了合法建设手续,租赁标的物便具有了合法性,合同以认定有效为宜。依照《城市房地产管理法》的规定,法律并未禁止出租国有划拨土地上建设的房屋。房屋已经竣工交付承租人使用经营多年,出租人取得了房屋产权证,认定合同有效是正确的。

二十一、在商品房质量存在何种瑕疵时,购房者可以拒收房屋?

现实生活中经常出现因房屋质量存在缺陷,购房者拒收的情形。在这种情况下,如何认定拒收房屋的条件,司法实践中存在不同观点:

第一种观点认为,开发商所建房屋存在瑕疵,购房者即享有拒收房屋的权利。

第二种观点认为,购房者拒收房屋的权利应严格适用,只有在所购房屋质量存在严重瑕疵,足以影响合同目的时,才可拒收。

笔者同意第二种观点。

就房屋主体质量而言,只有在建筑工程验收合格后方可交付使用,未经验收或不合格的,不得交付使用。如果没有经过竣工验收的建设工程交付使用的,开发商就违反了法律的强制性规定,开发商理应向买受人承担房屋质量责任,买受人也可以因此拒收房屋。

从房屋质量瑕疵的角度来看,开发商作为房屋的实际销售单位,理应保证所交付的房屋符合合同中约定的质量要求,这种义务在民法理论上被称作瑕疵担保义务。但是,对于交付的商品房存在裂缝、渗漏、门窗损坏等质量瑕疵,因其一般不会导致买受人不能实现合同目的,除非买受人能够证明并说服审理法官认定该房屋“严重影响居住”,买受人不能由此拒绝接收房屋。但这并不是说开发商交付这样质量瑕疵的房屋就无须承担责任,开发商对于交付质量存在瑕疵的房屋,应承担维修、更换、重做等违约责任,对此给买受人造成损失的,还需向买受人赔偿损失。

2004年1月30日实施的《关于加强住宅工程质量管理的若干意见》对有关房屋的质量责任和保修责任作了进一步说明。该意见规定,建设单位(含开发企业)是住宅工程质量的第一责任者,要对建设工程质量全面负责。商品房在保修期内出现质量问题,如经保修单位维修而导致房屋使用功能受到影响或因主体结构质量不合格给买受人造成损失的,开发商应承担赔偿责任。买受人认为房屋主体质量不合格的,可以向《住宅质量保证书》中注明的工程质量监督单位申请重新核验。经核验确属主体质量不合格的,购房者有权退房。对于保修期内发生的住宅工程质量投诉由开发商负责查明,并组织有关责任方解决质量问题,暂时无法落实责任人的,开发商应先行解决,待质量问题原因查明由有责任方承担相关费用。

从上述分析可以看出,如果是经验收合格的房屋,除非达到"严重影响居住"的程度,否则买方一般是不能拒收房屋的。简言之,质量问题不应当妨碍交付。

拒收是不是一种权利?笔者认为,在预售条件下,买受人是先履行方,已经先行支付了价款,履行了主要义务,对他来说,已经不存在履行抗辩权,收房是他的主要权利,不收房,恰恰是放弃主要权利。以放弃主要权利的方式来维权,不是理性的行为,对解决质量争议也毫无助益。

房屋的交付不是单方行为。交付的主体是出卖人,买受人既是权利人,也有及时受领的义务,拒绝或者迟延受领,是违约行为。《商品房买卖合同解释》第八条第二款后段也规定:"买受人接到出卖人的书面交房通知,无正当理由拒绝接收的,房屋毁损、灭失的风险自书面交房通知确定的交付使用之日起由买受人承担,但法律另有规定或者当事人另有约定的除外。"

二十二、房屋价款纠纷与质量异议如何处理?

在出卖人要求买受人支付房屋价款的诉讼中,买受人主张房屋存在质量瑕疵,拒绝支付房屋价款,或要求减少房屋价款的,一般应当作为抗辩处理。

如果买受人主张房屋存在质量瑕疵,并要求出卖人承担修理、支付违约金、赔偿损失等违约责任的,应当告知买受人提起反诉或另行提起诉讼,买受人提起反诉的,与房屋价款纠纷一并处理,买受人不提起反诉的,对房屋质量问题,在房屋价款纠纷中不予处理。

二十三、对商品房主体质量不合格如何认定?

《商品房买卖合同解释》第九条规定:因房屋主体结构质量不合格不能交付使用,或者房屋交付使用后,房屋主体结构质量经核验确属不合格,买受人请求解除合同和赔偿损失的,应予支持。本条是关于商品房质量不合格应如何处理的规定。

关于对"房屋主体结构质量不合格"的认定,司法实践中有不同观点。

第一种观点认为,"房屋主体结构质量不合格"就是指所建的房屋结构质量存在问题,没有达到能够居住的要求。

第二种观点认为,"房屋主体结构质量不合格"不单指房屋地上工程,也应包括房屋地下隐蔽工程的地基部分质量不合格。

笔者同意第二种观点。

关于"房屋主体结构质量不合格",笔者认为应作广义理解,作为一个完整的房屋建筑工程,它既应包括房屋地下隐蔽工程的地基部分,也应包括房屋地上工程所涉及的部分。就是说地下与地上部分是不可分割的一个整体,根据《建筑法》的规定房屋建筑工程应当包括以下内容:房屋的地基基础工程、主体结构工程、屋面防水工程和其他土建工程,以及电气管线、上下水管线的安装工程,供热、供冷系统工程等部分。本条中未将各部分进行详细列举,一是考虑与《城市房地产开发经营管理条例》《商品房销售管理办法》规定中的提法相一致,二是考虑到《建筑法》中对此亦有具体的规定。所以在适用本条规定时,一定要全面理解其含义。

《建筑法》第六十条第一款规定:"建筑物在合理使用寿命内,必须确保地基基础工程和主体结构的质量。"建筑物的地基基础工程和主体结构工程是建筑工程的重要基础和主体,如果一项建筑工程在地基基础工程和主体结构上出现质量问题,其他部分施工质量再好也难以保证整个建筑工程质量。因此《建筑法》规定,建筑物在合理使用寿命内,必须确保地基基础工程和主体结构的质量。建筑物的合法使用寿命即设计年限,是指建筑物的设计单位按设计的建筑物的地基基础和主体结构形式、施工方式和工艺等技术条件所确定的保证该建筑物正常使用的最低年限。关于"合理使用寿命"问题,目前国家还没有统一的规定,各类建设工程的合理使用年限,要根据建筑物的使用功能、所处的自然环境等因素,由有关技术部门作出判断。对于地基和主体结构发生质量缺陷,是否在合理使用寿命内引起争议,应首先确定该建筑物的合理使用寿命。已有确定年限的,以该年限为准;无确定年限的由原设计单位或有权确认的部门确定,并按此确定的年限为准。关于屋面防水工程和其他土建工程,以及电气管线、上下水管线的安装工程,供热、供冷系统工程等部分,其主要涉及建筑物质量瑕疵问题,这些问题将在《商品房买卖合同解释》第十条中详述。地基基础工程和主体结构工程质量问题是直接关系到建筑物是否安全的问题,该两项工程是不能存在质量隐患的,如果地基基础工程及主体结构工程质量出现问题,也很难通过修复办法解决。但是如果通过加固等能够修复,且可以确保建筑物安全,其建筑物继续使用;如不能修复,建筑物无法使用的,买受人可依法请求有关责任者承担法律责任。

二十四、商品房质量瑕疵如何认定?

《商品房买卖合同解释》第十条规定:因房屋质量问题严重影响正常居住使用,买受人请求解除合同和赔偿损失的,应予支持。交付使用的房屋存在质量问题,在保修期内,出卖人应当承担修复责任;出卖人拒绝修复或者在合理期限内拖延修复的,买受人可以自行或者委托他人修复。修复费用及修复期间造成的其他损失由出卖人承担。本条是关于商品房出现质量问题应如何处理的规定。

买受人与出卖人签订的房屋买卖合同一般应包含有房屋质量条款。合同成立生效后,买受人有权利取得符合合同约定质量的房屋,出卖人也应保证交付的房屋符合合同中约定的质量要求,出卖人的这一义务,在民法理论上被称为瑕疵担保义务。在各国法律中,一般均规定出卖人依据法律的规定对标的物有瑕疵担保义务。我国《民法典》对此也作出明确规定,对出卖人的瑕疵担保义务也进行了规范。其瑕疵担保义务的基本内容是,出卖人应当保证其对出卖的标的物具有完全的所有权,同时出卖的标的物必须符合法律规定或者合同约定的品质,当出卖人所交付的标的物有瑕疵或者不能够完全将所有权转移给买受人时,出卖人应当承担一定的法律责任,这种责任即被称为瑕疵担保责任。

该种责任是买卖合同性质所决定的。一般认为瑕疵担保责任,是出卖人一方应承担的法律责任,其基础在于默示的担保契约,即双方当事人在订立合同时,就已经默示约定,双方所交付的物品必须符合合同约定的或法律规定的质量标准,否则就要负法律责任。而且该责任不以当事人有过错为前提,就是说出卖人是否承担瑕疵担保责任,仅以出卖的标的物是否存在瑕疵为条件,而不以出卖人主观有无过错而改变,即使出卖人无过错,只要标的物存有瑕疵,出卖人就应当承担责任。瑕疵担保责任一般包括权利瑕疵担保责任和物的瑕疵担保责任。权利瑕疵担保责任,是指出卖人就标的物的所有权不能完全转移于买受人而应当承担的责任。由于本条所涉及的主要是物的瑕疵担保问题,即担保给付的商品房在价值、效能或品质方面无瑕疵。因此权利瑕疵问题不再赘述。

针对商品房质量瑕疵的认定,有约定从约定,如果合同对质量瑕疵问题没有约定应当如何处理,司法实践中存在不同观点。

第一种观点认为,不论是较明显的或者已知的质量瑕疵,还是隐蔽或隐瞒质量瑕疵,都属于质量瑕疵,都应当根据司法解释的规定进行处理。

第二种观点认为,如果合同对质量瑕疵问题没有约定,应当分情况予以处理。

笔者同意第二种观点。

1. 对比较明显的或者已知的质量瑕疵的处理。买受人在接受房屋时,一般对其质量进行必要的检验,这也是买受人应该行使的注意义务,凡是一般验收能够发现的显而易见的瑕疵,就属于明显的瑕疵。对于明显的瑕疵,买受人应该在接受时提出。在取得房屋后买受人发现的这种明显的房屋质量瑕疵的,如没有其他特别的规定,出卖人可以不再负责任,应由买受人负责维修。出卖人已明确告知买受人在订立合同时已有瑕疵的就可认定为已知的瑕疵,对此出卖人也不再负任何责任,但有特别规定的除外。

2. 对隐蔽质量瑕疵的处理。对采取通常方法一时不易发现,而须经过专门鉴定或在房屋使用过程中才能发现的,买受人及时向出卖人提出的,出卖人应当承担责任。对于质量瑕疵程度较轻的,出卖人应负责维修,或者适当减少房屋价金。对于房屋质量问题较重,甚至不能使用的,买受人可以解除房屋买卖合同,因此给买受人造成的财产及人身损失出卖人应予赔偿。

3. 对隐瞒的质量瑕疵的处理。出卖人已知而故意隐瞒的较严重的房屋质量瑕疵,即为隐瞒的瑕疵。出卖人对隐瞒的质量瑕疵应承担相应的民事责任。我国《民法典》第六百一十二条至第六百一十八条对瑕疵担保义务作了详细规定。在标的物存在瑕疵时,出卖人负有瑕疵担保义务,买受人享有瑕疵担保请求权。从各国的立法规定看,在出卖人应对标的物的瑕疵负担保责任时,买受人可以请求减少价款或者解除合同,也可要求出卖人进行修理,在特殊情况下,买受人还可以要求出卖人另行交付无瑕疵的物,请求债务不履行的损害赔偿等。买受人请求减少价款的,价款的减少数额应以标的物的瑕疵状况而定,原则上应由有瑕疵标的物的实价与无瑕疵之物的买价的差额予以确定。买受人请求解除合同的,解除权的行使须于规定期间内为之,买受人因买卖合同的标的物的主物有瑕疵而解除合同的,解除合同的效力及于从物。但从物有瑕疵的,买受人仅能就从物部分解除合同。因为对主物处分的效力及于从物,而对从物的处分效力不能及于主物。解除合同显失公平时,买受人不得主张解除合同,而只能行使减价请求等。在出卖人应负瑕疵担保责任时,原则上买受人可以选择行使解除权或减价请求权。但为保护双方的利益,法律也对买受人的权利给予了一定的限制。一般如标的物瑕疵并不影响其使用,或者标的物在买受人一方尚可使用而退还给出卖人以后不便再出卖,解除合同给出卖人造成的损失较标的物的瑕疵给买受人造成的损失更大时,买受人则不能主张解除合同,其可主张减少价金或行使其他权利。在出卖人应负瑕疵担保责任时,若买受人提出修复请求,则出卖人应对标的物进行修理,除去标的物的瑕疵,使其符合规定的品质。买受人也可以自行修理,其修理费用由出卖人承担。买受人还可请求另行交付无瑕疵之物,出卖的标的物为种类物的,买受人可以请求出卖人另行交付无瑕疵的替代物,出卖人在这种情况下承担的责任也称作更换。一般来说标的物有瑕疵,可以通过更换处理,而且买受人没有非解除合同不可的特殊理由时,买受人不得主张解除合同,否则构成权利滥用。买受人还可请求损害赔偿,当标的物缺乏出卖人所保证的品质或者出卖人故意不告知标的物有瑕疵的,出卖人即构成不适当履行合同及违反合同,出卖人的行为构成违约,因此买受人可以请求债务不履行的损害赔偿。因标的物瑕疵或者缺乏保证品质而使买受人遭受损失的,买受人也可请求侵权损害赔偿。这里所说的损失是指合同以外的损失,即标的物瑕疵而给买受人的人身或财产所造成的损害。如建筑工程合同中承包人交付的工程质量不合格,导致建筑物倒塌,砸死、砸伤人员等所造成的损失等。

二十五、交通噪声污染中的商品房质量瑕疵责任如何认定？

在商品房买卖中，开发商对购房者负有的首要合同义务，便是其出售的商品房必须符合合同的约定和法律的规定。目前，在商品房买卖中，对于商品房买卖合同。开发商普遍采用的是工商行政管理部门和建设行政管理部门联合制订、发布的合同范本。而该范本没有对商品房质量标准作具体、明确的约定。但是，《城市房地产开发经营管理条例》第十六条第一款规定，“房地产开发企业开发建设的房地产项目，应当符合有关法律、法规的规定和建筑工程质量、安全标准、建筑工程勘查、设计、施工的技术规范以及合同的约定”。同时，根据《民法典》第五百一十一条第一项的规定，当事人对合同标的物的质量要求不明确的，按照国家标准、行业标准履行，没有国家标准、行业标准的，按照通常标准或者符合合同目的的特定标准履行。以上法律规定与英美合同法上的“默示条款”理论可谓异曲同工。所谓“默示条款”，是指当事人未写进合同，甚至从未协商过，但基于当事人的行为，或基于合同的明示条款，或基于法律的规定，理应存在的合同条款。因此，即便在合同对商品房质量未作明确约定的情况下，由于国家规定的质量标准是商品房购销合同当然的一部分，如果开发商出售的商品房不符合法律法规的规定或相关的国家标准、行业标准，其仍应依法承担违约的合同责任，或准确地说是质量瑕疵担保责任。我国现行环境保护法律和相关国家标准，对开发商在房地产开发项目中所承担的防噪义务均有一定程度的规定。如果开发商违反了规定的防噪义务，且无其他可以免责的事由，其就有依法承担合同责任的可能性。

关于交通噪声污染中的商品房质量瑕疵责任如何认定的问题，司法实践中存在不同观点：

第一种观点认为，购房者与开发商签订商品房买卖合同时通常都不会约定噪声污染条款。我国法律对环境质量是否属于房屋质量问题规定不明确，但开发商有义务也有能力采取措施将噪声控制在国家规定的标准内，如果房屋噪声超标说明房屋存在质量瑕疵，购房者购房的目的无法实现，起诉要求解除合同符合我国《民法典》第一百五十三条第四项的规定，即当事人一方迟延履行债务或者有其他违约行为致使不能实现合同目的的，应予支持。

第二种观点认为，购房者在购房之前已实地看房，并对所购房屋的实际状况已经进行了了解，对房屋的隔声措施已有直观体会，开发商在售房过程中并未隐瞒房屋有噪声的事实。如果开发商按照《环境噪声污染防治法》第三十七条、《国家标准民用建筑隔声设计规范》的规定履行了法定义务之后购房者所购房屋仍然存在噪声超标的事实，参照《民用建筑隔声设计规范条文说明》，考虑到我国此类商品房数量巨大，判决解除合同可能引发社会问题，故判决采取措施进一步降低噪声作为处理更加合适，也为审判实践所运用。

笔者同意第二种观点。具体理由如下：

我国《民法典》中违约行为导致合同解除权成就，是以当事人一方的违约行为致使另一方"不能实现合同目的"为标准。这里的"不能实现合同目的"，是指当事人一方违约致使另一方在订立合同时期望得到并且在正常履行情况下就能够得到的预期利益被剥夺，这种预期利益既可以是财产利益，也可以是非财产利益。

开发商导致合同目的不能实现，话句话说，就是开发商构成根本违约。根本违约是以存在违约行为为前提，若没有违反合同明示条款以及默示条款所确定义务的违约行为，根本违约即无从谈起。如在交通干线已经客观存在，开发商没有违反合同义务的情况下，购房者诉称的交通运输噪声污染并非由于出卖人违约行为所致。其以合同目的不能实现为由请求解除商品房买卖合同的主张，不符合《民法典》第五百六十三条的规定，不应予以支持。

但对买受人购买房屋存在的噪声超标的客观情况，开发商可以采取相应措施予以缓解和补救。

二十六、出卖人的质量瑕疵担保责任如何承担？

出卖人就转让房屋对买受人负有质量瑕疵担保责任。因房屋质量问题严重影响正常居住使用，买受人请求解除合同和赔偿损失的，应予支持。

出卖人明知或应当知道房屋存在质量瑕疵，而故意隐瞒的，买受人请求出卖人承担修复、赔偿损失等违约责任的，应予支持。

出卖人已如实告知房屋质量瑕疵或买受人明知质量瑕疵仍愿意购买房屋的，出卖人不承担质量瑕疵担保责任。

转让房屋存在隐蔽质量瑕疵,该瑕疵系房屋本身所固有,并非出卖人在装修、使用过程中所造成的,出卖人仍应承担质量瑕疵担保责任,取得房屋所有权的买受人也可以向开发商主张保修责任或赔偿责任。

二十七、室内环境污染致使他人损害是否构成环境污染侵权案件以及室内环境污染致使他人损害纠纷案件的举证责任应当如何分配?

目前,对“环境”范围应如何理解,室内环境能否受我国《环境保护法》调整,环境法学中的“环境”与日常生活中的“环境”的含义是否相同,实践中存在不同观点。

第一种观点认为,环境法学视野中的环境是指人们赖以生存和发展的天然和人工改造过的自然因素的总和。按照环境功能的不同,可以将环境分为生活环境和生态环境;按照环境范围的大小,可以把环境分为室内环境、城市环境、区域环境、全球环境等。因此,室内环境包括在环境法学中。

第二种观点认为,室内环境不应包括在环境法学中。

笔者同意第一种观点。

由于环境污染侵权的高度危险性、复杂性、证明因果关系的困难性,为加强对被害人的保护,环境法在环境侵权方面制定了许多不同于普通民事法律的规定。环境法中所指的“环境”不仅指公共环境中的生态环境,还包括公民居所中由空气、光线、声音等要素所构成的室内生活环境。根据《环境保护法》第四十一条第一款“造成环境污染危害的,有责任排除危害,并对直接受到损害的单位或者个人赔偿损失”的规定可以认定,在装修过程中使用劣质材料导致室内空气污染并由此造成他人损害的行为的诉讼可以构成环境污染侵权损害赔偿诉讼。受侵害人选择环境污染侵权诉讼的途径来救济自己的权利时,法院应当予以受理。

在法院受理后,案件的举证责任分配应遵循以下规则:

首先,关于环境污染侵权因果关系的举证责任。在科学技术高度发达、生产工艺技术极其复杂的情况下,要让无技术装备条件的受害人举出被告人从事了何种侵权行为,其侵害行为与受害人所受侵害之间有什么样的因果关系,以及侵害人主观上有无故意和过失的证据,将是十分困难的。为了保证环境污染受害人的损害能够得到法律的救济,实现实质意义上的公正,我国与许多国家一样在环境纠纷中规定了倒置的举证规则。其中《民法典》

第一千二百三十条规定,因污染环境、破坏生态发生纠纷,行为人应当就法律规定的不承担责任或者减轻责任的情形及其行为与损害之间不存在因果关系承担举证责任。从这个规定来看,立法的价值取向是为了保护环境污染受害人的权益。实际上,环境侵权中的举证责任倒置制度通常被说成,"在环境民事诉讼法中,举证责任被转移到被告身上。原告只需证明有损害结果,证明可能是由被告的污染行为造成的即可,而被告必须举出充分的证据推翻这种可能性,才可免除赔偿责任"。也就是说,这种举证责任的倒置实质上只是将一部分本应由原告承担的举证责任转移给被告,在原告提出表面证据,证明污染者已有污染行为或可能有污染行为时,如果被告举不出可靠地证据来证明该污染、破坏结果不是其行为所致,法院则可认定环境污染损害与原告行为有因果关系,而并非全部由被告承担举证责任。

其次,关于加害人过错的举证。在环境污染致人损害的侵权案件中,一般而言,适用无过错责任原则,即无须对加害人的过错进行举证。适用无过错责任,可以减轻受害人的举证责任,加重加害人的举证责任,更有利于保护受害人的合法权益。从我国法律规定看,《民法典》第一千二百三十条确认了环境污染侵权的无过错责任原则。依无过错责任原则,构成环境污染的要件有二:一是环境污染行为并因此引起环境污染的危害后果;二是环境污染行为与危害后果之间具有因果关系。即受害人只需提出自己的损害,不论加害人有无过错,都应对其污染造成的损害后果承担责任。从我国的环境立法上看,在环境污染损害赔偿中,只要污染环境造成危害,不管行为人主观上有无过错,也不管行为人的行为在客观上是否违法,都要承担损害赔偿责任。

如前所述,对于环境污染致人损害的赔偿案件适用举证责任倒置,但仅仅在环境污染侵权的因果关系上实行举证责任倒置,并非原告不必承担任何举证责任。在此类案件中,作为环境污染受害人的原告,还需承担基本的举证责任,即必须证明作为受害人的被告实施了环境污染行为。

二十八、装修公司选用材料挥发的甲醛严重超标给业主造成损害,应当如何承担赔偿责任?

装修房屋造成的环境污染问题,已成为人们身体健康的"隐形杀手",家庭装修带来的污染物中,苯和甲醛都是世界卫生组织认定的致癌物。《民用建筑工程室内环境污染控制规范》是我国在室内环境污染防治方面的第一部强制性法规，该法规实施多年来，全国大部分城市已强制执行对完工的民用建筑工程在质量验收的同时进行室内环境空气验收，但仍有一些城市在制定生态环境规划纲要时并没有提到室内环境空气标准及防治问题。在现实生活中，由于大部分市民都不了解与室内环境有关的法规，如《环境保护法》《住宅室内装饰装修管理办法》《民用建筑工程室内环境污染控制标准》《室内装饰装修材料有害物质限量10项强制性国家标准》等，不少检测后超标的住户也没有就此提出法律诉讼，从而导致自己的合法权益无法得到保护。因果关系的认定一直是环境污染侵权案件的难题，但是与传统环境污染侵权案件相比，室内环境污染侵权案件中的因果关系认定则更加复杂。因为房屋自身的修建会带来污染，装饰装修材料会带来污染，家具的置入也会带来污染。这些污染源带来的污染不仅是空气污染，而是各种污染在内的综合性污染。同时在如此众多的建材、装饰装修材料以及家具中，如何找出影响责任成立和责任范围大小的污染源，认定责任成立的原因和责任范围的大小本身就是一个非常复杂的问题。

对房屋装修的建材挥发出来的甲醛给业主造成的损害问题，笔者认为，虽然装修公司选用的建材是经买房者验收的，但不能以此免除其赔偿的责任。因为装修公司作为一家专业的装修公司，有较强的专业知识背景，在选用建材上，对建材质量、建材是否符合国家标准也具有很强的专业识别能力，业主将房屋委托给装修公司进行装修，将选用建材的权利也委托给装修公司，这也是业主对装修公司提供专业服务的信任。装修公司在选用建材上有过错的，理应承担由此给他人造成损害的赔偿责任。

二十九、人防地下室是否计入公摊面积？

普通商品住宅和商业用房，在房价款中均包含公摊面积价款，也就是说，公摊建筑是需计入成本与价格中的，而大部分的面积误差纠纷往往是由公摊面积的计算问题引起的。虽然购房者最后得到的建筑面积与预售合同约定面积相符，但是由于公摊面积增加，相应地其套内建筑面积必然减少。也有极个别的情况，就是公摊面积不变，但开发商将按有关测绘规范不应公摊的建筑也列入了房屋买受人的公摊面积，房屋买受人因此受到损害。

根据有关规章的规定，商品房若按“套”或“单元”出售，则其销售面积为购房者所购买的套内或单元内建筑面积与应分摊的共有建筑面积之和。而套内建筑面积为套内使用面积、套内墙体面积、套内阳台建筑面积之和。其中任何一个面积组成部分出现误差，都有可能导致房屋买受人的面积误差，都会给购房者带来影响。

公摊建筑面积，应该包括两大部分：一是电梯间、楼梯间、垃圾道、变电室、设备间、公共门厅和过道、地下室、值班警卫室以及其他功能上为整栋建筑服务的公共用房和管理用房建筑面积；二是套（单元）与公用建筑空间之间的分隔墙以及外墙（包括山墙）墙体水平投影面积的一半。

虽然有这样的规范和规定，但作为一个买房的消费者，却无法了解其购买的房屋，哪些部分是公用建筑部分，哪些要计入公摊面积，哪些不计入。

因为其无法实地丈量，不具有相应测绘能力，所以也不可能清楚要摊多少公用面积。根据有关房地产规范，在房地产开发商售楼时，房地产管理机关将会通过一定的审批、监管手续，核准其公用建筑面积分摊系数和测绘成果，依法进行产权登记备案手续。只要每一位购房者所购买的套内建筑面积数乘以公用建筑面积分摊系数，就可以得出该购房者应分摊的建筑面积。

人防地下室是指为保障战时人员与物资掩蔽、人民防空指挥、医疗救护等而单独修建的地下防护建筑，以及结合地面建筑修建的战时可用于防空的地下室，我国《人民防空法》第二十二条规定："城市新建民用建筑，按照国家有关规定修建战时可用于防空的地下室。"第四十八条规定："城市新建民用建筑，违反国家有关规定不修建战时可用于防空的地下室的，由县级以上人民政府人民防空主管部门对当事人给予警告，并责令限期修建，可以并处十万元以下的罚款。"由此可以看出，人防地下室是由国家法律强制性规定民用住宅必须修建的配套设施，对于人防地下室是否应当列入公摊面积，司法实践中存在不同观点。

第一种观点认为，人防地下室是开发商按照国家法律的规定修建的建筑物必要附属设施，其建造带有强制性，且人防地下室是为了战时满足国防的需要由国家强制使用，因此应当将其定性为国防资产，其所有权归国家所有，其面积不应当计入公摊。①

---

① 何海礼：《商品房配建人防地下室权属法律问题探究》，载《经济与法》2010年第5期。

第二种观点认为，与建筑物配套修建的人防地下室是为了在战时满足防空需要、保障建筑物内全体业主的生命财产安全的设施，因此应当将其计入公摊面积，其所有权和使用权均应该属于全体业主，以保证人防地下室权属和功能的完整。而且将人防地下室计入公摊而积，可以从根本上厘清人防地下室的所有权归属，从而达到“定分止争”的目的和更好地为本建筑物业主服务。

笔者认为，人防地下室是否应当计入公摊面积，应视人防地下室的权属而定，简单地将人防地下室归为国家所有或业主所有均有不妥之处。

首先，人防地下室虽为保障人民防空而设立，且是法律强行性规定的配套建筑，但是其建设费用并非由国家负担，国家也未在其建成后使用征收或征用的手段将其划归国有，因此所有权属于国家缺乏依据。其次，如果将人防地下室作为国防资产而收归国有，那么在和平时期因为产权归属和性质的限制，业主将不能对其进行有效利用，这也有悖于“物尽其用”的原则。

但是，若将人防地下室认定为业主共有，则从根本上改变了人防地下室的性质，违背了国家强制设立人防地下室的初衷，不利于国防设施的建设和管理。

总之，人防地下室因为设立初衷和用途的特殊性，不能简单地将之归于国家所有或者业主共有，对其所有权归属应该分阶段来认识，依据我国人防工程“公用民用结合”“平战结合”的原则，将人防地下室的所有权认定为平时业主共有，战时国家所有较为合理，这样既保证了人防地下室的设置初衷，也充分保证了业主权益。由于业主对人防地下室只是享有部分所有权，而且在业主的购房规费中已经包含了人防工程结建费，若再对人防地下室进行公摊就有重复收费之嫌。因此人防地下室不应计入公摊面积由业主分摊，我国现阶段法律也规定人防地下室不计入公摊面积，如《商品房销售面积计算及公用建筑面积分摊规则(试行)》第九条规定，“……作为人防工程的地下室也不计入公用建筑面积……”

三十、开发商擅自调整房屋层高的违约责任如何认定?

关于房屋层高的违约问题，司法解释并没有具体规定，但实践中常常出现此类纠纷，认定这类责任成立的标准较为明确，但对违约后果的处理缺乏明确标准，合同对这一问题通常也未作约定，执法不统一的现象较为普遍，是一类亟须规范的新问题。

关于开发商擅自调整房屋层高的违约责任如何认定的问题，司法实践中存在不同观点。

第一种观点认为，只要开发商擅自调整房屋层高，便属于违约行为，应当承担违约责任。

第二种观点认为，应当区分房屋结构，具体问题具体分析。

笔者同意第二种观点，应区分一般结构的公寓房与复式结构房屋。

1. 对于一般公寓房，根据实际层高与合同约定的层高间的差额确定比例，由开发商以此比例按房屋总价赔偿给购房者。

2. 对于具有有错层、跳空层的复式结构房屋而言，如果房屋总层高不符合约定，可按上述方法处理。但如果是部分套内房屋的层高不符合约定，应审查该几间房的实际层高是否达到了国家规定的基本层高要求，如果达到了基本层高，就不应对业主的赔偿请求按上述方法予以支持。因为复式结构房屋的结构不同于一般公寓房，其总层高较高，且套内房屋结构易于变更，套内房屋层高的问题更多是内部设计因素所致，而不是普通房屋意义上的基本框架问题，在认定开发商的违约责任时，需根据个案实际情况，对于易通过返工达到合同要求层高的，可以要求开发商承担返工责任，以达到合同约定的标准；对于不宜返工的，可考虑由开发商按上述“差额比例”的方法所得金额的一半承担责任，但达不到基本层高的除外。

3. 还有一类较为少见的情形是房屋实际层高没有达到国家规定的基本层高。笔者认为，这类情形构成合同解除的事由，可支持购房者解除合同及赔偿损失的诉请，当然也构成购房者拒绝收房的正当理由。如果购房者选择继续使用房屋，也可参照司法解释关于面积误差处理的规定，在基本层高以上的不足部分应当由开发商按照上述方法作出赔偿，而低于基本层高的部分则应当按照上述方法所得金额的双倍赔偿。当前购房者诉开发商的商品房买卖合同违约责任纠纷，集中反映出的是日益增长的业主权利意识与尚不规范的房地产开发经营活动及复杂的外部履约环境之间的深层次矛盾。在处理这类纠纷尤其是群体性纠纷时，审判实践应准确把握购房者的利益诉求，并全面审查引发纠纷的各类因素，在维护合同严肃性与法律稳定性的前提下，根据不同情况在对违约责任的成立及后果认定上灵活适用合同法相关规定及司法解释的规定，既要保障处于相对弱势一方的购房者群体权益，也要避免因机械执行合同出现明显的实质不公。

三十一、房屋买卖纠纷违约金的计算标准如何确定？

《商品房买卖合同解释》第十三条规定：商品房买卖合同没有约定违约金数额或者损失赔偿额计算方法，违约金数额或者损失赔偿额可以参照以下标准确定：逾期付款的，按照未付购房款总额，参照中国人民银行规定的金融机构计收逾期贷款利息的标准计算。逾期交付使用房屋的，按照逾期交付使用房屋期间有关主管部门公布或者有资格的房地产评估机构评定的同地段同类房屋租金标准确定。本条是关于合同当事人没有约定违约金数额或者损失赔偿额计算方法时应当根据什么标准确定违约金数额或者损失赔偿额的规定。

在签订商品房买卖合同时，绝大多数出卖人和买受人都会在合同中明确约定当事人一方逾期付款或者预期交付使用房屋时，应当承担什么样的违约责任，也就是说，会明确约定逾期履行支付违约金的数额或者赔偿损失的计算方法。但也有一些合同当事人没有在合同中约定上述两种情形的违约责任。在这种情况下，就需要人民法院按照某种标准作为参照系来确定违约方的责任，以弥补守约方的损失。

当事人在商品房买卖合同中没有约定违约责任，或者虽然约定了违约责任但没有具体约定违约金数额或者损失赔偿额计算方法的，到底如何适用法律，是一直困扰司法实际工作者的大难题。这种情况实际上涉及如何理解《民法典》第五百七十七条规定的归责原则等立法精神。有的合同当事人双方在合同中笼统地约定不履行合同义务应当承担违约责任，没有具体约定一旦违约应如何承担，在实践中极易引起争议。如果当事人在合同中没有约定违约责任，则争议更大，对此，司法实践中存在不同观点。

第一种观点认为，合同是当事人为一定经济目的达成一致的合意，包括所有条款在签约当事人之间具有法律效力，要尊重当事人的真实意思表示，如果没有约定违约条款的，就不应要求当事人承担违约责任。

第二种观点认为，当事人在合同中约定不明确的，视为没有约定违约责任，发生纠纷后当事人一方无权提出要求对方承担违约责任的请求。

第三种观点认为，违约责任是法律规定的，当事人可以约定具体承担违约责任的方式和计算赔偿额的方法，当事人在合同中没有约定违约责任条款,不影响守约方提出要求对方承担违约责任的请求。我国《民法典》第五百七十七条规定:“当事人一方不履行合同义务或者履行合同义务不符合约定的,应当承担继续履行、采取补救措施或者赔偿损失等违约责任。由此可以看出,《民法典》该条所确立的是无过错责任原则,违约行为的构成要件是单一的,只需客观上的违约行为,而无须认定行为人主观上的过错。只要当事人一方存在违约行为,对方就有权要求违约方承担违约责任,不管对方是否有过错,也可以推导出不管合同中是否有约定违约责任或者承担违约责任的方法,均应承担违约的责任。

笔者认为,实践中,违约行为一般有两种情况:一种情况是作为商品房买卖合同买受人的购房方没有按照合同约定支付购房款;另一种情况是作为商品房买卖合同出卖人的开发方没有按照合同约定交付使用房屋。

在合同中没有约定违约金的情况下,认定当事人的损失,可以参照以下标准确定:买受人不按照商品房买卖合同约定的支付购房款期限支付款项,使得出卖人不能及时得到该笔款项而失去支配使用该笔款项的权益,相当于金融机构没有及时收取该笔贷款的逾期贷款利息;出卖人不按照商品房买卖合同约定交付使用房屋使得买受人不能及时得到房屋而失去占有、使用、收益的权益,使其失去的是应当收取的同期间地段房屋租金利益或者丧失的该笔损失。

三十二、如何调整当事人在商品房买卖合同中约定违约金过分高于违约行为造成的损失?

如何对当事人约定的过高违约金进行调整,各国民法及相关判例中都没有明确规定调整幅度,而是赋予法官根据案件的具体情况,区分不同合同的签订以及履行等情况灵活确定调整幅度的权力。在我国,对如何明确违约金标准以及能否对违约金进行调整的问题,司法实践中存在不同的做法。民法学界对此也有不同的争论。在《商品房买卖合同解释》出台之前,最高人民法院在制定的有关司法解释中,对于当事人在合同中约定的违约金过高如何调整的问题作出的规定精神基本一致,即以不超过合同未履行的价款为限。从最高人民法院制定的相关司法解释历史沿革来看,基本上是以不超过合同尚未履行的价款为最高限额。1987 年 7 月 21 日最高人民法院法《关于在审理经济合同纠纷案件中具体适用〈经济合同法〉若干问题的解答》(〔经〕发〔1987〕20号)(已失效)第九条规定:“……为防止当事人滥用自行约定的权利,违约金数额一般以不超过合同未履行部分的价金总额为限,对超出部分,不予保护。”该规定虽然是从防止当事人滥用约定权利的角度出发作出的限制性规定,但作为确定承担违约金的判断标准,其本义是合同守约方从合同违约的另一方获得的利益只能与正常履行合同时应当得到的利益相一致,不能超出合同利益之外谋求利益。1995年12月27日最高人民法院《关于审理房地产管理法施行前房地产开发经营案件若干问题的解答》(法发〔1996〕2号)(已失效)第三十九条规定:“合同一方违反合同,应向对方支付违约金。合同对违约金有具体约定的,应按约定的数额支付违约金。约定的违约金数额一般以不超过合同未履行部分的价金总额为限。对违约金无约定或约定不明确的,按没有约定处理。”该司法解释所采用的适用违约金原理也是相同的。由上述司法解释规定看,以当事人在合同中约定违约金数额的按约定支付为一般原则,以不超过合同尚未履行的价款总额为限为特别补充。

在涉及如何调整当事人在商品房买卖合同中约定违约金过分高于违约行为造成的损失问题时,司法实践中存在不同观点。

第一种观点认为,当事人在商品房买卖合同中约定的违约金数额如果过分高于守约方所受损失,违约方应承担的违约金数额以不超过合同尚未履行的价款总额为限。

第二种观点认为,当事人在商品房买卖合同中约定的违约金数额如果过分高于守约方所受损失,人民法院按照什么幅度进行调整不作明确规定,由法官根据案件具体情况和当事人履约情况酌定,即认为是法官自由裁量权的范畴。

第三种观点认为,应当以当事人约定的违约金是否超过造成损失的50%为最高限额。

第四种观点认为,应当确定一个幅度作为法官调整违约金过高的标准,可以是否超过造成损失的30%为最高限额。

笔者认为,上述观点都有一定的道理,在解释中采用任何一种观点都不违背《民法典》合同编的立法精神,也不会与司法实务的惯常做法相差太多,主要是一个司法价值取向的问题。

第一种观点是比较传统的观点,此前最高人民法院有关司法解释中均是采取这种观点,在多年的司法实践中,也没有出现大的问题。但在讨论过程中,大家普遍感到,商品房买卖合同标的额一般都比较大,有的高达几百万、几千万,甚至几个亿。在许多情况下,商品房买卖合同尚未履行的价款数额很大,如果一味地允许对当事人约定的违约金数额可以在不超过合同尚未履行的价款总额幅度内进行调整,有可能造成当事人之间的利益严重失衡,会过分加重违约方的经济责任,出现不公平的情形,不利于实现公平和正义。因此,有必要对当事人约定违约金过高的数额幅度作出适当的必要的限定。

第二种观点主张由法官自由裁量的观点是从实际出发,考虑各地经济社会发展不平衡等情况而采取的一种灵活的做法。这种观点的好处在于便于司法实践具体操作,但弊端在于不利于执法的统一,容易导致相同的案件因为审理的法院甚至法官的不同而在结果上相差很大,容易使人对法院审理案件的公正性产生偏差认识。

第三种观点主张的限额偏高,因为房地产案件标的额一般都比较大,如果以超过守约方损失的50%为最高限额,会不适当地加大当事人的成本负担,有悖合同法设立调整违约金制度的初衷,不利于建立公平、正当的经济秩序,故最后没有被《商品房买卖合同解释》采纳。多数人主张按照第四种观点确定违约金约定过分高于违约造成损失的调整标准。

第四种观点是在总结多年审判实践经验的基础上,既遵循了《民法典》第五百八十五条规定的基本精神,又考虑到制裁违约方的违约行为,以违约造成的损失作为参照系来确定一个调整幅度,供人民法院或者仲裁机构在判定违约金标准时使用,从而保障社会的公平和正义。

在商品房买卖合同当事人以约定的违约金数额过分高于因违约造成的损失为由请求减少违约金时,人民法院可以约定的违约金数额是否超过损失30%为标准,予以适当调整。也就是说,在一般情况下,发生违约行为后,商品房买卖合同当事人因纠纷诉至人民法院的,违约金的责任问题按照合同中的违约金条款进行处理,如果违约方提出商品房买卖合同中约定的违约金数额太高要求人民法院予以调整,首先必须确定因违约造成的损失,在确定了损失后,如果违约金的数额超出了损失的30%,则可以认定为过分高于损失,人民法院可以酌情调整到30%以内。具体到每一个案件,因商品房买卖合同当事人基本情况、签订合同以及履行合同过错、实际负担能力等情况的不同,由审理该案件的合议庭或者独任法官灵活把握和处理。如果商品房买卖合同当事人在合同中约定的违约金数额没有超出守约当事人遭受损失的30%,而只有20%或者10%等,违约方仍然提出申请人民法院降低违约金数额的,则认定为不属于《民法典》第五百八十五条所规定的过分高于因违约造成的损失的情形,而不支持违约方提出的要求人民法院调整违约金的请求。在守约方因违约方的违约行为导致的实际损失确定后,如果约定超出守约方遭受损失30%,应当认定为过分高于损失而予以适当调整。在商品房买卖合同中约定了计算损失的方法或者损失不好计算的情况下,即以守约方的损失作为参照来判断约定违约金数额是否过分高于损失,是否明显不合理。而当守约方的损失难以或者无法确定时,根据有关法律、行政法规的规定,也可以参照违约方因违约行为所获利润情况予以确定。

三十三、商品房买卖合同没有约定违约条款,守约方可否请求违约方承担违约责任?

违约条款,是指当事人在合同中约定的承担违约责任情形的条款。违约责任是促使当事人履行债务,使守约方免受或少受损失的法律措施,对当事人的利益影响重大,合同对此应予明确。例如,明确规定违约致损的计算方法、赔偿范围等,对于将来及时地解决违约问题,很有必要。当然,违约责任是法律责任,即使合同中没有违约责任条款,只要未依法免除违约责任,违约方仍应负责。

当事人在商品房买卖合同中没有约定违约责任,到底如何适用法律的问题,是一直困扰司法工作者的大难题。这种情况实际上涉及如何理解《民法典》第五百七十七条规定的归责原则等立法精神的问题。实践中,商品房买卖合同没有约定违约条款而产生纠纷主要有以下情况:(1)在合同中笼统地约定不履行合同义务应当承担违约责任,但没有具体约定一旦违约如何承担;(2)在合同中没有约定违约责任。针对没有约定违约条款的买卖合同的处理办法,司法实践中有以下几种观点。

第一种观点认为,合同是当事人为一定经济目的达成一致的合意,包括所有条款在签约当事人之间具有法律效力,要尊重当事人的真实意思表示,如果没有约定违约条款的,就不应要求当事人承担违约责任。

第二种观点认为,当事人在合同中约定不明确的,视为没有约定违约责任,发生纠纷后当事人一方无权要求对方承担违约责任。

第三种观点认为,违约责任是法律规定的,当事人可以约定承担违约责任的具体方式和计算赔偿额的方法,当事人在合同中没有约定违约责任条款不影响守约方提出的要求对方承担违约责任的请求。

笔者同意第三种观点。

我国《民法典》第五百七十七条规定:“当事人一方不履行合同义务或者履行合同义务不符合约定的,应当承担继续履行、采取补救措施或者赔偿损失等违约责任。”由此可以看出,该条所确立的是无过错责任原则,违约行为的构成要件是单一的,只需客观上的违约行为,而无须认定行为人主观上的过错。只要当事人一方存在违约行为,对方就有权要求违约方承担违约责任,不管对方是否有过错,也可以推导出不管合同中是否有约定违约责任或者承担违约责任的方法,均应承担违约责任。

三十四、如何准确理解办证的义务主体?

《民法典》第五百九十五条规定:“买卖合同是出卖人转移标的物的所有权于买受人,买受人支付价款的合同。”第五百九十八条规定:“出卖人应当履行向买受人交付标的物或者交付提取标的物的单证,并转移标的物所有权义务。”可见,买卖双方在签订买卖合同后,为实现签订合同的目的,买方支付房款,卖方交付房屋,并办理房地产权属转移登记,这是买卖双方最主要的权利与应履行的义务。另外,就商品房买卖合同的出卖人一方来说,出卖人在交付实物房屋之外还负有转移标的物所有权的义务,具体来说,出卖人应当交付房屋并保证房屋所有权转移给买受人,一般也就认为出卖人房地产开发企业为办理房屋权属证书的义务主体。

《商品房买卖合同解释》第一条规定:“本解释所称的商品房买卖合同,是指房地产开发企业(以下统称为出卖人)将尚未建成或者已竣工的房屋向社会销售并转移房屋所有权于买受人,买受人支付价款的合同。”据此规定,房地产开发企业有义务转移标的物所有权于买受人,办理房屋权属证书的义务主体为房地产开发企业。该解释第十四条第一款规定,由于出卖人的原因,买受人在下列期限届满未能取得不动产权属证书的,除当事人有特殊约定外,出卖人应当承担违约责任:(一)商品房买卖合同约定的办理不动产登记的期限;(二)商品房买卖合同的标的物为尚未建成房屋的,自房屋交付使用之日起90日;(三)商品房买卖合同的标的物为已竣工房屋的,自合同订立之日起90日。此款规定的是由于出卖人的原因,买受人无法按期取得房屋权属证书的出卖人应该承担违约责任的情形,由此,也充分说明了出卖人是办理房屋权属证书的义务主体。《城市房地产开发经营管理条例》第三十二条规定:“预售商品房的购买人应当自商品房交付使用之日起90日内,办理土地使用权变更和房屋所有权登记手续;现售商品房的购买人应当自销售合同签订之日起90日内,办理土地使用权变更和房屋所有权登记手续。房地产开发企业应当协助商品房购买人办理土地使用权变更和房屋所有权登记手续,并提供必要的证明文件。”根据上述法律规定可知,房地产开发企业对办理房屋权属证书负有协助义务。

关于办理房屋权属证书义务主体的问题,司法实践中存在不同观点。

第一种观点认为,根据《民法典》第五百九十五条、第五百九十八条,《商品房买卖合同解释》第一条、第十四条的规定认为,办理房屋权属证书的义务主体为房地产开发企业,因为法律规定其负有转移房屋所有权的义务。

第二种观点认为,根据《城市房地产开发经营管理条例》第三十二条的规定认为,办理房屋权属证书的义务主体是买受人,房地产开发企业仅负有协助义务。

笔者认为,《民法典》、《商品房买卖合同解释》与《城市房地产开发经营管理条例》对于办理房屋权属证书义务的主体的规定并非相互冲突,而是相互补充的关系。

权属登记流程规定,房屋权属登记的通常做法是开发商向相关部门提交必要的手续,完成房屋权属的初始登记后,再告知买受人情况,买受人提出申请,房管部门进行审查登记,颁发权属证书。此过程中,开发商和买受人互有协助履行之义务,再加上房管部门,通过三者的共同行为完成权属登记。《城市房地产开发经营管理条例》对于办证义务的规定并非简单的主办和协办,而是相互补充的关系。因此,笔者认为,对办证义务主体的理解首先应遵循当事人意思自治原则,双方约定办证义务的,从其约定。其次,如无约定,通常情况下,开发商只要在法定期限内向相关行政主管部门提交了相关证明文件及资料,其间,开发商可要求买受人配合提供相应资料,在完成初始登记并履行告知买受人的义务后,开发商的办证义务即履行完毕。

此后买受人可自行申办产权证书,其间亦可要求开发商补充提供有关材料。所以在办证流程中的不同阶段,应根据具体情况确定开发商和买受人不同的义务,从而判断各自可能承担的违约责任。最后,如果开发商提交了完备的手续,买受人也提出了申请,由于房管等政府部门原因未能办证或迟延办证的,属于第三人的原因,买受人可提起行政诉讼,要求房管部门履行办证的法定职责。

三十五、对房地产开发企业完成房屋初始登记的审查标准如何认定?

办理完毕房屋初始登记是房地产开发企业在办证过程中的主要义务,因此准确审查房地产开发企业完成该义务的情况,对于确定房地产开发企业迟延办证违约责任至关重要。房地产开发企业完成初始登记的标志,应是登记机构将申请登记事项记载于房屋登记簿,审判实践中应重点审查房地产开发企业是否取得登记机构作出的关于同意房屋初始登记的批复。

关于房地产开发企业完成房屋初始登记的审查标准问题,司法实践中主要存在两种观点:

第一种观点认为,房地产开发企业取得登记机构出具的办理权属登记的收件凭证,即可视为完成初始登记。

第二种观点认为,房地产开发企业在取得准予初始登记的批复之后,才具备协助办证的法定条件。

笔者同意第二种观点。

依照《城市房地产开发经营管理条例》的规定,房地产开发企业在买受人办理所有权登记时,其义务是协助并“提供必要的证明文件”,“提供必要的证明文件”意味着证明文件所表征的各项登记、批准手续已经办理完毕。作为买受人办证的前提,初始登记的批复应当包含在“必要的证明文件”中。换言之,房屋买受人办证的前提是初始登记完成,只有在准予初始登记的批复作出之后,房地产开发企业才具备协助办证的法定条件。

开发商的办证义务分为办理大产权证与小产权证两种。所谓“大产权”是项目整体的初始登记产权,由开发商取得;而“小产权”是转移登记到购房者名下的单独房屋产权。

1. 大产权证是交房和办理小产权证的前提条件,大产权证逾期办理是违约行为,但其法律后果应当具体分析,尤其应当注意到《商品房买卖合同解释》第十四条关于出卖人原因导致的买房人未能按期取得房屋权属证书的迟延责任的规定,指的是小产权即房屋产权,不能直接套用在大产权未按期办理的情形上。如大产权未按期办理,开发商的违约责任应当按合同约定处理,如无明确的关于逾期赔偿的约定,则不能单独就大产权未按期办理要求开发商承担迟延赔偿责任。目前预售合同中较为常见的约定是,如开发商未能按期办理大产权,购房者有权解除合同,购房者行使解除权时,也可以主张相关损失赔偿,但这种责任与迟延赔偿不同。因为,大产权是开发商享有的权利,其与购房者的利益关联是作为开发商履行后续义务的必要条件,如开发商不能按期办理大产权,则影响到购房者对开发商后续按期履约的信赖,购房者主张开发商逾期办理大产权的责任,实际上是主张预期违约责任,但这与逾期办理小产权直接影响购房者的物权利益是不同的。

2. 办理小产权是开发商的重要责任,但应当注意到,办理小产权应由开发商与购房者合作办理,不是开发商的单方义务。如购房者未及时履行配合义务,则不符合司法解释中的归责要件——“出卖人原因导致的”。

值得注意的问题是,从当前的实际操作看,迟延办理小产权也常涉及诸多行政部门方面的原因,操作中即便开发商已经积极履行了相关义务,但因行政部门的不作为或消极行为,往往难以按期取得产权证,如果完全按照合同约定处理,由开发商向购房者承担违约责任后再向相关行政主体追偿,在当前环境下是难以实现的,对开发商而言也有失公平。外部宏观履约环境的风险,应当由合同当事人共同分担,尤其应考虑到在当前房地产市场蓬勃发展、房价一直处于上涨的大背景下,迟延办证客观上往往并未使业主房屋价值贬值,相反有所增值,因此,建议在充分核实小产权证办理迟延的原因后,若因行政行为导致了迟延(应由开发商举证),且对购房者未造成实际损失,适当的使开发商免责,这样做既符合公平原则,又有利于房地产市场的顺利、有序发展。当然,在此过程中开发商也负有及时告知相关延期情况的义务,以保护购房者的信赖利益。①

① 参见周峰、李兴:《商品房买卖合同纠纷中开发商的几类违约责任认定》,载《法律适用》2010年第11期。

三十六、购房者与开发商在购房合同中约定的交房条件是办理商品房产权证，是否可以理解为办理房屋的“小产证”？

如何诠释“大产证”和“小产证”的区别是关键，在我国，实行的是房屋所有权登记发证制度，城市房屋权属必须依法登记。所谓房屋产权证，是指权利人依法拥有房屋所有权并对房屋行使占有、使用、收益和处分权利的合法凭证，购房者在付清房款和税费后，理应取得房屋所有权证。一般情况下，购房者在付清房款和税费后，房屋权利人应当向房地产行政管理部门申请房屋权属登记，领取房屋所有权证。房屋权属登记分为：总登记、初始登记、转移登记、变更登记、他项权利登记和注销登记。所谓房屋产权的“大产证”和“小产证”，实质是指房屋权属登记的两种类型，即上述的初始登记和转移登记，购房者向房地产开发商认购的商品房，如系新建造的房屋，房地产开发商应当在房屋竣工后的3个月内向房屋行政登记机关申请房地产所有权初始登记，即申请取得“大产证”。当房地产开发商经初始登记，并取得新建商品房的《房屋所有权证》后，购房者才能与房地产开发商一起申请房屋权属转移登记，申办个人的《房屋所有权证》，即办理“小产证”。

关于购房者与开发商在购房合同中约定的交房条件是办理商品房产权证，是否可以理解为办理房屋的“小产证”的问题，司法实践中存在不同观点。

第一种观点认为，购房者与开发商在购房合同中约定的交房条件是办理商品房产权证，此处只能理解为办理房屋的“小产证”。因为买受人关心的只是自己所买房屋的权属。

第二种观点认为，应当根据合同约定的内容理解。如果约定的是“大产证”当然没有问题，如果对合同约定的内容有不同的理解时，应当根据合同所使用的词句、合同的有关条款、合同的目的、交易习惯以及诚实信用原则，确定该条款的真实意思。

笔者同意第二种观点。

实践中，房屋权属转移登记包括房屋买卖、交换、赠与、继承、划拨、转让、分割、合并等，购房者在申请个人《房屋所有权证》时，应当提交身份证、《商品房买卖合同》、购房付款凭证、契税完税证明、由房地产开发商提供的《商品房用地面积表》及地籍图等，在上述资料齐备和符合申请条件后，购房者申请《房屋所有权证》才可以得到房地产行政主管部门的审批。而房屋所有权的初始登记，房地产开发商只能在取得《商品房竣工验收证明》《住宅交付使用许可证》、由房屋所在地公安部门出具的编制门牌号批复、房屋建筑面积核定书等证明文件后，才能提出申请。在当前房地产交易市场上，购房者为了尽早得到房屋，房地产开发商也为了充分利用这个时间差，常常在房屋已交付购房者使用后，才完成取得新建房屋的初始产权登记手续，而没有商品房的初始登记，就不可能完成转移登记，购房者也无法取得“小产证”。

另外，对合同约定的内容有不同的理解时，应当如何理解和适用？根据《民法典》第一百四十二条第一款的规定：“有相对人的意思表示的解释，应当按照所使用的词句，结合相关条款、行为的性质和目的、习惯以及诚信原则，确定行为人的真实意思。”

三十七、因第三人原因导致办证延误，开发商是否承担违约责任？

由于房屋权属证书的办理需要房地产开发企业、购房者、登记机关相互协作、相互衔接，故可能会因为当事人以外的第三人的原因导致逾期办证的发生。主要有：(1)因规划部门、房管局、测绘机构等相关部门的过错导致的逾期办证，如因相关部门的工作拖延引起的办证逾期。(2)因部分业主的过错导致的逾期办证，如部分业主私自搭建、封闭阳台导致小区无法按期进行综合验收，从而造成后续行为的迟延。

关于因第三人原因导致办证延误，开发商是否承担违约责任的问题，司法实践中存在不同观点。

第一种观点认为，开发商不应对逾期办理产权证承担违约责任。理由是：(1)并非“出卖人”(开发商)的原因造成。(2)业主没有因产权证的问题遭受任何损失。因为，一方面，商品房销售合同成立并经过房产管理局登记备案后，业主对所购房产已拥有了一定的物权效力，物权的四项权能占有、使用、收益、处分均由业主享有，产权证的办出与否并没有给业主带来损害。另一方面，业主无法提供任何证据证明其因逾期办证存在任何损失，也无法证明其曾向开发商催办过房产证，对开发商的行为从不表示异议，并已实际接受了这一结果。

第二种观点认为，开发商应当按照合同的约定承担违约责任，理由是：

商品房买卖合同纠纷的性质是关于买卖合同的违约之诉，按照合同相对性的原则，根据《民法典》第五百九十三条的规定，当事人一方因第三人的原因造成违约的，应当依法向对方承担违约责任。当事人一方和第三人之间的纠纷，依照法律规定或者按照约定处理。所以，房地产开发企业即便因为第三人的原因造成违约，也应向买受人承担违约责任。

笔者同意第二种观点。

因第三人的原因导致办证延误，开发商应当承担违约责任，除上述理由外，还有如下理由：《商品房买卖合同解释》是针对商品房买卖合同纠纷案件作出的，它涉及的主体只有出卖人和买受人，能够解决的争议也仅仅限于上述两者。所以，可以认为《商品房买卖合同解释》中的用词是"非此即彼"，即由于出卖人的原因可以理解为非买受人的原因，至于由于第三人的原因导致出卖人违约的，出卖人与第三人的纠纷可以另行解决。不管是按照"接近论"还是"控制论"，出卖人即开发商比买受人更有条件、更有利于问题的解决。所以，可以将《商品房买卖合同解释》第十四条"由于出卖人的原因"作广义的解释，这样既符合《商品房买卖合同解释》的精神，保证公正地解决问题，也具可操作性。

三十八、办证请求权是否适用诉讼时效？

关于办证请求权是否适用诉讼时效的问题，司法实践中存在不同观点。

第一种观点认为，办证请求权属债权请求权，应当适用诉讼时效。理由是：出卖人转移所售房屋的占有和所有权为其主要义务。尽管买卖的房屋已经按照房屋买卖合同约定的日期交给了购房人占有、使用，但这只是出卖人履行了移转所售房屋的义务，只要在合同约定的期限届满时因出卖人的原因仍未办理产权证或者未办理过户登记手续，就属于主给付义务不履行，构成违约，甚至是根本违约。按照《民法典》第一百八十八条关于诉讼时效期间自权利人知道或者应当知道其权利受到损害以及义务人时起算的规定，诉讼时效自合同约定的办证期限届满的次日起算。

第二种观点认为，办证请求权系物上请求权，不应适用诉讼时效。理由是：对于商品房买卖合同约定的内容应有所区分，一方许诺承担交付标的物并移转所有权于他方的义务，他方许诺承担接受标的物并支付价款的义务，此约定为债权合同；但双方在合同中关于开发商应协助办理房屋过户手续、申领产权证的约定则属于物权合同,即一方将标的物及其所有权移转于对方,对方接受。物权合同一经成立,合同当事人就要受到物权效力的约束,买房人对标的物即有物权法上的权利。故买受人的办证和过户请求权是一种物上请求权,故不适用诉讼时效。①

第三种观点认为,办证请求权与一般债权请求权不同,该项请求权具有极强的物权性倾向或物权属性,不应适用诉讼时效。

笔者同意第三种观点。主要理由如下:②

1. 登记在我国仍然具有较强的行政权行使的特征和痕迹,而基于复杂的却众所周知的原因,登记行为现状与大量的登记需求之间存在巨大的反差。效率不高、制度不健全,甚至无相关登记的情形均有之。如果是这种原因导致登记无法作成,而又将买受人此请求权纳入诉讼时效调整范围,对买受人显属不公。因为,此时买受人只有两种选择:一是解除合同;二是预防性地不断通过主张权利造成时效中断。而解除大量的履行程度较深的买卖合同,显然是不经济的。

2. 如果因出卖人的原因,导致登记没有完成,那么赋予其时效利益的弊端更加明显。一是导致持续时间长久的"事实物权"大量存在,这不仅损害权利人的利益而且对登记制度的健全和有效运转不利。因为有权占有具有对抗本权的效力。二是很可能由此引起出卖人的不诚信行为。

3. 从诉讼时效之制度目的看,大多数在"三年后"起诉出卖人的买受人并非属于权利睡眠者。其与出卖人以及登记机关之间就相关事宜的沟通和磋商是存在的,只不过涉讼后很难证明而已。此外,买受人已经实现了对房屋的占有使用并可能持续了较长的时间,在该房屋之上不会出现诉讼时效制度意欲保护的其他的"既存的稳定的社会秩序"。所以说将买受人此项请求权别除于诉讼时效制度的适用范围不会害及他人以及社会的利益。

4. 一种请求权是否应当罹于诉讼时效,应当严格依照法律的规定,但通过诉讼时效制度调整买受人此项请求权的必要性不明显,后果不乐观且与

① 参见张谦:《论开发商未协助业主办理产权证的法律责任》,载《法律适用》2006 年第 1 期。

② 参见辛正郁:《办证、交房与诉讼时效》,载《中国民事审判前沿》2005 年第 1 集(总第 1 集),法律出版社 2005 年版,第 197～217 页。

诉讼时效立法的目的不甚相符时，借鉴相关法理解决现实问题是很有必要的。尤其是在我国未建立取得时效制度的情况下，肯定买受人的此项请求权应适用诉讼时效，等于使买受人永久丧失了递进为登记权利人的机会，并可能导致大量的权利争议。

三十九、支付违约金诉讼时效如何起算？

实践中导致购房者不能及时取得房屋所有权证书的原因包括出卖人房地产开发企业的原因、买受人的原因、第三人的原因以及不可抗力。其中，房地产开发企业违反合同约定的办证义务应承担相应的违约责任，对于购房者而言则产生了相应的请求权，具体可分为主张房地产开发企业继续履行办证义务的请求权和主张开发商支付违约金的请求权。[①] 关于请求房地产开发企业继续履行办证义务的请求权的诉讼时效问题已如前述，此处不赘。关于逾期办证导致的违约金请求权是否适用诉讼时效的规定，如果适用，又应如何适用、如何起算？

可以肯定的是，违约金责任的承担是一种债权请求权，按照法律规定应当适用诉讼时效的规定。但如何适用，即如何起算诉讼时效，由于当事人对违约金约定的不同，在审判实践中出现了几种不同的做法。

第一种观点认为，当事人明确约定违约金的具体数额，一旦出现逾期办证的情况，就需支付这一确定数额的违约金，对这一违约金数额的请求给付，是一时性债权，即内容在某个时间点就已经确定的债权。于是，适用诉讼时效比较简单，其起算点为一时性债权的清偿期限届满的次日。[②] 因为当事人在订立合同时对合同已有了充分的认识，房地产开发企业一旦未在约定或法定的期限内履行合同，购房者就知道或应当知道其权利受到了侵害。也就是说，买受人必须在办证期限届满的三年内请求房地产开发企业支付违约金，超过三年，法院一般不予支持。因为人民法院保护权利人的权利也不是无限制的，权利人必须在规定的期间内请求保护，超过该期限的，法院

---

① 参见奚庆：《商品房买卖中开发商的办证义务及相关法律问题研究》，载马荣主编：《审判研究》2008年第6辑（总第31辑），法律出版社2009年版，第24页。

② 参见奚庆：《商品房买卖中开发商的办证义务及相关法律问题研究》，载马荣主编：《审判研究》2008年第6辑（总第31辑），法律出版社2009年版，第29页。

不予保护。

第二种观点认为，当事人在合同中约定以每日或每月为单位累计计算违约金数额，违约金的数额随着违约行为的持续发生不断增长。对这一违约金的请求给付是一种继续性债权，即其内容和范围要受到时间因素的影响，随时间的推移不断发生变化。此种继续性债权的诉讼时效也为三年，只是权利人在办证期限届满超过三年后起诉的，由于违约行为在起诉时仍在继续，故一般会保护自起诉之日倒推三年的违约金请求权。

第三种观点认为，当事人在合同中没有约定违约金或损失数额难以计算，则适用《商品房买卖合同解释》第十四条第二款的规定，因金融机构计收逾期贷款利息也是以日为单位累计计算，因此，此种情况下的诉讼时效适用与约定违约金相同。

笔者认为，逾期办证违约责任适用诉讼时效，不能一概而论，倾向于将三种做法结合适用。

由于商品房买卖合同标的物的特殊性，当事人的权利义务也不同于普通的买卖合同，出卖人承担的交付标的物义务不仅是要按约交付商品房实物，更有协助办理商品房物权登记、取得房屋所有权证的义务。如前所述，办理商品房权属证书的权利义务具有了物权的属性，因此，因出卖方的原因而导致的逾期办证的违约行为成为一个持续性的行为。

根据商品房买卖合同约定内容的具体情况，对违约金责任的承担应区别情况予以处理。第一，当事人在合同中明确约定逾期办证违约金数额的，为一时性债权，从约定或法定的期限届满之次日起算诉讼时效。第二，当事人在合同中约定以日或月为单位累计计算违约金数额的，违约金的数额随着违约行为的持续发生不断增长。对这一违约金的请求给付是一种继续性债权，随时间的推移不断发生变化，违约金应当以每个个别的债权分别适用诉讼时效。此种继续性债权的诉讼时效即为三年，只是权利人在办证期限届满超过三年后起诉的，由于违约行为在起诉时仍在继续，故一般会保护自起诉之日倒推三年的违约金。第三，当事人没有约定违约金或损失数额难以计算的，从公平诚信原则出发，按照第二种情况的处理办法，由出卖人按照买受人已付购房款总额，参照金融机构计收逾期贷款利息的标准计算自起诉之日倒推三年的违约金，即《商品房买卖合同解释》第十四条第二款的规定。在理解适用该规定时，也是将违约责任作为继续性债权来确定违约金数额，这既可促使出卖人尽快履行办证的义务，也可对买受人给予适当的补偿，有利于公平合理地平衡当事人之间的利益。[①]

四十、开发商已经取得了竣工验收备案证明书还未签署预售合同，延期办证违约金如何起算？

按照一般房屋预售合同，都是约定自竣工验收备案证明书收到起一定天数内办理完毕，否则卖方按日向买方支付本房地产总价款确定百分比的违约金（当然，现在一些最新的房屋预售合同则约定卖方自本房地产交付之日后的第几日起，按日向买方支付本房地产总价款万分之几的违约金，这种约定即不再存在上述所说的情况）。但在开发商已经取得了竣工验收备案证明书之后签订买房合同的业主如果还是按照合同的约定来要求赔偿违约金，无形之中会使业主在没有买房的时候已经开始有违约金赔偿了，这显然违背了合同法的公平原则，对于开发商来说有失公允。

对于开发商已经取得了竣工验收备案证明书，但由于各种原因办理不了初始登记，无法在国土局领取房屋现售合同而延期办证违约金如何计算的问题，司法实践中存在不同观点。

第一种观点认为，当预售合同签订时，开发商已经取得了竣工验收备案证明书，此时，延期办证违约金的计算应当按照合同签订的时间作为违约金计算时间的依据，即违约金应当自合同签订之日起 210 日后（或者约定的其他天数）开始计算违约金直至房产证核发之日。其主要理由在于合同尚未签订时即取得竣工验收备案证明书的，如果按照竣工验收备案证明书的日期要求卖方在约定的期限内办理房产证有违公平原则，因此应当按照合同签订日后约定的办证日期起算违约金。

第二种观点认为，当预售合同签订时，开发商已经取得了竣工验收备案证明书，此时，延期办证违约金的计算仍应按照合同的约定计算，即违约金应当自竣工验收备案证明书取得之日起 210 日后（或者约定的其他天数）开始计算违约金直至房产证核发之日。

---

① 参见韩延斌：《商品房买卖纠纷中逾期办证责任的认定处理——对最高人民法院〈关于审理商品房买卖合同纠纷案件适用法律若干问题的解释〉第 18 条规定的解读》，载最高人民法院民事审判第一庭编：《民事审判指导与参考》2006 年第 1 集（总第 25 集），法律出版社 2006 年版，第 54 页。

笔者同意第二种观点。即当预售合同签订时,开发商已经取得了竣工验收备案证明书,此时,延期办证违约金的计算仍应按照合同的约定计算,理由如下:

1. 基于尊重当事人意思自治原则的要求。“当事人意思自治原则”是现代民法最为重要的原则之一,这一原则的实质,“是对民事主体的独立意志在民事活动中的支配地位的一种法律确认”。对于房屋买卖合同纠纷来说,买卖双方在意思自由的情况下签订的买卖合同,是当事人真实意思的反映,同时也没有任何违反国家强制性法律的地方,因此,关于延期办证的相关约定理应得到遵守,这是对当事人意思自治原则的贯彻和尊重,如果强行改变这一约定,显然违背了民法的基本原则。

2. 基于房屋买卖纠纷的特殊性。众所周知,目前中国的房地产买卖市场,基本处于开发商强势、购买方弱势的格局,房地产买卖合同基本上也并非双方合意的结果,而是由开发商制定的单方面合同。因此,对于开发商自己制定的合同,却在其违约后改变并且是改变为有利于开发商的约定,完全违背了民法中公平原则的精神。

3. 基于过错责任原则的要求。过错责任原则,是以过错作为价值判断标准判断行为人对其行为应否承担责任的归责原则,也是民法上的基本原则之一。在房地产买卖合同纠纷中,这一原则仍然适用。对于延期办证纠纷来说,基于以上两点分析,一方面合同是在买卖双方真实意思的情况下签订的;另一方面开发商在这一买卖合同中又处于优势地位,因此,即使合同的约定存在同实际情况有出入的情况,其缔约过错的承担者也不能是买方,而应该是卖方。这一观点同样符合民法的基本原则和实际情况。

四十一、延期办证违约金的计算标准如何认定?

对于延期办证违约金的计算,一般情况下是根据合同的约定,比如,卖方自交房之日起240日内不能完成办证义务的,则每日按照购房款的万分之一支付违约金直至房产证核发之日。在此情况下,违约金的计算不会出现异议。《商品房买卖合同解释》第十四条第二款规定,“合同没有约定违约金或者损失数额难以确定的,可以按照已付购房款总额,参照中国人民银行规定的金融机构计收逾期贷款利息的标准计算”。针对上述规定中“没有约定违约金”和“损失数额难以确定”是否需要同时具备的问题,司法实践中存在不同观点。

第一种观点认为,从条款内容看,此处用了"或者"一词,应理解为两者只需具备其一,即可适用央行的标准。

第二种观点认为,此处应当两者同时具备,方能参照中国人民银行规定的金融机构计收逾期贷款利息的标准计算。

笔者同意第二种观点。

虽然法条使用了"或者"一词,但从法理原则角度分析,前提条件应该是两者同时具备。《民法典》第五百八十五条关于违约金和损失赔偿计算方式约定的条款属于约定损害赔偿。而《民法典》第五百八十四条规定的损失赔偿额应当相当于因违约所造成的损失,包括合同履行后可以获得的利益,是法定损害赔偿。相应地,《商品房买卖合同解释》第十四条规定的"合同没约定违约金"应指商品房买卖合同没有约定损害赔偿的内容,而"损失数额难以确定的"则主要是指法定损害赔偿额无法认定。在理论上,约定损害赔偿一般要优于法定损害赔偿而生效,这一规定正是合同自由原则下的合同优先原则的具体反映,有约定的损害赔偿应首先执行约定赔偿,只有在没有约定的情况下才能适用法定的损害赔偿。对于《商品房买卖合同解释》第十四条规定的参照央行标准计算延期办证的违约金,要求首先应没有约定违约金,其次是实际损失额难以确定。只有在两者同时具备的情况下,才可参照运用。

【案例适用】

规则 11 [履行不能]已交付但未过户的房屋灭失后,事实上已经不能履行,出卖人不再承担继续履行协助办理过户手续的合同义务。

〖规则解析〗

作为标的物的房屋在实际交付买受人而未办理产权过户手续情况下灭失,房屋买受人请求出卖人协助办理过户手续的合同目的已在客观上不能实现,房屋买卖协议已无法继续履行,出卖人不再承担继续履行协助办理过户手续的合同义务,其请求终止房屋买卖协议符合法律规定,应予支持。

〖案情简介〗[①]

重庆市江津区石门供销合作社(以下简称石门供销社)系依法登记的集体性质的企业法人。1990年5月和2003年10月,石门供销社先后通过划拨取得了原江津县朱杨镇中兴街32号794.10平方米的国有土地(商业用途)和原江津市朱杨镇场上66.95平方米的国有土地(住宅用途)。2009年11月18日,石门供销社与夏良万签订《房屋买卖协议》。协议约定,石门供销社将上述划拨土地及地上两幢砖瓦结构的建筑物(石门供销社的工业品门市及仓库、职工食堂)作价65万元卖给夏良万;房屋过户手续由夏良万自行办理并负责契税及其他各种税费,石门供销社负责营业税等。该协议得到石门供销社董事的确认和主管部门重庆市江津区供销合作社联合社的批复。合同签订后,石门供销社按约履行了交付房屋和权属证书以及缴纳营业税的义务,夏良万按约履行了支付房款、缴纳契税的义务,但未办理房屋的过户登记手续。2010年4月7日,石门供销社委托重庆市江津区房屋安全鉴定所对房屋进行鉴定,其鉴定结果为D级房屋,即整幢为危险房屋,建议根据规划要求拆除重建。2010年4月20日,夏良万与徐财富签订协议,由徐财富拆除危房,现涉案房屋已拆除。2011年6月21日,涉案房屋所在地的江津区国土房管局出具证明,证明石门供销社出售给夏良万的房屋已灭失,不能办理正常的产权过户手续。该房屋至今未办理产权过户登记手续。事后,石门供销社诉至重庆市江津区人民法院请求终止石门供销社与夏良万签订的《房屋买卖协议》。

另查明,夏良万以请求江津区房屋管理登记机关办理房屋过户登记为由,于2011年12月30日向江津区法院提起行政诉讼,夏良万于2012年2月10日申请撤回与重庆市江津区国土资源和房屋管理局房屋行政登记一案,江津区人民法院裁定准许撤回起诉。

〖裁判结果〗

重庆市江津区人民法院经审理认为,石门供销社与夏良万签订的《房屋买卖协议》未违反法律、行政法规关于合同效力性强制性规定,合法有效,双方本应全面履行合同的约定。但夏良万在房屋未办理产权过户登记前自行

① 重庆市第五中级人民法院民事判决书,(2012)渝五中法民终字第43号。

将房屋拆除,根据《城市房屋权属登记管理办法》第二十四条、第二十五条关于房屋灭失应由权利人申请或由行政机关依法注销房屋登记的规定,双方买卖的房屋已无法办理房屋产权过户手续。即《房屋买卖协议》约定的房屋产权过户手续不能继续履行,依据《合同法》(已失效)第九十一条第七项的规定[①],《房屋买卖协议》约定的权利义务应当终止。综上,原告请求终止履行《房屋买卖协议》,于法有据,予以支持。

江津区人民法院判决如下:原告重庆市石门供销合作社与被告夏良万于 2009 年 11 月 18 日签订的《房屋买卖协议》终止履行。

一审宣判后,夏良万不服一审判决,向重庆市第五中级人民法院提起上诉,请求:撤销重庆市江津区人民法院(2011)津法民初字第 6502 号民事判决,判决驳回石门供销社的一审诉讼请求。主要事实和理由:夏良万将过户材料已交江津区朱杨镇国土房管局,过户手续在办理过程中。夏良万要求石门供销社协助办理过户是夏良万的权利,石门供销社协助办理过户是其义务,石门供销社的这种义务不能放弃。夏良万向朱杨镇国土局递交过户材料,石门供销社予以了配合,朱杨镇国土局对标的物进行绘制后,建议夏良万申请房屋鉴定所进行鉴定。经鉴定为 D 级危房,建议拆除重建。由于买受的房屋系危房,夏良万不得不根据鉴定报告对房屋拆除,一审判决认定夏良万在房屋未办理过户登记前自行拆除,系认定事实不清。石门供销社请求终止履行房屋买卖协议系恶意诉讼。

石门供销社答辩称,买卖的房屋系旧房,不是危房,不需要勘察,也没有勘察,因夏良万急于开发而拆除。夏良万擅自拆除买卖标的物房屋,违反了在占有房屋期间妥善保管标的物的义务,致使标的物灭失无法过户,合同也无法继续履行,一审判决终止双方的房屋买卖协议正确,请求驳回夏良万的诉讼请求。

重庆市第五中级人民法院最终判决:驳回上诉,维持原判。

〖**裁判思路**〗

石门供销社与夏良万签订的《房屋买卖协议》未违反法律、行政法规关于合同效力性强制性规定,合法有效。根据《城市房屋权属登记管理办法》

---

① 现规定在《民法典》第五百五十七条第六项,有下列情形之一的,债权债务终止:……(六)法律规定或者当事人约定终止的其他情形。

第二十四条、第二十五条的规定,房屋灭失的,原权利人应当申请注销登记。逾期不办理又无正当理由的,土地房屋行政主管部门可以直接办理注销登记。在合同履行过程中,夏良万拆除了《房屋买卖协议》的标的物房屋,依照以上规定,石门供销社与夏良万已无法办理房屋产权过户手续。根据《合同法》(已失效)第一百一十一条[①]第一项规定,当事人一方不履行非金钱债务或者履行非金钱债务不符合约定的,对方可以要求履行,但法律上或者事实上不能履行的除外。石门供销社对夏良万负有协助办理房屋过户手续的义务,但是,根据以上事实与相关的法律、法规与规章的规定,夏良万不得向石门供销社请求履行协助办理房屋过户手续的义务,因此,石门供销社不再承担协助办理房屋过户手续的义务,石门供销社实际上不再承担继续履行合同的义务。一审判决石门供销社与夏良万签订的《房屋买卖协议》终止履行符合法律规定,夏良万的上诉理由不成立,应予驳回。

规则 12　[交付改变]交付房屋改变的建筑事项,无论是否经过行政机关审批或者是否符合建筑规范,均属另一法律关系,不能成为开发商不构成违约或者免除违约责任的理由。

〖规则解析〗

交付房屋不符合商品房预售合同中的约定,应由开发商向业主承担违约责任。交付房屋改变的建筑事项,无论是否经过行政机关审批或者是否符合建筑规范,均属另一法律关系,不能成为开发商不构成违约或者免除违约责任的理由。

〖案情简介〗[②]

一审查明,2003 年 8 月 17 日,原告黄某与被告美晟房产公司签订一份《商品房买卖合同》,约定:黄某(买受人)购买美晟房产公司(出卖人)预售的“美利新世界”502 号商品房一套,建筑面积 143.4 平方米,总金额 567,864 元。2004 年 8 月 16 日,美晟房产公司给黄某发出《入住通知书》,现在黄某

---

① 现规定于《民法典》第五百八十条,当事人一方不履行非金钱债务或者履行非金钱债务不符合约定的,对方可以请求履行,但是有下列情形之一的除外:(一)法律上或者事实上不能履行;(二)债务的标的不适于强制履行或者履行费用过高;(三)债权人在合理期限内未请求履行。有前款规定的除外情形之一,致使不能实现合同目的的,人民法院或者仲裁机构可以根据当事人的请求终止合同权利义务关系,但是不影响违约责任的承担。

② 黄某诉美晟房产公司商品房预售合同纠纷案,载《最高人民法院公报》2006 年第 2 期。

已办理入住手续，并已交纳所购房屋价款。同月，黄某给美晟房产公司发函反映窗外钢梁一事。

另查明，2003年6月30日，北京市建筑设计研究院审查批准的被告美晟房产公司施工图中，诉争房屋外设计有装饰钢梁。在美晟房产公司为预售房屋而展示的沙盘图上，诉争房屋外无装饰钢梁。双方当事人签订的《商品房买卖合同》中，对客厅外存在钢梁一事未约定。现诉争房屋经验收合格，竣工图也经政府有关部门审核批准。

二审查明，上诉人黄某所购房屋之楼号，已经由《商品房买卖合同》中表述的E－7幢2单元502号，变更为10号楼2单元502号。对此处房屋窗外的钢梁，黄某在一审中一再陈述，其已通过《业主入住验收单》明确提出书面异议，该《业主入住验收单》由被上诉人美晟房产公司保存。二审中，经法院要求，美晟房产公司拒不交出有黄某签名的《业主入住验收单》。

经实地观察，诉争房屋窗外的钢梁，纯属该幢楼房外立面的装饰造型，对楼房主体结构没有影响。装饰造型底部的横梁位于5楼与6楼之间，对5楼部分房屋的窗户造成一定程度且永久性遮挡，从而影响窗内人的视觉感受。

除此之外，二审确认一审查明的其他事实。

二审中，上诉人黄某提交由有资质证书的北京首都工程建筑设计有限公司出具的一份报告。报告主要内容为：为不影响黄某、王某旗、吴某兵、韩某巍、莫某、刘某、赵某昭等5楼住户的采光，美利新世界D户型5层房屋外装饰钢梁的底部横梁以从现位置上移55厘米重新焊接为宜。经质证，对北京首都工程建筑设计有限公司的上述报告，双方当事人均无异议。

〖**裁判结果**〗

北京市大兴区人民法院认为：原告黄某与被告美晟房产公司签订的《商品房买卖合同》，是双方当事人的真实意思表示，内容不违反法律法规，应当确认合法有效。美晟房产公司为预售房屋展示的沙盘图，只能反映整个小区外部的总体概况，不能反映建筑设施的各个细节。因此，预售房屋外墙及室内装修的标准，应以经政府有关部门审核批准的施工图、竣工图以及《商品房买卖合同》中的约定为准。经政府有关部门审核批准的竣工图表明，诉争房屋的设计不违反法律、法规的强制性规定，且建造符合相应建筑规范。在交接房屋时，黄某未提出异议，并实际办理了入住手续，现以窗外钢梁侵犯其人身、财产安全和隐私权，造成视觉和心理障碍为由，诉请美晟房产公司拆除该钢梁，因无合同依据及损害后果，不予支持。据此，北京市大兴区人民法院于2005年3月20日判决：驳回原告黄某的诉讼请求。

北京市第一中级人民法院于2005年7月8日判决：(1)撤销一审民事判决；(2)本判决生效后10日内，被上诉人美晟房产公司将上诉人黄某所购房屋窗外的装饰钢梁横梁上移55厘米并重新焊接。

〖**裁判思路**〗

本案的争议焦点为：(1)对诉争房屋窗外的钢梁，黄某入住时是否认可？(2)钢梁的存在是否构成美晟房产公司违约？美晟房产公司对此应否承担违约责任？

房屋是价值昂贵的不动产，日常生活经验法则说明，对所购房屋显而易见的瑕疵，业主收房时一般不会轻易忽视。上诉人黄某在一审中一再陈述，收房时对窗外有装饰钢梁一事，其已在《业主入住验收单》上明确提出书面异议。《业主入住验收单》是被上诉人美晟房产公司单方保存的证据，经法院要求，美晟房产公司拒不提交。最高人民法院《关于民事诉讼证据的若干规定》第七十五条规定："有证据证明一方当事人持有证据无正当理由拒不提供，如果对方当事人主张该证据的内容不利于证据持有人，可以推定该主张成立。"据此，可以推定黄某关于收房时已对窗外有钢梁一事提出书面异议的主张成立。一审认定黄某在交接房屋时未提出异议，不符合事实，应当纠正。

本案是商品房预售合同纠纷，双方当事人签订的《商品房买卖合同》合法有效。《民法典》第五百七十七条规定，"当事人一方不履行合同义务或者履行合同义务不符合约定的，应当承担继续履行、采取补救措施或者赔偿损失等违约责任"。因装饰钢梁影响窗内人的视觉感受，上诉人黄某诉请判令被上诉人美晟房产公司承担将装饰横梁上移55厘米的责任；美晟房产公司坚称，是从整个小区的美观与协调考虑，且在经过政府有关部门批准与符合建筑规范的情况下才安装这个钢梁，黄某应顾及整个小区的利益。在美晟房产公司与黄某签订的合同中，没有约定预售的房屋外有装饰钢梁；在美晟房产公司给黄某展示的沙盘上，房屋模型外也没有装饰钢梁；而美晟房产公司交付给黄某的房屋，窗外却有装饰钢梁遮挡。美晟房产公司履行合同义务不符合约定，依法应承担违约责任。至于安装钢梁是否经过行政审批与是否符合建筑规范,属另一法律关系,不能成为美晟房产公司不构成违约或者免除违约责任的理由。业主花费巨额资金购买房屋,注重的不是房屋外墙立面美观,而是房屋内各项设施是否有利于居住使用。只有在这一前提下,黄某才可能与美晟房产公司签订《商品房买卖合同》。衡法酌理,不能为保全钢梁的装饰功能,而牺牲业主签订《商品房买卖合同》时要达到的合同目的。黄某主张将装饰横梁上移55厘米,既由北京首都工程建筑设计有限公司证明在技术上可行,又可以用较低的成本补救装饰钢梁带来的不当影响,此意见应予采纳。

综上所述,一审判决认定事实不清,导致判决结果失当,应当纠正。

规则13 [保修期]房屋修复后保修期不应重新计算。

〖规则解析〗

房屋修复后重新计算保修期存在法律层面和操作层面的双重障碍,而通过开发商对业主承担损害赔偿责任,则可避开障碍,且同样能够弥补业主的损失,平衡开发商与业主的利益。因此,认定房屋修复后保修期不再重新计算更为妥当。

〖案情简介〗

2007年3月,吴某与开发商签订商品房预售合同一份,其中约定开发商应于2007年6月29日前将房屋交付给吴某;房屋交付的标志是签订《入住验收确认书》;在验收交接时,开发商应出示证明房屋符合交付条件的文件,因该房屋用途为居住用房,开发商应向吴某提供《新建住宅质量保证书》和《新建住宅使用说明书》。自房屋验收交接之日起,开发商对房屋负责保修,保修范围和保修期由双方参照国务院发布的《建设工程质量管理条例》及《上海市房地产转让办法》,在本合同"附件五"中约定。合同"附件五"即《上海市新建住宅质量保证书》,其中载明:"住宅自签约交付使用之日起,在正常使用情况下,住宅的保修期限为:1.住宅的地基基础工程和主体结构工程,为设计文件规定的该工程的合理使用年限;2.屋面防水工程、卫生间、房间和外墙面的防渗漏,为5年;3.门、窗安装密闭,不出现翘裂,为2年;4.墙面、顶棚抹灰层不脱落,为2年;5.电气管线、给排水管道、设备安装和装修工程,为2年。"

2007年6月29日,开发商与吴某如约进行房屋验收交接,并签订《室内设备验收表》,其中载明:"吴某验看房屋后提出如下房屋质量问题:1.墙壁渗水;2. 地板咯吱声(约 2 平方米处);3. 露台地板损坏;另楼上大门有碰伤,手拉门太紧,客厅塑钢窗晃动。开发商表示,将于同年 7 月 10 日前解决 1、3 点,第 2 点两个月内解决。”其后,因对修复方案存在争议,双方虽数次协商房屋修复事宜,均未果。吴某遂诉至法院,要求判令开发商按照其提供的方案修复房屋,于修缮完毕之日起两年内对修缮部位承担保修责任,并向吴某赔偿损失 1 万元。开发商辩称,其一直同意修复房屋,但认为吴某提出的修复方案存在诸多不合理之处,吴某要求重新计算保修期缺乏法律依据;对于吴某提出的赔偿损失的要求,其表示同意。后经鉴定,房屋出现质量问题均系开发商施工不当所致。因吴某与开发商对涉案房屋的修复方案无法达成一致,法院委托某建筑设计公司制作了《房屋修复方案》,吴某对该方案表示认可,开发商亦同意按照该方案进行维修。

此外,本案一审判决之日距离开发商与业主办理房屋验收交接之日,即 2007 年 6 月 29 日已超过 2 年。

〖**裁判结果**〗

开发商与业主在商品房预售合同中通常会对房屋质量保修期作出约定,与此相关,实践中出现一类新型房屋买卖合同纠纷,即在房屋保修期内房屋出现质量瑕疵,业主除要求开发商对瑕疵部分进行修复外,还主张在修复完成后,修复部位应重新计算质量保修期。因缺乏相应的法律规定,房屋修复后保修期应否重新计算成为审判实务中的疑难问题。

〖**裁判思路**〗

本案双方的争议焦点为,房屋质量瑕疵部位修缮完成之后,开发商是否应对被修复部位再承担两年的保修责任。对于修缮完成之后被修复部位的“保修期”,一种观点认为,合同约定的保修期自房屋交付之日起开始计算,而本案一审诉讼期间保修期已经届满,业主要求开发商在修缮完成之后再给予两年的保修期,实际是要求修复后重新计算保修期。另一种观点认为,本案中,业主在开发商交房当日,即提出房屋存在诸多质量问题,也就是说房屋自始就是有质量瑕疵的,故不能认为保修期自交接当日起开始计算,而应从开发商修缮完成之日,即房屋无质量瑕疵之日起开始计算。业主要求开发商修缮完成之后对被修复部位给予两年保修期,不是保修期的重新计算,而是开始计算。可见,探讨本案中开发商是否有义务从修缮完成之日起两年内对被修复部位承担保修责任,首先应明确两点:一是保修期应从何时开始计算，二是保修期的性质本身是否允许重新计算。

一、保修期开始计算的时间——对房屋交付的认定

《商品房销售管理办法》第三十三条规定：房地产开发企业应当对所售商品房承担质量保修责任的期限从交付之日起计算。如何认定房屋交付？《民法典》第六百一十五条规定，出卖人应当按照约定的质量要求交付标的物。出卖人提供有关标的物质量说明的，交付的标的物应当符合该说明的质量要求。而本案双方当事人在《商品房预售合同》中约定"房屋交付的标志是签订《入住验收确认书》，在验收交接时，开发商应出示证明房屋符合交付条件的文件，因该房屋用途为居住用房，开发商应向吴某提供《新建住宅质量保证书》和《新建住宅使用说明书》"。该合同条款明确了两项内容，一是双方签订《入住验收确认书》，即标志着本案房屋交付完成；二是开发商在验收交接时向吴某出示《新建住宅质量保证书》和《新建住宅使用说明书》，即可证明其所交付的房屋符合交付条件。而从本案查明的事实看，2007 年 6 月 29 日双方办理房屋验收交接时，开发商即向吴某出示了《新建住宅质量保证书》和《新建住宅使用说明书》，吴某验看房屋后，当日即与开发商签订了《室内设备验收表》。据此，笔者认为按照合同约定，系争房屋已符合交付的条件；虽然《室内设备验收表》与《入住验收确认书》的名称不同，但实质内容并无二致，均为一种业主对房屋完成验收的凭据，故根据合同约定，双方签订《室内设备验收表》即标志着本案房屋已完成交付，也就是说本案房屋交付的时间应为 2007 年 6 月 29 日。对此，反对观点认为，吴某在验收交接当日即提出房屋存在质量问题，因此不能认定在交接当日房屋完成交付。而笔者认为，其一，交付即转移占有，吴某虽然在房屋验收当日即提出房屋存在质量问题，但仍入住其中，并随后对房屋进行了装修，表明系争房屋已由开发商占有转移至吴某占有，即房屋交付已完成。其二，假设房屋验收交接时，业主发现房屋存在大面积渗漏或出现结构性问题可能严重影响到业主正常使用，则业主有权拒绝接收房屋并要求开发商维修，因房屋维修造成迟延交付的，业主有权要求开发商承担逾期交房的违约责任。但本案中，房屋出现的是局部墙面渗水、地板走动时有响声等质量瑕疵，一方面，按照合同约定，房屋符合交付条件是指具备《新建住宅质量保证书》和《新建住宅使用说明书》，而非指房屋没有瑕疵；另一方面，本案房屋出现的质量瑕疵并不会严重影响房屋的正常使用，亦不影响房屋的交付。相应地，对于房屋出现

的质量瑕疵问题，开发商承担的是保修责任，而非迟延交房之违约责任。因此，本案应认定房屋于 2007 年 6 月 29 日完成交付，房屋保修期自该日开始计算。由于一审期间，除“屋面防水工程、卫生间、房间和外墙面的防渗漏”尚余不足 2 年的保修期外，合同约定的房屋其他部位保修期均已届满，吴某要求开发商于修缮完成之日起两年内对被修复部位承担保修责任，实际是要求重新计算保修期。

二、保修期的性质——瑕疵担保责任之质量异议期间

如何界定保修期的性质？它是否属于诉讼时效或除斥期间？笔者认为，在保修期内，房屋出卖人负有被特定化的物的瑕疵担保责任；而保修期即为房屋交付后，买受人对于房屋的质量异议期间。具体来说，所谓瑕疵担保，是指有偿合同中的债务人对其所作出的给付应担保其权利完整和标的物质量合格，[①]如果债务人违反此种担保义务，则应负瑕疵担保责任。瑕疵担保责任分为两种，即权利的瑕疵担保责任和物的瑕疵担保责任。前者是指债务人应担保债权人取得权利，不致因第三人主张权利而丧失其标的物；后者是指债务人应担保其给付的标的物在质量方面符合法律规定和合同约定。[②] 瑕疵担保责任在买卖合同中表现得最为典型，因而各国一般将其规定在买卖合同法中，而对其他合同准用之。[③] 我国《民法典》第六百一十七条[④]即规定了出卖人的瑕疵担保责任，该责任的构成要件包括标的物须有瑕疵，标的物的瑕疵须于买卖标的物风险转移于买受人时业已存在，买受人须善意且无重大过失；买受人在质量异议期间内将房屋瑕疵通知出卖人。关于质量异议期间，《民法典》第六百二十条规定，买受人收到标的物时应当在约定的检验期限内检验。没有约定检验期限的，应当及时检验。第六百二十一条规定，当事人约定检验期限的，买受人应当在检验期限内将标的物的数量或者质量不符合约定的情形通知出卖人。买受人怠于通知的，视为标的物的数量或者质量符合约定。当事人没有约定检验期限的，买受人应当在

① 参见崔建远：《合同责任研究》，吉林大学出版社 1992 年版，第 269 页。

② 参见王利明：《合同法研究》(第 2 卷)，中国人民大学出版社 2003 年版，第 398 ~ 399 页。

③ 参见崔建远主编：《合同法》，法律出版社 2007 年版，第 381 页。

④ 《民法典》第六百一十七条规定，出卖人交付的标的物不符合质量要求的，买受人可以依据本法第五百八十二条至第五百八十四条的规定请求承担违约责任。

发现或者应当发现标的物的数量或者质量不符合约定的合理期限内通知出卖人。买受人在合理期限内未通知或者自收到标的物之日起二年内未通知出卖人的，视为标的物的数量或者质量符合约定；但是，对标的物有质量保证期的，适用质量保证期，不适用该二年的规定。出卖人知道或者应当知道提供的标的物不符合约定的，买受人不受前两款规定的通知时间的限制。

就开发商与业主约定的商品房保修期而言，笔者认为，一方面，该保修期即是开发商作为房屋出卖人应承担的物的瑕疵担保责任。开发商必须担保在保修期内，房屋不会出现合同约定或者法律规定的保修范围内的质量问题，否则，开发商应承担免费维修的义务。实际上，由于商品房买卖交易中，业主已经按照合同约定向开发商支付了房款，而作为对价，开发商理应提供无瑕疵的房屋，否则有失交易之公平，因此，开发商对于保修期内的房屋修缮理应自担成本。另一方面，开发商所承担的是被特定化的物的瑕疵担保责任，该特定化表现在两个方面：一是瑕疵特定，即限于合同约定或法律规定的保修范围之内的质量瑕疵。二是买受人的质量异议期间特定，即限定为合同约定或法律规定的保修期。应当注意的是，一般而言，物的瑕疵担保责任的救济方法有修理、更换、减少价款、退货以及赔偿损失。保修期内，对房屋瑕疵的救济方式首先是出卖人对瑕疵进行免费维修，而在符合合同约定和法律规定的情况下，其他救济方式如退房、损害赔偿等亦可适用。

从性质上看，保修期既不属于诉讼时效期间，也不属于除斥期间，因为后两者均为法定期间，而保修期则允许当事人作出约定。实际上，保修期属于或有期间。所谓或有期间，是指决定当事人能否获得特定类型请求权的期间，一旦当事人在该期间内依据法律规定或合同约定为一定的行为，即可获得相应类型的请求权；如果当事人在该期间内未依据法律规定或合同约定为一定行为，则不能获得相应类型的请求权。[①] 如上所述，保修期即特定化的质量异议期间，买受人未在保修期内将房屋质量瑕疵通知出卖人，则视为房屋质量符合约定。也就是说，一旦保修期届满，则相当于买受人得向出卖人请求免费维修之请求权从未存在过。可见，与诉讼时效期间限制权利

① 参见王轶：《诉讼时效制度三论》，载《法律适用》2008 年第 11 期。

人请求权的行使不同,保修期则直接决定买受人能否取得对出卖人的请求权,因此,保修期性质上应属于或有期间。

三、房屋被修复部位保修期应否重新计算之利益衡量

关于房屋被修复部位保修期应否重新计算,尚无法律规定,实践中观点亦不统一。主张应予重新计算的观点认为,其一,保修期内开发商对于房屋质量问题不但应免费“维修”,而且显然应免费“修好”,即修复的结果应当是“无瑕疵”的,否则约定保修期便无意义。修缮完成后,被修复部位已改头换面成为崭新的部位,被修复部位原有剩余的保修期对于新部位而言则不再有意义,新部位亦应无瑕疵,故当然需要重新计算保修期;关于新保修期的时长,因修缮瑕疵所需要的原材料、技术、工艺等一般而言应与原被修复部位完全相同,故修缮完成后新部位保修期的时长应与原有瑕疵部位保修期的时长相同。其二,从当事人之间的利益衡量看,如前文所述,保修期内开发商的维修看似免费,而实际上业主已经为获得无瑕疵的房屋支付了对价,假设房屋存在质量瑕疵,但该瑕疵不在保修范围内,或者在保修期届满后才发现质量瑕疵,或者业主未在保修期内将质量瑕疵通知开发商,则开发商均不负保修责任。可见,保修期的设定从某种意义上说是对开发商责任的限缩、对业主权利的限制。因此,如果修复部位保修期不重新计算,则相当于开发商的义务仅是维修而非修好,业主的权利实难得到保障。以本部分开头所举案例为例,业主吴某在房屋交付当日,也就是保修期开始的第一天就向开发商提出房屋存在质量问题,由于与开发商未能就修复方案达成一致,开发商一直未予维修,而到法院判决开发商进行修缮之日,合同约定各保修项目的保修期或已届满,或已过大半。本案在业主发现房屋质量问题以及通知开发商的时间节点上均比较特殊,恰更加说明保修期重新计算的必要性,因为修复完成之前业主实际上从未得到过无瑕疵的房屋,开发商修复完成后,业主始得到无瑕疵的房屋,而此时保修期却已届满,如果不重新计算保修期,则对业主而言难免有失公允,亦有过于减轻开发商责任之嫌。

笔者认为,房屋被修复部位保修期重新计算固然可以使业主的利益得到一定的保护,但在目前的审判实务中,认定保修期不予重新计算更为可行,也更有利于利益平衡。原因在于:

首先,在法律依据层面,我国法律对于包括房屋在内的任何商品,均未规定修缮完成之后,被修复部位的保修期可以重新计算,且鲜有相关理论研

究，亦无重新计算保修期的相关判例。因此，除非当事人对保修期的重新计算有明确的合同约定，否则，法院判决房屋被修复部位的保修期重新计算，显然缺乏合同和法律依据，有法官造法之嫌。

其次，在实务操作层面，认定房屋修复部位的保修期重新计算缺乏可行性。原因在于：理论上，物的种类有单一物、合成物、集合物之分，其中，单一物是指形态上为独立一体，且各构成部分已失其个性之物，而合成物则是指数个之物，未失其个性，而结合成一体。[①] 按此分类，毛坯房为单一物，而安装了门、窗、厨卫设施、家具家电等多种部件、设备的全装修房，由于这些部件、设备并未失其个性（如门可拆卸，成为单一物），故应属于合成物。如果说房屋被修复部位成为一个新的部位，保修期理应重新计算——这在全装修房尚有可操作的空间，因为门、窗等“不失其个性”的物可以相互独立开来，在确定被修复部位时，可以某扇门或窗作为一处修复部位，待修缮完成后，仍可以该门或窗作为相对独立的个体重新计算各自相应的保修期；然而，如果修复部位是墙壁上某渗漏水的一处，则无论毛坯房抑或全装修房，都无法将出现渗漏水的局部墙面与其余墙面严格区分开来，而仅对出现渗漏水的局部墙面重新计算保修期。因为如果将其区分，势必需要把修复部位“固定”下来，则只能通过实地测量并在判决书中表述具体方位，操作上显然过于烦琐。本案系争房屋出现地板的“某 2 平方米处走动时有咯吱声”，则必须要将有响声的 2 平方米与地板其余无瑕疵部位相区别。审判实务中，如果经实地测量、精确定位，在判决书中将需修复部位的具体范围一一表述，结果当然精准，但从效率和效果上看，如此操作不但没有必要，而且会给执行带来困难。同时，如果同一个墙面的不同部位，或者同一房间内地板的不同部位先后在不同的时间（均在保修期内）发现有质量瑕疵，则不但需要定位需修缮的部位，还需要区别不同修缮部位各自修复完成的时间，以分别重新计算保修期，显然是将简单的问题复杂化，不利于纠纷的解决并可能引发新的纠纷。而如果对出现质量问题的局部不作定位、区分，结果便是只要一处出现问题，整面墙或整个房间的地板的保修期均重新计算，如此一来保修期很可能连绵不绝、永无止境，这对于开发商而言，显然责任过重。可见，

---

① 参见王泽鉴：《民法总则》，中国政法大学出版社 2001 年版，第 212 页。

修缮完成后重新计算保修期将使实务操作陷入两难境地。

最后，从当事人利益平衡层面来看，对于房屋出现质量瑕疵，业主除要求开发商承担保修义务外，通过主张损害赔偿等救济方式，仍可弥补因房屋质量瑕疵遭受的损失。在本案中，开发商与业主在合同中约定，保修期内开发商交付的房屋有质量问题的，业主除有权要求开发商免费维修外，还有权要求开发商按照修复费用的0.5倍给予赔偿。也就是说，即便认定房屋修复后保修期不重新计算，业主还可以向开发商请求损害赔偿，弥补自己的损失。

综上所述，重新计算保修期存在法律层面和操作层面的双重障碍，而通过开发商对业主承担损害赔偿责任，则可避开障碍，且同样能够弥补业主的损失，平衡开发商与业主的利益。综上所述，认定房屋修复后保修期不再重新计算更为妥当。

规则14　[质量缺陷]房屋买受人因房屋存在质量缺陷向出卖人主张修复等民事责任的，人民法院应当予以支持。

〖**规则解析**〗

除有特别约定外，房屋出卖人应当保证房屋质量符合工程建设强制性标准以及合同的约定，房屋买受人以房屋存在质量缺陷为由向出卖人主张修复等民事责任的，人民法院应当予以支持。如果存在房屋裂缝、渗漏等客观事实，并且该客观事实确系建筑施工所致，则人民法院应当依法认定房屋存在质量缺陷。

〖**案情简介**〗①

原告杨某因与被告东台市东盛房地产开发有限公司（以下简称东盛房地产公司）发生商品房买卖合同纠纷，向江苏省东台市人民法院提起诉讼。

原告杨某诉称：2006年3月25日，原告与被告东盛房地产公司签订商品房买卖合同，购买被告开发的东台市水景湾10号楼A室房屋一套，并于同年5月至9月进行了精装修。在装修、居住过程中，原告发现房屋存在墙体裂缝、窗户渗漏等问题，虽然被告得知后对裂缝及渗漏问题进行了多次处理，但仍未能根治修复，从而给原告造成了损失。随后，南京东南建设工程

① 杨某诉东台市东盛房地产开发有限公司商品房销售合同纠纷案，载《最高人民法院公报》2010年第11期。

安全鉴定有限公司对裂缝渗漏原因及修复方案进行了鉴定,认定墙体裂缝主要是因温度变化时结构材料的不均匀收缩所致,屋面未作保温层和墙体砌筑质量较差导致楼层温度裂缝明显,而墙体裂缝是窗户部位产生渗漏的直接原因。故原告要求被告承担修复房屋裂缝及相关费用的民事责任,赔偿因裂缝渗漏造成的损失 7100 元。

被告东盛房地产公司辩称:被告交付给原告杨某的房屋经竣工验收合格,被告仅在保修期限内依据合同约定和法律规定承担维修责任。被告的施工图设计文件通过了有关行政部门审查,符合国家强制性标准及规范的要求。屋面未做保温层符合设计要求和规定,不是被告的过错。新建、增建屋面保温层不属于被告的法定义务。原告的主张没有法律依据,故请求驳回原告的诉讼请求。

东台市人民法院一审查明:

2006 年 3 月 25 日,原告杨某与被告东盛房地产公司签订商品房买卖合同一份,该合同载明,原告购买被告开发的坐落于东台市原新东南路(现海陵南路)水景湾 10 号楼 A 室房屋一套,房屋用途为居住,房屋总价款为 441,430元,《住宅质量保证书》为合同的附件;出卖人自房屋交付使用之日起,按照《住宅质量保证书》承诺的内容承担相应的保修责任,在房屋保修范围和保修期限内发生质量问题,出卖人应当履行保修义务,因不可抗力或者非出卖人原因造成的损坏,出卖人不承担责任,但可协助维修,维修费用由购买人承担。水景湾 10 号楼为叠加别墅,除去顶楼阁楼层后有 4 个结构层,为砖混结构,屋面未设置保温层,对此,被告向原告出售房屋时未予告知。该楼的设计单位为通州市建筑设计院,施工单位为通州市华建建筑安装工程公司,监理单位为通州市天元建设监理咨询有限公司。该楼于 2005 年 4 月 1 日开工,2006 年 1 月 20 日竣工。

2006 年 6 月 21 日,原告杨某领取了涉案房屋的房屋所有权证。在装修、居住过程中,原告发现存在墙体多处裂缝、窗户渗漏等问题,多次报修,被告东盛房地产公司多次派员维修,但均未能根本修复。

2007 年 9 月 3 日,原告杨某将被告东盛房地产公司诉至法院要求其修复房屋的裂缝。审理中,原告申请对墙体裂缝渗漏的原因及维修方案进行鉴定。2007 年 12 月 11 日,南京东南建设工程安全鉴定有限公司作出 SF207078 - 1 号《东台市水景湾 10 号楼 A 室裂缝原因及维修方案鉴定报告》(以下简称鉴定报告),其鉴定结论为:水景湾10号楼A室产生墙体裂缝的主要原因是温度变化时结构材料的不均匀收缩,屋面未做保温层和墙体砌筑质量较差导致顶部楼层温度裂缝明显,上述裂缝对主体结构安全没有影响,但严重影响观瞻和使用功能。其整改修复方案为:(1)现有裂缝的修复方案:对内外贯通的裂缝可采用结构胶进行灌缝,对墙面粉刷层的裂缝,可铲除原粉刷层,进行重新粉刷。(2)防止裂缝继续发展的处理方案:由于水景湾10号楼A室的裂缝基本上都属于温度缝,当温差较大时,房屋的裂缝发展会比较明显,虽然温度裂缝不影响主体结构的安全性能,但是会影响建筑的观瞻和使用,因此,应该采取措施,降低温度变化带给建筑的损伤,考虑到10号楼A室的屋面未设置保温层,建议拆除原屋面瓦,参照图集苏J9801－1/8新做保温屋面。2007年12月19日,原告杨某向法院提出撤诉申请,同日法院作出(2007)东民一初字第1895号民事裁定书,裁定准许原告撤诉,同年12月21日,原告另诉要求被告东盛房地产公司承担根治修复房屋裂缝渗漏及相关费用的民事责任,赔偿因裂缝渗漏造成的损失7100元。

2008年1月7日,原告杨某申请对东台市水景湾10号楼A室房屋整改修复工程造价进行评估。2008年7月9日,中国建设银行股份有限公司江苏省分行作出建苏宁价〔2008〕213号《关于东台市水景湾10号楼A室房屋整改修复工程造价的鉴定意见》,结论为:原告位于东台市水景湾10号楼A室房屋整改修复工程造价为35,481.36元。

〖**裁判结果**〗

本案一审的争议焦点是:(1)被告东盛房地产公司出售给原告杨某的房屋是否存在质量问题;(2)若存在质量问题,被告是否应当承担民事责任;(3)若被告应当承担民事责任,则应当承担何种民事责任。

东台市人民法院一审认为:

第一,被告东盛房地产公司出售给原告杨某的房屋存在质量缺陷。(1)根据《建筑法》第六十条、第六十二条的规定,竣工验收的建筑工程的屋顶、墙面不得有渗漏、开裂等质量缺陷,且建筑工程实行质量保修制度。该法及国务院《建设工程质量管理条例》未对"质量缺陷"作出进一步的解释或规定。《房屋建筑工程质量保修办法》第三条规定:"本办法所称房屋建筑工程质量保修,是指对房屋建筑工程竣工验收后在保修期限内出现的质量缺陷,予以修复。本办法所称质量缺陷,是指房屋建筑工程的质量不符合工程建设强制性标准以及合同的约定。”参照该条规定，只要房屋建筑工程质量不符合法定标准以及合同目的，则可以认定存在质量缺陷。(2)根据《建筑法》第五十二条的规定，建筑工程勘察、设计、施工的质量必须符合国家有关建筑工程安全标准的要求，具体管理办法由国务院规定。根据《质量管理条例》第三条、第十六条的规定，建设单位、勘察单位、设计单位、施工单位、工程监理单位依法对建筑工程质量负责，建设单位在收到建设工程竣工报告后，应当组织对建筑工程质量负责的有关单位进行竣工验收，由勘察、设计、施工、工程监理等单位分别签署质量合格文件后，方可交付使用。在当事人对房屋建筑工程质量提起的诉讼中，建设单位提供的有关行政管理部门的批准文件，以及勘察、设计、施工、工程监理等单位的质量合格文件，只能作为证据使用，对人民法院认定事实不具有当然的确定力和拘束力。(3)本案中，原告购买的房屋存在裂缝、渗漏等问题，是一个客观事实，并且该客观事实经司法鉴定结论证实系温度变化时结构材料不均匀收缩所致，屋面设计瑕疵和墙体砌筑质量较差导致顶部楼层温度裂缝明显。综合以上三点，足以认定本案被告出售给原告的房屋存在质量缺陷，被告认为房屋的施工设计文件经有关行政部门审核批准、房屋竣工后经有关单位验收合格，因此应当认定对房屋质量合格的理由，不予采纳。

第二，被告东盛房地产公司应当对本案的房屋质量缺陷承担相应的民事责任。(1)如上所述，我国实行建筑工程质量保修制度。根据《建设工程质量管理条例》第四十条的规定，在正常使用条件下，房屋主体结构工程的保修期限为设计文件规定的该工程的合理使用年限，房间和外墙面的防渗漏工程的保修期限为5年，保修期自竣工验收合格之日起计算。根据司法鉴定结论，本案讼争房屋的主体结构虽然不存在安全问题，但存在裂缝的质量缺陷，且出现了渗漏。原告杨某在保修期内主张权利，应当予以支持。(2)根据《产品质量法》第二条的规定，建设工程不适用该法，因此，原告主张的房屋质量缺陷责任应当适用建筑法律法规的规定以及民事法律的一般性规定。《建筑法》第五十八条、第六十条确定了由施工单位对建筑工程施工质量负责的一般原则。《建设工程质量管理条例》第四十一条规定：“建设工程在保修范围和保修期限内发生质量问题的，施工单位应当履行保修义务，并对造成的损失承担赔偿责任。”以上建筑法律法规的规定，旨在明确建筑工程质量的最终责任承担者为施工单位。根据《民法典》第六百一十七条的规定,出卖人交付的标的物不符合质量要求的,买受人可以依据本法第五百八十二条至第五百八十四条的规定请求承担违约责任。所以,原告向被告主张权利有法律上的依据。(3)本案中,被告交付给原告的房屋存在的质量缺陷比较隐蔽,经鉴定,质量缺陷的产生原因在房屋交付时即已存在,只是在交付后才被发现。在原、被告双方签订的《住宅质量保证书》中,也约定了在房屋保修范围和保修期限内发生质量问题,出卖人应当履行保修义务。综合以上三点,原告有权主张被告承担相应的民事责任。

第三,被告东盛房地产公司应当对房屋质量缺陷承担修复责任。根据《民法典》第五百八十二条的规定,对于质量不符合约定的,买受人可以合理选择要求对方承担修理、重作、更换、退货、减少价款或者报酬等违约责任。《商品房买卖合同解释》第十条规定:"因房屋质量问题严重影响正常居住使用,买受人请求解除合同和赔偿损失的,应予支持。交付使用的房屋存在质量问题,在保修期内,出卖人应当承担修复责任;出卖人拒绝修复或者在合理期限内拖延修复的,买受人可以自行或者委托他人修复。修复费用及修复期间造成的其他损失由出卖人承担。"本案中,被告交付给原告杨某的房屋因出现裂缝渗漏质量问题严重影响居住使用,原告选择要求被告承担根治修复房屋裂缝渗漏的民事责任,依法应予以支持,被告应当按照南京东南建设工程安全鉴定有限公司作出的第 SF207078 –1 号鉴定报告中所明确的整改修复方案履行修复义务。关于原告要求被告承担根治修复房屋裂缝渗漏的相关费用的诉讼请求,因该费用尚未实际发生,不予支持。关于原告要求被告赔偿因裂缝渗漏造成的损失 7100 元,证据不足,不予支持。

据此,江苏省东台市人民法院判决:(1)被告东盛房地产公司于本判决生效之日起 3 个月内对属于原告杨某所有的坐落于东台市原新东南路(现海陵南路)水景湾 10 号楼 A 室按南京东南建设工程安全鉴定有限公司作出的第 SF207078 –1 号《东台市水景湾 10 号楼 A 室裂缝原因及维修方案鉴定报告》中所明确的整改修复方案进行整改修复;(2)驳回原告杨某的其他诉讼请求。

东盛房地产公司不服一审判决,向江苏省盐城市中级人民法院提起上诉,主要理由是:一审认定事实错误。上诉人提供的施工图纸及竣工验收文件等,能够证明本案房屋设计施工通过了有关行政部门的强制性标准审查,被上诉人杨某的屋面未设计、未设置保温层,符合当时的建筑标准和规范,故一审法院判决上诉人按鉴定报告方案修复房屋裂缝渗漏,依据不足;被上诉人在购买该商品房时,上诉人已经依据相关规定提供了相应的图纸及资料,双方对房屋的结构、层次等在合同中作了明确的约定,房屋竣工交付时,上诉人也依据相关规定提供了验收证明书及质量监督报告等文件,被上诉人应当知道屋面未设置保温层的事实,故一审判决认定上诉人在售房和交房时未尽告知义务,无事实依据。请求二审查明事实,依法改判上诉人仅对室内裂缝部分承担修复义务,并驳回被上诉人的其他诉讼请求。

盐城市中级人民法院经过二审,确认了一审查明的事实。

盐城市中级人民法院判决:驳回上诉,维持原判。

〖**裁判思路**〗

东盛房地产公司与杨某签订房屋买卖合同,其应当保证出卖的房屋符合法律规定或者合同约定的质量,现上诉人交付给被上诉人的房屋出现墙体裂缝及渗漏问题,经专业部门鉴定,其主要原因系温度变化时结构材料不均匀收缩所致,而屋面未作保温层和墙体砌筑质量较差导致顶部楼层温度裂缝明显。对此,上诉人作为房屋的出卖人,对其出售房屋存在的质量缺陷,依法应当承担相应的修复义务,一审判决并无不当。

关于上诉人东盛房地产公司以交付的房屋通过了有关行政管理部门的强制性标准审查且通过了竣工验收为由拒绝承担相应责任的主张,法院认为,虽然上诉人交付的房屋从设计施工至竣工均经有关行政管理部门审核批准,未设置保温层符合当时的建筑标准和规范,但是上诉人交付给被上诉人杨某的房屋存在明显质量缺陷,且已严重影响被上诉人对房屋的正常居住使用,其原因亦经相关专业部门鉴定。上诉人提出的房屋通过标准审查仅是有关行政管理部门认定的事实,并不能据此否定房屋存在质量缺陷的客观事实。故对上诉人的该上诉理由,不予采纳。

上诉人东盛房地产公司认为,其已向被上诉人杨某出具了房屋的相关图纸资料,被上诉人应当知道屋面未设置保温层的事实。对此本院认为,房屋的图纸资料属于专业技术材料,没有上诉人的相关告知,被上诉人仅凭常识,不可能得知房屋未设置保温层,即使被上诉人知道未设置保温层的事实,在上诉人交付房屋时,被上诉人也不可能知道未设置保温层会产生裂缝渗漏等问题。且本案中的房屋质量缺陷具有隐蔽性,被上诉人在使用过程中才得以发现。上诉人不能以订立合同时所拥有的信息优势来免除保证房屋质量的法定责任。故对上诉人的这一上诉理由,不予采纳。

规则 15　[外墙面]开发商售房不得保留外墙面所有权及使用权。

〖**规则解析**〗

外墙面不属于单个业主,亦不属于开发商,而属于业主共有,开发商不能在出售房屋时在商品房买卖合同中约定保留外墙面的所有权和使用权。

〖**案情简介**〗

2011 年 7 月 14 日,原告熊某为从事经营活动,从被告某置业公司处购买房屋(商业用途)一套,并签订了商品房买卖合同,该合同附件约定“鉴于本项目系 SJC 一期开发地块,故从 SJC 整体规划、功能及形象考虑,本项目屋面使用权、墙面使用权归出卖人,买受人设置店招、广告牌时,应当服从与遵守 SJC 整体规划、功能和形象的需要,并服从与遵守出卖人或物业公司的管理”。

2011 年 9 月 29 日,被告物业公司通知原告熊某要求其从 2011 年 10 月 1 日起每年向物业公司交纳 2 万元的广告费,否则强行拆除广告招牌。2011 年 10 月上旬,被告物业公司强行拆除原告熊某店面的招牌。原告熊某以其合法权益受损为由诉至法院。

〖**裁判结果**〗

本案在审理过程中,形成了两种不同意见:

第一种意见认为,既然熊某与某置业公司在商品房买卖合同中约定了开发商保留外墙面的使用权,系双方的真实意思表示,熊某就应该遵从该约定,并向开发商交纳广告费;

第二种意见认为,外墙面属业主共有,开发商不能保留外墙面的使用权,业主对与其专有部分紧密相连的外墙面可以进行合理利用。

〖**裁判思路**〗

笔者赞同第二种观点,理由如下:

1. 外墙面不属于单个业主,亦不属于开发商,而属于业主共有,开发商不能在出售房屋时在商品房买卖合同中约定保留外墙面的所有权和使用权。

首先,根据建筑物区分所有权的理论即壁心和最后粉刷表层说,专有部分所有权人行使权利的边界不能超过壁心,而外墙面明显超过壁心,因此,外墙面不能归单个业主专有,仅能归全体业主共有。其次,《民法典》第二百一十六条第一款规定,不动产登记簿是物权归属和内容的根据。在登记机构的不动产登记簿上，亦不可能将特定房屋的特定外墙面登记在单个业主名下，既然外墙面无法登记在单个业主名下，那么只能属于该特定房屋的全体业主。最后，根据最高人民法院《关于审理建筑物区分所有权纠纷案件具体应用法律若干问题的解释》（2020年修正）第三条“除法律、行政法规规定的共有部分外，建筑区划内的以下部分，也应当认定为民法典第二编第六章所称的共有部分：（一）建筑物的基础、承重结构、外墙、屋顶等基本结构部分，通道、楼梯、大堂等公共通行部分，消防、公共照明等附属设施、设备，避难层、设备层或者设备间等结构部分……”的规定，外墙面属于特定房屋全体业主共有，司法解释对外墙面权属作出如此的规定，有利于更好地利用外墙面，符合物权法物尽其用的立法目的。此外，从外墙面的物理属性来看，外墙面属于房屋固有组成部分，与房屋专有部分密不可分，不可能由开发商所有，因为开发商出售专有部分时已经将外墙面的面积计入了房屋建筑面积，开发商亦不可能为业主支付单独的成本，因此，开发商不得在商品房买卖合同中约定保留外墙面的所有权、使用权，当然不得向业主收取费用。另外，开发商在商品房买卖合同中的上述约定，属于霸王条款，有违诚实信用、公平原则，应当认定无效。

本案中，熊某与某置业公司所签订的房屋买卖合同中有关保留外墙面使用权的约定无效，某置业公司、物业公司无权要求熊某支付外墙面广告费。

2. 外墙面虽属业主共有，但单个业主可以对与其专有部分紧密相连的外墙面进行合理使用。

根据最高人民法院《关于审理建筑物区分所有权纠纷案件具体应用法律若干问题的解释》第四条“业主基于对住宅、经营性用房等专有部分特定使用功能的合理需要，无偿利用屋顶以及与其专有部分相对应的外墙面等共有部分的，不应认定为侵权。但违反法律、法规、管理规约，损害他人合法权益的除外”的规定，业主可以合理使用外墙面，但必须合理、合法，即无偿使用且不得违反法律、法规、管理规约或者损害他人合法权益。就本案而言，熊某利用与其商铺相连的外墙面从事经营活动，属于合理使用，无须支付费用。

规则16　[容忍义务]业主面对社会效益最大化须有容忍义务。

〖规则解析〗

容忍义务的本质特征是面对公共利益、社会利益或大多数人的利益，受害方在利益受到侵害时应当容忍。业主面对社会效益最大化须有容忍义务。

〖**案情简介**〗

事情发生于2010年,当时厦门市A大厦业主章先生与开发商签订了一份《商品房买卖合同》,购买A大厦地下二层8号车位,价款为人民币40多万元。但是,在卖出8号车位后,开发商依据厦门市规划局的批准文件,在该楼宇外廓加建观景电梯。在章先生所购地下停车位的近旁,观景电梯及其前室通道占用了6个地下车位,其中包括章先生的8号车位。事后,2011年1月,开发商函告章先生,愿意把未卖的最好的车位由章先生挑选直到满意为止。但是,章先生并没有接受开发商调换车位的方案,遂向法院提起诉讼,请求判令开发商停止侵占其所有的车位,恢复车位原状;另外,章先生还要求,开发商要按每月1000元支付车位占用费,支付时间至恢复原状。

〖**裁判结果**〗

法院一审认为,开发商未经章先生同意,擅自将观景电梯通道建在其所购车位上,已构成侵权。章先生要求停止侵占并恢复车位原状,不违反相关法律规定,但鉴于观景电梯已建成投入使用,一旦电梯拆除,再另选地址重建,造成的损失远大于章先生所购车位的价值。因此,法院判决开发商支付原告章先生车位占用费,但驳回章先生的其他诉讼请求。一审宣判后,章先生不服,提起上诉。在二审庭审中,开发商表示可以采取更换车位、折价赔偿等其他方式对章先生予以补偿。但章先生仍坚持要求开发商恢复原车位。2012年年初,二审法院终审判决驳回章先生的上诉,维持原判。

〖**裁判思路**〗

这是一起侵权纠纷案件。侵权行为是一种侵害他人权益的行为,侵权人必须承担侵权责任,侵权责任的行为人或责任人除了要承担赔偿损失、返还等财产形式的责任外,在很多情况下,还可能同时承担停止侵害、恢复名誉、消除影响、赔礼道歉等非财产形式的责任。本案的焦点在于开发商是否侵权、是否承担责任?原告章先生要求恢复原状的要求是否合理?对于这起案件,实践中有以下几种观点。

第一种观点:根据厦门市规划局的批准文件,在章先生所购地下停车位附近梯位加建了两台价值200多万元的观景电梯,也就是说,其根据政府的批准设置观景电梯,事属合理,开发商的行为并非擅自行为,开发商并未侵权,应当驳回原告的诉讼请求。

第二种观点:开发商与章先生签订的买卖车位合同是合法生效的,开发商在事先未告知章先生的情况下,将章先生的车位用于修建观景电梯前室通道,明显属于侵权,章先生有权要求恢复原状。

第三种观点:章先生花钱购买的车位属于章先生的物权,开发商侵占车位,用于修建观景电梯前室通道,目的是使开发商开发的大厦升值,本身目的不纯。为此,消费者章先生向法院提起诉讼,要求恢复原状,是符合法律规定的,应予以支持。

第四种观点:电梯的成本达数百万元,如果拆掉恢复原状,电梯就是破铜烂铁,非常浪费且不合算,开发商应与章先生协商,看有无妥当的赔偿方法。

笔者认为,公民面对公共利益有容忍义务。开发商将章先生的车位用于修建观景电梯前室通道属于侵权,但章先生要求恢复车位原状的请求,无法得到支持,分析如下:

1. 原告章先生与开发商签订的合同是合法有效的合同。

合同的效力,又称合同的法律效力,是指法律赋予依法成立的合同具有约束当事人的强制力。依法成立的合同在法律上产生既定力和约束力,无效合同不产生法律效力。依据《民法典》第一百四十三条规定,具备下列条件的民事法律行为有效:(一)行为人具有相应的民事行为能力;(二)意思表示真实;(三)不违反法律、行政法规的强制性规定,不违背公序良俗。当事人签订合同时,同时具备上述条件,便确认合同有效。本案中,章先生与开发商签订一份《商品房买卖合同》,购买厦门市 A 大厦地下二层 8 号车位,双方都属于自愿表示,内容真实有效,符合法律规定,属于合法有效的合同;而且合同签订后,章先生也向开发商支付了车位的款项,合同已实际履行,章先生等待接受车位对其进行实际使用即可。

2. 开发商构成侵权。

我国现行立法中的归责体系,明显采取了过错归责原则、无过错责任原则和公平原则三元并立的做法。一是我国《民法典》第一千一百六十五条第一款规定,行为人因过错侵害他人民事权益造成损害的,应当承担侵权责任。这是关于过错归责的规定。二是《民法典》第一千一百六十六条规定,行为人造成他人民事权益损害,不论行为人有无过错,法律规定应当承担侵权责任的，依照其规定。此属无过错归责原则之规定，也无疑义；三是《民法典》第一千一百一十八条规定："受害人和行为人对损害的发生都没有过错的，依照法律的规定由双方分担损失。"此即公平责任归责的法源。之前类似规定在《民法通则》《侵权责任法》中。

那么，开发商是否存在过错呢？笔者认为，虽然开发商经过规划部门的批准而设置观景电梯后，但是，开发商设置观景电梯的行为是在车位买卖合同签订之后，也就是开发商明知设置观景电梯后，电梯前室通道会占用原告的车位，而事先未与原告协商或征求原告的同意，明显属于故意行为，故被告存在过错，根据过错责任归责原则，其侵害了章先生的合法权益，使得章先生无法使用车位，构成了侵权。

3. 原告要求拆除电梯的诉求不应采纳。

根据过错责任归责原则，侵害他人财产、人身的，应当承担民事责任，受害人只要证明侵权人的侵权行为成立；如果侵权人不能证明自己的使用是经权利人同意的，法院将判其侵权成立。

笔者认为，法院的判决是合理的。其一，本案观景电梯造价200多万元，而原告的车位仅价值40多万元，二者差距大。采用观景电梯，楼盘建筑外观看起来比较时尚、灵动，也显出高档化，业主在乘坐电梯时都能体会到由上到下、由远及近观赏中庭及远处风景的愉悦，使得出门或回家都像观光一样，每次乘电梯都是一种享受；此外，观景电梯的造价比一般普通电梯造价贵得多。同时，设置观景电梯对楼盘的品质提升亦有助益。其二，物权受到侵害，权利人要求恢复原状，存在例外情况。《民法典》第五百八十条①，强制实际履行有三种例外情形，其中包括："标的不适于强制履行或者履行费用过高。"其三，不利于社会效益最大化。本案中，该电梯为经规划部门批准而合法建设的，价值达200多万元，且该观景电梯已建成投入使用，一旦恢复原状，损失将远大于章先生所购车位的价值，造成社会财富的极大浪费，对社会效益极不经济。

① 《民法典》第五百八十条规定，当事人一方不履行非金钱债务或者履行非金钱债务不符合约定的，对方可以要求继续履行，但法律上或者事实上不能履行的，债务的标的不适于强制履行或者履行费用过高，债权人在合理期限内未要求履行除外。

4. 业主面对社会效益最大化须有容忍义务。

容忍义务的本质特征是面对公共利益、社会利益或大多数人的利益，受害方在利益受到侵害时应当容忍。本案中，章先生虽然利益受到侵害，无法得到自己购买的车位，但是，法院一、二审判决开发商支付原告章先生车位占用费，驳回原告的其他诉讼请求后，开发商表示可以采取更换车位、折价赔偿等其他方式对章先生予以补偿，章先生也同意在庭外与开发商解决，也获得相应的车位补偿。作为业主，章先生理解了法官社会效益最大化的判决内涵，尽了其作为业主的容忍义务。因此，建议业主和开发商面对社会利益、公共利益时，双方尽可能协商，不要无谓地浪费过多诉讼精力，对构建和谐社区尽一份容忍义务。

5. 开发商应尽善后义务。

本案中，开发商作为企业公民，理应遵循民法基本原则，平等地善待业主，做好沟通解释工作；当遇到与业主协商未果的情况时，即便涉及社会公众利益，也应耐心细致地做好危机公关管理，积极主动替业主着想，提供解决方案，而不是对业主的反对意见简单化地采取漠视态度，把生米做成熟饭，事后再来释出“愿意把未卖的最好的车位由章先生挑选直到满意为止”等态度，显然，事前沟通和事后弥补两种处理模式，出发点完全不同，当事相对方的感受也有天壤之别。

规则 17　[知情权]业主对所购特殊商品房享有特别知情权。

〖规则解析〗

业主对开发商出售的特殊楼层享有特别知情权。开发商在业主购房时，对安装在住宅楼负一楼的高压配电设备未履行告知义务，侵犯了购房者知情权。

〖案情简介〗[①]

2009 年 6 月，穆大红等三人购买了河南省南阳市鑫东海置业有限公司（下称开发商）开发的南阳市卧龙苑小区 9 号楼 1 单元 103 室、102 室、101 室。购房时，由于开发商没有告知三住户其在负一楼（地下室）安装有高压配电设备，三住户入住后感觉室内有持续噪声。随后，三住户发现负一楼有

---

① 河南省南阳市中级人民法院民事判决书，（2011）南民一终字第 432 号。

开发商安装的供整个小区使用的高压配电设备，其中含有3台变压器、12台配电箱，另外还有一套应急发电设备及配套油罐，且配电设备的输入输出电缆及排热管道均用金属支架与上面楼板固定相连，顶部距上面楼板150厘米左右，现场没有安装隔音、隔磁设施。为此，穆大红等三人诉至南阳市卧龙区人民法院，请求判令开发商停止侵害，并拆除安装在地下室的高压配电设备。

〖**裁判结果**〗

卧龙区人民法院经审理认为，本案属于民法规定的特殊侵权行为，依法应适用举证责任倒置的原则，而开发商没有提供相应证据证明其未对原告造成侵害。同时，被告在原告买房时没有告知其负一楼安装有高低压配电设备，也侵害了原告购房的知情权。

卧龙区人民法院判决：开发商于判决生效后拆除9号楼负一楼安装的全部高压配电设备及应急发电设备，并迁移到不影响小区居民安全生活的地方。

开发商不服，提起上诉。

南阳市中级人民法院经审理认为，上诉人开发商应当履行告知义务。开发商称买房人看房时应对周围环境进行考察，对此，开发商将全小区的变电设备及应急发电设备安放在9号楼的地下室，在出售房屋时应对9号楼的业主特别是一楼的购房户予以释明，以保障消费者的知情权。通过现场勘查，该小区地下室面积较大，均设计为车位予以出售，小区院内绿地下方的地下空间完全可以用来安放该供电设备。关于是否对三被上诉人造成影响，通过实地勘察，地下室机房内噪声较大，下午四点多钟在被上诉人穆大红家中能够听到交流变压器的明显噪声。关于电磁波辐射及散热问题，因没有进行鉴定，无法予以定量。综上，开发商开发的楼盘，虽然经过相关的行政部门的审批、验收，但将该小区所使用变压设备和应急发电设备安装在被上诉人对应的地下室，对长期生活居住的被上诉人有较大的影响，应当予以拆除并迁移到不妨碍小区居民居住生活的地方。

南阳市中级人民法院判决：驳回上诉，维持原判。

〖**裁判思路**〗

本案涉及两个焦点问题：一是业主知情权问题，二是举证责任倒置问题。

首先,开发商在业主购房时,对安装在住宅楼负一楼的高压配电设备未履行告知义务,侵犯了购房者的知情权。知情权属于我国合同法规定的先合同义务范畴。《民法典》第五百条规定,当事人在订立合同过程中有下列情形之一,造成对方损失的,应当承担损害赔偿责任:(一)假借订立合同,恶意进行磋商;(二)故意隐瞒与订立合同有关的重要事实或者提供虚假情况;(三)有其他违背诚信原则的行为。所谓先合同义务,又称前合同义务或先契约义务,是指在要约生效后合同生效前的缔约过程中,缔约双方基于诚信原则而应负有的告知、协力、保护、保密等的合同附随义务。它是建立在民法诚实信用、公平原则基础上的一项法律义务。

其次,开发商应对其安装在住宅楼负一楼的高压配电设备与环境污染之间不存在因果关系承担倒置举证责任。所谓举证责任倒置,指基于法律规定,将通常情形下本应由提出主张的一方当事人(一般是原告)就某种事由不负担举证责任,而由他方当事人(一般是被告)就某种事实存在或不存在承担举证责任,如果该方当事人不能就此举证证明,则推定原告的事实主张成立的一种举证责任分配制度。在一般证据规则中,"谁主张,谁举证"是举证责任分配的一般原则,而举证责任的倒置则是这一原则的例外。《民法典》第一千二百三十条规定,因污染环境、破坏生态发生纠纷,行为人应当就法律规定的不承担责任或者减轻责任的情形及其行为与损害之间不存在因果关系承担举证责任。

本案中,开发商在三原告购房时没有告知其负一楼安装有高低压配电设备,显然侵害了三原告购房的知情权。同时,根据举证责任倒置规则,开发商又没有提供相应证据证明其未对三原告的生活环境造成侵害。因此,开发商应承担侵权责任。

规则 18　[瑕疵担保]"凶宅"的出卖人应当承担物的瑕疵担保责任。

〖规则解析〗

买卖合同的标的物如果是"凶宅",它的交易价值无疑会大大降低,成交的可能性也会降低,房屋中发生的"非正常死亡"的事实当然会构成物的价值瑕疵。"凶宅"的出卖人应当承担物的瑕疵担保责任。

〖案情简介〗

2011 年 10 月,王某通过一家房屋信息咨询中介公司的网店,得知赵某的房屋对外转让。王某向该中介公司询问了相关情况,经工作人员介绍,王某实地察看了房屋,对该房屋表示满意。数日后,王某和赵某以及中介公司签订了《房屋买卖居间合同》,之后,双方正式签订《房屋买卖合同》,王某耗资数十万元购买了该房屋,并及时到产权登记部门办理了过户手续。但是,合同履行完毕后,王某从邻居处得知,该房以前的居住人刘某在该房内自杀身亡。几十万元买到了一所“凶宅”,王某无论如何也接受不了这个事实,气愤之下,以欺诈为由一纸诉状将赵某推上了被告席,请求撤销涉案《房屋买卖居间合同》及《房屋买卖合同》,并赔偿相关损失。被告赵某则辩称,不知道该房屋内发生过有人非正常死亡的事实,并且认为该事件并不影响原告对该房屋的使用。

〖**裁判结果**〗

本案在审理过程中,经法院主持调解,双方当事人自愿达成如下协议:双方确认涉案《房屋买卖居间合同》及《房屋买卖合同》有效,但由被告赵某给付原告王某经济补偿金6万元。

〖**裁判思路**〗

就上述案件而言,实践中存在以下不同观点:

第一种观点认为,购买的房屋如果曾经发生过“非正常死亡”等非质量性瑕疵,购房后得知情况,要求撤销合同是合乎情理的。根据我国法律规定,民事活动应当尊重社会公德,不得有悖公序良俗。如果购房者事后得知购买的房屋有非质量瑕疵,可以根据上述法律规定提起诉讼,或依据合同法中关于合同撤销的规定,主张对方隐瞒真实情况构成欺诈,要求撤销双方签订的合同。这种诉讼请求是有可能获得法院支持的。

第二种观点认为,就房屋交易市场通常交易观念而言,屋内是否发生过“非正常死亡”事件,属于房屋交易的重要信息,如果购房者获悉“凶宅”的有关情况,往往会心生畏惧而无购买意愿,这对于房屋的交易价值影响是很大的。从物的“交易价值”受影响出发,所谓的物的瑕疵,应当包含存在于物上的所有缺点,自然也应当包括物的交易价值的贬损,出卖人应当承担物的瑕疵担保责任。

第三种观点认为,从民间习俗上看,购买的房屋如果曾经发生过“非正常死亡”“有过令人厌恶的用途”等非质量性瑕疵,那么这套房屋就很难被人轻易接受。但就合同而言,转让房屋是双方真实的意思表示,原、被告双方在签订合同前并未就诉争房屋内有无非正常死亡事件达成任何承诺,在所签的居间合同中未约定非正常死亡事件的披露义务条款，现行法律也未规定房屋买卖中的“非正常死亡事件”的相关信息属于出卖人应尽的告知义务。而将其简单地归入社会公德、公序良俗也显然不恰当。所以买房人购房后得知情况，请求赔偿的诉求是合乎情理的，但在法律上却不容易得到支持。因此，购房者在签订房屋买卖合同时，可以要求卖房者保证房屋不存在非质量瑕疵的情况，并约定，如果隐瞒事实，购房者可随时解除合同并追究卖方违约责任。

笔者认为，“凶宅”的出卖人应当承担物的瑕疵担保责任。

1. “凶宅”是否构成物的瑕疵？

据人们的一般认知，“凶宅”系指曾发生过凶杀、自杀、意外致死等非自然原因死亡事件的房屋或场所。就房屋市场的交易观念而言，如果一处房产内发生过非自然死亡事件，一般都会给购房者带来内心的恐惧，从而影响购房意愿。在交易上，由于受一般观念的影响，房屋的价值会大打折扣，甚至会出现无人问津的情况。

既然“凶宅”对房屋交易价值影响巨大，“凶宅”可否构成物的瑕疵，由出卖人承担物的瑕疵担保责任呢？这里，首先需要明确物的瑕疵的概念。按照学理上的一般认识，物的瑕疵是指出卖人所交付的标的物在品质上不符合合同约定或者法律规定的标准，抑或不符合交易上的习惯，致使该标的物的用途和价值降低或丧失。在房屋买卖合同中，作为标的物的房屋如果发生过非自然死亡的情事，对于房屋用途不会产生影响，但在成交价格上却有明显影响。

我国《民法典》对于物的瑕疵没有作出类型化的区分，其第六百一十五条规定：“出卖人应当按照约定的质量要求交付标的物。出卖人提供有关标的物质量说明的，交付的标的物应当符合该说明的质量要求。”我国《民法典》对物的瑕疵的概念上的关注点在于“质量”，而“质量”一词，据字面理解，是指事物、产品或工作的优劣程度和数量，并不关乎事物本身的价值。这一规定甚至可以称为关于“物的质量瑕疵担保责任”的规定，而如此诠释物的瑕疵这一概念，过于狭隘。

我国台湾地区明确了物的瑕疵的类型，规定物的出卖人对于买受人应担保其物“无灭失或减少其价值之瑕疵，亦无灭失或减少其通常效用或契约预定效用之瑕疵”，“但减少之程度，无关重要者，不得视为瑕疵”，“出卖人并应担保其物于危险移转时,具有其所保证之品质”。这一规定为物的瑕疵确立了三种类型:价值瑕疵、效用瑕疵、品质瑕疵。效用瑕疵和品质瑕疵不难理解,价值瑕疵是指对于标的物的交换价值,出卖人应当保证没有灭失或减少其价值的瑕疵,换句话说,对于可能使受让人降低交易价格的物的某些特殊情况属于价值瑕疵,出让人出售时应当向受让人说明这些情况,否则将承担瑕疵担保责任。例如,出售的食物腐化变质,即属于丧失价值的情形,而出售的食物仅仅是外包装出现破损,则存在的只是减少价值的情形,但这两种情形都属于存在物的价值瑕疵。当然,无论是食物变质还是食物包装破损,也都属于物的质量瑕疵。回到本案中,买卖合同的标的物如果是“凶宅”,它的交易价值无疑会大大降低,成交的可能性也会降低,房屋中发生的“非正常死亡”的事实当然会构成物的价值瑕疵。但就房屋质量上而言,是否为“凶宅”并不影响其使用价值,就是说即便是“凶宅”,其效用上也未发生变化。

很明显,在学理上物的瑕疵可以扩展到价值瑕疵层面,而从法律条文规定上看物的瑕疵则被局限在质量瑕疵之内。但从法律适用角度,笔者认为,应当将物的瑕疵担保责任中的“物的瑕疵”作扩大解释,理由如下:一是符合诚实信用原则。卖房人隐瞒“凶宅”的有关情况,目的是及时将房屋售出并卖得好价钱,这显然有悖交易诚信。二是物的交易价值为合同缔约方所关注。对于买受人来说,关注的是购买的东西“是不是值这个价”,对于出让人来说,关注的是卖出的东西“价格上是不是合理”。既然双方都关注物的交易价值,出让人自然有保证所售之物在价值上没有瑕疵的义务。三是若物的瑕疵仅限定在质量瑕疵或者使用价值上,那如果买受人所购之物是为了再行售卖,其利益又如何保障?在本案中,假设原告买房目的并非用于自住而是用于投资,在不知情的情况下买入“凶宅”,待出售时“凶宅”之事已被周知,岂不遭受重大损失,而这一损失又是由于前手隐瞒真相所致。瑕疵担保责任制度的价值就在于平衡买卖双方的利益,保证交易的公平性。一方面,当物存在瑕疵之时,授以买受人救济渠道;另一方面,规定买受人提出物的瑕疵的异议期,促进已完成的交易的安定性。

瑕疵担保责任是一种无过错责任,其构成不以出卖人主观上有过错为条件,只要出卖人交付的标的物存在瑕疵,出卖人即应依法承担瑕疵担保责任。本案被告即使事先对房屋内发生的特殊事件并不知情,也应承担降低价款、赔偿损失、解除合同等法律责任。参照最高人民法院《关于审理买卖合同纠纷案件适用法律问题的解释》(2020年修正)第二十四条,买受人在缔约时知道或者应当知道标的物质量存在瑕疵,主张出卖人承担瑕疵担保责任的,人民法院不予支持,但买受人在缔约时不知道该瑕疵会导致标的物的基本效用显著降低的除外。如果本案原告在购买房屋时已经获知或应当获知房屋系所谓"凶宅",主张被告承担瑕疵担保责任的,人民法院不予支持。

2. 出售"凶宅"是否构成欺诈?

另有意见认为,可以通过认定卖房人故意隐瞒房屋有关真实情况构成欺诈,来保障购房人的合理利益。欺诈一经确认,本案原告可以通过撤销房屋买卖合同来维护自己的权益,被告所承担的是缔约过失责任。

一方当事人故意告知对方虚假情况,或者故意隐瞒真实情况,诱使对方当事人做出错误的意思表示的,可以认定为欺诈。通说认为,欺诈的构成须以欺诈人有欺诈之故意为前提。所谓的欺诈故意,可以理解为有使对方限于错误认识的故意和使对方因此作出错误意思表示的故意。本案中,买房人原告若想证明卖房人被告构成欺诈,需证明如下问题:其一,被告有故意隐瞒的行为,其目的是获取更为高额的价款;其二,由于被告的隐瞒行为,造成原告误认为房屋无瑕疵而买入。换言之,原告需要证明被告在缔约过程中存在过错,并且是违反法律以及诚实信用原则的过错,这种过错足以违反交易上要求的诚信。

对于买房人来说,其证明责任是否过于苛刻呢?按照一般的房屋买卖格式合同,显然并不包含"凶宅"条款,又怎么断定这种情况违反了"交易上要求的诚信"呢?本案的被告也抗辩,对房屋内发生"非正常死亡"事件并不知情,倘若在某些情况下果真如此,比如被告所有的"凶宅"也是通过二手房交易方式取得而并不了解其中实情,这种情况下并不构成欺诈,原告也就无法向其主张缔约责任。就对购房人权益保护的周全性而言,主张缔约过失责任显然不及主张物的瑕疵担保责任。缔约过失责任的赔偿范围为"由此产生的费用和给相对人造成的实际损失",大多为信赖利益的损失。此外,原告如果通过证明对方欺诈来维权,则能否行使减价权也是个值得研究的问题。减价责任一般来说是一种违约责任,很难在主张缔约过失责任中行使。如果买房人仅仅是有减少价款的需求而不要求退房,此时主张欺诈成立则只能带来合同的撤销，而无法将减价作为救济手段。

总之，对于维护合同的公平与追求诚信价值而言，此类案件的处理适用物的瑕疵担保责任制度显然比适用缔约过失责任制度更为妥当。

规则 19　[逾期交房]开发商逾期交房后主张合同约定的违约金过高而请求法院予以降低的，应当由其承担举证责任。开发商主张按照同地段同类房屋租金标准作为认定损失依据的，应当予以支持。

〖规则解析〗

在当事人请求人民法院对约定的违约金进行调整的情况下，仍应当由主张调整违约金的一方承担举证责任。但应注意的是，主张调整违约金一方承担举证责任的范围并非直接是损失的大小，而是双方约定的违约金是否过分高于或低于实际造成的损失，损失的大小只是其承担举证责任范围的一部分。如果合同中对逾期交房违约金未作约定，违约金数额或者损失赔偿额可以按照逾期交付使用房屋期间有关主管部门公布或者有资格的房地产评估机构评定的同地段同类房屋租金标准确定。

〖案情简介〗①

2009 年 9 月 20 日，李某勤与重庆市宏康置业有限公司（以下简称宏康公司）签订《商品房买卖合同》，约定由李某勤购买宏康公司开发的“宏康浩宇”小区房屋一套，面积为 87.86 平方米，房款为 230,501 元。宏康公司应当于 2010 年 4 月 30 日前交房，逾期交房的应自合同约定的交付期限第二天起至实际交付之日止，按日向李某勤支付房款万分之五的违约金。合同签订后，李某勤支付了房款。2011 年 12 月 27 日，宏康公司交房。因宏康公司逾期交房，李某勤遂起诉请求宏康公司按照合同约定支付违约金 69,726.6 元。诉讼中，宏康公司辩称，因逾期交房给李某勤造成的损失应当按照同地段同类房屋的租金来认定，双方约定的违约金过高，应当予以降低，并申请对房屋在逾期交付期间的租金标准进行评估。经法院委托评估，评定案涉房屋在逾期交付期间的月租金标准为每平方米 4 元至 8 元。

〖裁判结果〗

重庆市璧山县人民法院经审理认为，根据合同约定，宏康公司应于 2010

---

① 重庆市第一中级人民法院民事判决书，（2013）渝一中法民终字第 01501 号。

年4月30日之前交房,但实际上却于2011年12月27日交房,宏康公司应当承担逾期交房的违约责任。诉讼中,宏康公司认为双方约定的违约金过高并请求予以调整。在无证据证明逾期交房给李某勤造成具体损失的情况下,应参照逾期交房期间同地段同类房屋租金标准作为李某勤遭受损失的依据。根据评估意见,确定租金标准按每平方米8元计算,故逾期交房期间房屋的租金为13,355元。而根据合同约定,宏康公司应当支付的违约金为69,726.6元,双方合同约定的违约金确属过高,应当予以酌情减少。法院遂判决宏康公司应当向李某勤支付违约金13,355元×130% =17,362元。李某勤不服,提起上诉。

重庆市第一中级人民法院经审理认为,宏康公司认为约定的违约金过高,请求予以降低,应当由宏康公司就双方约定的违约金过分高于造成的损失承担举证责任。一审法院按照宏康公司的主张及举证,依据同地段同类房屋的租金标准对违约金进行调整并无不当。法院判决:驳回上诉,维持原判。

〖**裁判思路**〗

1.违约金调整中的举证责任分配

根据相关法律规定,当事人因违约金过高或者过低而请求法院予以调整的,法院应以造成的损失为基础进行调整。而要确定损失的大小,首先面临一个举证责任分配的问题,即哪方对损失的大小承担举证责任?一种观点认为,实际遭受损失的大小只有遭受损失一方才知道,另一方不可能举证证明对方实际遭受的损失有多少,故应当由遭受损失一方就其遭受的损失承担举证责任。另一种观点则认为,遭受损失一方没有义务举证证明自己损失的大小,而应当由另一方对损失的大小承担举证责任。

笔者认为,首先,“谁主张,谁举证”是一项基本的举证责任分配规则,除非法律有特别规定,否则均应当由主张方承担举证责任。在当事人请求人民法院对约定的违约金进行调整的情况下,仍应当由主张调整违约金的一方承担举证责任。但应注意的是,主张调整违约金一方承担举证责任的范围并非直接是损失的大小,而是双方约定的违约金是否过分高于或低于实际造成的损失,损失的大小只是其承担举证责任范围的一部分。其次,法律之所以赋予一方当事人请求法院对约定的违约金进行调整的权利,是为了避免双方约定的违约金过高或者过低而造成当事人权利义务的失衡,体现的是民法上的“公平”原则。但如果将举证责任强加在遭受损失一方身上，在其难以举证证明损失大小的情况下由其承担不利后果，其本身便难谓“公平”，与法律规定此项制度的本意背道而驰。因此，第一种观点实不足取。

在本案中，双方将逾期交房违约金的计算标准约定为日万分之五，宏康公司认为约定的违约金过高，便应当由宏康公司对约定的违约金过分高于给李某勤造成的损失承担举证责任。一审法院直接认定在无证据证明逾期交房给李某勤造成具体损失金额的情况下，应当参照同地段同类房屋的租金标准作为认定损失的依据，而并未指明应当由哪方对违约金是否应当调整承担举证责任，存在不当之处。对此，二审法院予以明确。

2. 逾期交房给购房者造成损失的认定

在商品房预售合同纠纷案件中，由于违约金可以根据合同约定进行确定，故开发商首先需要举证证明的便是逾期交房所造成损失的大小。然而，购房者因逾期交房所遭受的损失可能会受到购房的用途、房价的跌涨、房屋所处位置给购房者带来生活上的便利程度等诸多因素的影响，故确定逾期交房造成损失的大小很难形成一个客观统一的标准。

那么，究竟该如何认定开发商逾期交房给购房者造成的损失呢？根据《商品房买卖合同解释》(2020 年修正)第十三条规定，商品房买卖合同没有约定违约金数额或者损失赔偿额计算方法，违约金数额或者损失赔偿额可以参照以下标准确定：逾期付款的，按照未付购房款总额，参照中国人民银行规定的金融机构计收逾期贷款利息的标准计算。逾期交付使用房屋的，按照逾期交付使用房屋期间有关主管部门公布或者有资格的房地产评估机构评定的同地段同类房屋租金标准确定。如果合同中对逾期交房违约金未作约定，违约金数额或者损失赔偿额可以按照逾期交付使用房屋期间有关主管部门公布或者有资格的房地产评估机构评定的同地段同类房屋租金标准确定。从上述规定可以看出，最高人民法院在合同未对违约金作出约定的情况下，明确将同地段同类房屋租金标准作为确定逾期交房给购房者造成的损失赔偿额的依据。之所以如此规定，是由于同地段同类房屋租金标准与购房者可能遭受的损失存在一种最大限度上的相似性。因为在逾期交房的情况下，购房者通过租用同地段同类型的房屋，亦可以实现其对房屋占有、使用、收益之目的，故其租用同地段同类型房屋而向出租人支付的租金，便在很大程度上等同于逾期交房给其造成的损失。因此，如果开发商主张逾期交房给购房者造成的损失相当于同地段同类房屋的租金,并请求将同地段同类房屋租金作为认定购房者损失大小的依据,人民法院可以按照同地段同类房屋的租金标准对违约金进行调整。

但是亦应当注意,将同地段同类房屋的租金标准作为认定损失大小的依据,实系在逾期交房所产生的损失难以衡量的情况下,不得已而采取的一种方法。通过这种方法计算的损失与购房者实际遭受的损失并不完全等同,最多只能算是对损失的一种"推定"。在诉讼中,如果购房者可以出示充分证据证明其损失的大小,或者可以出示其他证据证明其除了租金损失外还存在其他损失,那么这种"推定"便不再具有合理性,人民法院应当根据购房者的实际损失来确定是否对约定的违约金进行调整,也即购房者对其损失的大小享有一种补证的权利。

在本案中,宏康公司主张按照同地段同类房屋的租金标准对约定的违约金进行调整,并申请对房屋在逾期交付期间的租金标准进行评估。一审法院对宏康公司的意见予以采信,并通过比较发现,合同约定的违约金确实远大于房屋同期的租金标准,遂根据租金标准对违约金进行了调整。而李某勤并未出示充分证据证明其实际损失大于根据房屋租金标准计算的损失,也未出示充分证据证明除了租金损失外,还存在其他损失。因此,一审法院对约定的违约金进行调整并无不当,二审法院对一审判决予以维持。

规则 20 [违约金调整]合同违约引发的纠纷中,如果合同约定了违约金计算方式,守约方以约定的违约金低于因违约造成的损失为由请求调高违约金数额,但未能举证证明实际损失存在的,不予支持。

〖规则解析〗

当事人请求人民法院增加违约金的,增加后的违约金额以不超过实际损失额为限。但未能举证证明实际损失存在的,不予支持。

〖案情简介〗[①]

2006 年 12 月 12 日,内蒙乌审旗华宇工贸有限公司(以下简称华宇公司)与西安雅荷房地产开发有限公司(以下简称雅荷公司)签订了两份《商品房买卖合同》,约定:华宇公司购买雅荷公司开发的位于西安市经济技术开

---

① 陕西省高级人民法院民事判决书,(2011)陕民二终字第 00005 号。

发区凤城五路北侧的雅荷春天小区 2 号楼临街 1－9 号商业用房 2340 平方米，房屋总价款为 2129.4 万元，华宇公司于 2007 年 2 月 1 日前付清全部房款。合同还约定，出卖人雅荷公司应当于 2007 年 6 月 30 日前，将经验收合格的商品房交付买受人华宇公司，出卖人逾期交房，按日向买受人支付已交付房屋价款万分之一的违约金等。华宇公司于 2006 年 12 月 8 日至 2007 年 4 月 25 日分五次向雅荷公司支付了商铺款共计 2129.4 万元。2007 年 10 月 14 日，华宇公司向雅荷公司书面提出商铺变更项目要求，言明对一层商铺 1～9 档非承重墙进行部分改动，并在部分商铺柱子间加做落地玻璃窗等。同年 11 月 26 日，雅荷公司完成上述工程改造。华宇公司分别于 2009 年 6 月 16 日、6 月 29 日以特快专递的方式向雅荷公司发函，要求其履行交房义务。2009 年 7 月 11 日，华宇公司与雅荷公司办理了房屋交付手续。2010 年 6 月 23 日，华宇公司以雅荷公司迟延交房 730 多天，按合同约定计算违约金 155.45万元，不能弥补按该小区同等地段商业用房租金标准（2007～2008 年月租金为 65 元/平方米，2009 年月租金为 85 元/平方米）计算出的租金损失 365.04万元为由起诉，要求雅荷公司向华宇公司支付逾期交房造成的经济损失 365.04 万元。

〖**裁判结果**〗

西安市中级人民法院认为：华宇公司与雅荷公司签订的两份《商品房买卖合同》合法有效。华宇公司按合同约定支付了全部房屋款项，雅荷公司未按期交付房屋，违反了合同中关于房屋交付期限的约定，构成违约，应当承担违约责任。由于雅荷公司逾期交房，给华宇公司造成了一定的经济损失，现华宇公司请求按同地段 2007～2008 年度房屋租金的标准赔偿其损失，应予以支持。对于华宇公司提供的同地段房屋租金证明，雅荷公司虽提出异议，但并不主张进行鉴定，故华宇公司的损失应依照其提供的同地段 2007～2008 年度房屋月租金 65 元/平方米计算。雅荷公司 2009 年 7 月 11 日与华宇公司办理了房屋交接手续。华宇公司于 2010 年 6 月 23 日向法院主张其权利，因而，对华宇公司起诉之日前两年①诉讼时效期间内的损失赔偿的请求予以保护，即损失的实际数额从 2008 年 6 月 24 日至 2009 年 7 月 11 日华

① 《民法总则》施行后诉讼时效期间开始计算的，应当适用《民法总则》第一百八十八条关于三年诉讼时效期间的规定。《民法典》延用了三年诉讼时效期间的规定。

宇公司收到房屋之日,共计1年零18天,其损失为1,916,460元。

西安市中级人民法院判决:(1)在判决生效后10日内,雅荷公司支付华宇公司逾期交房损失1,916,460元;(2)驳回华宇公司的其余诉讼请求。

一审宣判后,华宇公司与雅荷公司均不服,分别提起上诉。

陕西省高级人民法院终审判决:(1)变更(2007)西民二初字第34号民事判决第一项为本判决生效后10日内,雅荷公司支付华宇公司违约金148.8451万元;(2)驳回华宇公司的其他诉讼请求。

〖**裁判思路**〗

笔者认为,关于雅荷公司是否构成违约及如何承担违约责任的问题。合同签订后,华宇公司支付了全部购房款,雅荷公司未按合同约定的期限交付房屋,而华宇公司提交证据证明其分别于2009年6月16日、6月29日向雅荷公司发出了《催交商铺通知书》,要求雅荷公司履行交房义务。雅荷公司于2009年7月11日交付房屋,已逾期交房,构成违约,应当承担相应的民事赔偿责任。

华宇公司在合同约定的交房期过后,于2007年10月14日,要求雅荷公司对房屋进行局部改造,雅荷公司按华宇公司要求进行了施工,并于同年11月26日完成改造,由此造成工期延长43天。因上述部分改造工程已经超出了双方约定的合同义务,该部分逾期交房的责任由华宇公司承担。故雅荷公司逾期交房的期间为2007年7月1日至2009年7月11日,其中扣除43天,共逾期699天。雅荷公司关于2007年10月14日以后的逾期交房责任应当由华宇公司承担的上诉理由部分成立。

关于本案是否调高违约金的问题。根据《民法典》第五百八十五条规定,当事人可以约定一方违约时应当根据违约情况向对方支付一定数额的违约金,也可以约定因违约产生的损失赔偿额的计算方法。约定的违约金低于造成的损失的,当事人可以请求人民法院或者仲裁机构予以增加;约定的违约金过分高于造成的损失的,当事人可以请求人民法院或者仲裁机构予以适当减少。《民法典》第五百八十四条规定,当事人一方不履行合同义务或者履行合同义务不符合约定,造成对方损失的,损失赔偿额应当相当于因违约所造成的损失,包括合同履行后可以获得的利益;但是,不得超过违约一方订立合同时预见到或者应当预见到的因违约可能造成的损失。本案合同中明确约定了的逾期交房违约金的计算方式,这是双方当事人对逾期交房所产生的损失赔偿额的预先约定，作为商业主体的双方当事人在签订合同时能够预见到逾期交房可能造成的损失。华宇公司认为合同约定的违约金低于其实际经济损失，主张按《商品房买卖合同解释》的规定以同年度同地段房屋租金标准调高违约金。对此，本院认为，首先，该解释第十三条规定的适用前提是“商品房买卖合同没有约定违约金数额或者损失赔偿额计算方法”，而本案商品房买卖合同中约定了逾期交房违约金的计算方式，故不应适用上述司法解释中关于按租金标准调高违约金的规定。其次，华宇公司在合同约定的交房日至实际交房日前并未将本案所涉房屋出租，也没有提供足以证明其实际损失的相应证据。且本案所涉房屋于2007年9月29日已经验收合格符合交房条件，而华宇公司要求对局部工程进行改造，对逾期交房损失的扩大有一定责任，故本案应当按照合同约定的逾期交房违约金的计算方式确定违约赔偿额，雅荷公司应当向华宇公司支付违约金1,488,451元。

规则21 [逾期办证]交付的房屋虽未经竣工验收，但不能阻却开发商承担办理房地产权证的义务，开发商仍应当承担逾期办证的违约责任。

〖**规则解析**〗

开发商将未经竣工验收的房屋予以交付，构成逾期交房违约；同时，开发商在合同约定的期限内不能为住户办理房地产权证，又构成逾期办证违约。住户要求开发商承担逾期办证的违约责任，不再追究逾期交房的违约责任，符合合同约定，应予支持。

〖**案情简介**〗①

2007年10月18日，原告李志林、周东妮与被告渝港房地产开发有限公司（以下简称渝港公司）签订商品房买卖合同，约定：李志林、周东妮购买渝港公司开发预售的渝港花园住宅房1套，总价款为236,944元；渝港公司应当在2008年9月30日前将已进行竣工验收备案登记的商品房交付使用，若因渝港公司的原因致未按合同约定期限将商品房交付使用且逾期超过30日，买房人要求继续履行合同的，渝港公司从合同约定的交付期限的第二天起至实际交付日止，按日支付买房人已交付房价款万分之一的违约金；在商

① 重庆市第五中级人民法院民事判决书，(2011)渝五中法民终字第04261号。

品房交付使用之日起60日内,由渝港公司到房地产管理部门办理房地产权证,如因渝港公司责任,致使买房人不能在规定时间内取得房地产权证,从逾期之日起,渝港公司应按已付房价款总额依人民银行同期贷款利率支付违约金。

合同签订后,原告支付了房款,但是渝港公司在未进行房屋竣工验收的情况下于2009年7月8日将房屋交付原告使用,同时至今也未办理房屋权属的初始登记。原告起诉请求判决被告全面履行合同,立即为原告办理房地产权证,并支付迟延办理房产证的违约金19,439元。

〖**裁判结果**〗

重庆市大渡口区人民法院在审理过程中向原告进行了释明:工程竣工验收合格是商品房交付强制性的法定条件,未经竣工验收的房屋不符合交付条件。原告可以继续就逾期交房的事实向被告主张逾期交房违约金,并就此征询原告是否变更诉讼请求,但原告坚持要求被告支付逾期办证的违约金。法院以在房屋未合法交付的情况下,原告要求被告依合同办理房地产权证尚不具备条件为由,判决:被告渝港公司于渝港花园竣工验收合格后60日内协助原告办理房屋所有权变更登记手续;驳回原告的其他诉讼请求。

原告以渝港公司至今仍未为其办理房屋产权证书,应当承担赔偿损失的责任为由,提起上诉,请求对原判第二项予以改判。

重庆市第五中级人民法院经审理认为,在房屋未经竣工验收情况下,被告就将房屋交付原告使用,由于该房屋至今仍未竣工验收,被告至今未给原告办理房地产权证书,已构成违约,应承担逾期办证的违约责任。二审法院认为,原判认定事实清楚,但适用法律有误。2011年11月19日,法院判决:维持一审判决第一项;变更一审判决第二项为被告以已付房款236,944元为本金,按人民银行同期贷款利率,向原告支付逾期办证的违约金。

〖**裁判思路**〗

本案一、二审对事实认定没有争议,只是在法律适用上有分歧。造成分歧的主要原因就是在房屋未经竣工验收合格的情况下,能否对逾期交房的违约责任与逾期办理房屋产权证的违约责任进行选择的问题。

合同是双方当事人关于权利义务约定的真实意思表示,只要约定的内容不违反法律、行政法规的强制性规定,不损害国家、集体和他人的合法权益,就应当认定为有效。本案原、被告双方签订的商品房买卖合同,在房屋交付使用后60日内办理房屋产权证书是被告的合同义务,被告若不履行,就应当承担按已付房价款总额依人民银行同期贷款利率向原告支付违约金的责任。商品房必须经过竣工验收方能交付使用,而本案被告在未经竣工验收的情形下,就将房屋交付原告使用,即使原告实际接房并入住,但也不符合法律意义上的交付,这实属不合法交付,其超过合同约定期限办理竣工验收,则构成逾期交房的违约;同时,该房屋未经竣工验收的责任与原告无关,被告在房屋交付使用后60日内不能为原告办理房屋产权证书,则又构成逾期办证的违约。作为住户一方,当然可以选择上述两种违约责任之一。而本案中,原告不要求被告承担逾期交房的违约责任,只是要求其承担逾期办证的违约责任,这完全符合合同约定,应当得到支持。因此,交付的房屋虽未经竣工验收,但不能阻却其承担办理房地产权证的义务,被告仍应当承担逾期办证的违约责任。

规则22　[特别约定]商品房买卖合同双方对于出卖人延迟办证的违约责任承担方式的约定,可以排除《商品房买卖合同解释》第十四条违约金责任方式的适用。

〖规则解析〗

《商品房买卖合同解释》第十四条"由于出卖人的原因,买受人在下列期限届满未能取得房屋权属证书的,除当事人有特殊约定外,出卖人应当承担违约责任:(一)商品房买卖合同约定的办理不动产登记的期限;(二)商品房买卖合同的标的物为尚未建成房屋的,自房屋交付使用之日起90日;(三)商品房买卖合同的标的物为已竣工房屋的,自合同订立之日起90日。合同没有约定违约金或者损失数额难以确定的,可以按照已付购房款总额,参照中国人民银行规定的金融机构计收逾期贷款利息的标准计算"的规定仅是对当事人无特殊约定的情况下确定违约金的方法进行了规定,而在当事人有约定时应按约定处理。

〖案情简介〗

2003年8月11日,曾华春与物华物业发展有限公司(以下简称物华公司)签订商品房买卖合同。合同约定:"一、房屋总价款为201,440元;二、甲方(出卖人)应在商品房交付使用后180日内,将办理权属登记需由甲方提供的资料报产权登记机关备案。如因甲方的责任,乙方(买受人)不能在规定期限内取得房地产权属证书的,双方同意按下列第1项处理:1.乙方退房,甲方在乙方提出退房书面要求之日起30日内将已付房价款退还给乙方，并按已付房价款总额，依照中国人民银行同期贷款利率向原告赔偿损失；2. 乙方不退房的从逾期之日起，甲方按已付房价款总额，依照人民银行同期贷款利率向乙方支付违约金。"合同签订后，曾华春支付了购房款201,440元并于2003年9月30日收房。但至本案诉讼时，涉案商品房尚未办理完综合验收，物华公司未向房管部门提交资料申办房地产权证，曾华春至今未取得房地产权属证书，遂诉至法院，请求判令物华公司在90日内为其办理房地产权证并支付从2004年3月31日至2007年7月31日的逾期办证违约金37,416元。物华公司认为，逾期办证属实，但按照合同约定，曾华春只能请求退房。同时，原告诉讼请求已超过2年①诉讼时效，应被驳回。

〖**裁判结果**〗

一审法院认为，曾华春与物华公司签订的商品房买卖合同依法成立，双方均应按照合同全面履行自己的义务。涉案商品房至今尚未办理完综合验收，物华公司在商品房交付使用后180日内没有履行与办证相关的合同义务，致使曾华春至今不能取得房地产权证书，物华公司构成违约，应当承担违约责任。本案迟延履行违约行为，在时间上处于持续状态，迟延履行违约请求权的诉讼时效应从违约行为终了之次日起算，而不是违约行为发生之日。曾华春诉讼请求并未超过诉讼时效。就违约责任的承担方式，双方约定为"乙方退房，甲方在乙方提出退房书面要求之日起30日内将已付房价款退还给乙方，并按已付房价款总额，依照中国人民银行同期贷款利率向原告赔偿损失"。该约定内容明确，曾华春仅能依约主张权利，其要求物华公司支付违约金的请求，与双方约定不符，对其请求不予支持。物华公司至今未履行办证相关的义务，应承担继续履行的责任。客观上，房地产权证书的办理系产权登记机关的职能，物华公司应将办理权属登记所需资料报产权登记机关备案。判决如下：(1)被告物华公司在本判决生效后90日内将办理原告曾华春权属登记需由物华公司提供的资料报产权登记机关备案；(2)驳回原告曾华春的其他诉讼请求。案件受理费740元，由原、被告各承担370元。

---

① 《民法总则》施行后诉讼时效期间开始计算的，应当适用《民法总则》第一百八十八条关于三年诉讼时效期间的规定。《民法典》延用了三年诉讼时效期间的规定。

一审判决生效后,曾华春向上一级法院申请再审,理由如下:(1)原审判决适用法律错误。按照《商品房买卖合同解释》第十八条规定,物华公司应当支付违约金;(2)同类原审判决丰彪诉物华公司商品房买卖合同纠纷一案已被二审改判,请求法院再审改判。该院于2008年11月12日裁定案件由该院提审,于2009年2月12日进行了公开开庭审理。

再审法院另查明,双方签订的商品房买卖合同第十五条对合同登记和产权登记进行了约定:商品房预售的,自本合同签定之日起30日内,由出卖人向商品房所在地的区县(市)房地产交易管理部门申请登记备案,如出卖人在合同签订后60日内不按上述约定办理登记备案手续的,买受人有权退房。再审认定的其他事实与原审判决相同。

再审法院认为,物华公司在商品房交付使用后未依约履行办证等相关合同义务,致使曾华春至今不能取得房地产权证书,其行为构成违约,应继续履行办证义务。对于曾华春起诉要求物华公司按《商品房买卖合同解释》(2020年修正)第十四条"由于出卖人的原因,买受人在下列期限届满未能取得房屋权属证书的,除当事人有特殊约定外,出卖人应当承担违约责任:(一)商品房买卖合同约定的办理不动产登记的期限;(二)商品房买卖合同的标的物为尚未建成房屋的,自房屋交付使用之日起90日;(三)商品房买卖合同的标的物为已竣工房屋的,自合同订立之日起90日。合同没有约定违约金或者损失数额难以确定的,可以按照已付购房款总额,参照中国人民银行规定的金融机构计收逾期贷款利息的标准计算"的规定支付违约金的诉讼请求。再审法院认为,该条解释仅对当事人无特殊约定的情况下确定违约金的方法进行了规定,而在当事人有约定时应按约定处理。本案中,双方当事人所订立的合同文本为重庆市国土资源和房屋管理局印制、重庆市工商行政管理局监制的标准文本,并非一方当事人单方制定的格式合同,合同中的内容属双方当事人的真实意思表示。且合同中对逾期办证的违约责任在第十五条中分两种情形进行了列举,供双方选择,双方同意按第一项处理,而没有选择第二项,系对违约责任的方式作出的约定而非没有约定,本案应按约定处理。双方约定的内容没有选择逾期办证支付违约金,曾华春请求支付违约金的诉讼请求与约定不符,不能成立,本院不予支持。综上所述,原审判决认定的基本事实正确,适用法律亦正确,维持原审法院民事判决。

〖**裁判思路**〗

本案事实清楚,但在法律适用上出现了较大争议,争议焦点在于:商品房买卖合同双方对于出卖人延迟办证的违约责任承担方式“买受人退房,出卖人在买受人提出退房要求之日起30日内将买受人已付房价款退还给买受人,并按已付房价款的银行同期存款利率赔偿买受人损失”的约定,是否排除《商品房买卖合同解释》第十四条违约金责任方式的适用?

1. 退房是否为逾期办证违约责任的承担方式

根据《民法典》合同编通则第八章的规定,违约责任的承担方式主要包括继续履行、采取补救措施或者赔偿损失等。退房并不属于违约责任承担的一种方式,而是双方权利义务的终止,属于合同解除的内容。根据《民法典》第五百六十二条的规定,当事人可以约定一方解除合同的条件。解除合同的条件成就时,解除权人可以解除合同。本案双方约定的本意即在于赋予买受人单方解除权。在出卖人出现违约行为时,买受人可自行选择是否解除合同,不需双方协商一致。而不论买受人是否解除合同,均不影响出卖人违约行为的成立。

2. 双方是否对逾期办证违约责任承担方式进行了约定

在双方一致选择退房这一并不属于违约责任的承担方式时,合同究竟是否对逾期办证违约责任的承担方式进行了约定?从合同内容来看,除退房并支付利率损失外,双方并未就逾期办证违约责任承担方式作出明确的约定。这一无约定的情形是否属于《商品房买卖合同解释》第十四条规定的“当事人特殊约定”对于出卖人逾期办证如何处理?在审理中,有两种不同的理解。

一种理解为,双方既然没有对逾期办证违约责任承担方式进行约定,说明双方通过协商一致排除了该合同中除继续履行之外的其他违约责任适用的可能,约定的结果是不主张违约金,而非双方未约定违约金,故应属双方之间的“特殊约定”。从双方订立合同的商业风险角度分析,买卖双方在签订合同时,房价上涨或是下跌是双方不可预见的,该约定对双方均具有风险。买受人之所以可以要求继续履行,在于双方签订的商品房买卖合同第十五条对合同登记和产权登记进行了约定,即商品房预售的,自本合同签订之日起30日内,由出卖人向商品房所在地的区县(市)房地产交易管理部门申请登记备案。按时办证是出卖人必须履行的义务。一旦出现出卖人逾期办证的违约行为，买受人只能要求出卖人继续履行或解除合同，而不能主张除继续履行之外的其他违约责任承担方式。如果主张违约金，势必造成在违背一方当事人意愿的情况下，另一方当事人重新选择了违约条款，有违私法中的意思自治原则。

另一种理解为，合同解除不影响损害赔偿，对此《民法典》第五百六十六条规定，合同解除时，只是使合同债务向将来消灭，使双方当事人从将来的债务中解放出来。解除场合的“恢复原状”，只不过单纯地是对本来的给付方面的归还，并没有涵盖履行利益，因而出于对解除人的周全保护，还须有履行利益的赔偿，该赔偿并不限于信赖利益的赔偿。回到本案，综观该合同对逾期办证违约责任承担方式的约定，仅列明了两种方式可供选择，双方未选择第二项内容，仅表明双方未对第二项的处理方式达成一致，即双方并未就逾期办证违约责任承担方式作出实质性的、有效的约定，属当事人之间无特殊约定情形。此时应适用《商品房买卖合同解释》第十四条，按照已付购房款总额，参照中国人民银行规定的金融机构计收逾期贷款利息的标准计算违约金或者损失数额。不能因为当事人未选择第二项就认为其放弃了第二项权利。

本案中第一种意见是多数意见。

3. 买受人可否要求出卖人协助其办理权属登记

本案中，买受人选择不退房，有权要求出卖人协助其办理权属登记。客观上，房地产权证书的办理系产权登记机关的职能，出卖人应将办理原告曾华春权属登记需由物华公司提供的资料报产权登记机关备案。理由在于，协助办理权属登记属双方约定义务。商品房买卖合同第十五条对合同登记和产权登记进行了约定：商品房预售的，自本合同签定之日起 30 日内，由出卖人向商品房所在地的区县（市）房地产交易管理部门申请登记备案。物华公司至今未履行办证相关的义务，应承担继续履行的责任。

4. 本案中合同文本是否对买受人明显不公

（1）该合同是否为格式合同

对于国外法律所称的格式合同，《民法典》称为格式条款。《民法典》第四百九十六条规定，格式条款是当事人为了重复使用而预先拟定，并在订立合同时未与对方协商的条款。因此，对于格式合同的非拟定条款的一方当事人而言，要订立格式合同，就必须全部接受合同条件，否则就不订立合同。

格式合同的条款由合同的一方当事人预先制定,如果制定合同条款、提出合同样本的不是合同当事人,而是国家有关的合同主管机关,则这类合同样本不是格式合同而是示范合同,它既不具有要约的效力,也不是成立合同的依据,而仅仅是合同主管机关推荐给合同当事人使用的一种参考格式或示范文本。所谓示范合同文本,是指通过有关的专业法规、商业习惯等确立的,为当事人订立合同时所参考的文本。《民法典》第四百七十条第二款规定:当事人可以参照各类合同的示范文本订立合同。一般而言,合同示范文本内容比较详细,具体条款完备,其各项条款完全依据《民法典》相关规定制订,当事人按照这一格式签订合同可以防止出现违法条款。同时合同条款具有平等性,因为示范合同文本是合同当事人之外的第三方制定的,根据当事人法律地位一律平等的原则,规定了各方权利和义务,可杜绝"霸王条款"等各种形式的显失公平的条款。本案合同文本中对违约责任承担方式规定了双方选择权,不属格式合同。通过查证,该合同文本为房管部门从双方为平等主体、具有同等地位,对合同条款均具有选择权的角度出发拟定,属典型的示范合同文本。

(2)该示范合同文本条文设置是否合理

在商品房买卖中,开发商往往对示范合同文本选择条款占主动权,作为消费者的买受人,往往处于弱势地位,本案中国土房管部门从双方为平等主体、具有同等地位,对合同条款均具有选择权的角度出发拟定的合同文本,未能从消费者权益保护的角度考虑,对消费者这一弱势群体进行特殊保护,充分保障消费者权益,对买受人有失公平。本案之所以出现争议,亦与此有较大关系。据了解,国土房管部门已对该版本进行了修订。

第六章 商品房买卖合同解除纠纷

【本章导读】

《民法典》第五百六十六条第一款规定:“合同解除后,尚未履行的,终止履行;已经履行的,根据履行情况和合同性质,当事人可以请求恢复原状或者采取其他补救措施,并有权要求赔偿损失。”在商品房买卖合同解除后,对于买受人而言,开发商已经交付房屋的,买受人应将房屋返还给开发商,开发商未交付房屋的,买受人丧失要求开发商交付所购房屋的权利;对于已经办理了房屋过户手续的,买受人须将房屋产权过户到开发商名下。对于开发商而言,买受人未缴纳房款的,开发商丧失要求买受人支付购房款的权利;买受人已经缴纳购房款的,开发商应当将所收取买受人缴纳的购房款全部返还给买受人。对于因商品房买卖合同的解除所造成的损失,由双方按照过错程度的大小承担责任。这里的损失包括房屋装修损失、房屋产权过户所发生的税费及房屋跌价损失等。看似明确的规定,但是司法实践中仍需要研究和探讨的问题依然很多,本章就商品房买卖合同解除的裁判规则进行了探讨。

【实务问答】

一、如何界定因房屋质量问题解除合同的条件?

在房屋出现地基基础工程及主体结构工程质量问题后,其难以通过修复办法解决,在此情况下,买受人可请求解除合同,买受人请求解除的人民法院应予以准许。解除合同,是指合同有效成立后,因当事人一方的严重违约而使合同关系自始无效或向将来消灭的一种行为。解除合同的概念有广义和狭义之分。广义的合同解除,是指在合同有效成立后,没有履行或没有履行完毕之前,通过当事人双方协议或者通过一方当事人行使解除权使合同关系提前消灭。狭义的合同解除仅指单方行使解除权解除合同,即当事人一方行使法定或约定的解除权。合同的解除是对有效合同的解除,合同解除的对象是已经有效成立而尚未履行完毕的合同。解除合同免除了当事人的履约责任,如出卖人根本违约,不交付买卖合同的标的物,或交付的标的物根本不符合合同规定品质,则买受人可不再等待出卖人的交付,但其仍有权利获得损害赔偿。在因买卖合同一方当事人违约而导致合同解除的情况下,不免除违约方承担相应的违约责任,特别是不影响受害方要求损害赔偿的权利。解除合同是一种较严厉的措施,一般禁止当事人在没有任何法定或约定的情况下任意解除合同。通常情况下,解除合同是以对方根本违约为前提条件的。

依据当事人意思自治原则,买卖双方首先可以在商品房买卖合同中通过补充协议,对严重影响正常居住使用的房屋质量问题的情形作出具体约定,一方面可以明确开发商在房屋销售中的质量责任,另一方面可使日后出现质量纠纷时有据可依,避免因法官自由裁量权的适用不统一而导致同案不同判。如果买卖双方未进行特别约定,那么如何界定因房屋质量问题解除合同的条件呢?对此,司法实践中存在不同观点。

第一种观点认为,商品房的“正常居住使用”主要以安全为标准,只要房屋能安全居住使用,其他质量问题不会严重影响居住使用。

第二种观点认为,“正常居住使用”不仅以安全为条件,与房屋价值相当的舒适程度与配套设施环境亦是正常居住使用的标准,严重低于此标准亦应认定为严重影响居住使用。

笔者同意第二种观点。

随着社会的不断发展及生活质量的逐步提高,人们对房屋质量的要求越来越高,房屋质量的内涵也越来越丰富,不仅包括安全,还包括交通、医疗、教育、空气质量、周边环境等配套设施、公共设施的“尽全尽美”,如果买受方付出特别昂贵的购房费用,得到的却是和普通房屋一样条件的房屋,那么此房屋的质量就存在严重瑕疵,会影响到买受方的正常“居住使用”,买受方由此可以要求解除合同。根据合同的法定解除原理,结合审判实践,笔者认为可以对因“严重影响正常居住使用”房屋质量问题解除合同的条件作如下规定：第一，房屋严重漏水且无法进行修复的；第二，房屋墙体多处开裂，难以维修的；第三，因设计结构不合理，导致房屋地基下沉，房屋存在重大安全隐患的；第四，房屋经质检、规划、环保、消防等部门检验，存在重大安全隐患且无法加以改进的；第五，室内空气质量经检测不合格，长期居住严重影响人体健康安全的；第六，严重缺乏广告宣传中的配套设施与公共设施给买受人生产、生活带来严重不便的；第七，其他严重影响买受人正常居住使用的情形。

二、合同解除权的行使期限及其性质如何认定？

关于上述问题，司法实践中存在不同观点。

第一种观点认为，合同解除权行使期间的法律属性应为除斥期间。除斥期间又称预订期间，是权利的存续期间。预订期间届满，就会发生该权利消灭的法律后果。“从某种意义上看，除斥期间是权利自体存在的时间分量，以其权利之发生同时，其寿命早为之预定，法律不问其是否行使，只须经过所预定期间，其权利之夭寿即归终了。”[①]

将合同解除权行使期间归结为除斥期间的学者的理由是：其一，传统的民法理论认为，权利的行使要受时间的限制。时间对请求权的限制表现为消灭时效和取得时效，而对形成权的限制则表现为除斥期间。通过对除斥期间的规定可使形成权人于形成权存续期间内，尽快行使权利。其二，合同解除权的法律属性是形成权，因此，对于解除权的行使期间的限制完全可以适用形成权之于除斥期间的规定。

第二种观点认为，合同解除权行使期间的法律属性应为失权期间。所谓失权期间，是指法律规定或当事人约定权利主体民事权利的期间，在该期间内若权利人不行使权利，为保护相对方权利，避免权利人滥用权利，由法院宣告其权利消灭或给予相对方抗辩权。失权期间的概念来源于德国的权利失效制度，该制度是德国判例法发展的结果，主要依据的是诚实信用原则和公平原则，旨在维护交易的安全和秩序。[②] 失权说认为，除斥期间是权利

① 杨家树：《消灭时效与除斥期间》，载郑玉波主编：《民法总则论文选辑》，台北，五南图书出版公司1984年版。

② 参见梁维维：《论除斥期间与诉讼时效和失权期间的关系》，载《法制与社会》2008年第12期。

的存续期间，不存在期间的中止、中断及延长，而合同解除权行使期间却可中止、中断及延长，这与除斥期间的“不变期间”的法律特性不相符。因而认为合同解除权的行使期间应为失权期间。

笔者同意第一种观点。

除斥期间是形成权确定时就已经预定的期间，而失权期间是诚实信用原则和公平原则实际运用的结果，主要依法官的裁判予以确认。当除斥期间制度仍然不能有效限制权利人对权利的滥用和对相对人不公平时，法官才能运用诚实信用原则来实现法律救济下的公平，由此看出失权期间是除斥期间的有利补充。在实践中对于失权期间的适用是相当困难的，根据法理可知，只有穷尽法律规则才能援引法律原则。该失权制度虽然是大陆法系国家在判例中创设的，但在我国仍未规定。若将合同解除权的行使期间界定为失权期间，首先是缺乏法律依据，其次是仅仅依靠法官的自由裁量又会带来新的问题，如不排除由于法官的枉法裁判而带来的新的不公平。因此有学者在把合同解除权的行使期间界定为除斥期间的同时，还进行了系统的类型化研究。[①] 合同解除权行使期间的功能在于督促解除权人行使权利，若解除权人没有在解除权存续期间内行使权利，其结果是将导致解除权的消灭，解除权人不再能够从合同的约束中“逃离”出去。因此，为了避免这种后果的发生，解除权人就必须在法定的或约定的期间内行使自己的权利。合同解除权行使期间的功能还在于重新确立和稳定当事人的法律关系。由此看来，合同解除权行使期间应为除斥期间，而约定行使可变期间为约定除斥期间的特殊情况。

同时为督促解除权人及时行使权利，尽快结束双方权利义务不确定的状态，我国《商品房买卖合同解释》第十一条，对权利人行使合同解除权的合理期限作出了明确的规定，即根据民法典第五百六十三条的规定，出卖人迟延交付房屋或者买受人迟延支付购房款，经催告后在3 个月的合理期限内仍未履行，解除权人请求解除合同的，应予支持，但当事人另有约定的除外。法律没有规定或者当事人没有约定，经对方当事人催告后，解除权行使的合理期限为3 个月。对方当事人没有催告的，解除权人自知道或者应当知道解

---

① 参见崔建远：《解除权问题的疑问与释答》（上篇），载《政治与法学》2005 年第3 期。

除事由之日起一年内行使。逾期不行使的,解除权消灭。《商品房买卖合同解释》第十一条第一款是对我国《民法典》第五百六十三条第三项规定的解释,即合同没有约定解除权,其中一方不履行主要义务,对方应当行使催告权,催告对方在合理期限内履行。这一期限,在各类合同中应当有所不同,要视合同履行的难度、各方当事人的情况等因素而定。针对房屋买卖合同,《商品房买卖合同解释》第十一条第一款将这一期限规定为3个月,针对迟延交房或者迟延付款的一方来说,应当在对方催告后给予的这一期限内尽快履行合同义务,而我国《民法典》第五百六十三条第三项规定的是这一期限内尽快履行合同义务。另外,我国《民法典》第五百六十三条第三项是关于因迟延履行,守约方行使法定解除权的规定,而且迟延履行的必须是"主要债务"。

三、合同解除权的行使主体和期限如何确定?

《民法典》第五百六十三条规定:"有下列情形之一的,当事人可以解除合同……"并未规定解除权的行使主体。笔者认为,应当区分合同解除是因一方当事人的根本违约行为还是不可归责于双方当事人的事由导致的。因一方当事人的根本违约行为致使合同解除的,只有守约方才享有合同解除权,违约方不得解除合同;因不可归责于双方当事人的事由(不可抗力、情势变更等)致使合同目的无法实现的,双方均有权解除合同。

当事人请求解除房屋买卖合同的,应参照适用《商品房买卖合同解释》第十一条关于合同解除权行使期限的规定,但合同属于履行不能的不受该解除权行使期限的限制。

四、因一方当事人过错致房屋买卖合同解除后的损害赔偿范围是否包括房屋差价部分?

《民法典》第五百六十六条规定,解除合同后,当事人可以要求赔偿损失。"赔偿损失"究竟是信赖利益损失还是履行利益损失,司法实践中存在不同观点。

第一种观点从合同解除的溯及力使合同消灭的观点出发,主张信赖利益损失。以合同效力为依据的请求权,包括请求履行以及请求债务不履行的损害赔偿的权利,这些权利都因为合同解除而丧失了规范基础。因此,解除合同中的赔偿“损失”,应指信赖利益损失。

第二种观点主张履行利益损失,持该种观点的学者有些认为在损害赔偿领域合同解除的溯及力应受限制,履行利益损害赔偿在债务不履行时即客观产生;有些认为合同解除并无溯及力,因此,损害赔偿应为履行利益赔偿。

第三种观点认为,合同解除的效力是使合同恢复到缔约前的状态,而履行利益是在合同得到履行后方能产生。因此在当事人选择合同解除的情况下,非违约方不应得到履行利益的赔偿。

笔者同意第二种观点。

从目前的房屋买卖合同纠纷案件情况来看,很多纠纷引发的原因均是出卖人在与买受人签订合同后,由于房价上涨、下跌等,出卖人或者买受人对原来的价格不满意而拒绝履行合同。在房价上涨时,出卖人往往首先要求买受人加价,加价不成,则很可能串通第三人诉至法院要求确认买卖合同无效,甚至直接以高价将房屋卖与第三人并办理过户手续。在房价下跌时,则买受人往往要求出卖人降价,协商不成,买受人则以各种理由要求确认合同无效或者解除合同。在此情况下,进行履行利益的损害赔偿显然符合损害赔偿政策的选择标准。因此,笔者认为,在因一方当事人过错导致房屋买卖合同解除的情况下,另一方当事人可以提出要求当事人对房屋差价部分进行损害赔偿的请求。

在审判实践中,在处理该类案件时,尚应注意以下几点:

1. 合同解除应指法定解除,在约定解除的情况下,应依据双方合同约定处理。

2. 合同解除的原因应限于房屋交付义务的不能履行或迟延履行,因其他原因解除合同的,不应支持房屋差价损失赔偿。

3. 在房屋买卖合同解除后,买受人仅能主张履行利益赔偿,而无法主张合同消灭所致损害的赔偿。

4. 在买受人获得赔偿时,应当扣除买受人因合同解除而减少的费用支出,此为损益相抵的当然之意。

五、房屋差价损失如何计算?

房屋差价损失是指合同约定价格与房屋现在市场价之间的差额。实践中可以委托具有评估资质的专业机构进行评估或者比照最相类似的房屋（同幢相同楼层及房型、相邻幢同楼层及房型、相同区域内房屋）市场交易价格，与买卖合同约定价格之差确定房屋差价损失，但合同另有约定或当事人事后能够协商确定的除外。

认定房屋差价损失的时间点应从保护守约方的利益出发，以守约方的选择和请求为基础，结合合同约定的履行期限届满之日、违约方的违约行为确定之日、合同解除之日、评估之日以及审理中房屋的涨跌情况等，予以合理确定。

六、房屋登记机构的过错造成经济损失是否属于行政赔偿范畴？

因登记机构违背审查义务导致错误登记造成侵权赔偿责任，是一个完全的民事赔偿还是国家赔偿，司法实践中存在不同观点。

第一种观点认为，房屋登记错误造成的赔偿责任，往往是行政赔偿与相关民事赔偿相互交织的，应当先行民事赔偿，再行国家赔偿。

第二种观点认为，虽然我国目前将不动产登记机构视为行政机构，但不动产登记行为本质上是民事行为，而非行政行为。因不动产登记错误而产生的赔偿责任是民事侵权责任，而非国家赔偿责任。

第三种观点认为，因登记机构的不当行为而使有关权利人遭受损失的，受害人可以提起行政赔偿诉讼。因为登记机构对当事人的登记申请进行审查，是代表国家行使公权力，其房屋登记行为具有公信力，此种公权力的赋予和行使是为了对不动产法律关系的形成、变更、消灭进行干预，旨在明晰不动产物权的权利状况，避免牺牲真正权利人的利益，故而登记应符合这一目标。假使登记因登记人员的错误而未真正明晰不动产的权利状况，使权利人遭受损失的，有权提出行政诉讼，获得国家赔偿。此外，立法机关则鉴于登记机构性质尚未进一步明确，建议登记机构的过错责任暂不纳入国家赔偿范围。

笔者同意第三种观点。

虽然我国现行的不动产法律、法规等并未明确规定不动产登记机关登记错误的赔偿责任，但并不表明因登记错误而遭受损失者不能向登记机关主张赔偿。无论是民事侵权赔偿责任，还是行政侵权赔偿责任，都属于侵权赔偿范畴。行政侵权赔偿责任相对于民事侵权赔偿责任而言，属于特殊的侵权范畴,这两种诉讼模式虽然都能解决不动产登记错误的赔偿责任问题,但赔偿原则、赔偿标准、赔偿主体、赔偿方式等均有不同规定。从法律规定来看,虽然《民法通则》(已失效)第一百二十一条规定:"国家机关或者国家机关工作人员在执行职务,侵犯公民、法人的合法权益造成损害的,应当承担民事责任。"但行政诉讼法和国家赔偿法颁布实施后,将这种类似的侵权赔偿责任列入了行政侵权赔偿范畴。《物权法》(已失效)颁布后,相应的法律规范也普遍采用了过错责任原则来调整登记机构的赔偿责任。如《物权法》(已失效)第二十一条第二款规定:"因登记错误,给他人造成损害的,登记机构应当承担赔偿责任。登记机构赔偿后,可以向造成登记错误的人追偿。"此外,《不动产登记暂行条例》第二十九条规定,"不动产登记机构登记错误给他人造成损害,或者当事人提供虚假材料申请登记给他人造成损害的,依照《中华人民共和国物权法》的规定承担赔偿责任"。《民法典》第二百二十二条规定:"当事人提供虚假材料申请登记,造成他人损害的,应当承担赔偿责任……登记机构赔偿后,可以向造成登记错误的人追偿。"上述条款仅规定了在登记错误的情形下,登记机构所承担的直接赔偿责任,但对于登记机构赔偿责任的性质,既没有明确是完全的民事赔偿,也没有明确是完全的国家赔偿。《民法典》侵权责任编中也没有明确规定行政管理部门在执行职务中因其过错造成的损失属于民事侵权责任。因此,结合《行政诉讼法》和《国家赔偿法》第四条的规定,行政机关及其工作人员在行使行政职权时侵犯他人财产权的,受害人有获得行政赔偿的权利。据此,根据特别法优于一般法的法律原则,当事人可以寻求行政赔偿诉讼的法律救济途径。由于房屋登记行为违法与对相对人造成的损害后果之间具有法律上的因果关系,因此所产生的赔偿责任,就其性质而言应属于行政赔偿责任。

【案例适用】

规则 23 [约定解除]守约方因对方违约享有约定合同解除权后又自愿弃权的,不得再行主张新的约定解除权。

〖**规则解析**〗

既然法律赋予了合同当事人可以就解除权进行约定的权利,那么,在违约方存在合同约定的违约行为时,守约方就行使合同权利还是放弃合同权利应当及时作出明确选择。守约方因对方违约享有约定合同解除权后又自愿弃权的，不得再行主张新的约定解除权。

〖**案情简介**〗①

2011 年 7 月 30 日，原告重庆鼎金房地产开发有限公司（以下简称鼎金公司）与被告何某签订商品房买卖合同，约定何某购买鼎金公司位于重庆市渝北区“丽都名苑”小区商品房一套，房屋总成交金额为 6,978,779 元。双方约定了购房款的支付方式。同时约定，乙方逾期付款超过 30 日后，甲方有权解除合同。甲方解除合同的，乙方按应付款的百分之五向甲方支付违约金，甲方退还乙方全部已付房价款。

合同签订后，何某于 2011 年 7 月 30 日前分三次共计向鼎金公司支付房款 1,743,306.83 元，即合同约定的第一期房款支付完毕。2012 年 4 月 28 日、12 月 27 日，何某先后向鼎金公司支付房款各 100 万元。何某共向鼎金公司支付房款 3,743,303.83 元，尚欠鼎金公司 3,235,472.17 元房款。鼎金公司陈述在接收何某逾期付款时愿意继续履行合同，本案是依据双方签订的重庆市商品房买卖合同的约定条件行使解除合同的权利。何某于 2013 年 8 月 11 日将购房尾款 3,235,472.17 元打入鼎金公司账户，后鼎金公司将该笔房款退回何某账户。

〖**裁判结果**〗

重庆市渝北区人民法院经审理认为，虽然被告何某在支付房款过程中存在违约行为，但在何某于 2012 年 12 月 27 日支付 100 万元房款时，原告鼎金公司同意继续履行合同，则合同对双方仍具有约束力，双方均应继续依约履行合同义务，何某应当向鼎金公司支付剩余全部购房款。何某在 2012 年 12 月 27 日后至鼎金公司起诉前未再支付任何款项，再度延迟履行，鼎金公司即享有合同约定的解除权。据此，法院对鼎金公司提出的解除合同的诉讼请求予以支持。

何某不服判决，提起上诉。重庆市第一中级人民法院经审理认为，针对何某在如期支付了第一期购房款后，未依约支付第二期、第三期购房款的逾期付款的违约行为，鼎金公司享有相应除斥期间内的合同解除权。何某在

① 重庆市第一中级人民法院民事判决书，(2014)渝一中法民终字第 00978 号。

2012年分两次向鼎金公司支付了购房款200万元后，鼎金公司接收该款，并向何某出具收据的行为应视为鼎金公司同意与何某继续履行合同，该司享有的约定解除权至此消灭，其再以何某存在逾期付款违约行为为由主张新的约定解除权缺乏法律依据。重庆市第一中级人民法院改判驳回鼎金公司的诉讼请求。

〖**裁判思路**〗

本案争议的焦点是守约方在因违约方存在逾期付款违约行为而享有约定解除权后又出具收据的行为，能否认定为守约方基于自愿弃权而导致约定解除权至此消灭。

根据《民法典》第五百六十二条、第五百六十四条、第五百六十五条之规定，当事人协商一致，可以解除合同；主张解除合同的一方应当通知对方；约定解除权的行使期限届满当事人不行使的，该权利消灭。即法律规定当事人约定的合同解除权条件成就后，守约方应当在除斥期间内及时行使，明确向违约方作出拒绝继续履行合同的意思表示，从而达到解除合同的目的。笔者认为，既然法律赋予了合同当事人可以就解除权进行约定的权利，那么，在违约方存在合同约定的违约行为时，守约方就行使合同权利还是放弃合同权利等问题应当及时作出明确选择。

放弃合同权利，即合同弃权，是指当事人对合同权利的自愿放弃，并且没有再行主张合同权利的意图，该弃权行为直接产生相关权利消灭的法律后果。合同弃权包含两层含义，即放弃的真实意图和表明此意图的外在行为。可以从当事人的先前交易行为、当事人之间的关系、行业惯例等因素来考虑当事人的外在表示。

就本案而言，鼎金公司与何某之间系因涉案房屋的买卖关系而建立联系，房价的涨跌、房款能否按期支付、房屋能否依约交付、产权能否如期转移过户对双方而言具有重大利益关系。从鼎金公司在何某逾期付款时接收房款并出具收据的先前行为，以及庭审过程中鼎金公司明确表示在接收何某的后两次付款时愿意继续履行合同等陈述看，能够判定鼎金公司存在自愿继续履行合同的真实意图，进而得出鼎金公司对约定解除权已自愿放弃这一结论。鼎金公司的弃权行为必然产生约定解除权消灭的法律后果。

笔者认为，从法律效果层面上看，鼎金公司在约定解除权消灭后再以相同理由主张享有新的约定解除权缺乏法律依据，法院不应支持。从社会效果层面上看,本案的判决结果既能实现买卖合同双方当事人的交易目的,又有利于维护正常、稳定的房地产市场交易秩序,推进社会经济的繁荣发展,亦能为广大民众所接受。

规则 24 [情势变更]通常而言,如果合同尚未得到任何履行的,当事人另行寻求交易的成本很小,则应以合同解除为原则;如果合同已经得到部分履行,当事人另行寻求交易的成本很大或几乎不可能,则应以合同变更为宜。

〖**规则解析**〗

相互负有对等给付义务的合同双方,均既不履行自己的给付义务,又怠于催告对方履行,形成合同长期履行僵局。到起诉之时,由于情况的变化,合同不论是继续履行还是解除,都可能导致利益严重失衡。此时应当区分具体情况,慎重考虑适用情势变更规则,以在化解僵局的同时维持利益平衡。

〖**案情简介**〗[①]

原告杜某宝与被告杜某娣为姐弟关系,原先关系较为和睦。上海市曲阳路 650 号 1808 室房屋(以下简称系争房屋)为被告所有。原告早年在外地工作,2002 年年初返回上海后,被告提供系争房屋给原告居住。不久,原告提出购买系争房屋,原、被告双方遂达成口头协议,由原告出资 27 万元购买系争房屋,但未就交易细节作其他任何约定。2002 年 3 月 16 日,原告支付了房款 15 万元,被告出具了收条。此后,系争房屋由原告与家人实际居住至今,但剩余房款 12 万元始终未支付,双方也未办理产权过户手续。在上海房价持续上涨的情况下,被告从 2006 年起提出对房屋重新议价,双方在数年中多次协商价位,但均未达成一致。到 2013 年,原告向法院提起了诉讼,要求继续履行原定购房协议,被告则提出反诉,要求解除购房协议,除非原告同意参考当前房价再支付房款 83 万元。本案审理中,双方均无法提供证据证明是对方违约在先。经查,系争房屋在 2013 年的市场价已达到 160 万元以上。

〖**裁判结果**〗

法院经审理后认为,原、被告于 2002 年口头达成系争房屋的买卖合同,

---

① 上海市虹口区人民法院民事判决书,(2013)虹民三(民)初字第 309 号。

本应按约履行。但原告仅支付了部分房款15万元，尚有12万元余款未支付；被告也仅交付了房屋，未配合原告办理过户手续。鉴于无证据证明双方在口头约定时明确了支付余款与办理过户的时间和先后顺序，双方均有同时履行抗辩权，无法确定系其中一方违约在先。在过去十年中，系争房屋的买卖合同始终未能完全履行，同时也并未解除，双方都可以通过法律途径尽早解决纠纷，却始终僵持直至本案诉讼。在此期间，市场房价持续上涨，与2002年相比已发生了巨大变化，显然不是原、被告双方在口头缔约之时所能预料。如果继续按照2002年约定的房价履行合同，将造成明显的利益失衡。而双方显然都已意识到这一点，才会多次对重新约定房价进行磋商。因此，法院认为被告有权要求对房价进行调整。根据本案实际情况，考虑系争房屋当前的市场价、原告已付房款的比例以及原定房价中的亲情因素，可酌情确定原告还应支付的房款余款为53万元。双方之间就系争房屋的买卖合同应在依法调整房价后继续履行。被告应在原告支付房款的同时，协助其办理过户手续，将系争房屋登记到原告名下，相关税费由双方依法负担。据此，法院作出如下判决：(1)原告杜某宝应于本判决生效之日起10日内支付被告杜某娣购房余款53万元；(2)被告杜某娣应于本判决生效之日起10日内协助原告杜某宝办理过户手续，将上海市曲阳路650号1808室房屋登记到原告杜某宝名下。

判决作出后，双方均未上诉，并在判决生效后主动履行了判决内容。

〖**裁判思路**〗

在某些情况下，相互负有对等给付义务的合同双方，可能因种种原因，陷入一种长期“履行僵局”的状态，即双方均怠于履行自己的给付义务，也不催告对方履行，更不主张解除合同，仿佛合同的履行已经被双方遗忘一般，任由时间流逝而不采取任何行动。这种状态通常较多出现在民间交易中，双方存在一定人身关系，且所定合同从形式到内容都不甚完备。本案中，原、被告双方在2002年就口头达成系争房屋的买卖合同，却除房价外未约定任何履约的细节。此后在长达十年的时间内，双方都未能彻底履行自己的合同义务，也不曾为继续履行合同采取过行动。且由于彼此间的亲情关系，双方在这十年当中也始终未寻求用诉讼方式解决纠纷，使得该房屋买卖合同陷入典型的长期履行僵局之中。在此期间，客观情况的变化已经影响到了合同的继续履行。2003年以来，上海的房价不断上涨，其速度之快，幅度之高,远超大多数人的预期。到诉讼时,系争房屋的房价已上涨了5倍不止。即使房价上涨本身是能够预期的,合同履行会面临如此局面也显然超出了当事人的预想范围,且该局面并非单方面故意或重大过失促成的。由于合同长期履行僵局是互负对等履行义务双方共同不作为的结果,无法仅让其中一方为此承担责任,如果继续履行,将导致利益的明显失衡。故在本案中有必要适用情势变更规则,重新分配交易双方在交易中应当获得的利益,以实现公平。

所谓情势变更,是指合同成立以后客观情况发生了当事人在订立合同时无法预见的,不属于商业风险的重大变化,继续履行合同对于一方当事人明显不公平或者不能实现合同目的,当事人可以请求人民法院变更或者解除合同。《民法典》第五百三十三条规定合同成立后,合同的基础条件发生了当事人在订立合同时无法预见的、不属于商业风险的重大变化,继续履行合同对于当事人一方明显不公平的,受不利影响的当事人可以与对方重新协商;在合理期限内协商不成的,当事人可以请求人民法院或者仲裁机构变更或者解除合同。人民法院或者仲裁机构应当结合案件的实际情况,根据公平原则变更或者解除合同。

在合同长期履行僵局中,合同延拓的情况已远远超出当事人的预料。也许客观情况的变化本身是缓慢、平稳而持续的,无法被视为遽然剧烈,但相比合同缔约时的情况,却可能已经构成了当初难以想象的天翻地覆的剧烈变化。此时,法院应当适用情势变更规则,以变更或解除合同的方式恢复双方利益的平衡。通常而言,如果合同尚未得到任何履行的,当事人另行寻求交易的成本很小,则应以合同解除为原则;如果合同已经得到部分履行,当事人另行寻求交易的成本很大或几乎不可能,则应以合同变更为宜。

本案原、被告之间的买卖合同已经部分履行,即原告支付了一半以上的房款,被告也将房屋交付给原告居住,这就使得原、被告双方在合同履行僵局期间事实上没有另行到他处寻求交易的机会。由于当年约定的房价已不可能再从市场上购得房屋,如果解除合同,将使原告丧失获得住房的机会;如果继续履行,则会使被告在十年间丧失的机会成本无法得到任何弥补。因此,本案最佳的解决方式是酌情变更合同内容,调整房价后继续履行。本案判决后,双方均自动履行,纠纷得到彻底平息。

规则25　[分割买卖]在以分割商铺为标的物的买卖合同中，买方行使的权利必须受到其他商铺业主整体意志的限制。

〖规则解析〗

在以分割商铺为标的物的买卖合同中，买方对商铺享有的权利，不同于独立商铺。为保证物业整体功能的发挥，买方行使的权利必须受到其他商铺业主整体意志的限制。

〖案情简介〗①

原告江苏省南京新宇房产开发有限公司(以下简称新宇公司)因与被告冯某梅发生商铺买卖合同纠纷，向江苏省南京市玄武区人民法院提起诉讼。

原告诉称：被告与原告签订商铺买卖合同一份，购买原告开发建设的时代广场第二层一间商铺。被告付清了购房款，原告也已将该商铺交付被告使用。1999年6月18日，在时代广场租房的江苏嘉和百货有限公司(以下简称嘉和公司)因经营不善，遭到哄抢后倒闭，各小业主经营的商铺也随之关门停业。同年12月，购物中心又在时代广场开业。由于经营成本过高，各小业主不服从物业管理，不交纳物业管理费，购物中心也于2002年1月停业。时代广场的两度停业，引起大部分业主不满，纷纷要求退掉购买的商铺，还与原嘉和公司的债权人一起到处集体上访。为维护社会稳定，政府出面协调，要求原告回收已售出的商铺。其间，原告的股权经历二次调整。新的股东认为，前两次停业，是经营者选择的经营方向与方式不对造成的，因此决定将原经营衣帽箱包等项目，改变为经营高档消闲娱乐等综合性项目；将原来的市场铺位式经营，改变为统一经营。为此，原告开始回收已售出的商铺，对时代广场重新布局。目前时代广场中150余家商铺，回收得只剩下被告和另一户邵姓业主，时代广场开始按重新布局施工，原小业主经营的精品商铺区不复存在，今后也不可能恢复。由于这两家业主不退商铺，时代广场不能全面竣工。上述情形构成情势变更。请求判令解除被告与原告签订的商铺买卖合同，被告将所购商铺返还给原告，以便原告能够完成对时代广场的重新调整。原告除向被告退还购房款外，愿意给予合理的经济补偿。

被告辩称：被告与原告签订的商铺买卖合同合法有效，应当对双方当事

---

①　新宇公司诉冯某梅商铺买卖合同纠纷案，载《最高人民法院公报》2006年第6期。

人具有法律约束力。合同签订后,被告按约交清全部购商铺款,原告也向被告交付了商铺。原告的股东变更,不应影响被告行使自己的合法权益;时代广场经营不善,也不能成为原告不履行合同的理由。原告请求解除商铺买卖合同,没有法律依据,该诉讼请求应当驳回。

经审理查明,新街口地区是南京市最繁华、最集中的商业区域。位于新街口东北角中山路 18 号以南的时代广场,是原告新宇公司开发建设的商业用房。该建筑物为地下一层、地上六层,总面积 6 万余平方米。地上第一、二、三层约 6000 平方米的部分区域,被分割成商铺对外销售给 150 余家业主,其他建筑面积归新宇公司自有。1998 年 10 月 19 日,新宇公司与被告冯某梅签订了一份商铺买卖合同,约定:新宇公司向冯某梅出售时代广场第二层编号为 2B050 的商铺,建筑面积 22.50 平方米,每平方米售价 16,363.73 元,总价款 368,184 元,10 月 22 日前交付,交付后三个月内双方共同办理商铺权属过户手续。1998 年 10 月 26 日,上述合同在南京市房地产市场管理处登记。合同签订后,冯某梅按约支付了全部价款。1998 年 11 月 3 日,新宇公司将 2B050 号商铺交付冯某梅使用,但一直未办理产权过户手续。

1998 年,原告新宇公司将时代广场内的自有建筑面积租赁给嘉和公司经营。1999 年 6 月,嘉和公司因经营不善停业。同年 12 月,购物中心又在时代广场原址开业。2002 年 1 月,购物中心也停业。这两次停业,使购买商铺的小业主无法在时代广场内正常经营,部分小业主以及嘉和公司的债权人集体上访,要求退房及偿还债务。在此期间,新宇公司也两次变更出资股东。新宇公司的新股东为盘活资产、重新开业,拟对时代广场的全部经营面积进行调整,重新规划布局,为此陆续与大部分小业主解除了商铺买卖合同,并开始在时代广场内施工。2003 年 3 月 17 日,新宇公司致函被告冯某梅,通知其解除双方签订的商铺买卖合同。3 月 27 日,新宇公司拆除了冯某梅所购商铺的玻璃幕墙及部分管线设施。6 月 30 日,新宇公司再次向冯某梅致函,冯某梅不同意解除合同。由于冯某梅与另一户购买商铺的邵姓业主坚持不退商铺,新宇公司不能继续施工,6 万平方米建筑闲置,同时冯、邵两家业主也不能在他们约 70 平方米的商铺内经营。新宇公司为此提起诉讼。

根据原告新宇公司的申请,法院委托南京大陆房地产估价师事务所有限责任公司对被告冯某梅所购商铺的现行市场价值进行评估。评估报告确认,该商铺在2004年3月3日的价值为531,700元。

审理中,法院主持了调解。原告新宇公司认为,为使时代广场真正发挥效益,经营方向和方式必须改变,不可能保留商铺式经营。如果被告冯某梅与案外人邵家再在时代广场内经营商铺,将影响时代广场内新格局下的整体经营。为此,新宇公司不仅愿意给冯某梅退还全额购商铺款,还愿意以承担逾期办理产权登记过户手续违约金的名义,给冯某梅补款48万元,用于补偿冯某梅的经济损失。冯某梅认为,时代广场走到今天这一步,责任全在新宇公司,与己无关;新宇公司愿意给付的款项,不够弥补自己的损失;新宇公司如果真愿意解除商铺买卖合同,应当按每平方米30万元的价格给予赔偿。新宇公司认为,全南京市任何一处房产均无30万元一平方米的价格,冯某梅提出难以令新宇公司接受的赔偿价格,表明其根本不想解决纠纷;这个纠纷不解决,时代广场固然不能竣工,冯某梅也无法经营。由于双方当事人各执己见,调解未果。

〖**裁判结果**〗

南京市玄武区人民法院认为:本案应解决的争议焦点是:商铺买卖合同应当继续履行还是解除?如果解除,应当在什么条件下解除?

《民法典》第四百六十五条规定,依法成立的合同,受法律保护。依法成立的合同仅对当事人具有法律约束力,但是法律另有规定的除外。原告新宇公司与被告冯某梅签订的商铺买卖合同,是双方当事人的真实意思表示,该合同合法有效,依法对双方当事人都有约束力。合同签订后,冯某梅履行了给付价款的义务,新宇公司也将商铺交付给冯某梅使用。后由于他人经营不善,致使时代广场两次停业,该广场内的整体经营秩序一直不能建立,双方当事人通过签订合同想达到的营利目的无法实现,这是在签订合同时双方当事人没有预料也不希望出现的结局。

原告新宇公司在回收了大部分业主的商铺后,拟对时代广场重新进行规划布局,争取再次开业。被告冯某梅坚持新宇公司必须按每平方米30万元的高价回收其商铺,否则就要求继续履行商铺买卖合同。虽经调解,由于双方当事人互不信任,不能达成调解协议,以至新宇公司的6万平方米建筑和冯某梅的22.50平方米商铺均处于闲置状态。考虑到冯某梅所购商铺,只是新宇公司在时代广场里分割出售的150余间商铺中的一间。在以分割商铺为标的物的买卖合同中,买方对商铺享有的权利,不能等同于独立商铺。

为有利于物业整体功能的发挥,买方行使权利必须符合其他商铺业主的整体意志。现在时代广场的大部分业主已经退回商铺,支持新宇公司对时代广场重新规划布局的工作,今后的时代广场内不再具有商铺经营的氛围条件。冯某梅以其在时代广场中只占很小比例的商铺,要求新宇公司继续履行本案合同,不仅违背大多数商铺业主的意愿,影响时代广场物业整体功能的发挥,且由于时代广场内失去了精品商铺的经营条件,再难以通过经营商铺营利,继续履行实非其本意。考虑到时代广场位于闹市区,现在仅因双方当事人之间的互不信任而被闲置,这种状况不仅使双方当事人的利益受损,且造成社会财富的极大浪费,不利于社会经济发展。从衡平双方当事人目前利益受损状况和今后长远利益出发,依照公平和诚实信用原则,尽管双方当事人之间存在的商铺买卖合同关系合法有效,尽管冯某梅在履行合同过程中没有任何违约行为,本案的商铺买卖合同也应当解除。

鉴于被告冯某梅在履行商铺买卖合同中没有任何过错,在商铺买卖合同解除后,其因商铺买卖合同而获得的利益必须得到合理充分的补偿,补偿标准是保证冯某梅能在与时代广场同类的地区购得面积相同的类似商铺。原告新宇公司同意在商铺买卖合同解除后,除返还冯某梅原付的购房价款、赔偿该商铺的增值款外,还给冯某梅补款 48 万元,这一数额足以使冯某梅的现实既得利益不因合同解除而减少,应予确认。

据此,南京市玄武区人民法院于2004 年4 月30 日判决:(1)原告新宇公司与被告冯某梅签订的商铺买卖合同予以解除;(2)被告冯某梅返还原告新宇公司时代广场内编号 2B050 的商铺,于本判决生效之日起 10 日内交付;(3)原告新宇公司返还被告冯某梅的商铺价款 368,184 元,赔偿冯某梅商铺的增值额 163,516 元,合计 531,700 元,于本判决生效之日起 10 日内付清;(4)原告新宇公司赔偿被告冯某梅逾期办理房屋权属登记过户手续的违约金及其他经济损失 48 万元,于本判决生效之日起 10 日内付清。

一审宣判后,冯某梅不服,向南京市中级人民法院提起上诉。理由是:(1)一审已经认定双方之间的商铺买卖合同合法有效,但却在既不是当事人协商一致解除、也不存在法定解除条件的情况下,仅凭被上诉人提出的履行合同会对其重新规划布局造成影响为由,就判决解除合法有效的合同,于法无据。(2)情势变更原则是指合同依法成立后,因不可归责于双方当事人的原因发生了不可预见的情况变更,致使合同的基础丧失或动摇,或继续维持合同原有效力则显失公平，从而允许变更或解除合同。本案不存在这种情况。首先，时代广场整体长期歇业、巨额资金闲置，是被上诉人经营、管理不善，经营策略错误等自身过错造成的。其次，在开发、销售和出租商铺时，对因经营管理不善而导致资产闲置的风险，被上诉人应当预见，不属于情势变更原则所指的情势。如果将这种商业风险归类于变更的情势，那么购房后房价下跌，上诉人也就可以以房价下跌、情势变更为由要求被上诉人退房，那么契约的稳定性及合同的诚实信用则无从谈起。最后，即使继续履行合同会给被上诉人带来不利，这也是经济交往中的正常损失，是被上诉人在订约时应当预见的、且应当由其自己承担的商业风险。继续履行合同，不会出现显失公平的后果。因此，本案不适用情势变更原则。(3)因被上诉人经营不善造成的后果，与上诉人之间没有任何关系。即使为了维护被上诉人的利益，使其避免损失，也应当由被上诉人与上诉人自愿协商，通过公平买卖的办法来解决，不能借助国家强制力来实现。一审为维护被上诉人的商业利益、公司利益，通过司法程序强制解除合同，是错误的。(4)商铺是上诉人的私有财产，不经上诉人许可，被上诉人无权对上诉人的私有财产进行估价。一审根据被上诉人的申请，委托估价师事务所对上诉人的商铺进行估价，估价的结果令上诉人无法接受。被上诉人的48万元，不能补偿上诉人因此蒙受的损失。况且上诉人并未对一审法院提出退还房款、赔偿增值款、追究违约责任等请求，一审法院在没有当事人请求的情况下作出的判决，违反了法律规定。综上，一审判决适用法律不当，请求撤销一审判决，改判被上诉人实际履行合同，为上诉人办理产权过户手续，并负担本案全部诉讼费用。

被上诉人新宇公司答辩称：一审作出解除双方合同的判决是正确的。本案讼争房屋已被拆除，事实上无法继续履行合同。一审并未适用情势变更原则，也未维护被上诉人的商业风险和公司利益。在本案中，被上诉人同意向上诉人支付的违约金和赔偿金，足以保证上诉人的利益不受侵害。二审应当维持原判。

南京市中级人民法院经审理，确认一审查明的事实属实。另查明，被上诉人新宇公司已取得本市中山路18号的土地使用权证及房屋所有权证，现正在对时代广场进行整体布局调整的施工。南京市中级人民法院于2004年9月6日判决：(1)维持南京市玄武区人民法院的一审民事判决第1、2、3项；(2)变更南京市玄武区人民法院的一审民事判决第4项为：被上诉人新宇公司赔偿上诉人冯某梅逾期办理房屋权属登记过户手续的违约金及其他经济损失68万元,于本判决生效之日起10日内付清。

〖**裁判思路**〗

本案需要解决的争议焦点是:(1)一审判决解除合同是否正确?(2)在权利人没有提出请求的情况下,一审在解除合同的判决中一并判决义务人给权利人赔偿,是否符合程序?

上诉人冯某梅与被上诉人新宇公司签订的商铺买卖合同合法有效。新宇公司在合同约定的期限内未办理产权过户手续,已构成违约,又在合同未依法解除的情况下,将2B050商铺的玻璃幕墙及部分管线设施拆除,亦属不当。《民法典》第五百七十七条规定,当事人一方不履行合同义务或者履行合同义务不符合约定的,应当承担继续履行、采取补救措施或者赔偿损失等违约责任。从这条规定看,当违约情况发生时,继续履行是令违约方承担责任的首选方式。法律之所以这样规定,是由于继续履行比采取补救措施、赔偿损失或者支付违约金,更有利于实现合同目的。但是,当继续履行也不能实现合同目的时,就不应再将其作为判令违约方承担责任的方式。第五百八十条规定,"当事人一方不履行非金钱债务或者履行非金钱债务不符合约定的,对方可以请求履行,但是有下列情形之一的除外:(一)法律上或者事实上不能履行;(二)债务的标的不适于强制履行或者履行费用过高;(三)债权人在合理期限内未请求履行。有前款规定的除外情形之一,致使不能实现合同目的的,人民法院或者仲裁机构可以根据当事人的请求终止合同权利义务关系,但是不影响违约责任的承担"。此条规定了不适用继续履行的几种情形,其中第二项规定的"履行费用过高",可以根据履约成本是否超过各方所获利益来进行判断。当违约方继续履约所需的财力、物力超过合同双方基于合同履行所能获得的利益时,应该允许违约方解除合同,用赔偿损失来代替继续履行。在本案中,如果让新宇公司继续履行合同,则新宇公司必须以其6万余平方米的建筑面积来为冯某梅的22.50平方米商铺提供服务,支付的履行费用过高;而在6万余平方米已失去经商环境和氛围的建筑中经营22.50平方米的商铺,事实上也达不到冯某梅要求继续履行合同的目的。一审衡平双方当事人利益,判决解除商铺买卖合同,符合法律规定,是正确的。冯某梅关于继续履行合同的上诉理由,不能成立。

考虑到上诉人冯某梅在商铺买卖合同的履行过程中没有任何违约行

为,一审在判决解除商铺买卖合同后,一并判决被上诉人新宇公司向冯某梅返还商铺价款、赔偿商铺增值款,并向冯某梅给付违约金及赔偿其他经济损失。这虽然不是应冯某梅请求作出的判决,但此举有利于公平合理地解决纠纷,也使当事人避免了讼累,并无不当。在二审中,新宇公司表示其愿给冯某梅增加 20 万元赔偿款,应当允许。

值得一提的是,《民法典》第五百八十条规定:“当事人一方不履行非金钱债务或者履行非金钱债务不符合约定的,对方可以请求履行,但是有下列情形之一的除外:(一)法律上或者事实上不能履行;(二)债务的标的不适于强制履行或者履行费用过高;(三)债权人在合理期限内未请求履行。有前款规定的除外情形之一,致使不能实现合同目的的,人民法院或者仲裁机构可以根据当事人的请求终止合同权利义务关系,但是不影响违约责任的承担。”该条第二款规定了非金钱债务履行不能时,当事人可以申请法院终止权利义务关系。

第七章　商品房包销纠纷

【本章导读】

在商品房开发经营中,对资本的要求较一般的经营活动更高。开发商总是希望其开发的商品房能尽快地售出,回笼所投入的资金,以减轻资金上的压力,降低经营的风险,获取更多利润。而商品房销售中介商往往在市场销售的环节上更专业,其希望将开发商开发的商品房“批发”过来再行销售以获取差价利润,但商品房的价值巨大,作为不动产的交易还需产生过户的税费等相关费用,商品房销售中介商往往难以承受此过程中需要的资金要求。开发商与中介商这种利益的博弈催生了商品房包销行为的诞生。实际上,商品房包销的模式也降低了商品房交易的成本,促进了商品房的销售,对房地产市场起到了积极的作用。在现实生活中,商品房包销的经营方式也已经成为房地产销售的一种重要营销模式。但在商品房包销过程中常因为包销人没有取得房地产经营资格等问题产生各种各样的纠纷,本章就商品房包销纠纷的裁判规则进行了初步的探讨。

【实务问答】

一、关于商品房包销的法律性质如何认定?

商品房包销是开发商与包销人之间订立商品房包销合同,约定开发商以包销基价,将其开发建设的已建成并符合出售条件的房屋或者尚未建成但符合预售条件的期房,交由包销人以开发商的名义进行销售,包销期满,对包销人未销售的房屋由包销人按照合同约定的包销价格购买的行为。也就是说,当开发商投资建设的商品房项目符合国家规定的销售条件时,开发商与包销人之间以书面合同确立双方间的房屋包销法律关系，确定包销人包销的价格、付款方式及房屋交付期限等，从而使包销人取得对包销房屋自主定价、独家销售的权利，包销人以开发商的名义进行销售，同时承担在约定期限届满时买入剩余房屋的义务。

商品房包销按不同的标准可以分为不同的种类：

1. 以包销房屋的状况为标准分为现房包销和期房包销：在包销人与开发商约定的包销期限内，由包销人以开发商的名义与买受人签订商品房销售合同，将已经建成并符合出售条件的房屋出售的为现房包销，将尚未建成但符合预售条件的期房出售的为期房包销。

2. 以包销房屋的范围为标准分为全部包销和部分包销：开发商将开发项中的所有房屋交由包销人销售的为全部包销，将开发项目中的部分房屋交由包销人销售的为部分包销。

3. 以风险为标准分为风险包销和无风险包销：不论销售情况如何，包销人必须向开发商支付包销价款的为风险包销；包销人根据开发商的定价组织销售，按销售情况向开发商支付包销款的为无风险包销。

关于商品房包销的法律性质问题，司法实践中存在不同观点。

第一种观点为代理说。此说认为，商品房包销是一种代理行为，即开发商将自己建设的商品房的全部或部分转让给包销人独家代理销售，包销人在包销过程中只能以开发商的名义对外销售，只有以开发商名义签订的商品房买卖合同才合法有效，才能保证买受人最终取得商品房的有效证件，同时销售商品房的法律后果由开发商对外负责，因此包销只不过是一种独家代理，只有包销人享有商品房的代理销售权。①

第二种观点为买卖说。此说认为，商品房包销是一种买卖行为，即开发商与包销人因包销合同的生效而开始履行合同义务，双方之间的买卖关系即告成立，包销人因此取得对包销房屋的所有权，从而包销人可以自由定价，并以自己的名义对外销售，包销行为不受开发商意愿的限制。②

---

① 参见何红锋、刘宏禾：《商品房“买断销售”、“包销”等方式的法律性质分析》，载《中国房地产》2002 年第 9 期。

② 参见莫桂莉、陈玉洁编著：《房地产行业法律法规条文释义与纠纷应对方法及案例分析实务全书》，企业管理出版社 2007 年版，第 550 页。

第三种观点为两合行为说。此说认为，商品房包销行为既不是一种单纯的代理行为，也不是一种单纯的买卖行为，而是一种兼具代理与买卖特征的新型民事法律行为，即从包销合同的内容看，包销合同在不同的阶段表现为不同的性质。在包销期限内，包销人只能以开发商的名义对外销售商品房，商品房买卖合同的出卖人是开发商，包销人以开发商代理人的身份出现，这时开发商与包销人之间存在的是代理销售关系；包销期满，包销人必须按照约定购入尚未售出的商品房，包销人的代销行为结束，买卖合同开始履行，这时开发商与包销人之间存在的是买卖关系。①

对于以上各种观点，笔者认为均有不当之处。

1. 代理说。根据《民法典》第一百六十二条的规定，代理人在代理权限内，以被代理人名义实施的民事法律行为，对被代理人发生效力。

就包销而言。第一，包销人包销商品房的目的是赚取包销基价与销售价之间的差额，包销人有权根据市场的情况，对包销房屋的销售自由定价，既不受包销价格的限制，也不受国家对商品房中介、经纪佣金收费标准的限制。当市场情况变化或预测将进一步恶化时，一些包销人为了不被套住，还会以低于包销基价的价格销售，只要保证付给开发商的那部分房价款不少，开发商无权干涉。第二，包销人为销售包销房屋，使包销房屋最大限度地售出和最大限度地获取利益，需制定市场推广、营销计划，制作广告，投入人力推销，并承担费用。这一切，包销人是为了自己的利益，而非开发商的利益。第三，包销人的目的在于获取实际销售价与开发商约定的包销基价之间的那部分溢价。第四，包销人对其包销房屋销售所得的溢价收入有权自由处分，除了依法纳税外，开发商无权索取。第五，包销人对包销的房屋要承担风险，对在包销期限内未售出的商品房有义务买入。因此，代理说包括附条件代理说，不能对包销合同双方当事人约定的权利义务的性质予以准确界定，因为包销人不仅享有销售差价利益，同时还要承担销售风险。

2. 买卖说。根据《民法典》第五百九十五条的规定，买卖合同是出卖人转移标的物的所有权于买受人，买受人支付价款的合同。

就包销而言。第一，包销人包销商品房的目的是赚取包销基价与销售

---

① 参见高富平、黄武双：《房地产法学》，高等教育出版社2010年版，第210页。

价之间的差额，而不是为了直接买进开发商的商品房。第二，商品房的买卖是以所有权转移为标志的，包销人对包销房屋进行销售时，并没有取得所有权，所以他要以开发商的名义对外销售，包销人对外联系买家，开发商与买受人订立买卖合同，从法律上讲，买卖关系是在开发商与买受人之间设立的。第三，商品房的每一次买卖都要缴纳各种税费，包销人从开发商那里将商品房买来，再卖给买受人，两次支付这些数额不低的费用，对于包销人来说就失去了包销的意义。第四，我们要谈的是开发商与包销人之间的内部关系，而非开发商和包销人与买受人之间的外部关系，开发商和包销人与买受人之间的关系为买卖关系是毋庸置疑的，而在包销期限内，开发商与包销人之间并不存在买卖关系，因为包销人包销的目的不是取得所有权。包销期限届满，包销人买入剩余房屋是开发商与包销人在包销结束之后按照包销合同的约定，转化为买卖关系，这个买卖关系是以包销房屋没有全部卖出为条件的。也就是说，包销合同中约定了包销人必须买入剩余房屋的义务，随着包销期满、包销人买入剩余房屋，包销关系转化为买卖关系。如果包销人已先期将全部包销款支付给开发商，开发商只需将包销人购入的房屋的所有权办理至包销人名下即可；如果包销人剩余部分房屋的包销款尚未支付给开发商，则应在付齐包销款后，取得房屋所有权。需要强调的是，开发商买入剩余房屋的价格必须为包销基价。综上，买卖说也不能全面概括地对包销行为予以界定，虽然包销期内包销人可以自行确定房屋的价格并获取全部销售差额，但其真正目的并非购买开发商的商品房，况且包销人是以开发商的名义出售商品房的。

3. 两合行为说。两合行为说将包销行为划分为两个阶段，开发商与包销人在包销期限内为代理关系，包销期满为买卖关系。如前所述，无论是包销期限内包销人以开发商的名义销售商品房，还是包销期满包销人购入商品房，都不完全符合代理和买卖的法律特征，充其量只能说包销具有代理和买卖的某些特点。因此，将包销的性质定位于两合行为也是不准确的。

那么，包销到底是一种什么法律性质的行为呢？因我国目前立法对商品房包销没有规定，理论界和实务界对商品房包销行为的性质也尚未有定论，为稳妥起见，《商品房买卖合同解释》也没有对商品房包销行为的性质予以归类，只是根据司法实践中的通常做法，将其作为一种无名合同予以规范。根据合同法的基本原理，按照合同的内容或名称是否为法律所明确规定为标准,将合同划分为有名合同和无名合同。有名合同是指法律直接调整并赋予一定名称的合同;无名合同是指法律上没有直接规定名称也未作出特别规定的合同。无名合同都是随着社会经济生活发展的需要而形成的合同,如劳务合同、搬迁合同等,包销合同也是如此,所以没有必要将包销合同一定要归属于那一类。对于无名合同,应当参照当事人的意思自治和合同目的,适用与该合同相近似的有名合同的法律规定处理,没有近似的有名合同的,根据《民法典》第四百六十八条的规定,运用合同法的相关原则进行处理。

二、包销期满后剩余房屋如何处理?

对包销期满后未销售的房屋,由包销人按包销价格购买,但当事人另有约定的除外。这里的"另有约定"主要是指开发商与包销商在包销合同中明确约定包销期满包销商将剩余房屋退还开发商的情况。这种情况下,包销商没有包销的风险,但包销商仍然是以包销价格得到包销房屋的销售权,仍然可以自主决定对外销售的价格,以最大限度赚取包销基价与销售价之间的差额,只是根据开发商与包销商双方之间的合意,将包销商购入剩余房屋的风险转移,因此这仍然应认定为包销,只是这种转移风险的包销具有了更多代理的性质。

也有观点主张,包销期满,将未销售的房屋返还给开发商的,属于商品房代销行为,这是不当的。商品房代销,代销商不需先行支付房款,也不能自主确定房屋销售的价格,所以代销人赚取的只是代理的佣金,而非房屋的销售差价。包销期满,包销人购入全部剩余商品房,是包销的主要特征之一。如果认定开发商与包销人之间的包销关系成立,即使双方在合同中没有约定对包销人尚未销售的剩余房屋如何处理,或者虽有约定,但约定不明,仍应由包销人购入全部的剩余房屋。《商品房买卖合同解释》第十六条明确规定:对包销期满后的剩余房屋,当事人有约定的,按照约定处理,没有约定或约定不明的,由包销人按包销价格购买。

三、包销纠纷诉讼主体如何确定?

为便于包销纠纷的及时解决,《商品房买卖合同解释》第十八条同时对因包销引发的诉讼主体问题也作了明确规定。根据合同的相对性原则,因包销合同发生的纠纷，诉讼主体为出卖人与包销人。因买卖合同发生的纠纷，诉讼主体为出卖人与买受人，尽管商品房买卖合同是包销人出面与买受人签订的，但因包销人是以出卖人名义与买受人签订的合同，而且商品房买卖合同的主体仍是出卖人，因此，买卖合同纠纷的诉讼当事人应为出卖人和买受人。但如果出卖人、买受人、包销人三方在买卖合同中约定包销人与出卖人共同承担履行义务的，包销人也应作为当事人参加诉讼。①

四、能否以包销人没有取得房地产经营资格为由而认定包销合同无效?

关于上述问题，司法实践中存在不同观点。

第一种观点认为，商品房包销是房地产市场发展中的一种新型的经营行为，包销人应具备房地产开发经营资格，这有利于规范房地产市场经营秩序，也有利于保护买受人的合法利益，因此包销人不具备房地产开发经营资格的，包销合同无效。②

第二种观点认为，在房地产市场发展中，包销作为一种新型的经营方式，对于搞活房地产市场，促进商品房的流通具有重要作用；包销合同只要是开发商与包销人双方的真实意思表示，且不违反国家法律的规定，在国家法律、行政法规对包销没有规定的情况下，不应对包销人的主体资格予以苛求，包销人不具备房地产开发经营资格的，不应影响包销合同的效力。③

笔者同意第二种观点。

房地产经营是房地产经济活动中的重要组成部分，它是指房地产企业为实现预期目标，确定实现目标的战略和策略，并有意识、有计划地加以实现的经济活动过程。广义的房地产经营存在于整个房地产企业的经济活动之中，是房地产从开发建设到生产竣工，并能顺利进入市场，实现房地产商品价值的重要经济活动；狭义的房地产经营仅指流通环节的营销活动，包销则属于这一环节的方式之一。从房地产经营的角度讲，包销作为房地产营

---

① 参见韩延斌:《〈关于审理商品房买卖合同纠纷案件适用法律若干问题的解释〉的理解与适用》，载《法律适用》2003 年第 6 期。

② 参见武家国等:《房地产法新教程》，同济大学出版社 2005 年版，第 254 页。

③ 参见陈耀东:《商品房买卖法律问题专论》，法律出版社 2003 年版，第 119 页。

销的一种方式，为规范房地产市场秩序，保障房地产市场的健康发展，防止包销中存在的问题，国家主管部门应对包销作出相应的规范，限定包销人的主体资格，规定凡从事房地产包销的均应具备房地产经营资格，以便于对房地产开发行为和商品房包销行为进行配套管理，防止和遏制包销行为的无序发展。有实务工作者还建议建立商品房包销许可证制度，即由立法机关通过立法明确商品房包销的法律地位，由政府房地产主管部门作为商品房包销许可证的审核发证机关，对开发商与包销人之间的商品房包销合同等手续齐备并符合法律规定的，以向包销人发放商品房包销许可证形式，允许包销人凭许可证销售其包销的商品房，从而使包销人的包销行为和买受人的购房行为得到法律的保护。

但是，从诉讼的角度讲，在国家法律、行政法规对包销没有规定，尤其是没有禁止性规定的情况下，以包销人不具备房地产经营资格为由，认定包销合同无效，是不当的。包销作为一种新型的房地产经营行为，已在实务中出现，目前它还存在一些问题，解决这些问题，需要国家的法律、行政法规予以规范。在没有法律、行政法规规定的情况下，纠纷产生，诉讼至法院后，如果包销人不具备房地产经营资格，只要包销合同是双方当事人的真实意思表示，合同内容不违反国家法律或社会公共利益，包销合同宜认定为有效。

五、开发商将应由包销人销售的商品房擅自出售，应否赔偿包销人的损失?

开发商和包销人一旦签订商品房包销合同，整个包销商品房的销售权即为包销人所垄断，开发商不得再把该商品房授权给其他单位和个人销售，也不得擅自自行销售。这种垄断销售的权利是包销人的合同权利，依法受到合同效力的约束和我国法律的保护。包销人独占销售包销商品房的目的在于获得包销溢价，包销人排他性的销售所包销的商品房，以高于包销基价的价格对外销售所包销的商品房，中间的价格差价即为包销人的盈利。如果开发商擅自对外销售被包销的商品房，将使得包销人获得包销溢价的权利落空，使包销人的合同目的无法实现。

对于开发商将应由包销人销售的商品房擅自出售，应否赔偿包销人的损失问题，司法实践中存在不同观点。

第一种观点认为，这属于违约行为，理应承担违约责任。

第二种观点认为,并不是所有开发商继续销售商品房的行为都要承担赔偿损失的责任,而应具体问题具体分析。开发商参与包销商品房销售的情况分为三类:

第一类是帮助型自销,即开发商为了促进投资的及时回收,利用自己的某些优势和营销网络,帮助包销人扩大销售量而自销;

第二类是急需型自销,即应买受人的要求,或因某种特殊的紧急需要,开发商自销;

第三类是嫉妒型自销,即开发商发现包销人售房太容易,得利太快而擅自自销。是否要求开发商赔偿损失,最根本的就是要看自行销售行为是否影响包销人的合同利益。

笔者同意第二种观点。

包销人因开发商自行销售包销房屋而产生的损失都包括哪些,《商品房买卖合同解释》第十七条没有规定。根据《民法典》第五百八十四条的规定,包销人请求开发商赔偿的损失可以是实际损失,也可以包括可得利益损失。而从实践中看,包销人的损失首先应包括开发商销售房屋超出包销价格的溢价,因为包销人对包销房屋享有专销权,开发商自行将包销房屋售出,使包销人失去售房的机会和获取销售溢价的利益,这部分溢价自应作为包销人的损失由开发商予以赔偿;其次包括可能产生的其他损失,如包销人为了使包销房屋全部卖出和卖出更高的价格,往往会对房屋的销售先期进行投入,主要是广告宣传和房屋的装修等,如果开发商自行将包销房屋售出,也应将包销人在房屋上的这些投入作为损失予以赔偿;另外,还应包括包销人的可得利益损失,如包销人已销售的包销房屋的平均价格高于开发商自行销售包销房屋价格的差额部分,及市场同等房屋销售价格高于开发商自行销售包销房屋价格的差额部分,等等。需要强调的是,可得利益损失在审判实践中通常要受到严格的限制,只有具备以下条件才能得到赔偿:必须是当事人已经预见或者应当预见到的利益;必须是真实的、可以得到的利益;必须与违约行为有直接的因果关系;必须科学合理地计算可得利益的损失数额。

在实践中,开发商自行销售包销人包销的房屋,会有不同的价位,应区分不同的情况予以处理:

1. 以高于包销人销售的价格出售:开发商应将销售溢价作为包销人的

损失支付给包销人,溢价是多少,就应赔偿多少。

2. 以高于包销基价但低于包销人销售的价格出售:由于市场的因素,包销人销售的房屋价格不一定是一样的,可能高,也可能低。如果开发商的销售价格在包销人销售的平均价以上(这里指包销基价以上的价格),可以将溢价作为损失赔偿给包销人;如果开发商的销售价格低于包销人销售的平均价,应参照包销人已售房屋的平均价格予以赔偿。

3. 以包销基价出售或低于包销基价的价格出售:开发商出于某种原因,将房屋低价出售,严重侵害了包销人的利益,应参照包销人已售房屋的平均价格予以赔偿;如果包销人尚未售出房屋,则应参照市场同等房屋的销售价格,对包销人的损失予以赔偿。

上述处理办法中,参照包销人已售房屋的平均价格和市场同等房屋的销售价格对包销人的损失予以赔偿,是因为开发商将房屋交由包销人销售,其已取得房屋的价款即包销基价,包销人以包销基价以上的价格进行销售,目的在于获取销售价与包销价之间的差额,开发商将包销房屋自行出售,侵害了包销人的合法利益,理应对包销人损失的可能得到的利益进行赔偿。但由于包销人对于每一套房屋的销售价格往往是不确定的,尤其是房屋尚未售出时,将来可能以什么价格售出是不可预知的,包销人既然通过包销获取了对房屋的销售权,包销房屋以什么价格售出是包销人自己的事情,即使以低于包销基价出售,其差额部分也是包销人自己承担,开发商无权干涉。而开发商擅自出售已由包销人包销的房屋,则是违反了包销合同的约定,应从公平原则出发,结合实际情况,对包销人的可得利益损失予以合理赔偿。

以上所谈的是当事人违约但合同继续履行的前提下,开发商自行出售已由包销人包销的房屋,开发商应对包销人的损失进行赔偿的情况。当由于开发商违约,导致包销人的合同目的不能实现,包销合同被解除时,包销人也可以请求开发商对其损失进行赔偿。这种情况往往出现在开发商将已由包销人包销的房屋的大部或全部自行销售,致使包销商包销房屋、获取包销差额利益的目的无法实现时,根据《民法典》第五百六十三条第一款第四项的规定:“当事人一方迟延履行债务或者有其他违约行为致使不能实现合同目的”,另一方当事人可以解除合同,对包销人请求解除包销合同的,应予支持。同时,包销人还可以根据《民法典》第五百六十六条合同解除后当事人有权要求赔偿损失的规定,请求开发商赔偿损失。在包销合同解除的前提下,开发商对包销人的损失赔偿原则和内容与前述相同。

当开发商自行出售已由包销人包销的房屋时,包销人可能已将包销款支付开发商,也可能尚未支付。如果包销人已将包销款支付,开发商应将包销款予以返还;尚未支付的,包销人不再支付。

六、对包销收益进行限制的效力如何认定?

关于包销收益即佣金的限制,原国家计划委员会、建设部曾联合下发《关于房地产中介服务收费的通知》(计价格〔1995〕971 号)(已废止)。根据《关于房地产中介服务收费的通知》的规定,房屋买卖代理收费,按成交价格总额的 0.5% ~2.5% 计收。实行独家代理的,收费标准由委托方与房地产中介机构协商,可适当提高,但最高不得超过成交价格的 3%。房地产经纪费由房地产经纪机构向委托人收取。国家发展改革委、住房和城乡建设部 2014 年颁布《关于放开房地产咨询收费和下放房地产经纪收费管理的通知》(发改价格〔2014〕1289 号),废止《关于房地产中介服务收费的通知》,放开房地产咨询服务收费。房地产中介服务机构接受委托,提供有关房地产政策法规、技术及相关信息等咨询的服务收费,实行市场调节价。下放房地产经纪服务收费定价权限,由省级人民政府价格、住房和城乡建设行政主管部门管理,各地可根据当地市场发育实际情况,决定实行政府指导价管理或市场调节价。

关于行政主管部门制定的价格限制措施,虽应由价格管理部门在职权范围内制定,但对于价格的干预应当尽量减少,除了少数关系国计民生的物资的价格之外,一般应当由市场自行确定。如果双方在包销合同中明确约定了包销收益的提取比例,即使高于政府指导价,当事人双方也应当严格履行合同义务。

七、开发商擅自销售包销商品房构成违约,包销人在何种情况下可解除合同?

根据我国《民法典》第五百六十三条第一款第四项的规定,当事人一方迟延履行债务或者有其他违约行为致使不能实现合同目的的,另一方当事人可以解除合同。如果开发商擅自销售应当由包销人包销的商品房,达到何种程度,才导致包销人的合同目的不能实现呢?对此,理论上和实践中存在争议。

第一种观点认为,开发商只要有擅自销售应当由包销人销售的商品房行为的,就构成违约,而不论销售的数量有多少。

第二种观点认为,开发商只有擅自销售应当由包销人销售的商品房达到一定数量,并且对包销人履约造成实质性影响的,才构成违约。

笔者同意第二种观点。

包销人订立包销合同的目的就是获得差价利润,开发商擅自销售全部包销商品房当然会致使包销人的合同目的不能实现,这不用多论。开发商擅自销售部分包销商品房是确定部分履行是否构成根本违约的问题,应当考虑两层因素:其一,违约部分的价款、金额与整个合同价金之间的比例。其二,违约部分与合同目的实现的关系。以上两点也可以简单概括为"数量"及"质量"的问题。数量上,一般体现为开发商擅自销售大部分包销商品房;质量上,应考虑开发商销售包销商品房在整体包销合同的商品房中的条件是否优惠及对包销人往后销售的影响程度。总之,法官应当扣住上述关键因素,综合评定开发商的部分履行是否致使包销人的合同目的不能实现。当然,合同解除后,包销人请求开发商承担赔偿责任的亦按照如上原则处理。

八、包销人不按包销合同约定价格销售商品房,应否承担违约责任?

以包销商包销商品房的价格为标准,可划分为底价包销和按比例包销两种包销方式。底价包销是指开发商将欲包销房屋确定最低价格,交由包销商包销,包销商以上述底价与开发商结算,包销商以高于底价的价格售出房屋所获差价作为包销利润归己所有;包销商以低于底价的价格售出房屋的差价作为包销亏损自己承担。按比例包销是指开发商对包销房屋先确定最低价格,然后以此价格为底线确定提成比例而与包销商签订包销协议,包销商以高于上述底价而售出包销房屋所获差价按双方确定的比例提成后余款归开发商所有。

关于包销人不按包销合同约定价格销售商品房,应否承担违约责任问题,司法实践中存在不同观点。

第一种观点认为,只要包销人不按包销合同约定价格销售商品房,就应当承担违约责任。

第二种观点认为,只要包销合同中包销人没有自愿放弃自己根据市场需要适当调整售房价的权利，则包销人不按包销合同约定价格销售商品房就不应当承担违约责任。

笔者同意第二种观点。

根据包销合同，包销人无论是否能将商品房售出，都应按合同约定向开发商付款，对未出售的商品房应由自己购入。只要没有违反合同约定，包销人根据市场需求和预测，自动调整销售价格，自愿承担亏损风险，这是其权利。如果其以超过包销基价的价格出售，则该超额利润部分归其所有；如果其以包销基价的价格出售，则根据双方的约定按比例提取应得部分利润；如果其低于报销基价出售，造成开发商预算利润损失，则其应向开发商补偿该损失部分。当然，如果双方另有约定，则从其约定。比如说某包销合同中约定："包销人向开发商付款时交还相应数额，在已签订的正式购房合同中，如果开发商发现包销人低价售房时，开发商有权追究包销人的违约责任，并有权终止合同。"该条款是双方真实有效的约定，包销人自愿放弃自己根据市场需要适当调整售房价的权利，当属有效。据此，包销人就只能按照双方约定的包销价出售商品房或者说在征求开发商许可后才能作适当调整。也有学者认为以上约定是无效的条款，如果开发商以此为由主张解除合同，或者追究包销人的违约责任，法律上是不应该支持的。

值得注意的是，现行通用的包销合同文本，通常忽略了在给予包销人充分的销售价格调整权时，间接使开发商利益损失的补偿问题。比如说，几乎没有开发商会将所开发的所有楼盘都交由某包销人包销，这样显然会大大增加开发商的风险。对包销人来说，也无法一口咽下如此数量的楼盘。因此，开发商通常的做法是将所开发楼盘的一部分交给一个或数个包销人包销，其他部分自己销售或者找其他中介公司代理销售。这样，就会产生一个问题，如果包销人因自己营销失误或者其他原因，下调售楼价格，则势必会对开发商销售其他商品房产生消极影响。但鉴于包销人具有房屋销售的定价自主权，在包销人下调售楼价格而没有恶意的情况下，出卖人向包销人主张赔偿请求没有法律依据而不予支持。

九、包销人在开发商与买受人商品房买卖合同纠纷中的诉讼地位如何确定？

《商品房买卖合同解释》第十八条规定：对于买受人因商品房买卖合同

与出卖人发生的纠纷,人民法院应当通知包销人参加诉讼;出卖人、包销人和买受人对各自的权利义务有明确约定的,按照约定的内容确定各方的诉讼地位。本条是关于包销人在因包销引发的商品房买卖合同纠纷中诉讼地位的规定。

如前所述,商品房买卖由于受到不动产买卖登记制度的特殊限制,包销人销售房屋必须以开发商的名义,也就是说,包销人销售包销房屋的买卖合同是在买受人与开发商之间订立的,因此从法律关系上讲,买卖合同的相对人是开发商与买受人,根据合同相对性原理,因买卖合同发生的纠纷,诉讼主体应为买受人与开发商。

关于包销人在开发商与买受人商品房买卖合同纠纷中的诉讼地位问题,司法实践中存在不同观点:

第一种观点认为,在因包销引发的买卖纠纷中,买受人一般将房款支付给包销方,因此纠纷产生后,买受人往往只将包销人作为被告起诉。

第二种观点认为,包销人作为具体为民事行为的人,与案件有直接的利害关系,案件的处理结果往往涉及返还购房价款、赔偿损失等,因而可将包销人列为共同被告。

笔者同意第二种观点。

因为开发商与买受人之间为直接的合同关系,合同的相对人为开发商而非包销人,收取购房款的权利本属于开发商,包销人收取购房款是开发商基于包销合同而进行的权利转让,当因买卖合同发生纠纷涉讼时,根据合同相对性的原理,应将开发商列为第一被告,将包销人列为共同被告。

在返还购房款、无效合同、房屋质量、房屋交付及办理产权手续等纠纷中,开发商作为房屋所有权人,包销人作为相关人,被买受人作为共同被告一并起诉,是适当的。在这里,将开发商和包销人作为共同被告,属于普通的共同诉讼,而非必要的共同诉讼。

当然,如果买受人因为买卖合同发生纠纷,只将开发商作为被告提起诉讼,也是允许的,但根据本条的规定,人民法院应当通知包销人参加诉讼。这也是由包销人在买卖合同中所起的作用决定的。如前所述,因包销产生的商品房买卖合同是一种特殊的买卖合同,买卖行为是由开发商和包销人与买受人共同完成的,且开发商收取包销价款、交付房屋,包销人收取售房款、赚取销售溢价,故买受人因买卖合同与开发商产生纠纷,包销人作为买卖合同的重要参与者,必须参加到诉讼中来。所以这里使用了“应当”一词。

另外,这里规定“通知”包销人参加诉讼,是将包销人作为无独立请求权的第三人,而非有独立请求权的第三人。从民事诉讼理论上讲,有独立请求权的第三人是指对当事人争议的诉讼标的,主张全部或者部分权利而参加到已经开始的诉讼中来的人。无独立请求权的第三人是指对当事人争议的诉讼标的虽然没有独立的请求权,但案件的处理结果同其有法律上的利害关系,因而参加到已经开始的诉讼中来的人。《民事诉讼法》第五十九条规定:“对当事人双方的诉讼标的,第三人认为有独立请求权的,有权提起诉讼。对当事人双方的诉讼标的,第三人虽然没有独立请求权,但案件处理结果同他有法律上的利害关系的,可以申请参加诉讼,或者由人民法院通知他参加诉讼……这里的“通知”只用在了无独立请求权的第三人身上,因此说人民法院通知包销人参加诉讼,包销人只能是无独立请求权的第三人。

十、在买受人因买卖合同与开发商发生的纠纷中,包销人最终所应承担的是连带责任,还是补充责任?

在买受人因买卖合同与开发商发生的纠纷中,包销人不论是作为共同被告,还是作为无独立请求权的第三人参加诉讼,最终所应承担的是连带责任,还是补充责任问题,司法实践中存在不同观点。

第一种观点认为,开发商是买卖合同的签约人,当买受人的合同权利受到侵害时,应首先由开发商承担违约责任,然后开发商再与包销人根据包销合同处理他们之间的关系;当开发商没有责任承担能力或责任承担能力不足时,包销人作为买卖合同的重要参与人,承担补充责任。根据民法理论,补充责任是一种附加的责任,指在应承担责任人的财产给付不足时,依法对不足部分承担补充的民事责任。

第二种观点认为,对于买受人来说,买卖行为是由包销人与开发商共同完成的,售房利益也由开发商与包销人共同享有,当买受人的合同权利受到侵害时,开发商与包销人之间的违约责任没有先后、大小之分,他们应对买受人承担连带责任。

笔者倾向于第二种观点。

根据民法理论,连带责任是指在共同责任中,每一责任人依照法律规定或者合同约定均应承担全部责任,任一责任人承担全部责任后,其余责任人即可免责，但承担了全部责任的责任人有权请求其余责任人偿付各自应承担的份额。因此，《民法典》第一百七十八条第一款、第二款规定，二人以上依法承担连带责任的，权利人有权请求部分或者全部连带责任人承担责任。连带责任人的责任份额根据各自责任大小确定；难以确定责任大小的，平均承担责任。实际承担责任超过自己责任份额的连带责任人，有权向其他连带责任人追偿。连带责任是民事责任中比较严厉的责任，连带责任人不享有先诉抗辩权，也不得就超过自己应承担的部分请求其他责任人给予补偿。《民法典》第一百七十八条第三款规定，连带责任，由法律规定或者当事人约定。

实务中，在一些因包销而发生的买卖合同中，包销人往往会出现在合同中，作为合同的丙方在合同上签字。因受到不动产买卖特殊性的限制（包销人不享有产权），这时的包销人并不是出卖人，也不是共同出卖人，而只是第三人。但是，开发商、买受人、包销人三方会在合同中约定各自的权利、义务，这种约定决定着三方当事人在因买卖合同而产生的纠纷中的诉讼地位，因此，《商品房买卖合同解释》第十八条后半段规定了出卖人（开发商）、包销人和买受人对各自的权利义务有明确约定的，按照约定的内容确定各方的诉讼地位。

【案例适用】

规则 26　［包销］商品房包销合同是出卖人与包销人订立的，约定出卖人将其开发建设的房屋交由包销人以出卖人的名义销售，包销期满未销售的房屋，由包销人按照合同约定的包销价格购买的合同。

〖**规则解析**〗

商品房包销合同具备如下几个特征：(1)合同标的物是商品房；(2)合同期内包销人享有对所包销商品房的独家销售权，包销人有权自定价格销售所包销的商品房，并享有销售价格高于包销价格所带来的利润，承担销售价格低于包销价格所造成的亏损；(3)除合同另有约定外，对包销期满后未售出的商品房，包销人应按事先约定的价格予以购买。

〖**案情简介**〗

袁某与某房地产开发有限公司于 2002 年 10 月 22 日签订了《认购合同

协议书》1份，约定：袁某认购房地产公司开发的某楼盘商品房20套（该20套房的位置、建筑面积、单价、售价均有明确约定），预交定金20万元（按1万元/套计算）。袁某将以上商品房认购之后，有权向市场出售，价格可自定；售出后，房地产公司需配合更换购买方姓名，且每套超出以上售价的金额，由房地产公司在收到购买方交纳房款的当日返还袁某。销售截止日期为2003年春节之前，若在规定日期内未售完，则定金不予退还。合同签订后，袁某向房地产公司交付认购定金20万元。截至2003年春节前，袁某已售出所认购的房屋10套，房地产公司也收到全部房款，与认购合作协议约定的价格相比差价总额为69万余元，其余10套商品房尚未售出。

袁某要求房地产公司返还差价总额遭拒，遂诉至法院，要求房地产公司支付差价总额69万余元和双倍返还定金。

房地产公司辩称：我方与原告签订的认购合作协议实质上是居间协议，原告未取得法定的居间资格应认定合同无效，而且我方与原告签订认购合作协议时，待销售的房屋尚未取得商品房预售许可证，此亦为合同无效的原因之一。遂请求法院驳回原告的诉讼请求。

〖**裁判结果**〗

本案在审理过程中，主要有两种处理意见：

一种意见认为，该案属居间合同纠纷。从双方签订的《认购合同协议书》的内容来看，该协议对袁某居间行为的报酬、支付方式、有效时间及居间行为的目的都作了明确、具体的规定；从协议的实际履行过程来看，袁某耗费了大量的人力、物力来推销该楼盘，这都说明了该协议是典型的居间合同。而袁某不具有房地产经纪人资格，不具备签订代销协议的主体资格，属无效合同，依照该无效合同取得的差价应归房地产公司所有。

另一种意见认为，该案是商品房包销合同纠纷。袁某与房地产公司签订的《认购合同协议书》系双方真实意思表示，内容合法，属有效合同，房地产公司应依协议将差价款返还袁某。因袁某有10套房屋未在2003年春节前售出，则房地产公司不应退其20万元定金。

〖**裁判思路**〗

居间合同的重要特征之一是居间人只按照委托人的指示和要求，给委托人提供订约的机会，或者充当委托人与第三人订立合同的媒介桥梁，使双方得以订立合同，但居间人并不参与到委托人与第三人之间的合同关系之中。而根据《商品房买卖合同解释》第十六条的规定,商品房包销合同是出卖人与包销人订立的,约定出卖人将其开发建设的房屋交由包销人以出卖人的名义销售,包销期满未销售的房屋,由包销人按照合同约定的包销价格购买的合同。其实质上应归类为无名合同。另外,实行商品房包销制度,对开发商、包销商和国家均有好处,可谓“一举三得”。

从定义来看,应该说居间合同与商品房包销合同的区别很明显,即居间人只是处于中间人地位,但包销人必须按约定的包销价格购买所包销的房屋。本案中,应该说双方签订的《认购合同协议书》完全符合商品房包销合同的法律特征,特殊的是,根据双方的约定,对包销期满后即截至 2003 年春节未卖出的房屋,袁某没有按照约定的价格来购买的义务,也无权要求返还已交付的定金。因我们现行法律法规对包销人的合同主体资格并无特殊要求,基于意思自治原则和当事人的商业判断原则,应该认定本案《认购合同协议书》合法有效。又因该楼盘在此后已经取得预售许可证,根据《商品房买卖合同解释》第二条“出卖人未取得商品房预售许可证明,与买受人订立的商品房预售合同,应当认定无效,但是在起诉前取得商品房预售许可证明的,可以认定有效”之规定,房地产公司提出在该合同签订之时该楼盘尚不具备预售条件、因而该合同应属无效的理由不能成立。此外,房地产开发公司作为出卖方,有保证该楼盘具备预售条件的法定义务,其在明知不具备预售条件的情况下与袁某签订协议,再以不具备预售条件为由主张合同无效从而逃避合同义务,不仅违背了诚实信用原则,而且属于恶意抗辩,不应得到支持。

总之,笔者认为,本案属典型的商品房包销合同纠纷。从双方签订的协议性质分析:(1)包销商虽然应以开发商的名义进行销售,但开发商转让的只是商品房的销售权,而不是所有权。即使有客户向开发商预购已包销的商品房,开发商也不得自行预售,应转由包销商预售否则构成违约。(2)包销商包销的目的在于从中赚取预售价格与包销价格之间的差价,但同时也承担相应的风险。如果包销的商品房难以预售,或预售的价格低于包销的价格,产生的亏损应由包销商自行承担,与开发商无关。本案中,双方虽未约定,包销期满后,未销售的房屋应由包销人按照合同约定的包销价格购买,但约定了 20 万元定金不退,这符合《商品房买卖合同解释》第十六条的规定。(3)开发商与包销商之间订立的包销合同等协议,对商品房预购人没有法律约束力,包销商与预购人签订的合同不因包销合同一方违约或合同得不到履行而无效。(4)因本案属于《商品房买卖合同解释》第十六条规定的当事人另有约定的情形,故房地产公司应支付袁某房屋差价总额69万元,但协议约定的20万元定金,开发商可不予退还。

第八章　商品房担保贷款合同纠纷

【本章导读】

近年来，因商品房按揭引发的法律纠纷与日俱增，而且由于房地产按揭法律关系是一个法律关系结合体，若其中一个法律关系脱节，会使本来平衡的法律关系失衡，从而引发一系列矛盾，因此迫切需要提出妥善的法律解决方案。商品房按揭法律关系本身并不是一种单一的法律关系，它是一种包含了买卖、借贷、抵押、保证、保险等多种法律关系在内的集合体。上述诸种法律关系在商品房按揭法律关系中共生、共存，其中最重要的是商品房买卖合同法律关系与商品房担保贷款合同法律关系。此两种法律关系之间既具有紧密关联性，又具有相互独立性。商品房买卖合同法律关系与商品房担保贷款合同法律关系的紧密关联性表现为：(1)为买房而进行按揭贷款，所贷之款只能用于买房，须专款专用；(2)买卖合同的标的物，与贷款合同的担保物具有同一性；(3)主体存在交叉重叠，买受人为借款人，开发商为担保人。与此同时，商品房买卖合同法律关系与商品房担保贷款合同法律关系之间具有相互独立性，主要表现为：(1)法律关系主体独立，分别为出卖人与买受人、借款人与贷款人，尽管买受人与借款人重叠，但其身份独立。(2)法律关系客体独立。商品房买卖合同的客体是房屋，而商品房担保贷款合同的客体是货币。(3)法律关系内容独立。两种合同的权利义务截然不同。本章就商品房担保贷款合同纠纷的裁判规则进行了探讨。

【实务问答】

一、商品房按揭贷款合同未能签订并导致商品房买卖合同不能继续履行时当事人请求解除合同和赔偿损失如何处理?

我国《民法典》第五百六十六条规定,合同解除不影响当事人要求赔偿损失的权利,即采纳合同解除与赔偿损失之请求权可以并存的立场。如按揭贷款合同未能订立系开发商之原因使银行对其保证能力丧失信心,如开发条件或有关手续上的欠缺,则其对买卖合同之解除应负相应的赔偿责任。此外,在目前的实务中,开发商为提升本无力买受之人的购买欲望,强化其对买卖合同价金债权的受偿,常为买受人居间介绍金融机构,甚至在开发商处即可直接取得金融机构之贷款申请表格;有的开发商以可以办理金融机构之按揭贷款为其广告内容。因此,如商品房买卖合同约定,买受人以按揭贷款方式付款,因一方当事人原因未能签订商品房按揭贷款合同并导致商品房买卖合同不能继续履行的,对方当事人可以请求解除合同和赔偿损失。

关于赔偿损失的范围,司法实践中主要有三种观点:

第一种观点认为,合同解除时的损害赔偿是指无过错方对所遭受的一切损害均可以请求赔偿,既包括债务不履行的损害赔偿,也包括因恢复原状而发生的损害赔偿;

第二种观点认为,此种赔偿针对的是因债务不履行发生的损害,该损害是在合同解除前因债务不履行而发生的,不论当事人是否解除合同都存在。损害赔偿的存在与否不取决于合同是否解除。

第三种观点认为,对损害赔偿的确定应当作具体分析。

笔者同意第三种观点。

选择损害赔偿或合同解除都足以使合同当事人的权利得到充分保护,没有必要同时采取两种方式。若合同解除后,确因一方过错造成另一方的损害,则有过错方应当向相对方赔偿损害,不能因合同解除而免除其应负的赔偿责任。此赔偿责任除应包括不履行合同义务所致的损害,还应包括合同解除以后因恢复原状而发生的损害赔偿。

二、商品房担保贷款合同纠纷如何处理?

说到商品房担保贷款合同,就必然会涉及商品房按揭的问题。按揭是英美法系不动产担保的一项基本制度，与大陆法系的让与担保制度大致相同。

商品房按揭是从我国香港地区引入我国内地的一种融资购楼方式，包括楼花按揭和现楼按揭。我国内地相关规定中没有按揭的称谓，只是在2000年最高人民法院审委会审议的《关于适用〈中华人民共和国担保法〉若干问题的解释（送审稿）》（已失效）的说明中涉及楼花按揭。该说明将楼花按揭定义为“楼宇预售合同中的买方支付部分购楼款后，将其依合同取得的对楼宇的期待权让渡给银行作为取得银行贷款的担保，也称按揭贷款。如买方未能按约履行还本付息的义务，就丧失了赎回这种期待权的权利的一种贷款方法。楼宇竣工后，楼花按揭即转为楼宇按揭。楼花按揭的法律性质是购房抵押贷款，与抵押基本相同，是一种不动产抵押方式，但又有别与我国法律规定的抵押担保方式”。楼花按揭是以其在预售合同中的全部权益为抵押，而法律规定的抵押是以现存实物为抵押标的的，因此称为准抵押。其他国家和地区一般也均规定权利抵押准用民法关于一般抵押的规定。现楼按揭则与《城市房地产抵押管理办法》第三条第四款规定的预购商品房贷款抵押相同，属于现房抵押贷款。该款规定：本办法所称预购商品房贷款抵押，是指购房人在支付首期规定的房价款后，由贷款银行代其支付其余的购房款，将所购商品房抵押给贷款银行作为偿还贷款履行担保的行为。同时，第五款规定，本办法所称在建工程抵押，是指抵押人为取得在建工程继续建造资金的贷款，以其合法方式取得的土地使用权连同在建工程的投入资产，以不转移占有的方式抵押给贷款银行作为偿还贷款履行担保的行为。最高人民法院《关于适用〈中华人民共和国民法典〉有关担保制度的解释》第五十一条第二款规定，当事人以正在建造的建筑物抵押，抵押权的效力范围限于已办理抵押登记的部分。

理论界对商品房按揭也有不同观点：（1）不动产抵押说。该说认为，尽管楼花不是现存楼宇，但买楼花会导致事实上获得楼宇，而且由于购房人在买楼花时已支付部分楼款，因此，虽然楼花具有一种不确定性，但是它还是具有相当于现存楼宇的价值。同时它与普通房地产抵押在设立目的和法律效力方面是一样的，所以，楼花按揭属于不动产抵押担保。（2）债权质押说。该说认为，购房人在订立楼花按揭合同时，其向银行提供的担保标的物不是楼花所有权而是对开发商享有的债权，而且这种债权符合可作为权利质押标的的权利的性质（财产权、具有可转让性）。（3）让与担保说。该说认为，楼花按揭与让与担保都渊源于罗马法的信托担保,二者都是通过权利的转移而对债权进行担保,都有利于保护银行债权的实现。

从我国司法实践看,实务中通常将按揭作为抵押处理,已不是英美法系和我国香港地区法律原本意义上的按揭。鉴于我国内地相关规定中尚无按揭的名称,为便于统一,《商品房买卖合同解释》将商品房按揭贷款行为统称为商品房担保贷款,包括以现房抵押的贷款合同和期房抵押的贷款。

目前,商品房担保贷款已成为我国房地产金融体系的重要组成部分,我们在总结司法实践经验的基础上,用5个条款对人民法院审理商品房担保贷款纠纷案件的一些基本原则作出了相应规定。

首先,根据《民法典》第五百六十三条的规定,《商品房买卖合同解释》第十九条明确规定,商品房买卖合同约定,买受人以担保贷款方式付款、因当事人一方原因未能订立商品房担保贷款合同并导致商品房买卖合同不能继续履行的,对方当事人可以请求解除合同和赔偿损失。因不可归责于当事人双方的事由未能订立商品房担保贷款合同,并导致商品房买卖合同不能继续履行的,当事人可以请求解除合同,出卖人应当将收受的购房款本金及其利息或者定金返还买受人。《商品房买卖合同解释》第二十条规定,因商品房买卖合同被确认无效或者被撤销、解除,致使商品房担保贷款合同的目的无法实现,当事人请求解除商品房担保贷款合同的,应予支持。因为结合实际情况,在买受人没有能力支付购房款,或者因商品房买卖合同无效、被撤销、解除使买受人的贷款目的无法实现时,如果不允许当事人解除合同,对买受人或者贷款银行都是极为不利的。

其次,根据《民法典》《民事诉讼法》的有关规定,《商品房买卖合同解释》第二十一条、第二十二条、第二十三条又分别对处理商品房担保贷款纠纷案件的程序性问题作了明确规定。

在商品房担保贷款纠纷中,一般存在三方主体和三个合同关系。三方主体是借款人(担保人、买受人)、贷款人(担保权人、银行)、保证人(出卖人);三个合同关系是出卖人与买受人之间的商品房买卖合同关系、买受人与银行之间的担保贷款合同关系、出卖人与银行之间的保证合同关系。商品房担保贷款合同的订立是以商品房买卖合同有效成立为前提条件,与商品房买卖合同具有密切联系但又相互独立。对买受人与出卖人因商品房买卖合同发生纠纷而请求确认买卖合同无效、撤销或解除时银行的诉讼地位问题,有以下两种观点。

一是银行作为担保权人,可依据对买卖合同的标的物所享有的担保物权,作为有独立请求权的第三人向人民法院提起诉讼,人民法院将商品房买卖合同与商品房担保贷款合同关系一并解决,否则人民法院应仅审理商品房买卖合同。该观点的理由为:根据诉讼法理论,主张由于诉讼结果而使自己权利受到损害的案外人,也可以有独立请求权的第三人身份参与诉讼。也就是说,第三人就他人间的诉讼标的的全部或部分有所请求,或主张因他人之间的诉讼结果自己的权利被侵害时,可以本诉当事人双方为共同被告向法院起诉。这就是所谓的诈害防止参加理论。如德国、日本、我国台湾地区等均有此规定。法国还赋予受诈害的第三人提起第三人撤销本诉判决的诉权。

二是银行只可作为无独立请求权的第三人参加诉讼。该观点的理由为:根据《民事诉讼法》第五十九条的规定,"对当事人双方的诉讼标的,第三人认为有独立请求权的,有权提起诉讼"。而在买受人与出卖人因商品房买卖合同发生的纠纷诉讼中,银行对双方争议的标的没有独立请求权,因此,银行不能作为有独立请求权的第三人参加诉讼,而只是案件处理结果与其有法律上利害关系的无独立请求权的第三人,它只可申请参加诉讼或者由人民法院通知参加诉讼。如银行单独就担保贷款合同起诉的,人民法院根据具体情况予以诉的合并,可以将担保贷款诉讼与商品房买卖合同诉讼一并处理。

考虑到审判实践中有的法院是以银行享有对楼花或现房的抵押权而将银行列为有独立请求权的第三人,从有利于及时保护担保权人合法利益和诉讼效率的原则出发,《商品房买卖合同解释》采纳了第一种观点,即银行作为担保权人可以有独立请求权的第三人的身份参加诉讼。

买受人与银行因担保贷款合同发生纠纷时,因担保贷款合同是买受人以现房或将来对期房取得享有的一种期待权作为抵押物,所以,在买受人未按贷款合同约定偿还贷款时,银行就可对现房行使优先受偿权,或通过行使类似债权人代位权的方法请求处分买受人在预售合同中享有的房屋期待权,以获得优先受偿。在买受人未取得房屋权属证书也未与银行办理房屋抵押登记手续,银行只能就买受人在商品房买卖合同中享有的期待权请求处分。根据《民法典》第五百四十六条的规定,债权人转让权利的,应当通知债务人。据此,人民法院在银行提起转让商品房买卖合同权利的诉讼时,应通知出卖人参加诉讼;如出卖人为担保贷款合同提供保证,银行同时起诉出卖人的,出卖人应为共同被告,银行也可直接提起诉讼,要求出卖人承担保证责任。在买受人已取得房屋权属证书并与银行办理房屋抵押登记手续,银行请求买受人偿还贷款或就抵押的房屋优先受偿的,人民法院不应追加出卖人为当事人,但出卖人提供保证的除外。[①]

三、如何界定商品房买卖合同与商品房按揭贷款合同的关系?

对于商品房买卖合同与商品房按揭贷款合同的关系,司法实践中存在不同观点。

第一种观点认为,两者之间存在主从关系,即商品房买卖合同为主合同,按揭贷款合同为从合同。

第二种观点认为,两个合同之间并非主合同与从合同的关系。

笔者同意第二种观点。

商品房买卖合同与商品房按揭贷款合同之间系具有紧密联系但又相互独立的合同关系。两者联系紧密的理由是:(1)买受人办理按揭贷款的目的就是解决其购房资金不足的困难,其所贷得款项均支付给出卖人作为购楼款。实践中,在买受人(借款人)与银行(贷款人)签订了商品房按揭贷款合同之后,银行会依照合同约定将贷款直接打给出卖人,买受人不得也无法将该贷款挪作他用。(2)现实中的买受人一般是普通百姓,他们的付款能力,尤其是一次性付款能力较弱。同样,其取得贷款之后的还款能力也很难让银行获得足够的收回贷款的信心。因此,银行在与买受人签订贷款合同的同时都会要求买受人将其所购商品房(含现房及期房)作为担保物为贷款合同提供担保。因此,买卖合同的标的物与贷款合同的担保物就具有了同一性。从二者的相互依存关系来看,与合同联立中相互依存结合的情形相似。至于两个合同之间的相互独立性主要体现在前已述及的效力与消灭之上的非从属性。

---

① 参见韩延斌:《〈关于审理商品房买卖合同纠纷案件适用法律若干问题的解释〉的理解与适用》,载《法律适用》2003 年第 6 期。

四、商品房担保贷款合同纠纷案件中银行的诉讼地位如何认定?

根据《商品房买卖合同解释》第二十一条的规定,在商品房买卖合同被确认无效或者被撤销、解除后,商品房担保贷款合同也被解除的,出卖人应当将收受的购房贷款和购房款的本金及利息分别返还担保权人和买受人。但是,作为担保贷款合同中的担保权人——银行,在该诉讼关系中诉讼地位的确定,却是审判实务中需要认真研究的问题。

关于买受人起诉出卖人要求确认商品房买卖合同无效或解除合同时,如何确立银行的诉讼地位问题,司法实践中存在不同观点。

第一种观点认为,不应将银行列为有独立请求权的第三人参加诉讼,只处理买受人与出卖人的商品房买卖合同关系。

第二种观点认为,应将银行列为有独立请求权的第三人参加诉讼。

第三种观点认为,应将银行列为无独立请求权的第三人参加诉讼。

笔者同意第二种观点。

第一种观点忽视了案件处理结果与银行有利害关系。买受人因出卖人违约而要求确认商品房买卖合同无效或解除合同,若法院支持其诉讼请求,判决解除商品房买卖合同,必然影响买受人(按揭人)与银行(按揭权人)基于商品房买卖合同签订的按揭贷款合同中按揭权的实现,最终影响按揭权人的利益。因此,第一种观点并不可取。第三种观点与现行法律规定不符。根据《民事诉讼法》第五十六条、最高人民法院《关于适用〈中华人民共和国民事诉讼法〉若干问题的意见》第八十一条的规定,有独立请求权的第三人与无独立请求权的第三人的区别在于该第三人对于当事人双方的诉讼标的是否有独立请求权。在商品房买卖合同纠纷中,因为买受人已将该诉讼标的抵押给银行,银行对该标的物有优先受偿权,其可主张独立的请求权。

笔者赞同银行属于有独立请求权的第三人,是否参加诉讼应由其自行决定,法院不能强行追加其参加诉讼。对于银行因无法得知买受人与出卖人的商品房买卖纠纷已被法院受理而难以主动参加诉讼的问题,在实践中可以由买受人在起诉出卖人要求解除商品房买卖合同时,依法通知按揭银行。如果买受人没有通知银行,则可由法院告知银行其有权申请作为有独立请求权的第三人参加诉讼,但法院不能主动追加其为第三人。《商品房买卖合同解释》第二十一条规定即与上述观点一致。

五、开发商为借款人所提供之保证行为的效力如何认定?

在实务中,银行主要选择开发商作为按揭贷款的保证人,系基于以下考虑:(1)开发商实际是按揭贷款的最大受益者。因为按揭贷款制度扩大了购房者群体,为开发商开辟了潜在的住房消费市场,并且按揭贷款可以使开发商在房屋未建成之前便一次性获得房款,为其后的项目开发注入大量的资金。既然开发商从按揭贷款中获益如此丰厚,其理应担任按揭借款人的保证人。(2)房屋能否建成,建成的房屋能否获得权属证明,全部由开发商掌控。房屋未建成或虽建成但不合格以致无法办理抵押登记的风险应当由能够控制该风险的开发商承担。(3)选择开发商作为保证人的另一个好处是,一个房地产项目会指向数量众多的购房人,如果每一个购房人都寻找自己的保证人将使银行不胜其烦。实务中,银行只需审查开发商一个保证人的担保资格即可,从而提高了贷款效率,降低了贷款成本。贷款成本的降低反过来对借款人亦有利。因为银行贷款成本的增加,均会通过提高贷款利率转嫁给借款人。(4)在银行决定为某一开发商所开发之项目办理按揭贷款业务前,均会与该开发商签订合作协议,其中让开发商成为购房人之贷款保证人是一项重要内容。

关于开发商为借款人所提供的保证行为的效力问题,司法实践中存在不同观点:

第一种观点认为,开发商为买受人(按揭贷款借款人)提供的保证应为无效。其理由是:我国2004年《公司法》第六十条第三款规定,董事、经理不得以公司资产为本公司的股东或者其他个人债务提供担保。2004年《公司法》该条款的规定属于禁止性条款,民事合同如违反法律禁止性规定的应为无效。最高人民法院《关于适用〈中华人民共和国担保法〉若干问题的解释》第四条亦规定,董事、经理违反2004年《公司法》第60条的规定,以公司资产为本公司的股东或者其他个人债务提供担保的,担保合同无效。2018年修正的《公司法》第一百四十八条规定,董事、高级管理人员不得违反公司章程的规定,未经股东会、股东大会或者董事会同意,将公司资金借贷给他人或者以公司财产为他人提供担保。

第二种观点认为,此种行为有效。最高人民法院《关于适用〈中华人民共和国民法典〉有关担保制度的解释》第八条规定:"有下列情形之一,公司以其未依照公司法关于公司对外担保的规定作出决议为由主张不承担担保责任的,人民法院不予支持:(一)金融机构开立保函或者担保公司提供担保;(二)公司为其全资子公司开展经营活动提供担保;(三)担保合同系由单独或者共同持有公司三分之二以上对担保事项有表决权的股东签字同意。上市公司对外提供担保,不适用前款第二项、第三项的规定。”该规定并未否定该类行为的效力。

笔者同意第二种观点。

第一种观点的表述值得商榷。理由是:

1. 从《公司法》第一百四十八条规定的目的和原意来看,该条是为了保护公司利益免受损害,如就公司财产对外进行担保的情形不加限制,势必损害公司利益。作为市场经济最为重要的参与主体,公司的财产及经营利益若得不到保护,最终受到损害的将是整个市场经济的有效运行。但该条的禁止性规定旨在保护公司本身的利益,在禁止性条款的位阶上尚无法与危及国家及社会公共利益之禁止性条款同日而语,对其理解不能从后者的立场出发。银行发放按揭贷款予买受人的前提之一,亦为最重要的前提,就是开发商同意为借款人提供保证。如无此保证,银行恐怕难以将贷款贷予买受人,若是这样,开发商的开发利润将可能无从谈起。另外,银行在确定与开发商建立此种业务合作关系时均会通过事先的合作协议明定。退言之,在买受人取得房屋所有权之后,银行的贷款又可获得物保,实际上开发商的保证责任一般不会对其造成风险。即使有些许风险,相较于其从按揭贷款制度所受之利益,亦不足道。从另一角度讲,如果将开发商为买受人提供的保证归为无效,后果之一是沉淀在按揭房产中的庞大的银行资金将面临空前的回收风险,这无疑会危及经济的发展。将此类保证合同视为无效的后果之二是,银行将拒绝为买受人提供按揭贷款,开发商所开发的楼盘就不得不面对有供无求的局面,最终受到损害的恐怕必然包括其自身利益。由此可知,开发商为买受人提供保证不会损害其利益。从我国目前的按揭实务来看,按揭贷款的最大受益者可以说也是开发商(上已论及,于此不赘)。如果开发商所为之对外担保不仅对公司利益无害,反而有利时,应认定该担保有效。

2. 从《公司法》之体例观之,该条规定在第六章公司董事、监事、高级管理人员的资格和义务部分,应理解为系约束董事、经理个人的职权滥用,并非对公司法人对外担保的禁止性规定。

3. 随着传统公司法理论中的"越权禁止"原则渐失辉煌，公司的法人权利能力获得了解放。其可以从事一切合法的经营行为。公司的担保权能是现代公司权利能力体系中不可或缺的组成部分，当然也包括对外提供担保。

4. 从国外立法例及公司法法理观之，美国《公司法》对公司的担保权能有着最为宽松的规定，无论是仅具示范功能的美国《商业公司示范法》还是已被若干州采用的美国《统一有限责任公司法》以及各州制定的公司法律，皆普遍赋予公司对外担保的权利能力。我国澳门特别行政区、台湾地区虽都有关于公司不得为他人提供担保的规定，但从其规定的灵活之处来看，澳门《商法典》允许董事会仅凭书面的理由声明，即可避开不得为他人提供担保的禁止性规定，而我国台湾地区则允许除了依照法律之外还可依照公司章程的规定排除公司不得做保证人的法律障碍。实务上，一般公司的章程内往往定有此"标准条款"，即规定公司可对外保证，且其行使亦无任何限制。

5. 再退言之，大陆法系学说多数认为董事、经理与公司的关系应以委任说为宜，实际上属于民法中的代理。开发商为买受人所提供之保证若确系董事、经理超越职责权限所为，如董事、经理超越权限对买受人以公司资产提供保证，公司法人在知道其以公司名义实施该行为而不作否认表示的，视为同意；公司不知情的，除了最高人民法院《关于适用〈中华人民共和国民法典〉有关担保制度的解释》第八条规定的情形，该担保对公司有效。

六、因开发商的过错，导致买房人未支付按揭款项，怎样追究责任，各方当事人的诉讼地位如何认定？

现实生活中，因开发商过错，导致买房人未支付贷款的情况主要有以下几种。

1. 开发商的恶意欺诈。期房按揭中，如果开发商将获得的贷款挪作他用甚至携款潜逃，由于开发商与银行间的金融合作协议，购房者的贷款银行是由开发商选定的，而银行也负有对贷款资金用途监管的义务，此时，购房者可能据此认为银行监督不力，存在过错而拒绝继续偿还贷款。

2. 开发商延期交房。期房按揭中，开发商可能由于项目定位不准，使商品房预售不理想，导致后续资金不足或者因为经营不善或其他原因而无法按期竣工交房,甚至出现烂尾楼的情况。最终,商品房买卖合同无法履行,按揭贷款合同的履行必然受到影响,银行的信贷资产因此受到损害。

3. 开发商交付的商品房不符合合同约定。如果开发商按期交付了商品房,但存在质量问题、面积误差过大或者绿化环境不符合合同约定,购房者可能因此解除商品房买卖合同,并拒绝继续履行还贷义务,由此引发银行的金融风险。

4. 实践中,还可能由于开发商违法预售、不符合预售条件,如没有取得土地使用权证、预售许可证等相关证件,或者由于开发商建成的商品房不符合条件无法办理产权证,或者因为其他违约行为,导致商品房买卖合同无法正常履行,从而影响按揭贷款合同的履行,威胁银行债权的顺利实现。

关于因开发商的过错导致买房人未支付按揭款项,怎样追究责任的问题,司法实践中存在不同观点。

第一种观点认为,根据《民法典》第五百九十三条"当事人一方因第三人的原因造成违约的,应当依法向对方承担违约责任。当事人和第三人之间的纠纷,依照法律规定或者按照约定处理"的规定解决。

第二种观点认为,应该先由按揭人起诉房开商违约行为,获得赔偿后再由按揭权人与借款按揭人解决付款问题。

第三种观点认为,按揭合同的当事人只有商品房买受人(按揭人)和银行(按揭权人),而开发商只是按揭实务操作中的参与人或第三人。因此,在发生按揭纠纷而诉讼至法院时,在银行提起诉讼而向按揭人和开发商(担保人)主张权利的场合,法院应当将按揭人列为被告,将开发商列为有独立请求权的第三人。①

第四种观点认为,针对因开发商的弃楼不按期交房或交付不符合约定标准的商品房,或是各种由于开发商的原因导致按揭人不按时偿还贷款本息的情况,可以适用第三人侵害债权行为的法则,允许受害人直接起诉实施侵害行为的该第三人,即允许受损害的按揭权人直接起诉第三人开发商更有利于问题的解决。②

笔者同意第三种观点。

---

① 参见王闯:《让与担保法律制度研究》,法律出版社 2000 年版,第 440 页。

② 参见陈耀东:《商品房买卖法律问题专论》,法律出版社 2003 年版,第 193 页。

《商品房买卖合同解释》第二十二条规定了出卖人可以成为按揭贷款合同纠纷的诉讼参加人。该条的具体内容为:“买受人未按照商品房担保贷款合同的约定偿还贷款,亦未与担保权人办理商品房抵押登记手续,担保权人起诉买受人,请求处分商品房买卖合同项下买受人合同权利的,应当通知出卖人参加诉讼;担保权人同时起诉出卖人时,如果出卖人为商品房担保贷款合同提供保证的,应当列为共同被告。”该条款中规定,当买受人未按照约定偿还贷款时,开发商在该诉讼中的地位,可能是有独立请求权的第三人,也可能是被告。借款人因尚未取得商品房所有权,没有与贷款银行办理商品房抵押或其他担保登记手续,贷款银行起诉借款人,应当将开发商列为有独立请求权的第三人。在商品房所有权尚属于开发商时,借款人没有按照贷款合同约定偿还银行以借款人名义支付给开发商的购房款,银行起诉借款人时,法院应当通知开发商参加诉讼,开发商也有权利申请参加诉讼。因为在本诉中,买受人作为被告没有履行还款义务,贷款银行对贷款合同项下的商品房行使权利,会涉及开发商拥有产权的商品房,从而与开发商的利益有关,与未来开发商履行商品房买卖合同的事项有关。所以,在这种情况下,当法院通知开发商参加诉讼,或开发商自己主动申请以实体权利人的资格参加诉讼,其地位是有独立请求权的第三人。当买受人已经取得房屋所有权的,《商品房买卖合同解释》第二十三条规定,买受人未按照商品房担保贷款合同的约定偿还贷款,但是已经取得不动产权属证书并与担保权人办理了不动产抵押登记手续,抵押权人请求买受人偿还贷款或者就抵押的房屋优先受偿的,不应当追加出卖人为当事人,但出卖人提供保证的除外。

七、购房者未按期还贷,房地产商代为清偿后是否可以取得追偿权向购房者主张权利?

在一些案件中,购房者为购买商品房,与房地产公司签订商品房预售合同,同时为了支付房款,又与银行签订个人住房借款合同,而房地产公司作为借款保证人保证购房者按期返还贷款。分析上述过程,实际上在三方当事人之间形成了三个法律关系,即购房者与房地产公司之间的购房法律关系,购房者与银行之间的房款借贷法律关系以及房地产公司于银行之间的保证法律关系。在后两个法律关系中,购房者与银行之间的房款借贷法律关系为主法律关系,房地产公司与银行之间的保证法律关系是以借款合同的成立为前提的,属于从法律关系。《民法典》第六百八十一条规定:“保证合同是为保障债权的实现,保证人和债权人约定,当债务人不履行到期债务或者发生当事人约定的情形时,保证人履行债务或者承担责任的合同。”从这一规定可见,房地产公司作为贷款合同的保证人,当作为借款合同主债务人的购房者不能按期归还贷款时,即具有代为清偿的义务。根据约定,房地产公司作为保证人应承担的义务是阶段性的保证义务。所谓阶段性保证,是指在目前购房贷款中普遍使用的一种特殊保证形式,即售房单位与贷款银行在借贷合同中签订保证条款,保证借款人在领取房地产证和房地产他项权利证明前,如借款人违约,由其承担连带按期偿还贷款本息的责任,但售房单位的保证责任自借款人领取房地产证书和房地产他项权利证书交给贷款银行收押之日止。因此在阶段性保证中,房地商作为保证人,其承担的保证责任是有阶段性的,即其并非购房者贷款期限内的全程担保人,当购房者将有关产权证书交贷款银行收押后,房地产商的保证义务即履行完毕。

关于购房者未按期还贷,房地产商代为清偿后是否可以取得追偿权向购房者主张权利的问题,司法实践中存在不同观点。

第一种观点认为,购房者未按期还贷,房地产商代为清偿后可以取得追偿权向购房者主张权利。

第二种观点认为,购房者未按期还贷,房地产商代为清偿后不可以取得追偿权向购房者主张权利。

笔者同意第一种观点。

房地产公司作为购房者的借款保证人,在承担了保证责任后,即依法取得对主债务人购房者的追偿权。保证人与主债务人之间的关系,主要表现为保证人的追偿权。所谓追偿权,是指保证人在承担保证责任后,可以向主债务人请求偿还的权利。我国《民法典》第七百条对此有明确规定。保证人追偿权的产生必须具备以下要件:首先,保证人已经对债权人承担了保证责任;其次,主债务人对债权人因保证而免责,如果主债务人的免责不是由保证人承担保证责任的行为引起的,那么保证人就没有追偿权;最后,保证人没有赠与的意思表示。

八、开发商在预售商品房时,未向购房者告知房屋已设抵押权的事实,其行为应当如何处理?

由于购房者与房地产开发商签订商品房预售合同时,房屋尚在建造中,购房者的权利因没有产权证等相关权利凭证予以保障,而购房者又可能因为忽视商品房预售登记的效力和重要性,不主动要求办理预售登记,或者完全相信房地产开发商,由房地产开发商代为办理预售登记,所以在这一环节中经常会出现房地产开发商恶意违约,诸如"一房两售""先售再抵""先抵再售"的情形。由于购房者不知道在自己签订购房合同之前是否已有人就同一房屋签订了商品房预售合同,也不知道自己预购的房屋是否已经为房地产开发商抵押给他人的抵押物,故当他人要实现抵押权时,购房者不能实现自己的购房目的,甚至会由于房地产开发商捐款逃跑下落不明而落得"屋财两空"的悲惨境地。

关于开发商在预售商品房时未向购房者告知房屋已设抵押权的事实,其行为应当如何处理的问题,司法实践中存在不同观点。

第一种观点认为,房地产开发商在未告知抵押权人的情况下将房屋预售的,抵押权人可以主张预售合同无效。同样,购房者可以依法要求确认商品房预售合同无效,并要求房地产开发商返还房款,承担相应的民事责任。

第二种观点认为,房地产开发商在未告知抵押权人的情况下将房屋预售的,抵押权人可不主张预售合同无效,预售合同不影响抵押权人实现其抵押权,不论房屋预售还是房屋再转让到任何人手中,抵押权人都可以行使抵押权,以该房屋的变卖价款抵偿自己的债权。对于预购房屋者而言,也不必一定主张预售合同无效,其可以在取得房屋所有权时,代替房地产开发商清偿所负的债务,以消灭房屋之上的抵押权。当然,购房者可以直接将房款支付给抵押权人,如果其已经向房地产开发商支付了房款,可以就自己向抵押权人清偿房地产开发商的债务而向房地产开发商追偿。在这种情况下,购房者还可以选择解除合同。

笔者同意第二种观点。

虽然我国《担保法》(已失效)第四十九条规定,抵押人转让抵押物的行为如未通知抵押权人或者未告知受让人的,转让行为无效。这一规定已被

《民法典》修改为抵押人转让抵押财产的，应当及时通知抵押权人。抵押权人能够证明抵押财产转让可能损害抵押权的，可以请求抵押人将转让所得的价款向抵押权人提前清偿债务或者提存。转让的价款超过债权数额的部分归抵押人所有，不足部分由债务人清偿。因此标的物上是否设有抵押权，不影响标的物的转让。当发生这样的情况时，房地产开发商在未告知抵押权人的情况下将房屋预售的，抵押权人不可主张预售合同无效，预售合同不影响抵押权人实现其抵押权，不论房屋预售还是房屋再转让到任何人手中，抵押权人都可以行使抵押权，以该房屋的变卖价款抵偿自己的债权。对于预购房屋者而言，也不能以此主张预售合同无效，可以选择解除合同。但对于购房者而言，由于房价上涨等因素，其有时也并不愿意轻易主张解除合同，可以在取得房屋所有权时，代替房地产开发商清偿所负的债务，以消灭房屋之上的抵押权。当然，购房者可以直接将房款支付给抵押权人，如果其已经向房地产开发商支付了房款，可以就自己向抵押权人清偿房地产开发商的债务而向房地产开发商追偿。虽然这样做存在一定的风险，但对于上涨的房价而言，也可以尽量减少损失。

综上不难看出，在我国现行法律规定中，抵押权是具有优先性的权利，与预购房屋者的权利相比，抵押权是物权，比购房者享有的债权更为优先。当抵押权与商品房预售发生冲突时，预购房屋的购房者将承担较大的交易风险。因此，建议购房者在与房地产开发商签订购房合同之前，应对开发商承建的房屋进行调查，调查的内容可以集中在房屋的土地使用权是否抵押给第三人、房屋的所有权是否抵押给第三人等问题上，上述问题均会影响到购房者将来办理房屋产权证能否顺利取得。

九、房屋抵押权存续期间，抵押人未经抵押权人同意，对外签订的房屋买卖合同是否有效以及如何履行？

抵押物的转让属于抵押物处分的一种典型情形。在设计抵押权转让制度时，应当考虑两个因素。

其一，如何实现物权法中“物尽其用”的价值目标，抵押权制度属于物权编的范畴，物权法制度的价值“在使其利用，而不在使其所有，亦即法律所以保护所有权者,乃期其充分利用,以发挥物之效能,而裕社会公共福利”。[①]因此,抵押财产转让的意义不在于转让本身,而在于抵押财产的转让有助于抵押财产效用的发挥,通过流转实现抵押财产的保值和增值,在促进个人利益增加的同时促进社会利益的增加,使抵押财产当前使用价值和将来交换价值的利用达到完美结合,从而与物权法所秉持的“充分发挥物的效用”的价值目标相契合。

其二,如何在抵押权人、抵押人与受让人之间实现利益平衡。一方面,应当考虑抵押权人利益的保障。因为设置抵押权的根本目的是保护抵押权人的利益,如果偏离了这一基本目标,抵押权制度就会失去存在的意义,也将会使抵押物转让制度失去存在的妥当性基础。另一方面,在坚持抵押权人利益优先保护的同时,也不能忽视对抵押人和受让人利益的尊重。

《物权法》(已失效)第一百九十一条第二款规定:“抵押期间,抵押人未经抵押权人同意,不得转让抵押财产,但受让人代为清偿债务消灭抵押权的除外。”《民法典》第四百零六条第二款将《物权法》的规定修改为:“抵押人转让抵押财产的,应当及时通知抵押权人。抵押权人能够证明抵押财产转让可能损害抵押权的,可以请求抵押人将转让所得的价款向抵押权人提前清偿债务或者提存。转让的价款超过债权数额的部分归抵押人所有,不足部分由债务人清偿。”对该规定应当如何理解,司法实践中有以下观点。

第一种观点认为,抵押人未经抵押权人同意签订的房屋买卖合同绝对无效。从我国目前抵押权行使和实现的现状来看,如果允许抵押人随意转让抵押物,会极大地增加抵押权人追索抵押物的难度,从而加大抵押权人实现债权的风险,因此,法律在保护抵押权人权利和促进市场流转之间,更侧重保护抵押权人的利益。对于未经抵押权人同意签订的房屋买卖合同,直接否认其私法上的效力,转让合同无效,以实现对抵押权人利益进行特别保护的立法目的。当然,如果抵押人在签订房屋买卖合同后清偿债务或者受让人代为清偿债务消灭抵押权的,可以补正转让合同的效力瑕疵,转让合同有效。随着司法实践的不断进步,持这种观点的已经很少了。

第二种观点认为,抵押人未经抵押权人同意签订的房屋买卖合同属于

---

① 参见郑玉波:《民法总则》,中国政法大学出版社 2003 年版,第 17 页。

相对特定第三人无效的合同。抵押人未经抵押权人同意签订的房屋买卖合同,只侵害抵押权人的利益,不涉及社会公共利益,属于相对抵押权人无效的合同。如果抵押权人主张房屋买卖合同无效的,法院应当认定房屋买卖合同相对于抵押权人无效,抵押权人未主张的,法院不得主动援引该规定认定合同无效。并且,房屋买卖合同在买卖双方之间以及相对于除抵押权人之外的第三人均是有效的,买卖双方主张合同无效的,不应支持。

第三种观点认为,未经抵押权人同意并不影响房屋买卖合同的效力,当事人以此为由主张合同无效的,不应支持。在买受人代为清偿债务消灭抵押权前,买受人实际无法办理房屋所有权转移登记手续,合同构成履行不能,买受人有权解除合同,并要求出卖人承担相应的违约责任。

第四种观点认为,未经抵押权人同意并不影响房屋买卖合同的履行。《民法典》将抵押物转让条文修改为"抵押人转让抵押财产的,应当及时通知抵押权人。抵押权人能够证明抵押财产转让可能损害抵押权的,可以请求抵押人将转让所得的价款向抵押权人提前清偿债务或者提存。转让的价款超过债权数额的部分归抵押人所有,不足部分由债务人清偿"。

笔者同意第四种观点。

抵押人能否转让抵押财产,相关立法及司法解释处于不断变化之中。《民法通则》对抵押财产的转让未作规定,最早对此作出规定的是《民法通则意见》第一百一十五条第一款,"抵押物如由抵押人自己占有并负责保管,在抵押期间,非经债权人同意,抵押人将同一抵押物转让他人,或者就抵押物价值已设置抵押部分再作抵押的,其行为无效"。《担保法》第四十九条分三款对抵押财产的转让进行了规定。其中第一款规定:"抵押期间,抵押人转让已办理登记的抵押物的,应当通知抵押权人并告知受让人转让物已经抵押的情况;抵押人未通知抵押权人或者未告知受让人的,转让行为无效。"第二款规定:"转让抵押物的价款明显低于其价值的,抵押权人可以要求抵押人提供相应的担保;抵押人不提供的,不得转让抵押物。"第三款规定:"抵押人转让抵押物所得的价款,应当向抵押权人提前清偿所担保的债权或者向与抵押权人约定的第三人提存。超过债权数额的部分,归抵押人所有,不足部分由债务人清偿。"《担保法解释》第六十七条分两款对该条进行了解释:抵押权存续期间,抵押人转让抵押物未通知抵押权人或者未告知受让人的,如果抵押物已经登记的,抵押权人仍可以行使抵押权;取得抵押物所有权的受让人,可以代替债务人清偿其全部债务,使抵押权消灭。受让人清偿债务后可以向抵押人追偿。如果抵押物未经登记的,抵押权不得对抗受让人,因此给抵押权人造成损失的,由抵押人承担赔偿责任。该条区分已登记的抵押权和未登记的抵押权,规定已登记的抵押权具有追及效力,同时规定已经取得抵押物所有权的受让人享有涤除权。《物权法》第一百九十一条规定:"抵押期间,抵押人经抵押权人同意转让抵押财产的,应当将转让所得的价款向抵押权人提前清偿债务或者提存。转让的价款超过债权数额的部分归抵押人所有,不足部分由债务人清偿。抵押期间,抵押人未经抵押权人同意,不得转让抵押财产,但受让人代为清偿债务消灭抵押权的除外。"该条并未完全沿袭《担保法》及其司法解释的相关规定,而是在一定程度上又回到了《民法通则意见》的规定,如规定抵押人转让抵押财产应经抵押权人"同意",而非《担保法》规定的"通知"抵押权人或者"告知"受让人的制度。该条同时也吸收了《担保法》第四十九条第三款确立的提前清偿或者提存制度。该条仅规定抵押人转让抵押财产应经抵押权人"同意",抵押人未经抵押权人同意不得转让抵押财产,但对同意或者不同意的效果均未予规定,导致实践中对未经同意的抵押合同的效力是有效、无效还是效力待定,以及抵押权人同意是否产生抵押权消灭的后果等问题莫衷一是。

《民法典》并未继续沿袭此前不承认抵押权具有追及力因而均对抵押人转让抵押财产进行限制的做法,而是在承认抵押权具有追及力的基础上,认可抵押人有权转让抵押财产。同时,本条也借鉴《担保法》《物权法》有关提前清偿债务或者提存的规定,但不同的是:一是只有在抵押权人能够证明抵押财产转让可能损害抵押权的情况下,抵押权人才能请求抵押人提前清偿债务或者提存;二是这是抵押权人的权利,而非抵押人的义务;三是抵押人负有通知义务,但与《担保法》第四十九条规定的"抵押人未通知抵押权人或者未告知受让人的,转让行为无效"不同,本条规定的通知不影响转让行为的效力。

十、买受人要求继续履行房屋买卖合同,办理抵押房屋所有权转移登记手续,应当如何处理?

在《民法典》颁布前,房屋买卖合同约定的履行期限届满时,出卖人仍未取得抵押权人的同意,也未向抵押权人清偿债务消灭抵押权的情况下,申请房屋所有权转移登记的,房屋登记机关是不予办理的,由于出卖人无法履行为买受人办理房屋所有权转移登记的义务,合同无法继续履行,构成法律上的履行不能,买受人签订合同的目的无法实现,买受人有权解除合同,并要求出卖人承担相应的违约责任。《民法典》出台后,抵押物的转让应不存在障碍,相关行政登记应作相应的修改。

依据《民法典》的规定,抵押权人能够证明抵押财产转让可能损害抵押权的,可以请求抵押人将转让所得的价款向抵押权人提前清偿债务或者提存。转让的价款超过债权数额的部分归抵押人所有,不足部分由债务人清偿。买受人作为与债务清偿有利害关系的人,主张代抵押人(出卖人)清偿债务,不损害抵押权人的利益,抵押权人不得拒绝。并且,买受人代出卖人清偿债务后,在清偿债务限度范围内取得了对出卖人的债权,其可以行使抵销权,与其尚欠出卖人的购房款相互折抵。因此,在相关行政部门行政登记尚未变化前,法院可以判决买受人直接代出卖人向抵押权人清偿债务消灭抵押权,再将该部分款项从未付购房款中扣除,待抵押权消灭后出卖人再为买受人办理房屋所有权转移登记手续。

总之,笔者认为,房屋抵押权存续期间,出卖人(抵押人)未经抵押权人同意转让抵押房屋的,不影响房屋买卖合同的效力。出卖人在合同约定的履行期限届满时仍未履行消灭抵押权的义务,致使买受人无法办理房屋所有权转移登记,买受人可以请求解除合同。买受人同意并能够代为清偿债务消灭抵押权的,抵押权人应当协助办理抵押注销登记,出卖人应当在抵押权消灭后为买受人办理房屋所有权转移登记手续。

十一、房地产买卖合同解除后,买受人主张解除商品房担保合同的依据是什么?

商品房买卖合同与商品房担保贷款合同是两个相互联系又彼此独立的合同。商品房买卖合同不是商品房担保贷款合同的主合同。在买受人与开发商解除商品房买卖合同的场合,借款人与银行之间的按揭贷款合同并不当然解除。按揭贷款合同的解除尚有赖于当事人之间的合意或者一方行使法定解除权。

《商品房买卖合同解释》第二十条规定:“因商品房买卖合同被确认无效或者被撤销、解除,致使商品房担保贷款合同的目的无法实现,当事人请求解除商品房担保贷款合同的,应予支持。"可见,法律支持在商品房买卖合同解除后,当事人可以解除商品房担保贷款合同,但是买受人主张解除商品房担保贷款合同属于何种性质的法定解除权,理论上存在争议。

关于房地产买卖合同解除后,买受人主张解除商品房担保合同的依据问题,司法实践中存在不同观点。

第一种观点认为,买受人主张解除商品房担保贷款合同的依据是合同法上的情势变更原则。所谓情势,是指合同赖以存在的基础条件和环境的客观情况;所谓变更,是指产生重大的实质效果的异常变化。情势变更原则的意义在于通过司法权力的介入,强行改变合同已经确定的条款,在合同双方当事人订约意志之外,重新分配交易双方在交易中应获得的利益和风险,其追求的价值目标是公平和公正。

第二种观点认为,买受人主张解除商品房担保贷款合同依据的是合同落空原则。合同落空原则是英美法上的概念,其功能与大陆法系的情势变更原则基本相似。合同落空系在合同成立之后,非由当事人自身的过失,而是由于事后发生的意外情况而使当事人在订约时所谋求的商业目标受挫。按照英国法的解释,并不是在订立合同之后发生任何的意外事件都能符合合同落空的标准,而必须是情况已经完全改变,以致在一个通情达理的人看来,合同的当事人倘若事先知道会发生这种变化,他们就不会签订合同,或者会把合同订得不一样。只有达到这种程度,才能按合同落空处理。

笔者认为,《商品房买卖合同解释》第二十条中使用了"商品房担保贷款合同的目的无法实现"的概念,但在此意义上的"合同目的无法实现"不同于大陆法系的情势变更原则,也不同于英美法系的合同落空原则,而是作为按揭法律关系的基础——商品房买卖合同被解除,致使再继续履行商品房担保贷款合同已没有意义,为了帮助买受人及开发商从房屋按揭法律关系中解脱出来,并从根本上维护按揭银行的利益而采取的一种法律对策。在此意义上看,它并不符合情势变更原则或合同落空原则的要件,而是一种新的法定解除的情形。因此,笔者认为在商品房买卖合同解除后,当事人有权请求解除商品房担保贷款合同是《民法典》第五百六十三条规定的"法律规定的其他情形"之一。

十二、在买受人、按揭银行都未提起解除抵押担保贷款合同的请求的情形下，开发商能否单独提起解除抵押担保贷款合同？

商品房买卖合同与商品房担保贷款合同是相互牵连但是又相互独立的法律关系：一个是商品房买卖法律关系，另一个是商品房担保贷款法律关系。在后一个法律关系中，借款人是商品房的买方，并且也是以该房产作为贷款抵押的抵押人，作为商品房出卖人则为买受人的贷款提供保证担保，担保权人就是按揭银行。商品房买卖合同的解除往往会影响到后一个法律关系的履行，然而，是否必然导致解除商品房担保贷款合同呢？司法解释没有具体的直接规定，只是在《商品房买卖合同解释》第二十一条第二款规定了两个合同关系都被解除的法律后果，即“商品房买卖合同被确认无效或者被撤销、解除后，商品房担保贷款合同也被解除的、出卖人应当将收受的购房贷款和购房款的本金及利息分别返还担保权人和买受人”。对于该条款，笔者认为，商品房买卖合同的解除不必然得出商品房担保贷款合同应该解除的结论。后者是否解除仍然应该根据我国合同法及相关司法解释来具体认定。

第一种观点认为，在与银行的商品房担保贷款合同关系中，开发商处于担保人的地位，其只负有义务，不享有权利，根本无权提出解除商品房担保贷款合同。

第二种观点认为，开发商有权提出解除商品房担保贷款合同。

笔者同意第二种观点。

在商品房按揭贷款法律关系中，银行出于资金安全的考虑，一般会要求借款人以所购房屋作为抵押，在所购房屋正式建成或者办理抵押登记之前，要求房地产开发商提供阶段性担保，担保在房屋办理产权登记之前承担保证借款人还款的连带责任。因此，在期房未办理抵押登记之前，如果买房人与开发商解除商品房买卖合同，此时开发商承担的是保证义务。在商品房买卖合同解除后，买房人对房屋的期待权消灭，开发商将购房款返还给买受人。在此时可以说开发商已经从房屋按揭关系中脱离，其对买受人又无任何约束力，若此时仍让其承担对借款人还款的保证责任，对其不公平。

若在商品房买卖合同解除后，原买受人与银行之间的借款合同没有解除，开发商能否单独提出解除同银行间的保证合同？保证合同是借款合同的从合同,在主合同没有解除的情况下,从合同如何终止或者解除?笔者认为,从合同的解除同样应当符合法定解除的情形,开发商才能以通知的方式解除从合同。《商品房买卖合同解释》第二十条规定,因商品房买卖合同被确认无效或者被撤销、解除,致使商品房担保贷款合同的目的无法实现,当事人请求解除商品房担保贷款合同的,应予支持。该条款应当被视为《民法典》第五百六十三条第五项规定的其他情形,其理由前文已述。笔者认为,第二十条规定的商品房担保贷款合同关系包括保证关系,在商品房买卖合同解除的情况下开发商可以通知的方式向银行行使保证合同关系的解除权。

在房屋已经建成交付买房人后,商品房买卖合同解除,开发商是否有权解除抵押担保合同?因此时商品房已经建成交付,房产已经过户到购房者名下,此时开发商与银行之间的抵押担保关系,一般体现为在买受人不能按期还款时银行要求开发商承担的回购责任。在商品房买卖合同解除后,法律后果是互相返还。已经过户的商品房理应由买受人交回给开发商。此时,又发生了一次商品房交易,即买受人再将房屋过户转让给开发商。

转让人可将房屋交回给开发商,但基于抵押的独立性,房屋抵押关系并不消灭。此时开发商和银行间的回购关系消灭,但同样存在的问题是,开发商如何消除所返还房屋上的抵押关系。笔者认为基于和保证同样的理由,开发商可以在商品房买卖合同解除后,通知银行不再承担担保责任,要求解除设定在房屋上的抵押登记,若银行不同意解除抵押登记则开发商有权提起诉讼,人民法院出于妥善解决按揭纠纷、减少诉累的需要,应当支持开发商的请求,但前提条件是开发商应当将解除商品房买卖合同应返还给买受人的购房款优先用于代买受人偿还所欠按揭银行的贷款本息,在归还按揭贷款本息有剩余的情况下,才将剩余部分归还给买受人,若不足以归还按揭贷款本息,则开发商与买受人就不足归还部分承担连带清偿责任。

十三、购买商品房的买卖合同与借款合同之间的关系如何认定?

商品房买卖合同是购房人与开发商之间形成的买卖合同关系,合同标的是不动产——房屋。商品房买卖合同的成立与生效以双方签订合同为标志,在合同法上该类合同称为诺成合同。商品房买卖实践中需要避免两个认识上的误区:一是误以为买卖合同以交房为生效要件;二是误以为合同以房屋办理产权证为生效要件。这两种认识误区均属于对房屋买卖合同的诺成性认识不足。从法律角度来看,除有约定或法定原因外,房屋买卖合同以双方当事人签字盖章为生效要件,是否交房(交钥匙)、是否已经办理产权证均不影响开发商和购房人应当完全、适当地履行合同。购房人选择按揭方式付款的,在签订买卖合同时需要注明,通常是在一次性付款、分期付款(与开发商约定的分期付款通常不会超过1～2年)、按揭付款中进行选择。购房人在选择了按揭付款方式后就需要与开发商指定的按揭银行签订借款合同,由按揭银行向购房人发放贷款并应购房人的委托直接将贷款划给开发商。购买房屋的买卖合同与借款合同的关系属于关联关系,而且由于借款的目的就是购买房屋,按揭银行在签订借款合同和发放贷款时对此明知。开发商和按揭银行之间也存在一对一的销售和融资合作关系,因此,买卖合同成为借款合同的存在前提,购买房屋成为借款合同的直接目的,当买卖合同因无效、被撤销或解除而不能履行时,借款合同也因合同目的落空而随之无效或被撤销、解除。比如,因开发商违约不能按期交房或交付房屋不符合质量要求,房屋买卖合同被依法解除的,借款合同也应解除。开发商应当返还购房人的首付款,按揭银行应当返还购房人已经交付的月供,而开发商已经从按揭银行取得的贷款应当向银行返还。在合同解除情况下如有损失应当由违约方承担赔偿责任。

借款合同签订以后开发商与购房人如果协议解除买卖合同,鉴于买卖合同与借款合同之间的关联性,借款合同也只能随之解除。因合同解除属于当事人的主动选择,除与按揭银行有约定以外,开发商与购房人对按揭银行的损失应当承担连带责任。①

十四、借款合同与抵押合同之间的关系如何认定?

按揭借款合同签订的同时,购房人需要与按揭银行签订抵押合同,承诺将所购房屋作为抵押物。抵押合同与借款合同之间的关系属于法定的主从合同关系,抵押合同属于借款合同的从合同,借款合同无效、被撤销、解除的,抵押合同也随之无效、被撤销或解除。依据《民法典》第三百九十五条第

① 参见曹士兵:《商品房买卖中现有法律关系分析》,载《北京房地产》2002年第9期。

一款第一项、第四百零二条的规定,房屋抵押权的成立以办理抵押登记为要件和标志。由于借款合同和抵押合同可能签订在期房阶段也可能签订在现房阶段,购房人作为抵押人在抵押时可能尚未占有房屋或者未取得房屋的产权证,因此,按揭贷款中的抵押登记性质上属于抵押预告登记也称为“预登记”,登记机关为各地相应的房管部门。有的地方采取向房管部门备案的形式代替预告登记,从司法实践看如果此种做法属于当地政府管理上的惯例,在社会上有共同的认识,则应当作为预告登记的性质予以认定。如果没有进行预告登记,应当补办登记,抵押权在补办登记后成立。需要注意的是,按揭贷款中抵押权的成立不以开发商是否交钥匙、购房人是否取得房产证为条件。

从我国按揭贷款的实践来看,按揭贷款关系中存在抵押担保与让与担保的融合现象。购房人在抵押所购房屋时,还要将商品房销售合同(上面所谓买卖合同)押给按揭银行,在办理房产证后房产证也交押于按揭银行。买卖合同与房产证是购房人拥有房屋产权的重要凭证,在购房人不能履行按揭借款合同时,银行仅凭占有的买卖合同或房产证就可以向人民法院请求拍卖、变卖购房人的房屋。这与以控制所有权作为担保的让与担保近似。实践中有的按揭银行不履行预告登记手续,不向房管部门办理备案手续而致使抵押权不成立的,如其有购房人的买卖合同或房产证,不应认为该银行丧失优先受偿权。但由于该按揭银行没有履行登记手续,其优先受偿权不能对抗善意第三人。

如果因买卖合同的解除致使借款合同解除并且导致抵押合同解除的,对按揭银行债权的保护成为关键。《民法典》第五百六十六条第三款规定:“主合同解除后,担保人对债务人应当承担的民事责任仍应当承担担保责任,但是担保合同另有约定的除外。”根据该条规定,借款合同解除后作为担保人的购房人仍应对其自身欠债承担担保责任。由于是以房屋抵押作为担保,因此在按揭银行的债权未获得清偿前,按揭银行对作为担保物的房屋仍应享有优先受偿权。[①]

---

① 参见曹士兵:《商品房买卖中现有法律关系分析》,载《北京房地产》2002年第9期。

十五、借款合同与收入证明函之间的关系如何认定?

银行在按揭贷款中有一个惯例即要求购房人出具个人收入证明,证明函上必须加盖购房人所在单位公章。收入证明函以购房人名义出具给按揭银行,法律上属于有相对人的单方法律行为。单方法律行为属于法律行为的一种,可以发生权利义务产生、消灭、变更的后果。由于收入证明函中除收入证明外无其他内容,因此出具证明函的单位与按揭银行之间的权利义务关系不明,一旦购房人丧失还款能力,按揭银行无法凭借一纸证明要求单位承担责任。尤其是在购房人辞职、被辞退离开原单位的情况下,收入证明函实际已经不能发生证明效力。基于担保意思必须明示的法律原则,收入证明函不构成担保。从法律责任角度看收入证明函并不当然产生法律责任,其与借款合同在民事责任上不相干,因此按揭借款合同与收入证明函之间的关系属于各自独立的关系。

如果单位故意出具虚假证明或出具不实证明帮助购房人取得贷款,在购房人丧失还贷能力时能否追究单位的责任是一个复杂的问题。复杂性在于购房人和单位的欺骗行为与按揭银行的发放贷款之间的必然性难以确定。现实中,按揭银行是否向购房人发放贷款所考察的因素并不只是收入证明,购房人提供的担保物价值、购房人职业、所受教育程度的判断均成为贷款考察因素,而收入证明并不起到担保作用,仅是银行判断购房人还贷能力的因素之一,因此收入证明的不实或虚假与按揭银行发放贷款之间没有直接因果关系,仅凭收入证明的不实或虚假不足以裁判单位承担民事赔偿责任。退一步说,让单位为购房人偿还全部贷款也存在责任性质与范围不明的难题,在现实中也不可想象,因为按揭银行如果在收入证明函中注明单位出具不实或虚假收入证明将要承担偿还贷款责任,单位必将拒绝出具收入证明函,双方对权利义务的判断起点将截然不同。因此,综合以上分析,收入证明函如未注明法律责任只能作为按揭银行在决定发放贷款时的判断因素,不能单独作为民事责任发生依据。①

---

① 参见曹士兵:《商品房买卖中现有法律关系分析》,载《北京房地产》2002 年第 9 期。

十六、商品房买卖合同解除后抵押担保与保证之间的关系如何协调?

在商品房买卖合同解除后,在担保责任承担上还存在“物保”与“人保”的关系问题。对此二者的关系如何协调,司法实践中存在以下观点。

第一种观点认为,借款人以所购买的房产设定了抵押,并进行了登记,构成了物的担保。因此,依据“物保”优于“人保”的原则,应当先处理借款人的房产还贷。抵押物由借款人提供的,债权人(银行)应当先处理房产,不足的部分再由开发商承担连带保证责任。

第二种观点认为,(1)在按揭贷款中,更多的是期房抵押登记,相较于现房抵押,期房抵押登记实质上只是一种期权合同登记,不构成“物保”。在按揭贷款特有的融资操作模式下,严格意义上讲,在业主取得房产证以前不存在“物保”与“人保”并存的情形,开发商主张“物保优于人保”没有客观基础。(2)不能简单地运用担保法调整房屋按揭贷款的问题。(3)按揭贷款合同中,只要开发商自愿承担第一顺序的连带保证责任是其真实意思表示。(4)即使存在“物保”与“人保”并存的情形,只要开发商承诺承担连带保证责任,就意味着其放弃了“物保优于人保”的抗辩理由。

笔者认为,对于这一争议问题,首先,可以从按揭贷款要求开发商提供连带保证责任的动因来分析。一直以来,国内房屋按揭贷款实行双重担保,即“抵押”加“保证”。具体而言,即借款人以所购的房屋提供给贷款银行作抵押,在借款人取得该房屋的房产证和办妥抵押登记之前,由开发商提供第二重担保,即连带保证责任,具体做法是:贷款银行按照借款人借款金额的一定比例向开发商提取担保保证金,并划入在该银行开立的“担保保证金专户”内。一旦借款人发生违约情形,贷款人首先有权从该专户中直接扣收保证金,以此作为借款人违约拖欠贷款本息、罚息等的担保。如果保证金不够,开发商必须继续提供担保。

按揭贷款中,贷款人购买期房与开发商交付合格的现房有一段时间差,这样就出现了一个问题,即在开发商交付合格现房以前,抵押物在实物上和法律上并不存在,对银行而言,其承担着一个巨大的法律风险,即抵押物的落空,而这些法律风险恰恰是开发商的原因造成的。因此,作为贷款条件之一,银行要求在购房者取得房产证以前,开发商必须向银行提供连带保证责任,也就是承担第一顺序的还款责任。

对开发商而言，为获得银行的资金支持，加速楼盘的销售和及时回笼资金，向银行承诺为购房者提供连带保证责任也是一种无奈的选择。因此，法院在司法实践中，应充分考虑开发商提供连带保证责任的动因，准确处理按揭纠纷。

其次，从按揭贷款中开发商连带保证责任的法律规定上分析。从法律上分析，《物权法》（已失效）实施之前，在按揭贷款中期房阶段没有完全意义上的抵押物，因此，主张"物保优于人保"缺乏客观基础。《最高人民法院关于适用〈中华人民共和国担保法〉若干问题的解释理解与适用》一书指出，楼花按揭期间，买方向银行提供的抵押不是物权的抵押，而是权益的抵押，买方将自己的期待权予以抵押。最高人民法院《关于适用〈中华人民共和国民法典〉有关担保制度的解释》第五十一条第二款、第三款规定："当事人以正在建造的建筑物抵押，抵押权的效力范围限于已办理抵押登记的部分。当事人按照担保合同的约定，主张抵押权的效力及于续建部分、新增建筑物以及规划中尚未建造的建筑物的，人民法院不予支持。抵押人将建设用地使用权、土地上的建筑物或者正在建造的建筑物分别抵押给不同债权人的，人民法院应当根据抵押登记的时间先后确定清偿顺序。"第五十二条第一款规定："当事人办理抵押预告登记后，预告登记权利人请求就抵押财产优先受偿，经审查存在尚未办理建筑物所有权首次登记、预告登记的财产与办理建筑物所有权首次登记时的财产不一致、抵押预告登记已经失效等情形，导致不具备办理抵押登记条件的，人民法院不予支持；经审查已经办理建筑物所有权首次登记，且不存在预告登记失效等情形的，人民法院应予支持，并应当认定抵押权自预告登记之日起设立。"因此，此时的抵押登记只是预售合同抵押登记，只有买方取得房屋产权证，并与银行共同办理抵押登记，才是真正的物权抵押。楼花按揭的法律性质有别于我国法律规定的抵押担保方式，属于一种特殊的房屋抵押贷款方式。因此，在建筑物所有权未首次登记前，开发商主张适用《民法典》第三百九十二条"物保优于人保"的规定是没有依据的。同时，我们主张即使在抵押物存在的情况下，如果开发商明知存在抵押物，放弃"物保优于人保"的抗辩权，承诺承担连带保证责任，按揭银行有权主张开发商承担第一顺序的还款责任。

十七、商品房买卖合同解除后,损失如何承担?

商品房买卖合同的解除后,买卖合同双方应当恢复到商品房买卖合同订立前的状态,但商品房买卖合同的解除,也将导致商品房按揭关系中其他法律关系的解除和破坏,将使平衡状态下的预期利益不能实现。这必将给当事人带来一定的损失,这种损失有多大以及由谁来承担赔偿责任,也是在商品房买卖合同解除后需要平衡的问题。

《商品房买卖合同解释》第二十一条第二款规定:"商品房买卖合同被确认无效或者被撤销、解除后,商品房担保贷款合同也被解除的、出卖人应当将收受的购房贷款和购房款的本金及利息分别返还担保权人和买受人。"本条仅规定了利息损失,对其他损失未作规定,容易产生误解。

关于商品房买卖合同解除后,损失如何承担问题,司法实践中存在不同观点。

第一种观点认为,在商品房买卖合同和商品房担保贷款合同同时解除的情况下,出卖人对担保权人的责任承担是返还已收受的购房款,仅限于买受人应当归还的按揭贷款本金及利息。

第二种观点认为,除了买受人应当归还的按揭贷款本金及利息外,也包括房屋装修损失、房屋产权过户所发生的税费及房屋跌价损失等。

笔者认为,上述第二十一条的规定,未区分商品房买卖合同及商品房担保贷款合同解除的原因系开发商(出卖人)行为还是买受人行为。若不加区分,一概要求开发商承担利息损失,对开发商不公平。在基于购房者原因或者其他非因开发商原因造成商品房买卖合同解除的,开发商不应当承担赔偿损失的责任,损失应由过错方承担。

同时,在商品房担保贷款合同也解除的情况下,贷款合同当事人的损失由谁来承担,在上述解释中也没有明确的规定。笔者认为,在购房者(借款方)原因致使商品房买卖合同及商品房担保贷款合同解除的情况下,合同解除所发生的损失应当由买受人承担。若是开发商的原因致使商品房买卖合同及商品房贷款合同解除的,人民法院在处理案件时,可以直接判决由开发商向银行承担损失赔偿责任。但也有观点认为,根据《民法典》第五百九十三条,因合同当事人以外的第三人造成损失的,由一方当事人承担责任后,再向第三人主张。因此,对于银行因解除商品房担保贷款合同造成的损失,应当由购房者承担后再向开发商主张。笔者认为,在法院将商品房买卖合同与商品房担保贷款合同并案处理的情形下,法院应当依据审判经济性、效率性原则,从减少当事人和法院讼累立场出发,判决要求开发商直接向银行承担损害赔偿责任。

在商品房买卖合同解除后,商品房担保贷款合同也解除,但二者不能并案处理或者没必要并案处理的情况下,银行可否直接向开发商主张损害赔偿责任?笔者认为,如果拘泥于合同相对性原理及《民法典》第五百九十三条的规定,按揭权人银行只能起诉按揭人,这样做银行利益受损害的程度可能更大,且社会效果不佳。笔者认为,这种情况属于第三人侵害债权的行为,我国法律应承认第三人侵害债权的制度,并允许受害人径行起诉该第三人。在立法例上,受害人直接起诉第三人在我国也有先例可循。例如,《劳动法》第九十九条规定:"用人单位招用尚未解除劳动合同的劳动者,对原用人单位造成经济损失的,该用人单位应当依法承担连带赔偿责任。"所以,银行可运用第三人侵害债权的理论直接起诉开发商。

此外,对于因商品房买卖合同的解除所造成的其他损失,由双方按照过错程度的大小承担责任。这里的损失包括房屋装修损失、房屋产权过户所发生的税费及房屋跌价损失等。

十八、对"假按揭"合同效力应如何认定?

所谓"假按揭",主要是指"开发商串通无真实购房意愿的购房借贷申请人或独立伪造购房借贷申请人,以虚假购房交易套取银行个人贷款并可能代替虚拟或不真实的购房借贷人归还贷款的行为"①。假按揭的目的是利用假按揭套取银行贷款来解决资金周转的问题。"假按揭"的常见手段可以归纳如下:虚拟业主假签购房协议;代付首期款或零首付;虚开收入证明;多头抵押;首期款滚存;在多家银行重复贷款等。但是,不管形式如何变化,目前主流的"假按揭"贷款基本上还是可以分为以下两大类。

1. 有真实签名的"假按揭"。此"假按揭"通常是开发商请不具有真实的购房意图的员工、亲戚等充当购房者"购买"自己的房产。这些人只是签名,

① 参见李延荣主编:《房地产法研究》,中国人民大学出版社2007年版,第140页。

按揭贷款由开发商负责还。当有人买房时，开发商则提前还贷，到房管部门注销抵押登记后转让给真正的购房者。

2. 伪造购房人签名的“假按揭”。此类的“假按揭”贷款是指房地产商伪造购房借款人、申请人的签名，用虚假的购房合同和其他虚假的申请资料向银行申请个人住房贷款，如果银行同意申请，房地产商继续伪造借款人的签名签订购房合同，并以借款人的名义还款。

关于“假按揭”合同效力问题，司法实践中存在不同观点。

第一种观点认为，只要是“假按揭”，相应的合同效力都应予以否定。

第二种观点认为，对“假按揭”合同效力的认定，应分不同情况予以认定。

笔者同意第二种观点。

1. 开发商和购房人签订的楼花买卖合同

无论是有真实签名的“假按揭”，还是伪造签名的“假按揭”，借款人和房地产商之间买卖房屋的行为意思表示不真实，其实质目的是骗取银行贷款。《民法典》第一百四十六条第二款规定：“行为人与相对人以虚假的意思表示实施的民事法律行为无效。”根据该规定，开发商与借款人之间的房屋买卖合同无效。

2. 借款人与银行之间的借款合同

因为购房合同和借款合同不是主从合同关系，购房合同的无效并不能当然代表借款合同的无效，借款合同的效力可分为以下三种情况：

其一，银行不知情的具有真实签名的“假按揭”借款合同的效力。由于开发商和借款人的真实意图不在于购买住房，而是帮助骗取银行贷款，因此开发商和借款人意思表示不真实。我国《民法典》第一百四十八条规定：“一方以欺诈手段，使对方在违背真实意思的情况下实施的民事法律行为，受欺诈方有权请求人民法院或者仲裁机构予以撤销。”根据此规定，该种借款合同应属于效力待定的合同，在银行行使撤销权之前，借款合同是有效的。实务中，银行为了自己的债权利益，一般不会行使撤销权，可以认定该类按揭合同有效。

其二，银行知情的具有真实签名的“假按揭”借款合同的效力。贷款人明知借款人没有购房意图而不禁止发放贷款甚至还帮助操作“假按揭”贷款，对此类借款合同的效力问题，从合同自由的原则出发，在没有其他违法因素的前提下，如果银行、借款人和开发商对“假按揭”的事实明知但都愿意承担此后果，应视为双方的意思表示真实，所以银行与借款人签订的借款合同属于有效合同。另外，银行由于明知借款人的欺诈意图，所以银行不是善意相对人，不得以受到欺诈为由，作为受损害方变更或撤销合同。[①]

其三，开发商伪造借款人签名的“假按揭”合同的效力。由于借款人根本不存在，即借款合同主体不存在，因此，无论银行对于“假按揭”是否知情，购房合同和贷款合同均应该是不成立的合同。

3. 担保合同

《民法典》第三百八十八条第一款规定：“设立担保物权，应当依照本法和其他法律的规定订立担保合同。担保合同包括抵押合同、质押合同和其他具有担保功能的合同。担保合同是主债权债务合同的从合同。主债权债务合同无效的，担保合同无效，但是法律另有规定的除外。”根据该条规定，在主合同即借款合同无效的情况下，抵押合同、保证合同当然无效，当事人另行约定不能排除法律规定。

十九、商品房按揭中提前还贷如何处理?

关于商品房按揭中提前还贷如何处理的问题，司法实践中存在不同观点。

第一种观点认为，银行可对提前还贷的行为收取一定比例的“违约金”。理由主要是：由于每位客户提前还贷的情况都不一样，银行无法运用计算机操作，只能人工来完成，这样就使银行增加了不少业务量，造成了人力资源的占用。并且，因为提前还贷使银行的贷款计划被打乱，银行贷款的中长期预期收益也受到影响。因此，按揭人的提前还款是一种违约行为。

第二种观点认为，银行对提前还贷不表示反对，但也不会根据实际用款期限调整利率标准，因为贷款期限越长利率越高，所以缩短期限后仍适用原合同利率标准就等于对借款人进行了补偿。

笔者同意第二种观点。

在长达几年甚至十几年的期限中，按揭贷款人手中有闲钱要提前还款，

---

① 参见张炜主编：《住房金融业务与法律风险控制》，法律出版社2004年版，第193页。

这种要求是合理、正常的，也符合法律的规定。而且，在当今社会整体信用环境并非良好的情况下，提前还贷这种做法反映了贷款者强烈的信用意识，欠债还钱，恪守信用，这样的还款行为银行应该鼓励。因此，按揭借款人提前还贷是否构成违约，应考虑多种情况加以判定，不应简单判断。

1. 从实务情况分析，提前还贷并不会给银行造成损失。购房者提前还贷是借款方在借款合同约定的履行期限届满前采取的偿还债务的积极行为，它可以避免合同履行期限过长而给银行带来的债务履行风险，也可以减少借款方未来利息的支出。虽然提前还贷会减少银行预期利息收益，但银行是可以通过采取合理调整贷款结构及数额等措施，消除或减少提前还贷对银行收益的影响。在总体上讲，提前还贷有利于各方当事人的总体利益，也有助于实现社会资源的优化配置，这种行为并不违反现行法律、商业规则及道德规范的要求，不应将其归入违约之列。

2. 从《民法典》关于借款合同的规定来看，提前还贷是一种适法行为。预售商品房按揭法律关系中，按揭人与银行签订的预售商品房按揭贷款合同在性质上当然属于借款合同的范畴，应该受《民法典》关于借款合同规定的调整。我国《民法典》第六百七十七条规定："借款人提前返还借款的，除当事人另有约定外，应当按照实际借款的期间计算利息。"根据该条的规定，在借款合同未明确约定的场合下，银行无权禁止借款人提前偿还借款，也无权单方面向提前还款者收取费用，更不应向提前还贷者收取违约金。传统民法理论向来鼓励债务人积极、诚信地履行债务，从无禁止借款人提前偿还借款的禁止性规定。因此，若借款合同未就提前偿还借款作出禁止性约定，借款人可以选择提前偿还借款，且应按照实际借款的期间向银行缴纳较少的银行利息。①

3. 从债权法总体角度来看，债务人提前偿还债务若增加了债权人负担，从公平观念的角度出发，债权人可以向债务人收取必要的费用，以补偿债权人的损失。对此，我国《民法典》第五百三十条规定："债权人可以拒绝债务人提前履行债务，但是提前履行不损害债权人利益的除外。债务人提前履行债务给债权人增加的费用，由债务人负担。"然而，借款合同的标的是金

---

① 参见陈耀东：《商品房买卖法律问题专论》，法律出版社2003年版，第213页。

钱，不是货物或其他物品，债务人提前还贷在法律上并未增加银行的负担，如管理货物的负担、保管的费用。作为履行标的物为金钱的这类合同，银行擅自要求按揭人承担违约金责任或收取其他费用，应视为银行单方面变更合同条款或扩大购房者义务，此类要求对购房者不具有约束力。至于银行声称提前还贷将增加其工作量或减少预期收入，显然不能作为其单方面增加购房者义务的理由。

二十、地震作为不可抗力免责事由能否适用于按揭债务？

我国民法学界对不可抗力普遍比较认同的学理解释是：不可抗力是指人力所不可抗拒的力量，独立于人的行为之外，并且不受当事人的意志所支配的现象。它是各国民法通行的抗辩事由，通常包括重大的地震、海啸、台风等自然灾害，及战争、武装冲突、罢工等重大的社会事件等。[①] 某一情况是否属不可抗力，应从以下几个方面综合加以认定：其一，不可预见性。法律要求构成不可抗力的事件必须是有关当事人在订立合同时，对这个事件是否会发生是不可能预见的，一般以主客观标准来判断。其二，不可避免性。合同生效后，当事人对可能出现的意外情况尽管采取了及时合理的措施，但客观上并不能阻止这一意外情况的发生，这就是不可避免性。其三，不可克服性。不可克服性是指合同的当事人对于意外发生的某一个事件所造成的损失不能克服。构成一项合同的不可抗力事件，必须同时具备上述三个要件，缺一不可。

当地震导致购房人债务履行困难、无力还贷时，其按揭债务能否得以减免？对此，司法实践中存在不同观点。

第一种观点认为，应以不可抗力及情事变更原则减免按揭债务。

第二种观点认为，按揭贷款仍应继续偿还。杨立新教授认为："房屋虽然已经灭失，业主丧失了房屋的所有权，但其向银行的付款义务并没有消灭。除非国家免除部分债务，否则业主应当继续清偿贷款债务。"[②]银行界人士也认为，抵押物灭失并不能当然免除借款人的还款责任，抵押人有还款能力的应当继续还款。

---

① 参见王利明等：《民法学》（第2版），法律出版社2008年版，第763页。

② 杨立新：《汶川大地震应急民法思考》（上），载《光明日报》2008年6月23日，第9版。

笔者同意第二种观点。

通说认为,金钱债务一般不适用不可抗力免责条款。《民法典》第五百八十条规定,当事人一方不履行非金钱债务或者履行非金钱债务不符合约定的,对方可以要求履行,但法律上或事实上不能履行的除外。也就是说,对非金钱债务法律上或事实上不能履行时,则对方可以不要求实际履行。对金钱债务违约方承担的违约责任是继续履行,不发生履行不能;地震导致了债务人责任财产丧失,但并不等于借款人事实上不能履行,因为购房人可能还有其他财产来履行贷款债务。"立法者把金钱看作是不会发生给付不能和瑕疵责任困难的问题。"甚至有学者认为,在金钱债务未能及时履行时,无论迟延履行因何种原因引起,债务人都应负迟延责任,即"金钱债务不得因不可抗力而免责"。①

《民法典》第五百九十条规定:"当事人一方因不可抗力不能履行合同的,根据不可抗力的影响,部分或者全部免除责任,但是法律另有规定的除外。因不可抗力不能履行合同的,应当及时通知对方,以减轻可能给对方造成的损失,并应当在合理期限内提供证明。当事人迟延履行后发生不可抗力的,不免除其违约责任。"即不可抗力是否导致责任的全部免除,关键在于不可抗力的影响程度。如果不可抗力的发生持续地影响合同,使其已不可能履行,致使合同目的已不可能实现,则可导致全部责任的免除;如果只是暂时阻碍合同的履行,则可以推迟合同的履行,等到影响合同履行的不可抗力因素消除后,当事人仍有义务继续履行合同。一般而言,地震并不能导致购房人与银行之间贷款合同不能履行,仅是合同的延迟履行,因为购房者可能还有其他财产来履行贷款债务。因此,购房人仍有义务返还贷款,银行也有权向购房者追讨贷款。当然,地震可能导致购房人迟延还款,即购房人迟延履行的,可免除迟延责任,特别是迟延赔偿责任,购房人的贷款债务本身不免除。实质上,地震作为不可抗力所破坏的是抵押法律关系,即导致抵押合同部分不能履行,当事人应当按照变更后的合同内容继续履行。银行无权要求购房人提供新的担保,因为购房人(抵押人)对于房屋的灭失无过错,但银行对于毁损房屋的物上代位物及土地使用权仍然享有抵押担保利益。

---

① 参见[德]迪特尔·梅迪库斯:《德国债法总论》,杜景林、卢谌译,法律出版社 2003 年版,第 140 页。

抵押合同的变更履行并不影响主合同即贷款合同的存续效力。据此,购房人理应依照贷款合同继续履行还款义务。

【案例适用】

规则 27　[格式条款]明显加重购房者付款义务的格式条款无效。

〖规则解析〗

购房者以首付与银行按揭相结合方式付款,房产公司以格式条款的方式约定,一旦贷款申请未获批准则购房者应于短期内付清购房余款。该约定违反了格式条款提供方公平拟约的义务,明显加重了购房者的责任,应认定无效。

〖案情简介〗①

刘某系在校大三学生。2011 年 8 月 29 日,刘某与淮安恒大房产公司签订一份商品房买卖合同,约定刘某购买淮安恒大房产公司开发的恒大名都 12 幢 3 单元 607 号房,总价款为 813,591 元,刘某应于合同签订之日支付首付款 244,591 元,余款 56.9 万元须在 2011 年 8 月 29 日前办理完毕银行按揭贷款申请手续。

双方在签订商品房买卖合同的同日,还订立了一份补充协议,其中"关于银行按揭付款方式的约定"的条款约定:如买受人的按揭申请未获银行最终审批同意,买受人应在银行审批终了之日起 5 日内付清剩余房款。该份补充协议文本由淮安恒大房产公司提供,全文字号为"小五号",前述约定在补充协议中未作任何特别提示。淮安恒大房产公司在与其他买受人签订购房合同时,均签订了与前述内容一致的补充协议。

商品房买卖合同签订后,刘某依约向淮安恒大房产公司交付了首付款 244,591 元,并办理了按揭贷款申请。后银行以刘某为在校学生无还款能力为由,未予批准贷款申请。刘某在与淮安恒大房产公司协商退房未果后,诉至法院,要求解除双方签订的商品房买卖合同并退还首付款 244,591 元。

〖裁判结果〗

江苏省淮安市清浦区人民法院经审理认为,刘某与淮安恒大房产公司

---

① 江苏省淮安市中级人民法院民事判决书,(2013)淮中民终字第 0475 号。

签订的商品房买卖合同不违反法律规定,为有效合同,应受法律保护。但是,在银行以刘某为在校学生无还款能力为由未予发放按揭贷款的情况下,继续履行合同已无实际可能,故对刘某要求解除合同的请求予以支持。合同解除后,尚未履行的终止履行,已经履行的,根据履行情况和合同性质,当事人可以要求恢复原状。因此,淮安恒大房产公司应退还刘某首付款。法院判决:刘某与淮安恒大房产公司签订的商品房买卖合同于判决生效之日起解除;淮安恒大房产公司于判决生效之日起10日内向刘某退还购房款244,591元。

淮安恒大房产公司不服一审判决,提起上诉。

江苏省淮安市中级人民法院经审理判决:驳回上诉,维持原判。

〖**裁判思路**〗

本案的争议焦点:一是双方签订的商品房买卖合同补充协议中关于银行按揭付款方式的补充约定是否有效;二是刘某是否有权单方解除商品房买卖合同。

关于争议焦点一,《民法典》第四百九十六条①第一款规定,格式条款是当事人为了重复使用而预先拟定,并在订立合同时未与对方协商的条款。本案中的商品房买卖合同补充协议,由淮安恒大房产公司提供,系其为重复使用而事先拟定且在订立合同时未与对方协商的条款。因此,关于银行按揭付款方式的补充约定系格式条款。

"付款方式及期限"系商品房买卖合同中的主要条款,淮安恒大房产公司作为专业从事房产开发与销售的企业,应遵循诚实信用与契约自由原则,在与购房人充分协商的基础上在合同正本中作出详尽的约定。但实际情况是,淮安恒大房产公司并未就如果贷款申请未获批准应如何付款与刘某协商,而是以格式条款的方式要求:如银行贷款申请未获批准,则买受人应在5日内付清余款。该约定存在两个问题:首先,该格式条款所在的补充协议全

---

① 格式条款是当事人为了重复使用而预先拟定,并在订立合同时未与对方协商的条款。采用格式条款订立合同的,提供格式条款的一方应当遵循公平原则确定当事人之间的权利和义务,并采取合理的方式提示对方注意免除或者减轻其责任等与对方有重大利害关系的条款,按照对方的要求,对该条款予以说明。提供格式条款的一方未履行提示或者说明义务,致使对方没有注意或者理解与其有重大利害关系的条款的,对方可以主张该条款不成为合同的内容。

文为“小五号”，字体较小，淮安恒大房产公司对该条款未作任何加粗或变换字体等特别提示，且也未举证证明其在订约时提请刘某予以充分注意，因此，该补充约定不能代表双方已就此形成合意；其次，商品房买卖的特点之一即是标的额巨大，对于选择以首付款与银行按揭相结合作为付款方式的购房人而言，如果按揭申请未获批准，则很难在短期内一次性付清余款，因此，该补充约定显然加重了购房人的付款义务。由此，法院认为，淮安恒大房产公司就支付房款的订约方式有违诚实信用原则，其拟定的格式条款不仅违反了格式条款提供方应公平合理分配双方权利义务的法律规定，同时也显然加重了刘某的合同义务，属于《民法典》第四百九十七条①规定的“加重对方责任”的情形。

根据上述规定，法院认定淮安恒大房产公司就付款方式的补充约定无效。

关于争议焦点二，《商品房买卖合同解释》第二十三条规定，商品房买卖合同约定，买受人以担保贷款方式付款，因当事人一方原因未能订立商品房担保贷款合同并导致商品房买卖合同不能继续履行的，对方当事人可以请求解除合同和赔偿损失。因不可归责于当事人双方的事由未能订立商品房担保贷款合同并导致商品房买卖合同不能继续履行的，当事人可以请求解除合同，出卖人应当将收受的购房款本金及其利息或者定金返还买受人。本案中，刘某虽向银行提交了贷款申请手续，但因其客观的学生身份导致申请未获批准，刘某对此并不存在过错。在这种情况下，刘某请求解除与淮安恒大房产公司订立的商品房买卖合同，依法应予准许，淮安恒大房产公司应当退还刘某支付的首付款。

〖**民法典引申**〗

《民法典》颁布后，对于格式条款的修改及影响主要体现在两个方面。

一、格式条款的订入规则方面

1. 在“未履行提示说明义务”方面，格式条款从“可撤销”变为“不成为合同内容”。

---

① 《民法典》第四百九十七条规定，有下列情形之一的，该格式条款无效：(一)具有本法第一编第六章第三节和本法第五百零六条规定的无效情形；(二)提供格式条款一方不合理地免除或者减轻其责任、加重对方责任、限制对方主要权利；(三)提供格式条款一方排除对方主要权利。

对于提供格式条款一方未履行提示和说明义务,《合同法解释(二)》(已失效)规定对方当事人可以申请撤销该条款,《民法典》则规定对方可以主张该条款不成为合同的内容。

"可撤销"意味着以合同成立为前提且在被撤销前系属有效,撤销前相对人仍受到该未尽提示说明义务的格式条款的约束,若不撤销但又不履行,相对人可能承担违约责任及其他不利后果;而"不成为合同内容"意味着该条款直接被排除在合同范围之外,对当事人不产生法律上的拘束力,更无须去评价其效力(该条款自始不可能发生效力),故而相对人可以不履行该条款而无须承担任何责任。

由此可见,《民法典》对格式条款相对方的利益进行了更进一步的保护。

2."格式条款提供方的提示说明义务范围"从"免除或限制其责任的条款"扩大至"免除或者减轻其责任等与对方有重大利害关系的条款"。

《民法典》对于格式条款提供方的提示说明义务范围在原有法律规定的基础上增加了"与对方有重大利害关系的条款"这一规定,由此需要进行提示或说明的格式条款的范围更广泛了,且该规定未明确什么是"有重大利害关系",对此法院在审判时有一定的自由裁量权。

《民法典》的这一变化也是为了加强对格式条款相对方的保护,对实操中一些"曲线减责"条款(在格式合同中约定不属于"免除或限制提供方责任"而依据法律无须进行提示说明的条款,如合同相对人需要承担天价违约金等诸多违约责任形式的条款)进行了充分的规制,若格式条款提供方在合同中设置了此类与相对方有重大利害关系的"曲线减责"条款但未尽提示说明义务,该条款很可能会面临未订入合同而无法约束相对方的法律风险。

二、格式条款的效力规则方面

1.以《民法典》总则关于民事法律行为无效的规定作为格式条款的无效事由。

如前所述,格式条款的订立经过要约(提供方向相对人提供格式条款并进行提示说明)——承诺(相对方知悉了解该条款后表示接受)这一过程,属于民事法律行为,所以总则中关于法律行为效力的相关规定同样适用于判断格式条款的效力。根据总则的规定,格式条款存在以下无效事由:

(1)相对方为无民事行为能力人的,格式条款无效;

(2)双方以虚假意思表示订立的格式条款无效;

(3)违反法律法规强制性规定、违背公序良俗的格式条款无效;

(4)双方恶意串通损害他人合法权益的格式条款无效。

2.格式条款的无效条件变缓,“不合理地”免除或减轻提供方责任、加重相对方责任的格式条款才无效。

已失效的《合同法》对“免除其责任、加重对方责任”的格式条款一律认定为无效,而《民法典》则规定“不合理地”减免自己责任、加重对方责任时,格式条款方为无效。换言之,若是合理地减免格式条款提供方责任、加重相对方责任的格式条款是合法有效的,相较于此前“一刀切”的规定,《民法典》增加了“不合理地”这一条件,在一定程度上缓和了对无效格式条款的认定,赋予了法院根据个案自由裁量的权力。

规则28　[商品房买卖与借款]双方当事人基于同一笔款项先后签订商品房买卖合同和借款协议,并就借款到期是否偿还从而促使商品房买卖合同能否履行的约定有效。

〚规则解析〛

双方当事人基于同一笔款项先后签订商品房买卖合同和借款协议,并约定如借款到期,偿还借款,商品房买卖合同不再履行;若借款到期,不能偿还借款,则履行商品房买卖合同。在合同、协议均依法成立并已生效的情况下,应当认定当事人之间同时成立了商品房买卖和民间借贷两个民事法律关系。该行为并不违反法律、行政法规的强制性规定。

〚案情简介〛[①]

申请再审人朱某芳与被申请人山西嘉和泰房地产开发有限公司(以下简称嘉和泰公司)商品房买卖合同纠纷一案,山西省高级人民法院(以下简称山西高院)于2011年2月17日作出(2010)晋民再终字第103号民事判决。朱某芳不服该判决,向最高人民法院申请再审。最高人民法院提审该案。

朱某芳向山西省太原市小店区人民法院(以下简称一审法院)起诉称,2007年1月25日,其与嘉和泰公司签订商品房买卖合同,1月26日,嘉和泰公司向朱某芳借款1100万元,为保证还款,朱某芳与嘉和泰公司约定用嘉和

---

① 朱某芳与山西嘉和房地产开发有限公司商品房买卖合同纠纷案,载《最高人民法院公报》2014年第12期。

泰公司开发的某小区十号楼14套商铺作抵押,抵押方式为和嘉和泰公司签订商品房买卖合同,并办理备案手续,开具发票。双方约定如嘉和泰公司偿还借款,朱某芳将抵押手续(合同、发票、收据)退回嘉和泰公司;如到期不能偿还借款,嘉和泰公司以抵押物抵顶借款。2007年4月26日,还款期限届满后,嘉和泰公司未能还款。故请求确认朱某芳与嘉和泰公司签订的14份商品房买卖合同有效,判令嘉和泰公司履行商品房买卖合同。

嘉和泰公司答辩称,嘉和泰公司实际只借朱某芳1023万元,其余77万元为利息。朱某芳和嘉和泰公司签订的商品房买卖合同是对借款的抵押担保,没有形成真实的买卖合同关系。担保未办理登记手续,双方约定的条款为绝押条款,抵押无效。朱某芳与嘉和泰公司之间为借款担保纠纷而非房屋买卖合同纠纷,朱某芳起诉案由错误。故应驳回其诉讼请求。

一审法院查明:2007年1月25日,朱某芳与嘉和泰公司签订14份商品房买卖合同,主要约定朱某芳向嘉和泰公司购买当地某小区十号楼14套商铺等。同日嘉和泰公司将该14份合同办理了销售备案登记手续,并于次日向朱某芳出具两张总额10,354,554元的销售不动产发票。

2007年1月26日,朱某芳与嘉和泰公司签订借款协议,主要约定:嘉和泰公司向朱某芳借款1100万元,期限至2007年4月26日;嘉和泰公司自愿将其开发的当地某小区十号楼商铺抵押给朱某芳,抵押的方式为和朱某芳签订商品房买卖合同,并办理备案手续,开具发票;如嘉和泰公司偿还借款,朱某芳将抵押手续(合同、发票、收据)退回,如到期不能偿还,嘉和泰公司将以抵押物抵顶借款,双方互不支付对方任何款项等。该合同签订后,朱某芳向嘉和泰公司发放了1100万元借款,嘉和泰公司出具了收据。至2007年4月26日,嘉和泰公司未能偿还该借款。

〖**裁判结果**〗

一审法院认为:双方签订的14份商品房买卖合同,意思表示真实,依法办理了备案登记手续,应当受到法律保护。根据双方后来签订的借款协议的约定,可以认为借款协议的约定,实际为商品房买卖合同签订生效后,在履行合同过程中,双方对商品房买卖合同作出的补充。其中借款协议约定将到期不还的借款作为给付的房款,实际上是为已签订并正在履行的14份商品房买卖合同附加解除条件,即到期还款,买卖合同解除,到期不能还款,买卖合同继续履行。现嘉和泰公司到期未能还款,14份商品房买卖合同所附解除条件未成就,应当继续履行。

2007 年 9 月 3 日,一审法院作出(2007)小民初字第 1083 号民事判决:(1)朱某芳与嘉和泰公司签订的 14 份商品房买卖合同有效;(2)嘉和泰公司应当按照该商品房买卖合同的内容履行合同。一审案件受理费 87,800 元,保全费 5000 元,共计 92,800 元,由嘉和泰公司负担。

嘉和泰公司不服一审判决,向山西省太原市中级人民法院(以下简称太原中院)提出上诉称,朱某芳持有的收据数额虽然是 1100 万元,但嘉和泰公司实际收到的款项为 1023 万元,在借款时朱某芳已扣除了 77 万元利息。嘉和泰公司出具的发票金额是 1035.4554 万元,此金额是根据双方借款抵押的房地产面积和单价折算而来,所以与收据的金额不一致。嘉和泰公司与朱某芳之间是借款法律关系,双方签订的商品房买卖合同及发票只是属于借款合同的抵押手续,并没有形成真实的买卖合同关系。而借款合同关于抵押的约定违反了《担保法解释》(已失效)的相关规定,且未在相关部门进行登记,属于无效约定,不应受法律的保护。嘉和泰公司请求撤销一审判决,驳回朱某芳的诉讼请求。

朱某芳答辩称,双方签订的商品房买卖合同进行了登记备案,已经成立生效。借款协议是朱某芳在付房款的过程中在嘉和泰公司要求下才签订,是为保证朱某芳权益才写的条款,不影响买卖合同成立生效。故请求维持原判。

太原中院认为,双方签订的商品房买卖合同是双方当事人的真实意思表示,且在国家规定的相关部门登记备案,应认定有效。双方在合同履行过程中又签订了借款合同,该合同仅是商品房买卖合同的补充,故一审判决继续履行商品房买卖合同并无不妥。另外,由于嘉和泰公司向朱某芳出具 1100 万元的收款收据,其主张仅收到 10,354,554 元,证据不足,不予支持。

2008 年 5 月 4 日,太原中院作出(2007)并民终字第 1179 号民事判决:驳回上诉,维持原判。二审案件受理费 43,900 元,由嘉和泰公司负担。

嘉和泰公司不服该判决,向山西省人民检察院提出申诉,山西省人民检察院于 2009 年 12 月 4 日作出晋检民抗(2009)60 号民事抗诉书,向山西高院提起抗诉。山西高院于 2009 年 12 月 31 日作出(2009)晋民抗字第 69 号民事裁定,裁定提审本案。

山西省人民检察院抗诉认为,二审法院判决认定的事实缺乏证据证明,适用法律错误。(1)本案争议双方签订的主合同为借款合同,房屋买卖合同只是从属于借款合同的抵押担保内容,属从合同。根据朱某芳在其民事起诉状中关于“2007 年 1 月,被告拟向原告借款,1 月 26 日,原、被告签订借款协议,约定被告向原告借款 1100 万元……为保证原告资金安全,原、被告在协议中约定:被告将其开发的某小区十号楼商铺抵押给原告。抵押方式为和原告签订商品房买卖合同……”的陈述,以及嘉和泰公司与朱某芳所签订的借款协议关于“为保证甲方的资金安全,乙方自愿将本公司开发的某小区十号楼商铺以 4600 元每平米的价格抵押给甲方,抵押面积为 2250.99 平方米,和甲方签订商品房买卖合同并到太原市房地局办理备案手续,同时给甲方开具与备案买卖合同相对应的不动产销售发票”之约定,证明嘉和泰公司与朱某芳在借款协议中已明确约定了抵押担保,商品房买卖合同的真实意思是以买卖房屋作为借款合同的抵押担保内容,借款合同是主合同,商品房买卖合同是从合同。且从双方签订商品房买卖合同后并未实际履行的情况可知,双方签订的商品房买卖合同,不是以买受方支付房款及出卖方交付房屋为目的,双方的真实意思表示并非买卖商品房,而是将该“商品房买卖合同”以及“发票、收据”共同作为借款合同的抵押担保内容,是为保证借款合同的履行而采取的一种担保措施。原审判决认定借款合同是商品房买卖合同的补充,缺乏证据证明。(2)主合同中关于抵押担保部分无效,从合同亦属无效。①嘉和泰公司为保障朱某芳借款安全,将其开发的某小区十号楼商铺抵押给朱某芳,但是双方未办理抵押登记,根据《担保法》(已失效)第四十一条规定,抵押合同并未生效。②嘉和泰公司与朱某芳在借款合同中约定借款到期嘉和泰公司一次性还清朱某芳借款后,朱某芳将抵押手续(合同、发票、收据)退回嘉和泰公司,如嘉和泰公司到期不能偿还或无力偿还借款,将用抵押物来抵顶借款,双方互不支付对方任何款项。从上述内容可知,“商品房买卖合同、发票、收据”的作用在于,不能偿还借款时将抵押物即所“买卖”的房屋所有权转移为朱某芳所有,该约定内容违反法律的强制性规定,属绝押条款,应属无效。原审判决认定双方之间的商品房买卖合同有效,属适用法律错误。

朱某芳答辩称,双方之间是商品房买卖合同关系,借款协议是商品房买卖合同的补充,商品房买卖合同合法有效,一审、二审判决完全正确。

山西高院再审查明,2007 年 1 月 25 日,朱某芳与嘉和泰公司签订 14 份商品房买卖合同,主要约定朱某芳以每平方米 4600 元价格向嘉和泰公司购买某小区十号楼14套商铺。同日办理了14份商品房买卖合同的销售备案登记手续。嘉和泰公司于次日向朱某芳出具两张总额1035.4554万元的销售不动产发票。2007年1月26日，朱某芳与嘉和泰公司签订借款协议，约定嘉和泰公司向朱某芳借款1100万元，借款期限为自借款到账之日起3个月，即2007年1月26日至2007年4月26日；嘉和泰公司自愿将其开发的某小区十号楼商铺以每平方米4600元的价格抵押给朱某芳，抵押的方式为和朱某芳签订商品房买卖合同，并办理备案手续，开具发票；借款到期，嘉和泰公司一次性还清借款，朱某芳将抵押手续（合同、发票、收据）退回嘉和泰公司，如到期不能偿还，嘉和泰公司将以抵押物抵顶借款，双方互不支付对方任何款项等。同日，嘉和泰公司向朱某芳出具1100万元收据。

另查明，朱某芳与嘉和泰公司签订14份商品房买卖合同购买的某小区十号楼14套商铺，与嘉和泰公司抵押给朱某芳的某小区十号楼14套商铺为同一标的。双方当事人在借款协议中约定的"乙方（嘉和泰公司）一次性还清甲方（朱某芳）借款后，甲方将以上抵押手续（合同、发票、收据）退回乙方"，合同即为朱某芳与嘉和泰公司签订的14份商品房买卖合同，发票即为嘉和泰公司向朱某芳出具的两张总额1035.4554万元的销售不动产发票，收据即为嘉和泰公司向朱某芳出具的1100万元借款收据。

山西高院认为，双方当事人再审争议的焦点是：（1）本案双方是民间借贷合同关系还是商品房买卖合同关系；（2）借款协议中"到期不能还款用抵押物抵顶借款，双方之间互不支付对方任何款项"的约定是否违反法律的强制性规定。

关于本案双方是民间借贷合同关系还是商品房买卖合同关系，山西高院认为，本案双方是民间借贷合同关系而非商品房买卖合同关系。嘉和泰公司与朱某芳签订的借款协议约定"为保证甲方的资金安全，乙方自愿将本公司开发的某小区十号楼商铺以四千六百元每平米的价格抵押给甲方，抵押面积为贰仟贰百伍拾点玖玖平米，和甲方签订商品房买卖合同并到太原市房地局办理备案手续，同时给甲方开具与备案买卖合同相对应的不动产销售发票"证明朱某芳的真实意思表示是嘉和泰公司以商铺作为向朱某芳借款的抵押担保。朱某芳在起诉状中陈述："2007年1月，被告拟向原告借款，1月26日，原、被告签订借款协议，约定被告向原告借款1100万元……为保证原告资金安全，原、被告在协议中约定：被告将其开发的某小区十号楼商铺抵押给原告,抵押方式为和原告签订商品房买卖合同……”朱某芳在一审中的辩论意见也说“是怕不给钱才签订了协议……当然就是为了保证资金安全”也印证了借款是其真实意思表示,而商品房买卖合同是借款合同的抵押担保内容。

关于借款协议中“到期不能还款用抵押物抵顶借款,双方之间互不再支付对方任何款项”的约定是否违反法律的强制性规定,山西高院认为,借款协议中“到期不能还款用抵押物抵顶借款,双方之间互不再支付对方任何款项”的约定违反法律的强制性规定,应属无效。综上,检察机关的抗诉理由成立。鉴于就争议法律关系的性质释明后,朱某芳仍不变更诉讼请求,朱某芳关于确认双方签订的房屋买卖合同有效并继续履行的请求不予支持,但朱某芳可依法另行提起诉讼主张其权利。

2011 年 2 月 17 日,山西高院作出(2010)晋民再终字第 103 号民事判决:撤销太原市小店区人民法院(2007)小民初字第 1083 号民事判决和太原市中级人民法院(2007)并民终字第 1179 号民事判决;驳回朱某芳的诉讼请求。本案一、二审案件受理费由朱某芳负担。

朱某芳不服山西高院(2010)晋民再终字第 103 号民事判决,向最高人民法院申请再审称:(1)双方当事人之间签订的 14 份商品房买卖合同是真实的意思表示,合法有效。(2)借款协议是对买卖合同履行设定的解除条件,解除条件不成就时,应继续履行商品房买卖合同,并非抵押给朱某芳。(3)朱某芳对起诉状的陈述并不知情,系其代理律师错误理解事实,在起诉状中作出了错误的描述。对此,朱某芳从未在起诉状上签字或按手印,庭审时也未参加,直至再审时才发现此问题。因此,起诉状里对事实的错误描述不能认定为朱某芳的本意。根据 2007 年《民事诉讼法》第一百七十九条第一款第二项之规定,申请再审。请求确认双方当事人之间的买卖合同关系有效,判令嘉和泰公司履行商品房买卖合同。

嘉和泰公司答辩称:(1)嘉和泰公司与朱某芳之间是借贷关系,而非商品房买卖合同关系。借款协议明确表明双方是借贷关系,签订 14 份商品房买卖合同的真实意思是为借款提供担保,并非双方有买卖商品房的意思表示。朱某芳在一审诉状中对此亦有同样表述。(2)借款协议中“到期不能还款用抵押物抵顶借款,双方之间互不再支付对方任何款项”的约定违反法律的强制性规定,是无效的。

最高人民法院再审查明的事实与山西高院再审查明的事实相同。最高人民法院终审判决:(1)撤销山西省高级人民法院(2010)晋民再终字第103号民事判决;(2)维持山西省太原市中级人民法院(2007)并民终字第1179号民事判决。

〖**裁判思路**〗

在最高人民法院再审中,朱某芳与嘉和泰公司对于山西高院再审判决认定的事实均无异议,但对于双方之间的法律关系性质和效力存在争议,故本案再审的焦点问题就是双方当事人之间法律关系的性质和效力。

朱某芳主张其与嘉和泰公司之间是商品房买卖合同关系。嘉和泰公司主张双方之间是民间借贷关系。山西高院再审认为,双方是民间借贷合同关系而非商品房买卖合同关系,商品房买卖合同是借款合同的抵押担保内容,借款协议中"到期不能还款用抵押物抵顶借款,双方之间互不支付对方任何款项"的约定违反法律的强制性规定,应属无效。最高人民法院认为,本案中,14份商品房买卖合同涉及的款项和借款协议涉及的款项在数额上虽有差额,但双方当事人对于14份商品房买卖合同所涉款项和借款协议所涉款项属同一笔款项并无异议。也就是说,双方当事人基于同一笔款项先后签订了14份商品房买卖合同和借款协议,且在太原市房地产交易所办理了14份商品房买卖合同销售备案登记手续。《合同法》(已失效)第三十二条规定:"当事人采用合同书形式订立合同的,自双方当事人签字或盖章时合同成立。"第四十四条第一款规定:"依法成立的合同,自成立时生效。"案涉14份商品房买卖合同和借款协议均为依法成立并已生效的合同。本案双方当事人实际上就同一笔款项先后设立商品房买卖和民间借贷两个法律关系。山西高院再审认为本案双方是民间借贷合同关系而非商品房买卖合同关系不当,应予纠正。从本案14份商品房买卖合同和借款协议约定的内容看,案涉商品房买卖合同与借款协议属并立又有联系的两个合同。案涉商品房买卖合同与借款协议之间的联系表现在以下两个方面:一是案涉商品房买卖合同与借款协议涉及的款项为同一笔款项;二是借款协议约定以签订商品房买卖合同的方式为借款协议所借款项提供担保,即双方当事人实际是用之前签订的14份商品房买卖合同为之后签订的借款协议提供担保。同时借款协议为案涉商品房买卖合同的履行附设了解除条件:借款到期,嘉和泰公司还清借款,案涉商品房买卖合同不再履行;借款到期,嘉和泰公司不能偿还借款,则履行案涉商品房买卖合同。关于借款协议中“如到期不能偿还,或已无力偿还,乙方(嘉和泰公司)将用以上抵押物来抵顶借款,双方互不再支付对方任何款项”的约定是否违反法律的强制性规定问题。《担保法》(已失效)第四十条规定:“订立抵押合同时,抵押权人和抵押人在合同中不得约定在债务履行期届满抵押权人未受清偿时,抵押物的所有权转移为债权人所有。”《物权法》(已失效)第一百八十六条规定:“抵押权人在债务履行期届满前,不得与抵押人约定债务人不履行到期债务时抵押财产归债权人所有。”这是法律上禁止流押的规定。禁止流押的立法目的是防止损害抵押人的利益,以免造成对抵押人实质上的不公平。本案借款协议中“如到期不能偿还,或已无力偿还,乙方(嘉和泰公司)将用以上抵押物来抵顶借款,双方互不再支付对方任何款项”的约定,并非法律上禁止的流押条款。首先,借款协议上述条款并非约定嘉和泰公司到期不能偿还借款,借款协议所称抵押物所有权转移为朱某芳所有。在嘉和泰公司到期未偿还借款时,朱某芳并不能直接按上述约定取得借款协议所称的“抵押物”所有权。朱某芳要想取得借款协议所称的“抵押物”即14套商铺所有权,只能通过履行案涉14份商品房买卖合同实现。基于此,朱某芳在本案一审提出的诉讼请求也是确认14份商品房买卖合同有效,判令嘉和泰公司履行商品房买卖合同。其次,案涉14份商品房买卖合同和借款协议均为依法成立并生效的合同,双方当事人在借款协议中约定以签订商品房买卖合同的形式为借款协议提供担保,并为此在借款协议中为案涉14份商品房买卖合同附设了解除条件,该约定并不违反法律、行政法规的强制性规定。实际上,双方当事人对于是履行14份商品房买卖合同,还是履行借款协议具有选择性,即商品房买卖合同的解除条件成就,就履行借款协议,商品房买卖合同的解除条件未成就,就履行14份商品房买卖合同。无论是履行14份商品房买卖合同,还是履行借款协议,均符合双方当事人的意思表示,且从合同的选择履行的角度看,嘉和泰公司更具主动性。嘉和泰公司如果认为履行14份商品房买卖合同对其不公平,损害了其利益,其完全可以依据《合同法》(已失效)第五十四条第一款第二项的规定,请求人民法院撤销案涉14份商品房买卖合同,但嘉和泰公司在法定的除斥期间内并未行使合同撤销权,而是拒绝履行生效合同,其主张不符合诚信原则,不应得到支持。因此,借款协议上述关于到期不能偿还,或已无力偿还,嘉和泰公司抵押物来抵顶借款的约定,不符合《担保法》

(已失效)第四十条和《物权法》(已失效)第一百八十六条禁止流押的规定。山西高院再审认为,借款协议中"到期不能还款用抵押物抵顶借款,双方之间互不再支付对方任何款项"的约定违反法律的强制性规定,应属无效,缺乏事实和法律依据,予以纠正。

综上,案涉14份商品房买卖合同和借款协议均为依法成立并生效的合同。借款协议约定的商品房买卖合同的解除条件未成就,故应当继续履行案涉14份商品房买卖合同。山西高院再审判决适用法律错误,应予撤销。太原中院二审判决虽在判决理由表述上不够准确和充分,但判决结果正确,可予以维持。

最高人民法院遂作出上述终审判决。

〖**民法典引申**〗

在《民法典》还未颁布时,《物权法》中规定禁止流押,抵押权人在债务履行期届满前,不得与抵押人约定债务人不履行到期债务时抵押财产归债权人所有。但是法律并没有明确规定,签订的流押条款效力如何。

实务中,债权人为保证自己的债权能顺利实现,通常会与债务人签订一份担保合同且标的物的价值通常都高于借贷合同的标的。流押合同从形式上看,是当事人自愿签订的,但实质上是否属于自愿很难判断,如果只是规定流押条款无效,而不对当事人之间抵押担保的法律关系的效力如何进行进一步说明,则是法律的漏洞,如果当事人签订流押合同是真实意思表示,其完全可以通过事后折价的方式实现抵押权。

《民法典》对流押条款效力作出了柔化规定,第四百零一条规定:抵押权人在债务履行期限届满前,与抵押人约定债务人不履行到期债务时抵押财产归债权人所有的,只能依法就抵押财产优先受偿。第四百二十八条规定:质权人在债务履行期限届满前,与出质人约定债务人不履行到期债务时质押财产归债权人所有的,只能依法就质押财产优先受偿。

从《民法典》的条文表述来看,当事人订立流押条款的,应当认定流押条款会产生"依法就抵押财产优先受偿"的法律效果,而非继续按照《物权法》中的规定直接认定该条款归于无效。需要注意的是,当事人之间订有流押条款的,债权人依法就抵押财产优先受偿,需要满足抵押权设立的前提条件,即不动产抵押权经登记设立,动产抵押权经抵押合同生效设立,未登记的不得对抗善意第三人。

第九章　存量房买卖合同纠纷

【本章导读】

二手房是两次或者多次进入房地产交易市场的房，其交易纠纷有着自己的特点，体现如下：(1)二手房交易纠纷的法律关系和过程更为复杂。与一手房纠纷中单纯的业主与开发商之间的关系不同，二手房交易往往涉及更多的主体。例如，二手房大多已经出租给他人，那么买卖双方的二手房纠纷会涉及承租人的权利如优先购买权的问题；二手房的权利主体可能不止一人，其权利可能为多人共有，共有房屋的买卖涉及有无经过其他共有人的同意及其他按份共有人的优先购买权的问题等。这是造成二手房交易纠纷法律关系复杂的一个方面。另一个方面就是房产本身往往使用多年，也可能存在质量问题，或者拖欠物业管理费等，而使法律关系复杂化。(2)二手房交易纠纷发生更为频繁。(3)二手房交易纠纷往往涉及中介机构。本章就二手房买卖纠纷的裁判规则进行探讨。

【实务问答】

一、已设有抵押的二手房买卖合同的效力如何认定？

在抵押物转让制度上，我国法律规范经历了一个从严格限制到逐渐宽松的演变过程。《物权法》(已失效)第一百九十一条规定除买受人代为清偿消灭抵押权外，抵押人未经抵押权人同意，不得转让抵押物。《民法典》第四百零六条规定，抵押期间，抵押人可以转让抵押财产。当事人另有约定的，按照其约定。抵押财产转让的，抵押权不受影响。抵押人转让抵押财产的，应当及时通知抵押权人。抵押权人能够证明抵押财产转让可能损害抵押权的，可以请求抵押人将转让所得的价款向抵押权人提前清偿债务或者提存。转让的价款超过债权数额的部分归抵押人所有，不足部分由债务人清偿。

在抵押物转让制度上，我国现有法律规范经历了一个从严格限制到逐渐宽松的演变过程，已设有抵押的二手房买卖合同是有效的。

《民法典》没有延续《物权法》第一百九十一条第二款的规定，即“抵押期间，抵押人未经抵押权人同意，不得转让抵押财产，但受让人代为清偿债务消灭抵押权的除外”，将其修改为“抵押期间，抵押人可以转让抵押财产”。《民法典》消除了抵押物可否转让的纷争，规定原则上可以转让，除非当事人另有约定。抵押财产转让的，抵押权不受影响。抵押权人能够证明抵押财产转让可能损害抵押权的，可以请求抵押人将转让所得的价款向抵押权人提前清偿债务或者提存。故房屋抵押权存续期间，出卖人（抵押人）未经抵押权人同意转让抵押房屋的，不影响房屋买卖合同的效力。

二、是否追及抵押人进入诉讼？

至于是否追及抵押人进入诉讼的问题，可以借鉴《商品房买卖合同解释》第二十一条的有关规定，存在抵押的二手房买卖合同当事人一方请求确认买卖合同无效或者撤销、解除合同的，如果抵押权人作为有独立请求权的第三人提出诉讼请求，应当将抵押贷款合同纠纷与买卖合同纠纷合并审理；未提出诉讼请求的，仅处理买卖合同纠纷。抵押权人就抵押贷款合同纠纷另行起诉的，可以与买卖合同纠纷合并审理。

如果当事人一方请求继续履行存在抵押的房屋买卖合同，抵押权人的意见就成为一个在一审审理之初就应当予以核实的前提性问题。如当事人已经履行大部分合同内容，出于推动履行、保护交易的目的，人民法院或依当事人申请或依职权，可以征询抵押权人对买卖合同的意见，是否作为有独立请求权的第三人参加诉讼。

三、未取得产权证书的二手房买卖合同的效力如何认定？

不动产权属证书是享有不动产物权的证明。对内容真实、符合法定条件的物权，登记机关在办理登记后，应当给权利人颁发不动产权属证书。一旦发生产权的争议，权属证书可以用来作为确权的证据。不动产权属证书是对财产拥有或交易事实的确认，它原则上是公开的正式的法律文书，可供公众查阅,可起到向世人公开所有权的作用,故其具有直接表明所有权的能力。我国实行土地使用权和房屋所有权登记发证制度。在大多数城市,房地产产权登记实行土地与房屋分别登记制度,即一宗房地产要办理两本产权证书,一本是国有土地使用权证书,一本是房屋所有权证书。也有一些城市制作、颁发统一的房地产权证书。《城市房地产管理法》(2019 年修正)第六十三条规定:"经省、自治区、直辖市人民政府确定,县级以上地方人民政府由一个部门统一负责房产管理和土地管理工作的,可以制作、颁发统一的房地产证书,依照本法第六十一条的规定,将房屋的所有权和该房屋占用范围内土地使用权的确认和变更,分别载入房地产证书。"

关于未取得产权证书的二手房买卖合同的效力问题,笔者认为未取得产权证书的二手房买卖合同是有效的。买卖合同签订后,当事人(出卖人、买受人)以房屋尚未取得房产证为由主张买卖合同无效的,不宜支持。

1. 是否适用城市房地产管理法中"不得转让"的规定

《城市房地产管理法》(2019 年修正)第三十八条规定:"下列房地产,不得转让:……(六)未依法登记领取权属证书的……"不少人据此认为,不得转让就是不得买卖、不得赠与的意思,因此此类买卖合同因违反法律的强制性规定而无效。笔者认为,这种观点并不可取。《城市房地产管理法》首先是一部行政法,其主要规范对象是行政管理行为,以行政法中的规范来否定民事合同的效力,应该特别谨慎,而在审判实践中以该规定认定合同无效明显有违社会公正。交易的一方尽可以此为理由而主张毁约,"契约应严守"的规则被打破,合同相对人的正当利益以及对交易安全的合理预期落空。尤其是,如果以该规定为依据认定合同无效,那么就是绝对无效、当然无效,即便在双方签订买卖合同之后,卖方已办理了权属登记,领取了权属证书,也不可能补正原来合同的效力,如果双方办理了过户的话,还要恢复原状。这样处理不妥当,任何一个诚信的公民都无法接受。由此可见,《城市房地产管理法》规定"不得转让"在价值判断上是值得商榷的,究其原因,在于没有对物权变动及其原因行为作清晰的区分。相较而言,《民法典》第二百三十二条规定:"处分依照本节规定享有的不动产物权,依照法律规定需要办理登记的,未经登记,不发生物权效力。"这里《民法典》没有规定未取得权属证书的不动产不得转让,而是规定转让不发生物权效力,至于其原因行为的效力还要依据合同法的规则进行判断。该条所体现的进步的法律思想应该在审判实践中加以运用,《城市房地产管理法》系行政管理性法律,该法第三十八条第六项的规定旨在规范房屋交易的行政管理,而非禁止交易关系,所涉及事项亦不损害国家利益和社会利益,故在性质上属于管理性禁止性规定,并非效力性禁止性规定,司法实践中不能以违反此项规定为由确定房屋买卖合同无效。在不损害国家利益与社会公共利益的前提下,应当以鼓励交易与诚实信用为原则,尊重合同交易当事人的意思表示,承认合同的效力。

2. 无权处分不是合同无效的事由

自最高人民法院2012年颁布的《关于审理买卖合同纠纷案件适用法律问题的解释》中第三条规定,当事人一方以出卖人在缔约时对标的物没有所有权或者处分权为由主张合同无效的,人民法院不予支持。出卖人因未取得所有权或者处分权致使标的物所有权不能转移,买受人要求出卖人承担违约责任或者要求解除合同并主张损害赔偿的,人民法院应予支持。无权处分不认为是合同无效的事由,《民法典》第五百九十七条第一款规定,因出卖人未取得处分权致使标的物所有权不能转移的,买受人可以解除合同并请求出卖人承担违约责任。因此《民法典》明确了无权处分不是合同无效的事由,因无权处分导致合同不能履行的,守约方可以追究对方违约责任。

四、对于将来可能取得所有权的房屋买卖合同问题应当如何处理?

实践中,经常存在连环购房均未办理房屋产权过户的情况。《民法典》颁布前,有观点认为,上述合同属于《合同法》第五十一条规定的无权处分合同,属于效力待定的合同甚至无效合同。笔者认为,上述情形属于民法上将来取得之物的买卖,出卖人在合同约定的履行期限届满时是否取得房屋所有权主要影响的是合同是否能够继续履行,即出卖人是否能向买受人交付房屋及办理房屋产权过户,而不影响买卖合同的效力。因此,从合同自由和鼓励交易的角度出发,法院不应仅以出卖人在签订合同时尚未取得房屋所有权为由认定买卖合同无效。

房屋权利人依据《民法典》第二百二十九条至第二百三十一条规定取得房屋所有权,尚未办理宣告登记即转让房屋的,不影响房屋买卖合同的效力。买受人要求办理房屋所有权转移登记,经审查诉讼请求应予支持的,应当判决房屋权利人将房屋登记到自己名下后,再为买受人办理所有权转移登记。

五、没有购房资格的情况下如何履约，一方是否享有解除权？

购房资格系过户的必备条件，系属买受人履行债务的能力范畴，买受人不具备购房资格，出卖人可以中止履行。但暂不具备履行债务的能力并非根本违约，在合同履行期限届满前具备购房资格，合同仍能履行，故并未致使不能实现合同目的。一方不因此即享有解除权。但经催告后，买受人在合理期限内，仍然没有取得购房资格，出卖人可以解除合同。

六、"阴阳合同"如何履行？

《民法典》第一百四十六条规定，行为人与相对人以虚假的意思表示实施的民事法律行为无效。以虚假的意思表示隐藏的民事法律行为的效力，依照有关法律规定处理。双方签订两份合同，一份为规避税收或国家政策，另一份为实际履行的合同。在这种情况下，应当根据双方真实意思表示确定约束双方的真实合同。所谓"阳"合同因为不具备真实意思表示，故而无效。

七、二手房买卖合同中房屋差价的损失如何赔偿？

损害赔偿是一个在二手商品房买卖纠纷中常见的问题，一般发生在合同履行中违约产生的赔偿责任与合同被撤销或被宣告无效后产生的缔约过失责任。这一问题与二手商品房交易中的其他问题交织并存，在一房多卖、连环买卖、阴阳合同、共有房屋、无证售房、中介问题、承租人优先购买权等纠纷中均有可能出现。二手商品房交易损害赔偿诸问题中，由于近年来房价波动较大，房屋差价损失就成为司法实践中的一个焦点问题。

关于房屋差价损失赔偿的问题，司法实践中存在不同观点。

第一，缔约过失责任中的信赖利益与违约责任中的可得利益的关系。有人认为，二者不同，前者仅包括缔约过程中所付出的费用，后者则包括如履行合同可获得的利益；有人认为，二者没有太大区别，尤其在房屋差价赔偿问题上二者一致；有人认为，二者法律关系与请求权基础不同，但在个案处理上可能出现相同的赔偿范围。

第二，存在约定违约赔偿计算标准情况下的赔偿计算方法。有人认为，应当严格按照合同约定的计算方法进行计算；有人认为，如果该约定实际上是违约金,则适用违约金酌减规则;有人认为,如果该约定计算出的数额不足以抵偿实际损失,当事人还可以主张损失赔偿。

第三,关于房屋差价损失性质的认识。有人认为,房屋差价损失是可得利益损失,典型表现为一房二卖的情况下,后合同与前合同之间的差价;有人认为,房屋差价损失是实际损失,是指房价上涨时另购同等条件房屋需多付的价款,或者房价下跌时另售房屋少获得的价款。

笔者认为,针对二手房买卖纠纷中房屋差价损失赔偿的问题,应坚持以下处理原则:

1. 坚决打击卖房人非法投机行为

二手房交易中卖方恶意违约行为频发,考虑其主要原因,包括两个方面:从客观方面讲,二手房交易价格攀升过快,在二手房买卖合同签订几天后,房价就可能出现大幅上涨,即所谓的"一天一个价"。这种房地产市场动态交易环境就成为促使不诚信的卖房人萌发失信违约、一房数卖等念头的客观诱因。另外,大部分的二手房买卖都是通过中介机构居间促成,中介机构参与整个交易过程。在此过程中,由于监管不力,一些中介机构工作人员违规违法操作,导致"阴阳合同"、双方意思表示送达不畅等问题。从主观方面讲,一些二手房交易中的卖房人缺乏市场交易的诚信意识,易受非法经济利益的驱使,企图以恶意毁约的不诚信手段来牟取房屋价格上涨带来的非法收益。在这种非法动机的驱使下,失信违约的表现可以概括为六大典型行为:一是恶意拖延交付房屋;二是恶意拖延协助办理房屋所有权变更也就是过户手续;三是拒绝受领买房人交付的购房款;四是无理由故意退还购房款;五是以不充分、不正当的理由提出要求或者单方解除房屋买卖合同,不再履行;六是在办理房屋所有权过户手续前,进行"一房二卖"或者"一房数卖"或者无交易基础的恶意过户,故意造成房屋买卖合同在客观上无法实际履行的后果。

综上,不论具体表现如何,卖房人恶意违约的最终目的是使房屋买卖合同无法履行,从而获得房屋价格上涨带来的非法投机利益。这种非法投机利益损害了守法买房人的正当利益,触犯了法律法规与道德底线,破坏了正常的市场交易秩序,践踏了诚实信用基本原则与精神。人民法院在查明事实的基础上,对这种投机行为应坚决打击。

2. 切实保护买房人合法守约利益

房屋是普通百姓赖以生活的安身立命之所,大部分的买房人为了生计攒钱买房,一旦卖房人恶意违约,双方的房屋买卖合同的履行发生障碍,就会使买受人遭受莫大的伤害。这种伤害是有形可见的。对于大部分的二手房购房人而言,其经济条件并不宽裕,为求一居安身,倾注全家人的心血。如果因为不诚信的卖房人恶意违约导致房屋买卖合同无法继续履行,则购房人不仅在精神上受到打击,而且由于房价的上涨,不可能再以同样的价格购买到同等地段同等面积的住房。由于房价上涨,卖房人违约导致合同解除时的房屋价值与签订房屋买卖合同时的房屋价格之间存在的差额,俗称为房屋差价,属于卖房人违约使买房人遭受的经济损失。这种经济损失是违约行为造成的实际损失,应当由卖房人进行赔偿。应当明确的是,只要房屋买卖合同是双方的真实意思表示,任何一方都不得拒绝履行。房屋价格变动属于商业风险,即使房屋价格上涨过猛,也不能认为是情势变更的情形,卖房人不能以此为由拒绝履行合同,善意的买房人向卖房人主张因其违约行为造成的经济损失的,人民法院应当支持。

差价损失的法律依据在于《民法典》第五百八十四条的规定:“当事人一方不履行合同义务或者履行合同义务不符合约定,造成对方损失的,损失赔偿额应当相当于因违约所造成的损失,包括合同履行后可以获得的利益;但是,不得超过违约一方订立合同时预见到或者应当预见到的因违约可能造成的损失。”房屋买卖与其他买卖合同不同的一个特点在于,守约方如要达到合同履行后的利益状态,必然要以当前市场价购入或卖出房屋。由于房地产市场是波动的,当前的房屋市场价和订立合同时双方约定的房屋价格之间存在差价。这种差价就是守约方的期待利益损失,也是合同双方在订立合同时应该能够预见到的。

关于房屋涨跌损失的确定,可参照以下方式:如双方对房屋差价有约定或事后达成一致,应尊重当事人的意思自治,从约定。双方不能协商确定的,原则上可比照最相似房屋的市场成交价(首先是同幢相同楼层及房型;其次是相邻幢同楼层及房型;最后是相同区域内房屋)与买卖合同成交价之差确定房屋涨跌损失;无最相类似房屋比照的,可通过专业机构评估确定房屋涨跌损失。

八、房屋借名登记如何处理?

实践中存在民间借贷与房屋借名登记关系混杂的情形,购房出资人主张登记在权利人名下的房产是其出资购买，只是出于种种原因导致其借用权利人名义进行房屋产权登记，请求法院确认房产归其所有或判令权利人将房产过户至其名下。登记权利人抗辩称，购房款虽由购房出资人支付，但双方之间为借贷关系，不存在借名房屋买卖关系，请求驳回诉讼请求。

此类纠纷主要表现为以下几种情况：(1)具备保障性住房、拆迁安置房等申购资格的人因多种原因不愿意购房，将申购指标有偿或无偿转让给不具备申购资格的亲朋好友，所购房屋的权属仍然登记在转让人名下，在具备过户条件时，实际出资人要求过户，但因房价上涨，房屋升值空间较大，转让人不愿意继续履行双方私下的约定，主张双方之间属于借贷关系；(2)购房人出于隐匿或转移财产的目的，将房产登记在亲朋好友名下；(3)在房地产新政调控背景下，购房人为规避国家限购、限贷政策，借用亲朋好友的名义购房。上述纠纷通常发生在亲戚或朋友之间，往往出于信任而未签订书面协议，购房出资人除能证明房款由其支付外，无法证明借名房屋买卖关系的存在，登记权利人对于购房出资人的出资行为，常以借贷关系为由进行对抗。

对于房屋借名登记情况下不动产的归属问题，司法实践中存在不同观点。

第一种观点认为，根据登记推定力，当发生登记权利人与事实权利人不一致的情形时，以登记的物权为正确的不动产物权并依法予以保护。

第二种观点认为，虽然根据登记推定力，当登记权利人与事实权利人不一致时，不动产的登记权利人被推定为正确的权利人，但这只能说明法律免去了登记权利人积极证明自己权利真实性的义务，并不表示登记权利人就能最终取得物权，只要事实权利人能提供足够证据证明自己对争议不动产的权利，由登记推出的权利正确性即可被推翻。

第三种观点认为，双方之间关于借名登记或借名买房的约定实际是一种合同关系，应按照合同纠纷处理。

笔者同意第三种观点。

在现实生活中，主要有以下几种情况：

1. 当事人约定一方以他人名义购买房屋，并将房屋登记在他人名下，借名人实际享有房屋权益，借名人依据合同约定要求登记人(出名人)办理房屋所有权转移登记的，可予支持。但是，该房屋因登记人的债权人查封或其他原因依法不能办理转移登记，或者涉及善意交易第三人利益的除外。这里的前提是，当事人之间已经就借名购房达成了书面协议，或有证据能够证明借名的事实。且借名人不得以其系实际出资人为由，对抗善意第三人，但第三人知道或应当知道该情形的除外。

2. 当事人一方提供证据证明其对房屋的购买确实存在出资关系，但不足以证明双方之间存在借名登记的约定，其主张确认房屋归其所有或要求登记人办理房屋所有权转移登记的，不予支持；其向登记人另行主张出资债权的，应当根据出资的性质按照相关法律规定处理。也就是说，在此情形下，出资人只能向对方当事人主张双方形成借款的债权债务关系，出资人只能要回借款及其利息，而不能取得房屋所有权。

3. 借名人违反相关政策、法规的规定，借名购买经济适用住房等政策性保障住房，并登记在他人名下，借名人主张确认房屋归其所有或者依据双方之间的约定要求登记人办理房屋所有权转移登记的，一般不予支持。也就是说，借名人在其本身不符合购买经济适用房等保障性住房条件的情况下，不能通过借用他人名义购买房屋，从而达到规避购买条件、实现购买保障性住房的目的。

九、借名买房纠纷如何处理?

实践中，由于购房资格限制、逃避债务、获取贷款等，买卖双方约定，一方以他人名义购买房屋，并将房屋登记在他人名下，借名人实际享有房屋权益的情形十分常见。双方就房屋权属发生纠纷应如何处理？笔者认为，当事人之间关于借名买房的约定，只要不违反法律、行政法规的强制性规定，即属有效，当事人应当依据约定履行。因此，在不涉及善意交易第三人，且房屋依法能够办理转移登记的情况下，借名人依据约定要求登记人办理房屋所有权转移登记的，应予支持。对于当事人一方提供的证据能够证明其对房屋的购买确实存在出资关系，但不足以证明双方之间存在借名登记意思表示的，房屋应归登记人所有，出资人只能依据出资的性质向登记人主张债权。

本书前文探讨过因限购、禁购等房产新政措施施行，借名人借用符合政策要求的人购买房屋的，笔者认为，相关房屋买卖合同有效。实践中，还经常出现借名人违反相关政策、法规的规定，借他人之名购买经济适用住房等政策性保障住房的情形。由于政策性保障住房的购买对于购房资格有特殊的要求和严格的审查公示程序,双方之间的借名购房行为属违法行为,但买受人与出卖人之间的房屋买卖合同有效。借名人主张确认房屋归其所有或者依据双方之间的约定要求登记名义人办理房屋所有权转移登记的,不应得到支持。

关于登记人未经借名人同意将登记在其名下的房屋擅自转让给他人,买卖合同是否有效的问题,笔者认为,在登记人依约定将房屋所有权转移登记到借名人名下前,登记人是物权法意义上的房屋所有权人,其对外转让房屋不属于无权处分行为,借名人以其对房屋享有实际权利为由,要求确认房屋买卖合同无效的,不应支持。当然,为保护借名人的利益,如果借名人能够证明买受人知道或者应当知道房屋存在借名登记,买受人为恶意的,房屋买卖合同可能因为恶意串通损害他人利益而无效。

十、"一房数卖"情况下如何确定履行顺序?

出卖人就同一房屋分别签订数份买卖合同,在合同均有效的前提下,买受人均要求继续履行合同的,原则上应按照以下顺序确定履行合同的买受人:

1. 已经办理房屋所有权转移登记的;

2. 均未办理房屋所有权转移登记,已经实际合法占有房屋的;

3. 均未办理房屋所有权转移登记,又未合法占有房屋,应综合考虑各买受人实际付款数额的多少及先后、是否办理了网签、合同成立的先后等因素,公平合理地予以确定。

买受人中的一人起诉要求出卖人继续履行买卖合同,出卖人以房屋已转让给他人为由提出抗辩的,法院可以根据案件具体情况决定是否追加其他买受人作为第三人参加诉讼;其他买受人另行提起诉讼要求继续履行合同的,应当依据前款原则处理。

房屋经多次转手买卖,均未办理转移登记,终局买受人以前手出卖人为被告提起诉讼,要求办理房屋所有权转移登记的,法院可以依申请或根据案件具体情况追加登记权利人(第一手出卖人)作为第三人参加诉讼,经审查诉讼请求应予支持的,可以判决当事人依次办理房屋所有权转移登记,但当事人另有约定的除外。对于参与中间流转的其他出卖人,法院可以根据案件具体情况决定是否追加其为第三人。

十一、因第三人原因违约的，责任如何承担？

《民法典》第五百九十三条规定，当事人一方因第三人的原因造成违约的，应当依法向对方承担违约责任。当事人一方和第三人之间的纠纷，依照法律规定或者按照约定处理。

房屋买卖合同中，一方由于中介、银行或者其他第三方的原因，未能履行合同的，应向对方承担违约责任。

十二、共同居住房屋的买卖如何处理？

实践中，经常存在当事人基于婚姻、亲属关系、拆迁安置等对房屋享有居住权益的情形，房屋所有权人无权要求居住人腾退房屋，但其未经居住人同意擅自转让房屋是否有效呢？笔者认为，居住人享有的居住权益并非物权，也无法对外予以公示，买受人无从知悉居住权益的存在，因此为保护善意买受人的合法权益，其与出卖人签订的买卖合同应为有效。当然，居住人的合法权益也应当得到法律保护，具体方式包括：买卖双方为侵害居住人利益恶意串通签订的买卖合同无效；居住人有权要求出卖人赔偿因此受到的相应损失等。

十三、在拆迁安置中，以产权置换方式取得房屋如何分割？

拆迁安置房，是指在人民政府实施土地储备地块、非经营性公益项目建设、城市基础设施建设和军事设施建设等行政划拨用地的拆迁过程中，以确定的价格、套型面积向具有市区户籍（含从事农业职业）的被拆迁人定向销售的住宅房。其安置对象是特定的动迁安置户。①

随着城市化进程的加快，大量农村集体土地上的房屋被纳入拆迁范围。为了解决被拆迁人的居住问题，政府修建了专门的拆迁安置房。拆迁安置房享受土地划拨、规费减免等相关政策，具有社会保障性质。与普通商品房相比，拆迁安置房最大的特点在于购买对象特定和交易时间受限，即只有符

---

① 参见董礼洁：《城市住房制度对市民拆迁安置的政策影响》，载《上海城市管理职业技术学院学报》2008 年第 5 期。

合条件的被拆迁人才有资格购买拆迁安置房,并且被拆迁人在取得拆迁安置房房产证的一定时间内(通常为5年)无法将该房过户给其他人。该类房屋的买卖除受法律、法规的规范之外,还受到当地政府相关地方政策的约束,所以与一般的商品房交易有很大的不同。拆迁安置是对被拆迁房屋的所有权人给予补偿和安置,关键是对房屋土地使用权、房屋、地上构筑物等损失的补偿。拆迁补偿的方式大致有"产权置换、货币补偿"两种方式。

对于产权置换的法律关系学界有争议。

第一种观点认为产权置换是以实物形态即以物易物的补偿形态。

第二种观点认为产权置换是放弃旧房屋的产权之后获得新房屋的产权,即新房屋的所有权在登记时才获得。拆迁补偿协议签订后,原房权证、土地证已上缴,就相当于原房屋已经灭失,而拆迁补偿协议就类似新建房的购房合同。[①]

这种学界的争议导致实践中一种情况较难处理,即被拆迁房屋的所有权在结婚前取得,即为个人财产,而拆迁安置房屋的所有权登记是在结婚后,依前一种观点拆迁安置房是对价交换所得的房屋,因而拆迁安置房屋的属性应和被拆迁房屋一致。而依后一种观点认为,如果拆迁安置房屋所有权的获得是在结婚后,即为婚后夫妻共同财产,而不问被拆迁房屋的属性。

笔者认为,如果婚前一方的个人房产,在婚后因政府的拆迁政策被拆迁,以产权置换方式取得拆迁安置房,且没有缴纳任何费用,依据《国有土地上房屋征收与补偿条例》第二十四条规定,市、县级人民政府及其有关部门应当依法加强对建设活动的监督管理,对违反城乡规划进行建设的,依法予以处理。市、县级人民政府作出房屋征收决定前,应当组织有关部门依法对征收范围内未经登记的建筑进行调查、认定和处理。对认定为合法建筑和未超过批准期限的临时建筑的,应当给予补偿;对认定为违法建筑和超过批准期限的临时建筑的,不予补偿。因此,这种情况下,它只是婚前个人财产行使的一种转化,其价值取得于婚前,以对被拆迁房享有所有权为基础,即所谓的"万变不离其宗"。拆迁安置房仍然属于一方的个人财产。

由于拆迁安置房与被拆迁房屋在面积、位置、结构等方面存在差异,使

---

① 参见张效强、吴巧玲:《拆迁还建房的转让》,载《城市开发》2008年第6期。

产权调换的房屋价值之间形成了差价。《国有土地上房屋征收与补偿条例》第十九条第一款规定，对被征收房屋价值的补偿，不得低于房屋征收决定公告之日被征收房屋类似房地产的市场价格。被征收房屋的价值，由具有相应资质的房地产价格评估机构按照房屋征收评估办法评估确定。实质上是结算被拆除房屋的市场评估价与调换房屋市场价的差价。如果婚前一方的个人房产，在婚后因政府的拆迁政策被拆迁，被拆迁房和安置房的差价是以夫妻共同财产出资结清的，房屋所有权的属性是否会改变？出资额相对应的房屋的面积，是否属于被拆迁房屋的扩大、增值部分？是否可按夫妻共同财产处理？

笔者认为，这种情况仍不能改变拆迁安置房为原被拆迁房屋所有人一方个人财产的性质。但是以夫妻共同财产使原一方婚前财产产生了增值，增值部分应认定为夫妻共同财产。

出卖人因婚前购买、拆迁安置等原因单独享有房屋所有权，其配偶、其他亲属或被拆迁安置人因婚姻、亲属关系或拆迁政策规定有权居住该房屋，并形成共同居住事实，居住人以出卖人转让房屋未经其同意，侵害其居住权益为由，要求确认房屋买卖合同无效的，不予支持。但居住人的相关权益应当得到法律保护。

十四、房屋买卖中的户口纠纷如何处理？

房屋买卖合同履行过程中，买受人起诉要求出卖人迁出户口的，无论当事人在买卖合同中就户口迁移事宜是否作出了约定，均不属于民事案件的受理范围，已经受理的，应当裁定驳回起诉。

当事人在买卖合同中约定出卖人违反迁出户口的合同义务应支付违约金或赔偿损失，买受人依据合同约定要求出卖人承担相应违约责任的，应予支持。出卖人承担违约责任并不影响其负有迁出户口的合同义务。

十五、出卖人死亡后房屋买卖合同如何履行？

房屋买卖合同签订后，买受人已经履行了支付房屋价款的合同义务，出卖人死亡，买受人要求出卖人的继承人继续履行继承的合同债务的，应予支持，继承人应当在办理房屋继承登记后，为出卖人办理房屋所有权过户登记手续。

十六、非金钱债务履行不能如何终止权利义务关系?

房屋买卖合同的履行不仅需要双方的配合,还受制于一些客观因素,如果存在履行不能的情形,一方执着于要求另一方继续履行,只会使双方当事人进一步陷入僵局,同时也可能造成社会资源的闲置。

从《合同法》到《全国法院民商事审判工作会议纪要》(以下简称《九民纪要》),再到最新颁布的《民法典》,关于非金钱债务违约方之违约责任与解除权的相关规定发生着变化。《合同法》中关于非金钱债务违约方之违约责任与解除权的相关规定见第一百一十条,具体为:当事人一方不履行非金钱债务或者履行非金钱债务不符合约定的,对方可以要求履行,但有下列情形之一的除外:(1)法律上或者事实上不能履行;(2)债务的标的不适于强制履行或者履行费用过高;(3)债权人在合理期限内未要求履行。从字面解释角度看,该条仅规定了在上述除外情形之下,非金钱债务的违约方在面对守约方之履行请求时,可以拒绝,但该条并没有明确规定违约方是否享有解除权。若违约方只能被动地在守约方请求履行时提出抗辩,而没有合同解除之内容,上述规定在一定程度上依然需要进一步完善。《合同法》的立法精神在于明确合同当事人之间的法律关系,服务市场经济发展。若在上述情形下,违约方仅享有上述拒绝履行的"抗辩权",则当出现守约方始终不主动要求违约方履行合同这种极端情形时,双方当事人之间的关系极易处于僵局状态。

《九民纪要》第四十八条明确规定了违约方享有解除权的条件,即违约方不享有单方解除合同的权利。但是,在一些长期性合同如房屋租赁合同履行过程中,双方形成合同僵局,一概不允许违约方通过起诉的方式解除合同,有时对双方都不利。在此前提下,符合下列条件,违约方起诉请求解除合同的,人民法院依法予以支持:(1)违约方不存在恶意违约的情形;(2)违约方继续履行合同,对其显失公平;(3)守约方拒绝解除合同,违反诚实信用原则。人民法院判决解除合同的,违约方本应当承担的违约责任不能因解除合同而减少或者免除。由上述纪要内容可见,《九民纪要》明确赋予了违约方在满足相关条件下的合同解除权。之所以如此规定,或出于以下几点:(1)合同僵局情况下拒绝解除合同与诚实信用原则相悖。《民法总则》《合同法》等均明确规定当事人在履行义务和行使权利过程中应当遵循诚实信用原则。在形成合同僵局的情形下,如果违约方能够找到替代的履行方式,能够保障守约方履行利益的实现,而且对守约方因合同解除而遭受的损失进行赔偿,则能够保障守约方的利益;但在此情形下,守约方坚持继续履行合同,可以认定守约方已经违反了诚实信用原则。(2)效率与价值是合同法追求的重要价值。在满足上述条件的情况下,若强行要求违约方继续履行,显然将对违约方造成不利影响,且未必能给守约方带来正面影响。若机械地理解依法成立的合同应当履行,并一律排除违约方解除合同的权利,以绝对的强制去对抗当事人的意思自治,在某些个案中必然会消耗极大的社会成本。明确违约方起诉请求法院解除合同的条件和法律后果,有利于破除合同僵局,实现实质正义,促进市场经济发展。(3)《民法典》关于非金钱债务违约方之违约责任与解除权的规定。《民法典》第五百八十条规定:“当事人一方不履行非金钱债务或者履行非金钱债务不符合约定的,对方可以请求履行,但是有下列情形之一的除外:(一)法律上或者事实上不能履行;(二)债务的标的不适于强制履行或者履行费用过高;(三)债权人在合理期限内未请求履行。有前款规定的除外情形之一,致使不能实现合同目的的,人民法院或者仲裁机构可以根据当事人的请求终止合同权利义务关系,但是不影响违约责任的承担。”

由上述规定可知,《民法典》在肯定既往司法实践的同时,相较于《合同法》第一百一十条之规定,增加了第二款内容。《民法典》第五百八十条明确指出人民法院或者仲裁机构可以根据当事人的请求终止合同权利义务关系,本条中的当事人同时包含了守约方和违约方。至此,违约方起诉解除合同之规定进一步法典化。相较于《合同法》的隐晦,《民法典》规定得更加明确;相较于《九民纪要》条件的复杂,《民法典》仅在《合同法》第一百一十条的基础上增加了第二款,更加有利于当事人破解合同僵局。同时,由人民法院或者仲裁机构对合同解除与否作出综合判断,经审查认定符合解除条件时予以解除,亦防止当事人对解除权进行滥用。

十七、如何认定夫妻一方同意?

由《民法典》第三百零一条规定可知,共同共有人要处分共有的不动产,必须经全体共同共有人同意。将该条适用到夫妻共有关系中,则意味着夫妻一方要出售夫妻共同所有房产应经作为共同共有人的夫妻另一方同意。

司法实践中,对此类纠纷的处理存在一个很难把握的事实认定即为夫妻另一方是否同意该出售行为。对此,笔者认为,在具体认定夫妻另一方是否同意时需要注意:

第一,如何认定夫妻另一方是否作出同意的意思表示。法律框架内的同意即为意思表示。所谓意思表示是指表意人向他人发出的表示,据此向他人表明,根据其意思,某项特定的法律后果应该发生效力。反映到日常生活中,夫妻另一方同意其配偶对夫妻共同所有房屋进行出售,可有书面、口头、电话和电子数据等多种意思表现形式。对此,第三人只要在诉讼中能举证加以证明即可。但值得注意的是,现实生活中,也存在很多第三人在签订共有房屋出售合同时征求夫妻另一方意见,夫妻另一方未明确表态的情形。根据《民法典》第一百四十条"行为人可以明示或者默示作出意思表示。沉默只有在有法律规定、当事人约定或者符合当事人之间的交易习惯时,才可以视为意思表示"的规定,鉴于夫妻关系的紧密性,如果夫妻另一方虽未对房屋出售事宜明确表示意见,但其行为已经表明其同意出售的,则可直接认定其对出售已经默示同意。至于夫妻另一方的同意是事先同意抑或事后追认同意则在所不问。

第二,如何理解"同意"的意思表示范围。在司法实务中,经常会出现夫妻另一方参与了房屋买卖合同的前期协商过程,但在最后签约时并未在场的情形。如果事后房屋价格上涨,夫妻另一方往往以其签约时不在场,最后签订的合同价格未经其同意为由,要求取回房屋。对此,要注意把握同意的意思表示范围是否包括出售价格、付款方式、交付时间等。笔者认为,从维护交易安全、夫妻间人身及财产关系的特殊性出发,本条所称同意应为夫妻另一方对其配偶出售房屋的概括授权。也即只要有证据证明夫妻另一方曾作出同意出售房屋的意思表示,即应推定该同意为对其配偶自主决定出售价格、付款方式、交付时间等事项的概括同意。夫妻另一方如要否定该概括同意,必须提出证据证明其对房屋买受人所作的同意出售房屋的意思表示明确不包括上述事项。

【案例适用】

规则 29　[合同签订形式]房地产转让合同为要式合同,应当以书面形式予以明确、固定。房产买卖双方如未签订书面合同、未履行相关权利义务,法院应认定买卖合同不成立。

〖**规则解析**〗

房地产转让合同为要式合同,应当以书面形式予以明确、固定。房产买卖双方如未签订书面合同,未履行相关权利义务,法院应认定买卖合同不成立;卖方占有买方的房产构成侵权,应承担相应的侵权后果。

〖**案情简介**〗①

李某忠在睢县城关镇康乐路 219 号有一处房产,2005 年年底,李某忠欲将该房产转让,通过中间人介绍,刘某涛、孙某夫妇看过该房院后欲购买,由介绍人从李某忠处要走该房院钥匙交给了刘某涛。2006 年 2 月,刘某涛在双方未签订房屋买卖书面协议、未给付李某忠任何款项的情况下,擅自将该房产的东、西偏房扒掉,重新在院南边建三间平房、一间门楼,并将该房产的主房进行部分翻新,并在未告知李某忠的情况下于 2006 年 5 月搬进该房产的房屋内居住。李某忠得知后多次找刘某涛协商解决此事,刘某涛找介绍人调解一直未果。

李某忠诉至河南省睢县人民法院,要求刘某涛、孙某夫妇搬出并归还上述房产以及房屋内的相关物品。

〖**裁判结果**〗

睢县人民法院认为,房地产转让合同为要式合同,转让过程中出让方和受让方的权利义务关系多而复杂,应当以书面形式予以明确、固定,以便权利的行使和义务的履行。本案原、被告双方未依法签订房地产转让书面合同,应依法认定双方买卖合同并未成立。对二被告所主张的原告是基于已成立的合同而将房院交付、本案应定性为房屋买卖合同纠纷的观点,因其证据不足,不予采信。在买卖合同尚未成立且未支付房产价款的情况下,二被告占据原告房院的行为已构成对原告财产权的侵犯,原告要求二被告返还房院和其他财物的诉讼请求,应予支持。庭审过程中原告请求撤回要求二

---

① 河南省商丘市中级人民法院民事判决书,(2010)商民终字第 1292 号。

被告赔偿从2006年1月至房院交付之日损失的诉讼请求,是对自己权利的处分,符合相关法律规定,予以认可。二被告针对改建、翻新涉案房屋所支出的费用没有提出反诉,不予合并审理。据此判决:(1)被告刘某涛、孙某于判决生效之日起30日内从现居住位于康乐路219号的房院内搬出,并将位于康乐路219号的房院返还原告李某忠;(2)被告刘某涛、孙某于判决生效之日起30日内返还原告李某忠春兰牌柜式空调一台、长虹牌分体式空调一台、上菱牌冰箱一台、吊扇一个、浴盆一个、家用小抽水泵一台、多用煤火炉一个。

一审宣判后,被告不服,提起上诉。

河南省商丘市中级人民法院(以下简称商丘中院)二审审理认为,被上诉人李某忠对涉案房产持有房地产行政管理部门为其颁发的权属证明,其对该房产享有合法物权,其他任何单位和个人不得侵害,否则要承担相应的法律责任。房地产转让合同系不动产权属的转让且一般标的较大,为要式合同,因此应采用书面形式订立。本案中上诉人刘某涛、孙某与被上诉人李某忠并未签订房地产转让合同,且刘某涛、孙某也一直未支付给李某忠转让价款,其主张双方成立房地产转让关系证据不足,因此刘某涛、孙某在李某忠拥有合法物权的睢县康乐路219号房产中居住没有合法依据。

2011年4月18日,商丘中院作出终审判决:驳回上诉,维持原判。

〖**裁判思路**〗

关于本案的案由在审理中有两种观点:一种观点认为应定为侵权即物权保护纠纷;另一种观点认为构成房屋买卖合同纠纷。两审法院判决均采纳了第一种观点,理由如下。

首先,从举证责任方面,当事人对自己提出的主张,有责任提供证据。本案原告李某忠对涉案房产持有房地产行政管理部门为其颁发的权属证书,证明其对涉案争议房产享有合法物权。本案被告主张双方买卖合同已经成立,且介绍人李某义是原告的代理人,但其既未能提交充分的证据证明李某义是原告的代理人,具有出卖房屋的代理权,也没有提交充分有力的证据证明原、被告之间是如何协商及协议的详细条款和内容。因此,被告对其主张应负举证不能的法律后果,本案原、被告双方的买卖合同并未成立,对二被告所主张的原告是基于已成立的合同而将房院交付、本案应定性为房屋买卖合同纠纷的观点,应不予采信。

其次,从订立合同形式方面来说,《民法典》第四百六十九条规定,当事人订立合同,可以采用书面形式、口头形式或者其他形式。书面形式是合同书、信件、电报、电传、传真等可以有形地表现所载内容的形式。以电子数据交换、电子邮件等方式能够有形地表现所载内容,并可以随时调取查用的数据电文,视为书面形式。《城市房地产管理法》(2019 年修正)第四十一条规定:"房地产转让,应当签订书面转让合同,合同中应当载明土地使用权取得的方式。"依据上述法律规定,房地产转让合同系不动产权属的转让且一般标的较大,为要式合同,转让过程中出让方和受让方的权利义务关系多而复杂,应当以书面形式予以明确、固定,以便权利的行使和义务的履行。本案原、被告双方没有签订书面的房屋买卖合同,二被告也没有给付房屋价款,其房屋买卖转让关系根本没有成立,二被告在房屋买卖合同尚未成立且未支付房产价款的情况下,占据原告李某忠房院的行为已构成对李某忠财产权的侵犯。故本案应定性为侵权即物权保护纠纷,对原告李某忠要求二被告刘某涛、孙某返还房院和其他财物的诉讼请求应予以支持。

规则 30　[实际履行]当事人没有订立书面房屋买卖协议,确认房屋买卖关系是否存在,应结合实际履行情况综合考量。

〖**规则解析**〗

对于发生在房屋登记制度尚不完善时的案件,在双方没有订立书面协议时,确认房屋买卖关系是否存在应结合实际履行情况,考虑买受人是否支付了对价、房屋价值与支付的价格是否合理、出卖人交付房屋及房屋所有权证书或买受人对房屋是否长期占有、在此期间出卖人是否主张过权利、能否排除借用或租赁等关系,在此基础上进行综合分析判断。

〖**案情简介**〗①

申请再审人张某清因与被申请人冯某霞、一审被告崔某、新乡市新华综合服务有限责任公司(以下简称新华服务公司)侵权纠纷一案,不服河南省高级人民法院(2010)豫法民提字第 99 号民事判决,向最高人民法院申请再审。张某清申请再审称:(1)原再审判决认定张某清与新华服务公司存在房

---

① 张某清与冯某霞、崔某、新乡市新华综合服务有限责任公司侵权纠纷案,载《最高人民法院公报》2011 年第 7 期。

屋买卖关系,属于认定事实错误,证据不足。(2)原再审判决认定张某清无合理理由长达20余年未主张权利,即丧失房屋所有权,不仅与事实不符,而且适用法律错误。(3)原再审判决认定冯某霞提交的证据较张某清一方的证据更占优势完全与事实不符,明显偏颇。请求对本案再审。

〖**裁判结果**〗

最高人民法院认为,张某清的再审申请不符合申请再审情形,裁定驳回了张某清的再审申请。

〖**裁判思路**〗

本案的焦点问题是张某清与新华服务公司是否存在房屋买卖关系。首先,张某清与新华服务公司虽没有订立书面房屋买卖合同,但张某清认可1983年将讼争房屋移交给新华服务公司时收取了2000元,而张某清之父张保兴在1982年购买该房屋时支付的房款为1100元,即使考虑张保兴对房屋进行过翻修,将该2000元认定为房屋买卖价款,也符合常理。而且,房屋由张某清移交他人使用已长达20多年,该2000元对价与使用该房屋20多年应付的费用相比甚微。由于交付2000元款项时,双方并无房屋使用期限的约定,根据当时房屋的价格,张某清主张2000元属房屋使用费,不合常理,该数额与当时房屋的价格相当,更符合购房款性质。其次,1983年,我国房屋登记制度尚不完善,房屋产权转让时不办理过户登记而采取移交产权证明形式的情况也较普遍。张某清将房屋移交新华服务公司使用时,将政府颁发的证明房屋产权的契纸也交予新华服务公司,能够体现张某清转让房屋产权的真实意思。最后,张某清从把讼争房屋移交给新华服务公司使用到起诉时已超过20年,新华服务公司和冯某霞的占有使用是连续的、公开的、和平的,而张某清在长达20多年的时间内,没有就此主张过权利,表明其长期对他人占有使用该房屋并无异议,如果认定张某清没有转让房屋产权,其作为所有人长期怠于行使权利,与一般房屋所有人对权利的关注形成较大反差,明显不合常理。综上所述,张某清与新华服务公司之间已形成房屋买卖合同关系,该买卖合同合法有效,基于有效的合同关系,张某清并无请求返还房屋的权利。原再审判决驳回张某清返还房屋的诉讼请求并无不当,张某清的申请理由不能成立。

规则 31 [网签]房屋买卖双方尚未签订书面的购房合同,但是双方已经进行了网签,而且明确了合同的价款、房屋信息,所以应当认定双方的买卖合同已经生效。

〖**规则解析**〗

房屋买卖进行了网签,也就确定了这份房屋买卖合同的成立。网签合同虽然形式特殊,也具有一定的政策性因素,但具备合同属性应具有的必要条件,体现了买卖双方的意思表示。进一步说,网签合同本身被行政部门通过网络向全社会公示,应是一个非常正规的、更加具有效力的合同。

〖**案情简介**〗①

2009 年 2 月,沈某星和安某云协商关于沈某星名下某处 402 号房屋的买卖一事。2009 年 3 月 16 日,沈某星和安某云的委托人刘某(安某云之子)一同到北京市朝阳区房屋权属登记中心填写了《存量房自行成交网上签约申请表》并签字。2009 年 3 月 17 日,沈某星和刘某在北京市朝阳区房屋权属登记中心再次签字确认了《存量房买卖合同信息表(自行成交)》。该信息表为房屋管理部门根据双方申请表的内容,将相关信息进行了网上登记后,向双方出具的打印版信息表。该表中包括以下信息:出卖人沈某星的个人身份信息、买受人安某云的个人身份信息、交易房屋的相关信息(包括所有权证号、户型、房屋性质等)、房屋成交价款为 399,900 元(其中包括定金 1 万元及定金支付的日期 2009 年 3 月 17 日,剩余款项的支付方式为非贷款)。在申请表和信息表中,还包括双方关于注销网上信息的约定:网上信息填写完成后,在申请转移登记之前,需要注销网上信息的,10 日内买卖双方共同申请,超过上述时间的,可由买方申请。此后,安某云用信用卡支付了房屋的遗产税 11,366.70 元及契税 3999 元,沈某星将本案房屋的电卡及供暖协议交于安某云。此后,沈某星认为房屋的出售价格过低,拒绝与安某云进行书面合同的签订,并欲注销在北京市朝阳区房屋权属登记中心登记的网上信息。但根据双方网签的约定,只能由买方进行网上信息的注销,沈某星无法单方进行网上信息的注销,故沈某星诉至法院。

庭审过程中,安某云提出沈某星曾向安某云交付本案房屋的钥匙,但后

---

① 北京市第二中级人民法院民事判决书,(2010)二中民终字第 05439 号。

来沈某星强行换锁,使安某云无法再进入本案房屋,对此沈某星不予认可。安某云主张其曾于2009年2月24日代沈某星交了11,000元的遗产税,并以此作为购房的定金。而沈某星认为当时是和安某云一同去交的遗产税,因沈某星所带的钱不够,由安某云代刷的卡,后来沈某星归还了安某云现金9000元。

〖**裁判结果**〗

一审法院经审理认为:当事人对合同是否成立存在争议,人民法院能够确定当事人名称或者姓名、标的和数量的,一般应当认定合同成立。对合同欠缺的上述内容以外的其他内容,当事人达不成协议的,人民法院根据法律有关规定予以确定。根据本案查明的事实,在申请表和信息表中,房屋买卖合同的主要条款(包括买卖双方、买卖标的、价款、价款支付方式等)均已由沈某星与安某云进行了确认。双方向税务部门交纳了房屋的相关税费,沈某星还履行了部分附随义务,向安某云交付了房屋电卡及供暖合同。沈某星虽然提供了双方往来的电话信息,用于证明双方之间协商房款的过程,但该协商过程是在双方已经明确了房款数额后,沈某星就已经明确的房款数额反悔而再次协商的过程。双方在往来信息中并未就新的房款达成一致意见。根据以上查明的事实,法院认定双方合同已经成立。而依法成立的合同,自成立时生效。双方当事人均应当按照约定全面履行自己的义务。沈某星以双方约定的房屋价款过低为由拒绝与安某云签署书面合同。沈某星的相关主张没有证据佐证,对于其要求安某云履行注销网签信息的诉讼请求不予支持。现安某云要求按照网签确定的房款数额履行协议,对于安某云反诉要求继续履行合同的主张予以支持,但关于安某云反诉的其他损失一节,由于安某云支出的费用均是在房屋过户尚未确定前发生,对于该部分损失应当由安某云自行承担。

安某云称双方协商确认由安某云交付遗产税来抵定金,但安某云亦未能提供证据证明双方就此事协商一致,故无法认定安某云向沈某星支付了定金1万元。法院判决:沈某星与安某云继续履行双方之间的房屋买卖合同;安某云于判决生效后5日内给付沈某星房价款399,000元;沈某星于判决生效后10日内配合安某云办理房屋过户手续,并向安某云交付房屋;驳回沈某星的诉讼请求;驳回安某云的其他诉讼请求。

二审中,经北京市第二中级人民法院主持调解,双方当事人自愿达成如下协议：沈某星同意将其所有的北京市朝阳区和平街10区27楼4层3门402号房屋出售给安某云；沈某星于本调解书送达之日起7日内向安某云交付北京市朝阳区和平街10区27楼4层3门402号房屋，并配合安某云办理上述房屋的过户手续；安某云于收到上述房屋的所有权证书之日给付沈某星房价款人民币70万元；双方无其他争议。

〖**裁判思路**〗

本案的争议焦点在于沈某星、安某云之间的买卖合同是否成立，也即根据沈某星、安某云在北京市朝阳区房屋权属登记中心签字确认的《存量房自行成交网上签约申请表》《存量房买卖合同信息表（自行成交）》（俗称“网签”）能否认定双方的买卖合同已经成立，对于这一争议有两种不同的意见。第一种意见认为，法律规定房地产交易应当采用书面形式，沈某星、安某云虽然在网上递交了签约申请书，并确认了买卖合同信息表，但仍然没有签订正式的书面购房合同，所以双方的房屋买卖合同不成立，沈某星的诉讼请求应当支持。第二种意见则认为，虽然房屋买卖双方尚未签订书面的购房合同，但是双方已经进行了网签，而且明确了合同的价款、房屋信息，所以应当认定双方的买卖合同已经生效。我们同意第二种意见，并从以下几个方面进行阐述。

一、网签形式符合合同的成立要件

首先，网签是合同订立的合法形式之一。我国《民法典》规定，“当事人订立合同，有书面形式、口头形式和其他形式”。而其中的书面形式既包括传统的有形的合同书、信件，也包括无形的数据电文，如电报、电传、传真、电子数据交换和电子邮件，只要其可以明确地表现合同的内容即可。本案中，沈某星与安某云虽然没有签订书面合同，但是已经填写了《存量房买卖合同信息表（自行成交）》，并签字确认了合同信息表的内容，并经建委审核后在网上进行公示。因此，双方已经就房屋买卖的主要意向形成数据电文，这种合同的订立形式虽与传统的合同书在形式上有所区别，但其是将合同的内容在政府机关确定的网络上进行公示，是合同订立的有效形式之一。

其次，网签的程序确定了双方的合意。在《北京市建设委员会关于全面推行存量房买卖合同网上签约有关问题的通知》（京建交〔2008〕628号，以下简称《存量房网签通知》）中规定了网签的程序，包括：其一，买卖双方达成交易意向后，填写《存量房买卖合同信息表（自行成交）》；其二，向服务窗口提交当事人已签字或盖章的《存量房买卖合同信息表(自行成交)》等材料；其三，服务窗口的工作人员核对当事人提供的材料，并通过存量房网上签约系统录入存量房买卖合同第一条至第四条的相关信息，打印后交当事人确认；其四，当事人确认合同网上信息无误后，由工作人员将存量房买卖合词文本一式四份交当事人。合同双方具体一致的意思表示是合同成立和生效的核心内容，而从网签的流程来看，房屋买卖只有在达成交易意向后，才会签订存量房买卖合同信息表，同时在合同上网前还需经过买卖双方的确认，因此，可以认定本案中房屋买卖双方沈某星与安某云确实对房屋买卖达成了合意。

最后，合同订立的条款完备。2009 年 5 月 13 日开始实施的《合同法解释(二)》(已失效)第一条规定，“当事人对合同是否成立存在争议，人民法院能够确定当事人名称或者姓名、标的和数量的，一般应当认定合同成立”。[①] 而本案诉争双方所签订的《存量房买卖合同信息表(自行成交)》中，明确标注出卖人信息、买受人信息、房屋及交易信息(包括房屋的基本状况，即房屋所有权证号、户型楼层、房屋性质、抵押情况、土地使用状况、成交价款以及签约密码等)，完全满足上述司法解释中对合同成立条款的要求。此时，合同的主要权利义务已经确定，合同的条款是明确的。在这种情况下，应当认定诉争合同已经成立。

二、房屋买卖合同网签的性质探讨

网上签约，是将普通的房屋买卖合同进行了公示。公示是物权转移中的必经程序，但并非合同成立、生效的必要条件。进行网签是房地产主管部门为维护房屋买卖市场的秩序，要求将双方(或者包括中介在内的三方)签订的房屋买卖合同进行公示。公示的内容是房屋买卖合同本身，如果合同本身尚未成立，仍在探讨过程中，那么就无须也不可能进行公示。所以，反过来印证了网签合同本身应是一种成立且有效的房屋买卖合同。所以，房

---

① 《全国法院贯彻实施民法典工作会议纪要》6. 当事人对于合同是否成立发生争议，人民法院应当本着尊重合同自由，鼓励和促进交易的精神依法处理。能够确定当事人名称或者姓名、标的和数量的，人民法院一般应当认定合同成立，但法律另有规定或者当事人另有约定的除外。对合同欠缺的当事人名称或者姓名、标的和数量以外的其他内容，当事人达不成协议的，人民法院依照民法典第四百六十六条、第五百一十条、第五百一十一条等规定予以确定。

屋买卖进行了网签,也就确定了这份房屋买卖合同的成立。网签合同虽然形式特殊,也具有一定的政策性因素,但具备合同属性应具有的必要条件,体现了买卖双方的意思表示。进一步说,网签合同本身被行政部门通过网络向全社会公示,应是一个非常正规的、更加具有效力的合同。

三、网签合同的价款确定

网签是一种有效的并经过公示的合同,但是在现实经济生活中,当事人为了避税、骗取贷款等,往往会就同一房屋签署数份价款不同的"阴阳合同",用于办理网签等相关手续。所以,网签虽然是有效的合同,但是网签合同确定的房价款,并不一定就是双方当事人的真实意思表示,双方当事人的本意原则上应该根据后合同优先于前合同的原则,以后订立的合同为准,同时,结合前后合同约定的成交价与市场价格的差距大小、合同登记备案情况等综合判断。本案中,从双方二审达成70万元房价款的调解协议来看,很可能在网签时,双方故意压低了房价款。这点虽然不至于影响网签合同本身的有效性,但是确应在审判中加以注意,查明当事人的真实意图。

规则32 [房款退还]买房人实际出资购买房屋的价款是其真实意思表示,对超出卖房人欲售价格的房款,买房人无权要求退回。

〖规则解析〗

对超出卖房人欲售价格的房款,房产经纪公司和卖房人未约定如何处理。买房人实际出资购买房屋的价款是其真实意思表示,对超出卖房人欲售价格的房款,买房人无权要求退回。

〖案情简介〗①

河南省洛阳市某区202号房产原属朱某荣所有。2010年8月16日,第三人朱某荣委托张某华出售该房产,并进行了公证。同年9月21日,通过洛港房产经纪公司介绍,张某华以朱某荣名义与原告李某香签订一份房屋买卖合同,约定:朱某荣将位于洛阳市某区202号房产一套出售给李某香,价款为16万元;签订合同时,朱某荣向洛港房产经纪公司交纳中介服务费3200元及过户费300元,李某香向洛港房产经纪公司交付定金1500元,剩余房款于2010年9月24日前交付房产经纪公司。合同签订后,李某香于9月25

---

① 河南省洛阳市老城区人民法院民事判决书,(2012)老民初字第80号。

日将购房款16万元交付洛港房产经纪公司，经手人为海某闪。同日，洛港房产经纪公司将该房产交付李某香。同年9月29日，李某香办理了该房产的产权过户手续。此后，因李某香得知朱某荣仅收到购房款13万元，且朱某荣售房时承诺赠送配套储藏室一间，遂认为洛港房产经纪公司、海某闪侵犯其合法权益，故诉至法院，要求洛港房产经纪公司和海某闪交付与房产配套的储藏室一间并退还不当得利3万元。

另查明：海某闪系洛港房产经纪公司职工。涉案储藏室一间现由案外人占有。

〖**裁判结果**〗

河南省洛阳市老城区人民法院经审理认为，原告李某香与第三人朱某荣委托代理人张某华签订的房屋买卖合同，系双方当事人真实意思表示，且不违背法律规定，合法有效，该合同内容对双方当事人均具有约束力。李某香同意以16万元的价款购买涉案房屋，且已支付价款，并取得房屋所有权，故李某香要求被告洛港房产经纪公司返还不当得利3万元的诉讼请求，缺乏合同依据和法律依据，不予支持。关于李某香要求洛港房产经纪公司返还储藏室一间的诉讼请求，因李某香与朱某荣签订房屋买卖合同中并未约定转让或赠与储藏室，且该储藏室现由案外人占有，故李某香的该项诉讼请求，因无事实依据和法律依据，不予支持。被告海某闪系被告洛港房产经纪公司的职工，其行为属于职务行为，民事责任由洛港房产经纪公司承担，故李某香要求海某闪返还不当得利3万元和储藏室一间的诉讼请求，于法无据，不予支持。法院判决：驳回原告李某香的诉讼请求。

宣判后，各方均未提出上诉，判决已发生法律效力。

〖**裁判思路**〗

本案在审理过程中，被告洛港房产经纪公司向法庭出示了两份合同：第一份合同系第三人朱某荣与第三人郭某栋签订的一份房屋买卖合同，第二份合同系郭某栋与原告李某香签订的一份买卖合同。对于该两份合同，洛港房产经纪公司称，朱某荣先将房屋卖给了郭某栋，郭某栋又将该房屋卖给了李某香。但李某香和朱某荣对该两份合同不认可，均称他们并没有与郭某栋签订房屋买卖合同，而是在空白合同上签的字，他们根本没见过郭某栋。因郭某栋虽然签订了该两份房屋买卖合同，但房屋并未进行过户，最终李某香与朱某荣委托代理人张某华签订了一份房屋买卖合同，李某香以16

万元的价款购买涉案房屋,并取得房屋所有权。

在办理房屋买卖过程中,朱某荣并没有直接和李某香面对面地签订房屋买卖合同,而是全部由其委托代理人张某华办理相关事宜。李某香在得知朱某荣只得到13万元的房款后,认为洛港房产经纪公司、海某闪采取欺诈手段,不但从中牟利3万元,而且将朱某荣出售该房产时包含的储藏室一间予以隐瞒,没有交付。

从本案能够确认的事实看,李某香与朱某荣的委托代理人签订房屋买卖合同是双方当事人的真实意思表示,李某香同意以16万元的价格购买该房产,其要求洛港房产经纪公司退还3万元的不当得利没有法律依据。但本案中,李某香及朱某荣均提到他们并没有与郭某栋签订房屋买卖合同,而是在空白合同上签的字,他们根本没见过郭某栋。虽然李某香及朱某荣对此并未提交证据予以证明,但至少说明如果在空白合同上签字还是存在一定的风险,当事人应当承担由此产生的相应的法律后果。

本案中,被告洛港房产经纪公司虽然不承担任何责任,但是作为中介机构,应当向当事人披露真实的房屋交易情况。本案原告之所以诉至法院,是因为她认为被告从中赚取3万元的差价,隐瞒了一些事实。针对该问题,房产经纪公司可以和房屋出卖人明确约定对超出房屋出卖人欲售价格部分如何处理。这样既可以避免产生纠纷,也能对规范二手房屋交易市场起到一定的作用。

规则33 [隐名购房]在隐名购房行为中,登记产权人已依法取得房屋所有权,实际出资人享有的是对登记产权人的债权,其主张的请求权基础应是基于隐名购房协议的房屋信托合同债权,而非对标的房屋的物权。

〖**规则解析**〗

在隐名购房行为中,登记产权人已依法取得房屋所有权,实际出资人享有的是对登记产权人的债权,其主张的请求权基础应是基于隐名购房协议的房屋信托合同债权,而非对标的房屋的物权。故对实际出资人提起确权和恢复所有权登记诉请的,在不涉及第三人利益的情况下,应向其释明,变更诉请为要求登记产权人向其转让房屋所有权,提起以房屋所有权为标的的给付之诉。如实际出资人坚持以确权和恢复产权登记提起诉讼,应当驳回其诉讼请求。

〖案情简介〗

梁某是我国香港特别行政区居民,1998 年 5 月,其与郭某签订了一份协议书,约定:梁某准备出资在上海购房,房屋所有权暂时登记在郭某名下,相关购房手续委托郭某办理,购房所需全部资金由梁某支付;取得房屋后,实际所有权由梁某享有,房屋的出租、出售须经梁某同意,一切收益归梁某所有。1998 年 8 月,郭某取得了标的房屋的所有权登记,并实际占有标的房屋。2005 年 7 月,郭某与谢某签订房屋买卖合同,将该房屋出售给谢某,谢某于 2005 年 8 月实际入住标的房屋,但尚未完成所有权转移登记。

2005 年 9 月,梁某提起诉讼,诉请:(1)确认原告为标的房屋的所有权人;(2)判令郭某与谢某的房屋买卖合同无效;(3)判令郭某恢复房屋所有权登记至梁某名下。谢某称其不知梁某与郭某的约定,请求驳回原告诉请。经查,郭某是在未通知梁某的情况下与谢某签订房屋买卖合同,谢某通过中介与郭某缔约,曾到现场看房,并已支付全部房款。

〖裁判结果〗

实践中,当事人出于种种目的,不愿以自己名义出资购房,而将房屋所有权登记在他人名下,双方约定由实际出资人继续享有"真实"的房屋所有权,这类现象被习惯称为"隐名购房",这类约定可称为"隐名购房"协议。

本文所引案例就是一个典型的隐名购房引发的纠纷,此类纠纷通常法律关系复杂且诉请多样,主要包括:(1)实际出资人提起的确权之诉及恢复所有权登记至其名下之诉;(2)请求确认登记产权人与第三人间的房屋买卖合同无效之诉;(3)第三人提起的请求继续履行其与登记产权人之间房屋买卖合同之诉。实践中主要有两种观点:一种观点认为,根据我国物权法的规定,房屋所有权以登记为准,实际出资人对房屋的权利主张无法律依据。另一种观点认为,不动产物权虽需公示登记,但基于法律的例外规定,客观上存在"法律物权"与"事实物权"的区分,应根据双方的约定确定房屋真实权属,以克服登记制度的缺陷,故应支持实际出资人的确权诉请,登记产权人擅自对外处分房屋权利的行为应认定为无效,对善意第三人的利益保护则可通过物权法关于善意取得的规定来解决。[①]

---

① 参见魏海:《不动产事实物权的判定依据及冲突解决规则》,载《法律适用》2010 年第 4 期。

〖**裁判思路**〗

笔者认为，隐名购房协议本质是协议双方关于房屋所有权归属于实际出资人的约定，其法律性质是对房屋所有权的信托管理合同。此类合同不同于虚假行为和恶意串通行为，其是有效的，但只具有约束协议双方的债权效力。实际出资人享有的是房屋信托债权，而非对房屋的所有权。登记产权人对标的房屋享有完全的所有权，其对外处分房屋的行为是有权处分。

一、隐名购房行为的认定

（一）隐名购房协议是隐名购房行为的核心认定要件

笔者认为，认定隐名购房的核心要件是存在真实的隐名购房协议，即包含了房屋所有权归属于实际出资人的约定。因为实际出资人与登记产权人之间可能是赠与或是借贷等其他法律关系，在当事人没有明确约定的情况下，不能直接认定为隐名购房行为。诉讼中，应由主张的一方举证证明存在关于房屋所有权归属的约定（书面或口头），否则应告知其根据其他法律关系主张权利。对于无书面协议的情况，为尽量追求客观真实，根据目前实践经验，法院需要主动审查三个方面的事实：（1）出资人是否参与过看房、购房过程，能否证实出资人是实际选房人；（2）房屋的管理权、收益权是否实际归属于出资人；（3）房屋的日常维护费用是否由出资人负担。应综合审查以上三个方面，根据个案事实综合判断，在法官充分释明的基础上，由实际出资人承担举证责任。案例中，梁某与郭某存在书面的内部协议，而且该协议内容比较明显地反映出从房屋所有权归属于实际出资人梁某的意思，是典型的隐名购房行为。

（二）隐名购房行为与恶意串通行为、虚假行为的区别

隐名购房行为与恶意串通行为、虚假行为不同。在初始购房阶段，隐名购房可分为两种不同的形式：一是实际出资人对外处于完全隐名的状态；二是房屋出售人明知实际出资人与登记产权人间的隐名购房关系。但不论房屋出售人是否知道实际出资人和登记产权人之间的隐名购房关系，房屋出售人转让房屋所有权和登记产权人支付房款、受让房屋所有权[①]的意思都是真实的，已经达成了房屋买卖的合意，并不是虚假和恶意串通行为。

---

①　房款可能是实际出资人直接支付给房屋出售人的，但在合同相对性的意义上，仍然可以视为是登记产权人对房屋出售人的付款行为。

二、隐名购房协议的法律效力

（一）隐名购房协议不具有物权效力

根据《物权法》（已失效）第九条的规定，我国采取的是“登记生效主义”的不动产物权变动模式，《民法典》延续了这种模式，即除法律另有规定外，不动产物权变动原则上以登记完成为生效要件。在不动产物权变动中，登记有双重作用：一是作为房屋所有权变动的生效要件，二是权属证明及公示的作用。“法律另有规定”的情况，可分为三类：一是物权种类的例外，即法律明确规定某些不动产物权种类的变动不实行登记生效原则。二是导致物权变动的法律事实例外，非法律行为的法律事实直接导致不动产物权变动的，物权变动自该法律事实发生时生效。三是法律规定人民法院、仲裁委员会等有权机关的法律文书、征收决定可以直接变动物权。[①]

笔者认为，关于实际出资人是否享有“事实所有权”的问题：(1)实际出资人与登记产权人关于房屋所有权归属的约定并不属于《民法典》第二百零九条中“法律另有规定”的情况，该约定只能约束协议双方，没有直接设立房屋所有权的法律效力。(2)在隐名购房行为中，登记产权人的对外购房合同具有真实合意，基础合同有效，且已取得房屋所有权登记，是唯一合法的标的房屋所有权人，不存在实际出资人享有的“事实所有权”。案例中，郭某是标的房屋唯一的合法所有权人。

（二）隐名购房协议是债权性质的房屋信托管理合同

如前所述，隐名购房协议的核心内容是约定房屋所有权归属于实际出资人，即在房屋所有权登记在他人名下的情况下，实际出资人欲根据该约定继续控制房屋，并可以将所有权登记变更至其名下，该协议没有直接设立所有权的法律效力，作为一类合同法未规定的无名合同，当事人的约定具有债权效力，实际出资人仍然享有通过登记产权人间接管理标的房屋及取得标的房屋所有权的期待权利。关于此类协议的性质，大陆法系民法理论中有“信托行为”的概念，该“信托行为”的概念不同于英美法上的信托制度，也不是我国《信托法》所规定的具有特定形式和法律效果的信托，是对应现实生活中某类当事人合同行为的分析性概念。一般认为，这种“信托行为”是指

---

① 参见王胜明主编：《中华人民共和国物权法解读》，中国法制出版社2007年版，第24页。

某人将其财物的所有权转移给另一人;虽然受托人对外是所有权人,但在内部关系上,受托人承担着维护信托人利益,并在一段时间后或在特定条件下归还信托物的义务。[①] 笔者认为,隐名购房协议是一种房屋信托管理合同:(1)登记产权人负有根据实际出资人的指令管理、处分标的房屋的义务,违背指令的,构成违约;(2)实际出资人享有对标的房屋的最终收益权,登记产权人付外享有对标的房屋的收益权,但应将收益转交实际出资人或按实际出资人指令支配;(3)登记产权人负有根据实际出资人的主张将房屋所有权登记转移至实际出资人名下的义务,在实际出资人提出主张,且不侵犯第三人利益,不违背法律、政策规定的情况下,登记产权人应将房屋所有权转让给实际出资人。这三种义务都是基于内部隐名购房协议的债务约束,实际出资人主张的权利基础应是隐名购房协议,而非房屋所有权。实践中,当事人的隐名购房协议并不一定完整包括上述三项义务,法院应当对当事人的意思表示进行主动全面解释,保护实际出资人的合法权利。案例中,梁某与郭某约定,房屋产权暂时登记在郭某名下,房屋的出租、出售须经梁某同意,一切收益归梁某所有,这些都是郭某对梁某应负的合同义务。

综上,隐名购房行为中,房屋所有权的登记状态并没有错误,也不存在两种相冲突的所有权。实际出资人享有对登记产权人的房屋信托债权,而登记产权人享有对房屋的所有权,其对外处分行为不论是否违背了实际出资人的指令,都是有权处分。

三、隐名购房类纠纷处理思路

基于以上分析,法院应当在厘清债权关系和物权关系两种不同法律关系的基础上适用法律,行使释明权,引导当事人合理诉讼。

(一)实际出资人的确权与恢复所有权登记之诉

请求确认对标的房屋的所有权及恢复所有权登记是目前实际出资人最核心的一类诉请。案例中,梁某的第一项、第三项诉请就是典型的此类主张。根据《民法典》第二百二十九条的规定,笔者认为,法院的确权判决和恢复权利登记判决是根据法律规定对物权法律状态的一种确认和对错误登记状态的纠正,而非以判决替代法律规定的物权变动生效要件。该条立法保

---

① 参见[德]卡尔·拉伦茨:《德国民法通论》,王晓晔等译,法律出版社2003年版,第499页。

留规定的含义并非指法院可以任意改变物权法规定的物权变动规则，直接创设物权，而应当综合适用法律规定，明晰不同性质的法律关系，在有债权请求权基础可以救济当事人权益的情况下，不应当适用该条规定，以公权力突破债权与物权的法律界限。①

在隐名购房行为中，登记产权人已依法取得房屋所有权，实际出资人享有的是对登记产权人的债权，其主张的请求权基础应是基于隐名购房协议的房屋信托合同债权，而非对标的房屋的物权。故对实际出资人提起确权和恢复所有权登记诉请的，在不涉及第三人利益的情况下，法院应向其释明，变更诉请为要求登记产权人向其转让房屋所有权，提起以房屋所有权为标的的给付之诉，如实际出资人坚持以确权和恢复产权登记提起诉讼，应当驳回其诉讼请求。故案例中，对于原告梁某的这两项诉请，法院应直接驳回。

（二）第三人的继续履约之诉

如前所述，如经审查认定第三人与登记产权人不构成恶意串通和虚假行为，则其与登记产权人的房屋买卖合同有效，且登记产权人系有权处分。故原则上，如登记产权人拒绝继续履约的，第三人既可以主张解除合同，要求登记产权人承担违约责任，也可以主张登记产权人继续履行合同。

在房屋所有权已变更到第三人名下的情况下，实际出资人再对标的房屋提出过户主张的，如第三人与登记产权人无恶意串通，则法院应向实际出资人释明另行向原登记产权人主张赔偿，坚持诉请则判决驳回。但在房屋所有权尚未变动到第三人名下时，实际出资人和第三人均提出房屋所有权过户请求的，应优先保护谁的权利，是目前实践中最难以处理的问题。对

---

① 关于所有权转让给付之诉和确权之诉的区别，上海市高级人民法院《关于审理“二手房”买卖案件若干问题的解答》作过明确规定，该解答第9问：买卖合同成立后，出卖人未能自动履行产权过户义务。对此，实践中买受方既有主张确权的，也有要求出卖人履行产权过户义务的，如何处理？答：在买卖合同履行过程中，双方间存在的是债权债务关系，买受人只能依据合同约定，要求出卖人履行合同义务，包括按约将标的物的所有权移转给买受人。买受人不能依据买卖合同而直接取得标的物的所有权……同时，确权之诉系对民事权利是否存在、如何归属等加以确认，而如前述，在出卖人未自动履行所有权移转义务前，买受人尚未取得标的物的所有权，其依据合同约定要求确认房屋所有权归其所有，缺乏基础。因此，对出卖人不履行产权过户义务的，买受人不能直接要求确认房屋产权归其所有，只能按合同约定要求出卖人履行产权过户义务。

此,笔者认为,首先,在法律性质上,这两项请求权是平等的债权。其次,应考虑两个主要因素:一是权利产生的先后因素,显然是实际出资人的请求权产生在先,且对登记产权人在明知违约的情况下对外出售房屋的行为,应采取遏制性司法对策。故原则上,应优先保障实际出资人的过户请求权,这也与目前实践中主流的"保护真实权利状态"的价值取向一致。二是房屋实际占有因素,在多年的审判实践中,法院在认定涉房屋请求权的保护顺序时(如处理"一房二卖"纠纷),都将房屋的实际占有作为核心考量因素。因为占有意味着房屋交易在生活意义上基本完成,也是房屋风险转移的法律标志,尽管实际出资人的权利产生在先,但基于保护交易安全、衡平利益的法律精神,如第三人已实际占有房屋的,则应优先保护第三人的过户请求权。

以下四个方面的认定对于确定隐名购房人具有重要的意义:

1. 涉诉房屋产权证登记为谁,由谁保管。房屋产权证书是房屋产权的重要凭证,产权人一般不会随意交给他人。本案中,原告梁某持有最初的房屋产权登记证,登记人为被告郭某。如果房屋实际权利人为郭某,则由原告梁某长期保管该证书的做法有违常理,另外,虽然被告郭某手中也持有产权证书,但据其陈述,该证书的获得为原有证书丢失后补办。在郭某缺乏证据证明梁某持有的原始房屋产权证书具有非法性时,该房屋产权证书的证明力大于后补的证书。

2. 涉诉房屋的购房款及相关税费由谁支付。依据常理,自己购买房屋必定自己交付购房款及相关税费。本案中,原告梁某提供了收据、证明书、证人证言等相关证据,证明是其交纳了涉诉房屋的购房款,且持有办理房屋产权登记所支付的必要费用票据和水电费、供暖费用的票据。对此,被告郭某解释为其因搬家丢失了办理房屋登记的票据,将必要费用之票据与房屋产权证书综合考察,被告郭某皆称丢失的说法有违常理。

3. 涉诉房屋由谁长期支配使用。涉诉房屋由谁长期支配使用也是认定真实权利人的一个重要依据。原告提供了相关的水电费和取暖费等票据,可以证明涉诉房屋由其原告居住。

4. 房屋出卖方的证明。房屋买卖合同的签订双方为买受人与出卖人,当初出卖方与何人订立合同及收取何人交付的房款也是判断真正权利人的依据之一。

综上,原告提供的证据之间互相得到印证,且已经形成完整的证据链条，证明了原告为涉诉房屋的真正权利人，而被告郭某并未提供有力证据证明其主张。

规则 34　［阴阳合同缴税问题］买卖双方为了避税就同一交易签订价格不同的"阴阳"两份合同，对阴阳合同产生的税费差额，应由双方按照过错来承担。

〖规则解析〗

买卖双方就同一交易签订价格不同的"阴阳"两份合同，双方的真实意思是以网签价格进行缴税，对超出网签价格的部分意图规避税收，避税部分的约定因违反法律、行政法规的强制性规定无效。双方对税收政策均应明知，对规避税收政策的过错均等，故应由双方共同承担该部分差额。

〖案情简介〗

2016 年 8 月 9 日，在北京万众恒基升泰房地产经纪有限公司居间下，郑某（出卖人）、董某（买受人）签订《北京市存量房屋买卖合同》，约定郑某将其所有的×××号房屋出售给董某，房屋成交总价款 357 万元。合同对于涉案房屋买卖相关税费约定，本合同履行过程中的所得税、教育费附加、城建税、土地增值税、印花税、契税及因政策原因需缴纳的新的税费，由买受人缴纳。合同中对于营业税有涂改。关于此涂改，郑某称，税费约定全部由董某负担，当时中介说没有营业税，只有增值税，所以把营业税划掉了，后来郑某同中介说税费都要由董某承担，所以又画上钩了；董某称，没有营业税这一项，刚开始画的钩，后来画的叉。北京万众恒基升泰房地产经纪有限公司工作人员张某称其参与了商谈购房合同细节的过程，合同上约定的营业税就是增值税，按常理应该由买方董某交纳。

《北京市存量房屋买卖合同》的附件七是《房屋出售委托协议》，约定上述房屋的出售净得总价款不低于人民币 357 万元。后郑某（出卖人）与董某（买受人）签订《存量房屋买卖合同》（买卖涉案房屋的网签合同），约定涉案房屋成交价为 175 万元。

2016 年 9 月 22 日，郑某与董某因涉案房屋买卖一事产生纠纷诉至本院，二审经北京市第一中级人民法院调解，双方达成一致意见，调解书中确认：董某与郑某于 2016 年 8 月 9 日签订的《北京市存量房屋买卖合同》继续履行。

后原、被告双方约定于 2017 年 9 月 21 日共同到北京市昌平区地方税务局第二税务所办理缴税，未果。关于未能办理缴税的原因，郑某称，当日工作人员要求按照双方签订的房屋买卖合同的房屋总价款357万元计算缴纳税费，董某在得知需按实际成交价格计税后就径行离开，拒绝缴税。董某称，没有办法办理过户是因为郑某不出示卖房应当出示的证件。北京万众恒基升泰房地产经纪有限公司工作人员张某称，郑某拒绝提供相关证件。

董某于2017年11月2日向北京市昌平区地方税务局交纳涉案房屋过户税费。2018年5月21日，郑某向北京市昌平区地方税务局交纳城市维护建设税、增值税、个人所得税、教育费附加、地方教育附加及滞纳金。

〖**裁判结果**〗

北京市昌平区人民法院经审理认为：《北京市存量房屋买卖合同》中约定，本合同履行过程中的所得税、教育费附加、城建税、土地增值税、印花税、契税及因政策原因需缴纳的新的税费由买受人缴纳，约定明确，但营业税有涂改，按照房屋交易习惯，房屋交易过程中发生的税费一般由买方承担。因此，郑某要求向其支付城市维护建设税等税费及滞纳金的请求本院予以支持。

董某上诉请求：改判郑某承担除契税和印花税外房屋交易的其他税费以及延期缴纳税费产生的滞纳金。事实与理由：双方约定按照网签合同进行缴税，因郑某违约多出的税费不应由董某全部承担。郑某辩称：合同履行中的全部税费均应由董某承担。

北京市第一中级人民法院判决：

1. 撤销北京市昌平区人民法院(2018)京0114民初10930号民事判决第三项；

2. 变更北京市昌平区人民法院(2018)京0114民初10930号民事判决第一项为：董某于本判决生效后10日内向郑某支付城市维护建设税4373.86元、增值税87,477.14元、个人所得税289,566.15元、教育费附加2624.32元、地方教育附加1749.54元，共计385,791.01元；

3. 变更北京市昌平区人民法院(2018)京0114民初10930号民事判决第二项为：董某于本判决生效后10日内向郑某支付城市维护建设税滞纳金437.39元、增值税滞纳金8747.72元、个人所得税滞纳金28,956.62元，共计38,141.73元；

4. 驳回郑某的其他诉讼请求。

〖**裁判思路**〗

本案的争议焦点一,房屋交易的增值税应当由出卖人还是买受人承担。本院依照法律规定,运用逻辑推理和日常生活经验法则,进行判断。郑某称先画叉,再画钩,与常理不符。通常情况下,若先画叉,再画钩,会将叉涂抹掉或覆盖掉,再画钩,而本案中叉和钩同时存在。且自 2016 年 5 月 1 日起,在全国范围内全面推开营业税改征增值税试点。双方签订合同之时,已无营业税税项,所以本院认定营业税处最终画的是叉。中介机构工作人员张某称增值税按常理应由买受人承担。要是卖方定价高,就承包税费。故增值税由买受人承担并非交易习惯,即使营业税即为增值税,由于已经被划掉,根据该条税款承担的约定亦得不出双方明确约定增值税由董某交纳。双方对于增值税的缴纳主体并无约定,本院结合本案证据,按照合同有关条款及交易习惯进行认定。在合同附件七《房屋出售委托协议》中约定出售方出售净得总价款不低于 357 万元,该附件与房屋买卖合同为一个整体。根据交易习惯,该条款的含义是卖方出售房屋净得价款不低于 357 万元,不含税,税费由买方承担,故本院据此认定增值税由买受人董某承担。

关于焦点二,双方约定的计税价款是多少,超出部分的税费应当如何承担。关于计税基础,董某与郑某就同一房屋先后分别签订两份房屋买卖合同,其中《北京市存量房屋买卖合同》约定的房屋成交价为 357 万元,用于网签备案的《存量房屋买卖合同》约定的房屋成交价为 175 万元,在先后两份合同约定不一致导致计税基础增加引发争议的情况下,应根据双方的真实意思表示确定税费的计税基础。网签价格一般是税务机关的计税价格,即缴税基础,故本院结合双方陈述和两份合同认定,双方的真实意思是以网签价格进行缴税,对超出网签价格的部分意图规避税收,避税部分的约定因违反法律、行政法规的强制性规定而无效。因双方在签约时对避税均有预期,可以认定双方在订立合同之时以做低交易备案成交价格的方式共享了避税的不法利益,因此一方主张按照真实交易价格进行缴税时,对于计税基础不同导致的税费的差额,双方应依照各自的过错予以分担。一审法院以双方未就税费作出新的约定为由判决董某承担全部税费及滞纳金错误,本院依法予以纠正。在合同后续履行过程中,董某要求按照网签合同由中介代为办理缴税,而郑某则坚持按照双方实际交易价格进行缴税,双方因计税基础增加导致税费大幅提升产生争议,双方均有过错,故对因迟延缴纳税费所产生的滞纳金,本院也按照双方过错在双方之间进行分担。

〖**扩展**〗

近年来,国家为了抑制房价,通过税收、金融等政策加强对房地产市场的宏观调控,但实践中出现房屋买卖当事人为了规避税费或多获取贷款而签订"阴阳合同"的不法现象,并逐渐演变成一种业内"潜规则"。当事人签订"阴阳合同",不仅损害了国家的税收利益,扰乱了正常的市场经济秩序,也破坏了社会对合法交易、诚信履约的信心,给合同双方带来了巨大的风险和隐患。

1."阴阳合同"的效力的认定

所谓"阴阳合同",是指合同当事人为追求经济效益最大化就同一交易订立的一份对内、一份对外两份内容不一致的合同。其中,对内的合同称为"阴合同",在二手房买卖市场中该合同显示双方当事人实际交易的价格;而对外的合同称为"阳合同",是交易双方为了应对相关部门的审查而签订,仅用于备案、登记、缴税等公示程序而并不实际履行。

在判断"阴阳合同"的法律效力时,首先需要考量的是该合同是否符合合同当事人的真实意思。我国合同法的立法宗旨在于维护市场主体的私法自治和鼓励交易,一项交易活动只要合法、正当,在双方当事人意思表示真实的基础上产生并能够实际履行,都应当受到法律的保护。因此,对于"阴合同"而言,该合同是合同当事人协商一致、约定交易照此实际履行的协议,属于双方真实的意思表示,对双方当事人都具有约束力,应为有效合同。而对于"阳合同",我国《民法典》第一百四十六条的规定涵盖了意思表示瑕疵理论中的两种情形:虚假表示和隐藏行为。根据该条款,双方当事人作出的虚假表示因违背其真实的意思表示而绝对无效,而隐藏行为效力的确定,则应适用与该具体行为相关的法律规定。本案双方的隐藏行为系以该价款为缴税基础的约定,违反了公民应当依法纳税的法律规定,故而该种约定无效。其他条款例如交房时间、违约责任、争议解决方式等内容,在没有违反法律的强制性规定的情况下是有效的。

2."阳合同"中价格条款无效后税费的承担

在先后数份合同约定不一致引发争议并导致计税基础增加的情况下,应根据双方的真实意思表示及过错确定税费负担。

通过上述判决中的分析可知,双方实际履行的合同虽约定由董某承担增值税，但双方明知用以计税的价格为网签合同的价格，而网签合同约定的计税基础为 175 万元，因此双方实际约定的计税基础为 175 万元，该避税约定才是双方隐藏的法律行为，由于违反了法律、行政法规的强制性规定被认定为无效。该部分无效后，实际产生的税费应如何承担？双方签订与真实交易价格不符的网签合同，意图规避税收，税收差额一方面影响卖方的实际净得价，另一方面影响买方的实际支出价格，因此该部分差额，为双方意图共享的不法利益，该约定最终并未实现，产生的税费差额即合同无效后的损失，应由双方按照过错承担。双方对税收政策均应明知，对规避税收政策的过错均等，故应由双方共同承担该部分差额。

规则 35 ［违约金能否与赔偿损失并用］违约金请求权与损害赔偿请求权各自独立，其中一个发生效力时，并不排斥另一个请求权的效力。

〖规则解析〗

违约金请求权与损害赔偿请求权各自独立，其中一个发生效力时，并不排斥另一个请求权的效力。如果当事人约定的违约金是惩罚性违约金，债务人一旦违约，债权人不仅可要求债务人支付违约金，而且还可要求继续履行债务与赔偿损失。如果是补偿性违约金，在预期利益和可得利益范围内可以与赔偿损失并用。

〖案情简介〗

2016 年 7 月 10 日，邹某（买受人、甲方）与刘某（出卖人、乙方）、吴某（共有权人、乙方）经链家公司（丙方）居间介绍达成并签订《北京市存量房屋买卖合同（经纪成交版）》《补充协议》，约定邹某某购买吴某某、刘某共有的涉诉房屋，房屋性质为商品房，已经设定抵押，抵押权人为北京银行，出卖人应于 2016 年 8 月 31 日前办理抵押注销手续；房屋成交价格为2,750,000元；乙方于 2016 年 7 月 10 日前将第一笔定金 80,000 元自行支付甲方；甲方应于 2016 年 8 月 31 日前向房屋的原贷款机构提交一次性还清剩余贷款的申请，且甲方最迟应于 2016 年 9 月 30 日前办理完毕解除抵押登记手续；乙方于过户前 5 个工作日内将第一笔首付款 1,460,000 元以理房通托管的方式支付甲方；甲方出现下列情形之一的，甲方构成根本违约，且乙方有权以书面通知的方式解除房屋买卖合同：……（2）该房屋被查封或限制转让，导致乙方无法取得房屋所有权……甲方出现上述根本违约情形之一的，甲方应在违约行为发生之日起 15 日内，以相当于该房屋总价款的 20% 向乙方支付违约金。

2016年7月10日,吴某、刘某出具收据一张,确认收到邹某支付的定金80,000元。2016年7月14日,邹某分别支付居间代理费60,500元、保障服务费12,375元。

2016年9月28日,吴某、刘某办理了涉诉房屋的北京银行的抵押权解除手续,但并未告知邹某,亦未告知链家公司。2016年9月29日,吴某、刘某将涉诉房屋抵押给案外人吴某某,并办理了抵押登记,担保金额为3,500,000元。

2016年9月22日,邹某以房屋买卖合同纠纷为由将吴某、刘某诉至法院,要求吴某、刘某继续履行合同,办理房屋过户手续,并承担违约金。2016年11月法院第一次开庭审理,吴某、刘某当庭表示,即使邹某能给付全款,也不同意继续履行,因为房屋现在还有其他抵押。2016年12月19日,邹某将诉讼请求变更为:要求判令解除《北京市存量房屋买卖合同(经纪成交版)》《买卖定金协议书》《居间服务合同》《补充协议》《房屋交易保障服务合同》,由吴某、刘某承担违约金,赔偿房屋差价损失,返还邹某定金及利息,吴某、刘某赔偿邹某中介费用,第三人链家公司向邹某返还中介服务费并由吴某、刘某承担案件诉讼费、评估费。

本案审理中,邹某申请对涉诉房屋2016年12月16日的市场价进行评估。2017年6月30日,北京首佳房地产评估有限公司出具《估价报告》。估价结果为:确定估价对象在满足全部假设和限制条件下于价值时点2016年12月16日的估价结果为房地产总价354.51万元,楼面单价41,609元/平方米。

〖**裁判结果**〗

北京市昌平区人民法院于2017年10月20日作出(2016)京0114民初15616号判决:(1)解除邹某与吴某、刘某于2016年7月10日签定的《北京市存量房屋买卖合同(经纪成交版)》、《买卖定金协议书》和《补充协议》;(2)吴某、刘某于本判决生效后10日内返还邹某定金80,000元及利息347元;(3)吴某、刘某于本判决生效后10日内赔偿邹某违约金550,000元;(4)吴某、刘某于本判决生效后10日内赔偿邹某房屋差价损失400,000元;(5)吴某、刘某于本判决生效后10日内赔偿邹某中介费72,875元;(6)驳回邹某的其他诉讼请求。

北京市第一中级人民法院于2018年3月29日作出(2018)京01民终179号判决:(1)维持北京市昌平区人民法院(2016)京0114民初15616号民

事判决第一项、第二项、第三项；(2)撤销北京市昌平区人民法院(2016)京0114民初15616号民事判决第四项、第五项、第六项；(3)吴某、刘某于本判决生效后10日内赔偿邹某其他损失200,000元；(4)驳回邹某的其他诉讼请求。

〖**裁判思路**〗

法院生效裁判认为：吴某、刘某与邹某签订的《北京市存量房屋买卖合同(经纪成交版)》《买卖定金协议书》《补充协议》均系双方真实意思表示，且未违反法律、行政法规的强制性规定，合法有效，双方应当按合同约定全面履行合同义务。

本案的焦点问题有三：(1)吴某、刘某是否构成根本违约；(2)双方约定的违约金中是否包含对邹某实际损失的赔偿；(3)吴某、刘某支付违约金的同时是否还应赔偿邹某的损失。

1. 吴某、刘某是否构成根本违约。在履行期限届满之前，当事人一方明确表示或者以自己的行为表明不履行主要债务的，当事人可以解除合同。本案中，邹某与吴某、刘某双方签订的《补充协议》约定，卖方最迟应于2016年9月30日前办理完毕解除抵押登记手续。吴某、刘某虽于2016年9月28日办理了涉诉房屋的北京银行的抵押权解除手续，但未告知邹某和链家公司，并于解除银行抵押的次日2016年9月29日将涉诉房屋抵押给案外人吴振杰，并办理了抵押登记。吴某、刘某以实际行为表明不履行合同义务，构成根本违约，邹某有权要求解除合同并要求吴某、刘某承担违约责任。

2. 双方约定的违约金中是否包含了对邹某实际损失的赔偿。违约金以弥补损失为主要功能，兼具一定的惩罚性功能。因此一审法院判决支持邹某违约金的诉讼请求，应当以实际损失为基础，故吴某、刘某需向邹某支付的55万元违约金中已经包含了一部分实际损失的赔偿。

3. 吴某、刘某支付违约金的同时是否还应赔偿邹某的损失。违约金能否与赔偿损失一并适用，我国《合同法》虽然没有明确规定，但根据《合同法》第一百零七条的规定，当事人一方不履行合同义务或者履行合同义务不符合约定的，应当承担继续履行、采取补救措施或者赔偿损失等违约责任。可见，赔偿损失是承担违约责任的一种方式，只要合同一方实施了违约行为，守约方就有权要求对方赔偿损失。《合同法》第一百一十三条规定，当事人一方不履行合同义务或者履行义务不符合约定，给对方造成损失的，损失赔偿额应当相当于因违约造成的损失,包括合同履行后可以获得的利益,但不得超过违反合同一方订立合同时预见到或者应当预见到的因违反合同可能造成的损失。可见,损失赔偿额应当相当于违约所造成的损失,而非仅限于违约金的数额。根据《合同法》第一百一十四条之规定,违约金系对损害赔偿总额的预定,约定的违约金低于造成的损失的,当事人可以请求人民法院或者仲裁机构予以增加。因此根据我国《合同法》的上述规定,违约金是以实际损失为基础,违约金不足以弥补实际损失的,对方可以请求赔偿损失,二者并不矛盾。本案中,在支持了55万元违约金后,仍不能弥补邹某的实际损失,故本院综合考虑守约方的房屋差价损失及中介费损失情况、合同履行情况、合同的履行利益及违约方订立合同时对损失的预见情况等,减去吴某、刘某应支付的55万元违约金后,酌定吴某、刘某赔偿邹某其他损失20万元。

〖**裁判解析**〗

本案的焦点问题之一是违约金的性质是补偿性还是惩罚性的。如果是补偿性的,在判决支持了违约金的同时就考虑了违约方对守约方损失的赔偿;如果是惩罚性的,则未考虑对损失的赔偿。

本案的焦点问题之二在于,违约金能否与损害赔偿并用。违约金和损害赔偿都是违约救济的方式,违约金具有损害赔偿所不具有的特点,其中最重要的特点在于:损害赔偿要求债权人计算出因违约而蒙受的损失范围并承担举证责任,违约金的约定能够避免计算和举证的困难,从而节省计算和举证上的花费。在具体适用上,违约金经常和损害赔偿密切联系在一起。

一、违约金与损害赔偿的性质

违约金分为惩罚性违约金和赔偿性违约金,依梁慧星先生的见解,惩罚性违约金,即合同(或法律)规定在不履行或不适当履行时支付的作为惩罚的一笔金额,而赔偿性违约金,则为双方预先估计的损害赔偿的总额。这一区别在实践上的意义在于:如果是惩罚性违约金,则债权人除请求违约金外,更得请求履行主债务或请求损害赔偿;如果属于赔偿性违约金,则只能请求违约金,不得再请求履行主债务或额外请求损害赔偿。[①] 崔建远先生认

① 参见梁慧星:《论合同责任》,载《学习与探索》1982年第1期;王家福、谢怀栻等:《合同法》,中国社会科学出版社1986年版,第489页;梁慧星:《中国民法经济法诸问题》,法律出版社1991年版,第259页;王家福主编:《中国民法学·民法债权》,法律出版社1991年版,第250页。

为,对此二者的区分基本上可以违约金能否排斥强制实际履行或损害赔偿为标准,其中惩罚性违约金(大陆法系又称固有意义的违约金)的性质决定了受害人除请求偿付违约金外,更得请求强制实际履行或损害赔偿;在合同不能履行场合,受害人除请求偿付违约金以外,还有权请求损害赔偿。而赔偿性违约金(大陆法系又称损害赔偿额的预定)的性质决定了受害人只能请求强制实际履行,或者主张偿付违约金,不能双重请求;在合同不能履行场合,受害人只能请求偿付违约金,并将惩罚性违约金解读为只有在违约金纯为迟延履行而约定时才承认。[①] 另外,在我国还有一类见解,对惩罚性违约金的理解是将违约金的数额与违约造成损失的数额相比较,认为在违约造成的损失数额高于违约金的数额时,违约金属于赔偿性的;在违约未造成损失或造成的损失低于违约金的数额时,违约金属于惩罚性的。[②] 在没有造成损害的时候,就是惩罚性违约金;造成损害,就是赔偿性违约金。[③] 但基于这种理解,人们则会发觉存在一种悖论:违约越严重,造成的损失越大,违约金的惩罚性质就越少,补偿作用越多。[④] 产生这种误解的原因是没有区分设定违约金的目和违约行为发生后适用违约金的效果是补偿还是惩罚。

笔者同意梁慧星先生对两种违约金的定义,但结合《民法典》的相关规定,有不同见解。补偿性违约金系双方预先估计的损害赔偿的总额,当实际损失发生时可以根据实际损失进行调整,跟损害赔偿有重合,不完全等同于实际损失,可以超过实际损失,二者并不矛盾。惩罚性违约金,即合同(或法律)规定在不履行或不适当履行时支付的作为惩罚的一笔金额。从设立的功能来看,补偿性违约金的性质以补偿损失为主,惩罚性违约金以担保债务履行和惩治违约行为为主;但从违约后的效果来看,补偿性违约金和惩罚性违约金均具备补偿损失的功能,在对违约金进行调整时,也均以实际损失为基础,同时考虑设定违约金时当事人的意思自治因素,补偿性违约金以补偿为主,惩罚性违约金具备惩罚的功能。

---

① 参见崔建远:《合同责任研究》,吉林大学出版社 1992 年版,第 228 页;崔建远:《合同法》,法律出版社 1998 年版,第 268 页。

② 参见王利明:《违约责任论》,中国政法大学出版社 2000 年版,第 566 页。

③ 参见杨立新:《中国合同责任研究》(上),载《河南省政法管理干部学院学报》2000 年第 1 期。

④ 参见陈学明:《惩罚性违约金的比较研究》(上),载《比较法研究》1989 年第 Z1 期。

赔偿损失,又称损害赔偿,是指违约方以支付金钱的方式弥补受损害方因违约行为所减少的财产或者所丧失的利益,包括所受损失和可得利益。赔偿损失可分为约定赔偿损失和法定赔偿损失。赔偿损失的性质在于补偿性,即通过赔偿使受害人遭受的损失得到充分恢复。假如强调赔偿损失具有惩罚性,则应从惩罚有过错的行为出发,完全根据过错的程度来确定赔偿额,这样反而不利于维护受害人的利益和体现公平正义的原则。法律另有规定的除外,如《消费者权益保护法》第四十九条、《商品房买卖合同解释》第八条、第九条规定的情形。在一般情况下,赔偿损失的补偿性要求赔偿额与实际损害相符合,但并不一定绝对相等。赔偿损失以赔偿当事人遭受的全部损害为原则,既包括直接损失又包括间接损失。其目的就是要使受害人恢复到合同订立前的状态或者恢复到合同能够得到严格履行的状态。

二、违约金与损害赔偿的区别

首先,从目的上看,违约金可以是补偿性的,也可以是惩罚性的,其担保合同的履行,对违约当事人实行制裁。而赔偿损失一般而言仅具备补偿性,不具备惩罚性。其次,二者确定依据不同。违约金是由双方当事人在缔约时确定,是预先确定的,而损害赔偿虽然可以用具体金额或计算方法来表示,但最终确定数额是在违约发生后依据实际损失计算出来的。再次,违约金的支付不以实际损害的发生为前提,只要有违约的事实存在,不管是否发生损害都应当支付。而赔偿损失条款的生效则应当以实际发生的损害为前提,没有实际损失不能适用约定赔偿损失条款。最后,举证责任不同。守约方主张支付违约金的,不需要守约方证明违约方给其造成的损失,违约方认为损失过高的应承担举证责任,而请求损害赔偿需证明因违约产生的损失。

三、违约金与赔偿金二者能否同时适用

违约金能否与赔偿损失一并适用,我国《民法典》虽然没有明确规定,但根据《民法典》第五百七十七条之规定,当事人一方不履行合同义务或者履行合同义务不符合约定的,应当承担继续履行、采取补救措施或者赔偿损失等违约责任。可见,赔偿损失是承担违约责任的一种方式,只要合同一方实施了违约行为,守约方就有权要求对方赔偿损失。《民法典》第五百八十四条规定,当事人一方不履行合同义务或者履行义务不符合约定,给对方造成损失的,损失赔偿额应当相当于因违约所造成的损失,包括合同履行后可以获得的利益,但不得超过违反合同一方订立合同时预见到或者应当预见到的因违反合同可能造成的损失。可见，损失赔偿额应当相当于违约所造成的损失，而非仅限于违约金的数额。根据《民法典》第五百八十八条之规定，违约金系对损害赔偿总额的预定，约定的违约金低于造成的损失的，当事人可以请求人民法院或者仲裁机构予以增加。根据《民法典》的上述规定，违约金是以实际损失为基础，违约金不足以弥补实际损失的，对方可以请求赔偿损失，二者并不矛盾。因此，《民法典》并未否定违约金与赔偿损失并用，违约金请求权和损害赔偿请求权是两个独立的请求权。违约金请求权是以违约行为和双方约定违约金为要件，损害赔偿请求权是以违约行为和损失为要件。

（一）补偿性违约金与损害赔偿的并用

违约金应作为最低赔偿额折抵损害赔偿，如果违约金主要是补偿性的，如果违约金的数额明显低于非违约方遭受的损害，则非违约方可在请求支付违约金的同时，另外要求赔偿损失。违约金与损害赔偿金之和在预期利益和可得利益范围内可同时予以支持。

本案就是这种情况，双方当事人设定的违约金的性质为补偿性，一审法院在全额支持了违约金后，又支持了原告的房屋差价损失、中介费损失、定金利息。在确定房屋差价损失时，一审法院考虑因素为合同履行情况、当事人过错程度以及评估结论，其中合同履行情况、当事人过错情况，并非赔偿损失应考虑的因素，是酌减违约金应考虑的因素，但本案不涉及酌减违约金的问题。一审在确定赔偿额时没有考虑违约金数额，忽略了违约金的功能，使得守约方进行了双重赔偿，显属不当。房屋差价是守约方的履行利益，在赔偿损失的范畴内，但由于违约金亦具备补偿性，违约金的支付已经对损失进行了补偿，在赔偿损失时应当予以扣除。中介费损失、定金利息系守约方履行合同应支付的成本，不应作为损失进行赔偿，定金利息由于上诉人即违约方未针对该项进行上诉，故二审法院未予以纠正。

（二）惩罚性违约金与损害赔偿的并用

从契约自由出发，当事人可以约定违约金不作为最低赔偿额计入损害赔偿，此时违约金具备惩罚性功能。有观点认为对于惩罚性违约金而言，由于其数额一般要高于实际的损害，所以在支付了此种违约金后，在一般情况下，非违约方不应当继续要求损害赔偿。对此笔者持不同观点。前述违约金请求权与损害赔偿请求权相互独立，惩罚性违约金是对一方当事人违约行为进行惩罚从而确保合同得以履行的违约金,与违约有无造成损失并无直接联系,违约行为没有造成损失,债权人仍请求债务人支付违约金,如果违约行为使债权人遭受损失,债权人在要求债务人支付违约金以外还可要求债务人赔偿损失。

值得注意的是,虽然惩罚性违约金在设定时与损失无关联,但违约行为发生后,当事人可以依据法律、司法解释要求法院予以酌减,违约金酌减规则的目的在于保护债务人,属于强制性条款,当事人不能依照约定予以改变。但当事人未申请法院酌减的,其从理论上可以与损害赔偿一并适用,法院不应予以折抵。

违约金能否与赔偿损失一并适用,我国《民法典》没有明确规定,一审法院就该问题适用法律混乱,本案认为违约金是以实际损失为基础,违约金不足以弥补实际损失的,对方可以请求赔偿损失,二者并不矛盾。该案就二者的并用情形与方法确定了裁判规则,厘清了违约金与损失赔偿的法理,统一了裁判思路。

规则 36 [没有购房资格情况下如何履约,一方是否享有解除权?]买受人不具备购房资格,出卖人可以中止履行,但暂不具备履行债务的能力,并非根本违约,出卖人不因此即享有解除权。

〖**规则解析**〗

购房资格系过户的必备条件,系属买受人履行债务的能力范畴,买受人不具备购房资格,出卖人可以中止履行,但暂不具备履行债务的能力,并非根本违约,买房人不因此即享有解除权。经催告买受人仍不具备履行能力的,买房人可以解除合同。

〖**案情简介**〗

2016 年 8 月 21 日,王某与陈某及链家公司签订《买卖定金协议书》,陈某于当日支付王某定金 5 万元,王某确认收到陈某支付的定金 5 万元;2016 年 8 月 24 日,王某与陈某及链家公司签订《房屋买卖业务签订文件合订本》,包括《交易资金托管提示函》《北京市存量房屋买卖合同(经纪成交版)》《居间服务合同》《补充协议》。《北京市存量房屋买卖合同(经纪成交版)》第一条第一款约定,出卖人所售房屋为楼房,坐落于北京市某区 10 号院 5 号楼 2 层 3 单元 203 号,该房屋所在楼栋建筑总层数为 12 层,其中地上 12 层,地下 0 层。该房屋所在楼层 2 层,产权证明所载明建筑面积共 95.84

平方米。第二条第一款约定,该房屋所有权证号为京(2016)门头沟区不动产权第0013391号。第四条第一款约定,经出卖人和买受人协商一致,该房屋成交价格为人民币1,250,000元整。第四条第二款约定,经出卖人和买受人协商一致,该房屋家具、家电、装饰装修及配套设施设备等作价为人民币2,340,000元整,上述价款买受人一并另行支付给出卖人。第四条第三款约定,买受人采取下列方式付款,具体付款方式及期限的约定见补充协议。买受人向出卖人支付定金人民币300,000元整,定金支付方式为直接支付给出卖人。第四条第四款约定,买受人向公积金管理中心申办抵押贷款,并由贷款机构按其规定将该部分房款直接支付给出卖人;买受人拟贷款金额为人民币1,000,000元整。第九条第一款约定,当事人双方同意,自本合同签订之日起150日内,双方共同向房屋权属登记部门申请办理房屋权属转移登记手续。《补充协议》第一条约定,甲乙双方同意,交易房屋价款及家具家电、装饰装修和配套设施作价总计为3,590,000元整(人民币),此价格为甲方净得价,不含税。第二条约定:"1.定金:乙方支付首付款时,已支付的定金视为首付款的一部分。(1)乙方于2016年8月21日将第一笔定金50,000元整以自行支付的方式支付甲方;(2)乙方于核房申请通过后3个工作日将第二笔定金250,000元整以自行支付的方式支付甲方……3.房屋评估:甲方应在接到丙方的评估通知后5日内配合评估公司对房屋进行评估。4.首付款:(1)乙方于乙方申请的贷款机构批贷后3个工作日内将第一笔首付款人民币250,000元整,以理房通托管的方式支付甲方;(2)乙方于乙方申请的贷款机构批贷后3个工作日内将第二笔首付款人民币2,030,000元整以理房通托管的方式支付甲方。5.申请购房贷款,甲乙双方应于丙方收到评估报告后5个工作日内(请约定支付时间或条件)共同前往贷款机构办理贷款申请手续。6.权属转移登记:甲乙双方同意,在乙方申请的贷款机构批贷后5个工作日内(请约定支付时间或条件)甲乙双方共同办理房屋所有权转移登记手续。"第四条约定违约责任:乙方若出现下列情形之一的,构成根本违约,且甲方有权以书面通知的方式解除房屋买卖合同:(1)提供的证件等购房所需的资料不完整、不真实或无效,导致无法办理房屋所有权转移登记手续的……2016年8月28日,链家公司工作人员与王某核验房屋。2016年8月30日,陈某支付王某第二笔定金25万元,王某确认收到陈某支付的第二笔定金25万元。2016年9月29日,王某发出解除通知,解除通知的内容为:“陈某:贵我方于2016年8月24日签订了《北京市存量房买卖合同(经纪成交版)》以及《补充协议》。其中《补充协议》第四条第三款约定:乙方若出现下列情形之一的,乙方构成根本违约,且甲方有权以书面通知的方式解除房屋买卖合同:(1)提供的证件等购房所需的资料不完整、不真实或无效,导致无法办理房屋所有权转移登记手续的;(2)拒绝购买该房屋的;(3)逾期履行本补充协议第二条约定的义务超过十五日的。乙方出现上述根本违约情形之一的,乙方应在违约行为发生之日起十五日内,以相当于该房屋总价款的20%向甲方支付违约金;乙方向甲方已支付的全部款项冲抵违约金,多退少补;丙方收取乙方的费用不予退还。经查实,贵方不具备北京市存量房的购房资质,根本无法办理房屋所有权转移登记手续,已构成根本违约。现我方书面通知贵方,自本通知送达之日起正式解除《北京市存量房买卖合同(经纪成交版)》以及《补充协议》。同时,请贵方尽快与我方联系办理违约金结算手续,以防给双方造成进一步的损失。”2016年10月19日与10月26日,王某发出两份律师函,两份律师函内容相同,均为:“陈某:您好！就您与王某履行某区某路10号院5号楼2层3单元203号房屋买卖合同的相关事宜,北京周玉顺律师事务所依法接受王某的委托,指派周玉顺律师出具此律师函,函告内容如下。就购房款的下列问题,请您予以回复:1.如已办理贷款,请您告知我方批款时间及具体的贷款进度;2.如未办理贷款,请您告知理由,并告知我方办理贷款的具体时间;3.如不通过贷款,请您告知我方购房款的筹集方式及付款时间。请您收到本函后3日内就函告内容,以书面形式答复我方,若您未如期答复,相关法律后果将由您本人承担。”王某签收第一份律师函但未回复,王某拒签第二份律师函。11月8日,陈某取得购房资格。

有争议的证据和事实如下:

1.关于在2016年8月21日王某与陈某及链家公司签订《买卖定金协议书》以及8月24日王某与陈某及链家公司签订《房屋买卖业务签订文件合订本》时,王某是否知晓陈某没有购房资质的问题。王某主张在合同订立时,链家公司告知王某陈某具有购房资质,王某方是在9月中旬才通过链家公司业务员知道陈某没有购房资质的。陈某主张在合同订立时已告知王某及第三人,陈某需要卖房再买房,是连环单,正在腾指标,当事人尚未就其主张向法院提交证据。经法院传唤,证人链家公司业务员出庭证实:在订立合同时误以为陈某具有购房资质，链家公司于9月中旬对陈某进行资质审核时，方知晓陈某没有购房资质，并于此时告知陈某没有购房资质。经质证，王某认可证人称述的链家公司告知王某陈某有购房资质，但陈某实际上在签订合同时并没有购房资质的证言。陈某认为链家公司知道陈某是连环单，应该知道陈某的购房资质情况。

2. 关于合同履行期限问题。王某主张链家公司业务员李某曾经承诺3个月内拿到全款，为证明其主张，王某提交如下证据：证据1，书面材料“交易流程”，内容为“9月21日办理网签、9月25日办理预审、10月10日办理初审、10月25日办理面签、10月30日过户、11月15日放尾款100万元”。证据2，书面材料“解决方案一”“解决方案二”。“解决方案一”内容为“一、由于丙方违背承诺（乙方有购房资质），甲方发现迟迟未进入网签，追问丙方发现，乙方要离婚，重新申请购房资质。由于丙方未如实告知甲方，且导致房屋买卖合同无法连续履行，给甲方造成巨大经济损失。二、众所周知，（一）丙方必须要维护甲乙双方的共同利益；（二）如情况变化，要及时告知甲乙双方；（三）合同签订时丙方有责任明确界定所办事由环节、步骤的具体日期；（四）原合同自始至终未体现所办事由的具体时间，导致甲方被欺骗。特此要求：终止合同，走法律程序维护甲方利益！”。“解决方案二”内容为“如丙方按照文字承诺如期进行：面签10月25日，过户10月30日，3个工作日放首付款228万元，11月15日放款100万元，甲方愿意接受。否则只能走法律程序维护甲方利益。王某、刘某。2016年9月25日”。证据3，2016年10月1日、2016年10月17日、2016年12月4日三份录音材料。陈某认为：（1）“交易流程”“解决方案一”“解决方案二”无法确定为链家公司出具，即使是链家公司工作人员书写，也只是一个大概的流程参考意见，不能作为合同内容看待，不是双方一致的意思表示，对买方没有约束力；（2）2016年10月1日与2016年12月4日的录音材料与本案无关；（3）2016年10月17日的录音内容是争议发生后三方的沟通过程，并未达成一致意见，录音内容不能代替合同内容，合同履行期限应以合同约定为准。第三人认为，（1）如果双方没有发生矛盾，则按照书面材料的流程走，如果发生矛盾，则还是以合同约定为准；（2）“解决方案一”“解决方案二”两方案上链家公司工作人员的签字仅代表我方收到了该材料，并不能证明我方与客户达成一致意见；（3）12月4日的录音材料与本案无关，10月1日与10月17日的录音中，业务员也并未承诺3个月给全款，录音的内容是争议发生后的沟通过程，三方并未达成一致意见。陈某主张合同履行期限为三方签订的《北京市存量房屋买卖合同（经纪成交版）》第九条第一款约定的150天过户时限。王某认为，其是在合同签订后才发现约定了150天过户期限，发现后向链家公司提出了质疑，链家公司答复是为了防止特殊情况而给出的时间宽限，故其没有坚持把时间改掉，而且合同签订时，并未对合同进行宣读，故其不认可合同履行期限为150天内过户。当事人尚未就其主张向法院提交证据。陈某认为，在签订合同的时候就跟王某说过是连环单，还要办贷款，因此需要的时间比较长，所以才约定150天，这个约定的时间是经王某认可才写到合同上的。在签订合同当天，链家公司安排业务员向双方宣读了合同内容，而且王某方在订立合同时是王某和刘某两位成年人参加的，不可能没有注意150天过户期限的约定，所以陈某认为，150天的过户期限是双方的真实意思表示，是合法有效的。为查明本案事实，法院传唤证人链家公司店长出庭作证称：卖方在签订合同时知道陈某是连环单，需要的时间比较长，合同的产权证号、户口迁出迁入时间、过户时间、房屋坐落位置等合同上划了横杠上的内容都是三方协商后填上的，在填上以后还要再跟双方确认，本案合同是业务员李某向双方宣读的，办理网签是11月8日左右，此后联系卖家一直未得到答复，所以一直没有办理面签。我方通知事情都是联系梁某，电话是182××××××××，王某的电话一直打不通，卖家明确告诉我方相关事项联系梁某。经质证，王某方认为，证人的证言具有主观倾向，王某方提供的“解决方案一”“解决方案二”可以证明我方是要继续履行合同的，梁某不能代表王某。陈某认为，其是连环单，链家公司应该知道其购房资格不会马上取得，182××××××××这个电话就是合同所留电话，无论是谁接的电话，都应视为送达。为查明本案事实，法院传唤证人链家公司业务员出庭作证称：合同签订之前，我方没审核陈某的购房资质，王某一方对陈某没有购房资质的情况并不知道。合同签订时，是我向双方宣读的合同，合同签订以后第二天，刘某曾经问过我150天过户的事情，我回答他，正常情况下是3个月完成过户，为了避免一些特殊情况，所以才约定了150天的，我并没有承诺卖家3个月拿到全款，刘某也没有再提出要修改该条款，我是说过3个月有可能给首付款，但并没有承诺一定能给首付。王某认为，证人证言证明了双方对给付首付款是有约定的，而且如果陈某明确告知了王某的购房资质及真实情况，可以如约在3个月内付款，我方是愿意履行合同的，之所以起诉，就是因为陈某的购房资质状况导致合同不能履行，从而影响了王某不能及时取得房款，影响了王某尽快拿到房款的合同目的的实现。陈某认为，3个月给首付款的事情我方并不知情，陈某在购房时没有购房资质的事情我们认为链家公司是知情的，只是链家公司没有告知对方，证人证言证实了我方与链家公司均未承诺3个月给付对方全款。

对双方争议的事实，法院认定如下：

关于在签订合同时，王某是否知晓陈某没有购房资质的问题。链家业务员王某华的证人证言证明链家公司于9月中旬发现陈某没有购房资质，并告知陈某，该证人证言可以与王某、陈某陈述、其他证人证言及陈某取得资质时间的事实互相印证。陈某主张其是连环单，正在腾指标，并未提供证据证明其在签订合同之时已告知对方其没有购房资质。故王某关于在8月21日签订定金合同与8月24日订立合同合订本时，并不知晓陈某没有购房资质的主张，法院予以认可。

关于合同履行期限问题。《北京市存量房屋买卖合同（经纪成交版）》第九条第一款约定，"双方当事人同意，自本合同签订150日内，双方共同向房屋权属登记部门申请办理房屋权属转移登记手续"。证人链家公司店长李某、业务员王某华、业务员李某三人证实，《北京市存量房屋买卖合同（经纪成交版）》第九条第一款关于150天内完成过户的条款是买卖双方协商一致的，该条款也向双方进行了宣读。合同签订以后，刘某曾经有过质疑，但并未要求修改该条款。故陈某认为合同履行期限为自合同签订签订150天内过户的主张，法院予以认可。"交易流程""解决方案一""解决方案二"均没有买方的签字，第三人工作人员的签字并未加盖单位公章，不能视为陈某、链家公司对该材料内容的认可。三份录音材料中三方并未对合同履行期限达成一致，并未形成为合同内容的变更，故对王某关于买卖合同在3个月内履行完毕的主张，法院不予认可。

〖**裁判结果**〗

一审法院认为，依法成立的合同，对当事人具有法律约束力，当事人应当按照约定履行自己的义务，不得擅自变更或者解除。合同生效后，当事人就质量、价款或者报酬、履行地点等内容没有约定或者约定不明确的，可以协议补充；不能达成补充协议的，按照合同有关条款或者交易习惯确定。本案中,双方未约定评估、乙方支付首付款及办理贷款、权属转移登记的具体时间,根据《补充协议》第二条第三款、第四款、第五款、第六款的约定,亦无法确定评估、乙方支付首付款及办理贷款、权属转移登记的具体时间。双方未就没有约定及约定不明确的内容达成一致。根据《北京市存量房屋买卖合同(经纪成交版)》第九条第一款约定,可以确定,当事人双方同意,自合同签订之日起 150 日内,双方共同向房屋权属登记部门申请办理房屋权属转移登记手续。在履行期限届满之前,当事人一方明确表示或者以自己的行为表明不履行合同的,构成预期违约。当事人对预期违约的事实应提交确切的证据予以证明,且对方将会不履行或不能履行的义务为合同的主要义务。王某于 2016 年 10 月 19 日及 2016 年 10 月 26 日所发两份律师函均为询问贷款事宜、要求答复贷款进程,该内容并非合同的主要义务,贷款亦非此履行阶段的关键事项,结合王某曾于此前的 2016 年 9 月 29 日发出解除房屋买卖合同的通知,对两份律师函的未答复或拒收,不属于陈某不履行合同主要义务、以行动不履行合同的意思表示。陈某在订立合同时,不具有购房资质,但三方并未就陈某取得购房资质的时间作出明确约定,且陈某在 11 月 8 日取得资质,此时距合同履行期届满有 3 月有余的时间,并不必然导致 150 日内无法完成过户。根据交易习惯,无论全款或贷款,均不存在在过户前拿到全款的可能性。因此,王某认为陈某在签订合同时没有购房资质,合同签订后两个月没有履行行为将致使其无法拿到全款,无法实现合同目的的主张,依据不足。故王某认为陈某构成预期违约的主张,法院不予认可。综上所述,判决驳回王某诉讼请求。

〖**裁判思路**〗

法院生效裁判认为:本案的争议焦点在于陈某在签订合同之时不具备购买北京市住房资格是否构成王立新解除合同的事由。本院从法定解除和约定解除两个方面予以分析:

1. 陈某在签订合同时不具备购房资格是否符合法定解除权情形。

购房资格的含义及其法律性质:2011 年 2 月 15 日发布的北京市人民政府办公厅《关于贯彻落实国务院办公厅文件精神进一步加强本市房地产市场调控工作的通知》规定,自本通知发布次日起,对已拥有 1 套住房的本市户籍居民家庭、持有本市有效暂住证在本市没拥有住房且连续 5 年(含)以上在本市缴纳社会保险或个人所得税的非本市户籍居民家庭,限购 1 套住房

(含新建商品住房和二手住房);对已拥有2套及以上住房的本市户籍居民家庭、拥有1套及以上住房的非本市户籍居民家庭、无法提供本市有效暂住证和连续5年(含)以上在本市缴纳社会保险或个人所得税缴纳证明的非本市户籍居民家庭,暂停在本市向其售房。购房资格是行政机关对过户设定的前提条件,系买受人应具备的履行房屋买卖合同义务的能力。本案中陈某在签订合同时不具备北京市购房资格。

《合同法》(已失效)第九十四条规定:"有下列情形之一的,当事人可以解除合同:(一)因不可抗力致使不能实现合同目的;(二)在履行期限届满之前,当事人一方明确表示或者以自己的行为表明不履行主要债务;(三)当事人一方迟延履行主要债务,经催告后在合理期限内仍未履行;(四)当事人一方迟延履行债务或者有其他违约行为致使不能实现合同目的;(五)法律规定的其他情形。"[①]王某主张陈某符合上述第二项、第三项、第四项情形。本院分项予以论述:针对其中第二项、第三项情形,房屋买卖合同的主要债务是指出卖人的过户、交付义务,买受人的付款义务。因此购房资格的取得并非房屋买卖合同的主要债务内容。本案不适用上述第二项、第三项情形。针对第四项情形,当事人一方迟延履行债务或者有其他违约行为致使不能实现合同目的。双方合同中并不存在关于购房资格的约定,因此未违反合同约定的义务。关于法律规定的义务,《合同法》(已失效)第六十条规定,当事人应当按照约定全面履行自己的义务。当事人应当遵循诚实信用原则,根据合同的性质、目的和交易习惯履行通知、协助、保密等义务。[②] 陈某没有如实陈述自己尚不具备购房资格,违反了法律规定的依据诚实信用原则而产生的如实告知义务,构成违约。但该违约行为是否致使不能实现合同目的,即是否构成根本违约?房屋买卖合同,从出卖人方面来看是取得购房款的所有权,从买受人方面来看是取得房屋的所有权。通常以下情形可以认为构成根本违约:履行期限构成合同的必要因素,超过期限履行将严重影响订立合同所期望的经济利益;继续履行不能得到合同利益;债务人拒绝履行合同的全部义务;履行质量与约定严重不符,无法通过修理、替换、降价的方法予以补救。陈某在履行期限届满前未取得购房资格,不导致合同不能继

---

① 现规定于《民法典》第五百六十三条第一款。

② 现规定于《民法典》第五百零九条第一款、第二款。

续履行,双方继续履行房屋买卖合同,王某仍可以得到合同利益。购房资格系过户的必备条件,系属买受人履行债务的能力范畴,买受人不具备购房资格,出卖人可以中止履行,但暂不具备履行债务的能力并非根本违约,故陈某的违约行为并未致使不能实现合同目的。本案亦不存在法律规定的解除合同情形。故王某依据《合同法》(已失效)第九十四条之规定行使法定解除权,依据不足,本院不予支持。

2. 陈某在签订合同时不具备购房资格是否构成合同约定的卖房人行使解除权的情形。

《合同法》(已失效)第九十三条第二款规定,当事人可以约定一方解除合同的条件。解除合同的条件成就时,解除权人可以解除合同。[①] 王某与陈某签订的《补充协议》约定,乙方(陈某)若出现下列情形之一的,乙方构成根本违约,且甲方(王某)有权以书面通知的方式解除房屋买卖合同。其中包括:提供的证件等购房所需的资料不完整、不真实或无效,导致无法办理房屋所有权转移登记手续。陈某于 2016 年 8 月 24 日签订购房承诺书,承诺其遵守限购政策规定,提交的材料均真实、合法、有效,并自愿接受相关部门核查家庭购房资格。以上承诺如与事实不符,违反限购政策规定导致本人所购住房不能办理网上签约、房屋登记等手续,本人愿意承担由此造成的一切法律责任。在签订购房承诺书之初,陈某未取得北京市购房资格,但是在签订合同之前出售自己名下一套房屋,并于履行期限届满前取得了购房资格,并未导致无法办理房屋所有权转移登记手续,因此法院认为本案不符合合同约定的卖方行使解除权的情形。

规则 37 [因第三人原因违约的责任承担]当事人一方因中介、金融机构等的原因造成违约的违约责任承担问题,适用前提为当事人需有违约的行为,如无违约行为,则不构成因第三人原因违约。

〖规则解析〗

房屋买卖合同履行过程中,会涉及中介、金融机构等第三方,第三方的作用有时能够影响房屋买卖合同的履行,《民法典》第五百九十三条规定的当事人一方因第三人的原因造成违约的违约责任承担问题,适用前提为当

---

① 《民法典》第五百六十二条规定,当事人协商一致,可以解除合同。当事人可以约定一方解除合同的事由。解除合同的事由发生时,解除权人可以解除合同。

事人需有违约的行为，如无违约行为，则不构成该条规定的情形。

〖**案情简介**〗

李某一系李某之母，忻某一系忻某之父。2015年6月5日，李某一（出卖人）与忻某一（买受人）签订房屋买卖合同及补充协议，约定：忻某一购买李某一名下涉案房屋；成交价格：总计1050万元。房屋交易具体事宜的约定：1. 定金：乙方于2015年6月5日向甲方支付定金50万元。2. 关于购房款的支付，甲乙双方同意按照下述方式履行：（1）乙方于网签合同的3个工作日内将第一笔购房款450万元（不包含前期支付的定金50万元）以建委资金监管的方式支付甲方；（2）乙方于2015年8月15日前的3个工作日内将第二笔购房款500万元以资金托管的方式支付甲方。3. 权属转移登记：甲乙双方同意，在2015年8月15日前的3个工作日内，甲乙双方应共同办理房屋所有权转移登记手续。合同履行过程中，李某一将房屋出卖人的权利义务转移至其子李某名下，忻某一将房屋买受人的权利义务转移至其子忻某名下，双方另对房款支付、过户时间等事项进行了变更，并签署了《合同变更申请单》。

2015年7月14日，忻某一向胡某的招商银行账户转账50万元。

2015年7月24日，李某一（甲方）、忻某一（乙方）、中融信公司（丙方）、链家公司（丁方）签订《融信托管协议》。约定：第二条，资金的托管：甲乙双方同意在理房通开设相应账户，授权由丙方及理房通对托管账户进行管理，并按本协议约定的条件对托管资金进行划转。购房款：经协商一致，各方同意，乙方将购房款450万元整存入托管账户内。乙方应于网签协议生成后，且办理涉案房屋产权转移登记手续（过户）前2个自然日将全部托管资金足额入托管账户内。第三条，托管资金的划转：建委监管资金的划转：各方同意，乙方将托管资金存入托管账户后，丙方应将部分购房款450万元整划入海淀区建委资金监管账户。该笔资金的划转和退回均按建委规定执行，建委资金监管账户信息为空白。

同日，忻某一在链家公司太月园店向理房通公司托管账户刷卡转入400万元。落款日期为2015年8月13日的《存量房自有交易资金划转协议》，首部载明甲方和房屋出卖人为李某一，乙方和房屋买受人为忻某，丙方为北京市海淀区房屋管理局。有关约定为：乙方自愿将《北京市存量房屋买卖合同》中约定的乙方自有交易资金存入双方同意的账户名C1071392（网签合同编号)的账户作为存量房自有交易资金监管账户。在交易失败时,自有资金划付至乙方在中国工商银行开立的户名为郭丽娜的账户。审理中,李某、忻某称郭丽娜当时系胡某妻子,双方均未签署或同意过上述材料。2015 年 8 月 14 日,忻某一转入理房通账户 400 万元中的 300 万元被转入建委资金监管账户内。另 100 万元购房款,胡某伪造《融信托管协议》,隐瞒、虚构事实,伪造李某一签字,与忻某一签署《解除协议书》并退回该笔款项。

2015 年 8 月 25 日,忻某一向李某一银行账户转账 500 万元。

2016 年 7 月 28 日,忻某一向胡某银行账户转账 60 万元,摘要处注明物业保证金。

胡某因诈骗罪、合同诈骗罪,被北京市第一中级人民法院判处刑罚。

李某起诉请求判令解除《北京市存量房屋买卖合同(经纪成交版)》;判令忻某支付违约金并退还购房款。忻某反诉请求判令李某配合将涉案房屋过户登记至其名下。

〖**裁判结果**〗

一审法院判决:(1)解除李某与忻某于 2015 年 6 月 5 日签订的《北京市存量房屋买卖合同》;(2)李某于本判决生效后 7 日内向忻某返还购房款 550 万元;(3)忻某于本判决生效后 7 日内向李某支付违约金 50 万元;(4)驳回李某的其他诉讼请求;(5)驳回忻某的反诉请求。

二审法院判决:(1)撤销一审判决;(2)忻某于本判决生效后 10 日内向李某支付剩余购房款 500 万元,李某在收到忻某上述购房款后 3 日内将涉案房屋过户至忻某名下;(3)驳回李某的全部诉讼请求。

〖**裁判思路**〗

2015 年 7 月 24 日四方签署《融信托管协议》中约定的资金被划转至案外人账户,是否构成买受人因第三人原因违约。2015 年 7 月 24 日,李某一(甲方)、忻某一(乙方)、中融信公司(丙方)、链家公司(丁方)签订《融信托管协议》。约定甲乙双方授权由丙方及理房通对托管账户进行管理,并按本协议约定的条件对托管资金进行划转。乙方将购房款 450 万元整存入托管账户内,乙方将托管资金存入托管账户后,丙方应将部分购房款 450 万元整划入海淀区建委资金监管账户。除本协议约定的情况外,本协议的变更、解除、终止须经甲乙丙丁四方一致同意,并签署书面协议。根据协议签订的主体及权利义务的约定,该协议系一份四方协议,各方均根据合同享有权利、履行义务。其中,中融信公司有义务将购房款划入涉案合同的海淀区建委资金监管账户,根据本案查明的事实,忻某于签订《融信托管协议》前向胡某支付50万元,于签订合同当日向理房通公司托管账户转入400万元,后该笔款项中的300万元被转入与本案涉案合同无关的建委资金监管账户内。另100万元购房款,胡某伪造《融信托管协议》,隐瞒、虚构事实,伪造李某一签字,与忻某一签署《解除协议书》并退回该笔款项。故丙方未如期将450万元整划入买卖双方的海淀区建委资金监管账户,导致该份《融信托管协议》不能继续履行。忻某作为购房人,已将约定的资金监管的购房款如期支付,在该《融信托管协议》的履行中不存在违约行为。

《融信托管协议》与房屋买卖合同虽是两份独立的协议,但二者之间密切关联,《融信托管协议》是对房屋买卖合同中部分购房款的支付方式的特别约定。无论是依据房屋买卖合同还是《融信托管协议》,买受人忻某均如约履行了支付购房款的义务,丙方将款项划转至案外人账户,可能导致后续出卖人无法收到相应的购房款,但该情形不构成买受人因合同以外第三人的原因违反合同约定的情形。李某主张解除合同,并要求忻某承担违约责任,无事实及法律依据,本院不予支持。忻某二审期间同意支付物业保证金50万元并代为支付剩余购房款450万元,其另案主张相关权利,本院不持异议,对其要求判令李某配合涉案房屋过户登记至其名下的诉讼请求予以支持。

〖**案例注解**〗

违约责任是《合同法》中亘古不变的经典话题。一般而言,合同中的违约行为是基于当事双方的原因所引发的。但是随着合同履行的多样化,不可避免地存在合同当事人之外的第三人原因引发违约问题。因此,我国《民法典》五百九十三条规定继续沿用该条。就法条表述而言,却没有明确限定"第三人原因"的适用范围及如何认定因第三人违约的具体情况。本案起因就是中介一方涉嫌诈骗,将买方支付的购房款转出,最终导致买卖双方未能如期履行房屋买卖合同。该案涉及如何认定中介方的法律地位,是否属于"第三人",当中介不履行义务导致合同障碍,是否属于"第三人原因"导致一方违约的情形?违约责任应当如何承担?

一、《民法典》第五百九十三条的立法变迁与立法意图

从国外立法渊源分析,"第三人原因违约"起源于大陆法系中的履行辅

助人制度。近代资本主义时代,在生产交易中,使用履行辅助人成为司空见惯的事情。起初是在运输业、仓储业等商事行为上,之后在各国(地区)立法中,如德国民法中,若由于债务人的法定代理人或者使用人的过错,造成合同履行中损害,债务人应当承担与自身的过错相一致的责任。有学者认为,这一划时代的立法是欧洲法律体系史上的一项开创性发现。《瑞士债务法》第一百零一条,以及《意大利民法典》亦参考此条立法。我国台湾地区在借鉴德国民法的前提下,规定债务人的代理人或使用人,基于故意或者过失而替债务人履行债务时,债务人对此应承担与其自身的故意或过失相同的责任。《日本民法典》将债务人的履行辅助人的故意,过失,以及依照诚信原则可以像故意或过失一样对待的事由视为债务人本身的行为。

我国立法并未采用"履行辅助人"概念。一定程度上借鉴了国外立法,同时受到不同时期中国国情的影响,受其制约而演变。《合同法》第一百二十一条,源于《经济合同法》第三十三条,经历《民法通则》第一百一十六条,合同法学者草案和合同法草案,到最终《合同法》文本。最初曾试图用"有法律联系的第三人"这一措辞来限制第三人的范围,但后却遭删除。最后仅保留"第三人的原因"。

《经济合同法》第三十三条规定了由于上级领导机关的原因,导致经济类合同不能履行,或者不能完全履行的情况下,应当由上级领导机关承担违约责任。违约方应按约担责,并由上级领导机关负责。当时该条有利于增强企业活力,落实企业的经济责任制,制止领导机构的瞎指挥等不负责任的行为。该条规定于1993年被修改废除。被废除的原因是当时政府对企业干涉过大,干涉企业自治。《民法通则》第一百一十六条规定,"当事人一方由于上级机关的原因,不能履行合同义务的,应当按照合同约定向另一方赔偿损失或者采取其他补救措施,再由上级机关对它因此受到的损失负责处理"。

有学者对此建议规定,如当事人因与他有合法联系的第三人导致违约,则应对另一方承担合同责任。合同法草案阶段,"第三人的过错"被"第三人的原因"所取代。"第三人的过错"容易让学界对合同法的归责原则产生误解,并引起争议。该法第一百二十四条规定,如果一方因第三人的原因而导致违约,应对另一方承担违约责任。当事人与第三人之间的争议应当依法或者根据协议解决。合同法对此予以采纳。在《民法典》征求意见阶段,有的单位建议将本条修改为履行辅助人条款。有的地方和单位提出，第三人与债务人之间存在不同形式的连接方式，本条将第三人引致的违约不加区分地归责于债务人显非妥当，建议删除。最终《民法典》继续沿用《合同法》的规定，文字上略有修改。

关于合同归责原则，我国通说上承认的归责原则为严格责任原则，因此没有"过错责任"这个机制来限制债务人承担责任的上限，但在"因第三人原因"违约的问题上，又没有与严格责任相匹配的限制适用规则，司法实践通常在合同相对性的规范依据和排除第三人原因作为免责事由的意义上予以适用，在排除第三人原因作为免责事由方面，如若不限定该条的适用范围，会导致债务人承担"超级责任"，有悖公平原则。

二、如何认定"第三人"

学术界曾花费大量精力论述第三人原因的范围，并试图从限制第三人原因的范围角度来限缩《合同法》第一百二十一条的适用。但《合同法》第一百二十一条并未对第三人进行限定，司法实践中，也无对第三人进行分类的依据。前述，我国《合同法》第一百二十一条的规定并非完全移植国外的制度，那如何理解我国现行《民法典》第五百九十三条中规定的"第三人"？

有学者认为，债务人若要为第三人负责，该第三人应与债务人有某种"关系"，即第三人应满足与债务人有一定法律关系。有学者认为，在第三人的行为导致违约的情形，其第三人是合同之外的人，但不限于履行辅助人。学界普遍认为履行辅助人应当被纳入第三人范围，有学者指出，履行辅助人的故意或过失，应据由债务人本身的意图或过错来确定，判断标准应以债务人在合同中，自身应负担之注意能力决之。笔者同意这种观点，对第一百二十一条的理解，不应从将履行辅助人这一角色从该条的适用范围中剔除着手，也不必纠结于限定"第三人"的范围。实践中形形色色的交易不是法律规定能够列举完全的，合同之外的第三人都可纳入该条适用范围中，不限于履行辅助人。

中介方在房屋买卖合同法律关系中，相对于出卖人与买受人，属于合同关系之外的第三人。房屋买卖合同中，由于中介方不履行中介合同义务或履行中存在瑕疵，如何认定买卖双方的违约责任？本案是作为第三人的中介方严重违反诚实信用原则及居间合同义务，将案涉的房款部分转入与本案涉案合同无关的建委资金监管账户内。另一部分通过伪造《融信托管协议》,隐瞒、虚构事实,伪造李某一签字,与忻某一签署《解除协议书》并退回该笔款项。故丙方未如期将450万元整划入买卖双方的海淀区建委资金监管账户,导致该份《融信托管协议》不能继续履行。该行为显然构成了第三人原因导致履行障碍,相应的责任应当如何承担?有观点认为,由于第三人原因导致出卖人的履行义务并未完成,实则将中介方视为履行辅助人的地位,相应责任应由买受人来承担。笔者认为,作为帮助债务人履行的人,履行辅助人必须是出于帮助债务人的目的,而不是为了自己履行债务或从事其他性质的行为,即履行辅助人的行为实际上是以债务人的名义而为之。而中介方,有其独立的法律地位,并非一方的履行辅助人。四方签订的《融信托管协议》,约定甲乙双方授权由丙方及理房通对托管账户进行管理,并按本协议约定的条件对托管资金进行划转。根据协议签订的主体及权利义务的约定,该协议系一份四方协议,各方均根据合同享有权利、履行义务。其中中融信公司有义务将购房款划入涉案合同的海淀区建委资金监管账户,该义务为其根据《融信托管协议》应履行的义务,而非以买受人名义而为之。

三、因"第三人原因"违约的限制适用路径

在我国采严格责任归责原则的框架下,应当通过正确适用《民法典》第五百九十三条来避免加重债务人的责任,以期在合同相对性原则与公平原则中达到一个良性的平衡状态。

即使在严格责任为归责原则的体系下,债务人具有违约行为,亦是归责的原因,故在认定因第三人违约情形下违约责任的承担问题上,笔者认为,应从债务人本身是否违约出发适用违约责任。债务人的义务主要来源于双方约定(包括明示和默示的内容)和法律规定,在必要的情形下,可以依据合同性质、交易习惯和社会通常认识来确定义务范围。只有在此范围以内的义务,才能确认为合同意义上的义务,也才是债权人能够依据合同基础请求债务人履行的义务。在此以外,导致债权不能实现或不能完全实现的履行障碍均可归属于风险。

因第三人原因导致给付障碍时,不能简单认定第三人行为等同于债务人行为,即使在第三人为债务人履行辅助人的情形下,仍需进一步判断履行辅助人的故意或者过失,按照合同约定,是否属于债务人自身应负担的注意能力范畴。也就是说,因第三人原因导致给付障碍时,应通过确定合同内容的来判断债务人承接了多大程度的合同义务,从而来判断债务人是否构成违约。准确认定债务人为第三人原因违约负责的前提是存在违约事实。而引起违约事实的原因有很多,除了第三人的原因,还可能是其他原因所致,什么原因导致违约事实并不关键,关键的是违约事实的成立。

在认定违约事实是否存在时,必然出现两种结果:如果存在违约事实,那么债权人要求债务人承担责任时,要认定导致违约事实的原因是否由于第三人原因,若属于则按照《民法典》第五百九十三条,由债务人承担相应的违约责任,除非证明该第三人原因构成了不可抗力等法定或约定的免责事由,债务人才能免责;若债务人不存在违约事实,那么不必再认定是否是第三人原因等引起的给付障碍,直接认定为债务人无须承担违约责任。在认定债务人是否存在违约事实时,如涉及第三人引起履行障碍的情形,应在债务人承担义务的范畴和注意范围内进行分析,进一步判断该第三人的行为是否可以归属于债务人,如果第三人属于履行辅助人,以债务人名义履行债务人的义务,则其行为的后果可归属于债务人,从而引致债务人违约行为事实的构成。

本案中,无论是依据房屋买卖合同还是《融信托管协议》,买受人忻某均如约履行了支付购房款的义务,丙方将款项划转至案外人账户,可能导致后续出卖人无法收到相应的购房款,但该情形不构成买受人因合同以外第三人的原因违反合同约定的情形。

从实践案例中观之,我国实践中债务人得以凭借免责事由免除违约责任的情形较少,而对债务人一方苛以过高的责任不可避免地会影响交易自由,影响私法自治。本案从债务人是否违约的角度,对因第三人违约的违约责任的承担进行限制适用,将债务人承担的责任回归理性。

规则 38　[涉及无权处分的合同如何认定恶意串通]涉及无权处分的合同,需从交易是否符合常理,买受人是否知道出卖人无权处分来进行审查是否构成恶意串通,买受人仅存在重大过失的不构成恶意串通。

〖**规则解析**〗

恶意串通需要当事人明知且具有损害他人的意图。买受人因为疏忽大意没有审查出出卖人无处分权的,不构成"善意",但不属于"明知",因此不构成恶意串通。

〖**案情简介**〗

原告:胡某;被告:屠某、潘某。

原告胡某与被告屠某于2003年2月26日登记结婚。

2009年10月,被告屠某欲购买涉案房屋,但为防备丈夫知悉其购房的情况,避免日后离婚时将涉案房屋作为共同财产分割等原因,遂借用案外人陈某的名义购买涉案房屋。双方产生诉讼,该案生效判决在事实查明部分载明了屠某为防备丈夫知悉、避免离婚分割而借用案外人陈某的名义购买涉案房屋的事实。2013年4月1日,原告胡某与被告屠某因离婚纠纷于上海市闵行区人民法院涉讼。2016年9月19日,涉案房屋变更登记于被告屠某名下。2016年10月8日,两被告签订上海市房地产买卖合同,约定由被告屠某将涉案房屋转让于被告潘某,转让价款共计200万元。两被告陈述双方之间的房屋买卖合同签订过程如下:2015年4月,被告屠某有意出售涉案房屋,经其朋友案外人黄某介绍认识被告潘某。被告屠某向被告潘某出示关于其与陈某所有权确认纠纷的判决书一份。被告潘某已向被告屠某全额支付了购房款200万元,并于2016年11月8日办理了涉案房屋的过户手续。

原告胡某诉求:1. 确认两被告就涉案房屋签订的房屋买卖合同无效。2. 两被告协助将涉案房屋恢复登记至被告屠某名下。

〖**裁判结果**〗

上海市松江区人民法院经审理后认为:(1)两被告之间签订的房屋买卖合同的效力问题。虽然涉案房屋属尚未分割的夫妻共同财产,被告屠某擅自出售涉案房屋的行为已构成无权处分,但两被告之间签订房屋买卖合同的效力与被告屠某是否享有处分权无涉。原告胡某虽主张两被告构成恶意串通,但并未提供充分证据证明,法院难以基于现有事实作出推定,故对原告胡某主张合同无效的诉讼请求难以支持。不过,房屋买卖合同有效并不意味着被告潘某得基于有效合同及变更登记行为合法取得涉案房屋的所有权,被告屠某擅卖共有物之行为并未得到原告胡某之追认,被告潘某仅可依善意取得制度对抗原告胡某要求恢复登记的诉讼请求。(2)被告潘某是否构成善意取得。根据相关规定,受让人构成善意取得需不知转让人无处分权且无重大过失。本案中被告潘某自述在缔约时,被告屠某向其出具与陈某所有权确认纠纷案的判决书一份,该案的一审和二审判决虽在判决主文中将涉案房屋判归被告屠某所有,但均载明纠纷发生时被告屠某尚在婚姻存续期间,且被告屠某借名买房的动机系“为防备丈夫知悉其购房的情况、避免日后离婚时该房作为夫妻共同财产分割”，故被告潘某仅凭该案判决轻率地认定被告屠某为涉案房屋的唯一权利人，显有重大过失，被告潘某自述未进一步了解涉案房屋司法限制状况的情节亦从侧面体现出被告潘某未尽注意义务，故被告潘某不能构成善意取得。法院最终判决如下：(1)被告屠某、潘某应于本判决生效之日起30日内办理涉案房屋的变更登记手续，恢复至被告屠某名下；(2)驳回原告胡某的其余诉讼请求。一审判决作出后，被告潘某不服判决提起上诉。上海市第一中级人民法院经审理后，认为上诉人在购房过程中并未尽到买受人应有的注意义务，确有过失，最终判决驳回上诉，维持原判。

〖**裁判思路**〗

所谓恶意串通，是指行为人与相对人互相勾结，为谋取私利而实施的损害他人合法权益的民事法律行为。本条规定恶意串通损害他人的民事法律行为无效，其原理在于，双方相互勾结损害他人合法权益的行为，具有明显的不法性，应当给予否定性评价，从而保护受到侵害的第三人的合法权益，维持正常的市场经济秩序。从《民法通则》到《合同法》再到《民法典》，尽管不少情形下的民事法律行为的效力规定发生了变化，如欺诈、胁迫、乘人之危，但对于恶意串通损害他人合法权益的民事法律行为的效力，则保持了同一性。

1.各方当事人都出于恶意。恶意是指当事人明知其所实施的民事法律行为将造成他人的损害而故意为之。所谓“恶意”，在民法上有两种含义：(1)明知。此种情形在理论上也称为“观念主义的恶意”，也就是说，行为人对其行为的相关客观情况是明知的，至于其主观上是否有加害他人的故意，则不予考虑。(2)明知且具有损害他人的意图。此种恶意在理论上又称为“意思主义的恶意”，它是指行为人不仅明知相关的客观事实，而且在实施行为时主观上有侵害他人的故意。此种恶意以损害他人利益为目的，侧重于行为人主观意志上的应受谴责性。恶意串通中的恶意，应当属于第二种意义上的恶意，即行为人具有加害他人的不良动机，且主观上具有损害第三人合法权益的故意。

2.当事人之间互相串通。所谓互相串通，首先是指当事人之间存在意思联络或者沟通，都希望通过实施某种民事法律行为而损害特定第三人的合法权益。其次，当事人之间在客观上相互配合或者共同实施了该非法的民事法律行为。

3. 损害了特定第三人的合法权益。这里说的特定第三人，包括国家、特定集体或者特定第三人。

涉及无权处分合同的纠纷中，一般需从以下几个方面考察恶意串通的主观要件：一是缔约双方之间的关系，缔约双方是否有近亲属关系、属关联公司等情节。二是合同的签订和履行细节是否符合常理，真实交易的双方往往会对合同条款字斟句酌以谋求对等的合同地位，甚至会借助居间人等第三方的力量达成合约，在合同的履行上也是步步谨慎，而恶意串通合同的当事人履约过程快速简便。三是交易对价是否合理，从经济人的角度看，交易对价过低乃至无偿是判断当事人主观状态的一个重要疑点。四是买方对卖方是否有处分权的了解程度，若有证据证明卖方已将其无处分权的事实向买方明示，则足以认定买卖双方已达成通谋，但也应注意区分卖方谎称嗣后会取得处分权、无处分权结论的推导尚需专业调查和知识性判断等情形。

在本案中，两被告仅是通过朋友介绍认识的关系，并非直接的近亲属；合同约定的款项支付情况时间跨度长、分笔多，较为符合正常操作。虽然交易存在签订合同遗失、合同条款过于简略、交易对价低于市场价等疑点，但鉴于有中间人居中介绍和担保，故法院谨慎地对原告主张的两被告之间恶意串通的行为未予认定。在本案中，不动产登记机关在出卖人和买受人交易时，至多仅可能核实房产登记情况和产权人的离婚情况，在交易双方未提供法院裁判文书的情况下不可能核实涉案房屋是否为夫妻离婚后未分割的财产。该案中法院虽然确认合同有效，但最终仍判决否定了物权变动效果的实际发生，使得权利人得依物权请求权要求两被告配合恢复涉案房屋的登记。无权处分合同买受人可以取得物权的例外——善意取得制度。在我国善意取得制度的三个构成要件中，合理对价、交付或登记较易审查，在具体案件中的认定疑难主要表现在受让人是否善意的认定上。对此，最高人民法院《关于适用〈中华人民共和国民法典〉物权编的解释（一）》（2021年施行）第十四条规定受让人需无重大过失。由此可见，善意取得的“善意”与前文中恶意串通的“恶意”并不是非此即被的关系，受让人不具有明知无处分权而受让的故意，也并不必然构成善意取得。

结合本案，对夫妻一方擅卖房屋的情况下受让人善意的判断应当作如下理解：首先，夫妻财产共同所有制作为我国的法律推定，是交易双方均应知晓的一个不可忽视的天然前提,买受人对该可能性应当负有注意义务。但是买受人负有注意义务不代表其在核实不动产登记情况的同时,有义务需对出卖人的婚姻状况和财产分割状况进行调查核实。不动产登记具有公示性,但婚姻状况却不具有公示性,且相关财产是否属夫妻共同财产的认定较为复杂,若卖方未主动告知,买方无从得知,苛求买方调查核实将产生过高的交易成本。因此,买受人在交易过程中未主动调查核实房屋是否属夫妻共同财产并不构成重大过失。不过,若买卖过程中已有材料显示房屋系夫妻共同财产但买受人因自身的疏漏未能注意,则应当认为买方在交易过程中存在重大过失,从而排除善意取得制度的适用。

第十章　房屋中介合同纠纷

【本章导读】

随着三级房地产市场的日渐繁荣，为了省心安全，许多当事人选择通过房地产中介公司办理过户。因此，中介在三级市场中的作用越来越大，致使越来越多的二手房交易都通过中介机构完成。但由于中介机构本身的机制、人员的素质、外在的法律监管等存在问题，部分中介缺乏诚信、制造"阴阳合同"、吃差价、违规操作、扰乱市场秩序，导致二手房交易纠纷中，当事人对合同的履行产生争议，因中介引起的纠纷日益增多。关于中介的相关规定中，《民法典》增加了"跳单"情况下应支付中介费用的规定，保护了中介的合法权益。《民法典》将居间合同改为中介合同，更符合普通民众的语言习惯，同时，民事案由也由居间合同改为中介合同。

【实务问答】

一、中介机构在二手房交易中的法律地位如何认定？

实践中，越来越多的二手房交易由中介机构促成。在这些交易中，买卖双方与中介机构往往签订一个合同，即房屋买卖与中介服务合同，这是一个包含了两个法律关系的混合合同，在这个合同中，不仅存在房屋买卖双方之间的买卖合同法律关系，还存在中介机构与房屋买卖双方之间的中介服务法律关系。中介公司在二手房交易中主要履行以下义务：

1. 房屋中介机构对于房屋权属状况等订约相关事项及当事人的订约能力负有积极调查并据实报告的义务。

2. 房屋中介机构违反忠实居间义务，严重损害委托人利益的，不得要求委托人支付中介服务费用及从事居间活动的必要费用。委托人有损失的，房屋中介机构应当承担相应的损害赔偿责任。

3. 房产中介在居间合同中，主要提供的是订立合同的机会或订立合同的媒介服务，尽管房产中介作为非买卖合同当事人，无须对合同承担法律责任，但房产中介应为其提供的订立合同机会或媒介服务负责，若房产中介未适当履行其义务，对存在重大权属瑕疵或其他瑕疵的房屋，本应或能够发现其瑕疵，而仅因其不积极调查等消极行为未发现或未告知合同当事人，那么房屋中介机构不仅可能承担退还居间费的损失，而且还可能会承担其他赔偿责任。

对于中介机构在二手房交易中的法律地位问题，司法实践中存在不同观点：

1. 居间说。居间说认为，房地产中介机构在二手房交易中主要是负责向委托人报告缔约机会或者提供缔约的媒介服务，而委托人负责支付报酬。该说将中介机构定位为中间人，只充当房屋买卖双方的媒介。

2. 代理说。代理说认为，房地产中介机构在二手房交易中是接受出卖人或者买受人一方的委托从事房地产交易活动的，由此产生的民事责任由委托人承担。

3. 混合说。混合说认为，房地产中介机构在二手房交易中，是居间人与代理人的混合，不仅负责报告缔约机会或者提供缔约的媒介服务，还接受其中一方的委托，代理委托人从事特定的民事活动。

笔者认为，中介机构在二手房交易中的法律地位，要由中介机构与交易双方之间签订的合同来确定。如果三方的合同约定中介机构只是负责报告订约机会，在买卖双方之间充当媒介，促成交易，则此时中介机构显然只是居间人。如果交易中的一方只是委托中介机构与另一方谈判，则中介机构显然是代理人。而实践中，更多的情况是中介机构在房屋交易双方签订的合同中，不仅要充当买卖双方的媒介，往往还要接受其中一方的委托从事赎楼、房产过户等民事活动，因此中介机构在这里充当的是居间人和代理人的角色。

在合同法中，合同被分为有名合同和无名合同。所谓有名合同，顾名思义就是合同法或者其他民商事法律中明确规定的合同，如买卖合同、保险合同。而无名合同则是指民商事法律中没有明确规定的合同。无名合同又分为纯粹的无名合同、混合合同以及准混合合同等。纯粹的无名合同是指没有包含任何有名合同因素的合同。混合合同是指一个有名合同中规定其他有名合同事项的合同。准混合合同是指在一个有名合同中规定了其他无名合同事项的合同。区分有名合同和无名合同的意义就在于法律适用的不同。有名合同由于法律有明确规定,其必须按照法律的规定确定合同双方的法律权利和义务,而无名合同由于法律没有明确规定,因此如何适用法律在理论界有争议。通说认为对于无名合同应当类推适用法律。

具体就中介机构作为合同一方参与订立的买卖合同而言,虽然买卖合同在合同法中有明确的规定,属于有名合同,但由于非买卖当事人一方的中介机构作为合同的一方参与订立该合同,这就使原先有名的房屋买卖合同转化为无名合同。而由于中介机构可能是以居间人或者代理人,抑或居间人与代理人的名义参与订立合同,该无名合同应属于混合合同。根据理论界的通说,混合合同的法律适用应是类推适用,即将该无名合同中的有名合同事项分别适用相应的有名合同或者最类似的规定。因此,在有中介机构作为合同一方参与订立的房屋买卖合同中,应分别类推适用合同法以及其他民商事法律中关于买卖合同、居间合同、代理合同等的规定。

二、"独家委托条款"的效力如何认定?

实践中,中介公司往往采取看房确认书或在居间协议中设置"独家委托条款"或添加诸多"未促成合同订立亦须支付费用"等"旱涝保收"条款防止客户的"跳单"行为。"独家委托条款"或类似不平等条款效力及"跳单"行为的认定问题,成为当事人争议的焦点问题,亦成为审判实务中争议的热点问题。

第一种意见认为,此类条款系当事人真实意思表示,具有约束力。若法院强行认定无效,是对当事人意思自治与合同自由原则的干预。委托人明知相关条款内容和法律后果,在协议上签字认可就应信守承诺。在中介促成双方达成交易意向的情况下,任凭委托人反悔拒绝签约,可能导致中介预期利益损失,而中介设置"独家委托条款"系为保护自身信息资源,维护劳动成果,制止恶意"跳单"行为的必要措施。若中介已按约定履行如实提供信息义务,且对委托人订立买卖合同具有决定性作用,实质上已促成交易。委托人在约定有效期限内又与他人达成买卖协议,若认定中介公司未能促成合同成立,难以让已履行义务的中介公司信服,亦不符公平原则。

第二种意见认为,中介提供的格式条款,排除了委托人的主要权利,加重了责任,使委托人陷入要么订立合同要么支付佣金或报酬的两难境地。此类"独家委托条款"让中介公司即使未促成交易,也可借助"霸王条款"使自己置于无论是否有劳动付出均可确保其"旱涝保收"的有利地位,亦违背了公平原则,排除了委托人自主选择居间服务机构的权利。

笔者认为,中介使用的"独家委托条款"等诸如此类格式条款,具有一定合理性,虽不宜一概认定无效,但作为从事居间活动具有专业优势和处于强势地位的专门机构,对其提供的单方制作未与对方协商的格式化条款,应根据《民法典》第四百九十六条的规定审查是否尽到合理提示和说明义务。如果未尽该义务,且明显违反公平原则的,应认定为无效条款。对于"不订合同即须支付违约金"等条款,应依据《民法典》第四百九十七条的规定,认定因加重委托人的责任、排除其主要权利而无效。而对于"未促成合同成立亦应支付佣金或报酬"等条款,因违反法律的强制性规定而无效。

三、非独家委托出售时中介人对买受人的违约金请求权能否成立?

许多中介公司在向委托人(买受人)推荐房源时都约定"如果委托人在一定期限内未通过其购买所涉房屋,应承担相当于居间报酬的违约金责任"。由于此项条款多由中介人为重复使用而预先拟定,往往对委托人进行较大限制,故不宜简单地按照双方的约定机械判断,而应当根据合同目的,按照诚实信用原则,结合居间人已经提供的信息之程度及买受人对该信息之利用程度、买受人通过其他途径购买房屋是否有合理的依据、买受人是否有不支付中介报酬的恶意等因素综合判断。

关于非独家委托出售时中介人对买受人的违约金请求权能否成立的问题,司法实践中存在不同观点。

第一种观点认为,只要中介合同中有诸如"如果委托人在一定期限内未通过其购买所涉房屋,应承担相当于中介报酬的违约金责任"条款的约定,非独家委托出售时中介人对买受人的违约金请求权就能成立。

第二种观点认为,实践中,很多诸如"如果委托人在一定期限内未通过其购买所涉房屋,应承担相当于居间报酬的违约金责任"条款的约定多由中介人为重复使用而预先拟定,往往对委托人进行较大限制,故不宜简单地按照双方的约定机械判断,而应当根据合同目的,按照诚实信用原则等综合考量。

笔者同意第二种观点。

当前,许多中介公司在向委托人(买受人)推荐房源时都约定:如果委托人在一定期限内未通过其购买所涉房屋,应承担相当于居间报酬的违约金责任。此项条款之内涵的解释对于合理平衡委托人和居间人之间的利益、促进房产中介业的健康发展,具有重要意义。在房屋原业主非委托独家中介人进行居间出售的情况下,中介人对买受人的违约金请求权在何种情况下方能成立的问题,因中介合同条款多为由居间人为重复使用而预先拟定,往往对委托人进行较大限制,故不宜简单地按照双方的约定机械判断,而应当根据合同目的,按照诚实信用原则进行公平、合理的解释,具体地说可有以下方面考量:

首先,中介人已经提供的信息之程度及买受人对该信息之利用承担。中介人为买受人提供的核心服务之一是通过自身的专业信息渠道为买受人提供适合其要求的房屋信息,若买受人未通过中介人而与原业主达成买卖关系主要是由于中介人为其提供了与原业主的直接接触机会及房屋信息,则可倾向于支持中介人向买受人收取适当违约金。但如中介人未向买受人提供任何直接接触原业主的机会及联系方式,买受人系从其他中介人处获得信息,且在其他中介人的帮助下购得房屋,故应认为买受人之信息是从另一中介人处合理获得。

其次,买受人通过其他途径购买房屋的原因,即买受人通过其他途径购买房屋是否有合理的依据。如果买受人是基于中介人提供的服务存在瑕疵,或者中介服务未成功等合理理由而通过其他途径购买房屋,则应倾向于对中介合同中不利于买受人的违约金条款作限缩解释。

最后,买受人是否有不支付中介报酬的恶意。若买受人并不存在为逃避支付居间报酬而绕开中介人或提出过于苛刻的交易条件阻止居间合同履行的恶意行为,则亦应倾向于对违约金条款作限缩解释。

四、房屋买卖居间合同中的"跳单"行为的效力如何认定?

在居间合同法律关系中,居间人是为委托人服务的,这种服务表现为报告订约的机会或者提供订约的媒介,其目的在于通过居间活动取得佣金。但是,在房地产中介市场上,存在委托人"跳单"行为。房地产中介市场中的

"跳单",一般是指房屋买卖合同的双方在通过房产中介机构的居间服务选定房源或买卖双方取得联系后,为逃避或减少佣金,又通过其他中介机构或买卖双方直接完成交易的行为。如中介机构帮助买受人选定房源或介绍买卖双方认识后,买卖双方或一方为逃避支付佣金或减少佣金,买卖双方当事人直接私下成交,或者共同到另一家中介机构成交。随着房地产市场的兴盛,房屋中介服务市场也随之壮大。在各市场经济主体追求利益最大化背景下,"跳单"现象时有出现。

由于我国《民法典》颁布前对上述情况缺乏相应的规定,因而导致在司法实务中,对"跳单"行为和"反跳单"条款的效力及"跳单"情况出现后当事人承担责任等问题的认定,产生了不同的认识和做法。

对于如何认定"跳单"行为,司法实践中存有不同观点。

第一种观点认为,认定构成"跳单"行为主要是看是否具备跳过已签署看房确认书、委托购房协议(或委托卖房协议)的房产中介完成交易的客观事实。

第二种观点认为,二手房地产交易中判断买受人或出卖人是否构成"跳单",需要综合考虑房产中介服务的全过程及看房确认书、委托购房协议整体条款的约定,还有委托人有无规避支付中介服务费的主观恶意和跳过已签署看房确认书、委托购房协议(或委托卖房协议)的房产中介完成交易的客观事实等因素。

就如何认定"跳单"行为,笔者同意上述第二种观点。现《民法典》亦对此了有明确规定。

"跳单"行为亦称为"跳中介",具体是指房屋买卖合同的买受人或出卖人已经与房产中介机构签署了看房确认书、委托购房或卖房协议,房产中介机构也已经按照协议履行了提供独家房源信息并带领看房、促使房屋买卖双方见面洽谈等促进交易的义务,但房屋买卖合同一方或双方为了规避或减少按照协议约定履行向房产中介机构交付中介费的义务,避过房产中介机构而私自签订房屋买卖合同的行为。

"跳单"行为多发生在二手房的买卖中,一般一手新房买卖开发商委托大型房产销售企业代理营销,不收取中介费用,也就不存在"跳单"行为产生的前提。二手房屋买方或卖方"跳单"的直接目的在于不支付或少支付房产中介费用。目前,房屋中介市场上房产中介居间费用为向房屋买卖双方各收取房屋成交价款的1%，而目前房地产市场上单套房屋价格一般在100万元以上。在二手房地产交易中，房产中介为招揽业务，一般不收取卖方的中介费，而让买方承担房屋成交价款总额2%的中介费，一般为数万元。

就“跳单”行为的构成，一般来说，可以通过以下几个方面进行审查：

1. 是否签署独家委托卖房或购房协议。有的委托人为了促使居间人积极进行居间活动，或者出于对居间人的信任，而与其签订独家委托出卖或独家委托购买合同，委托其在一定期间内出售或购买房屋。这种情况下，由于委托人指定了期间，故居间人一般会积极宣传，促成交易。此时，如果委托人通过其他中介机构成交，或者利用从独家委托的房产中介机构处获取的信息直接与对方交易，都违反了独家委托的约定，应对此承担违约责任。

2. 房产中介机构是否积极提供了中介服务。目前市场上的房产中介机构新老并存，良莠不齐。有的老中介机构将房地产居间活动机械地分解为挂牌、带客人看房、签约，而不重视服务的质量。与之相对，一些具有一定规模的新兴房产中介机构在居间过程中，会根据客户需要，为其分析房源的优劣，积极斡旋，并提供协助办理购房贷款、房屋过户登记手续、代办房产证等附属服务。两相比较，客户当然选择服务更好的中介机构。因此，在分析委托人与其他中介机构签订居间合同的主观意图时，应当注意原房产中介机构是否积极提供了相应的中介服务，并将其作为判断依据之一。

3. 委托人是否利用了房产中介机构提供的信息。由于目前市场上普遍存在房产中介机构之间共享房源以及出卖人同时在多家房产中介机构挂牌销售的情况，因此委托人常常可以在不同的房产中介机构找到同一个房源。此时，不能因为系争房源与原房产中介机构提供的房源一致而认定委托人利用了原房产中介机构提供的信息，而是应当根据提供房源的业主是多处挂牌还是独家委托出卖以及其与其他中介机构间的居间合同等来综合认定。

4. 委托人实际有无支出居间费用。按照常理，委托人“跳单”的目的就是免除或者减少支付居间费用，因此，委托人实际支付居间费用的情况是判断是否构成“跳单”的重要依据。

五、“跳单”违约行为的构成要件包括哪些？

《民法典》第九百六十三条、第九百六十四条规定：中介人促成合同成立的，委托人应当按照约定支付报酬。中介人未促成合同成立的，不得请求支付报酬。但是如果任由委托人看房后跳开中介公司，逃避支付佣金的约定义务，则对居间人显属不公平。《民法典》第一百五十九条规定："附条件的民事法律行为，当事人为自己的利益不正当地阻止条件成就的，视为条件已经成就；不正当地促成条件成就的，视为条件不成就。"如果委托人为了不交或少交佣金而不正当地阻止佣金支付条件成就，视为条件已成就，委托人应向居间人支付佣金。我们认为，遵循诚实信用、平等保护（既要维护房屋交易双方的合法权益，也要促进房屋中介市场有序发展）的原则，"跳单"违约行为的认定应考虑以下四个方面：(1)中介公司的委托权限，是一般代理还是独家代理；(2)中介公司是否提供了房源信息或成交机会，并且积极履行媒介服务；(3)委托人是否利用该信息、机会与出卖方私下成交或另行委托他人居间成交；(4)委托人是否存在逃避支付（不付或少付）佣金的恶意。[①]

六、司法实践中如何把握"跳单"行为的责任承担？

1."跳单"方承担违约责任。如果已经签署委托卖房协议（或买房协议）的卖房人（或购房人）的行为违反了其与房产中介公司的协议，构成"跳单"的，应该按照协议约定承担相应的违约责任。如果委托卖房协议或买方协议约定的违约责任过重，法院可予以适当调整。

2."跳单"方承担中介劳务费。如果卖房人（或买房人）在签署了委托卖房协议（或委托购房协议）后，房地产中介公司按照协议已经履行了提供房源信息、带领看房、促成买卖双方见面洽谈等义务，卖房人或买房人基于自身原因不再出卖房屋或购买房屋，卖房人或购房人应按照其与房地产中介公司的协议支付合理的劳务费。协议没有约定的，房地产中介公司可以向委托方主张，法院可依法予以支持。

七、房地产居间合同格式条款的效力如何认定？

在当前的中介行业惯例中，中介机构为保护其在居间活动中掌握的具有一定商业价值的信息，防止和约束房屋买卖双方恶意"甩中介"等不诚信行为，一般都在其提供的居间合同中设置了诸如"购（租）房人（包括其代理

---

① 参见张宁：《房屋买卖居间合同中规避"跳单"条款的效力和"跳单"行为的认定》，载《法律适用》2010年第8期。

人、亲戚、朋友)在协议签订后一定时期(通常为6个月或1年)内不得私下与房主(或者通过其他中介)签订以该房屋为标的的购(租)房合同,否则视为中介成功(或者视为违约),中介机构有权收取中介费和违约金”等为主要内容的合同条款,意欲给委托人戴上“紧箍咒”,成为其追究责任的“法宝”。

实务中,就上述合同条款法律效力的司法评判存在分歧,并造成法院对同一事实作出不同法律理解及法律适用,主要原因在于对该格式条款合法性存在认识差异。

笔者认为,正确认定此类合同条款的效力,是正确处理此类案件的核心,也正确保护当事人利益的关键。我国《民法典》第四百九十六条第一款规定:“格式条款是当事人为了重复使用而预先拟定,并在订立合同时未与对方协商的条款。”根据该规定,格式条款的构成应具备以下要件:(1)格式条款是由一方当事人事先拟定,而不是在双方当事人反复协商基础上制定的;(2)格式条款为了重复使用而向不特定的相对人提出的;(3)在订立合同时未与对方协商。不可否认,格式条款的存在是社会经济发展的必然要求,给现代经济生活带来了巨大便利,但其中一些不公平的免责、限制责任条款与合同法上的契约自由原则在一定程度上产生了背离,并对契约正义造成了冲击。[①] 如何在契约自由体制下规制不合理的交易条款,维护契约正义,使经济上的强者,不能假契约之名,压倒弱者,是现代法律所应担负的任务。[②] 为此,我国《民法典》第四百九十六条第二款规定:“采用格式条款订立合同的,提供格式条款的一方应当遵循公平原则确定当事人之间的权利和义务,并采取合理的方式提请对方注意免除或者减轻其责任等与对方有重大利害关系的条款,按照对方的要求,对该条款予以说明。”从而确立了提供格式条款一方的提请对方注意义务和给予说明义务。《民法典》第四百九十七条则进一步规定了格式条款无效的情形,该条规定:“有下列情形之一的,该格式条款无效:(一)具有本法第一编第六章第三节和本法第五百零六条规定的无效情形;(二)提供格式条款一方不合理地免除或者减轻其责任、加重对方责任、限制对方主要权利;(三)提供格式条款一方排除对方主要

① 参见《最高人民法院关于合同法司法解释(二)理解与适用》,人民法院出版社2009年版,第84页。

② 参见王泽鉴:《民法学说与判例研究》(第7册),中国政法大学出版社2003年版,第48页。

权利。”

需要注意的是,《民法典》第四百九十六条第二款所规定的格式条款提供方须“采取合理的方式”的说明义务和提示义务属于强制性规定,即强制性规定提供格式条款一方当事人应承担的法定义务。违反该法定义务,法律后果相当严重。《民法典》第四百九十六条规定:“采用格式条款订立合同的,提供格式条款的一方应当遵循公平原则确定当事人之间的权利和义务,并采取合理的方式提示对方注意免除或者减轻其责任等与对方有重大利害关系的条款,按照对方的要求,对该条款予以说明;提供格式条款的一方未履行提示或者说明义务,致使对方没有注意或者理解与其有重大利害关系的条款的,对方可以主张该条款不成为合同的内容。”如果提供格式条款一方违反了《民法典》第四百九十六条规定的义务,并且该格式条款本身就属于免除或者减轻其责任等与对方有重大利害关系的条款的,当事人可以主张该条款不称为合同的内容。

审判实务中,中介机构所提供的确保自己利益最大化的合同条款都是为了在不特定人中重复使用而事先单方拟定的,在实际签订居间合同时也没有与购(租)房人进行协商,该条款完全符合合同法关于格式条款的规定,应当认定为格式条款。对于该格式条款的效力,我们认为,应当根据格式条款的内容来区别分析。(1)如果该格式条款仅为限制购(租)房人故意甩中介而私下直接与房主接触并交易,否则即构成违约,应支付违约金,该条款是双方当事人真实意思表示,且不违反《民法典》的相关规定,应当认定为有效合同条款。(2)如果该格式条款是为限制购(租)房人的亲属、朋友通过其他中介机构进行交易,则应当认定该格式条款无效。因为中介机构在该格式条款中基本上处于无论是否促成购房合同成立,均可获取相当于居间报酬的违约金或服务费的优势地位,在购(租)房人又委托其他中介机构居间的情况下,可能导致其支付双倍甚至多倍佣金的结果,这明显加重了购(租)房人的责任。同时,中介机构利用格式条款限制和排除购(租)房人及其亲朋好友另行通过其他中介机构完成交易或者选择采用更公平、优惠方式完成交易的选择权、公平交易权等合法权利。根据《民法典》的规定,上述格式条款应当认定为无效,而不是可撤销。需要注意的是,根据《民法典》第一百五十六条:“民事法律行为部分无效,不影响其他部分效力的,其他部分仍然有效”的规定,该格式条款无效,不影响合同其他条款的效力,其他部分条款仍然有效。

八、中介机构所提供信息与事实不符是否承担责任?

不动产中介合同中的中介人作为具备较强专业知识、能力和风险意识,专门从事房地产经纪活动的公司或机构,应对影响双方订约的重大事项承担基本的核查义务,并向委托人如实告知与合同订立相关的情况,故意隐瞒、提供虚假信息以及重大过失给委托人造成损失的,中介人应当赔偿。但中介人的核查义务并非绝对,针对具体案件应从中介合同是否约定中介人核查义务、中介人的故意过失以及委托人自身是否存有过失或阻碍居间合同履行的行为等方面综合考量。

关于中介机构所提供信息与事实不符是否承担责任问题,司法实践中存在不同观点:

第一种观点认为,当中介人提供的信息与事实不符而给委托人造成损失时,中介人非但不可以收取报酬,还应赔偿委托人的损失。

第二种观点认为,中介人的核查义务并非绝对,针对具体案件应从中介合同是否约定中介人核查义务、中介人的故意过失以及委托人自身是否存有过失或阻碍居间合同履行的行为等方面综合考量。

作为具备从事房地产经纪活动资格的公司,接受购房者的委托,为其提供房屋出租信息,并促成购房人与卖方人订立房屋买卖协议,且按约定收取原告的信息服务费,双方形成中介合同关系。中介人在中介合同中的最大义务之一是忠诚义务,即中介人须就有关订立合同的事项向委托人如实报告。那么,当中介人提供的信息与事实不符而给委托人造成损失时,中介人是否可以收取报酬,是否应赔偿委托人的损失呢?对此,不应一概而论,而应根据以下因素综合考虑:

第一,中介合同对中介人在审查标的物方面的约定义务。如双方当事人在中介合同中对中介人的核查义务有相应的约定,中介人理应遵守,若违反则应承担相应的合同责任。

第二,中介人作为专业的房地产中介服务机构的注意义务,是否存在故意隐瞒或重大过失。从中介行为之所以存在和发展之本源看,正是由于委托人在自身精力和能力方面的不足,才给了中介人从事中介活动的空间,形成了中介人收取服务报酬的基础。中介人应具有超过普通委托人的专业知识、能力和风险意识。中介人虽因不能介入委托人与相对人的关系而不负积极的调查义务,但仍应根据不同类型中介活动的特点,将对订约有直接影响的重大事项(如相对人的身份和信用、标的物状况等信息)如实报告委托人,承担起基本的核查义务,这也正是委托人对中介人信任和向其支付报酬的基础所在。中介人故意隐瞒或提供虚假信息固然违反了《民法典》第九百六十二条的规定,但因中介人的重大过失对应予核查的基本事项未予核查而给委托人造成损失的,也应承担相应的赔偿责任。

第三,委托人自身是否存在过失或阻碍中介合同履行的行为。委托人对自己需要承租或购买的房屋并非不负任何了解、审查和基本的谨慎注意义务,若委托人在此方面存有重大的过失,或者存在阻碍中介合同履行之故意或规避支付中介报酬之嫌疑,则应视具体案情酌情评价并平衡双方之间的权利义务关系。

九、"阴阳"房地产中介合同情形下中介报酬如何确定?

司法实践中,当事人双方为追求利益最大化,达到少交或不交房屋契税和个人所得税等规避税费的目的,出卖人和买受人往往约定较低的房价到房产交易中心备案,双方再另行签订并履行一个能体现真实交易价格的合同,递交给房地产权登记机关,即所谓的"阴阳合同"。对于上述行为,有的中介机构明知,有的中介机构则直接参与其中,并协助办理。在阴阳合同中,当事人往往就中介报酬发生争议,不同法院也会持有不同观点。

关于"阴阳"房地产中介合同情形下中介报酬如何确定的问题,司法实践中存在不同观点:

第一种观点认为,应当以备案合同价格作为计算中介费的依据。理由是备案合同价格是房地产交易中心用于办理房产证和交纳契税的依据,具有公示效力。

第二种观点认为,应当以实际交易价格作为计算依据。理由是实际交易价格是当事人真实意思表示,应当予以尊重。至于备案合同价格,则是当事人的避税行为,与本案并非同一法律关系,本案可不予处理。

笔者认为,真实意思表示是民事法律行为的核心要素,如价格、付款方式等其他条款在"阴阳合同"中约定不一致时,应以双方当事人的真实意思表示为准,非真实意思表示的条款对双方当事人没有法律约束力。房屋的真实成交价格应按买卖合同双方当事人的真实意思来认定，而逃避税收并不是双方订立房屋买卖合同的目的。由于备案合同价格往往低于实际交易价格，其实质是以合法形式掩盖避税的非法目的，损害了国家利益，应当为无效合同。据此，应当以真实交易价格作为计算中介费的依据，否则对中介机构显失公平。

【案例适用】

规则39 ［履行地］中介合同的履行地应以合同指向的标的物所在地为准。

〖规则解析〗

中介合同的实际履行地应由中介人从中斡旋并最终促成的合同关系所指向的标的物所在地来确定。

〖案情简介〗

2012年11月8日，经原告重庆中原地产有限公司（住所地为重庆市渝北区）的中介服务促成被告郭某与第三人杨某签订了《房屋买卖合同》，购买了位于重庆市南岸区的一套房屋。后因被告郭某拒不支付原告中介报酬，原告重庆中原地产有限公司以中介人住所地为中介合同实际履行地为由，诉至重庆市渝北区法院。被告郭某则在法定期间内提出管辖权异议，认为中介合同标的系促成郭某与第三人签订《房屋买卖合同》，该合同所涉房屋位于重庆市南岸区，故该案应由合同所指向的房屋所在地重庆市南岸区法院管辖。

〖裁判结果〗

法院认定，应当以中介人从中斡旋的合同关系所指向的标的物所在地确定为中介合同实际履行地。本案中，原告重庆中原地产有限公司促成被告郭某与第三人签订的《房屋买卖合同》所指向的房屋位于重庆市南岸区，故本案应当由重庆市南岸区法院管辖。

〖裁判思路〗

首先，根据《民事诉讼法》及司法解释的规定，因合同纠纷提起的诉讼，由被告住所地或合同履行地法院管辖。合同履行地是指合同规定履行义务和接受义务的地点，主要是指合同所涉标的物交接的地点。中介合同是中介人向委托人报告订立合同的机会或者提供订立合同的媒介服务,委托人支付报酬的合同。中介人为斡旋成功委托人与第三人间的合同关系,需积极地向双方介绍合同关系的相关内容,尽到足够的信息告知义务。因此,中介人的斡旋服务工作始终围绕着委托人与第三方之间的合同关系展开,尤其是应对合同关系所涉及的标的物储备清晰全面准确的信息源和资料库。

其次,从确定管辖的"两便"原则出发,管辖的确定既应当便于当事人进行诉讼,也应当便于人民法院行使审判权。根据该原则,法院在考量对中介合同案件是否有管辖权时,一方面应以有利于当事人行使诉权为出发点,采用就近诉讼原则,为当事人起诉、应诉提供方便;另一方面也应从客观实际出发,考虑法院审理工作的实际情况和案件的需要,以利于法院顺利查明案件事实、分清是非责任来确定管辖。以本案房屋买卖中介合同纠纷为例,当事人开展诉讼、提交证据等都与其最终促成的房屋买卖合同关系所指向的特定房屋有密切关系,往往要围绕该所涉房屋进行;同时,法院在查明案件事实时,涉及房屋的权利状态、事实情况等,也针对该特定房屋展开。因此,将中介斡旋的合同关系所指向的房屋所在地确定为中介合同实际履行地,不仅便于当事人开展诉讼活动,也便于法院开展必要的调查工作,符合"两便"原则。

最后,就中介人的住所地而言,由于中介人常常是中介服务机构,其注册登记地的单一性与具体营业场所的分散性,导致了履行中介合同的行为与其登记的住所地的关联性并不强,故第一种观点有所不妥。以本案为例,重庆中原地产有限公司,其注册登记于重庆市渝北区,但其具体营业网点覆盖了整个重庆,其中介服务行为主要由分散于重庆各区县的营业网点完成。如仅依据中介人住所地确定管辖法院,则会削弱其具体中介行为与管辖法院之间的关联性。如果中介人是自然人,因人口流动性的增强,其户籍所在地常常与其实际居住地脱离,或是其居住地常在1年之内处于不断的变化之中。在此情况下,由中介人户籍所在地确定管辖法院难免显得牵强和武断,而由其现实居住地的法院管辖则存在不构成经常居住地的法律障碍。

综上,中介合同的实际履行地应由中介人从中斡旋并最终促成的合同关系所指向的标的物所在地来确定。

规则 40 [居间义务]中介公司因未尽必要的注意义务而未能发现一方提供的相关材料存在重大瑕疵、缺陷,由此使另一方受欺诈遭受损失的,应根据其过错程度在相应的范围内承担赔偿责任。

〖**规则解析**〗

在房屋买卖居间活动中,中介公司(居间人)对于受托事项及居间服务应承担符合专业主体要求的注意义务,注重审查核实与交易相关的主体身份、房产权属、委托代理、信用资信等证明材料的真实性。中介公司因未尽必要的注意义务而未能发现一方提供的相关材料存在重大瑕疵、缺陷,由此使另一方受欺诈遭受损失的,应根据其过错程度在相应的范围内承担赔偿责任。

〖**案情简介**〗①

原告李某东因与被告上海汉宇房地产顾问有限公司(以下简称汉宇地产)居间合同纠纷案,向上海市嘉定区人民法院提起诉讼。

原告李某东诉称:2012 年 3 月 7 日,己方通过被告汉宇地产的居间介绍,与案外人周某、蔡某、陈某玉达成位于上海市某区 6869 弄 4 号 301 室房屋(以下简称系争房屋)的买卖协议,己方于当日通过其配偶刘某明的账户向周某支付了定金 20 万元并约定余款交付方式和过户时间等。2012 年 3 月 8 日,己方发现系争房屋早已于 2012 年 3 月 2 日交易成功。周某所持的公证书系伪造,己方遂于 2012 年 3 月 14 日向上海市公安局浦东分局周浦派出所报案,后经公安机关立案侦查,周某被刑事拘留。李某东认为,汉宇地产作为专业的中介机构,在提供专业的房屋居间服务时应尽到基本的审核和调查义务,但汉宇地产未调查系争房屋是否已被交易、委托人与被委托人的确切信息、房屋产权的明晰状态等情况,造成己方巨大损失,汉宇地产应承担重大过失责任。请求判令汉宇地产赔偿损失 20 万元。

被告汉宇地产辩称:原告李某东并未通过己方向案外人周某支付定金 20 万元,而是李某东直接支付给周某的,该损失与己方无关,李某东应向周某主张该损失。己方在从事居间活动时,系争房屋仍在周某等人的名下,是可以进行交易的,且李某东在签订协议时也看过房产证,故己方已经尽到了

---

① 李某东诉上海汉宇房地产顾问有限公司居间合同纠纷案,载《最高人民法院公报》2015 年第 2 期。

相关的审核和调查等义务。请求驳回李某东的诉讼请求。

上海市嘉定区人民法院一审查明:

2012 年 3 月 7 日,原告李某东、被告汉宇地产及案外人周某签订一份房地产买卖居间协议,约定经汉宇地产居间介绍,李某东向周某购买位于上海市某区 6869 弄 4 号 301 室房屋,房屋总价 118 万元。同日,三方签订另一份房地产买卖协议,约定定金总额为 20 万元,由周某委托汉宇地产代为收取并保管。在周某签约当日将房屋产权证书等文件证明交由汉宇地产保管后,周某可以取回由汉宇地产代为保管的定金。上述协议另对其他事项作了约定。同日,李某东通过其配偶刘某明的账户向周某支付了定金 20 万元。周某于当日向李某东出具一份定金收据,确认收到李某东支付的定金 20 万元。2012 年 3 月 14 日,李某东向公安机关报案,称 2012 年 3 月 7 日,其通过汉宇地产与周某签订了房屋买卖协议,并通过银行转账的方式向周某支付了定金 20 万元,准备购买位于上海市某区 6869 弄 4 号 301 室房屋。后发现周某提供的公证书系伪造,怀疑对方有欺诈行为。3 月 17 日,上海市公安局浦东分局对周某涉嫌合同诈骗一案立案侦查。2012 年 10 月 17 日,周某因犯信用卡诈骗罪、合同诈骗罪被上海市浦东新区人民法院判处有期徒刑 8 年,罚金人民币 6 万元并被责令退赔犯罪所得,返还被害银行及被害人(李某东)。判决后,周某提出上诉。2012 年 12 月 14 日,上海市第一中级人民法院裁定驳回上诉,维持原判。

系争房屋原系案外人周某、周某左、蔡某、陈某玉按份共有,其中周某占 1/6 份额。系争房屋交易过程中,周某曾向李某东、汉宇地产出具一份公证书,载明周某左、蔡某、陈某玉委托周某代为办理系争房屋交易的相关事宜。该公证书后被上海市国信公证处确认系伪造。上海市浦东新区房地产登记处于 2012 年 3 月 30 日受理了系争房屋的过户事宜,2012 年 4 月 16 日,该房屋过户至案外人夏某华、沈某芳、夏某豪名下。2012 年 4 月 9 日,系争房屋的抵押被注销。

〖**裁判结果**〗

上海市嘉定区人民法院一审认为:被告汉宇地产作为专业的房屋中介机构,在进行居间服务时应尽到必要的、审慎的审查、核实义务,如核实房源信息、核实卖房人的身份信息、判断交易过程的合理性等。买房人对于房屋交易也负有注意义务。本案中,汉宇地产虽进行了一定的调查、核实等行为,但未就系争房屋是否存在一房二卖、公证书是否系伪造等事宜进行调查核实,导致原告李某东定金损失。而李某东也未依约将定金交予汉宇地产保管,而是将定金直接支付给周某,也未对公证书的真实性尽到注意义务,导致定金无法追回。双方在此过程中均有过错,应各自承担相应的责任。现周某已被判处刑罚,并被责令退赔犯罪所得,结合李某东、汉宇地产双方的过错程度,确定汉宇地产在3万元的数额范围内承担补充赔偿责任。

据此,上海市嘉定区人民法院判决:被告汉宇地产应对案外人周某刑事退赔不足部分在人民币3万元范围内赔偿原告李某东损失。此款应于刑事退赔执行中止或终结之日起10日内支付。

李某东不服一审判决,向上海市第二中级人民法院提起上诉。

李某东上诉称:己方是应中介公司工作人员周某林要求将定金直接支付给周某,由中介开收据,三方一起到银行转账。己方并非擅自无因地直接向周某交付定金,是在中介公司要求并对于房屋交易给予安全的肯定回复下才支付定金的。己方对卖方提供的相关资料进行了确认,并在中介公司给出安全肯定回复下,签订买卖协议。而汉宇地产为了签订买卖协议,故意捏造虚假事实,作引人误解的虚假宣传,骗取己方信任赚取中介费,存在严重过失。汉宇地产作为专业中介公司没有尽到基本义务,给己方造成巨大损失,应当承担全部责任。据此,请求撤销原判,改判支持己方原审诉讼请求。

汉宇地产亦不服一审判决,提起上诉称:李某东直接向周某支付定金,周某出具收条,均未提出要将定金交由己方保管。李某东在交易中极不慎重的态度导致现在的后果,其本身存在重大过失。己方作为居间方无法核实公证书的真伪,且周某提供的是公证书原件,在形式上具备公证书的基本要求。至于一房二卖问题,己方无法核实,且通过产权信息查询无法正常得知房屋是否已出售。本次交易系周某主观恶意欺诈及隐瞒,己方已尽到居间义务。据此,请求撤销原判,改判驳回李某东的原审诉讼请求。

上海市第二中级人民法院二审确认了一审查明的事实。

另查明,伪造的公证书中载明的蔡某出生日期与其身份证号码记载不一致。双方在一审中对前述事实均未提及。

二审中,上诉人李某东陈述,周某是拿着户口簿原件、周某本人与蔡某的身份证原件,与其以及汉宇地产到派出所核对,户口簿及身份证都是真实的。周某在提供户口簿、身份证原件的同时提供了委托书,口头核对后对公证书存在的问题口头提出异议。在付款之前,汉宇地产的工作人员周某林说已经确认过了。其让中介去确认,中介说需要到公证处现场才能确认。其就打电话确认,公证处表示电话不接待,必须到现场进行确认。由于当时公证处和周某林之前的说法一致,周某林保证说他已经确认过了,其就没有再去现场确认。上诉人李某东表示,请求二审法院改判汉宇地产在10万元范围内承担补充赔偿责任。

二审中,2013年3月27日,汉宇地产申请撤回上诉。2013年4月17日,法院要求汉宇地产通知其工作人员周某林到庭作证。证人周某林陈述,其不具备经纪人资格,没有发现公证书中存在的问题,也没有到公证处现场核实公证书真伪,只是个人感觉认为是真的。公证处不接受电话查询,需要拿身份证和公证书原件到公证处进行现场核查。签订居间合同时,周某和蔡某都在场,没有问过周某一房二卖的情况。在实际操作中,定金都是直接转给上家,居间合同中有关定金条款的约定基本用不到。李某东支付定金当天,为提取现金,由周某转给其和李某东各2万元,帮助周某提现。

上海市第二中级人民法院判决:变更上海市嘉定区人民法院(2012)嘉民三(民)初字第809号民事判决中的金额为汉宇地产于本判决生效之日起10日内在人民币10万元范围内就案外人周某刑事退赔不足部分对李某东承担补充赔偿责任。

〖**裁判思路**〗

上诉人汉宇地产申请撤回上诉,与法不悖,予以准许。根据查明的事实,上诉人李某东系周某实施合同诈骗的被害人,周某骗得李某东支付的购房定金20万元,周某犯罪所得应予追缴并发还被害人。一审法院判令汉宇地产承担补充赔偿责任,符合案件事实,二审予以认同。

本案二审的主要争议在于汉宇地产承担补充赔偿责任的范围,对此应综合本案案情予以判定。根据二审查明的事实,伪造的公证书中载明的蔡某出生日期与其身份证号码记载不一致,该事项无须专业知识即可判断。在公证机构无法提供电话核实真伪的情况下,汉宇地产理应赴公证机构进行现场核实,但汉宇地产未采取前述措施。而根据上诉人李某东在二审时的陈述,其在付款前已注意到公证书存在的问题并提出异议,李某东完全有机会在主动核实公证书真伪后再行付款。由于李某东、汉宇地产均未尽到前述审慎义务,致使李某东本人成为周某合同诈骗的被害人。汉宇地产作为专门从事居间活动的单位,开展经营业务理应尽职尽责维护好委托人的利益。根据查明的事实,汉宇地产经办本案居间业务的工作人员不具备经纪人资格,未认真核查系争房屋已被出卖的情况,未严格按照合同约定履行定金保管义务,使案外人周某得以实施诈骗,继而造成李某东损失。综合前述情况,李某东提出汉宇地产在10万元范围内承担补充赔偿责任,尚属合理,可予以支持,对一审判决作相应调整。

上海市第二中级人民法院遂作出上述终审判决。

规则41 [中介转卖]中介公司基于房价上涨有利可图,指使公司员工假扮买家通过订立买卖合同的方式将涉案房产控制在手中,以便伺机寻找买家转卖牟利,其行为构成故意隐瞒与订立合同有关的重要事实或者提供虚假情况,依法应承担损害赔偿责任。

〖规则解析〗

中介公司基于市场房价上升的预期,让员工假冒买方与卖方订立房地产买卖合同,未收取定金而向卖方出具已收取定金的托管确认书,意图以此控制房源,再选择适宜的买家转手牟利。在交易无法依约进行时,卖方主张中介公司返还托管的定金,由于订立的合同包含房屋买卖和居间服务关系,面临区分合同性质和判断合同效力等问题。最终依据各方在订立房地产买卖合同中的行为,特别是针对中介公司违背诚信的行为,适用《民法典》第五百条,使案件处理合法合理,与公众预期吻合,达到法律效果和社会效果的有机统一。

〖案情简介〗①

原告翁某诉称,2007年9月29日,翁某与第三人李某及被告深圳市某公司签订了一份房地产买卖合同,合同约定李某购买翁某名下的房产。李某向翁某交付了定金1万元,按照深圳市某公司要求,将该款托管至深圳市某公司处,由深圳市某公司出具收款及托管确认书。由于房地产市场行情波动,到2007年10月30日,按三方签订的房地产买卖合同约定应当由买卖双方签订正式的深圳市旁地产买卖合同(现售)时,李某明确表示拒绝履行

---

① 广东省深圳市中级人民法院民事判决书,(2009)深中法民二终字第876号。

合同,不肯与翁某签订深圳市房地产买卖合同(现售),造成翁某不能及时卖出房产。翁某遂要求深圳市某公司向本人返还李某交付的定金,但深圳市某公司一直拒绝给付。

深圳市某公司答辩请求驳回翁某的诉讼请求,理由是:(1)在房地产买卖合同签署当天,李某未向翁某和深圳市某公司支付定金,翁某也未提供相关的证据证明李某支付定金1万元的事实。因此,翁某主张深圳市某公司收取定金1万元没有依据,实际在房地产买卖过程中,因李某违约,违约责任应由李某承担。(2)应翁某的要求及征得李某的同意,深圳市某公司才将托管确认书提前开给翁某,但事后李某反悔,拒不缴纳定金,由此,定金并未实际交付,定金条款未生效。(3)根据收款及托管确认书的表述,该托管确认书只在经纪方代为收取了李某的定金时才生效。实际情况是深圳市某公司未收取李某的任何款项,翁某与深圳市某公司的托管行为应为无效。

翁某提交的证据是:(1)房地产买卖合同原件一份,证明双方的居间合同关系;(2)《收款及托管确认书(二)》原件一份,证明深圳市某公司收取了翁某托管定金1万元。深圳市某公司对证据的真实性没有异议,但认为在《收款及托管确认书(二)》中已写明只在客户已经向经纪方缴纳定金的情况下才适用。

深圳市某公司和李某在举证期限内均未提交证据。

〖**裁判结果**〗

广东省深圳市龙岗区人民法院经审理认为,当事人对自己的主张,有责任提供证据。2007年9月29日,翁某(卖方)、深圳市某公司(经纪方)及李某(买方)签订了编号为5081127号的房地产买卖合同。合同是各方当事人的真实意思表示,合法有效,该合同明确约定李某向翁某交付定金1万元,该定金由深圳市某公司托管,本案争议的焦点是该合同中约定的定金1万元,李某是否交付,深圳市某公司有无代翁某托管,2007年9月29日,深圳市某公司与翁某签署的《收款及托管确认书(二)》中,明确了收款确认和托管确认,其内容详细真实,深圳市某公司亦明确《收款及托管确认书(二)》的适用情况为:经纪方已代业主出具收据给客户,业主将定金托管在经纪方,即深圳市某公司认可托管定金1万元的事实,且《收款及托管确认书(二)》系深圳市某公司提供给翁某的格式文件,对《收款及托管确认书(二)》的理解出现分歧的情况下,应作出对深圳市某公司不利解释。深圳市某公司对未收到李某交付给翁某、由翁某托管于深圳市某公司处的定金1万元,负有举证责任,深圳市某公司没有证据证明上述事实,也没有证据证明曾在出具《收款及托管确认书(二)》时,明确告知尚未收到定金1万元,应承担举证不能的不利后果。对于深圳市某公司主张未收到定金1万元,法院不予采信。定金1万元系翁某托管在深圳市某公司处,其所有权属于翁某,深圳市某公司仅为暂时保管。在李某明确表示不愿意继续履行房地产买卖合同的情况下,合同的履行条件已经丧失,该合同的履行已不可能,翁某在合同目的不能实现的情况下,有权终止该合同的履行,且深圳市某公司托管定金的目的系保证合同履行期间的交易安全,在房地产买卖合同履行已不可能的情况下,深圳市某公司托管定金的理由已不成立,翁某要求深圳市某公司返还托管的定金1万元,予以支持。翁某诉请深圳市某公司支付自起诉之日起的利息,法院予以支持,判决深圳市某公司返还翁某托管的定金1万元及利息(利息从2007年12月28日起计至清偿之日止,依照中国人民银行同期贷款利率计算)。

宣判后,深圳市某公司不服一审判决,向深圳市中级人民法院提起上诉。

广东省深圳市中级人民法院经审理查明:上述涉案合同订立时,时为深圳市某公司员工的匡某,系原审第三人李某的男友。匡某和深圳市某公司员工尹某共同与翁某在约定地点见面,在未提供身份证件查验的情况下,匡某冒用李某的名义与翁某订立上述合同,尹某在明知匡某冒用他人名义的情况下亦以深圳市某公司的名义参与订立上述合同,合同条款中特别约定“买方有转名权”。同时,尹某在匡某未按合同约定交付定金的情况下,向翁某开立《收款及托管确认书(二)》。

关于匡某冒用李某名义订立合同和尹某在未收到定金的情况下开立《收款及托管确认书(二)》分别具有何目的的问题,匡某的证言为,其为深圳市某公司员工,因楼市上涨,于是按公司要求配合尹某假扮买家通过订立合同的方式将涉案房产控制在公司手中,以便伺机找寻买家转卖牟利,因此,尹某没有收取定金而开具托管确认书是深圳市某公司认可的行为。而尹某的证言为,当时因考虑到涉案房产价格低廉,为帮同事、校友匡某买房而订立该合同,同时,因信任匡某而违反公司规定在未收取定金时开具托管确认书,并因此受到公司扣工资处罚。

就其二人的证言,深圳市中级人民法院认定匡某的证言更可信,予以采纳,理由是:(1)双方均为利害关系人,其证言均有可疑之处。匡某冒用李某名义订立合同,可能承担由此带来的民事责任,其证言存在尽可能推卸其自身责任的内容。而尹某至审理时仍在深圳市某公司工作,存在有利于深圳市某公司陈述的可能。(2)匡某陈述基于深圳市某公司为控制涉案房产而要求其参与实施上述假签约行为,该陈述与尹某在未收取定金的情况下开具《收款及托管确认书(二)》的行为并不矛盾,更能合理解释尹某为深圳市某公司利益而实施假签约行为方能得到深圳市某公司允许在未收到定金付款的情况下提供空白托管确认书的事实,而特别约定"买方有转名权"的事实为深圳市某公司的进一步转卖行为提供了可能,并与匡某的证言相互印证。(3)尹某陈述鉴于涉案房产价格低廉而为匡某利益订立合同,该陈述虽符合一般常理,但基于匡某当时系地产中介从业人员,该陈述可信度令人质疑,理由是:首先,作为地产中介从业人员的匡某如果确定购买涉案房产,完全没必要通过再与深圳市某公司订立居间合同来实现交易,这样不仅不能在交易程序上提供便利,反而还增加了其自身的交易费用;其次,作为同事和校友,如果尹某确实基于其所言的为匡某的私利而参与该交易,同样没有理由通过订立居间合同的方式徒然增加匡某的购房成本。综上可知,匡某冒用李某名义订立合同与尹某在未收取定金的情况下获得深圳市某公司提供的空白托管确认书并开立给卖方,其双方行为的目的均系控制涉案房产作随后的交易对象,通过上列行为,深圳市某公司达到控制该房产并伺机寻找买家转卖牟利的目的。

广东省深圳市中级人民法院经审理认为:根据上述查明的事实,涉案的房地产买卖合同系三方当事人签订的、包含房屋买卖和居间服务两种关系的合同。翁某向原审人民法院起诉主张深圳市某公司返还定金1万元及其利息,该主张系基于涉案合同中居间服务的托管行为而提出,故涉案纠纷应为居间合同纠纷。

查明的事实表明,深圳市某公司为达到控制涉案房产以寻找买家转手牟利的目的,通过匡某假扮买家和尹某代表深圳市某公司出具托管确认书的行为共同订立上述合同,其中匡某还冒用李某的名义订立该合同,且未表明其为李某代理的意思。匡某的行为系无权代理,其行为后果应由其本人承担。匡某基于其深圳市某公司员工的身份及为该公司谋取利益的目的实施涉案行为，深圳市某公司依法应对匡某行为造成的损失承担责任。深圳市某公司明知匡某冒用他人名义订立合同，未收取定金而出具托管确认书，其行为符合法律规定，构成故意隐瞒与订立合同有关的重要事实或者提供虚假情况，同时其行为亦使合同卖方翁某丧失其他交易机会，与深圳市某公司的牟利目的相比，翁某其他交易机会的丧失当构成利益的损害，因此，深圳市某公司依法应赔偿无过错方即翁某因此造成的损失。订立买卖合同、促成涉案房屋交易系居间合同的目的，无过错方翁某基于该居间合同的目的是顺利出售房屋取得房款，深圳市某公司出具托管确认书的行为既表明其履行居间合同的意思表示，亦有以此保证买卖双方继续履行居间合同的目的，取得涉案款项系无过错方翁某信赖买卖合同有效而订立居间合同的合理期待，但因深圳市某公司的上述涉案行为未能促成交易，致使原过错方翁某期待获得1万元定金的合同履行利益落空，深圳市某公司依法应在此限度内赔偿翁某的损失，并负担资金占用期间的利息。原审人民法院审理期间未查明上述事实，导致适用法律错误，依法应予以改判。判决：(1)撤销一审判决；(2)上诉人深圳市某公司应于判决生效之日起3日内赔偿被上诉人翁某人民币1万元及利息(利息按中国人民银行同期贷款利率从2007年12月28日起计至付清之日止)。

〖**裁判思路**〗

本案中三方当事人签订的房地产买卖合同包含房屋买卖和居间服务两种关系。因原告的主张系基于涉案合同中居间服务的托管行为而提出，故应定性为居间合同纠纷。

二审中，二审法院发现作为第三人李某的代理人参加诉讼的匡某所作的证言与案件事实矛盾，通过进一步审查李某、尹某等人的陈述和证言，从而查明一审法院未查明的事实，并据此适用法律，作出判决。

一、二审中存在较大分歧的观点

尽管二审和一审对案件实体处理从表面看并无本质差异，但审理过程中对合同效力及适用规则方面存在较大分歧。主要有以下三种观点：

观点一：涉案合同有效，按定金罚则深圳市某公司应将1万元返还给翁某。

该观点认为，涉案房地产买卖合同因一方当事人隐瞒真实情况使另一方当事人作出错误意思表示，属于可撤销的合同，享有撤销权的受欺诈人翁某在法定期限内未主张行使撤销权,且该居间条款及托管确认书未违反法律、行政法规的强制性规定,因此应认可合同(作为一个整体)的效力。另根据深圳市某公司出具的托管确认书可认定支付定金的法律事实已成立,即使该款未实际交付,也可视作深圳市某公司以自身来担保这1万元的定金损失。因此依定金罚则翁某可向深圳市某公司主张返还定金1万元,原审判决应予维持。

观点二:深圳市某公司与匡某恶意串通的行为导致居间合同无效,深圳市某公司应依法赔偿无过错方翁某的损失。

该观点认为,涉案房地产买卖合同包括翁某和李某之间的一份买卖合同和其二人与深圳市某公司三方之间的一份居间合同。

就买卖合同而言,匡某基于其深圳市某公司员工的身份及为深圳市某公司谋取利益的目的实施涉案冒名订立合同的行为,其以此冒名所为的行为表明其不受合同约束的意思。而且查明的事实表明,李某与翁某订立房屋买卖合同并非其真实意思表示,故翁某与李某之间的买卖合同因双方无法形成合意而不能成立。鉴于匡某的行为系为深圳市某公司牟利的职务行为,深圳市某公司依法应对匡某行为造成的损失承担赔偿责任。

就居间合同而言,深圳市某公司与作为实际委托人的匡某恶意串通,其行为目的是控制涉案房产以伺机转手牟利,同时也因此使居间合同另一委托方翁某丧失其他交易机会,与深圳市某公司的牟利目的相比,翁某其他交易机会的丧失当构成利益损害。根据《民法典》第一百五十四条的规定,该居间合同依法应属无效。涉案争议款项未交付,且买卖合同亦未成立,不具备定金的构成要件,故翁某主张返还定金的依据不足。但是,深圳市某公司的上述涉案行为导致居间合同无效,其依法应赔偿无过错方翁某因此造成的损失。因此,原审判决支持翁某的主张并无不当,应予维持。

观点三:深圳市某公司违反诚实信用原则,依法应承担损害赔偿责任。

该观点认为,就《民法典》第五百条的规定,学理上一般将该条看作关于缔约过失责任的规定。而关于缔约过失责任的构成要件,学界通说认为,首先是当事人违反先合同义务,所谓先合同义务,是指当事人为缔约而相互磋商时,基于诚实信用原则而发生的各种说明、告知、注意和保护义务。

持观点三者认为,合同法本条规定有别于传统的缔约过失责任规定,并未以一方履行先合同义务为要件,而是诚实信用原则的直接体现。案例中深圳市某公司的行为显然违背诚实信用原则,符合该条第二项的规定,构成故意隐瞒与订立合同有关的重要事实或者提供虚假情况。因此深圳市某公司依法应在翁某期待获得1万元定金的履行利益限度内赔偿其损失。原审未查清事实导致适用法律错误,应予改判。

二、笔者赞同观点三的理由

针对上述三种观点,笔者倾向赞同最后一种观点。理由如下:

观点一认可居间合同的效力,主张以深圳市某公司出具的托管确认书来认定交付定金的法律事实,从而适用定金罚则返还1万元,但这样的认定显然与二审查明的客观事实相悖。

笔者不赞同在查明客观事实的情况下依据法律事实作出判决的观点。据此观点一,如果认定居间合同有效而返还定金,则在合同订立一方无买房和委托的真实意思表示、定金未实际交付从而不具备定金成立要件两个问题上,难以自圆其说。

观点二存在的矛盾主要有:第一,该观点认为居间合同无效,无过错方翁某可向过错方深圳市某公司主张利益损失。但是,由于买卖合同未成立,而且定金未实际交付,不具备法定的构成要件,因此,依据定金罚则判决深圳市某公司返还1万元从根本上说缺乏事实依据。第二,基于涉案合同在性质上二合一的事实,涉案1万元同时又具有居间合同履行保证的性质,因此将1万元作为翁某的期待利益判决赔偿,则在居间合同无效的情况下判决赔偿期待利益,其理论依据有待商榷。然而,如果认为合同无效不存在期待利益,则翁某的利益损失又将如何确定,在损失不能确定而且支持翁某的诉请于法无据的情形下,唯有选择驳回翁某的诉请,但这样处理显然有失公允,不合情理。实践中处理深圳市某公司等中介方的这些违规做法造成的案件,若认定居间合同无效往往可能放纵其行为,减轻其应承担的法律责任,则不利于充分保护善意当事人的合法权益。第三,当事人翁某的诉讼请求是返还定金,此判决支持的却并非定金,而是赔偿损失。在未向当事人释明和诉讼请求未变更的情况下,判非所请同样存在问题。第四,依据该观点,二审判决的结果应当是改判赔偿损失,但该观点坚持该类案件改判效果不佳,应当维持原判,此种判决结果在逻辑上自相矛盾。

观点三直接适用了诚信原则的具体规定。根据诚信原则的要求,当事人在合同中应诚实守信,以善意方式全面履行约定义务,不得规避法律和合同义务。深圳市某公司看到房价上涨有利可图，便指使公司员工假扮买家通过订立买卖合同的方式将涉案房产控制在手中，以便伺机寻找买家转卖牟利，其行为显然符合《合同法》(已失效)第四十二条第二项(现《民法典》第五百条第二项)的规定，依法应承担损害赔偿责任。相比前两种观点在合同性质区分和效力认定等问题上的过多赘述，以及适用相关法律后实体处理结果中的诸多矛盾，该观点在事实陈述上删繁就简、去粗取精，只就各方在订立房地产买卖合同中违背诚信原则的主要事实行为进行认定，在法律上将体现诚信原则的相关法律责任适用该案，使得案件的处理结果合法合理，与公众的预期相吻合，达到了法律效果和社会效果的有机统一。

规则 42　[委托代理]中介作为居间一方的委托代理人与另一方订立房屋买卖合同不为法律所禁止，但必须得到一方当事人的明确授权，必须如实向委托代理人报告委托事项的执行情况。

〖规则解析〗

中介作为居间一方的委托代理人与另一方订立房屋买卖合同不为法律所禁止，但必须得到一方当事人的明确授权，必须如实向委托代理人报告委托事项的执行情况。否则，如果房屋中介的越权代理行为未能得到委托代理人的追认。根据《民法典》第一百七十一条第一款关于“行为人没有代理权、超越代理权或者代理权终止后以被代理人名义订立的合同，未经被代理人追认，对被代理人不发生效力，由行为人承担责任”的规定，房屋中介代签的房屋买卖协议对买卖合同另一方不发生效力。

〖案情简介〗

刘某、薛某均委托张某经营的 A 房屋中介所居间购买房屋。杨某通过电话和短信与张某的妻子江某联系，委托代为出售房屋。江某先带薛某看房，而后，经江某与杨某联系，杨某出价 90 万元，薛某表示同意，并告知江某尽快办理相关房屋买卖手续。之后，江某又以 88 万元的价格代杨某与刘某签订了房屋买卖协议书，在“卖方签署”处，由江某作为杨某的委托代理人签字，并加盖 A 房屋中介所的印章，江某还收取了刘某的购房定金 10 万元。协议签订后，江某将合同主要内容短信告知了杨某，但未告知买受人信息，杨某误以为买受人系薛某，表示同意，并向江某传真了房产证、土地证和身份证之后，江某将收取的 10 万元定金汇入杨某所给的建行账户。在薛某向江某询问杨某房屋的买卖事宜时，江某称房东不同意卖房。薛某遂通过房屋的承租人童某取得了杨某的联系电话,询问杨某为何又不同意卖房,杨某此时才得知房屋的买受人并非薛某。为此,杨某认为房屋中介不诚信,拒绝将房屋出售给刘某。刘某诉至法院,要求判令解除双方签订的房屋买卖协议书,并要求杨某双倍返还定金 20 万元。

〖**裁判结果**〗

法院认为,解除合同的前提是合同成立并生效,刘某主张解除的房屋买卖协议书,系房屋中介和江某以杨某代理人身份与刘某签订,因此代理人是否具有代理权,是协议成立生效的关键。代理人认为其与杨某通过电话和短信往来联系,可以证明杨某已委托其出售讼争房屋,有权代为签订房屋买卖协议,但代理人不能提供证据证明其在签订房屋买卖协议书时,已取得杨某代售房屋并代签买卖协议的授权,故房屋中介所和江某代签房屋买卖协议书的行为系越权代理。因杨某对合同的对方当事人不予认可,该越权代理行为既未能得到杨某的追认,对杨某不发生效力,也就不存在解除的问题,对刘某要求解除该协议的诉请不予支持。因房屋买卖协议书对杨某不发生效力,原、被告间未形成房屋买卖合同关系,故杨某收取的 10 万元不能视为购房定金,但继续占有也没有依据,应当予以返还。据此,法院判决:(1)杨某应于判决生效之日起 10 日内向刘某返还 10 万元;(2)驳回刘某的其他诉讼请求。

〖**裁判思路**〗

信息不对称是指市场上不同交易主体所拥有的信息量是不同的,即某些参与者拥有信息,而另一些参与者不拥有信息,或是一方拥有的信息多,另一方拥有的信息少。传统的二手房交易中,中介的参与已经成为公认购买二手房的必经流程。中介能够提供充足的房源信息,并帮助代办各种复杂的房屋交易手续。但在二手房交易中,中介方与买卖双方相比一般拥有信息优势,为谋取更多利益,可能会利用买卖双方信息不对称的情况,对买卖双方“两头瞒”“两头骗”。本案就是房产中介利用信息不对称,擅自代签房屋买卖合同而引发的纠纷,涉及中介的信息披露义务、购房合同效力的认定、表见代理的判定等问题。

一、中介的信息披露义务

房产中介,又称房地产经纪人。根据住建部、发改委、人社部联合发布并于 2011 年 4 月 1 日实施,2016 年 4 月 1 日修正的《房地产经纪管理办法》

规定，所谓房地产经纪，是指房地产经纪机构和房地产经纪人员为促成房地产交易，向委托人提供房地产居间、代理等服务并收取佣金的行为。可见，房产中介执业行为的性质为居间、代理，应当符合《民法典》对于中介合同的相关规定。《民法典》第九百六十一条规定："第九百六十一条中介合同是中介人向委托人报告订立合同的机会或者提供订立合同的媒介服务，委托人支付报酬的合同。"第九百六十二条规定："中介人应当就有关订立合同的事项向委托人如实报告。中介人故意隐瞒与订立合同有关的重要事实或者提供虚假情况，损害委托人利益的，不得请求支付报酬并应当承担赔偿责任。"可见，房产中介作为居间人，其义务就是向委托人报告订立合同的机会或者提供订立合同的媒介服务，并就有关订立合同的事项向委托人如实报告。也就是说，向委托人全面、及时、真实、准确披露信息是房产中介的法定义务。

本案中，房产中介方在带案外人薛某看完房并与被告杨某联系征询价格，且薛某也同意了被告的出价后，却利用双方信息不对称，告知薛某房东不同意卖房，同时在未向房东披露交付定金人基本信息的情况下，擅自以被告委托代理人的身份与原告签订房屋买卖协议书。可见，房屋中介方在与原告签订房屋买卖协议书时，违反了中介应当向委托人全面披露信息的义务，使买卖双方因为信息不对称而陷入交易风险之中。

二、购房合同效力的认定

合同的本质是一种合意。合同成立是指订约当事人就合同的主要条款达成合意。合同成立需具备一定的条件：一是订约主体存在双方或多方当事人。所谓订约主体是指实际订立合同的人，他们既可以是未来的合同当事人，也可以是合同当事人的代理人。订约主体与合同主体是不同的，合同主体是合同关系的当事人，即实际享受合同权利并承担合同义务的人。二是当事人订立合同必须是依法进行的，即订立合同要符合法律、行政法规的相关要求。三是当事人必须就合同的主要条款协商一致。本案中房屋中介以被告杨某委托代理人身份与原告签订协议书，并在"卖方签署"处加盖房屋中介所印章，协议的订约主体即为杨某、房屋中介所和原告刘某。他们签订的房屋买卖协议书，符合上述合同成立的三要件，故合同已经在订约主体间成立。但该合同能否对合同主体即被告杨某和原告刘某发生效力，则要看房屋中介方是否具有相应的代理权。

本案中，中介所作为房屋中介方，直接代委托人杨某签订房屋买卖协议的行为，有“越俎代庖”之嫌，已超出法律规定的居间服务的范畴，是一种越权代理。当然，实践中，中介作为居间一方的委托代理人与另一方订立房屋买卖合同也不为法律所禁止，但必须得到一方当事人的明确授权，必须如实向委托代理人报告委托事项的执行情况。也就是说，本案房屋中介的代理行为只有经过委托人杨某的明确授权才能产生委托代理效力。本案中房屋中介方虽在签订协议后，短信告知了被告杨某关于房屋买卖的相关情况，但始终未披露买方系原告刘某这一事实，使被告杨某误以为短信所称的客户就是前一天看房的薛某，并同意卖房。当杨某得知买方系刘某而非薛某时，坚持不同意出售房屋，表明杨某对合同相对方为刘某这一合同条款内容不予认可，不愿意履行合同，故房屋中介的越权代理行为未能得到被告的追认。根据《民法典》第一百七十一条第一款关于“行为人没有代理权、超越代理权或者代理权终止后以被代理人名义订立的合同，未经被代理人追认，对被代理人不发生效力，由行为人承担责任”的规定，房屋中介代签的房屋买卖协议对被告不发生效力。因协议对被告不发生效力，被告所收取的10万元亦不能作为购房定金，无须双倍返还，但继续占有也于法无据，应返还原告。

三、表见代理的判定

本案在审理时，还应考虑被告的相关行为、中介代签房屋买卖协议的行为是否构成表见代理，即原告通过其所了解的情况是否有理由相信中介方有权代为出售讼争房屋。所谓表见代理，是指行为人虽无代理权，但由于本人的行为，造成了足以使善意第三人相信其有代理权的表象，而与善意第三人进行的、由本人承担法律后果的代理行为。表见代理实质上是无权代理，是广义无权代理的一种。表见代理行为应具备以下四个构成要件：一是无权行为人实施了代理行为，即行为人没有代理权、超越代理权或者代理权终止后仍以被代理人名义订立合同；二是相对人依据一定事实，相信或认为行为人具有代理权，在此基础上与行为人签订合同；三是相对人主观上须为善意、无过失；四是无权代理人代理被代理人签订的合同，应具备合同有效的一般条件，本身不具有无效和应被撤销的内容。

从案件查明事实来看，中介仅仅持有被告传真的房产证、土地证和身份证，原告未到房屋内部进行实地查看，也未看到书面授权委托书，仅凭上述

“三证”的复印件,就认为中介有权代为卖房。从日常生活经验和交易惯例来看,原告即便委托中介购房,对作为专业从事房产经纪的中介存在一定信任,但仍应进行必要的审查。本案中,原告并未看到中介与房东之间代为签订房屋买卖协议的委托合同,并未与房东有过电话或其他方式的直接联系,且未到房屋内部查看房屋,在这一前提下,就轻信中介已得到房屋出卖人签订房屋买卖协议的授权,而与之签订房屋买卖合同,应当认为原告在签订合同时存在一定的疏忽大意,缺乏应有的谨慎而轻易将没有代理权的中介方认作有代理权的人,因此不符合表见代理的构成要件,不能构成表见代理。

规则 43　[反跳单条款]反跳单条款原则上应为有效,除非一方当事人存在欺诈、胁迫或者乘人之危等而签订合同的情形。

〖**规则解析**〗

反跳单条款虽然属于由中介公司单方提供的格式条款,就具体内容当事人双方不存在协商的情形,但就是否签署该条款买房人具有选择权。一旦买房人基于真实意思表示签署了该条款,即应受其约束。因此,反跳单条款原则上应为有效,除非一方当事人存在欺诈、胁迫或者乘人之危等而签订合同的情形。

〖**案情简介**〗

李某为购买房屋委托甲房屋中介公司提供居间服务,双方曾约定,李某接受甲中介公司提供的带看房屋等服务后,同意并保证本人及关联人不与所看房屋的出售方私下或通过其他中介机构完成房屋买卖。反之,视为甲公司居间成功,李某应按该套房屋业主报价总金额的 2.5% 向甲中介公司支付居间服务报酬。2010 年 6 月 10 日,李某通过甲中介公司查看了北京市某区房屋一套。2010 年 6 月 15 日,李某又通过乙中介公司再次查看上述房屋并与业主协商了交易条件。当日晚,李某在乙中介公司居间下与业主签订了房屋买卖合同。甲中介公司遂起诉要求李某支付居间服务费 3.5 万余元。

审理过程中,李某认为,约定条款系甲中介公司提供的格式条款,显失公平,且限制了李某选择中介服务的自由,应为无效;甲中介公司则认为,该约定是双方真实意思的表示,不违反法律规定,应当有效。

〖**裁判结果**〗

经调解,李某与甲中介公司最终达成和解协议,在李某向甲中介公司支付服务费3000元后,甲中介公司撤回起诉。

〖**裁判思路**〗

本案是一起典型的因跳单行为而引发的居间合同案件。房地产中介市场中的"跳单",一般是指当事人通过房产中介机构的居间服务选定房源或与房屋权利人取得联系后,为逃避或减少佣金,而通过其他中介公司或直接与房屋权利人完成交易的行为。

近年来,随着房地产市场的兴盛,房屋中介服务市场也随之壮大。在各市场经济主体追求利益最大化的背景下,跳单现象时有出现。而司法实务中,争议较大的是反跳单条款是否有效及跳单情况出现后当事人如何承担责任的问题。

一、反跳单条款的效力

在目前的房产中介市场中,反跳单条款通常以中介公司单方提供的格式条款的形式出现,如本案中的反跳单条款即是典型,就其是否有效在实务中存在两种截然不同意见。

第一种意见否认反跳单条款的效力,认为(反跳单条款)系中介公司在未促成合同成立的情况下要求报酬及违约金的条款,是中介公司为了重复使用而预先拟定的格式条款,中介公司未与买房人就该条款进行协商,买房人如不同意该条款则该条款对买房人没有约束力。同时买房人享有自主选择中介机构的权利,反跳单条款事实上限制了买房人的这一权利。

第二种意见肯定反跳单条款的效力,认为反跳单条款属双方当事人的真实意思表示,内容如不违反法律、行政法规的强制性规定,则应为合法有效,合同双方当事人均应依约履行合同义务。

就反跳单条款的效力问题,笔者认为反跳单条款的存在有其合理性,不应仅以其属于格式条款为由否认其效力:

1. 反跳单条款的存在具有合理性。房屋交易市场中最有价值的资源在于意向房屋的地理位置、户型以及房主联系方式等各种信息。一般情况下买房人在签署反跳单条款之前或者之后,已经享受到一定的居间服务,通常获得了有关意向房屋的基本信息。如果允许买房人利用中介公司提供的信息购买房屋而不支付相应费用,对中介公司来说并不公平。虽然买房人有权利自主选择中介机构,但并不能排除其在享受到居间服务后应承担的给付相应报酬的义务。在买房人享受到中介公司的服务后,按照享有利益即应承担义务的基本原则,理应向中介公司支付一定的报酬。故反跳单条款的存在具有一定的合理性,可以有效地防止买房人利用取得的信息逃避自己支付报酬的义务。

2. 法律并不当然禁止格式条款的效力。格式条款是当事人为了重复使用而预先拟定,并在订立合同时未与对方协商的条款。格式条款的存在具有合理性。一个条款是否属于格式条款并非其无效的当然原因。除非具有一方当事人欺诈、胁迫或者乘人之危等而签订合同的情形,否则该条款应当有效。反跳单条款虽然属于由中介公司单方提供的格式条款,就具体内容当事人双方不存在协商的情形,但就是否签署该条款买房人具有选择权。一旦买房人基于真实意思表示签署了该条款,即应受其约束。

基于上述两点理由,笔者认为反跳单条款原则上应为有效,除非一方当事人存在欺诈、胁迫或者乘人之危等而签订合同的情形。

二、跳单情况下中介公司损失的认定

反跳单条款虽应有效,但并不当然意味着买房人要按照约定的比例给付服务费。原因在于合同责任属于典型的填平责任。违约责任的范围应以守约方实际遭受的损失为限。反跳单条款中约定的所谓服务费或者违约金实际是违约损害赔偿责任的一种,在过分高于实际损失时,依法可以酌减。

违约损失可以分为合同签订及履行而支出的实际费用等直接损失以及合同履行后可以获得的利益等间接损失两种。在买房人跳单时,中介公司的直接损失原则上应予赔偿。就中介公司的间接损失,笔者认为应当区分买房人能否通过其他正当渠道获取房屋及业主信息来决定是否应予赔偿。在二手房交易市场中,业主通常不会只委托一家中介公司出售房屋,即买房人可以通过多家中介公司获取房屋即业主信息。在这种情况下如果买房人通过其他中介公司完成了房屋买卖而出现跳单时,因为被跳单的中介公司虽然对房屋买卖合同的促成起到一定作用,但并非决定性的作用,其可能取得的合同履行利益并不确定。此时被跳单公司的实际损失不应包括间接损失部分。在业主独家委托某一中介公司或者买房人确系基于该中介公司获取的信息而完成房屋交易并跳单时,因此时中介公司对交易的促成起到决定性作用,则被跳单公司的实际损失中应包括直接损失和间接损失两部分。

在确定被跳单的中介公司实际损失后,如果反跳单条款中约定的服务费或者违约金的数额过高于实际损失,则应买房人的请求,法院可根据案件具体情况依法予以酌减,以实现当事人双方利益的平衡。

规则 44 [跳单条款]当事人“跳单”行为违反了双方签署的居间合同的约定,其行为已构成违约,应承担相应的违约责任。

〖**规则解析**〗

居间合同中违约金条款有时为确认书的主要内容,在双方签订居间合同时,买房人对该条款的内容及法律后果是明知的,且不违反法律规定,因此此类条款合法有效,对双方当事人具有约束力。当事人“跳单”行为违反了双方签署的居间合同的约定,其行为已构成违约应承担相应的违约责任,因此,合同约定的“跳单”违约金应为有效。

〖**案情简介**〗

2009 年 11 月 3 日,甲中介公司带张某看了北京市丰台区一处房屋,张某在甲中介公司提供的《居间服务确认书(带看房屋协议)》上签字。约定甲中介公司在带张某看房后,张某在 6 个月内不得越过居间人与当次带看房屋的业主、关联人以任何方式成交,否则应支付居间报酬 2 倍的赔偿金。张某对该房屋很满意,后“越过”甲中介公司,在乙中介公司的居间服务下以 108 万元购买了同一房屋。甲中介公司现诉至法院要求张某根据双方签订的《居间服务确认书(带看房屋协议)》中的约定,赔偿 55,000 元,以惩罚张某的“跳单”行为。

〖**裁判结果**〗

一审法院认为:协议中的违约金条款为甲中介公司提供的格式条款,实际为约定带看房后,居间人无论是否促成合同均可获取佣金,并以佣金的 2 倍作为违约赔偿金。该约定加重张某的责任、免除甲中介公司的责任,为无效条款,应驳回原告甲中介公司要求支付赔偿金的诉讼请求。

甲中介公司不服一审判决,上诉至北京市第二中级人民法院。北京市第二中级人民法院经审理认为,甲中介公司与张某签订《居间服务确认书(带看房屋协议)》是双方当事人的真实意思表示,内容不违反国家法律及行政法规的强制性规定,张某签订时对该条款内容及法律后果是明知的,该条款合法有效,对张某具有约束力。张某越过甲中介公司与业主完成购房交易的行为违反协议,已构成违约,应承担相应的违约责任。但对于甲中介公司主张的 55,000 元赔偿金,因甲中介公司没有提供证据证明其实际损失高于合同中约定的居间报酬，故二审判决撤销一审判决，改判酌定赔偿数额为27,500元。

〖**裁判思路**〗

“跳单”是房屋居间合同纠纷中较为普遍的现象，买房人可能因为“货比三家”或者为了节省费用而越过中介公司达成交易，对该案中的行为，实践中观点各异：

甲中介公司认为：根据意思自治原则，双方自愿签订的协议应为合法有效。“跳单”这种极不诚信的行为对我公司造成了极大的损害，不但使公司员工前期所做大量辛苦工作付之一炬，也对我公司声誉造成不良影响。要是所有消费者都任意跳单，那每一家中介公司都将深受其害，我们这个行业还能生存下去吗？

张某认为：目前在租房、买房过程中有一个非常普遍的现象，即房源信息是公开的，甲中介公司并不是独家代理，第三方也有房源信息。甲乙公司同时找我接洽，因此我并不存在所谓的“跳单”行为。而且房子价格高昂，我认为老百姓应该有权利“货比三家”，这是消费者的正常选择。另外，中介公司不能对消费者提出行为限制，这是显失公平的“霸王条款”，应属无效。甲公司提供的《居间服务确认书（带看房屋协议）》中对我购房的限制、只许我选其为居间公司的约定是无效的，甲公司也未促成交易，居间失败，我最终只买了一个房子，已经向乙公司支付居间费，当然不能再出第二份。

部分网友认为：房屋中介居于强势地位才敢制定“霸王条款”。老百姓不精通法律和业务，有时候尚未看清条款就被中介逼着在各种名目的文书上签字，不然不带着看房，希望有关部门管一管中介的这种不规范行为。

有关学者认为：“霸王条款”和“跳单”现象是社会经济发展、房价涨跌、中介服务不规范所致。不应简单认为“霸王条款”和“跳单”行为一律无效，而应通过法律对其进行适度限制和规范，以加强对买卖双方和房屋中介等各方的有效保护。

笔者认为，“霸王条款”并非一定无效。

在居间合同纠纷案件中，“跳单”现象是导致居间纠纷的一类典型案件，2010年，北京市第二中级人民法院受理居间合同纠纷案件162件，本案即为其中一起典型案例。在大多数房屋居间合同纠纷案件中，大多是委托人败诉，委托人最后没有买或者买到房子，却不得不向房屋中介公司支付高额中介费用。

根据《民法典》第四百二十四条规定,中介合同的概念是"居间人向委托人报告订立合同的机会或者提供订立合同的媒介服务,委托人支付报酬的合同"。在合同订立后,中介人对合同既不享受权利,也无义务;一方违约,中介人不承担任何责任。中介合同是诺成合同,不是践成合同。所谓"诺成合同",是指只要双方当事人达成合意,合同便宣告生效,不需实际交付作为合同成立的条件。因此当中介人活动促成交易,当事人就必须支付中介报酬,大多数"跳单"案例中买房人都必须支付中介费。

一、"霸王条款"不一定会被法院认定为无效

本案的争议焦点之一在于在居间合同这种专业性较强的合同中如何平衡"意思自治"与"霸王条款"的关系。由于法律并没有规定居间合同的具体形式,居间合同可以口头协定亦可以书面约定,当事人可自由选择,可按照交易习惯决定。因此,在目前的房屋中介行业中,存在各式各样由多家公司自己提供的合同样本,看房协议、买卖居间合同、买卖中保合同、居间合同等各种名目层出不穷,达成此类协议是民商事活动中双方当事人的真实意思表示,内容不违反国家法律及行政法规的强制性规定,应为合法有效。

本案中对中介"霸王条款"效力的认定存在不同看法。"跳单"是指某些买房人因为"货比三家"或者为了节省费用而越过中介公司达成交易。该案中的"霸王条款"确实为房屋中介公司单方拟定,中介公司具有专业优势地位并处于强势地位,处于弱势地位的买房人不得不签署此类条款,否则将得不到服务。因此,有人认为,此类由中介机构单方面规定在居间合同中的"违约金数额"有违公平原则,不应得到认可。这也是一审判决书的观点。

但笔者认为,"霸王条款"的认定需谨慎,尤其在居间合同这种具有相当特殊性与专业性的合同中。法律的目的是保障当事人的合法权益,维护交易安全与交易秩序。居间合同中违约金条款有时为确认书的主要内容,在双方签订居间合同时,买房人对该条款的内容及法律后果是明知的,且不违反法律规定,因此此类条款合法有效,对双方当事人具有约束力。当事人"跳单"行为违反了双方签署的居间合同的约定,其行为已构成违约应承担相应的违约责任,因此,笔者认为合同约定的"跳单"违约金应有效。二审判决实际上肯定了中介公司的主张,认可了该条款的效力,不过中介机构单方面确定的赔偿数额确实有值得商榷之处,二审法院试图让条款不"霸王",适

当平衡“意思自治”与“霸王条款”之间的关系。对于甲公司主张的55,000元赔偿金,因甲公司没有提供证据证明其实际损失高于合同中约定的居间报酬,故二审法院酌定赔偿数额27,500元合情合理,有效平衡了双方利益,达到了良好的法律效果与社会效果,真正做到了“案结事了”。

二、买房人“跳单”需谨慎

本案的争议焦点之二就在于“跳单”行为下是否需要向“被跳单”中介机构支付居间费用?近年来房价起伏跌落、房市政策变化较大是“跳单”行为发生的原因之一。在巨大经济利益的驱使下,买方选择违约,转而购买其他中介公司房屋,有可能能多获得几万元甚至是十几万元的巨额差价,导致二手房买卖违约率普遍较高。“跳单”行为发生的原因之二是,房屋中介行业确实存在一些不法、不规范的行为,为了利润恶意竞争抢顾客甚至动用“阴阳合同”等各种不法手段,使得顾客发生“跳单”行为的现象时有发生。这样不但扰乱了市场秩序,也不利于保障当事人合法权益和房地产行业的健康发展。

此外,事实上,比较普遍的情况是不少消费者对居间合同的理解有偏差。诉讼中,绝大多数买房人误认为只有等自己拿到产权证和房子后中介公司才可收取居间费,因此误以为可以任意违约或者“跳单”。实际上,依据法律规定,中介公司只需“报告订立合同的机会或者提供订立合同的媒介服务”、促成买卖双方签订了买卖合同后就已经“促成了合同成立”,可以主张收取居间费。因此,即使发生了“跳单”行为,就要签订了两份房屋买卖合同,就要支付两份中介费用。若买房人不再打算继续履行房屋买卖合同而违约,其往往不但要支付高额的违约金给卖房人,而且还需要承担居间费用。

三、买房人签合同时要注意防范和化解风险

消费者在买房时对各种法律文件和合同一定要谨慎考虑、谨慎签字,将双方权利义务和程序细节等规定尽可能细化,以降低违约和产生纠纷的可能性。看房期间,尽量不要签署看房协议之类的文件,付款时逐条确认名目和数额,注意索要并保留交费的书面凭证。值得注意的是,中介公司提供的合同往往是其制定的有利于自己的格式合同,买房人应逐字逐句仔细阅读合同条款及附加条文,避免轻信任何一方的口头承诺,对于不合理之处要当即提出异议,充分利用补充条款、特别约定等方式维护自己的基本权利,合理规避和防范风险。

四、行政管理部门与行业协会要加强监督管理

目前不少居间合同都是由各中介公司自行设计,形形色色,可能存在部分“霸王条款”或者对老百姓不利的条款。政府主管部门及行业组织应尽快制定价格收费项目和收费标准,规范业务流程,推荐使用统一范式的房屋买卖合同、房屋居间服务合同、房屋租赁合同示范文本。

改革当前的房屋中介收费方式,建立健全对买卖双方的约束机制。依规定应由买卖双方当事人共同负担的居间费用在实际操作中却都由买方一方承担,这样在三方主体中对买方的制约和责任过大,大大增加了违约和纠纷的可能性。

规范中介机构的资质、经纪人员的职业行为,加强培训与监督机制,增加行业规范性和法制性,防止个别从业人员利用中介机构信息优势欺骗、蒙蔽消费者。建议建立从业人员培训考核制度与评分扣分处罚制度,提高中介的服务素质与道德素质。

规则 45 [跳单]客户在签订居间合同并接受主要居间服务之后,甚至在签订房屋买卖合同之后,再主张另换中介公司,则属于滥用自主选择权的“跳单”行为。

〖规则解析〗

买方可以在充分比较不同中介公司的居间费标准、服务内容、商誉等之后,再决定是否签订看房确认书或居间合同,故该条款并未侵害消费者的自主选择权。客户在签订居间合同并接受主要居间服务之后,甚至在签订房屋买卖合同之后,再主张另换中介公司,则属于滥用自主选择权的跳单行为。

〖案情简介〗

2018 年 1 月 13 日,洪涛公司员工与华夏兴业公司取得联系,以洪涛公司名义委托华夏兴业公司为即将成立的洪涛公司海淀分公司寻找符合办公条件的房源。华夏兴业公司带股梦实和洪涛公司领导看了包括 2502 室、2503 室、2505 室房屋在内的房源,同意租赁 3 套房屋。同年 2 月 9 日,洪涛公司和华夏兴业公司建立了一个微信群,在微信群讨论了房屋租赁的细节问题,包括 3 套房屋的面积、年租金、月租金、押金、首期房租、水电、物业费、免租期、起租时间、租期、违约金、开具发票等条款以及其他需要华夏兴业公司与业主协调的问题。同年 2 月 11 日和 12 日,华夏兴业公司员工将修改过

的3套房屋的租赁合同发到微信群。华夏兴业公司将修改后的合同发送给业主,业主进行反馈后,华夏兴业公司将草拟的《北京市房屋租赁合同(经纪机构居间成交版)》发给业主和洪涛公司。

洪涛公司最终未与华夏兴业公司签订居间合同,而是与昌盛公司签署了房屋租赁合同及居间合同,洪涛公司与业主蒋某放、昌盛公司签订的租赁合同,除租期起算日期和支付日期与华夏兴业公司提供的合同模板相差两天外,最重要的条款均一致。洪涛公司对昌盛公司提供了何种居间服务,未提交证据证明,其表示员工已经离职,具体情况不清楚。华夏兴业公司向一审法院起诉请求:要求洪涛公司及业主支付居间服务费。

〖**裁判结果**〗

法院认定,《民法典》第九百六十五条规定,委托人在接受中介人的服务后,利用中介人提供的交易机会或者媒介服务,绕开中介人直接订立合同的,应当向中介人支付报酬。最高人民法院《关于适用〈中华人民共和国民法典〉时间效力的若干规定》第三条规定:《民法典》施行前的法律事实引起的民事纠纷案件,当时的法律、司法解释没有规定而《民法典》有规定的,可以适用《民法典》的规定,但是明显减损当事人合法权益、增加当事人法定义务或者背离当事人合理预期的除外。

委托人在接受中介服务后绕开中介人直接与相对人订立合同的情形,在原《合同法》及司法解释中没有明确规定,而《民法典》对此进行了规定。但诚实信用原则作为民法的基本原则,在原《合同法》、原《民法总则》中均有规定。考虑到在上述情形中,委托人与居间人成立居间合同后,委托人利用居间人提供的交易机会和媒介服务,最终亦与相对人订立合同,故若双方如约履行居间合同,委托人应当对支付居间报酬有预期,系其应履行的合同义务。但委托人在接受中介服务后绕开中介人直接与相对人订立合同,实际上系一方面利用中介人提供的信息和服务,另一方面又绕开中介人与相对人直接订立合同,使中介人得不到报酬,委托人以此方式不支付中介费的行为违背了诚信原则,不利于鼓励诚信交易,故适用《民法典》第九百六十五条之规定不存在明显减损当事人合法权益、增加当事人法定义务或者背离当事人合理预期的情况,本案依法适用《民法典》的规定进行处理。

本案中,第一,华夏兴业公司向洪涛公司提供了蒋某放等人的房源信息并带看了房屋,华夏兴业公司提供的微信聊天记录显示双方对租金、租期、违约责任、租金发票开取等问题进行了多次沟通，华夏兴业公司也根据双方沟通内容对房屋租赁合同的内容进行了多次修改，后华夏兴业公司应洪涛公司的要求拟定了房屋租赁合同。因此，法院认定洪涛公司接受了华夏兴业公司的服务。第二，洪涛公司、蒋某放、昌盛公司签订的北京市房屋租赁合同的内容与华夏兴业公司向洪涛公司提供的《北京市房屋租赁合同(经纪机构居间成交版)》的内容中的租金数额、免租期、租赁期限等重要条款基本一致。且上述合同内容系经过华夏兴业公司反复修改后得出。洪涛公司虽主张其在最终签订房屋租赁合同前有自由选择居间方的权利且其最终选择与昌盛公司订立居间合同，但洪涛公司并未提供证据证明昌盛公司向其提供了何种居间服务。故法院认定洪涛公司最终与蒋某放达成交易实际系利用了华夏兴业公司提供的服务。第三，洪涛公司在接受并利用华夏兴业公司提供的服务后，绕开华夏兴业公司转而选择报酬数额较低的昌盛公司与蒋某放订立合同。综上，本案应适用《民法典》第九百六十五条的规定，洪涛公司应向华夏兴业公司支付报酬。

〖**裁判思路**〗

"跳单"是委托人在接受中介人的服务后，利用中介人提供的交易机会或者媒介服务，绕开中介人直接订立合同的行为。在《民法典》之前，对于"跳单"行为，法院主要根据原《合同法》及双方合同约定并结合诚实信用原则对"跳单"行为进行认定，并判决违约方承担责任。《民法典》颁布后，对于"跳单"行为有了明确的规定，首次将"跳单"行为上升到了法律层面，不仅保障了中介人权益，而且对于违背契约精神的行为进行了严格规制。

判断是否构成"跳单"，首先，要看中介合同是否已生效，并且要看中介人是否已按照合同约定提供了交易机会或者媒介服务。实践中，委托人就同一委托事项，可能仅委托一个中介人，也可能同时委托多个中介人。在有多个中介人的情形下，尤其要准确判断委托人是否接受了中介人的服务，以及接受了哪个中介人的服务。其次，按照中介合同约定，中介人向委托人提供服务之后，委托人是否利用了中介人提供的这一服务而订立合同，是判断是否构成"跳单"违约的关键。最后，"跳单"行为第三个构成要件是委托人绕开中介人直接订立合同。该行为有三种表现形式：一是委托人利用中介人提供的信息机会或者媒介服务，直接与合同相对方订立合同。二是委托人利用中介人提供的信息机会或者媒介服务，通过其他中介人与合同相对方订立合同。比如,委托方通过某一中介公司提供的信息和媒介服务,合同已基本达成,此时,委托人发现其他中介公司的报酬更低,继而通过其他中介公司与合同相对方订立合同,则构成“跳单”违约。三是委托人将中介人提供的信息透露给亲朋好友,以亲朋好友的名义与合同相对方订立合同,以达到绕开中介人的目的。

规则 46　[自主选择不属于跳单]买方通过正当途径获得相同房源信息的,有权选择报价低、服务好的中介公司促成交易,不属“跳单”违约行为。

〖**规则解析**〗

房屋买卖居间合同中,关于禁止买方利用中介公司提供的房源信息却绕开该中介公司与卖方签订房屋买卖合同的约定合法有效。但是,当卖方将同一房屋通过多个中介公司挂牌出售时,买方通过其他公众可以获知的正当途径获得相同房源信息的,买方有权选择报价低、服务好的中介公司促成房屋买卖合同成立,其行为并没有利用先前与之签约中介公司的房源信息,故不构成违约。

〖**案情简介**〗①

原告上海中原物业顾问有限公司(以下简称中原公司)诉称:被告陶某华利用中原公司提供的上海市虹口区株洲路某号房屋销售信息,故意跳过中介,私自与卖方直接签订购房合同,违反了《房地产求购确认书》的约定,属于恶意“跳单”行为,请求法院判令陶某华按约向中原公司支付违约金1.65万元。

被告陶某华辩称:涉案房屋原产权人李某某委托多家中介公司出售房屋,中原公司并非独家掌握该房源信息,也非独家代理销售。陶某华并没有利用中原公司提供的信息,不存在“跳单”违约行为。

法院经审理查明:2008 年下半年,原产权人李某某到多家房屋中介公司挂牌销售涉案房屋。2008 年 10 月 22 日,上海某房地产经纪有限公司带陶某华看了该房屋;11 月 23 日,上海某房地产顾问有限公司(以下简称某房地产顾问公司)带陶某华之妻曹某某看了该房屋;11 月 27 日,中原公司带陶某华看了该房屋,并于同日与陶某华签订了《房地产求购确认书》。该确认书

---

① 载《最高人民法院公报》2012 年第 2 期。

第2.4条约定,陶某华在验看过该房屋后6个月内,陶某华或其委托人、代理人、代表人、承办人等与陶某华有关联的人,利用中原公司提供的信息、机会等条件但未通过中原公司而与第三方达成买卖交易的,陶某华应按照与出卖方就该房屋买卖达成的实际成交价的1%向中原公司支付违约金。当时中原公司对该房屋报价165万元,而某房地产顾问公司报价145万元,并积极与卖方协商价格。11月30日,在某房地产顾问公司居间下,陶某华与卖方签订了房屋买卖合同,成交价138万元。后买卖双方办理了过户手续,陶某华向某房地产顾问公司支付佣金1.38万元。

〖**裁判结果**〗

上海市虹口区人民法院于2009年6月23日作出(2009)虹民三(民)初字第912号民事判决:被告陶某华应于判决生效之日起10日内向原告中原公司支付违约金1.38万元。宣判后,陶某华提出上诉。上海市第二中级人民法院于2009年9月4日作出(2009)沪二中民二(民)终字第1508号民事判决:(1)撤销上海市虹口区人民法院(2009)虹民三(民)初字第912号民事判决;(2)不予支持中原公司要求陶某华支付违约金1.65万元的诉讼请求。

二审法院生效裁判认为:中原公司与陶某华签订的《房地产求购确认书》属于居间合同性质,其中第2.4条的约定属于房屋买卖居间合同中常有的禁止"跳单"格式条款,其本意是为防止买方利用中介公司提供的房源信息却"跳"过中介公司购买房屋,从而使中介公司无法得到应得的佣金,该约定并不存在免除一方责任、加重对方责任、排除对方主要权利的情形,应认定有效。根据该条约定,衡量买方是否"跳单"违约的关键,是看买方是否利用了该中介公司提供的房源信息、机会等条件。如果买方并未利用该中介公司提供的信息、机会等条件,而是通过其他公众可以获知的正当途径获得同一房源信息,则买方有权选择报价低、服务好的中介公司促成房屋买卖合同成立,而不构成"跳单"违约。本案中,原产权人通过多家中介公司挂牌出售同一房屋,陶某华及其家人分别通过不同的中介公司了解到同一房源信息,并通过其他中介公司促成了房屋买卖合同成立。因此,陶某华并没有利用中原公司的信息、机会,故不构成违约,对中原公司的诉讼请求不予支持。

〖**裁判思路**〗

本规则由最高人民法院公布的指导案例构成,关注的是二手房买卖中买方"跳单"应当如何处理的问题。二手房买卖居间活动中,买方通过中介公司的居间服务选定房源后,却故意绕开该中介公司直接与房主达成交易或通过其他中介公司与房主达成交易的现象,民间俗称“跳单”。当事人在房屋买卖居间合同中约定的禁止跳单条款法律效力如何,以及何种情况构成跳单违约,实践中认识不一。本案例的生效判决对相关纠纷的处理结果符合法律规定及当事人约定,契合公平合理的法律精神,既有利于鼓励中介公司以提供质高价优的中介服务取得竞争优势,促进二手房中介市场良性竞争,又有利于保护买方合法的购房选择权,避免因信息不对称导致的不公平。因此,本案例对类似案件的处理具有指导意义。

一、关于禁止跳单条款的法律效力问题

1. 关于房地产求购确认书的法律性质。本案中,中介公司带领买方看房时,让买方签署了房地产求购确认书,其中明确了由买方委托中介公司求购房屋,并约定了报酬和违约条款。该确认书系中介公司向买方报告订立房屋买卖合同的机会、提供相关媒介服务,并由买方支付报酬的合同,符合《民法典》第九百六十一条对于中介合同的定义,其法律性质属于居间合同。实践中,中介公司与买方签订的合同名称多样,有的称为二手房买卖服务合同,有的称为委托看房书,有的称为看房协议书。不论名称如何,其核心内容都是由中介公司向委托人提供二手房买卖的信息和媒介服务,都属于居间合同,目前应按照《民法典》中关于居间合同的相关法律规定认定和处理。

2. 关于禁止跳单条款的法律效力。中介公司为了保障自己的利益,通常在居间合同中载明禁止委托人跳单的条款,约定跳单行为是违约行为。对于禁止跳单条款的法律效力问题,司法实践中存在不同的认识,有的认为这是中介公司利用自己的优势地位而设立的“霸王条款”,限制了买方的选择权,应属无效;有的则认为买方在签订合同时,对该条款的内容和法律后果应当明知,且不违反法律规定,应属有效。笔者认为,应根据约定的具体内容来认定其效力,不可一概而论,只要当事人主体身份适格,意思表示真实,约定内容没有违反法律或行政法规强制性规定,就是合法有效的。具体来说,应考察以下两个方面。

一是看禁止跳单条款是否有《民法典》总则编规定的合同无效的情形。由于禁止跳单的约定通常并不涉及恶意串通损害他人利益或者损害社会公共利益的内容,其主要在于防止买方的不诚信行为,法律、行政法规亦未强行规定当事人不得签订禁止跳单的条款,且并非免责条款,故不属于《民法典》总则编规定的情形。

二是看禁止跳单条款是否具有免除其责任、加重对方责任、排除对方主要权利的情形。实践中,禁止跳单条款通常都是中介公司事先在合同中拟好,而后在居间活动中直接交给委托人签字确认的,这种为了重复使用而预先拟定且在订立合同时未与对方协商的条款,其性质属于格式条款。《民法典》第四百九十七条对格式条款的效力作了特别限制,规定:"有下列情形之一的,该格式条款无效:(一)具有本法第一编第六章第三节和本法第五百零六条规定的无效情形;(二)提供格式条款一方不合理地免除或者减轻其责任、加重对方责任、限制对方主要权利;(三)提供格式条款一方排除对方主要权利。"免除责任,是指免除格式条款提供者按照通常情形应当承担的主要义务。加重责任,是指格式条款中含有通常情形下对方当事人不应当承担的义务。排除主要权利,是指排除对方当事人按照通常情形应当享有的主要权利。是否属于"通常情形下"的责任或权利,不能仅看当事人约定的合同内容,而应当根据具体合同的性质作出判断。根据二手房买卖居间合同的性质,中介公司的主要责任是根据委托人的要求,向委托人如实报告订立合同的机会、提供订立合同的媒介服务,其权利是在促成合同成立后获得报酬;委托人的主要权利是获得信息和服务,其主要义务是在中介公司促成合同成立时支付报酬。从本案例来看,当事人约定在一定期间内委托人利用了中原公司的信息、机会等条件却不通过中原公司而达成买卖交易的行为构成违约,该约定目的在于防止买方一方面利用自己的信息和服务,另一方面又绕开自己(中介公司),从而使自己得不到应得的报酬,不属于免除其责任、加重对方责任、排除对方主要权利的情形。再者,利用了中介公司的信息和服务却绕开中介公司的跳单行为,违反了诚实信用原则,当事人将该行为约定为违约行为并应当支付违约金,是对中介公司合法利益的正当保护,有利于促进中介公司的正常经营发展,有利于鼓励诚信交易。故案例中关于禁止买方利用中介公司提供的房源信息、机会等条件,却绕开该中介公司与卖方签订房屋买卖合同的约定,应认定为合法有效。

二、买方未利用中介公司提供的信息、机会等条件时,不构成违约

本案例中,当事人约定,买方在一定期间内利用了中原公司的信息、机会等条件却不通过中原公司而达成买卖交易的行为构成违约。因此,如果没有利用中原公司的信息和机会,则不构成违约。

从本案例来看,显然不能认定陶某华利用了中原公司的信息、机会。首先,房源信息并非中原公司独家掌握。法律或行政法规并无禁止房主委托多家中介公司出售房屋的规定,实践中房主为了增加交易机会,往往通过多家中介公司挂牌出售同一房屋,而不是委托某中介公司独家代理出售,因此有多家中介公司掌握同一房源信息。中介公司接受委托后通过多种渠道公布房源信息,比如在店面、网络、报刊发布或自己印制传单发布等,这些都是公众可以获知房源信息的正当途径。由于买方可以通过多种正当途径了解到同一房源信息,也可以联系多家中介公司以选择最低的房屋报价、居间报酬报价和最优质的服务,如果最终通过某家中介公司促成了交易,很难认定买方是利用了其他中介公司的信息和服务。其次,从时间先后上看,中原公司并非第一个提供房源信息的中介公司。本案中先后有三家中介公司带买方看过房,中原公司是最后一家,且中原公司仅带买方看过一次房。从时间上看,买方最终选择了第二家中介公司与房主达成交易,不能认定为是利用了中原公司提供的信息和机会才达成房屋买卖交易。需要注意的是,裁判要点中并未将时间先后作为是否构成利用的要素之一,理由是,尽管时间先后可以成为考察是否构成利用的一个逻辑上的原因,但即使中原公司是第一家带买方看房的中介公司,也不能充分证明买方一定是利用了中原公司的信息,不能简单地理解为只要中介公司提供了信息,买方就构成了“利用”。最后,中原公司未能举证证明陶某华利用了中原公司的房源信息。根据“谁主张,谁举证”的原则,中原公司作为原告,对于陶某华利用了中原公司的房源信息这一主张负有举证责任,但中原公司没有提供充分证据证明陶某华利用了中原公司的房源信息。

但是,司法实践中也要注意防止买方恶意跳单的情况,比如,通过某一中介公司的中介服务,房屋买卖合同已经基本达成,买方仅仅因其他中介公司的居间报酬更低,就转而寻求其他中介公司与房主签约,这有违诚实信用原则。在这种情况下,可以认定买方利用了前一中介公司的信息和服务,构成违约。

三、其他需要说明的问题

1. 关于禁止跳单条款的可撤销问题。本案例中的禁止跳单条款属于合法有效的情形,但实践中有的禁止跳单条款可能存在显失公平的情况。比如有的条款约定中介公司带买方看房后,买方不得私下或通过其他中介公司与该房房主交易,否则需支付相当于居间报酬的违约金,该约定意味着中介公司带领买方看房后就能"旱涝保收",不论该中介公司报价是否偏高、服务质量如何,买方如果打算购买该套房屋,只能选择该中介公司进行交易,否则就构成跳单违约,要支付相当于居间报酬的违约金。对此,笔者认为,从中介公司的付出来看,其获得售房信息往往是卖方的主动委托,带领买方看房也只是简单劳动,其付出是有限的;在多家中介公司掌握同一房源信息的情况下,各家中介公司的报价和服务可能存在较大差异,如果某中介公司以有限的付出来永久限制买方的选择权,双方的利益明显失衡。在这种情况下,买方如果认为显失公平,可以根据《民法典》第一百五十一条的规定申请撤销该条款。

2. 关于居间人如实报告义务问题。《民法典》第九百六十二条规定:"中介人应当就有关订立合同的事项向委托人如实报告。中介人故意隐瞒与订立合同有关的重要事实或者提供虚假情况,损害委托人利益的,不得请求支付报酬并应当承担赔偿责任。"本案中,中原公司报出的房价为 165 万元,明显高于另一家中介公司 145 万元的报价,案中当事人并未就此提出异议,但是如果中介公司故意超出房主报价虚报房屋价格,损害买方利益,不得要求买方支付报酬并应承担损害赔偿责任。

3. 关于居间费用问题。《民法典》第九百六十四条规定:"居间人未促成合同成立的,不得要求支付报酬,可以要求委托人支付从事居间活动支出的必要费用。"据此,中介公司即使没能促成房屋买卖合同成立,也有权要求买方支付必要的居间费用,因为中介公司毕竟付出了劳动,支出了必要的费用,而买方也得到了中介公司的服务,根据权利义务相对等的原则,买方应当支付中介公司为居间活动付出的必要居间费用。

第十一章　房产新政下商品房买卖纠纷

【本章导读】

近年来,国家出台房产新政,各地限贷、限购政策随之出台。由于对法律规定及司法解释理解与执行的不统一,全国各地对房产新政引发的退房案件裁判各异,不利于引导人们理性购房,只有正确辨析房产新政的法律性质,才能找到规范统一司法的路径。本章就房产新政下商品房买卖纠纷的裁判规则进行了探讨。

【实务问答】

一、因房产新政中的限贷政策引发的纠纷如何处理?

近年来不断推出的楼市调控新政,其基本导向在于:一方面通过提高购房首付和提高贷款利率来降低购房者资金承受力,遏止不合理的购房需求;另一方面通过提高购房成本,改变公众的房价预期,从而遏止房价过快上涨。房地产政策是国家行政机关颁布的行政性决定,具有原则性、调控性、应时性、有限性等特征。房地产政策的颁布实施并不必然导致私人经济关系的变动,房地产政策融入司法需要一个理解和适用的过程,其理性限度要求遵循法律的基本原则与精神,符合正当程序和社会公共利益。

首先,房产新政由有权的机关公布,符合政策公布的形式要件,未经公布的内部文件不能适用。房地产政策包括中央政策、地方政策和行业政策,对于中央政策在特定情形下可以直接引用,对于地方政策和行业政策只能参照适用。

其次,房产新政区分倡导性政策与强制性政策。对于倡导性政策,仅为行政机关对房地产交易秩序的指导,不具有具体的法律效力。对于强制性政策,应当区分管理性强制性政策与效力性强制性政策:对于违反管理性强制性政策的,仅为违反公法上的义务,并不介入私法领域;对于违反效力性强制性政策的,介入私法领域,民事审判应当予以充分注意。

再次,房产新政不具有溯及力。对于房地产政策发布前的行为一般不适用该经济政策调整,这点与一般民事法律不具有溯及力大致相同。

最后,房产新政符合社会公共利益原则。房地产政策发生变动后,新政策应当代替之前的政策;房地产政策因修改终止或者自然消亡的,应当不再予以适用。经济政策是否影响民事审判实则是一个法律解释的问题,即对社会公共利益的理解,在房地产市场上社会公共利益表现为保障房地产市场的理性稳定和促进房地产资源的有效配置。因此,对于保护社会公共利益的房地产政策可以赋予其较强的效力。

对于因房产新政引起的纠纷可以划归为两大类型,即因限购政策所引起的法律纠纷和因限贷政策所引起的法律纠纷。通过限贷进行调控,①对买卖房屋的双方当事人而言,产生较大影响的主要有两种情形:一是首付款比例提高和贷款利率增加,造成对买受人付款能力要求提高及购房成本加大,使得部分买受人无力履行合同,导致双方发生纠纷;二是由于银行加大对贷款对象的限制力度,致使部分买受人在新的贷款政策之下,变得不具备贷款资格,从而无力支付购房款,致使买卖双方围绕买受人应否承担违约责任等问题产生纠纷。

因房产新政中的限贷政策,导致房屋买卖合同无法履行的,其法律基础和性质如何认定,理论与司法实践中存在不同观点:

第一种观点认为,房产新政中的限贷政策调整对买受人和开发商来说都是无法预料的,属于买卖双方都无法预见的风险。由于新政中提高了第二套房的首付比例及贷款利率,停止对第三套房的贷款,从而导致买受人很

---

① 关于限贷问题,中国人民银行、中国银行业监督管理委员会曾出台《关于完善差别化住房信贷政策有关问题的通知》,规定,“一、各商业银行暂停发放居民家庭购买第三套及以上住房贷款;对不能提供一年以上当地纳税证明或社会保险缴纳证明的非本地居民暂停发放购房贷款。二、对贷款购买商品住房,首付款比例调整到30%及以上;对贷款购买第二套住房的家庭,严格执行首付款比例不低于50%、贷款利率不低于基准利率1.1倍的规定。三、各商业银行要加强对消费性贷款的管理,禁止用于购买住房”。

难通过银行贷款来履行付款义务。因此,如果商品房或房屋买卖合同中明确约定买受人通过银行贷款的方式付款,现因房产新政调整不能获得银行贷款,造成买受人无力支付购房款的,属于不可抗力。

第二种观点认为,房产新政中的限贷政策调整应该属于正常的商业风险,并不直接导致合同目的无法实现。因为购房行为本来就是一个商业投资行为,买受人就应该承担正常的商业风险。

第三种观点认为,房产新政中的限贷政策调整属于情势变更。《合同法解释(二)》(已失效)第二十六条确立了我国合同法情势变更的原则。《民法典》对此予以吸收和修正,该法第五百三十三条规定:“合同成立后,合同的基础条件发生了当事人在订立合同时无法预见的、不属于商业风险的重大变化,继续履行合同对于当事人一方明显不公平的,受不利影响的当事人可以与对方重新协商;在合理期限内协商不成的,当事人可以请求人民法院或者仲裁机构变更或者解除合同。人民法院或者仲裁机构应当结合案件的实际情况,根据公平原则变更或者解除合同。”

笔者认为,针对房产新政,可以依据不同的调控手段及其对民事法律行为带来的影响,区别情况予以认定。

1. 房产新政中的限贷政策调整不属于不可抗力。尽管从某种角度上看,国家信贷政策的变化符合了不可抗力的某些要件,但是对于不可抗力所要求的履行不能的认定较为困难。这是因为:(1)信贷政策的作为经济手段其调控是间接性的,信贷只是房屋买卖中常见的融资手段之一,并非唯一手段。因此,信贷手段的缺失可能造成履行的困难,并不必然导致买受人无法继续履行商品房买卖合同。(2)国家信贷政策的调整并非直接作用于普通的民事主体,而是通过对银行的规制进而产生影响,因此,对于买卖双方的效果和作用是间接的,而不是直接发生的。(3)国家信贷政策调整具有普遍性及常规性的特点,并非一个令所有市场主体猝不及防的突变过程。从历次房地产调控来看,首付款比例及利率已经经历了多次调整,难言不可预见。

2. 房产新政中的限贷政策调整不属于情势变更。情势变更原则作为一个衡平性原则,《民法典》第五百三十三条规定:“合同成立后,合同的基础条件发生了当事人在订立合同时无法预见的、不属于商业风险的重大变化,继续履行合同对于当事人一方明显不公平的,受不利影响的当事人可以与对方重新协商;在合理期限内协商不成的,当事人可以请求人民法院或者仲裁机构变更或者解除合同。人民法院或者仲裁机构应当结合案件的实际情况,根据公平原则变更或者解除合同。"情势变更原则的价值在于当合同订立时的"情势"在合同履行时发生了重大变化时,继续履行合同会导致不公正结果,此时应当施以司法救济。应当说,房产新政中涉及的信贷政策调整,属于国家通过经济手段对房地产市场进行调控,改变房地产市场上的信贷环境,与情势变更中的情势契合。但情势变更的核心在于合同继续履行将会显失公平。笔者认为,涉及信贷政策的调整并不属于情势变更,主要理由是:(1)信贷政策的变更,导致提高首付比例、贷款利率以及停放贷款,并非直接干预房屋的价格,交易的价格也并未因为政策的出台飞涨或者暴跌,从对价上来讲,并非不公平。(2)情势变更中需要公权力介入调整的显失公平必须达到相当的严重程度。当当事人因不可预见的情势变更,继续履行对于当事人一方是非常巨大的负担时,对于此点,当事人之间并无合意,因而原约定对于当事人已无约束力,应当允许变更或者解除。① 信贷政策的出台虽然可能增加了买受人的履约负担,造成履约艰难的境况,但出卖人并未因此获取重大利益,买受人增加的负担并非严重失衡,交易尚未达到需要公权力直接介入予以调整的地步。(3)如果认定该信贷政策变动是情势变更,则赋予了买受人一方超乎其签订合同之初预期的重大权利,买受人在履行之前可以选择要求法院向对自己有利的方向变动或者解除合同,而出卖人一方面并未从该交易的继续履行中获取不当利益,另一方面又未能像买受人一样享有请求变更或者解除合同的请求权,从而可能产生新的不公平。

3. 房产新政中的限贷政策调整不属于商业风险。虽然商业风险说在政策判定上有一定的合理性,但从房产调控的趋势及维护房屋买卖合同的公平公正上讲,具有不合时宜性。在国家加大宏观调控力度的背景下,房屋买卖双方有可能预见国家会采取一些政策调整,但出台的时间及具体内容均难以预料,难以用正常的商业风险来评判。房屋买卖应该是家庭的重大置业项目,买受人在签订房屋买卖合同时,在充分考虑自身经济能力的情况下,约定以贷款方式支付部分购房款。但合同签订后,各项政策陆续出台,

---

① 参见史尚宽:《债法总论》,中国政法大学出版社2000年版,第428页。

使得签约时的客观情况发生了根本性变化，买受人原定的贷款目的无法实现，成为履行合同不可克服的障碍，与买受人当时的预期大相径庭。因此，房产调控的限贷政策不属于商业风险。①

4. 房产新政中的限贷政策调整可视为"不可归责于双方事由"的解除合同的情形。不可抗力与情势变更均不能完美地解决信贷政策变动所导致的问题，将房地产新政认定为二者之一将会导致对于现有制度的突破。考虑到宏观调控的价值取向，在审理此类案件时，对于那些明显受新政影响的房屋买卖合同，可以作为合同解除的情形。解除的理由可以进行如下建构：将限贷政策的变化认定为"不可归责于双方的事由"，并将其落脚点确定在对买受人一方的"履约能力产生重大影响"，进而依据公平原则予以处理。这种处理方案的优点在于：第一，该类案件中经常存在着因合同签订后，双方为履行合同准备而产生的实际费用，如中介费、提前还贷违约金等，在这一建构的基础上，可以通过公平原则来合理分担双方的实际损失；第二，避免刻板地认定违约责任导致的实质不公平以及社会舆论的反弹；第三，这一建构完全基于现有的法律规定而并未突破现有制度；第四，这一建构中的核心事实将是新政对于买受人履约能力的影响，通过这一事实的差异性认定，可以分别地对待不同的案件。

就合同解除的法律依据问题，《商品房买卖合同解释》第十九条规定，因不可归责于当事人双方的事由未能订立商品房担保贷款合同并导致商品房买卖合同不能继续履行的，当事人可以请求解除合同，出卖人应当将收受的购房款本金及其利息或者定金返还买受人。需要指出的是，这一规定并未包括二手房买卖。通常认为，原《合同法》第九十四条中的法定解除权应当由守约方享有，排斥违约方对于法定解除权条款的适用。但对于受到涉房新政影响的合同，无论是限购措施还是信贷政策变更，出现履行障碍的买受人都不存在可以追责的法律基础，从而可以认为该类纠纷中的买受人并非上述条款中的违约方。另外，在房产新政导致合同难以继续履行的情况下，如果出卖人不解除合同，又排除买受人的法定解除权，则合同处于既不能履行又不能免除履行义务的状态，极有可能导致双方利益减损。因此，法院可

---

① 参见王凤丽：《房屋买卖合同纠纷适用情势变更的思考——基于房产调控新政策的分析》，载《周口师范学院学报》2012 年第 4 期。

以依据合同的法定解除权条款解除双方合同，进而避免双方当事人的非理性选择，避免双方损失的进一步扩大。

在处理合同解除后相关事宜的问题上，依照《民法典》第五百六十六条的规定，合同解除后，尚未履行的，终止履行；已经履行的，根据履行情况和合同性质，当事人可以请求恢复原状或者采取其他补救措施，并有权请求赔偿损失。在相关损失的承担环节，因双方对该损失的产生均无过错，在损失承担环节，应当依据《民法典》第六条的原则性规定，公平地在当事人之间进行分配。

综合以上分析，将限贷政策调整认定为“不可归责于双方当事人的事由”，在实体上更有利于保护当事人双方的利益。2013 年 5 月，安徽省高级人民法院在《关于在审理房地产案件中认真贯彻“新国五条”精神的通知》中规定，对因新政实施导致的合同签订和履行环节的纠纷，要依据《民法典》的立法精神，维护交易的稳定。对确因贷款政策调整，购房者无力支付超过合同约定的首付款、无法获取按揭贷款或因购房资格限制无法办理房产登记等情形，应认定为《民法典》规定的“不可归责于双方当事人的事由”，允许购房人解除合同，并由出卖人返还其购房款本金及利息。但购房人主张因新政导致利率变动较大增加其负担并要求解除合同的，一般不予支持。自 2017 年 3 月 17 日后，北京市人民政府陆续出台了一系列房地产调控新政策（以下简称“3. 17 新政”）。通过限购、限贷、限售等一系列措施，抑制了房地产价格过快上涨，有效遏制了投资投机性购房，切实保障了广大人民群众的居住需求。“3. 17 新政”具有公共政策的性质，其具体的限贷、限购、限售等措施，会对部分房屋买卖合同造成成本增加或履行不能等障碍。北京市高级人民法院出台《关于妥善处理涉及“3. 17 新政”的房屋纠纷案件若干问题的会议纪要》，认为对于合同订立后由于“3. 17 新政”的实施致使合同无法继续履行的，属于因不可归责于双方当事人的原因导致合同目的无法实现。当事人要求解除合同的，除合同另有约定外，一般应予支持。对于已经过网签的房屋买卖，原则上不认为存在因“3. 17 新政”导致的履行障碍，但有相关证据表明履行存在政策障碍的，法院应与相关行政主管部门核实后予以认定。确有证据证明因“3. 17 新政”导致购房出资的履约成本增加幅度较小，对当事人履约能力不构成严重影响的，合同应当继续履行，当事人一方以此要求解除合同的，不予支持。因继续履行合同增加的购房出资成本的承担问题,合同有约定的依合同约定,合同没有约定或约定不明的,由购买方承担。合同能否继续履行的判断,法院应综合合同履行程度、成本增加比例、买受人资信情况等因素综合进行考量。因“3.17 新政”原因导致合同解除后,出卖人应当将收受的购房款或定金返还给买受人;当事人一方要求另一方承担违约责任或适用定金罚则的,不予支持。开发商将规划性质为商业办公类用房出售给个人的,因“3.17 新政”导致该商业办公类用房买卖合同解除的,开发商主张房屋贬值损失补偿的,不予支持。

上述规定值得参考。

二、房产调控政策实施前订立的房屋买卖合同并未约定以按揭贷款方式付款,或者约定买受人如未能取得按揭贷款的则应在约定的期限内一次性付清全部房款的,买受人能否以新政实施为由,主张解除合同并免除民事责任?

房地产限贷政策主要是针对的是房地产市场中投资性购买者,主要目的是在贷款政策方面限制购买非首套房以及异地购房。房产调控政策实施前订立的房屋买卖合同并未约定以按揭贷款方式付款,或者约定买受人如未能取得按揭贷款的则应在约定的期限内一次性付清全部房款的,不应认定为造成买受人利益明显失衡的情势变更,买受人也不得以新政实施为由主张解除合同并免除民事责任。这是因为,按揭贷款如果不是合同明确约定的或者指定的支付方式,或者不是履约的唯一方式,那么,在调控政策施行后,买受人就应以其他替代支付方式进行支付,而无权据此直接解除合同。因为,此种政策的调整,对其履行业已签订的房屋买卖合同没有实质性影响,并不会直接造成其无法履行合同义务。

三、房产调控政策实施前订立的房屋买卖合同明确约定以按揭贷款方式付款,且买受人确有证据证明因不能办理按揭贷款导致房屋买卖合同无法履行的,能否请求解除合同并要求出卖人返还所收的购房款或定金?

买卖双方在房产调控政策实施前订立房屋买卖合同,明确约定以按揭贷款方式付款,且买受人确有证据证明因不能办理按揭贷款导致房屋买卖合同无法履行的,买受人请求解除合同并要求出卖人返还所收的购房款或定金的情况下，人民法院经审查，如买受人的确因为房贷政策变化而不能办理约定的按揭贷款，人民法院可以支持当事人的请求。当事人在合同中明确约定用按揭贷款方式支付剩余房款，当贷款这一为买受人继续履行合同后续付款义务的方式无法实现时，可以认定为属于出现了令合同继续履行出现障碍并足以影响合同目的实现的重大变化事由。因为房贷政策的直接影响是买受人不能取得贷款，或者不能取得原合同约定比例的贷款，间接影响是买受人对待给付义务内容发生了变化。[①]

之所以如此考虑，一方面是因为双方在房屋买卖合同中明确约定后续付款方式是通过银行按揭贷款支付，并无其他类似如果贷款不成则由买受人改用其他方式自筹解决的但书条款，不能将此约定不明的事项硬性地强加给买受人。另一方面，在目前房地产调控的主要地区，特别是一线、二线城市，房价动辄数万元一平方米，一套普通住房总价款加上税费、中介费用就达到数百万元。除非有经济实力的买受人约定自行支付全款，其他大多数买受人除了缴纳首付款外，通常以按揭贷款方式支付，而且按揭贷款的数额多为总房款的大部分。选择贷款本身就意味着自身短时间内支付能力不足，如果贷款不成改由其自行全部支付，无疑会让买受人难以承受。较为稳妥的做法是，将其认定为“不可归责于当事人双方的事由”，同时赋予买受人在此种情况下请求解除合同的权利，并支持其返还首付款的请求。

四、因首付款比例提高所产生的纠纷能否适用情势变更原则？

目前，各地实行的限贷政策大多规定，贷款购买商品房以及二手存量房的，属于首套房的，购房首付款比例调整到总房款30%及以上；对贷款购买第二套住房的家庭，严格执行首付款比例不低于总房款60%且贷款利率不低于基准利率1.1倍的标准。此项规定提高了买受人的履约能力门槛。首付比例和税负较以前有大幅提高。在全国范围内的一线、二线城市，房价动辄每平方米数万元，一套面积100平方米左右的房屋房价就达到数百万元。首付款的比例每提高10个百分点，落实到具体金额上会增加几十万元，这对普通收入的买受人而言绝不是一个小数目。此种情况下，买受人能否以情

---

① 参见王建东、杨国锋：《房贷调控政策背景下的情势变更原则及应用》，载《杭州师范大学学报（社会科学版）》2010年第5期。

势变更作为解除合同的理由？

笔者认为，此种情况下尚不能适用情势变更原则。主要理由如下：

首先，商品房以及二手房作为房地产市场的交易品种，也是在平等民事主体之间进行的买卖行为，买受人具有消费者的特征。不过，房屋毕竟不是普通民需商品，其总价高、价格波动幅度较大，在现阶段还是应当将其作为一种特殊商品对待。特别是近年来，我国居民投资渠道欠缺、股市不振，房地产市场却“一枝独秀”，全国各地主要城市和地区的房地产市场价格持续上扬，使得房地产领域内投机炒作气氛日益浓厚，购房在满足日常基本需求功能之外，抱着投资、投机性目的的买受人大大增多。况且，通常人们很难判断买受人买卖房屋究竟是出于刚性需求，还是追逐利润的商业活动。房屋买卖合同签订前后，在短时间内都很有可能产生极大的价格差额，加之房屋交接手续又存在一定的时间差，使得买卖双方经常将合同价格与当前市场价格相对比，失利的一方比较容易毁约。如果将首付款比例或者税费增加等事项作为情势变更对待，极有可能导致双方当事人的“法锁”的解除，从而影响经济交易秩序的稳定。

其次，从法院系统以往的审判实务思路分析，对情势变更原则的适用始终采取极为严谨、慎重的态度。2009 年 7 月最高人民法院发布的《关于当前形势下审理民商事合同纠纷案件若干问题的指导意见》就明确指出“慎重适用情势变更原则，合理调整双方利益关系”，对于情势变更原则的适用作出了相关司法实践指导。人民法院在判断某种重大客观变化是否属于情势变更时，应当注意衡量风险类型是否属于社会一般观念上的事先无法预见的情形、风险程度是否远远超出正常人的合理预期、风险是否可以防范和控制、交易性质是否属于通常的“高风险、高收益”范围等因素，并结合市场的具体情况，在个案中识别情势变更和商业风险，结合案件的实际情况确定是否变更或者解除。

再次，最高人民法院还于 2009 年发布了《关于正确适用〈中华人民共和国合同法〉若干问题的解释（二）服务党和国家工作大局的通知》，要求各级人民法院务必正确理解和慎重适用情势变更问题。在适用情势变更原则时，还应遵循严格的程序，如遇情况特殊确需适用的个案，必须呈报高级人民法院审核，一审、二审法院不能未经审核自行适用。由此可见，司法审判领域对于情势变更原则持慎之又慎的态度。

最后，虽然一部分买受人签订合同后，因政策发生变化致使提高了首付比例或税费标准，增加了购房成本，但这并非不能克服的困难，不能简单地以此为由，认为构成适用情势变更的条件。值得注意的是，在房地产宏观调控的大背景下，买房人也应对一些房产市场风险有充分的预见，不能借口因宏观政策的调整而任意解除合同。[①] 由于房价持续居高不下，政府屡次出台调控政策，且在相当长的一段特殊时期内，均有新政策出台的可能性。因此，作为买受人应当有清楚的认识，对可能带来的影响，在决定购房时应有一定的预见性，并进行必要的经济、法律手段的应对准备。[②]

五、因房产新政调控引起税费调整，当事人对调整后税费的支付没有约定或约定不明的，应当如何处理？

当事人对税费的支付没有约定或约定不明的，应根据国家税费法规确定承担主体。若双方对税费的支付作出约定后，又因宏观政策调控而发生税费增减的，除当事人协商一致外，增减部分仍应按国家税费法规确定承担主体。当事人不得以税费调整或双方未约定以及约定不明为由，要求解除合同。

六、因房产新政中的限购、禁购政策引发的纠纷能否适用情势变更原则？

《合同法解释（二）》（已失效）第二十六条规定："合同成立以后客观情况发生了当事人在订立合同时无法预见的、非不可抗力造成的不属于商业风险的重大变化，继续履行合同对于一方当事人明显不公平或者不能实现合同目的，当事人请求人民法院变更或者解除合同的，人民法院应当根据公平原则，并结合案件的实际情况确定是否变更或者解除。"该规定被普遍认为确立了我国合同法上的情势变更原则。《民法典》第五百三十三条规定："合同成立后，合同的基础条件发生了当事人在订立合同时无法预见的、不

---

① 参见厦门市中级人民法院民五庭课题组：《房产新政下房屋买卖纠纷的审判实务研究》，载齐树洁主编：《东南司法评论》，厦门大学出版社 2012 年版，第 242～256 页。

② 参见刘银春：《因受限贷、限购政策影响产生的房屋买卖合同纠纷处理》，载《民事审判前沿》，人民法院出版社 2014 年版，第 114～117 页。

属于商业风险的重大变化,继续履行合同对于当事人一方明显不公平的,受不利影响的当事人可以与对方重新协商;在合理期限内协商不成的,当事人可以请求人民法院或者仲裁机构变更或者解除合同。人民法院或者仲裁机构应当结合案件的实际情况,根据公平原则变更或者解除合同。"

结合各种观点,笔者认为,适用情势变更原则必须具备以下几项条件:

1. 作为情势变更的事实,必须是作为缔约基础的环境发生客观异常变化,即以合同赖以存在的客观情况确实发生了变化为前提。而且,要求客观情况发生变化的时间必须是在合同成立以后尚未履行完毕之前。

2. 客观情况发生变化须为当事人所不能预见。如果情势变更在客观上是可以预料的,当事人应该能够预料到却没有预料或预料不完全时,如投机行为,也不能适用该原则。后果纵然对当事人不利,其亦应自负其责。

3. 变更的发生系不可归责于当事人的原因,即双方当事人对客观情势的变化均无过错。这就要求当事人在引用情势变更原则请求免除责任的时候负有举证的义务,证明非因自己的主观过错而发生情势变更。如果情势变更的发生可以归责于当事人,则该当事人应当承担相应的责任,而不适用情势变更原则。若情势变更的发生可以归责于第三人时,则应当由第三人承担责任,同样不能适用情势变更原则。

4. 情势变更发生后,如继续履行合同,维持合同效力,会对当事人一方显失公平。限贷和限购是政府目前调控房地产市场的两大主要手段。在落实国家各项房地产调控措施方面,实施限购政策的地区和城市,做法和规定虽略有区别,但总的方针和内容没有根本区别。2010 年 4 月,由于"新国十条"的出台,各地根据其房地产现状逐渐发布"限购令",[①]其主要目的是打击

---

① 以北京为例,2011 年 2 月 15 日,北京市人民政府办公厅发布《关于贯彻落实国务院办公厅文件精神进一步加强本市房地产市场调控工作的通知》("京十五条")。"京十五条"在收紧信贷政策、增加住房用地供应、加强土地市场监管等方面作了规定,其中最严厉的当属限购措施,号称史上最严"限购令"。通知明确,在本市拥有 2 套及以上住房的本市户籍居民家庭、拥有 1 套及以上住房的非本市户籍居民家庭、无法提供本市有效暂住证和连续 5 年(含)以上在本市缴纳社会保险或个人所得税证明的非本市户籍居民家庭,暂停在本市向其售房。对境外机构和个人购房,严格按照有关政策执行。此项政策主要是针对北京市居民购买第三套及以上住房、异地居民购买第二套及以上住房,所采取的限制措施。特别是"国五条"出台后,北京市的实施细则更进一步,就售房差额征收 20% 个人所得税问题进行了明确规定,对于购房资格问题也作出更为严格的限定。

房地产市场的投机行为，稳定房屋市场价格。

司法实践中，因限购、禁购问题引发的房屋买卖合同纠纷不在少数，大多表现为买受人因新政实施而无法进行房屋过户登记，故诉至法院要求解除买卖合同、赔偿损失等。对于此类纠纷能否直接适用情势变更原则，理论界与实务界观点不一。

第一种观点认为，由于新政的限购、禁购政策使得买房者主体不适格，对其造成的影响不是履约困难而是根本无法实现合同目的，亦无法通过协商改变支付方式等变更合同的方式使其顺利履行原合同。故限购、禁购政策应理解为重大情势变更，可以适用情势变更原则，当事人可以主张解除合同。①

第二种观点认为，不能适用情势变更原则。理由主要有：第一，引入情势变更原则，与以往审判实践做法不一致。审判实务中对于援引情势变更原则一直持极其谨慎的态度，不应轻易打破该局面。第二，援引情势变更原则容易产生法官自由裁量权的过度使用，造成肆意扩大"情势"的范围，不利于规范法官的审判行为。第三，限购、禁购政策本身不应当认定为情势变更。总体来说，情势变更原则主要针对经济形势、经济政策的巨大变化，与国家对经济生活干预有直接关系，如突遇物价飞涨、合同基础丧失、经济危机、汇率大幅度变化、国家经济贸易政策变化等，②显然，限购、禁购政策并不宜认定为"情势变更"。第四，现阶段国家对房地产市场进行宏观调控期间，可以将限购、禁购政策比照《商品房买卖合同解释》的有关规定，将其作为"不可归责于双方当事人的事由"，从而对双方当事人的利益进行平衡。

笔者同意第二种观点。

在现阶段，实施限购、禁购政策的地区范围内，该措施确实是一种较为明确、强制性的规定，一旦被纳入限购、禁购范围，对于当事人而言，是无法回避和解决的，相当于其在被认定地区不具有购房的主体资格。虽然购买商品房是普通的民事法律行为，但是在当前调控政策之下，具备购房资格则

---

① 参见厦门市中级人民法院民五庭课题组：《房产新政下房屋买卖纠纷的审判实务研究》，载齐树洁主编：《东南司法评论》，厦门大学出版社 2012 年版，第 242～256 页。

② 参见王凤丽：《房屋买卖合同纠纷适用情势变更的思考——基于房产调控新政策的分析》，载《周口师范学院学报》2012 年第 4 期。

是从事该民事活动的准入门槛。因此,如果非因政府主管部门工作失误等原因造成购房资格的错失,待新的限购、禁购政策出台后,不具备交易主体资格的房屋买卖合同,将一律无法办理权属变更手续。但是,对直接援引情势变更原则作为判决依据的做法,我们还是持谨慎态度。情势变更原则的意义在于,通过司法权力的介入,强行改变合同已确定的条款或者撤销合同,在合同双方当事人订约意志之外,重新分配交易双方在交易中应当获得的利益和风险。在目前尚没有进一步明确、具体规定的境况下,法官的自由裁量权很容易造成对合同自由的干涉。

相较而言,按照前述“不可归责于双方当事人的事由”处理这一问题,更为稳妥且符合实际。处理涉及限购、禁购政策引发的房屋买卖合同纠纷案件时,应当按照以下情形分别对待:

1. 双方当事人签订房屋买卖合同在先,且签订合同时双方主体均符合当时政策要求,限购、禁购政策出台在后,按照新的政策规定买受人属于限购、禁购范围,导致合同无法继续履行。由于购房资格是顺利履行房屋买卖合同必须具备的前提性条件,一旦丧失购房资格将导致整个合同无法继续履行。此时,双方当事人对导致合同无法继续履行均无过错的,可以按照“不可归责于双方当事人的事由”处理,任何一方合同当事人都可以诉请解除合同,对于买受人要求返还支付购房款及定金的请求,人民法院应当予以支持。

2. 双方签订房屋买卖合同时买受人具备购房主体资格,但由于履行过程中当事人未按约履行合同,遭遇房地产调控新政,买受人被限购、禁购而丧失购房资格的,不能适用前述“不可归责于双方当事人的事由”规定。由于合同无法继续履行,当事人就后续事宜发生纠纷,需要区分违约情形承担责任。如双方均按照合同约定内容履行合同义务,买受人就能够顺利取得买卖标的物所有权的,因出卖人不配合办理相关手续等原因,导致买受人未能实现合同目的的,应当根据合同约定承担相应的违约责任,出卖人以对方无购房资格为由诉请解除合同并主张自己无责任的,人民法院应当仅支持其解除合同的诉请。如果因买受人付款迟延等,导致合同目的最终落空,则其需要自行承担相应不利后果。目前全国一线、二线城市的房价呈现单边上涨态势,此类情形下,对于出卖人而言,通常并无更多损失产生,其若仍想出售房屋,完全可以另寻买家并以更高的价格成交。如果在房价涨跌互现的市场行情下,房价的上涨或者下跌对于守约方都可能产生损失赔偿的问题。

七、买受人隐瞒或虚构事实签订房屋买卖合同,能否以限购、禁购等调控政策的实施为理由而认定相关房屋买卖合同无效?

房产新政出台后,买房人隐瞒或者虚构自己拥有房产的状况,与卖房人签订房屋买卖合同,后又因合同违背调控政策导致合同履行障碍,合同不能如约履行的情形,这是实践中遇到的纠纷类型之一。值得探讨的问题是,违反国家房产政策是否属于法定无效情形中的"违反法律法规的强制性规定"?

笔者认为,关于合同效力的审查,应当严格依照法律、行政法规和司法解释的规定进行审查,只有明确存在法定无效的情形,才可以认定为合同无效。从性质上来讲,政府的调控措施既不是国家法律法规,也不是行政法规,虽然执行时具有某种必须遵守的约束性,但并不具有法律的强制性特征,更多地体现在行政管理性规定,并非效力禁止性规定,不应当作为审查合同效力的依据。因此,人民法院处理前述因限购、禁购政策引发的房屋买卖合同纠纷问题时,对违反房产新政的合同,因限购、禁购政策引发的纠纷,尚不能简单地直接认定为无效。

八、当事人为规避限购、禁购政策借名买房的,此类房屋买卖合同的效力如何认定?

如上所述,相关房产政策并非国家法律或者行政法规,认定该类借名买房合同无效的法律依据不足。当事人为规避限购、禁购政策借名买房的,该类借名合同应当有效;借名合同有效,当事人要求变更登记的,则其过户登记的诉求也应当支持。有观点认为,如果支持该种借名买房,将致使政策落空,笔者认为,政策调控系从宏观着手,从调控总量上看,政策目的并未落空,其对调控对象的限制从A转移至B身上,将A与B看作整体,调控总量并未因此减损,并未侵犯公共利益或者国家利益。但是,如果涉及保障性住房的借名买房,在政府享有回购权的情况下,借名买房侵犯了公共利益,应当被认定为无效。借名人随后要求确认房屋所有权的,应当驳回其诉求。原因在于,借名人与被借名人之间系借名合同纠纷,借名人不能基于债权请求确认其房屋所有权。关于借名人的过户诉求,双方未约定过户期限,借名人要求过户的,应当以目前尚不具备过户条件为由,驳回其诉求。对此问题,北京市高级人民法院《关于审理房屋买卖合同纠纷案件适用法律若干问题的指导意见(试行)》第六条规定,相关政策、法规规定的限制上市交易期限内买卖已购经济适用住房,当事人主张买卖合同无效的,可予支持。政策、法规有新规定的,适用其规定。出卖人转让的经济适用住房的原购房合同系2008 年4 月11 日(含)之前签订,当事人又在转让该已购房屋的合同中约定在限制上市交易期限届满后再办理房屋所有权转移登记或在一审法庭辩论终结前该房屋已具备上市交易条件的,可以认定合同有效。第十五条规定,当事人约定一方以他人名义购买房屋,并将房屋登记在他人名下,借名人实际享有房屋权益,借名人依据合同约定要求登记人(出名人)办理房屋所有权转移登记的,可予支持。但是,该房屋因登记人的债权人查封或其他原因依法不能办理转移登记,或者涉及善意交易第三人利益的除外。当事人一方提供证据证明其对房屋的购买确实存在出资关系,但不足以证明双方之间存在借名登记的约定,其主张确认房屋归其所有或要求登记人办理房屋所有权转移登记的,不予支持;其向登记人另行主张出资债权的,应当根据出资的性质按照相关法律规定处理。第十六条规定,借名人违反相关政策、法规的规定,借名购买经济适用住房等政策性保障住房,并登记在他人名下,借名人主张确认房屋归其所有或者依据双方之间的约定要求登记人办理房屋所有权转移登记的,一般不予支持。这种处理方案,一方面,确认了合同的效力,保障了交易的稳定性;另一方面,不支持合同的继续履行,保证了房产新政的顺利实施。

九、房屋买卖合同明确约定买受人不得以不可抗力之外的任何理由作为免除违约责任的事由,买受人能否以房产新政限贷为由主张免除违约责任?

房屋买卖合同中,出卖人与买受人明确约定,除不可抗力原因之外,买受人必须严格履行付款的约定义务,不得以任何其他事由作为免除违约责任的抗辩事由。买卖合同签订后,房地产新政措施出台,对按揭贷款作了严格限定。买受人能未预料国家限贷政策实施为由,主张免除违约责任?对此问题,实务中观点不一。

第一种观点认为,国家出台限贷新政是当事人在订立合同时不能预料的,也是订立合同之后不能克服的。买受人因此不能履行合同,应当认定为"不可归责于双方当事人的事由",按照《商品房买卖合同解释》第二十三条的规定,买受人有权解释合同,并且不需要承担违约责任。

第二种观点认为,虽然国家出台限贷新政是当事人在订立合同时所不能预料的,但由于买卖双方在合同中明确约定,除不可抗力外,不得以任何其他理由作为免除责任的理由。既然限贷新政不属于不可抗力,买受人未能按约履行付款义务的,当然要承担合同约定的违约责任。

笔者同意第二种观点。

正如美国有的学者所指出的那样:"然而作为合同法之基础理论,原则上不存在解决合同纠纷的统一的抽象归责。有关违约之损害赔偿的规则与合同的其他条款并没有本质上的区别。违约责任的相关规则应当被理解为依照不同合同而有所不同的任意性、补充性规范。所适用的规则(有关违约责任)应当是当事人按照其自己订立合同的目的所选定的规则,而非取决于法律本身的目的。"①笔者认为,对于房产买卖合同纠纷,应当充分尊重双方当事人的合意,按照约定优先的原则处理。当事人对相关问题有明确约定时,要严格按照约定内容审查双方合同义务的履行情况。

由于国家对房地产市场进行调控已经持续了一段时期,双方当事人在进行房屋买卖时,有的对于政策早有预期,事先已经考虑到政策变动等因素,在签订合同时对于未来如果出现一些诸如贷款不能如期获批、购房资格未获通过等情况,合同后续如何处理,都进行明确约定。如果房产买卖合同约定,除非因不可抗力,即使因政府或银行政策等发生变化,买受人届时不能取得贷款或贷款额度不够,也应自行筹措资金补齐房款,否则按已交房款(房屋总价)的一定比例承担违约责任,或者约定买受人因自身原因不能获得银行贷款,应自行补齐房屋全款,否则应按房款(房屋总价)的一定比例支付违约金。如前所述,当事人就何种事由负责完全取决于当事人的合意。买受人必须按照合同约定补齐房款差价,而不得以房产新政为由要求解除合同,否则就构成了违约,当然也不能以房贷政策调整为由主张免除违约

---

① Richard Craswell & Alan Schwartz, *Foundations of Contract Law*, *Thomson West*, Foundation Press, 1994, p. 66 - 67.

责任。

"在每一个合同案件纠纷中,我们必须要设问如下问题:首先,在综合考虑有关合同之全部情势的基础上确定合同所建立的基础何在?其次,合同的履行是否被予以阻止?最后,阻碍合同之履行的情势是否是当事人在订立合同时无法合理预见的?如果这三个问题都得到肯定的答案,那么我认为合同双方当事人都应当免除进一步履行合同的义务,当然也无须承担违约责任。"①

十、房屋买卖合同案件审理中,如何正确对待当事人的合同约定?

人民法院审理相关纠纷时,首先应当对当事人的合同约定进行审查,只有就相关问题没有约定或者约定不明的,才能够在法律框架下寻求解决问题方案。这是因为,契约责任的基础建立在当事人自由约定的基础之上,契约效力与产生效力的契约责任均来源于当事人的主观意志,而不是法律的强制性规定。当事人承担什么样的责任,主要取决于当事人的自由约定,而不是法律的强制性规定。由于当事人的意志是自由的,其在不同的情境下为自己设定何种程度的义务或责任也各不相同。②

因此,应当充分尊重双方当事人的合意,当事人对相关问题有明确约定时,要严格按照约定内容审查双方合同义务的履行情况。如果当事人在合同中明确约定,因政府或银行政策等发生变化,买受人届时不能取得贷款或贷款额度不够,应自行筹措资金缴纳房款,否则按已交房款(房屋总价)的一定比例承担违约责任的,那么房产新政的实施就无法成为当事人解除合同、免除约定义务的事由。再如,双方当事人约定,如果双方未能在新政实施前办理完过户手续,合同自动解除,互不追究违约责任等。对于当事人有诸如此类的明确约定且内容不违反法律规定的,笔者认为,本着"民有所约、视同法律"的理念,应当优先按照合同约定处理双方的纠纷,有些地方不对双方合同的具体内容详细审查就随意作出支持解除合同的判决,有欠妥当。③

① Hugh Beale et al. *Cases, Materials and Text on Contract Law*, Hart Publishing, 2002, p. 613.

② 参见王林清:《违约责任归责原则之再检讨》,载《法治研究》2012年第12期。

③ 参见刘银春:《因受限贷、限购政策影响产生的房屋买卖合同纠纷处理》,载《民事审判前沿》,人民法院出版社2014年版,第124～125页。

十一、房产新政导致责任免除的问题如何处理？

免责事由，是指免除违反合同义务的债务人承担违约责任的原因和理由，分为法定的免责事由和约定的免责事由两类，具体包括以下四种：

1. 不可抗力。根据我国《民法典》规定，不可抗力是不能预见、不能避免且不能克服的客观情况。构成不可抗力的事件繁多，一般而言，不可抗力包括：(1)自然灾害；(2)政府行为，如当事人订立合同后，政府颁布新的政策、法律和行政措施而导致合同不能履行；(3)社会异常事件，如战争、骚乱、罢工。对于因不可抗力导致的合同不能履行，应当根据不可抗力的影响程度，部分或全部免除有关当事人的责任。但在法律另有规定时，即使发生了不可抗力也不能免除相应民事责任，主要有：其一，迟延履行后的责任。大陆法系民法典大多规定，一方迟延履行债务之后，应对在逾期履行期间发生的不可抗力所致的损害负责，我国《民法典》第五百九十条对此有所规定。其二，客运合同中承运人对旅客伤亡的责任。《民法典》第八百三十五条对承运人采取了严格责任原则，《民用航空法》第一百二十四条以及《铁路法》第五十八条亦有相关规定。

2. 因法律特别规定而免责，主要有两类：其一，对于标的物的自然损耗，债务人可免责。这一情形多发生在运输合同中，如《民法典》第八百三十二条。其二，未违约一方未采取适当措施，导致损失扩大的，债务人对扩大的损失部分免责，《民法典》第五百九十一条对此有所规定。

3. 因对方完全不履约而免责，实质上是不安抗辩权的行使。因债权人的过错致使债务人不履行合同，债务人不负违约责任。

4. 因合同中约定的条件出现而免责。合同双方可以在合同中约定，在某些条件下可以不履行或中止履行合同义务，而不承担责任。

房产新政是国家行政机关颁布的，具有原则性、调控性、应时性、有限性等特征的行政性决定。房产新政的实施，对房屋买卖合同当事人带来了重大的影响。因房产新政的实施能否导致免责的问题，理论和实践中争议很大。

第一种观点认为，因房产新政的颁布实施，超出了当事人订立合同时的预见，当事人可以此为由，主张免除违约责任。

第二种观点认为，我国合同法实行严格责任归责原则，虽然房产新政的实施造成了当事人履行合同的障碍，但这不属于不可抗力，违约一方仍然要承担违约责任。

第三种观点认为，违约责任的承担与否，要看当事人是否有约定。如有约定，应当完全按照当事人约定处理；没有约定的，应当根据不同情况、分层次确定责任的有无及承担。

笔者倾向于第三种观点。

合同履行过程中“不可归责于当事人双方的事由”，从而造成合同履行的障碍，能否得到法律上的免责以及免责程度如何，首先看当事人是否有约定；没有约定的，则应当按情况、分层次的考察。但是，免责并非当然免除履行合同的义务，而是免除房产新政所造成合同不能够依约履行的违约责任。履行合同义务的免除尚需当事人双方约定解除合同，或者守约一方依法定程序解除合同，或者向人民法院提起诉讼请求解除合同。

1. 当事人可否依据该事由主张免责，应当有因果关系考量的介入。房产新政出台必须是债务履行受阻的最近和关键原因，且不存在阻断因果关系的情况。其一，房产新政是履行受阻的最近原因，是指若未有房产新政出台，就不至于出现履行受阻的情形。因出卖人无从知道买受人给付不能的原因，所以，应当由买受人在诉讼中对此予以举证，这也符合“谁主张，谁举证”的基本原则。譬如，买受人应举证证明其确因不能办理按揭贷款而无法继续履行，但该证明责任标准不宜过高，否则将过分加重买受人的义务。如果出卖人有相反证据证明买受人有足够的支付能力，则法院应该依法判令继续履行合同或允许双方当事人变更合同。其二，房产新政是履约受阻的关键原因，是指如果买受人有给付能力而只是资产被其他领域占用，比如固定资产多而流动资产少，因信贷政策变更导致短期无法足额筹措的情形，则不应当认定为有因果关系。但是，如果查明当事人确实因为信贷政策的调整造成履行艰难，则不宜将其所有生活必需资产列入评估其支付能力的资产范围。

2. 免责范围的确定上需要明确只有房产新政造成的违约才能够免责。对于房产新政实施与当事人过失共同作用造成违约的情况下，应当考察当事人的过失是在房产新政实施之前还是之后影响合同的履行。如果是在房产新政出台之前，则应当有因果关系的考察；如果是在房产新政实施之后，则应对责任进行区分，查明当事人可以因房产新政实施而主张免责的部分，同时由另一方当事人承担自己过错造成责任扩大的部分。例如,在房产信贷政策造成迟延履行后,当事人在合理的期限内未适当履行,则应考察政策变更与迟延履行之间的因果关系和政策变更在整个迟延履行中作用的大小。如果房产新政出台发生在当事人迟延履行期间,则当事人不能主张免责,当事人仅可就因政策变更造成的合理期间的迟延履行免责,如果还有进一步的怠于履行的迟延责任或者其他扩大责任,则不应当免责;如果房产新政的发生仅是延迟了合同的履行,例如,当事人之间约定一定期限内办理完毕相关贷款手续,现因信贷政策变更,买房人需要额外时间办理该手续的,则行为人仅应当就该相应的迟延免责,不可拒绝卖房人继续履行合同的要求。

十二、房屋买卖合同中,守约方主张实际履行,违约方以愿意承担赔偿损失的违约责任为由要求解除合同的,如何处理?

笔者认为,根据《民法典》第五百七十七条的规定,"当事人一方不履行合同义务或者履行合同义务不符合约定的,应当承担继续履行、采取补救措施或者赔偿损失等违约责任",如果查明一方存在违约行为,守约方可以主张实际履行、采取补救措施或者损害赔偿的违约责任。

实际履行是最基本的违约责任承担方式,守约方要求实际履行的,一般应予支持。同时,守约方还有权向违约方主张赔偿违约所造成的损失。违约方并不能因承担了赔偿损失的违约责任而当然免除实际履行合同的责任。如果查明存在《民法典》第五百八十条规定的不能实际履行的情形,守约方可要求违约方承担损害赔偿的违约责任,不再判令合同继续履行。

十三、因房产新政实施导致房屋买卖合同解除的事由如何认定?

房产新政出台后,买受人不能履行合同多是因为信贷政策变更增加了买受人的履约负担,造成其"履约艰难"。此时需要明晰的是,一项非归责于双方当事人的因素的发生,进而造成一方当事人履约艰难时,该当事人可否要求免除合同履行义务。我国的不可抗力制度与情势变更制度中并没有对应的解决规则。"履行艰难"在美国合同法中有较为系统的规则,即如果一方当事人主张,缔约后发生的并非由其过错引发的事项导致了其履约艰难,并且无论是从法律上还是契约中,他都没有承担此加重负担的义务,该当事人可以免责。但迄今为止，美国法院也只是偶尔才判决因履约成本增加可以免责。法院通常所持的观点是，成本的增加，即使可以确认是缔约后发生的某一事件所导致，也没有达到履约艰难的程度。[①] 据此，在美国合同法领域，对因履约艰难从而解除合同的把握是比较严格的。将我国目前信贷政策变更所带来的履约成本增加一概视为"履约艰难"情形，判决"履约艰难方"免责、解除合同并要求双方互相返还是不妥当的。"尽管当事人可以基于客观的履行艰难，即履行无法完成而免责，但是当事人不能够基于主观的履行艰难，即无法完成某事而免责。缺少融资能力通常被作为主观履行艰难的一个典型。"[②]

关于房产新政能否作为导致合同解除的合理事由，司法实践中存在不同观点：

第一种观点认为，房产新政的颁布实施当然构成合同解除的合理理由。

第二种观点认为，原则上不应当轻易解除双方合同，只有买房人在充分举证证明信贷政策的调整增加了其履约困难并已经到了相当严重的程度乃至合同履行不能时，方可解除合同。

笔者同意第二种观点。

在处理该类纠纷时，为维护交易安全，保障双方当事人的合法权利，原则上不应当轻易解除双方合同，只有买房人举证证明因信贷政策的调整增加了其履约困难并已经到了相当严重的程度乃至合同履行不能时，方可解除合同并对买受人的违约行为免责。具体而言，类似案件不应采取"一刀切"的做法，而应针对具体问题进行具体分析。

1. 如房屋买卖合同签订于国家房贷政策调整之后，买受人在订立合同时已经知悉国家对银行房贷政策的调整以及因此带来的贷款风险，其不能以无法足额获得银行贷款为由要求解除合同，因为此时能否获得银行足额贷款已经不是买受人无法预知的事项，应属于商业风险范畴，其后果应由买受人自行承担。当然，如果房屋买卖合同明确约定，买受人如无法足额获得

---

① 参见[美]E. 艾伦・范斯沃斯：《美国合同法》，葛云松、丁春艳译，中国政法大学出版社 2006 年版，第 641 页。

② [美]E. 艾伦・范斯沃斯：《美国合同法》，葛云松、丁春艳译，中国政法大学出版社 2006 年版，第 646 页。

银行贷款则当事人可行使解除权,自然从其约定。

2. 如果房屋买卖合同签订于国家房贷政策调整之前,并约定以担保贷款方式付款。由于国家房贷政策的实施导致其不能取得担保贷款,这显然不是买受人的本意,也超出了其合理预期。若仍然要求买受人依合同约定继续履行,相当于强制买受人单方承担因政策调整带来的全部不利后果,而出卖人利益不受任何影响,甚至有所获利,这显然有失公平。此种情形下,可参照《商品房买卖合同解释》第二十条的规定,将房贷政策调整理解为不可归责于当事人双方的事由,允许当事人解除合同,以实现当事人之间的利益平衡。如果房屋买卖合同并没有明确约定以按揭贷款方式付款,当事人在订立合同时无法获悉银行房贷政策何时出台以及具体内容,国家房贷政策出台后提高了买受人首付款数额,买受人由此主张因受信贷新政的影响不能继续履行合同要求解除合同的,一般不予准许。

十四、因房产新政实施后,房屋买卖合同被解除的,出卖人有哪些权利?

房产新政实施前订立的合同在房产新政实施后,买受人既未按约履行也未提出解约,经出卖人催告后仍未在合理期限内履行或提出解约,出卖人请求继续履行合同或解除合同,并由买受人承担违约责任的,应予以支持。

因首付款提高、利息增加、银行贷款额度减少或者贷不出款,致使买受人无法履行付款义务,买受人或出卖人要求解除房屋买卖合同并获得支持的,如前所述,出卖人应当将收受的购房款或者定金返还买受人。但是,出卖人请求买受人承担其为订立合同而实际发生的费用等合理损失的,可酌情予以支持。

十五、因房产新政解除合同引起的损失和费用如何分担?

我国《民法典》第五百六十六条第一款规定,合同解除后当事人可以请求恢复原状或者采取其他补救措施,并有权请求赔偿损失。可见,我国法律主张合同解除与损害赔偿并存。但合同解除并非必然产生损害赔偿,或者说损失并非必然就由对方当事人来承担。因合同解除的情况不同,故合同解除与损害赔偿之间的关系也相应有所不同。

因房产新政出台而解除房屋买卖合同时,就出卖人而言,可能存在两种类型的损失:一是出卖人的预期利益损失,主要是房屋差价损失;二是为订立合同及履行合同做准备所发生实际费用。对这些损失的处理应当慎重把握。

房屋买卖合同解除后,如果房屋价格上涨,则出卖人没有损失;如果房屋价格下跌,买受人无损失,而出卖人则会有差价损失。就出卖人的预期利益损失而言,主要是房屋价格下跌时的差价损失。首先,在房地产市场运行平稳的当下,这种情况发生的可能性不是很大,虽然自 2014 年 3 月以来,我国也有一些三线、四线城市房价出现下滑波动,但房价总体稳定或者小幅上扬的走势尚未根本改变。其次,因合同解除后,守约一方只能主张信赖利益损失而不能主张预期利益损失,况且出卖人出卖房屋时一般不会预料到房价会下跌。因此,对于预期利益损失,出卖人无权主张。

但是,对于为订立合同及履行合同作准备所发生实际费用,如果商品房买卖合同约定买受人以担保贷款方式付款,但因房产新政导致其未能订立商品房担保贷款合同并导致商品房买卖合同解除的,该实际费用应由买受人承担。

十六、房地产经纪机构的中介费用如何确定?

笔者认为,对于房地产经纪机构的中介费用如何确定,应当分别情况予以对待。

1. 常规经纪服务项目。住房和城乡建设部 2010 年 4 月发布的《关于进一步加强房地产市场监管完善商品住房预售制度有关问题的通知》中规定,房地产经纪机构应当将经纪服务项目、服务内容和收费标准在显著位置公示。因此,对于已经完成的常规经纪服务项目,中介费用按照合同约定和公示的收费标准确定。对于没有完成的常规经纪服务项目,不能主张合同约定的中介费用,但房地产经纪机构为履行合同支付的必要合理费用,如交通费、文本费等,可以适当予以支持。

2. 延伸经纪服务项目。住房和城乡建设部《关于进一步加强房地产市场监管完善商品住房预售制度有关问题的通知》规定,额外提供的延伸服务项目,需事先向当事人说明,并在委托合同中明确约定。因此,如果未在合同中明确约定,或者提供的格式文本事先未向买房人明确说明,房地产经纪机构请求相应的中介费用的,可以不予支持。房地产经纪机构不得分解收费项目和强制收取代书费、银行按揭服务费等费用,违反该规定的,费用不予支持,已经收取的费用应当予以退还。对于房地产经纪机构和执业人员炒卖房号,或在代理过程中赚取差价的,对该差价不予支持。对于房地产经纪机构签订“阴阳合同”规避国家税收或限购政策的,买卖双方未按照“阴阳合同”约定履行,居间方请求中介费和违约金的,不予支持。受房产新政的影响,当事人解除房屋买卖合同的,中介机构的中介费用无人支付,扣留当事人交付的定金和房屋产权证书等资料的,由于定金与房屋产权证书、中介费用并不构成对待给付,因此应当予以返还,中介费用可按照实际提供的服务另行主张。

十七、受限购、限贷政策影响产生的中介合同纠纷如何处理?

从房地产市场商品房成交的房源类型看,主要分为一手房即买受人直接从开发商手中购买的新房和从其他交易主体手中购买的存量房即通常所称的二手房。而在二手房买卖过程中,由于涉及的房款数额大、交易信息不对称,买卖双方出于交易安全、风险防范等考虑,几乎绝大多数的交易是通过与房地产经纪机构签订中介服务合同促成的。

实际生活中的房屋买卖中介合同,多是指房地产中介机构(中介人)作为一方当事人,约定为准备进行房屋买卖的当事人(委托人)提供房源信息以及协助办理有关业务以促成买卖双方达成房屋买卖交易,中介机构收取报酬的合同。中介合同的中介人是促进交易双方成交并从中收取报酬的中间人,该商业现象早已有之。从法律关系属性上讲,中介合同属于有偿、诺成性、提供信息或者机会的合同。由于房屋买卖合同交易流程复杂,专业性较强,标的物价值较大等特点,因此,在房屋买卖过程中,许多买卖双方转向房地产中介机构寻求交易服务,由中介机构为其提供交易对象线索和符合条件的标的物。目前,对于从事二手房买卖中介服务的主体,法律要求具备相应的资格,诸如必须具有相应的知识、能力,从事中介活动必须进行工商登记等要求。

中介合同与委托合同、行纪合同有某些相似之处,但是又有所区别。相同点在于三者都是一方受他方委托为他方办理一定事务,提供服务。不同之处在于:第一,中介人仅为委托人报告订约机会或为订约媒介,并不参与委托人与第三人的关系;委托合同中受托人可以代委托人与第三人订立合同,参与并可决定委托人与第三人之间的关系内容;行纪合同中则是行纪人以自己名义为委托人与当事人完成交易事务,与第三人发生直接的权利义务关系。第二,中介合同的有偿性体现为促成居间交易取得约定报酬,并且不禁止其向委托人及其相对人双方收取;而委托合同多为无偿性的;行纪合同也只是从委托人一方收取。第三,中介人没有将事务处理结果移交给委托人和报告的义务;而在委托合同和行纪合同中,都有委托人取得事务处理结果和就事务处理报告的义务。[①] 第四,中介人报告订约机会或者为订约媒介的事务本身并不具有法律意义;而委托合同受托人处理的事务一般为有法律意义的事务,行纪合同的行纪人受托的事务是法律行为。

房屋中介市场是房屋交易市场的辅助市场,由于信息的不对称,在一定程度上影响房屋的交易价格。房产新政对房屋中介市场也作了适度调控。因限购、限贷调控政策引发房屋买卖合同纠纷,进而对于中介合同约定的费用的处理也容易引发争议。房屋买卖因受限购、禁购或限贷政策影响,导致购房不成,买受人可否主张房地产中介机构返还中介费用?实践中对此争议很大。

第一种观点认为,因受限购、禁购或限贷政策影响,房屋买卖合同无法履行的,任何一方都有权解除合同。由于房屋买卖合同的目的没有达到,所以中介合同的最终目的也无法实现。因此,买受人可以“不可归责于双方当事人的事由”为由,主张解除中介合同。房地产中介机构应当返还收取的中介费用,但是,对于房地产中介机构已经支出的必要费用,则无须返还。

第二种观点认为,虽然因受限购、禁购或限贷政策影响,房屋买卖合同无法履行,但房地产中介机构只要向委托人报告了订立合同的机会,提供了订立合同的媒介服务,帮助买卖双方签订了房屋买卖合同,房地产中介机构就已经完成了中介合同中约定的义务,房地产中介机构有权向委托人收取中介费用。

笔者认为,应当具体问题具体分析。

第一,因受限购、禁购或限贷政策影响,房屋买卖合同无法履行的,按照目前我国中介行业的高额收费状况,如以其提供订约机会、促成合同订立作为其完成中介服务并领取全额报酬的标准,则该标准过低,也不符合行业交

---

① 参见崔建远主编:《合同法》,法律出版社 2003 年版,第 473 ~ 474 页。

易现状,应当以促成交易作为其有资格收取全额中介费的标准。目前,中介服务范围已经有较大的延伸,包括帮助办理合同网签、付款、过户等大量相关服务。买卖双方虽然签订了合同但因房产新政而无法履行,当事人双方都没有实现交易目的,如要支付全额费用,有失公平。据此,笔者认为,房屋买卖合同因受房产新政影响而解除的,房地产经纪机构可以请求房屋买卖合同的当事人支付必要的费用和合理报酬,但对其支付全额报酬的要求,则不应当予以支持。

第二,如果中介人存在故意隐瞒与订立合同有关的重要事实或者提供虚假情况、损害委托人利益等过错,涉及调控政策的,包括明知买受人属于被限贷对象而仍然告知或者许诺可以帮助其获得房屋贷款,知道买受人属于限购、禁购人群但是对出卖人隐瞒真相,致使委托人在错误信息误导之下签订中介合同,以达到其获取报酬的权利。中介机构如存在上述过错情形,将直接造成房屋买卖合同无法顺利履行甚至必须解除,意味着委托人有偿支付换回的服务根本不能带来其本意所要求的结果,故无须为此向中介机构支付服务费用。如果因此而受到损失,委托人还有权向中介机构主张赔偿。

第三,在房屋买卖合同已经成立、中介机构无过错的情形下,委托人不得向中介人即中介机构主张拒付或者要回中介费,但是不意味着委托人也无权向对方当事人提出主张。如果对方对造成前述合同变更、解除有过错的,可以在诉讼过程中主张由对方承担该费用,由人民法院根据查明的事实,依法作出判断和处理。①

【案例适用】

规则 47　[房贷新政]对于买受人确有证据证明纯粹因受限贷、限购、禁购等调控政策直接影响而迟延履行或无法履行的,可将其认定为“不可归责于当事人双方的事由”。

〖规则解析〗

房贷新政不是“不可抗力”,但是否属于“情势变更”要具体情况具体分

---

① 参见刘银春:《因受限贷、限购政策影响产生的房屋买卖合同纠纷处理》,载《民事审判前沿》,人民法院出版社 2014 年版,第 123 ~ 124 页。

析。对于买受人确有证据证明纯粹因受限贷、限购、禁购等调控政策直接影响而迟延履行或无法履行的，可参照《商品房买卖合同解释》第十九条的规定，将其认定为“不可归责于当事人双方的事由”。因不可归责于当事人双方的事由未能订立商品房担保贷款合同并导致商品房买卖合同不能继续履行的，当事人可以请求解除合同，出卖人应当将收受的购房款本金及其利息或者定金返还买受人。

〖**案情简介**〗①

上诉人（原审原告）：赵某；被上诉人（原审被告）：白某。

赵某（卖方）与白某及案外人石某（买方）于2010年8月27日签订《房地产买卖合同》及附件，约定赵某将从化市江埔街御景路3号5栋601房以总价65万元出售给白某及案外人石某。赵某在签订合同后2个工作日内还清该房原银行贷款。白某选择银行按揭付款方式：第1期定金6万元在2010年8月27日支付；第2期为首期楼款20万元，于赵某取得银行提前还款通知日支付；第3期为房价余款39万元，由白某公积金贷款，在办妥交易过户及抵押登记后，由贷款银行划入赵某指定账户，在2010年11月20日前支付。合同还就交付时间等条款进行了约定。合同签订后，白某于2010年8月27日支付赵某定金6万元及首期购房款20万元。赵某于2010年9月17日交付房屋给白某，并应白某要求将合同买方由白某、案外人石某变更为白某。随后赵某、白某与中介向中国建设银行从化支行申请抵押贷款，同年9月16日该支行向赵某出具《个人住房贷款意向书》，同意在落实白某足额缴纳首期款、办妥抵押登记并缴纳相关费用的前提下发放贷款，并按买卖双方约定，将该笔贷款直接划入赵某指定账户。同年10月9日办好房地产权证，同年10月12日白某将房产证交给上述银行办理抵押登记手续，同年10月28日已办好他项权证，同年12月1日中国建设银行从化支行将第3期房款39万元发放给赵某。

赵某认为由于白某无法在合同规定的时间内付清第3期房款39万元，且不愿意以现金方式支付，直至2010年12月1日，第3期房款39万元才由贷款银行发放给赵某，故向一审法院起诉，请求判令：白某在保证金被没收

① 广东省广州市中级人民法院民事判决书，（2011）穗中法民五终字第1910号。

后向赵某补齐购房余款60,000元,并支付逾期付款违约金6500元;本案诉讼费由白某承担。

白某辩称,迟延10日支付第3期购房款39万元是事实,但责任不在白某,白某不承担违约责任。赵某是同意白某选择以银行贷款作为唯一的方式支付第3期购房款。买卖合同签订后,白某积极履行合同义务。正常情况下,按照中国建设银行的操作习惯,他项权证办妥后3日内就会发放贷款。但由于中国建设银行年底信贷规模压缩政策提前实施及受同年11月3日国家全面叫停第3套住房公积金贷款政策的影响,中国建设银行从化支行个人信贷业务全面停止,信贷网络系统关闭,直至同年12月初才部分开放,白某的个贷业务亦因此停止,直至同年12月1日才发放。白某不能按期付款,是银行政策突然变化的原因,属于合同法不可抗力范畴。因此迟延付款的原因不在白某,白某不应承担违约责任。故请求人民法院依法驳回赵某的诉讼请求。

二审中,双方当事人共同确认:(1)关于第3期房款的支付合同附件第3条进行了约定:楼价余款39万元由银行贷款支付给卖家或现金支付,最迟不得超过2010年11月20日前支付给卖家;(2)银行已于2010年9月16日就第3期房款出具了同意贷款意见书;(3)迟延发放贷款是由银行政策变化所致。

二审中,赵某表示:(1)虽然确认迟延发放贷款是由银行所致,但是依据合同约定白某在银行迟延发放贷款的情况下应以现金方式支付第3期房款;(2)其主张的没收保证金及白某补齐房款6万元实为双倍主张定金,在双倍定金与违约金只能选择其一的情况下,上诉人主张逾期付款违约金。

〖**裁判结果**〗

从化市人民法院经审理认为,赵某与白某签订的《房地产买卖合同》及附件是双方的真实意思表示,其内容不违反国家法律和行政法规的规定,是有效合同。双方应当按合同约定全面履行自己的义务。在合同履行过程中,赵某依约履行了义务,白某亦积极履行合同义务,依约交付了购房定金及首期购房款,并在2010年10月28日办好银行贷款抵押他项权证。但由于中国建设银行年底信贷规模压缩政策提前实施及受同年11月3日国家全面叫停第3套住房公积金贷款政策的影响,中国建设银行从化支行个人信贷业务全面停止,信贷网络系统关闭,白某的贷款业务亦因此停止,直至同年

12月1日中国建设银行从化支行才将白某申请第3期购房贷款39万元发放给赵某，以致白某未能在2010年11月20日前付清购房余款。

赵某认为在银行不能按时发放贷款的情况下，应由白某用现金支付购房余款。从本案合同附件“白某选择银行按揭付款方式”的约定及合同实际履行情况来看，白某向中国建设银行从化支行申请抵押贷款后，该支行已向赵某出具《个人住房贷款意向书》，同意在落实白某足额缴纳首期款、办妥抵押登记并缴纳相关费用的前提下发放贷款，并按原告白某的约定，将该笔贷款直接划入赵某指定账户。白某按约定在2010年10月28日已办理好抵押他项权证，已尽合同义务。白某未能在2010年11月20日前付款，是因银行政策突然变化导致，银行房贷政策调整是政府为加强房地产交易进行的政策调控，该调控政策何时出台以及具体内容如何，均是当事人签订合同时无法预知的。因此，白某虽然迟延付款，但不应该视为违反合同的约定，故赵某的诉讼请求不符合规定，该院予以驳回。综上，从化市人民法院判决如下：驳回赵某的诉讼请求，一审案件受理费1462元，减半交纳731元，由赵某负担。

赵某不服从化市人民法院上述民事判决，向广州市中级人民法院提起上诉认为：白某迟延付款本属于违反合同的约定，该行为并不属于不可抗力。首先，白某通过向银行贷款来向赵某支付购房余款完全存在贷款不批、迟批的风险，这是可以预见的。事实上，双方签订合同时已经预见到这种情况有可能发生，因此，双方才会在附件第3条第2款中约定第3期楼款39万元由买家向银行贷款支付给卖家或现金两种方式支付。其次，双方约定的购房余款的支付期限是2010年11月20日之前，在白某已经从银行处获悉其贷款不可能在2010年11月20日之前发放的情况下，赵某即要求白某按双方所签合同的另一种方式即以现金的方式支付购房余款，白某在有能力支付的情况下，却以不安全为由拒绝支付，所以，白某完全有能力避免迟延付款的情形出现，但其却故意拒绝采取现金支付的方式支付第3期房款，故其行为完全属于可以克服却故意不作为。据此请求法院判令：(1)撤销原审判决；(2)判令赵某没收白某保证金后，由白某向赵某补齐购房余款60,000元，并支付逾期付款违约金6500元；(3)白某承担本案的全部诉讼费用。

广州市中级人民法院经审理认为，本案争议的焦点问题是：白某应否承担迟延付款的违约责任。

双方当事人签订的《房屋买卖合同》附件约定：楼价余款39万元由银行贷款支付给卖家或现金支付，最迟不得超过2010年11月20日支付给卖家。现白某选择了以银行贷款的方式支付上述楼价余款，且双方共同确认银行已于2010年9月16日就上述房款出具了同意贷款意见书，赵某亦不否认迟延发放系银行方面所致，因此，在买受人已经获得银行贷款审批同意的情况下，赵某主张白某应另行选择现金的支付方式，显然有违公平、合理原则。赵某上诉提出贷款不批、迟批的风险是白某可以预见和避免的情形，对此，因房贷政策导致的银行政策调整不属于双方当事人可以预见的情形，故因此而造成的迟延付款行为，白某可免除其违约责任，原审法院据此判令驳回赵某的全部诉请主张正确，应予维持。赵某对此提出的上诉理由缺乏事实及法律依据，不予采信。综上所述，判决驳回上诉，维持原判。

〖**裁判思路**〗

本案是一起因房产新政出台而引发的房屋买卖合同纠纷案件。近年来，为了遏制房价过快上涨的势头，国务院下发了一系列调控房价的政策措施，特别是2010年4月17日国务院下发的《关于坚决遏制部分城市房价过快上涨的通知》，此次国务院颁发房产新政涉及贷款、首付等政策的重大调整，给众多购房者带来了巨大冲击，随之因房产新政造成的退房现象大量涌现并走上法庭，其中"因银行首付提高无力支付"成为违约主因。由于我国法律对于政策调整是否属于"不可抗力"没有明确规定，也使得各地判决结果各不相同。对于房产新政在房产买卖合同中的法律定性以及房产新政出台后房产买卖合同纠纷如何处理、买卖合同解除或变更后的法律责任等都是值得我们探讨的问题。

一、房产新政在房产买卖合同中的法律定性问题

如何给"政策性违约"定性，目前在法律界存有分歧：有的认为政策调整不属于"不可抗力"而属于"情势变更"；有的则认为既不属于"不可抗力"也不属于"情势变更"。笔者认为房产新政不是"不可抗力"，但是否属于"情势变更"要具体情况具体分析；对于买受人确有证据证明纯粹因受限贷、限购、禁购等调控政策直接影响而迟延履行或无法履行的，可参照《商品房买卖合同解释》第十九条的规定，将其认定为"不可归责于当事人双方的事由"。

所谓不可抗力，是指不能预见，不能避免并不能克服的客观情况。因此，构成不可抗力必须具备以下要件：（1）不可预见的偶然性；（2）不可控制

的客观性。根据不可抗力的以上两个特点,我们来对房产新政进行一个法律分析。首先,房产新政是否颁布,何时颁布,采取何种措施,这三个不确定因素远远超过一般正常人的预见能力,因此,房产新政应属于不可预见的内容。其次,我们要看这个风险是否属于不可控制。由于新政不直接影响购房合同的效力,因而购房合同在法律上是可以履行的。造成购房合同无法履行的困难在于,提高首付比例后造成购房者资金不足,如果这个时候,开发商能为购房者解决资金渠道的问题,比如说通过担保公司的担保由他方来补足资金缺口,那购房合同就可以正常履行,这种情况下,新政就属于可以控制的范围,因而不成为不可抗力。但因为在购房合同中,开发商并不承担为购房者提供购房资金的义务,如果开发商没有替购房者提供可提供资金支持的第三方,购房者有没有义务自己寻找资金来完成对合同的履行呢?根据合同的严格责任,在合同合法有效的前提下,只要购房者没有按照购房合同的约定支付房款,即构成违约责任。因此,即使新政的出现导致购房资金出现缺口,购房者仍然可能通过自行筹集资金的方式来履行支付房款的义务。因此新政的出现虽然满足不可预见的条件,却并不满足不可控制的条件,虽然属于不能避免,但并非不可克服,因此不能成为不可抗力。

所谓情势变更,是指合同成立生效后至合同履行终止前,合同赖以存在的客观基础或环境发生了不可归责于合同当事人的重大变化,致使合同履行异常艰难或合同目的无法实现。如果继续履行合同,将使合同一方当事人明显处于不利地位并导致其经济利益的重大损失,或是继续履行合同对一方当事人已无任何意义,为避免显失公平的后果发生,不利一方当事人可以请求变更或者解除合同,免除合同义务而不因此承担违约责任的一种原则或制度。从房产新政来看,房产新政对于买卖双方在已经签署合同但尚未履行完毕前来说都是不能预见的,责任也不可归于一方,新政前合同赖以存在的客观情况确实已发生变化,违背了购房人订立合同时的基本条件,也超出了出卖人的合理预期。房产新政的规定对于双方来说都是必须要接受的,如果继续履行会对一方显失公平。因此,似乎可以适用情势变更来解决。

《商品房买卖合同解释》第十九条规定:“商品房买卖合同约定,买受人以担保贷款方式付款、因当事人一方原因未能订立商品房担保贷款合同并导致商品房买卖合同不能继续履行的,对方当事人可以请求解除合同和赔偿损失。因不可归责于当事人双方的事由未能订立商品房担保贷款合同并导致商品房买卖合同不能继续履行的，当事人可以请求解除合同，出卖人应当将收受的购房款本金及其利息或者定金返还买受人。”本案中，由于买受人的迟延付款系因房产调控政策的直接影响，该调控政策何时出台以及具体内容如何，均是当事人签订合同时无法预知的。现双方当事人均确认因银行信贷政策调整而导致买受人迟延履行付款义务，因此，对于此类买受人确有证据证明纯粹因受限贷、限购、禁购等调控政策直接影响而迟延履行或无法履行的，可参照上述司法解释的规定，将其认定为“不可归责于当事人双方的事由”。

二、房产新政出台后房屋买卖合同纠纷的处理原则

1. 对房产买卖合同纠纷，应按照约定优先、法定补充原则处理，合同有约定的，按照合同约定处理。如果房产买卖合同约定，因政府或银行政策等原因发生变化，买受人届时不能取得贷款或贷款额度不够，应自行筹措资金补齐房款，否则按已交房款（房屋总价）的一定比例承担违约责任的，或约定买受人因自身原因不能获得银行贷款，应自行补齐房屋全款，否则应按房款（房屋总价）的一定比例支付违约金的，买受人必须按照合同约定补齐房款差价，而不得以房产新政为由要求解除合同，也不得因房贷政策调整而免除其违约责任。

2. 未纳入房产新政调整范围的房产买卖合同纠纷，不得以房产新政为由要求解除合同。调控政策实施前订立的合同并未明确约定以按揭贷款方式付款，现买受人以其因受限贷政策影响而无法继续履行为由，请求解除合同的，一般不予支持。

3. 因首付提高、利息增加、银行贷款额度减少或者贷不出款，致使买受人无法履行付款义务，买受人要求解除房屋买卖合同的处理：

（1）调控政策实施前订立的合同约定以按揭贷款方式付款，现买受人举证证明其确因首付款比例提高、不能办理按揭贷款等导致无法继续履行，而请求解除合同的，可予以支持，出卖人应当将收受的购房款或者定金返还买受人。出卖人请求买受人承担其为订立合同而实际发生的费用等合理损失的，可酌情予以支持。

（2）调控政策实施前订立的合同在限贷政策实施后，买受人既未按约履行也未提出解约，经出卖人催告后仍未在合理期限内履行或提出解约，出卖人请

求继续履行合同或解除合同，并由买受人承担违约责任的，应予以支持。

（3）调控政策实施前订立的合同确因限购、禁购政策而无法继续履行的，当事人均可以请求解除合同，出卖人应当将收受的购房款或者定金返还买受人。出卖人起诉或反诉请求买受人继续履行合同、承担违约责任或适用定金罚则的，不予支持；但出卖人请求买受人承担其为订立合同而实际发生的费用等合理损失的，可酌情予以支持。

4. 因房产新政调控引起税费调整，当事人对调整后税费的支付没有约定或约定不明的处理：当事人对税费的支付没有约定或约定不明的，应根据国家税费法规确定承担主体。若双方对税费的支付作出约定后，又因宏观政策调控而发生税费增减的，除当事人协商一致外，增减部分仍应按国家税费法规确定承担主体。当事人不得以税费调整或双方未作约定以及约定不明为由，要求解除合同。

三、房产新政下房屋买卖合同解除或变更后的法律责任

1. 双方协商一致解除合同，或者对房屋买卖合同的条款进行变更的，双方互不承担责任。

2. 买受人可向人民法院或仲裁机构申请变更合同。因情势变更致使合同履行显失公平，双方不能协商一致时，买受人可通过向人民法院或仲裁机构申请，请求变更合同条款，如通过变更付款方式等消除显失公平现象，在当事人之间重新实现风险平衡、利益平衡，建立新的对价关系，以使合同目的仍得以实现。

3. 买受人以发生情势变更为由解除合同的，出卖人可要求赔偿损失。如买受人以情势变更为由向人民法院或仲裁机构申请解除合同的，出卖人可要求买受人赔偿损失，如房价降低造成的损失。

4. 房屋买卖合同因受调控政策影响而解除，房地产经纪机构请求房屋买卖合同当事人支付其已实际支出的必要费用以及合理报酬的，应酌情予以支持。

规则 48　[违约不属于受新政影响] 以出售自有房屋的方式筹集购房款，由于出售房屋受到新政影响而未在约定期间支付房款的，不属于不可归责于双方当事人双方的事由。

〖规则解析〗

合同具有相对性，我国《民法典》第五百九十三条规定："当事人一方因

第三人的原因造成违约的,应当依法向对方承担违约责任。当事人一方和第三人之间的纠纷,依照法律规定或者按照约定处理。”楼市有风险,签订合同需谨慎。在房屋买卖过程中,无论是买家还是卖家,都应充分预估其中的法律风险,并对相应的风险有所预判。根据《民法典》第五百九十三条的规定,房屋买卖合同因第三人原因发生违约的,当事人一方依旧应当向对方承担相应的违约责任。不属于不可归责于双方的事由。

〖**案情简介**〗

2017 年 1 月 16 日,岳某某(出卖人)与李某某(买受人)签订《北京市存量房屋买卖合同(经纪成交版)》,约定李某某购买岳某某位于北京市某区 1101 号房屋(以下简称涉案房屋),房屋成交价格为 917 万元,家具、家电、装饰装修及配套设施设备等作价 633 万元。买受人向出卖人支付定金 100 万元,买受人向银行申办抵押贷款,拟贷款金额为 550 万元。

同日,岳某某(甲方、出卖方)与李某某(乙方、买受方)及链家公司(丙方、居间方)签订《补充协议》,协议约定:“第一条、成交价格,交易房屋价款及家具家电、装饰装修和配套设施作价 1550 万元,此价格为甲方净得价,不含税。第二条、关于房屋交易的具体事宜,1. 定金,乙方于 2017 年 1 月 16 日自行向甲方支付定金 10 万元;乙方于 2017 年 1 月 20 日前将第二笔定金 90 万元以理房通方式支付甲方。2. 还款解押,甲方应于 2017 年 4 月 30 日前向该房屋的原贷款机构提交一次性还清剩余贷款的申请,且甲方最迟应于 2017 年 5 月 31 日前办理完毕解除抵押登记手续。……4. 首付款,乙方于自己名下的房产过户完成后 7 个工作日内将第一笔首付款 300 万元以第三方担保方式支付甲方;乙方于 2017 年 7 月 12 日前将第二笔首付款 367 万元以理房通方式支付甲方;乙方于 2017 年 7 月 12 日前将第三笔首付款 223 万元以理房通方式支付甲方。5. 申请购房贷款,甲乙双方应于 2017 年 6 月 5 日前共同前往贷款机构办理贷款申请手续。6. 权属转移登记,甲乙双方同意,在 2017 年 7 月 17 日前共同办理房屋所有权转移登记手续。……第五条、违约责任,甲乙双方任何一方逾期履行本补充协议约定义务的,每逾期一日,违约方应按日计算向守约方支付房屋总价款万分之五的违约金。甲方出现下列情形之一的,构成根本违约,且乙方有权以书面通知的方式解除房屋买卖合同:(1)甲方提供的该房屋所有权证,原购房合同等相关产权证明手续不真实、不完整、无效,导致乙方无法取得房屋所有权的;(2)该房屋被查封或限制转让,导致乙方无法取得房屋所有权的;(3)逾期履行本补充协议第二条约定的义务超过十五日的;(4)拒绝将该房屋出售给乙方或者擅自提高房屋交易价格的;(5)将该房屋出售给第三方的;(6)甲方承诺的学区情况、学区名额不属实,或甲方逾期迁出户口,致使乙方无法实现购买学区房之目的的。甲方出现上述根本违约情形之一的,甲方应在违约行为发生之日起十五日内,以相当于该房屋总价款的20%向乙方支付违约金;丙方收取乙方的所有费用不予退还,由甲方直接赔付乙方。乙方若出现下列情形之一的,乙方构成根本违约,且甲方有权以书面通知的方式解除房屋买卖合同:(1)提供的证件等购房所需的资料不完整、不真实或无效,导致无法办理房屋所有权转移登记手续的;(2)拒绝购买该房屋的;(3)逾期履行本补充协议第二条约定的义务超过十五日的。乙方出现上述根本违约情形之一的,乙方应在违约行为发生之日起十五日内,以相当于该房屋总价款的20%向甲方支付违约金;乙方向甲方已支付的全部款项冲抵违约金,多退少补;丙方收取乙方的费用不予退还。在本协议履行期间,如出台新的限购政策且该限购政策导致本协议无法继续履行的,各方互不承担违约责任,后续事宜及已交付的款项和已发生的费用由各方友好协商解决。”合同签订后,李某某向岳某某支付了定金100万元。

2017年3月17日,北京市住房和城乡建设委员会等部门发布《关于完善商品住房销售和差别化信贷政策的通知》(以下简称317政策),规定:居民家庭名下在本市已拥有1套住房,以及在本市无住房但有商业性住房贷款记录或公积金住房贷款记录的,购买普通自住房的首付款比例不低于60%,购买非普通自住房的首付款比例不低于80%,暂停发放贷款期限25年(不含25年)以上的个人住房贷款(含住房公积金贷款)。

庭审中,双方一致认可李某某因317政策将会导致首付款金额增加240万元。因此,李某某以受到317政策影响导致合同无法继续履行为由,要求解除合同。2017年5月21日,李某某告知岳某某、链家公司无法继续履行合同,要求解除合同,岳某某表示不同意解除。岳某某于2017年5月31日自行办理了涉案房屋解押登记手续。现涉案房屋被法院查封,岳某某称,出售涉案房屋是为了偿还欠款,因李某某拒绝履行合同,于是将房屋抵押给贷款公司获得贷款500万元,后因无力偿还贷款导致房屋被查封。

关于317政策是否对李某某产生实质性影响,李某某称,合同约定首付款金额为1000万元，且约定李某某需要出售其他房产用于支付首付款，而所售房屋的挂牌价格为1200万元，实际出售价格肯定会低于报价，购买涉案房屋还需要支付高额的税费，因此，其家庭无其他财产用于支付多出的首付款。岳某某对此不予认可，称李某某出售房屋的报价为1200万元，而本案首付款为1000万元，即使首付款增加240万元，李某某亦有能力支付。链家公司称李某某购买涉案房屋需要支付税费59万元，其所出售的房屋曾有买房人出资1150万元购买，但李某某不同意出售。

〖裁判结果〗

一审法院判决：(1)解除原告李某某与被告岳某某于2017年1月16日签订的《北京市存量房屋买卖合同(经纪成交版)》及《补充协议》；(2)被告岳某某于本判决生效后10日内向原告李某某返还定金人民币50万元；(3)驳回原告李某某的全部诉讼请求；(4)驳回被告岳某某的其他反诉请求。李某不服提起上诉，二审法院判决：驳回上诉，维持原判。

〖裁判思路〗

依法成立的合同，受法律保护，对当事人具有法律约束力。本案中，李某某与岳某某签订的《北京市存量房屋买卖合同(经纪成交版)》及《补充协议》是双方真实意思表示，且不违反法律、行政法规的强制性规定，应属合法有效，双方均应按照约定履行自己的义务。

本案的争议焦点在于：317政策的实施是否对李某的履约能力产生实质性影响，导致合同无法继续履行。现双方一致认可317政策将会使首付款增加240万元，李某某表示其无力承担增加的首付款。

首先，依据合同约定，李某某已向岳某某支付定金100万元，该笔定金视为首付款的一部分，李某某还应向岳某某支付首付款890万元，以及户口保证金5万元、物业交割保证金5万元，共计900万元，合同另约定李某某以自有房屋出售款项用来支付首付款。关于李某某所出售房屋的价款，其所出售的房屋报价为1200万元，链家公司表示曾有买方愿意以1150万元购买该房屋而李某某不同意出售，李某某认可链家经纪人曾表示过有买方以1150万元购买房屋之事实。新政后首付款金额增加240万元，因此，李某某需再向岳某某支付的首付款金额为1140万元，若李某某积极出售自有房屋，即便首付款比例增加，亦不足以认定其不具有支付该笔首付款的能力。

其次，李某某以出售自有房屋的方式支付涉案房屋首付款，此种付款形式本身在交易过程中即存在一定风险，存在诸多无法预见的问题，例如出售价格的不确定性、买房人付款时间的不确定性，因此，李某某在签订合同时，主观上应知晓合同有可能存在履行风险，其既然承诺在合同约定的时间内支付涉案房屋的首付款，理应要比一般购房人更具备承担风险的能力。而本案中，李某某未积极出售自有房屋，未与岳某某沟通因新政出台如何继续履行合同，亦未对合同的继续履行作出任何努力，反而直接向岳某某提出解除合同，李某某此行为明显欠妥。

综上，本案情况不宜认定为受政策影响，因不可归责于双方当事人的事由而不能履行合同的情形，李某某并不享有合同解除权。现李某某以受到新政影响无力负担首付款为由主张解除合同，法院不予支持。关于李某某主张岳某某返还定金及并承担违约责任的要求，于法无据，法院不予支持。现岳某某亦表示要求解除合同，双方解除合同的意思表示一致，可以解除合同。合同解除后，尚未履行的，终止履行；已经履行的，根据履行情况和合同性质，当事人可以要求恢复原状、采取其他补救措施，并有权要求赔偿损失。合同无法继续履行的责任在于李某某，因此对于岳某某要求李某某承担违约金之反诉请求，法院予以支持。关于违约金的数额，合同约定违约金标准过高，法院将综合考虑合同的履行情况、当事人实际损失等因素，酌情判定李某某应向岳某某支付违约金 50 万元。李某某已支付的定金 100 万元折抵违约金，故岳某某需再向李某某返还定金 50 万元。

第十二章　农村房屋买卖纠纷

【本章导读】

第十届全国人大常委会第十二次会议审议的《物权法草案》第一百六十二条规定："宅基地使用权人经本集体同意,可以将建造的住房转让给本集体内符合宅基地使用权分配条件的农户;住房转让时,宅基地使用权一并转让。禁止城镇居民在农村购置宅基地。"[①]鉴于立法机关认为该意见尚不成熟,《物权法》(已失效)没有采用该草案规定,回避了此问题,农村房屋能否转让仍处于不明确状态。2021 年实施的《民法典》对此问题亦无明确规定。但是,面对大量关于农村房屋买卖、转让纠纷案件,法院和法官不能等待和拒绝受理、裁判纠纷,必须确立正确的裁判原则,选择切实可行之裁判路径、方法。

【实务问答】

一、农村房屋买卖的效力如何认定?

农村房屋就是在农村集体经济组织所有的土地上建造的属于农民所有的房屋。农村房屋流转的标的物为农村居民房屋。本书采广义理解农村房屋,既包括传统意义上的农村居民住房、杂物房、饲养牲畜用房等,也包括为了使宅基地增值在其上建造的房屋,即人们所说的小产权房。处于农村房屋之下的土地就是宅基地。处于房屋之下的宅基地,一般包括:农民生活居

---

① 全国人大常委会法制工作委员会民法室编著:《物权法(草案)参考》,中国民主法制出版社 2005 年版,第 41 页。

住用地，如住房、厨房、牲畜房等；四旁绿化用地，如房前屋后的竹林、木林、花圃用地等；其他生活服务设施用地，如水井、地窖用地等。在我国农村大多数地方，宅基地就是指一家一户居住生活的庭院用地。

关于农村房屋买卖的效力问题，司法实践中存在不同观点：

第一种观点认为买卖合同有效，其根据《土地管理法》（2019 年修正）第六十二条第五款“农村村民出卖、出租、赠与住宅后，再申请宅基地的，不予批准”的规定，认为反推此规范即含许可买卖之意，由于现行法律和行政法规没有直接禁止农村房屋买卖行为，按“法不禁止即为自由”的私法理念，应判决确认合同的法律效力。对于农村私房买卖合同，如果不存在《民法典》规定的民事法律行为无效及可变更可撤销的情形的，应当认定为有效。

第二种观点认为合同无效。因为我国《宪法》第十条第四款规定，“任何组织或者个人不得侵占、买卖或者以其他形式非法转让土地。土地的使用权可以依照法律的规定转让”。《土地管理法》第六十二条第一款（2019 年修正）规定：“农村村民一户只能拥有一处宅基地，其宅基地的面积不得超过省、自治区、直辖市规定的标准。”第六十四条规定：“集体建设用地的使用者应当严格按照土地利用总体规划、城乡规划确定的用途使用土地。”可见，转让虽已作为宅基地但根本属性并未变化的集体土地，不符合上述法律规定。宅基地使用权承载着广大农民“居者有其屋”的社会功能，是农村土地管理制度的重要内容。对违反法律、行政法规以及相关国家政策的宅基地转让行为，以及其他变相导致农民丧失宅基地使用权的行为，应依法确认无效。

笔者认为，在农村房屋买卖、转让中，转让农村房屋所有权的出让人通常为当地村民，而购买人或受让人既可能为当地村民、异地村民，也可能为城镇居民，受让主体较为广泛。在现行法律体制和城乡二元结构下，身份关系成为影响农村房屋交易效力的关键因素之一。为了准确地认定农村房屋买卖、转让的法律效力，笔者认为应按购买人的身份将交易行为区分为农村村民买卖农村房屋和城镇居民买卖农村房屋两种基本类型，进而认定其合同效力。

二、同一集体经济组织成员之间能否买卖农村房屋？

农村中当一个家庭面临盖新宅的需要时有三种选择：一是他们可以向村委会申请审批宅基地；二是如若自己家旧宅的面积足够宽敞，可以直接翻建；三是他们可以购买别家的旧宅或者购买集体经济组织出让的其他用房来建造房屋。据学者调查，中国农村是典型的乡土社会，因受亲缘、地缘文化的影响，农村中房屋买卖一般在村落内部进行即主要是在村内市场进行，买房者所选择的房屋一般在自己的祖屋或父母居住房屋的附近。因此，农村房屋转让交易，相当一部分是在同一集体经济组织内的村民之间进行。集体经济组织内成员可分三种：一是本身已有宅基地，且符合国家规定的宅基地标准；二是已有宅基地，但是尚未达到国家规定的标准；三是已在集体经济组织落户，但尚没有分到宅基地。但无论哪种人都有可能出于生活居住和生产经营的需要，购买房屋。

关于同一集体经济组织成员之间买卖农村房屋的法律效力，因为受交易主体的身份和土地权利的影响较少，其效力相对明了，凡符合一般房屋买卖合同有效要件者应当认定有效。对此，实践中并不存在太大争议。

笔者认为，集体经济组织成员之间买卖农村房屋合法有效的具体法律依据和法理如下：

1. 宪法和法律确认私人对其所有的房屋享有所有权，依法可处分转让其权利。房屋属于公民的个人财产范畴，公民的合法私有财产不受侵犯；国家依照法律规定保护公民的私有财产权。《民法典》第二百三十一条规定，因合法建造、拆除房屋等事实行为设立或者消灭物权的，自事实行为成就时发生效力。

根据《民法典》第二百三十一条的规定可知，农村村民对其合法建造的房屋享有所有权。该法第二百六十六条规定，私人对合法拥有的房屋享有所有权。而所有权是对自己的不动产或者动产，依法享有占有、使用、收益和处分的权利，其中的处分形式多样，包括买卖、互易、赠与等方式。

2. 现行法律并没有禁止农村房屋买卖、转让，相反在多部法律和法规中规定了农村村民可买卖、转让其所有的房屋。例如，《土地管理法》第六十二条第五款规定，农村村民可以出卖、出租、赠与住房，只是再申请宅基地的不予批准。最高人民法院(1992)民他字第 8 号批复认为，农村房屋买卖，按约定交付房款以及管理房屋要件的有效。可见，最高人民法院原则上承认村民之间买卖房屋的效力。通说认为，房屋所有人出卖农村私有房屋，买卖双方自愿、立有契约、交付了房款，并实际管理和使用房屋，又没有其他违法行为的，应当认定买卖关系有效。当地政府规定需要办理登记或纳税手续的，按当地规定办理。

3. 现行国家政策没有限制集体经济组织内成员之间买卖农村房屋。事实上,早在 1963 年,中共中央就在《关于各地对社员宅基地问题作一些补充规定的通知》第二项就规定:"社员有买卖房屋的权利。房屋出卖后,宅基地的使用权即随之转移给房主,但宅基地的所有权仍旧归集体所有。"党和国家政策规定,明确了农民拥有买卖房屋的权利。

4. 地方性法规和章程肯定集体经济组织之间的农村房屋转让。如《上海市房地产转让办法》(2010 年修正)第十三条规定:"集体所有土地上建成的房屋需转让的,应当符合下列条件:(一)房屋所有权和该房屋占用范围内的土地使用权已经依法登记并取得房地产权证书。(二)居住房屋转让的受让人为房屋所在地乡(镇)范围内具备居住房屋建设申请条件的个人;非居住房屋转让的受让人为房屋所在地乡(镇)范围内的集体经济组织或者个体经营者。集体所有土地上建成的房屋需转让给前款第(二)项规定以外的受让人的,应当在依法办理集体所有土地的征用手续后,方可按照本办法的规定办理转让手续。"

三、不同集体经济组织成员之间能否买卖农村房屋?

在农村房屋买卖中,相对于同一集体经济组织成员之间买卖房屋而言,不同集体经济组织成员之间即村民异地购买房屋的要少得多。通常而言,外地村民异地购买房屋,要么是在房屋所在地有一定的亲缘关系,要么是同属于一个地域,要么是在该地进行农业承包经营或者长期进行工商业生产经营,其生产、生活基本已经融入当地社会,相当于移民迁居。事实上,如外地村民长期在某地进行生产经营,已基本为当地农村集体经济组织和村民接受,同时农村房屋相对便宜,长期租房不如购房,因此购买当地房屋也就是自然而然的事情。

不同集体经济组织成员之间买卖农村房屋的法律效力,因为交易主体双方均为农村居民,并不存在房屋受让人的身份限制,故与同一集体经济组织成员之间买卖农村房屋类似,唯一不同的是外地村民购买房屋受到申请宅基地使用权的限制。

在司法实践中,法院对不同集体经济组织成员之间买卖农村房屋的法律效力认定,尚未形成完全统一的法律见解,有的判决转让有效,有的判决转让无效。认定交易无效的主要理由是依据《土地管理法》的规定,认为宅基地属于农民集体所有,由村集体经济组织或者村民委员会经营、管理,宅基地使用权是集体经济组织成员享有的权利,与特定的身份关系相联系,不允许转让。在房地一体的格局下,处分房屋的同时也处分了宅基地,损害了集体经济组织的权益。买受人不是房屋所在地农村集体经济组织成员,其无权享有该村的土地使用权,故房屋买卖行为无效。

四、城镇居民购买一般农村私有房屋的法律效力如何认定?

在农村房屋买卖中,买受人为城镇居民的占有相当大的比例,尤其是位于大、中城市周边的农村房屋,绝大部分为城市居民购买。而城镇居民购买农村房屋又可分为两大类型:一是购买一般农村私有房屋,二是购买在农村集体土地之上集中进行房地产开发所形成的“小产权房”。城镇居民购买农村房屋大量存在,由此产生了一些现实社会问题和法律问题,必须予以面对。但是,立法机关在制定物权法时回避了这一问题。面对汹涌而来的城镇居民买卖农村房屋纠纷,法院不得不直面裁判此类案件。

关于城镇居民购买一般农村私有房屋的法律效力问题,司法实践中存在不同观点:

第一种观点认为,城镇居民购买农村房屋合同原则上是无效的。

第二种观点认为,应当认定城镇居民购买农村房屋合同有效的,这是实践发展的需要。

笔者认为,虽然关于城镇居民购买农村房屋合同效力仍存在争论,但根据国家法律、法规和政策规定,认定城镇居民购买农村房屋合同原则上无效,已经成为主流观点和司法实践认定基准。

我国现有立法并没有涉及城镇居民可否购买农村房屋的具体规定,农村房屋能否转让给城市居民尚不明确。诚然根据“法不禁止即属自由”原则,农民似乎可以向城市居民出卖自己的房屋。但是在法律法规和政策的适用上,基本原则是“有法可依,无法依政策”。《民法通则》(已废止)第六条规定:“民事活动必须遵守法律,法律没有规定的,应当遵守国家政策。”在审理裁决缺乏法律调整的民事案件时,法官应当参照国家政策规定;在法无明文时,可以国家政策为补充,作为民事纠纷的裁判依据。国务院办公厅1999年颁布的《关于加强土地转让严禁炒卖土地的通知》规定:农民的住宅不得向城市居民出售,也不得批准城市居民占用农村集体土地建住宅,有关部门不得为违法建造和购买的住宅发放土地使用证和房产证。该通知是依据《土地管理法》制定。《土地管理法》(1998 年修订)第六十三条规定,“农民集体所有的土地的使用权不得出让、转让或者出租用于非农业建设;但是,符合土地利用总体规划并依法取得建设用地的企业,因破产、兼并等情形致使土地使用权依法发生转移的除外”。《土地管理法》(2019 年修正)第六十三条规定,土地利用总体规划、城乡规划确定为工业、商业等经营性用途,并经依法登记的集体经营性建设用地,土地所有权人可以通过出让、出租等方式交由单位或者个人使用,并应当签订书面合同,载明土地界址、面积、动工期限、使用期限、土地用途、规划条件和双方其他权利义务。前款规定的集体经营性建设用地出让、出租等,应当经本集体经济组织成员的村民会议 2/3 以上成员或者 2/3 以上村民代表的同意。通过出让等方式取得的集体经营性建设用地使用权可以转让、互换、出资、赠与或者抵押,但法律、行政法规另有规定或者土地所有权人、土地使用权人签订的书面合同另有约定的除外。集体经营性建设用地的出租,集体建设用地使用权的出让及其最高年限、转让、互换、出资、赠与、抵押等,参照同类用途的国有建设用地执行。具体办法由国务院制定。因为国家政策三令五申禁止城镇居民购买农村房屋,具有极强的针对性。因此,在法无明文的情况下,认定城镇居民到农村购房的行为合法,不符合国家政策规定。

《民法总则》(已失效)并未采纳上述规定,第十条规定,处理民事纠纷,应当依照法律;法律没有规定的,可以适用习惯,但是不得违背公序良俗。《民法典》第十条延续了上述规定。公序良俗的概念比较抽象。此前,在我国现行有效的法律、行政法规中并未出现过公序良俗的用语。公序良俗原则包括公共秩序和善良风俗。因为农村房屋买卖、转让必然涉及农村集体土地所有权、使用权问题,而农村集体土地权利具有一定的身份性,是村民的基本生产、生活的保障,通常限于由农村集体经济组织成员占有、使用。现行法律明确禁止集体所有的土地使用流转,而城镇居民购买农村房屋实际导致宅基地使用权转让,理应受到严格的限制。法院和法官须正确认识到城镇居民购买农村房屋纠纷案件涉及公共利益,应当参照国家相关政策的规定和精神裁决案件,认定城镇居民购买农村房屋违反法律、法规和公序良俗而无效,不具有法律约束力。

但是维护交易的安全、稳定是合同法的立法宗旨，在具体个案中，在与国家法律、法规、政策基本规定和精神不相冲突的情形下，也可根据实际情况作灵活处理。故城镇居民购买农村房屋合同原则上无效，但不排除在特殊情况下可认定此类交易合同有效，主要包括以下几种情况：

1. 出卖人将宅基地上所建房屋卖与城镇居民前或同时，该房屋所占宅基地因征收已转为国有土地，原为农民身份的出卖人亦转为城镇居民，则宅基地性质已经发生转变的，可以认定买卖房屋合同有效。出卖人起诉请求确认房屋买卖合同无效的，人民法院应不予支持。

2. 城镇居民购买农村私有房屋后，如果所买卖的房屋已经有批准权的机关批准和当地集体经济组织同意，办理了房屋所有权和宅基地使用权产权变动手续，并取得合法权属证书的，可以认定买卖房屋合同有效。出卖人起诉请求确认房屋买卖合同无效的，人民法院应不予支持。

3. 城镇居民购买房屋后，已将其户口迁入房屋所在地，申请加入当地集体经济组织，转为农民身份的，可以认定买卖房屋合同有效。出卖人起诉请求确认房屋买卖合同无效的，人民法院应不予支持。

4. 买受人、协议签字人虽然为城镇居民身份，但其配偶或父母、子女为购买房屋所在地集体组织成员，且在购买房屋时系家庭成员共同出资，亦为共同居住的，村集体经济组织同意其买卖合同内容的，可以依法认定为家庭共同购房，买卖房屋合同有效。出卖人起诉请求确认房屋买卖合同无效的，人民法院应不予支持。

5. 在1999年1月1日《土地管理法》实施之前，农村村民将房屋转让给回乡落户的干部、职工、退伍军人以及华侨、港澳台同胞的，应认定买卖房屋合同有效。出卖人起诉请求确认房屋买卖合同无效的，人民法院应不予支持。

6. 对同一房屋经过多次买卖、转让的效力，可以依据最后一手买受人的身份和交易情况，结合前述处理原则进行判断认定。

7. 城镇居民购买的小产权房，已经县级以上人民政府对小产权房所在小区办理了相关征地和出让、规划、施工验收手续，补交了土地出让金、交易税费等，依法完善了商品房出售的合法化手续的，可以认定买卖房屋合同有效，由合同当事人合理承担有关土地出让金、交易税费等费用。

五、城镇居民购买农村私有房屋的合同被确认无效后如何处理?

一般认为认定合同无效后,处理后果的基本思路为:首先,合同无效后,买受人应当将房屋原状返还出卖人,出卖人将收取的价款返还买受人。其次,如果买受人在居住使用诉争房屋期间对诉争房屋及院落进行翻建、装修并在诉争院落内新建建筑物,出卖人应对买受人添附部分价值给予合理补偿。买受人在购买房屋后对房屋及院落的翻建、新建及装修系其出资完成,因此,其对于添附部分享有所有权,从理论上说,买受人在返还房屋时,有权将添附部分从原物处剥离。但考虑到此种添附系附和于出卖人所有的原物上,无法识别与分离,即便能够分离,但分离后添附部分的使用价值极大贬损,故判决买受人将原物及添附一并返还及给付出卖人,由出卖人将添附价值补偿买受人。添附价值的确定首先由双方当事人协商确定,如协商不成,由法院委托有资质的房地产评估机构进行评估。最后,按过错赔偿损失。《民法典》规定,有过错的一方应当赔偿对方因此所受到的损失,双方都有过错的,应当各自承担相应的责任。关于受损方的损失,应当由受损方主张。一般情况下,农村私有房屋买卖案件系出卖人起诉要求确认买卖合同无效,返还房屋。法院受理后,经审理可能认定合同无效的,应当向买受人行使释明权,告知买受人有可能认定合同无效,如果认定合同无效,买受人是否就损失提出反诉请求。如果买受人没有就损失提出反诉,则在确认买卖合同效力的案件中不宜由法院代买受人主张损失,并径行判决,应当在判决中写明买受人有权就合同无效致其损失另行主张。如买受人提出反诉或另行起诉主张损失赔偿,应当由买受人列举其具体损失。合同无效所产生的法律责任系缔约过失责任,只有缔约一方违反先合同义务造成相对人损害时,才能产生缔约过失责任。通说认为,在缔约过失责任的情况下,所应赔偿的为信赖利益的损失,即无过错的当事人信赖合同有效成立,但因法定事由发生,致使合同不成立、无效、被撤销等造成的损失。这种信赖利益的损失包括直接损失和间接损失。直接损失包括:(1)缔约费用,包括邮电费用、赶赴缔约地或查看标的物所支出的其他合理费用等;(2)履约费用,包括为居住而对房屋进行的翻建、装修,腾退房屋时搬家的费用等;(3)其他直接的费用支出。间接损失是指丧失了与他人另订合同的机会所产生的损失。这些损失必须是在可以客观预见的范围内,必须是基于信赖利益而产生的损失。

对于损失的认定，直接损失部分，根据当事人的举证及实物评估判决给付买受人。确定损失数额后，双方根据过错各自承担相应的责任。一般情况下，出卖人明知或应当知晓国家法律法规及政策不允许农村集体土地流转而出卖，应当就合同无效承担主要责任，在利益的分配上，也应当适当向买受人一方倾斜。①

六、农村房屋买卖与房屋产权登记的关系如何界定？

因为农村房屋买卖合同为一种债权债务关系。物权和债权是权利体系中最为重要的两种权利。物权是绝对权，具有对世性、排他性；而债权是相对权，具有对人性、并存性。根据法律规定和法学理论，物权的设立、变动需要办理登记公示，但是合同和债权却不需要审批、登记，除非法律有特殊规定。登记是物权变动的要件，而非房屋买卖合同的生效要件，没有办理房地产过户登记不影响已成立的房屋买卖合同的效力。《民法典》第五百零二条规定："依法成立的合同，自成立时生效。法律、行政法规规定应当办理批准、登记等手续生效的，依照其规定。"因此，宅基地使用权和房屋所有权是否经过户登记并不是房屋买卖合同的有效要件，未办理过户登记不影响买卖合同的效力，只要买卖合同符合合同的有效要件，合同即为有效。同时，更不能以出售的农村房屋未办理房屋产权证而否定房屋买卖合同的效力。

关于农村房屋买卖与房屋产权登记的关系问题，笔者认为，房屋过户登记不是房屋买卖合同的有效要件，未办理房屋过户登记不影响农村房屋买卖合同的效力，只要房屋买卖合同符合合同的有效要件，合同即有效。

第一，从登记制度的设定目的来看，登记的作用在于公示，即让世人周知该权利的存在。债权和物权的区别决定了只有物权变动才需要登记，债权变动不需要登记。债权的权利人只能要求特定的债务人履行债务，而物权的权利人有权排除任何人对物权的干涉，一物之上只能存在一个同类的物权，而几个债权可就同一标的物并存。这就决定了物权必须以一定的方式使世人周知，以达到排除别人干涉的目的，而债权的对人性决定了只要债务人知道该债权的存在就足够，债权人能且只能请求债务人向自己履行。

① 参见李馨：《城镇居民购买农村私有房屋的合同无效》，载《人民司法》2008 年第 10 期。

就房屋而言,登记的只能是房屋所有权的变动,而非房屋买卖合同。

第二,从登记的法律性质来看,过户登记是房屋买卖合同效力的内容之一,不可将其与房屋买卖合同的有效要件相混淆。物权法和债权法是民法的两个重要领域。债权法要规范债权的产生、变更及其消灭,使债权产生、变更、消灭的行为是债权行为,合同是最重要的债权行为之一。债权行为的特点在于它能够产生债权债务,需要一定的履行行为才能够使债权债务消灭。就房屋买卖合同而言,单有房屋买卖合同的订立还不能产生房屋所有权转移的效果,房屋买卖合同的效力是出卖人负有向买受人交付房屋并进行过户登记的义务,买受人负有交付价款并协助出卖人进行过户登记的义务。进行过户登记是房屋买卖合同所产生的当事人的义务之一,是合同效力的体现,这是以合同的生效为前提的,而不是合同的有效要件。综上所述,登记是土地使用权转移的要件,而非房屋买卖合同的效力要件,没有办理过户登记的效果是房屋所有权不变更,但是不影响已成立的房屋买卖合同的效力。

七、当事人以物(农村房屋)抵债协议的效力如何认定和处理?

所谓以物抵债,是指债权人的债权到期但债务人无法用货币资金偿还债务,或者债权虽未到期但债务人已出现严重经营问题或其他足以严重影响债务人按时足额用货币资金偿还债务,经当事人协商同意,或经人民法院、仲裁机构依法裁决,由债务人、担保人或第三人以实物资产或财产权利作价抵偿债权的行为。以物抵债主要通过以下两种方式:一是协议抵债。经债权人与债务人、担保人或第三人协商同意,由债务人、担保人或第三人以其拥有所有权或处置权的资产作价偿还债权。二是法院、仲裁机构裁决以物抵债,即通过诉讼或仲裁程序,由终结的裁决文书确定将债务人、担保人或第三人拥有所有权或处置权的资产,抵偿债权。

在现实社会经济生活中,房屋是农村村民或集体企业最主要的财产,债务人在难以清偿债务时,往往与债权人约定以物(农村房屋)抵债,并签订相关以房抵债的协议。事后因以物抵债协议的履行而产生纠纷者为数不少,各地法院对如何认定当事人以农村房屋抵债协议的效力及如何裁判,分歧很大,裁判标准不统一。

笔者认为,以农村房屋抵债相当于农村房屋买卖的特殊情形,同时具有买卖转让和债务清偿的属性。因为两者都是通过支付一定对价而受让房屋所有权,只是两者给付对价的方式存在差异,在房屋买卖中给付的是一定货币,在以物抵债中则是一定数额的债权。而债权尤其是金钱债权,依法可以转化为货币。当然,农村房屋买卖为正常交易流转,而村民或集体企业与特定主体债权人签订以农村房屋抵债协议时,则多陷入无力清偿债务的债务危机状态,带有被动和无奈的色彩,既然以农村房屋抵债协议的法律性质相当于农村房屋买卖的特殊情形,则以农村房屋抵债协议的效力认定与农村房屋买卖合同的效力认定应基本一致,但同时应注意其具有债务清偿的特殊性。总而言之,应当遵循以下基本原则进行处理:

1. 村民与村民之间签订的以农村私有房屋抵债的协议合法有效,因为根据现行法律、法规和政策规定,村民依法可处分其所有的房屋,而农村房屋依法也可以在村民之间流转,没有相关禁止或限制性规定。本集体经济组织成员之间的房屋买卖和以房抵债有效,殊无疑义。对非同一集体经济组织成员之间的以房抵债协议,参照房屋买卖合同的效力认定,也应认定为合法有效。

2. 村民与城镇居民之间签订的以农村私有房屋抵债的协议原则上无效。因为根据现行法律、法规和政策规定,虽然村民依法得处分其所有的房屋,以房抵债,但是禁止或限制城镇居民受让取得农村房屋,故相关协议无效。以农村私有房屋抵债的协议被确认无效,受让人无权继续占有房屋,而出让人则应当继续清偿相关债务。但是,经当地农村集体经济组织同意和有批准权的政府机关批准并办理房屋及宅基地过户手续者例外,可维护以房抵债协议的效力,确认受让人取得房屋所有权。

3. 农村集体经济组织、集体企业与城镇居民、企业之间签订的以企业房屋抵债的协议有效。虽然现行法律、法规和政策严格控制农民集体所有建设用地使用权流转范围,规定农民集体所有的土地使用权不得出让、转让或者出租用于非农业建设。但是,《土地管理法》(2019 年修正)第六十三条规定,土地利用总体规划、城乡规划确定为工业、商业等经营性用途,并经依法登记的集体经营性建设用地,土地所有权人可以通过出让、出租等方式交由单位或者个人使用,并应当签订书面合同,载明土地界址、面积、动工期限、使用期限、土地用途、规划条件和双方其他权利义务。前款规定的集体经营性建设用地出让、出租等,应当经本集体经济组织成员的村民会议 2/3 以上成员或者2/3以上村民代表的同意。通过出让等方式取得的集体经营性建设用地使用权可以转让、互换、出资、赠与或者抵押，但法律、行政法规另有规定或者土地所有权人、土地使用权人签订的书面合同另有约定的除外。集体经营性建设用地的出租，集体建设用地使用权的出让及其最高年限、转让、互换、出资、赠与、抵押等，参照同类用途的国有建设用地执行。具体办法由国务院制定。也就是说，土地利用总体规划、城乡规划确定为工业、商业等经营性用途，并经依法登记的集体经营性建设用地所涉及农村房屋及相应的集体建设用地使用权可以依法转移。而债务人与债权人之间签订的以农村房屋抵债的协议，具有清偿债务属性，无疑符合上述允许流转的情形，因此应当认定为合法有效，维护其协议效力和正常的民商事流转秩序。

八、农村房屋使用权转让合同的效力如何认定和处理?

在房屋买卖中，出卖人转让的是房屋所有权，而非使用权。但是，由于我国相关法律和政策禁止城镇居民买卖农村房屋，司法实践对城镇居民购买农村房屋合同通常作无效处理。因而，部分城镇居民为达到能够在农村居住的目的，往往放弃买卖农村房屋的所有权，在无法取得房屋所有权的情况下，退而求其次，瞄准农村房屋的使用权，签订房屋使用权转让协议或有偿使用协议。除转让一般农村房屋的使用权外，一些地方的小产权房交易为了应对法律和政策风险也普遍采用“以租代售”的交易手法，70年的“租金”必须一次性缴清。约定受让人在合同约定期限内对房屋使用权享有占有、使用、收益的权利，如因继承或向他人转让使用权，应向出让人备案。司法实践中，已经出现了不少约定转让农村房屋使用权的纠纷案件，这需要我们依据法律规定和相关法理正确分析问题，裁决纠纷。

关于农村房屋使用权转让合同的效力问题，司法实践中存在不同观点：

第一种观点认为，《民法典》规定了居住权，但居住权作为一种物权须具备一定的公示手段，而上述使用权目前尚无法予以登记公示。如果双方之间的合同并非居住权合同，那城镇居民与农村居民所签订的房屋使用权转让协议实际上是一种类似于租赁的债权关系。根据民法理论，在房屋之上已经设定负担的情况下，所有权人仍可以将某房屋出售给他人。但在房屋出售的情况下，先于买卖合同存在的债权人可以继续维持债权债务关系，继续居住使用该房屋。

第二种观点认为,城镇居民与农村居民所签订的房屋使用权转让协议应当无效。

笔者认为,第一种观点分析的法理是正确的,农村房屋使用权转让与农村房屋所有权买卖、转让存在本质上的区别。在农村房屋使用权转让中,出让人处分的是所有权的个别权能,是房屋所有人行使所有权并获取经济利益的具体体现。农村房屋所有权人转让其房屋使用权,符合宪法和法律规定,也没有与国家政策相冲突,因此应当依法认定农村房屋使用权转让合同合法有效,保护受让人的合法权益。当事人依据合同约定受让取得农村房屋使用权者,实际相当于类似房屋租赁权的一种债权性质的权利。如果农村房屋所有人转让房屋使用权后,又转让该房屋所有权的,人民法院可参照适用"买卖不破租赁"的法律原则来裁决此类案件。如果双方明确约定在农村房屋上设立居住权,亦不应受到法律的否定,因为并未涉及将宅基地使用权转让至本集体经济组织成员以外的人员,故而应为有效。

【案例适用】

规则 49 [农房买卖]农村村民向城镇居民出售房屋,以无效为原则,如果买卖事实发生在 1999 年前可以结合案件具体情况驳回当事人要求起诉无效的诉讼请求。

〖规则解析〗

1999 年 5 月 6 日以前签订的农村房买卖合同,如果买受人购买房屋经过村、乡(镇)人民政府或县级以上人民政府审批,或户口已经迁入所购房屋,或长期居住使用房屋,或所购房屋为买受人唯一住房的,可以驳回当事人要求确认无效的诉讼请求。

〖案情简介〗

1991 年 6 月,王某因农转非欲出售其房屋,所在村社无人购买,王某自愿将其位于荣昌县武城乡小滩村二社的砖瓦房 4 间出售给拥有城镇户口的罗某,罗某交付 3300 元购房款,王某将房屋所有权证和土地使用权证交付罗某。双方签订的购房协议加盖了村公所、乡人民政府的公章,罗某也向荣昌县人民政府缴纳了契税 198 元,契税凭证上现业主的姓名已变更为罗某丈夫的名字,但未到相关部门办理过户手续。此后,罗某一家一直居住在该屋。

2008 年 6 月 5 日,该房屋所在的土地被政府征收,房屋面临拆迁,罗某无法获得拆迁补偿款,遂起诉要求确认合同有效。

〖**裁判结果**〗

我国当时法律没有明确规定城市居民不得购买农村房屋,应当认定本案当事人的行为没有违反法律的禁止性规定,双方签订的买卖合同有效。

〖**裁判思路**〗

一、我国关于农村房屋买卖的法律规定的发展变化

1988 年全国人大常委会通过的《土地管理法》第四十一条规定:“城镇非农业户口居民建住宅,需要使用集体所有的土地的,必须经县级人民政府批准,其用地面积不得超过省、自治区、直辖市规定的标准,并参照国家建设征用土地的标准支付补偿费和安置补助费。”1989 年国家土地管理局《关于确定土地权属问题的若干意见》(已失效)规定,“城镇及市郊农民集体土地上的房屋出售给本集体以外的农民集体或个人,其所售房屋占用的土地属于国家所有”。这些规定表明,城镇居民可购买农村房屋,只是在取得房屋所有权时,房屋所占的土地使用权转为国家所有,同时应该办理相应的审批手续。

但是,1999 年 5 月 6 日国务院办公厅《关于加强土地转让管理严禁炒卖土地的通知》(国办发〔1999〕39 号文件)第二条中明确规定,“农民的住宅不得向城市居民出售,也不得批准城市居民占用农民集体土地建住宅,有关部门不得为违法建造和购买的住宅发放土地使用证和房产证”。2004 年国务院《关于深化改革严格土地管理的决定》规定,“改革和完善宅基地审批制度,加强农村宅基地管理,禁止城镇居民在农村购置宅基地”。2004 年国土资源部《关于加强农村宅基地管理的意见》(已失效)规定,“严禁城镇居民在农村购置宅基地,严禁为城镇居民在农村购买和违法建造的住宅发放土地使用证”。

二、本案合同效力的分析

《民法典》第一百五十三条第一款规定,“违反法律、行政法规的强制性规定的民事法律行为无效。但是,该强制性规定不导致该民事法律行为无效的除外”。1999 年 5 月国务院办公厅《关于加强土地转让管理严禁炒卖土地的通知》及之后类似规定的文件,属于部门规章,不能作为确认农村房屋买卖合同无效的法律依据。

《民法典》第五百零二条规定,“依法成立的合同,自成立时生效,但是法律另有规定或者当事人另有约定的除外。依照法律、行政法规的规定,合同应当办理批准等手续的,依照其规定。未办理批准等手续影响合同生效的,不影响合同中履行报批等义务条款以及相关条款的效力。应当办理申请批准等手续的当事人未履行义务的,对方可以请求其承担违反该义务的责任。依照法律、行政法规的规定,合同的变更、转让、解除等情形应当办理批准等手续的,适用前款规定”。因此,办理所有权过户登记手续只是房屋所有权发生转移的法定要件,而不是房屋买卖合同有效的要件。本案合同双方签订协议时都具有相应的民事行为能力,意思表示真实,协议内容为买卖私有房产,且不损害国家和社会公共利益,双方所签房屋买卖合同合法有效。

另外,本案应当适用双方签订合同时的法律或政策。《土地管理法》和《物权法》的实施是发生在本案当事人买卖房屋之后,在 1999 年 5 月之前,我国法律没有明确规定城市居民不得购买农村房屋,根据法不溯及既往的原则,本案不能使用《物权法》的相关规定。根据法无禁止皆自由的原则,应当认定本案当事人的行为没有违反法律的禁止性规定,双方签订的买卖合同有效。

三、认定无效的社会效果弊大于利

首先,要坚持尊重历史、照顾现实原则。本案中房屋买卖发生在 30 年前,如果认定合同无效,会使房屋出卖方在违规出卖房屋获得利益后,又因房屋增值、拆迁补偿等原因主张合同无效而再次获益,其直接后果是违反诚实信用的卖房者获益,而恪守诚实信用买房者遭受损失。而且买房者最后虽获得了一定的赔偿却要面临腾房搬迁、居无住所的情况,不利于社会稳定。其次,注重实现裁判的法律效果和社会效果有机统一。对城镇居民在购买农村房屋后进行了依法登记或履行了契税手续的,对出卖方已经转为城镇居民的,对那些买卖行为发生的时间较长,购买方已经在农村长时间居住,且房屋已经翻盖或者重建的,从保障当事人居住权和稳定社会关系的角度应认定合同有效,这样更能为社会大众所接受,充满人文关怀的裁判也更能被社会认可。

规则 50 [农房买卖]同村不同组村民属于同一农村集体经济组织,双方签订的购房协议并不违反法律、行政法规的强制性规定,具有法律效力。

〖**规则解析**〗

判断同村不同村民小组的村民是否属同一农村集体经济组织成员时,

应依据集体土地的物权归属、发包主体等进行识别。属同一农村集体经济组织成员。双方签订的购房协议并不违反法律、行政法规的强制性规定，具有法律效力。

〖**案情简介**〗[①]

2008年10月5日，梁平县蟠龙镇五星村6组村民汪某恒与同村5组村民贺某贵签订购房协议，将其所有的位于五星村6组的房屋一套以1万元的价格卖给贺某贵。协议签订当日，贺某贵付清了购房款。同年10月13日，贺某贵向当地财政所缴纳购房的契税300元。同年11月2日，汪某恒将房屋交付给贺某贵使用。随后，双方向国土房管部门申请办理该房屋的过户登记。同年12月31日，梁平县国土资源和房屋管理局向汪某恒发出不予审理通知单，认为五星村6组村民汪某恒与五星村5组村民贺某贵不是一个集体经济组织的成员，(转让房屋)不符合相关法律规定，通知汪某恒前去领回申请办理房屋过户登记的资料。后双方因办理产权变更登记未果发生纠纷，汪某恒诉至法院，要求确认双方签订的购房协议无效，由贺某贵返还房屋，由其返还购房款。

〖**裁判结果**〗

重庆市梁平县人民法院经审理认为，农村房屋所有权转让，房屋占有范围内的宅基地使用权随之转让。农村宅基地具有福利性质，只供该村民小组等集体经济组织成员享有，原告系五星村6组村民，被告系五星村5组村民。原告将其建在农村集体所有土地上的房屋转让给不属于本集体经济组织成员的被告，房屋买卖协议违反了法律的强制性规定。判决：汪某恒与贺某贵签订的购房协议无效，汪某恒返还购房款，贺某贵返还房屋。

贺某贵不服一审判决，向重庆市第二中级人民法院提起上诉。

重庆市第二中级人民法院经审理认为，本案中，农村集体土地的发包情况表明，五星村存在以村为单位的村农民集体经济组织。贺某贵与汪某恒虽不是同一村民小组的村民，但都是五星村的村民，属同一村集体经济组织的成员，双方签订的购房协议并不违反法律、行政法规的强制性规定，具有法律效力。

---

① 重庆市第二中级人民法院民事判决书，(2011)渝二中法民终字第1026号。

2011 年 11 月 3 日，重庆市第二中级人民法院判决：撤销一审民事判决，确认贺某贵与汪某恒签订的购房协议有效。

〖**裁判思路**〗

1. 农村集体经济组织的识别及类别

农村集体经济组织具有为本集体经济组织成员提供基本社会保障和经营管理本集体经济组织内农民集体所有的资产的职能。土地是农民安身立命的最基本的生产资料，因此，是否对农村土地享有所有权，是否具有为本集体经济组织成员提供基本社会保障、经营管理本集体经济组织内农民集体所有的资产的职能，是判断是否属于农村集体经济组织的标准，其中，最重要的识别标准是是否对农村土地享有所有权。根据我国《民法典》第二百六十二条的规定，农村集体所有的土地和森林、山岭、草原、荒地、滩涂等，存在属于乡镇农民集体所有、属于村农民集体所有和属于村内两个以上的农民集体所有三种情形，即我国农村实行的是“三级所有”的农民集体所有土地的基本形式。

农村集体经济组织成员是指有权享有该集体经济组织成员一切权利和福利待遇，并承担该集体经济组织成员应尽义务的人员。下列事实或证据可以作为综合判定某人为某集体经济组织成员身份的依据：以农村集体经济组织内部家庭承包方式取得该集体经济组织承包土地的事实；在某集体经济组织领取分红款、物品等集体经济组织成员福利待遇的账目凭证；载有某人加入某集体经济组织的村民会议记录等相关记载或文件；某人与某集体经济组织成员结婚并在该村长期定居生活的事实；能够作为判定某人为某集体经济组织成员身份的其他事实或证据。

下列事实或证据不能单独作为认定或否定某人为某集体经济组织成员的依据：某人户口迁入或迁出某集体经济组织所在行政村的事实；某人户口由农村户口转为小城镇户口的事实；在某集体经济组织所在行政村参加人大代表选举或村民委员会选举的事实；村民委员会出具的证明；个别村民的证人证言。

2. 同村不同组的村民是否属于同一农村集体经济组织成员的判断

通常情况下，根据一物一权的物权法原则，某一村的农村土地要么属于村农民集体所有，要么属于村内各村民集体经济组织所有，此时，判断同村不同村民小组的村民是否属同一农村集体经济组织成员时，应依据集体土地的物权归属、发包主体等认定该村农村集体经济组织的具体形式是农村集体经济组织还是村内并存的各农村集体经济组织:是农村集体经济组织形式的,同村不同组的村民属同一农村集体经济组织成员;是村内并存各农村集体经济组织形式的,同村不同组的村民不属同一农村集体经济组织成员。但在特殊情况下,即某一村的农村集体经济组织同时存在农村集体经济组织和村内各农村集体经济组织两种组织形式,如某一村的农村集体土地共10,000亩,下设6个村民小组,各组范围内的土地均为1000亩。各村民小组内的农村集体经济组织对位于该小组范围内的1000亩土地享有所有权,农村集体经济组织对其余的4000亩土地享有所有权,此时同村不同组的村民虽分属村内并存的各农村集体经济组织,但同时又属于同一村农村集体经济组织。

规则51　[农房买卖]同村分属不同集体经济组织成员之间的农村房屋买卖,也应受到一定限制。

〖规则解析〗

农村房屋买卖必然涉及房屋占用的宅基地的转让,而即便是在同一农村村民之间的宅基地转让,也需判断是否属于同一经济组织。判断同村不同社的村民是否属同一农村集体经济组织成员时,应依据集体土地的物权归属、发包主体等进行识别 。

〖案情简介〗

蔡某与宋某系夫妻,同为重庆市渝北区木耳镇石鞋村1社村民。1993年经合法审批,蔡某和宋某占用木耳镇石鞋村1社集体所有的土地修建房屋,其中一楼两间为门面,另外两间为住宅,四楼为八间住宅。该栋房屋二楼房屋也归其所有,房产证单独颁发,三楼房屋系邻居所有。2007年1月6日,以蔡某、宋某为甲方,木耳镇石鞋村9社村民刘某为乙方签订购房合,约定将蔡某所有的房屋中一楼门面两间和住宅两间出售给刘某。合同签订后,刘某按照合同约定支付了全部房款,并与儿子搬入该房屋。2007年1月9日,刘某向石鞋村村委会及石鞋村1社村民提出书面申请,要求对其购房予以准许,石鞋村村民委员会盖章认可,并有27名村民签字同意。

2010年10月,蔡某、宋某向法院起诉,请求确认双方签订的房屋买卖合同无效。诉讼中,蔡某提供了集体土地所有权证,表明土地所有者系木耳镇石鞋村1社,农村土地承包经营权证记载:发包方为渝北区木耳镇石鞋村1

社，承包方为蔡某。

〖**裁判结果**〗

涉案房屋占用的宅基地属于蔡某、宋某所在的木耳镇石鞋村1社所有，应由木耳镇石鞋村1社代表集体行使所有权，而蔡某、宋某将房屋卖给木耳镇石鞋村9社的刘某，属于将农村房屋出卖给该农村集体经济组织之外的村民，其间签订的买卖合同因违反了法律、行政法规的强制性规定，损害了该集体经济组织成员的利益，应属无效。

〖**裁判思路**〗

农村房屋买卖合同的效力认定是民事审判实务疑难问题之一。在物权法的立法过程中，围绕对农村宅基地流转问题的关注，各界对农村房屋买卖的观点也大相径庭。针对本案所涉农村房屋买卖合同效力，形成两种观点：

观点一：农村房屋买卖涉及房屋所占用的宅基地使用权流转，应限于本集体经济组织成员内部。蔡某、宋某与刘某并非同一集体经济组织的成员，故蔡某、宋某出售房屋的行为实际损害了该集体经济组织的权益，违背了我国法律和行政法规的规定，故本案房屋买卖合同无效。

观点二：农村村民出卖房屋受到一定限制，其目的主要是保障农民的居住权。蔡某、宋某除涉案房屋外另有房屋居住，出售房屋的行为并不会使其失去居住保障。因此，本案中转让农村房屋及宅基地的行为不违背法律禁止性规定。同时，刘某购房征得村集体经济组织和27名村民同意，未损害其他成员的利益。故本案房屋买卖合同有效。

结合本案事实，笔者赞成上述观点一，本案合同应属无效。

一、本案合同双方当事人非同一集体经济组织成员

本案中合同双方系同村不同社的农民，判断其是否为同一农村集体经济组织成员，需要首先明确“农村集体经济组织”的界定。

我国农村集体经济组织，产生于20世纪50年代初的农业合作化运动。它是为实行社会主义公有制改造，在自然乡村范围内，由农民自愿联合，将其各自所有的生产资料转为集体所有，由集体组织农业生产经营，农民进行集体劳动，各尽所能，按劳分配的农业社会主义经济组织。它在历史演进中，经历了合作化时期、人民公社时期和经济合作社时期。

解放后的合作化运动中，农户将自己的生产资料（土地、较大型农具、耕畜）交出来形成集体，从而组建成以生产队为单位的集体经济组织。1958年

8 月中共中央作出的《关于在农村建立人民公社问题的决议》，号召将高级农业合作社合并转为人民公社，人民公社既是生产组织，也是基层政权。人民公社下设生产大队，生产大队下设生产队。1962 年 9 月，《农村人民公社工作条例修正草案》正式颁布，明确规定人民公社的基本核算单位是生产队，实行“三级所有，队为基础”，即生产资料分别归公社、生产大队和生产队三级所有，而以生产队所有制为基础。生产队实行独立核算、自负盈亏，直接组织生产和收益的分配。

党的十一届三中全会之后，随着改革开放的深入，农村家庭联产承包责任制逐步建立。为了适应农业经营模式的转变，1982 年宪法作出了两项重大调整：一是将人民公社分设为乡人民政府和乡农业合作经济联合组织；二是在生产大队的地理基础上，设立自然村，在村设立村民自治组织——村民委员会。

从以上历史变迁中可以看出，在人民公社、生产大队和生产队这三种集体从事农业经济活动的组织中，生产队是基础，拥有包括土地、耕畜和农具在内的大部分的而且是主要的生产资料，因此一般意义上的集体经济组织是指生产队。

《土地管理法》第十一条规定：“农民集体所有的土地依法属于村农民集体所有的，由村集体经济组织或者村民委员会经营、管理；已经分别属于村内两个以上农村集体经济组织的农民集体所有的，由村内各该农村集体经济组织或者村民小组经营、管理……”《民法典》第二百六十二条规定：“对于集体所有的土地和森林、山岭、草原、荒地、滩涂等，依照下列规定行使所有权：（一）属于村农民集体所有的，由村集体经济组织或者村民委员会依法代表集体行使所有权；（二）分别属于村内两个以上农民集体所有的，由村内各该集体经济组织或者村民小组依法代表集体行使所有权；（三）属于乡镇农民集体所有的，由乡镇集体经济组织代表集体行使所有权。”上述两部法律均反映出，村农村集体经济组织并非农村集体经济组织的唯一形式，村内也可以并存两个以上的农村集体经济组织。

因此，判断同村不同社的村民是否属同一农村集体经济组织成员时，应依据集体土地的物权归属、发包主体等进行识别。本案中，争议房屋占用的土地由土地管理部门以木耳镇石鞋村 1 社为权利人颁发了集体土地所有权证，且木耳镇石鞋村 1 社作为发包人向该社村民发包土地，应当认定木耳镇石鞋村1社系木耳镇石鞋村内的独立集体经济组织,蔡某、宋某与刘某并非同一集体经济组织成员。

二、集体经济组织成员之外的农村房屋买卖,违反了法律、行政法规的强制性规定,损害了该集体经济组织成员的利益,应属无效

第一,《土地管理法》(2019年修正)第六十三条规定:“土地利用总体规划、城乡规划确定为工业、商业等经营性用途,并经依法登记的集体经营性建设用地,土地所有权人可以通过出让、出租等方式交由单位或者个人使用,并应当签订书面合同,载明土地界址、面积、动工期限、使用期限、土地用途、规划条件和双方其他权利义务。前款规定的集体经营性建设用地出让、出租等,应当经本集体经济组织成员的村民会议三分之二以上成员或者三分之二以上村民代表的同意。通过出让等方式取得的集体经营性建设用地使用权可以转让、互换、出资、赠与或者抵押,但法律、行政法规另有规定或者土地所有权人、土地使用权人签订的书面合同另有约定的除外。集体经营性建设用地的出租,集体建设用地使用权的出让及其最高年限、转让、互换、出资、赠与、抵押等,参照同类用途的国有建设用地执行。具体办法由国务院制定。”第六十四条规定:“集体建设用地的使用者应当严格按照土地利用总体规划、城乡规划确定的用途使用土地。”

法律在这里规定的集体土地使用权既包括耕地、林地等的承包使用权,也包括宅基地使用权。国务院办公厅1999年颁布的《关于加强土地转让管理严禁炒卖土地的通知》规定:“农民的住宅不得向城市居民出售,也不得批准城市居民占用农民集体土地建住宅,有关部门不得为违法建造和购买的住宅发放土地使用证和房产证。”国家土地管理局《关于以其他形式非法转让土地的具体应用问题请示的答复》(〔1990〕国土函字第97号)也明确规定:原宅基地使用者未经依法批准通过他人出资翻建房屋,给出资者使用,并从中牟利或获取房屋产权,是属“以其他形式非法转让土地”的违法行为之一。

第二,宅基地使用权是集体经济组织成员享有的权利,与特定的身份关系相联系,不允许随意转让。农村房屋买卖必然涉及宅基地使用权的转让,在房地一体的格局下,房屋所有人处分房屋的同时也处分了宅基地,而宅基地的使用人在批准取得宅基地时只享有使用权,并不享有处分权,其向非同一集体经济组织成员出售房屋的行为,实际损害了该集体经济组织的权益,

有悖于我国法律和行政法规的规定。

第三，农村房屋买卖合同中，双方当事人的权利都不能得到有效保障。现实中，因农村房屋买卖发生纠纷的情况，通常涉及买卖发生后的征地拆迁补偿。但是，对买受人而言，因目前农村房屋买卖无法办理产权证书变更登记，故即使买卖行为完成，在不动产所有权公示主义的原则下，买受人也无法以所有权人的身份受到法律保护。对出卖人而言，因《土地管理法》第六十二条第五款规定，“农村村民出卖、出租住房后，再申请宅基地的，不予批准”，出卖人失去了再次申请宅基地的权利，一旦发生征用，其安置与生存方面的相关权益保障问题亦会随之显现。

三、即便是同一集体经济组织成员之间的农村房屋买卖，也应受到一定限制

如前所述，基于我国“房地一体”的原则，农村房屋买卖必然涉及房屋占用的宅基地的转让，而即便在同一农村集体经济组织内部成员之间的宅基地转让，也需要符合一定的条件：一是经该农村集体经济组织同意；二是出卖人拥有两处以上的住房；三是受让人没有住房和宅基地，符合宅基地使用权分配条件；四是宅基地使用权不得单独转让，必须和住房一起转让。因此，在审查同一农村集体经济组织内部成员之间的农村房屋买卖合同效力时，也应当考虑上述因素。

此外，值得强调的是，集体所有是一种特殊的所有制形式，由集体经济组织作为所有权人行使所有权，绝非集体经济组织成员的共有，所以并不适用物权法中关于共同共有或按份共有的相关规定。故本案中，对于刘某的购房申请，村民是否同意以及有多少村民同意的事实与案件处理并无关联。

第十三章　特殊房屋买卖纠纷

【本章导读】

本章将就一些不太常见但实践中仍然存有争议的特殊房屋买卖纠纷进行探讨，包括查封期间对查封房进行转卖的合同效力问题、产权式酒店的酒店管理合同的性质认定、商铺转让纠纷的处理、虚构房屋买卖套取银行贷款、公有住房使用权的法律属性认定以及经济适用房买卖等问题。

【实务问答】

一、查封期间对查封房进行转卖的，房屋买卖合同是否有效？

查封是诉讼法规定的保全、执行措施，是人民法院依据职权作出的具有法律强制力的行为，被查封的财产不得擅自转让。就被查封的房屋而言，相关法律有明确规定，《城市房地产管理法》第三十八条第二项规定，司法机关和行政机关依法裁定、决定查封或者以其他形式限制房地产权利的，该房地产不得转让。因此，在查封行为的法律效力依然存续的情况下（查封裁定未被依法取消、查封期限也未届满），根据法律规定，房屋是不得转让的，具体而言，并不是不能实物交付，而是不能完成物权变动，即不能进行房屋产权登记过户。故可以认为，查封给房屋过户带来的影响有三个方面：(1)无法进行过户，即使出卖方愿意履行过户义务也无法实现，即过户履行遇到了客观障碍；(2)这种障碍是法律规定造成的，查封实际上是一种法律手段，是从法律上对过户的限制，并没有给标的物的事实状态造成影响，也没有使出卖方对标的物丧失处分权基础；(3)这种法律上的障碍限制就理论上而言是一时性的，并不是永久的，其既不同于标的物灭失的情形，也不同于产权已变更登记到第三人名下的情形。因为查封只是一种暂时性措施，是有期限的，也存在被取消的可能（如出卖方清偿了另案债务，尽管实践中这种可能性很小，但理论上仍然存在；又或者是当事人向执行部门提起的异议成立，查封也可能被取消），一旦查封到期或被取消，这种法律上的过户障碍就消失了。

就查封期间对查封房进行转卖，合同是否有效的问题，司法实践中存在不同观点：

第一种观点认为，出卖人擅自将已被有权国家机关采取了查封等强制措施的房屋转让给他人的，买卖合同应当认定为无效。

第二种观点认为，出卖人擅自将已被有权国家机关采取了查封等强制措施的房屋转让给他人的，不影响合同效力，但可以解除合同。

笔者同意第二种观点。

出卖人擅自将已被有权国家机关采取了查封等强制措施的房屋转让给他人的，买卖合同有效，但法律上不能履行。最高人民法院《关于适用〈中华人民共和国民法典〉物权编的解释（一）》第十五条规定，具有下列情形之一的，应当认定不动产受让人知道转让人无处分权：……（三）登记簿上已经记载司法机关或者行政机关依法裁定、决定查封或者以其他形式限制不动产权利的有关事项。最高人民法院《关于适用〈中华人民共和国民法典〉有关担保制度的解释》第三十七条规定，当事人以所有权、使用权不明或者有争议的财产抵押，经审查构成无权处分的，人民法院应当依照《民法典》第三百一十一条的规定处理。当事人以依法被查封或者扣押的财产抵押，抵押权人请求行使抵押权，经审查查封或者扣押措施已经解除的，人民法院应予支持。抵押人以抵押权设立时财产被查封或者扣押为由主张抵押合同无效的，人民法院不予支持。以依法被监管的财产抵押的，适用前款规定。通过以上规定可知，被查封的财产属于限制转让的财产，影响合同的履行。出卖人转让房屋后，有权国家机关对房屋采取了查封等强制措施的，不影响已成立的房屋买卖合同效力。合同约定的履行期限届满时针对出卖人的强制措施仍未解除，致使买受人不能办理房屋所有权转移登记的，买受人请求解除合同，并要求出卖人承担相应违约责任的，应予支持；买受人要求继续履行合同，办理房屋所有权转移登记，经法院释明后仍坚持不变更的，对其诉讼请求，不予支持，但买受人同意并能够代为清偿以解除查封房屋强制措施的除外。

二、产权式酒店的酒店管理者与投资者之间的法律关系如何认定?

产权式酒店是一种集酒店业、房地产业、旅游业、金融业于一体的新型投资及消费方式,具体是指投资者向酒店开发商或酒店所有者购买其拥有的酒店客房单间,在取得单间客房所有权后,将该客房转托给第三方经营管理并获取相应投资回报或其他权益收益的非传统酒店。[①] 其具有以下特征:

1. 产权式酒店兼具住宅与酒店的性质。产权式酒店具有酒店的功能与商品房住宅的属性。首先,产权式酒店通常具备普通酒店的服务项目,如为消费者提供住宿、餐饮、叫醒、清扫、送餐、洗烫衣服、行李寄存等,还会提供其他娱乐设施,如游泳池、棋牌室等。其次,产权式酒店的客房单间具有独立产权,分属于不同的投资者。投资者可以像购买普通住宅一样取得该单间客房的所有权。

2. 投资者拥有的产权式酒店单间客房的所有权具有受限性与模糊性,其主要表现为:投资者不得随意处分该单间客房;为确保酒店使用的整体性,作为投资者的所有权人不可任意对房屋实施扩建、装修等工程;投资者虽然可以转让其权利,但不能改变合同中确定的酒店房间用途。

3. 产权式酒店涉及的相关主体众多,法律关系复杂产权式酒店作为将房地产业、酒店业、旅游业合为一体的新型酒店发展模式,在其开发、销售、经营等环节牵涉了众多法律主体。

4. 产权式酒店的所有权与经营权分离。正是由于产权式酒店的双重属性,导致其所有权与经营权分离。产权式酒店客房单间的所有权属于个别投资者。而产权式酒店的整体经营权会通过租赁或委托等方式让渡于投资者之外的经营者。

产权式酒店的酒店管理者与投资者之间的法律关系,司法实践中存在不同观点:

第一种观点认为,酒店管理者与投资者之间是委托经营法律关系。委托经营模式是指投资者将产权式酒店委托给专门的酒店管理公司进行经营管理,酒店管理公司以酒店的名义经营管理酒店,向投资者收取一定的报

---

① 参见谭小平、谭富良:《产权式酒店投资浅析》,载《当代经理人》2005 年第 3 期。

酬,酒店经营的利润所得归投资者所有,同时根据产权式酒店的特点,投资者还享有一定期限的免费入住权。在这种模式下,投资者为委托人,酒店管理公司为受托人,委托事项为酒店的经营管理。①

第二种观点认为,酒店管理者与投资者之间是租赁法律关系。投资者在取得酒店单间的产权后,将其出租给专门的酒店管理公司。酒店管理公司向产权式酒店的所有投资者承租下所有的酒店单间,对酒店整体进行经营管理,经营管理所得的收入归酒店管理公司所有,投资者只是获得租赁合同中约定的租金以及一定期限的免费入住权。与第一种模式相比,作为出租者的投资者虽然并不享有对酒店经营管理事务的参与权,但是其投资回报较为稳定,不会直接受到酒店经营状况的影响,即使酒店出现亏损,仍然能够获得较为固定的租金收入。

笔者认为,值得注意的是,国家税务总局2006年5月22日下发的《关于酒店产权式经营业主税收问题的批复》规定,酒店产权式经营业主在约定的时间内提供房产使用权与酒店进行合作经营,如房产产权并未归属新的经济实体,业主按照约定取得的固定收入和分红收入均应视为租金收入,根据有关税收法律、行政法规的规定,应按照"服务业—租赁业"征收营业税,按照财产租赁所得项目征收个人所得税。可见国家税务总局已将投资者与酒店管理者之间的法律关系一律定性为租赁法律关系,而不问投资者与酒店管理者之间的合同具体是如何规定的。笔者认为,这一做法值得商榷,国家行政机关不能为了管理的方便就擅自改变当事人通过法律行为确定的法律关系的性质,尤其是税务机关更不具有这一权利。相反,国家税务机关应该根据当事人通过合同确立的法律关系来规范税收,明确差异,制定区分标准来统一管理。总之,笔者认为,租赁关系模式是投资者与酒店管理者之间法律关系的模式之一而不是唯一模式,具体采用哪一种模式应由当事人自主协商确定,法律法规不应强加给当事人。

比较上述两种模式可知,在委托经营模式中,投资者对酒店的经营管理有权进行干预,有权要求酒店管理公司汇报其经营状况,同时投资者的收益与酒店的经营状况直接相关,酒店盈利状况良好时投资者的投资回报就高,

---

① 魏莉:《促进我国产权式酒店发展》,载《商业时代》2005年第12期。

酒店发生亏损时投资者也会随之亏损。而在租赁经营模式中,投资者的投资回报不与酒店的经营状况发生直接的联系,投资者只是定期收取一定的租金,投资回报较为稳定。因此,笔者认为,在产权式酒店的运作过程中具体采用哪一种模式,应由投资者与酒店管理公司平等协商决定,法律未必要给出一个非此即彼的模式。在双方达成合意的情况下,甚至可以采取两种模式的折中,取二者之长,或开创第三种模式如信托模式,充分发挥产权式酒店作为投资、融资新型工具的作用。

三、商铺转让纠纷如何处理?

商铺门面转让费是一个普遍存在却一直未被理论界和实务界专门关注的问题。由于主要依靠惯例或约定俗成,没有明确的法律规定,实践中发生了很多涉及商铺门面转让费的纠纷,影响了经济活动的诚信和稳定。

商铺门面转让费是指承租人(或者门面所有人)将承租(或自己所有)的门面房转租(或出租)给他人,在租金之外收取一定数额的费用。一般认为,转让费是包含多种不同性质费用的复杂集合,但每一组成部分均有其相关的法律依据或合理性。从经济学角度看,转让费是机遇加垄断产生的利润,即为机遇利润和垄断利润。一个成熟的市场均会产生可观的转让费,在市场初期优先拥有摊位的人,在以后的市场发展中,随着市场的成熟,以前的摊位就有转让费。前承租者从中赚取的是机遇利润和垄断利润,机遇为先,垄断其次。有机遇拥有摊位,而摊位的不可再生性产生垄断,使后来者不得不多掏几倍的价格。转让费实际也包含了一定的品牌价值在里面。前业主租赁某个门面后,在这个门面上进行长期经营,他对该店面进行了装修投入,经营时又打下了良好的人脉基础。随着市场的成熟,该摊位产生了一种无形的商业价值,能给经营者带来可观的利润。另外,商铺的承租人在转让的过程中,其实是充当了中介的角色,转让费就类似于中介费。

关于商铺门面转让费的法律性质,司法实践中存在不同观点:

第一种观点认为,其是对优先续租权的一种购买。门面是有限的,"物以稀为贵"。当前店主的承租期限届满时,如果有优先续租权,后来者支付给他一笔摊位转让费,将他的优先续租权购买下来,这样在同等条件下,后来者就能在众多的竞争者中承租到自己想要的摊位。因此,转让费其实就是购买租赁优先权。

第二种观点认为,商铺门面转让费的法律性质只能是在承租人在有权转租(在租赁合同中明确约定其可以转租或获得了出租人的同意)房屋的情况下,次承租人为获得剩余的租赁期限向转租人所支付的一种对价。

笔者同意第二种观点。

我国民法上的优先权是指由法律直接规定的特种债权的债权人所享有的、就债务人的一般或特定财产优先受偿的权利,其含义与法国民法中的"优先受偿权"、日本民法中的"先取特权"基本同义,是一种破除债权平等性的"特权",带有一定物权性质的权利。在房屋租赁中,承租人所享有的优先购买权是一种广义上的优先权,是法律赋予的承租人对房屋所有人权利的限制。但凡优先的权利,其成立的同时必是对另一种权利的限制,而且往往是后位权利(如债权)对前位权利(如物权)的限制,因此,此类限制必须是基于法律的明确规定。如我国《民法典》第七百二十六条第一款规定:"出租人出卖租赁房屋的,应当在出卖之前的合理期限内通知承租人,承租人享有以同等条件优先购买的权利……"在房屋租赁方面,法律明文规定的优先权仅限于承租人在同等条件下的优先购买权,而并没有规定优先续租权这一权利。所谓的优先续租权只是在租赁合同当事人在合同中约定"租期届满后,承租人在同等条件下享有优先续租的权利"的情况下,所推衍出的一个名词,是双方当事人约定的一种权利。正是基于其属于约定所产生的权利,因此该权利具有依附性,即只能由租赁合同中的承租人所享有,当承租人将所租赁的房屋进行转租(此处转租为承租人经出租人同意的转租)时,除非原租赁合同上已经明确约定在承租人转租的情况下,次承租人仍可享有同等条件下的优先承租权,否则此种约定的权利无法由承租人转让给次承租人,但通常在租赁合同中不会出现此类条款。因此,不能认为商铺门面转让费是次承租人对优先续租权的购买。

商铺门面转让费的法律性质只能是承租人在有权转租(在租赁合同中明确约定其可以转租或获得了出租人的同意)房屋的情况下,次承租人为获得剩余的租赁期限向转租人所支付的一种对价,如果所转让的房屋还包括装潢、设备等,门面转让费则有部分是对装潢、设备的购买。原租赁合同到期后,次承租人并不能当然获得优先承租的权利(除非原租赁合同上已经明确约定承租人可以将此权利向次承租人转让),其所获得的仅是一个续租,而这个机会往往比其他的潜在承租人会更大些。因为在次承租人已经进入该门面经营的情况下,其他潜在承租人一般无法得知该门面租赁的到期时间,因此也不会寻求租赁该门面,这样次承租人在原租赁合同到期以后,通常更有可能获得续租。但如果其他承租人已经与出租人签订合同,约定在原租赁合同到期后以原有条件续租该门面,则次承租人无权要求优先承租。

四、虚构房屋买卖套取银行贷款的房屋买卖合同和贷款行为的效力如何认定?

民间借贷的借款人到期无力归还借款时,与出借人虚构房屋买卖事实,采用套取银行贷款方式归还到期借款,再分期归还银行贷款。此种虚构房屋买卖套贷在实践中引发了以下民事纠纷:一是房价上涨,出借人(名义买受人)受经济利益驱使,在借款人(名义出卖人)还清银行贷款后,拒不返还房屋,甚至有的名义买受人擅自出售房屋或将房屋进行抵押贷款,借款人诉请确认双方之间的房屋买卖合同无效并请求返还房屋。二是由于贷款由出借人(名义买受人)向银行申请,当借款人(名义出卖人)无力按期归还银行按揭贷款时,银行向名义买受人主张债权,名义买受人起诉主张双方之间的房屋买卖合同以及与银行的抵押贷款合同均无效。

对于虚构房屋买卖套取银行贷款的房屋买卖合同和贷款行为的效力如何认定的问题,司法实践中有不同观点:

第一种观点认为,此类以虚假房屋买卖合同套取银行贷款的行为,属于双方恶意串通、损害第三人利益的合同,应当认定房屋买卖合同和贷款合同全部无效。

第二种观点认为,虚构房屋买卖关系和效力应当结合多种因素判定,即使房屋买卖合同无效,以虚假的房屋买卖合同为基础的贷款合同,因与房屋买卖合同是两个相互独立的合同,因此,并不必然导致贷款合同无效。

笔者同意第二种观点。

首先应确定套贷行为是否存在,其后考察房屋买卖合同和银行抵押贷款合同的效力。当虚构房屋买卖套贷事实认定后,才能确定房屋买卖合同的效力。《民法典》第一百四十六条规定行为人与相对人以虚假的意思表示实施的民事法律行为无效。以虚假的意思表示隐藏的民事法律行为的效力,依照有关法律规定处理。

对于房屋买卖法律关系是否真实有效,应重点审查以下事实:

一是房屋买卖合同的约定。在正常的房屋买卖中,房屋位置、转让价款、支付期限、房屋交付、转让过户时间及违约责任等属于双方协商的主要内容,通常在房屋买卖合同中有明确约定。而对于套贷合同,由于其交易的虚构性,合同约定一般较为简单,有的甚至对关键合同条款也未作约定。

二是房款的实际支付情况。由于房屋交易金额较大,如系真实买卖,资金的流向一般有据可查。对于房款,特别是首付款的支付情况,不能仅以一方出具的收款收据为判断标准,而应审查实际的资金流向。对于以现金形式交付的大额房款,应审查资金的来源。

三是房屋产权证及相关资料、票据的保管情况。正常的房屋买卖,在房屋过户后,房屋产权证应由买受人保管。而在套贷情况下,由于交易系虚构,房屋产权证及相关房产资料一般由名义出卖人保管。此外,由于套贷的目的是使名义出卖人获取银行贷款,办理产权过户、缴纳交易契税等通常也由名义出卖人承担,相应的票据也常常由名义出卖人保存。

四是当事人对交易细节的熟悉程度。真实的房屋买卖涉及利益重大,当事人一般对合同磋商过程,合同签订及房屋过户的时间、地点,房款支付的时间、地点、批次、金额、支付方式等交易细节印象深刻。而在套贷情况下,由于房屋买卖并未真实履行,当事人对此往往语焉不详。

五是还贷的实际情况。在真实的房屋买卖合同中,应由买受人归还银行贷款。而在套贷合同中,由于交易系伪造,实际由名义出卖人按月归还贷款,通常表现为名义出卖人持有还贷卡,或者名义买受人逐月将还贷账单邮寄给名义出卖人。

六是交易后房屋的实际居住情况。房屋出卖后一般由买受人实际居住,而在套贷合同中,房屋通常仍由名义出卖人实际控制。

如果查实房屋买卖合同非当事人真实的意思表示,其目的在于套取贷款,此时可以认定房屋买卖合同无效。关于房屋买卖合同与房屋按揭贷款合同的关系,笔者认为两者之间是具有紧密联系但又相互独立的合同关系,并不构成法律上的主从合同关系,房屋买卖合同的无效并不当然导致按揭贷款合同无效。此问题在本书第十一章中已有详尽论述,此处不再赘述。

五、如何界定公有住房使用权的法律属性?

公有住房的使用权或称承租权的性质是理论界和实务界争议颇多的一个问题。实际上,公房使用权应当界定为物权,确切地说是物权中的用益物权。比如,既然公房使用权是物权,自然可以作为遗产继承,在原承租人死亡后,所有继承人都有权要求实际取得公房使用权的继承人给予相应的补偿;在房屋遇到征收时,也可以获得与继承份额相当的征收安置补偿权益;在离婚时,也可以比照私有住房的规则进行分割,由实际继续承租的一方给予另一方补偿;对于强占公房的案件,则无论经过多久,公房使用权人都可基于物上请求权要求无权占有人返还房屋。但如果认为公房使用权就是普通的基于房屋租赁合同而产生的债权,则很多问题要么面临解释的困难,要么会得出极其不合理的解释结论。

就公有住房使用权的性质,理论界与实务界大致有三种观点:

第一种观点认为,公有住房使用权系因房屋承租人与公房管理部门签订公房租赁合同而产生,故该使用权属于合同债权。

第二种观点认为,公有住房使用权人对房屋享有占有、使用、收益和处分(有限制的)等各项权能,且该权利具有永续性和经济价值,故应当将其认定为用益物权。

第三种观点认为,公有住房使用权实质上具有用益物权的性质,但由于《民法典》没有将其规定为法定的物权种类之一,受物权法定原则的制约,在现阶段只能认为公有住房使用权是一种高度物权化的债权,或者也可以将其视为一种属性模糊的财产权。

笔者同意第三种观点。

公有住房使用权虽然需要同房管部门签订公房租赁合同之后方能取得,但其与一般的因房屋租赁合同而取得的房屋使用权显然具有重大区别:

第一,公房使用权的具有存续性。公房使用权不受期限限制,租期届满后自然续期,非因特定事由,房管部门不得终止公房租赁合同。承租人死亡的,其配偶、子女、父母等还可以申请继续承租公房。这样,承租人对公有住房就获得了永久性的占有和使用权,这与一般的私有房屋租赁是明显不同的。

第二,公房使用权因其租金远低于市场租金水平,因而具有较高经济价值。公有住房的租金由政府统一规定，一般只相当于同地段同档次私有住房租金的5%～10%，公有住房人缴纳的公房租金基本只用于房屋维修的成本费用支出，房管部门并不从公房租金中经营获利。由于公房承租人只需支付很低的租金即可获得远高于租金价值的房屋使用收益，其对房屋所取得的使用收益与其支付的租金明显不构成对价关系，这与一般的私有住房租赁存在本质不同。

第三，公房使用权的取得需要支付对价，遇征收时可以获得补偿。公有住房虽然租金低，但其最初取得使用权却需要支付其他对价，初始投入成本巨大。对于私有住房承租权的取得，承租人只需按期支付租金即可，在签订租赁合同时无须支付其他对价。但公房承租权的取得或是因计划经济时代作为实物工资的一部分分配给承租人，或是公房政策改革后，由承租人通过市场置换（使用权有偿转让）等途径从前手承租人处出资购得，其置换价格往往相当于同地段同档次私有住房价格的90%～95%。可见，公有住房虽名义上属于公有，但其绝大部分价值构成却应归承租人享有。与之相对应，当公有住房遇征收时，按照有关征收政策，被征收公有住房补偿金额的大部分应给予公房承租人。而出租私有住房遇征收的，承租人一般不能获得补偿。

第四，公有住房使用权可转化为完全所有权。公房的使用权人一般只需支付很小的价款，即可购得公房所有权。该购房资格只有承租人才具有，非承租人不能以如此低廉的价格购得公有住房的所有权。承租人购得公有住房的所有权后，公有住房即转化为私有房屋。

第五，公有住房使用权具有实质上的可处分性。由于公房租金远低于市场租金水平，使得公房使用权具有较高的经济价值。按照现行的公房政策，承租人在向房管部门备案后不仅可以将公房以市场价格对外转租，而且承租人还可以通过置换的方式以市场价格将公房使用权转让。而对于私有住房而言，由于私有住房按照市场价格确定租金，支付市场化的租金，随时可以租到相同的私有住房，使得私有房屋承租权不具有在市场上进行有偿转让的现实需要。

上述区别说明，公有住房使用权具有迥异于一般私有房屋租赁使用权的性质，其所具有的永续性、支配性、可转让性等特征，使其在性质上更接近于物权而非债权。将其界定为普通的合同债权，无法准确、全面地反映其法律特质。虽然公房使用权实质上具有用益物权的特征,但由于我国《民法典》没有将其规定为法定的用益物权种类,受物权法定原则的制约,将公房使用权界定为用益物权,在目前的法律框架下难以获得法理上的有力支撑。鉴于此,应将公房使用权界定为一种高度物权化了的特殊债权。但无论是债权还是物权,公有住房使用权是一项具有财产价值的财产权,这一点没有疑问。

六、如何认识转让已购经济适用住房合同的效力?

经济适用住房是指由国家批准,在免除土地出让金的基础上,并给开发商一定的信贷优惠,由开发商建立的提供给中低收入阶层的保障性住房。由国家各级政府招募房地产开发公司或者集资建房单位修建,以微利向城镇中低收入群体出售的半商品性住房。它是具有社会福利性质的住房,其目的是解决中低收入群体的住房困难问题。经济适用住房的概念从不同的角度有不同的理解,归纳起来有以下几点:首先,从成本构成的角度看,经济适用住房比普通的商品房要低很多,因为政府为了限制经济适用住房的房价,免去了开发经济适用住房所必需的土地出让金,对相关的行政收费进行减免,还在银行信贷方面给予优惠,因此经济适用住房的房价会比商品房低。其次,从针对的对象来看,经济适用住房主要面向的是中低收入群体,具有保障性和福利性的特点。再次,从建设方式的角度看,经济适用住房由房地产企业开发、政府委托统建、单位自建及合作建设,建设方式多样化,一般来说委托统建的方式比较普遍。最后,从居民的经济承受能力的角度看,政府对中低收入群体进行补助后,经济适用住房是中低收入家庭可以消费得起的住宅。

在二手经济适用住房买卖合同纠纷中,出售经济适用住房的一方为原告的,其诉讼请求大多是要求确认合同无效,根本目的是通过对合同效力的否定达到将已交付给买方的经济适用住房返还己方。而购买经济适用住房的一方的诉辩主张大多是要求对方继续履行已达成的协议,履行配合办理房产过户的义务。主张合同无效要求返还房屋一方当事人的理由通常是:(1)经济适用住房为夫妻共同财产,一方未经他方同意擅自处分夫妻共同财产的行为无效。(2)双方达成的经济适用住房买卖合同违反了《经济适用住房管理办法》中"购买经济适用住房不满5年,不得直接上市交易"的规定,属违反法律、法规的强制性规定，合同无效。(3)双方签订的经济适用住房买卖合同违反了国家经济适用住房的政策性规定，损害了社会公共利益，合同应当认定为无效。

虽然主张认定合同无效的理由不同，但焦点问题都是双方签订的经济适用住房买卖合同的效力问题。笔者认为，发生此类纠纷的原因主要有两个方面：一是全国大中城市连续几年房价快速上涨，经济适用住房原购买人在尚未取得产权证照期间内将房屋出售，待允许上市交易办理产权变更登记时，同类房屋的市场价格已经大幅高于双方原来的约定交易价格，有的甚至已经翻了几番。在巨大的利益驱动和心理落差下，原经济适用住房所有人大多通过主张合同无效来实现拿回房产的目的。二是经济适用住房作为我国住房制度改革进程中的产物，其相关制度虽然渐趋完善，但有些规定仍需进一步明确和细化，特别是对经济适用住房在购买5年内的产权性质没有一个明确的界定。《经济适用住房管理办法》第三十条虽有"购房人拥有有限产权""购买经济适用住房不满5年，不得直接上市交易"的规定，但从第三十条第二款、第三款规定的文义上理解，有限产权应当是对直接上市交易的一种概括性限制规定，并不能等同于物权制度中的所有权人对所有财产的处分权能，因为《民法典》明确了物权种类和内容由法律规定的物权法定的原则，而《经济适用住房管理办法》的规定尚不属于物权法定的范畴。故经济适用住房在限制上市交易期内的产权性质不明确，也是此类纠纷产生的重要原因。

对经济适用住房再次转让给他人的买卖合同是否有效在审判实践中争议较大。

第一种观点认为，此买卖合同无效。完整的房地产产权应包括完整的房屋产权和完整的土地产权，权利主体应能够同时支配房与地。但是经济适用住房建设用地由政府划拨，购房者支付的价款中包括房屋的价格不含土地价格，因此经济适用住房的地权模糊且不完整，购房者只具有占有、使用、部分收益和一定程度的处分权能，[①]由于房屋对土地的依赖和两者之间的不可分割性，使得购房者对房屋产权的行使也受到了限制。同时经济适

① 参见隋卫东、王淑华：《房地产法》，山东人民出版社2006年版，第65页。

用住房针对的对象是特定的，且需经合法程序才能认购，属于限制流通物，不能根据当事人意思自治进行自由买卖。

第二种观点认为，此买卖合同有效。因为认定合同无效应当以法律、行政法规中的效力性强制性规定为依据，而目前我国没有法律、行政法规的强制性规定禁止转让已购经济适用住房，相关政策、规章的禁止性规定也都属于管理性的规定，不能作为认定合同无效的法律依据，并且认定合同无效可能引起一系列法律后果，在审判和执行上均存在困难。

笔者同意第一种观点。

目前，我国有关经济适用住房的相关规定以 2007 年原建设部等七部门发布的《经济适用住房管理办法》为主，辅以国务院各部委出台相关政策性文件中的政策性规定，如 2010 年《住房和城乡建设部关于加强经济适用住房管理有关问题的通知》，但大多效力层级较低。在司法实践中，如何对待这些行政规章和政策性文件，认定二手经济适用住房买卖合同纠纷中是否可以适用或参考这些规章和文件，各地法院认识不一。有的法院直接将上述行政规章作为当事人双方违反法律、法规的强制性规定的法律依据加以引用，我们认为这种法律援引不符合现行法律的规定，属适用法律不当。有的法院将双方当事人违反上述行政规章和政策性文件的规定认定为损害了社会公共利益。最高人民法院的观点认为，如果违反地方性法规或者行政规章将导致损害社会公共利益，则可以根据《合同法》第五十二条第四项的规定，以损害公共利益为由确认合同无效。[①]《民法典》没有采纳上述损害公共利益导致合同无效的规定，修改为违背公序良俗的民事法律行为无效，公序良俗的含义包含国家利益、公共利益。因此仍可以适用该条确认合同效力。

在司法实践中还应当考虑的一个客观情况是，我国经济适用住房建设开始于 20 世纪 90 年代，而关于经济适用住房的规定在 2007 年《经济适用住房管理办法》实施后才相对趋于完善。考虑到经济适用住房开建之初对购买者准入制度、交易管理等规定并不完善、不严格，且法律文件不应当具有追溯既往的效力，以现行的经济适用住房相关行政规章和政策性文件来认

---

① 参见最高人民法院研究室编著：《最高人民法院关于合同法司法解释（二）理解与适用》，人民法院出版社 2009 年版，第 108 页。《全国法院民商事审判工作会议纪要》也持该观点。

定管理办法实施前的交易行为损害了社会公共利益,似乎对交易双方过于苛刻。当然还应当看到经济适用住房是享受国家多项优惠政策的一种保障性住房,现阶段已经明确体现出很强的政策性、保障性和针对性,如何在司法实践中既实现当事人双方利益平衡,又能使国家这项利民政策落到实处,避免经济适用住房成为部分人牟利的工具,造成社会分配不公,这在国家政策层面、法律层面乃至司法实践领域仍是一个难点。

北京市高级人民法院于2010年出台的《关于审理房屋买卖合同纠纷案件适用法律若干问题的指导意见(试行)》,对于二手经济适用住房买卖合同效力的认定和认定后的处理方式值得借鉴。该指导意见根据北京市政府出台的政策性文件《关于已购经适房上市交易的有关通知》,确定了2008年4月11日作为二手经济适用住房买卖合同效力认定的"分水岭",将限制上市交易期内转让已购经济适用住房作为认定合同无效的一般原则,同时结合经济适用住房发展历程中的实际情况实行"老房老政策、新房新政策"。对于"老房",在一定条件下可以认定买卖合同有效。对于"新房",满5年后上市出售时,应根据原购买经济适用住房时的价格和出售时同地段房屋状况基本相似商品房价差的70%补交土地收益等价款。这种较高比例补交土地收益的政策,对利用经济适用住房牟利的行为起到一定的抑制作用。该指导意见虽未触及经济适用住房在限制上市交易期内的所有权问题,但其中一些规定,如确认合同无效后在认定买受人损失数额时应当综合考虑房屋升值等因素的规定,对于目前解决此类纠纷、化解矛盾、维护交易双方利益公平有着十分重要的现实意义,可谓司法机关结合政府政策在司法实践上的一次有益探索。

七、经济适用住房购房指标转让纠纷中买卖合同的效力如何认定?

购房指标转让协议中的当事人往往称自己将房屋购买指标转让给了他人,当事人所称的指标到底是何性质,存在两种理解,两种理解的不同很可能导致对该类案件处理上的差异,一个是将指标理解成购买房屋的资格,另一个是将其理解为对房屋的购买权。如果将指标理解为一种资格,往往就存在一定的人身专属性,购房指标无法随意转让。如对于安置房购买指标而言,某些地方的征地拆迁安置房限购暂行办法就对此明确作出规定,将安置对象严格限制为被征收户,禁止安置房指标的私自转让。如果将指标理解为对房屋的购买权，作为一种财产权利，只要本身不存在转让的限制，就应当能够在指标转让人和受让人之间转让。购房指标的特征更多地体现出其“资格”的一面，当然，现实发生的有关指标转让的纠纷中，因为房屋性质的不同，购房指标也具有不同的类型，对不同类型的购房指标转让协议的效力确定亦会有所不同，故应如何确定指标的性质，在具体不同类型的房屋指标转让的纠纷中尚有讨论的余地。笔者认为，将购房指标定性为对房屋的购买资格，而不是购买权，在确认购房指标转让协议有效方面意义较大。

对于经济适用住房指标转让合同的效力，司法实践中存在不同观点。

第一种观点认为，经济适用住房指标转让合同无效，理由是：(1)违反经济适用房的法律法规。依照《经济适用住房管理办法》的有关规定，经济适用住房的转让有严格的条件限制。因此当事人之间转让集资房的行为属于法律禁止的行为。(2)损害国家利益。经济适用住房指标转让协议侵犯了国家集资房的管理制度，或者说扰乱了经济适用住房的管理制度。(3)未经国家审批。

第二种观点认为，经济适用住房指标转让合同有效，理由是：从法理来看，债权转让是合同法赋予合同当事人的权利之一，当事人可以通过合同为自我决定的行为，而决定向他方表示愿意因此自我约束，以取得他方作出相应的自我约束。因此合同经双方意思表示一致，即成立并发生拘束力，产生拘束彼此双方的结果。①

笔者同意第一种观点。

发展经济适用住房是为了建立适应社会主义市场经济体制和我国国情的住房供应体系，加快住房建设，促使住宅业成为新的经济增长点，不断满足中低收入家庭日益增长的住房需求。经济适用住房的用地实行行政划拨的方式，享受政府的扶持政策，以微利价格向中低收入家庭出售。所以，中低收入家庭购买新建的经济适用住房实行申请、审批制度。在我国，经济适用住房的购买有严格的条件限制，购买人必须符合相关的条件并且在购买房屋后的一定的年限内不得出售。随着经济适用住房制度的不断完善，这些条件还将更加严格。对经济适用住房在限制转让的年限内进行转让或将

---

① 参见杨少南：《论无效合同与诉讼时效的适用》，载《现代法学》2005年第2期。

购房权私自转让给没有购房资格的人,该转让行为已经违反了我国关于购买经济适用住房的相关规定,客观上也损害了社会公共利益,妨碍了其他符合购房条件人的购买权。

综上,笔者认为,经济适用住房的购房指标更注重对购房人资格的限制,其性质更倾向于人身性。如对购买经济适用住房者在年收入水平等方面都有所限制,不具备购买资格者即无权购买,因此,对该类购房指标的转让无效。

八、购买"房改房"纠纷如何处理?

购房职工与售房单位之间房产纠纷的矛盾焦点主要集中在职工购房后被单位开除或因其他原因离职后,单位能否收回所售房产。在这些纠纷中,售房单位常常依据双方售房时签订的购房约定书而主张权利。售房单位认为"房改房"是针对单位职工这一特定身份的福利,职工购房后如果离开单位,既已丧失取得此福利的资格,为防止单位资产流失,必须收回所售公房,退回职工购房款。而且购房约定书是一种附条件的合同,既然条件成就,就应按约定履行。购房职工则认为,"房改房"是单位对其以前贡献的承认和补偿,既然已经交付房款又实际使用着房屋,就是房屋的合法所有人了。所有权应该受法律保护,单位没有收回的权利。

基于"房改房"的特殊性,由此引发的纠纷也没有明确的规定,在司法实践中就产生了不同的观点:

第一种观点认为,"房改房"是拥有房屋所有权的单位基于劳动关系而给予其职工的特定福利,具有强烈的身份属性,如果职工购房后离开单位,就已丧失取得此福利的资格,单位有权提出解除购房合同,收回房屋。

第二种观点认为,"房改房"确实属于单位基于劳动关系给予其职工的福利,但也是职工在单位劳动取得的相应报酬和补偿。此项福利待遇已经通过房改政策,双方签订买卖合同,并实际履行,职工已成为"房改房"的合法所有权人。在不存在约定或法定的解除条件的情况下,单位无权解除合同、收回房屋。

笔者认为,由于按房改政策出售房屋是一种特殊的房屋交易形式,对于双方售房时所签订的购房约定书的效力,审判实践中应当区别情况,分别对待,关键是把握和界定以下两个问题:

一、购房约定书的内容是否违背房改政策和法律法规的规定

所谓“房改房”，是指城镇居民自行出资购买的根据国家房屋改革政策出售的房屋。在城镇住房体制改革之前，城镇居民的住房基本由国家提供并统一分配，实行以低租金为主要特征的福利性实物供给制。20世纪90年代初，国家推行城镇住房体制改革，向居民个人出售新旧公房是推行住房改革的基本措施。国务院1994年7月18日发布的《关于深化城镇住房制度改革的决定》(已失效)规定：“职工按成本价或标准价购买公有住房，每个家庭只能享受一次，购房的数量必须严格按照国家和各级人民政府规定的分配住房的控制标准执行，超过标准部分一律执行市场价。”根据以上房改政策，每个家庭可以享受一次购买公有住房的福利待遇。因此，用人单位将自建公房按房改政策出售给职工仅是一种劳动福利，符合条件的职工完全可以享受。如果未享受额外的优惠，购房职工不需要承担额外的义务。

在房改过程中，职工购买的价格区别决定着产权归属的区别。根据国家房改政策规定，职工购房存在标准价与成本价之分。标准价包含住房本身的建筑造价以及征地和拆迁补偿费。职工按标准价购买的公有住房，职工拥有部分产权，即占有权和使用权、有限处分权和收益权；在进入市场交易时，原单位有优先购买权和租用权；在领取产权证书时，按标准价购买的住房应标明产权比例。成本价包含住房的征地和拆迁补偿费、勘查设计和前期工程费、建筑工程费、住宅小区基础设施建设费、管理费、贷款利息和税金七项因素。职工以成本价购买的住房，产权归个人所有，一般住用5年后可以依法进入市场，在补交土地使用权出让金或所含土地收益和按规定交纳有关税费后，收入归个人所有。因此，职工按标准价购买的“房改房”，其产权是有限产权，而职工按成本价购买的“房改房”，其产权是完全产权。两者的法律性质和法律地位不同，职工享有的权利也不同。职工按标准价购买有限产权房的，其与用人单位在房屋上构成的是按份共有关系。对于此种类型的房屋，其在买卖、转让、互换上均受一定的限制，应对照按份共有的关系来处理。职工按成本价购买完全产权房的，职工作为物权所有人，享有完全的使用、收益、支配、处分权利，其他任何人不得干涉。

实践中，由于单位公房数量有限，因此，单位常常通过另行制定分房条件来缓解压力。双方签订的附服务期限的购房约定书，也是一种附条件的行为，即职工系附条件地享受购房福利。职工按房改政策购房从法律上分

析类似于单位赠予职工购房福利,在福利支付过后,一般不得撤销赠予。由于房屋买卖涉及物权的变动,物权行为是一种要式行为,职工和单位就“房改房”的买卖达成一致意见后还应当办理相应的产权变动登记手续。如果双方签订的购房约定书合法有效,在职工服务期满前,房屋买卖合同尚未履行完毕,单位就不应支持职工办理产权手续的要求。如果单位同意办理产权登记手续,也就意味着单位用行为改变了购房约定,也就是说所附条件已经由单位放弃。在此种情形下,单位再要求收回房屋于法无据。

司法实践中,单位与职工签订的购房约定书常常以约定服务期限的形式体现。用人单位为劳动者提供了不同于其他劳动者的特殊待遇后,可以与劳动者约定服务期。但服务期的约定并非没有限制,应当遵循合法、公平、平等自愿、协商一致、诚实信用的原则。无固定期限劳动合同的稳定性较强,一般意义上,劳动者享有单方解除权,对于维护劳动者合法权益极为有利。而购房服务期的约定,是对劳动者劳动自由的限制。因此,对于服务期限的审查应着重于判断权利与义务是否一致,即劳动者享受的额外待遇与其承担的服务义务是否显著失衡。

二、购房约定书是否违反《民法典》中关于合同效力的规定

“房改房”买卖双方签订的购房约定书是平等主体间的民事合同,虽然涉及房改政策,但不能改变合同为房屋买卖的性质。对于民事合同的效力,应当根据《民法典》的规定,从签订合同时双方当事人意思表示是否真实、自愿,合同内容是否违反法律和行政法规的强制性规定等方面进行审查。

九、购买“央产房”纠纷如何处理?

根据《中央在京单位已购公房上市出售管理办法》第六条的规定,当事人出售前应填写《中央在京单位已购公房上市出售登记表》,并提交与原产权单位签订的公有住宅买卖合同等其他材料。上述规定并非法律、行政法规的强制性规定,故买卖双方就“央产房”所签订的房屋买卖合同合法有效,是否取得原产权单位同意,仅涉及买卖合同能否履行的问题,故当事人以原产权单位不同意出售为由主张合同无效的,法院一般不予支持。

但买受人要求继续履行合同办理过户手续的,因原产权单位不同意而实际不能履行,通常不能得到支持,此种情况下,善意的买受人可以以出卖人根本违约为由要求解除合同,并可要求出卖人承担违约责任。

【案例适用】

规则 52 [划拨地房屋]划拨土地上私有房屋转让合同具有法律效力。

〖**规则解析**〗

划拨土地上的私有房屋均可以转让,房屋买卖合同双方签订的房屋买卖合同并不因为该划拨土地使用权转让是否报请有批准权的人民政府审批同意而影响其效力。

〖**案情简介**〗

1999 年,原告杨某在某镇街道上自建两层砖混结构商住楼 1 幢,门牌号为某街道 55 号,一层为两间门面房、二层为住宅房,建筑面积共 139.46 平方米,土地使用权性质为国有划拨。2007 年 1 月 29 日,被告曹某与杨某订立住宅楼买卖协议书,约定:杨某将其上述私有房屋以 8.5 万元的价格出卖给曹某,房产证在双方签订协议后交予曹某;房产证过户、土地证领取等相关费用由曹某承担;本协议自双方签字后生效。当日,曹某通过银行转账方式给付杨某购房款 8.5 万元。同年 3 月 6 日,杨某将房屋交付给曹某,曹某随即对该房进行了装修。后杨某反悔,双方遂发生矛盾,杨某用刀砍坏了曹某新换的一楼卷闸门。诉讼期间,曹某于 2010 年 2 月 2 日向该镇土地管理所递交了交纳土地出让金申请,但双方转让房地产事项未经有批准权的人民政府批准。

杨某诉称:本案讼争房屋买卖前没有土地证,且该房屋所占土地为国有划拨土地,根据《城市房地产管理法》第四十条、《划拨土地使用权管理暂行办法》(已失效)第五条①的规定,该房屋转让行为违法,应属无效行为。请求人民法院判决确认其与曹某之间的房屋买卖合同无效,并由曹某按原状向其返还某镇某街道 55 号房屋。

〖**裁判结果**〗

杨某与曹某签订的住宅楼买卖协议合法有效,驳回杨某的诉讼请求。

〖**裁判思路**〗

就划拨土地上的私有房屋能否转让存在两种不同意见。第一种意见认

---

① 现关于划拨土地使用权的转让规定于《城镇国有土地使用权出让和转让暂行条例》第四十四条、第四十五条。

为,可以转让,杨某与曹某签订的住宅楼买卖协议合法有效,应驳回杨某的诉讼请求;第二种意见认为,以划拨方式取得的国有土地使用权未经县级以上人民政府土地管理部门批准,不得转让,因杨某出售给曹某的房屋系私有房屋,而该房屋占用的土地系国有划拨土地,故杨某与曹某签订的住宅楼买卖协议无效,曹某应当将协议约定的房屋返还给杨某。

笔者赞同第一种意见,现以本案具体案情为依托,作如下分析:

案涉房屋系杨某自建取得,且已领取产权证书,依照《民法典》第二百四十条的规定,杨某对该房屋享有占有、使用、收益和处分的权利,故杨某将该房屋出售给曹某系其依法行使财产处分权。因此,杨某有权将其自建取得的私有房屋出售给曹某。但由于我国实行的是房地一体主义,在转让划拨土地上所建房屋产权时,需要将房、地同时转让,因此本案争议焦点是国有划拨土地上的私有房屋能否转让?对此问题,应包括两种情形:一种情形是房屋转让时,对划拨土地使用权转让已依法报请有批准权的人民政府审批同意;另一种情形是房屋转让时,划拨土地使用权未报请有批准权的人民政府审批。前一种情形,按照我国《城市房地产管理法》的规定当属有效,在此不作赘述。第二种情形是否有效,司法实践中存在争议,笔者认为仍然有效,理由是:

一、符合合同效力补正原则

《城市房地产管理法》第四十条第一款规定:"以划拨方式取得土地使用权的,转让房地产时,应当按照国务院有关规定,报有批准权的人民政府审批……"可见,我国法律规定,划拨土地的使用权未经批准不得转让。但是,在司法实践中,未经批准办理土地使用权出让手续就转让划拨土地使用权,是一种常见现象。实务中,更多的则是先进行转让,再由划拨土地的受让方直接与政府办理土地出让手续。为此,最高人民法院《关于审理涉及国有土地使用权合同纠纷案件适用法律若干问题的解释》(2020 年修正)第十二条明确规定:"土地使用权人与受让方订立合同转让划拨土地使用权,起诉前经有批准权的人民政府同意转让,并由受让方办理土地使用权出让手续的,土地使用权人与受让方订立的合同可以按照补偿性质的合同处理。"即土地使用权人与受让方订立的转让合同应为有效合同。依此可见,以划拨方式取得土地使用权的,转让房地产时,未报请有批准权的人民政府审批同意,划拨土地使用权转让行为并不当然无效,可以通过效力补正。此种情形符合合同效力补正原则。

二、不违反效力性强制性规定

强制性规定区分为效力性强制性规定和管理性强制性规定(或取缔性规定)。所谓效力性强制规定,是指法律、行政法规明确规定违反了这些禁止性规定将导致合同无效或者不成立,并且违反了这些禁止性规定后如果使合同继续有效将损害国家利益和社会公共利益。所谓管理性强制性规定或取缔性规定,是指法律、行政法规没有明确规定违反此类规定将导致合同无效或者不成立,而且违反此类规定后如果使合同继续有效也并不损害国家或者社会公共利益,而只是损害当事人利益的规定。由上可见,只有违反效力性强制性规定的合同才无效。《民法典》第三百四十七条第一款规定:“设立建设用地使用权,可以采取出让或者划拨等方式。”依该法可知,目前我国的建设用地使用权取得方式主要有两种:一种是以土地使用权划拨方式取得,即经县级以上人民政府依法批准,在土地使用者缴纳补偿、安置等费用后将该土地交付其使用,或者将土地使用权无偿交付给土地使用者使用;另一种是以土地使用权出让方式取得,即国家将国有土地使用权在一定年限内出让给土地使用者,由土地使用者向国家支付土地使用权出让金。本案讼争私有房屋所使用的土地为划拨方式取得。《民法典》第三百五十三条规定:“建设用地使用权人有权将建设用地使用权转让、互换、出资、赠与或者抵押,但是法律另有规定的除外。”《城市房地产管理法》第四十条第一款规定:“以划拨方式取得土地使用权的,转让房地产时,应当按照国务院规定,报有批准权的人民政府审批。有批准权的人民政府准予转让的,应当由受让方办理土地使用权出让手续,并依照国家有关规定缴纳土地使用权出让金。”同时,该法第六十一条第三款规定:“房地产转让或者变更时,应当向县级以上地方人民政府房产管理部门申请房产变更登记,并凭变更后的房屋所有权证书向同级人民政府土地管理部门申请土地使用权变更登记,经同级人民政府土地管理部门核实,由同级人民政府更换或者更改土地使用权证书。”依据上述法律可知,我国法律对以划拨方式取得的土地使用权并未禁止转让,只要当事人履行了相关的法定手续,就可以将其转让。

本案中,住宅楼买卖协议的目的是转移房屋所有权,尚未改变土地使用权的性质,未损害国家利益和社会公共利益。因此,《城市房地产管理法》第四十条、第六十一条的规定均属于管理性强制性规定而不属于效力性强制性规定,违反该类规定并不导致合同无效,只是应当受到行政主管部门的行政处罚。该案中,双方当事人已经在协议中明确约定了土地使用权转让及土地出让金缴纳事宜,且依据上述法律该约定并不违反法律效力性强制性规定,所以,杨某以签订住宅楼买卖协议时该房屋所占土地系国有划拨土地不能转让为由,主张房屋买卖协议无效,理由不能成立。虽案涉房屋所占土地为国有划拨土地,《城市房地产管理法》规定,此类土地在转让时,应当报有批准权的人民政府审批,但政府的审批不是对土地使用权转让合同或房屋买卖合同的审批,而是对国有划拨土地使用权实际发生转移的审批,故政府的审批不是此类合同成立的生效要件。因此,杨某与曹某签订的住宅楼买卖协议,无须办理登记或审批手续,双方订立时即已生效。合同法的立法宗旨,就是维护经济运行秩序,规范市场主体在经济活动中的交易关系,保证交易安全,从而维护当事人的合法权益和促进经济社会的繁荣发展。而本案中的债权转让本质上是一种交易行为,从鼓励交易、增加社会财富的角度出发,只要不违反法律的效力性强制性规定、不对国家利益和社会公共利益造成损害,就应当允许债权在当事人之间进行转让。因此,确认杨某与曹某签订的住宅楼买卖协议有效,也符合合同法的立法宗旨。此外,杨某在将案涉房屋交付给曹某后又恶意毁约,亦有违诚实信用原则。

综上,笔者认为,划拨土地上的私有房屋均可以转让,房屋买卖双方签订的房屋买卖合同并不因为该划拨土地使用权转让是否报请有批准权的人民政府审批同意而影响其效力。2020 年修正的《关于审理涉及国有土地使用权合同纠纷案件适用法律若干问题的解释》亦删去了原第十二条。

规则 53 [房屋评估]暂不上市保障房被恶意转让的赔偿标准应以房屋评估价为依据进行确定。

〖规则解析〗

保障房价格是单位给所在员工的福利,并综合考虑了单位员工及其配偶的工龄、职级、贡献等因素,并不是市场价格,因此,保障房“内部交易价格”不能反映房屋的真正价值。房屋的真正价值只能由评估机构按照市场价格进行评估得出。相应地,被告对恶意处分房屋的损害赔偿责任应以房屋评估价为依据进行确定。

〖案情简介〗

胡某与张某原系夫妻关系,男方胡某为某国家机关公务员,女方张某为事业单位员工。2007 年 5 月双方婚姻关系存续期间,胡某单位向其出售 90 平方米保障性房屋一套(以下简称 A 房屋),该次售房综合考虑了张某的工龄等因素,并由其所在单位盖章,明确其享受过国家住房福利,在张某所在单位不再重复享受此待遇。该房屋产权证登记的所有权人为胡某。2008 年 8 月,因胡某有外遇,双方经法院调解离婚,法院调解书明确:A 房屋由双方共有,其中张某占 2/3、胡某占 1/3。调解离婚后,胡某、张某未去国家房屋登记管理部门办理房屋变更登记。

2010 年 5 月,胡某单位再次福利分房。考虑胡某职务提升等因素,单位拟分给其 110 平方米房屋一套(以下简称 B 房屋),同时要求胡某将 A 房屋卖给本单位员工李某,售价 45 万元。此后,胡某与李某办理了房屋买卖手续,将 A 房屋过户至李某名下。同时,胡某向单位支付 55 万元,购买了 B 房屋,B 房屋在国家房屋登记管理部门登记的所有权人为胡某。

2011 年 2 月,张某发现胡某未经自己同意擅自出售 A 房屋并购买单位 B 房屋,经与胡某交涉未果后,同年 12 月向法院起诉,要求胡某赔偿恶意转让 A 房屋给其造成的损失共计 120 万元。

法院经审理查明,A 房屋性质上属于暂不上市保障性住房,即所有权人未经国家允许不能在市场上进行交易;被告将房屋出售给李某时,李某、被告所在单位均不知道被告与原告离婚并共有 A 房屋这一事实,也未要求被告提供证明其有完全的权利处分 A 房屋;A 房屋周围相似品质、相同年限房屋的市场价格在 3.3 ~3.9 万元/平方米。

〖**裁判结果**〗

对 A 房屋的价值进行评估,按照评估价值确定原告的损失,并由被告赔偿原告的损失。

〖**裁判思路**〗

首先,原告对 A 房屋的共有权应受法律保护。根据 2008 年 8 月法院制作的离婚调解协议书,原告拥有 A 房屋 2/3 的所有权。据此,原、被告之间对 A 房屋形成按份共有关系。根据相关规定,被告擅自处分 A 房屋构成对原告权利的侵害。本案中,如果驳回原告张某的诉讼请求,无异于宣告原告张某对 A 房屋的共有权不受法律保护。

其次,原告对被告侵犯其对 A 房屋共有权的行为有权要求损害赔偿。《民法典》第二百三十八条规定:“侵害物权,造成权利人损害的,权利人可以依法请求损害赔偿,也可以依法请求承担其他民事责任。”本案中,被告未经原告同意,擅自处分原告拥有 2/3 所有权的共有房屋,构成对原告共有权的严重侵害,对于原告因此受到的损害,依《物权法》(已失效)第三十七条①规定,原告当然可以请求损害赔偿。如果按照第一种意见驳回原告的诉讼请求,相当于认为原告对他人侵犯其房屋共有权的行为不能要求损害赔偿。

再次,暂不上市保障性房屋具有客观的价值,应以反映该客观价值的价格,而不是被告所在单位制定的售价作为被告承担赔偿责任的依据。任何财产均具有价值,否则不能称之为财产,此为基本的生活常识。在现实生活中,从可否自由交易划分,我国城市房产分为完全自由交易房产、交易受限制房产、暂不上市交易房产、禁止上市交易房产等多种。但不管是哪种房产,其均有价值,而且,在特殊时刻——如财产分割、损害赔偿等——均需要确定其价值,也能够确定其价值。为此,我国相关法律和司法解释不仅未规定“暂不上市交易房产”没有价值或评估价值,相反还明确规定只要是房屋均可由评估机构按照市场价格对房屋进行评估,以确定其价值。由于被告所在单位制定的“内部交易价格”,是单位给所在员工的福利,并综合考虑了单位员工及其配偶的工龄、职级、贡献等因素,并不是市场价格,因此,该“内部交易价格”不能反映 A 房屋的真正价值。A 房屋的真正价值只能由评估机构按照市场价格进行评估得出。相应地,被告对恶意处分 A 房屋的损害赔偿责任应以 A 房屋评估价为依据进行确定。

最后,只有要求被告按照 A 房屋市场价格进行赔偿方能实现民事责任“惩罚、预防、填补”三大基本功能,方能维护良好的民事秩序。通说认为,民事责任有惩罚、预防、填补三大功能。在损害赔偿时,前述功能必须仰赖足额赔偿方能实现。本案中,如果驳回原告诉讼请求,或者按照出售价格的2/3赔偿原告,被告不仅未受到民事制裁,反而还获益了,这不仅不能实现民事责任惩罚过错、预防不法行为、填补损害的功能,反而极可能助长和鼓励此种恶意行为。

---

① 现规定于《民法典》第二百三十八条。

规则 54 [内部开发房买卖]没有房产证的单位内部开发房买卖合同有效。

〖**规则解析**〗

单位内部开发的房屋,虽限定购买人为本单位职工,并尚未取得房产证,但只要不违反法律、行政法规的强制性规定,双方意思表示真实一致,不具有购买条件的人与该单位职工达成的房屋买卖合同,应认定为合法有效。

〖**案情简介**〗①

2006 年 8 月 21 日,宋某与赵某签订房屋转让协议书。宋某自愿将本单位内部开发的一套房屋转让给赵某。由赵某支付该住宅所有集资费用,赵某以宋某的名义办理一切购房手续,直至房屋过户完成;该房屋所有权、使用权实际归赵某所有。宋某、赵某在签订本协议书当日,赵某支付宋某房屋转让费人民币 2 万元,并分次支付了该房屋 25.47 万元的房款。2010 年,宋某要求将所转让房屋收回,在多次协商不成的情况下,赵某向郑州市中原区人民法院提起诉讼,要求确认双方签订的房屋转让协议书合法有效。

被告宋某辩称,该房屋系单位内部开发房屋,买卖须经本单位同意,但双方的房屋买卖行为没有经过单位同意,且双方在签订买卖协议时,该房屋尚未办理房产证,被告无权处分该房屋,所以房屋买卖合同协议无效。

〖**裁判结果**〗

郑州市中原区人民法院经审理认为,赵某与宋某虽签订房屋转让协议书,但当时宋某并未出资购买出让房屋,没有取得房屋的所有权证,双方协议"原告以宋某名义办理一切购房手续,直至房屋过户完成",这实际上是宋某同意将其购房资格予以转让。本案中,宋某所享有的仅仅是优惠购房资格,仅是一种待遇,即获得优惠价格购买所建房屋的条件。宋某对其出卖房屋的权利尚停留在一种资格权利上,并不能立即、现实地取得该房屋的所有权,但却获得了对未来取得上述房屋所有权的合理期待,这种期待是一种在交易中现实存在的、有着独立经济价值的财产利益,原告亦为此支付宋某 2 万元,房屋转让协议书系原告与宋某自愿签订,且上述交易行为并不违反国家法律、行政法规的强制性规定,因此原告要求确认原告与被告签订的房屋

---

① 河南省郑州市中级人民法院民事判决书,(2011)郑民三终字第 725 号。

转让协议书合法有效。

中原区人民法院判决:原告赵某与被告宋某房屋转让协议书有效。

一审宣判后,被告宋某不服,提起上诉。

郑州市中级人民法院经审理认为,赵某与宋某签订的房屋转让协议书并不违反法律、行政法规的强制性规定,是双方的真实意思表示,应为合法有效。宋某的上诉理由无事实、法律依据,原审法院认定事实清楚,适用法律正确,程序合法,应予维持。

郑州市中级人民法院判决:驳回上诉,维持原判。

〖**裁判思路**〗

一、关于房屋转让协议书的定性

判断诉争合同的效力问题,首先应当明确该合同的合同性质,才能准确适用相关法律规范。

本案中,宋某作为其单位的一名职工,因其特别的身份获得了从本单位以成本价格购置一套住房的权利,对于该权利宋某并没有放弃,而是表达了购房的意愿。虽然系争房屋当时尚未竣工,但该房屋的位置、楼层、面积等基本价值要素已经大致确定,具备了比较明确的经济价值。此时,虽然宋某没有获得该房屋的所有权,但取得房屋所有权的过程已经开始,一旦条件成熟或者期限届至,即可获得该权利。当事人所处的这种法律地位构成了对该房屋所有权的期待权,具有一定的经济价值,可以成为交易的客体,如可以处分、抵押、继承。根据原、被告双方签订的协议内容,被告在收取原告一定转让费后,将其享有的购房资格转让给原告,由原告以被告的名义办理相关购房手续,承担该房屋的所有集资费用,被告在获得房屋所有权证书后转让给原告。从该协议内容可以看出,被告将其对系争房屋所有权的期待权转让给原告,并继续承担向出卖人支付价款的义务,原告享有了在被告支付全部价款后,取得房屋所有权的权利。这非常类似于期房、未来物的买卖,只要在履行期限届满时出卖人能够移转买卖物的所有权,就达到了买卖合同的目的,无须出卖人于订立买卖合同时即拥有买卖物的所有权。因此,房屋转让协议书应当视为当事人有权处分的合同看待。《民法典》实施后,这一认识在实践中已无争议。

二、房屋转让协议书的效力问题

1994 年《城市房地产管理法》制定于我国实行市场经济之初,其立法宗旨侧重于对房地产开发和交易行为的规范。而合同法的立法指导思想坚持鼓励交易的原则,尽量承认合同的效力。《合同法》及司法解释也都延续了此指导思想和原则。因此,本案应适用《合同法》及有关司法解释。

根据《合同法解释(二)》(已失效)第十四条的规定,违反法律、行政法规的强制性规定指的是违反效力性强制性规定。《民法典》第一百五十三条第一款规定,违反法律、行政法规的强制性规定的民事法律行为无效。但是,该强制性规定不导致该民事法律行为无效的除外。《城市房地产管理法》(2019 年修正)第三十八条第六项规定,主要是基于房地产在来源不清、归属不明的情况下进入市场流通,不利于市场秩序的维护和国家对房地产转让的管理监督。本案中系争房屋的所有权并不存在来源不清、归属不明的情况,且该规定不属于效力性规定,违反此规定的合同不应当认定为无效。

从法律适用的后果来讲,原告赵某和被告宋某买卖房屋的意思表示真实一致,如果原、被告双方签订的房屋转让协议书被认定为无效,房屋买受人赵某履行合同所付出的努力和机会成本将得不到充分的保护,而出卖人宋某却从自己的反悔中得到了不合理的利益,违背了“任何人不能从自己的过错中获得利益”的法理,损害了诚实信用原则。同时,如果这类合同被认定为无效,还会助长出卖人的投机心理,进而影响交易稳定性和社会风气。

规则 55 [集资建房]经济适用住房性质的单位集资建房对外销售行为无效。

〖规则解析〗

单位集资合作建房的性质如果是经济适用住房,则不得向社会公众公开销售;如对外售卖,其行为违反国家关于经济适用住房管理的有关政策,损害社会公共利益,应当认定为无效。

〖案情简介〗①

中铁二十三局第一工程有限公司(以下简称中铁公司)为解决本单位内部职工住房难问题,申请职工集资建房。经有关部门批准,原则上同意将中铁公司申请的建房纳入集资合作建房管理,按建设成本价出售给该工程公

① 山东省日照市中级人民法院民事判决书,(2011)日民一终字第 830 号。

司内部职工。2007年6月30日，中铁公司与非本单位内部职工张某华签订购房协议，双方约定：由张某华购买中铁公司开发建设的该公司第二生活区16号楼3单元11层中户楼房一套，总价款281,670元，首付84,670元，余款197,000元由张某办理按揭贷款后支付，2008年3月20日竣工交房。当日，张某华付款84,670元，余款至今未付。该协议签订之前，中铁公司曾因超出核准经营范围从事房地产开发经营活动和未经登记擅自发布户外广告，被当地工商行政管理部门予以行政处罚。中铁公司以张某华至今未付余款为由诉至山东省日照市东港区人民法院，请求解除购房协议。

〖**裁判结果**〗

日照市东港区人民法院经审理认为，购房协议系双方真实意思表示，但中铁公司从订立协议至今一直未取得商品房预售许可证，购房协议依法应认定为无效。协议无效，双方均有过错，中铁公司收取的购房款84,670元应当返还给张某华，并赔偿张某华因此遭受的利息损失。

东港区人民法院判决：中铁公司与张某华签订的购房协议无效，中铁公司返还张某华购房款84,670元及相应利息。

张某华不服一审判决，向日照市中级人民法院提起上诉，请求撤销原审判决，改判确认购房协议有效。

日照市中级人民法院认为，中铁公司违反国家关于经济适用住房管理的有关政策，对外销售集资合作建成的房屋，其行为损害社会公共利益，原审认定购房协议无效正确。

2011年11月20日，日照市中级人民法院判决：驳回上诉，维持原判。

〖**裁判思路**〗

集资房是单位为解决本单位内部职工居住困难而在单位已取得的国有划拨土地上兴建的福利性或保障性住房。一般情况下，由单位进行补贴，个人出资购买，产权归本单位内部职工个人所有。

按照建设部《经济适用住房管理办法》及国务院《关于解决城市低收入家庭住房困难的若干意见》的有关规定，单位集资合作建房是经济适用住房的组成部分，其建设标准、优惠政策、供应对象、产权关系等均按照经济适用住房的有关规定严格执行。单位集资合作建房在优先满足本单位住房困难职工购买基础上房源仍有多余的，不得向非经济适用住房供应对象出售，而是由城市人民政府统一向符合经济适用住房购买条件的家庭出售或以成本价收购后用作廉租住房。

根据《合同法》(已失效)第五十二条第四项的规定,损害社会公共利益的合同无效。《民法典》第一百五十三条第二款规定,违背公序良俗的民事法律行为无效。单位集资合作建房一般性质为经济适用住房,属于建设部《经济适用住房管理办法》及国务院《关于解决城市低收入家庭住房困难的若干意见》所禁止对外公开出售的房产。单位集资合作建房并出售给非经济适用住房供应对象,势必违反国家关于经济适用住房管理的有关政策性规定,破坏社会管理秩序。因此,合同应当依法被认定为无效。但单位集资合作建房只是建房的一种方式,由单位牵头,职工参与集资,并不当然决定房屋的性质,房屋的性质还是要看土地性质及规划用途及房屋产权证书上登记的性质,因此单位集资建房买卖并不是当然无效。

规则56　[央产房买卖]央产房取得备案表后,再行交易不受限制。

〖规则解析〗

已取得《在京中央单位已购住房产权变更登记通知单》,并经审核可以出售的央产房,再行交易不受限制。

〖案情简介〗

乔某与乔某1系父女,乔某系某研究所职工。2015年,乔某1与案外人赵某签订存量房屋买卖合同,约定:乔某1购买某302号的房屋,房屋建筑面积81.28平方米。合同约定房屋价款是170万元,装饰装修110万元,房屋价款共计280万元。乔某1出资280万元购房。2015年5月18日,高能物理研究所党政联合办公室出具《高能物理研究所重要决定事项通知》,载明:经2015年5月14日所务会议研究决定同意乔某购买其姐姐家在本所的住房。2015年11月30日,涉案房屋过户登记至乔某1与乔某名下,登记显示:二人按份共有,乔某1享有99%房屋份额,乔某享有1%的房屋份额。另查,该房屋性质为某研究所内部管理的特殊性质的央产房。庭审时,乔某称房屋仅能出售给某研究所的职工,经某研究所批准,乔某与其姐姐乔某2签订房屋买卖合同,乔某2出售房屋给乔某,由乔某2配偶赵某与乔某1通过房屋中介签订涉案房屋的存量房屋买卖合同,是乔某将购房资格赠与原告,同时与乔某1约定乔某1负有照料乔某的义务,但乔某1违反了上述义务。

研究所行政管理处出具证明,载明:乔某是我所退休职工,1995年因公负伤,多年来不断进行手术植皮治疗,需在家长期治疗。经乔某提出因其女儿乔某1可长期在身边照顾其身体及生活，单位考虑其特殊情况，经2015年5月所务会讨论特批，同意所内职工（乔某2、赵某）302室一套央产房出售给乔某本人。按我所房产政策该房产应售予所内在职职工，因乔某特殊情况，根据所务会批示，由乔某购买该房产。

各方当事人在庭审时确认，现涉案房屋市场价值为每平方米79,322元。

法院向区不动产登记事务中心调取涉案房屋的档案，档案中留存中央国家机关房改办中直机关房改办在京中央和国家机关住房交易办公室于2015年10月13日向区房地局出具的《在京中央单位已购住房产权变更登记通知单》，该文件载明：经审核，同意赵某对302房屋办理已购公房出售产权变更登记。

〖**裁判结果**〗

一审法院判决：（1）乔某于本判决生效后7日内配合乔某1至房屋权属登记管理部门将302号房屋过户至乔某1名下；（2）乔某1于本判决生效后7日内给乔某房屋折价款64,473元。二审法院判决：驳回上诉，维持原判。

〖**裁判思路**〗

《在京中央单位已购住房产权变更登记通知单》载明：经审核，同意赵某对302房屋办理已购公房出售产权变更登记。

法院认为，共有人约定不得分割共有的不动产或者动产以维持共有关系的，应当从约定，但是共有人有重大理由需要分割的，可以请求分割；没有约定或者约定不明确的，按份共有人可以随时请求分割，共同共有人在共有基础丧失或者有重大理由需要分割时可以请求分割。因分割造成其他共有人损害的，应当给予赔偿。涉案房屋登记在乔某1与乔某名下，二人按份共有，乔某1享有99%的房屋份额，乔某享有1%的房屋份额。现乔某主张房屋折价款，乔某1主张房屋所有权，一审法院根据所有权登记载明的比例，依法分割双方份额，判决乔某配合乔某1办理涉案房屋的过户手续，乔某1给付乔某相应折价款，并无不当，法院予以确认。乔某主张涉案房屋变更登记需再次经原产权单位同意，未提交证据证明，法院不予采纳。